Tim Schanetzky

Die große Ernüchterung

Wirtschaftspolitik, Expertise und Gesellschaft in der Bundesrepublik 1966 bis 1982

WISSENSKULTUR UND GESELLSCHAFTLICHER WANDEL

Herausgegeben vom Forschungskolleg 435
der Deutschen Forschungsgemeinschaft
»Wissenskultur und gesellschaftlicher Wandel«

Band 17

Tim Schanetzky

Die große Ernüchterung

Wirtschaftspolitik, Expertise und Gesellschaft in der Bundesrepublik 1966 bis 1982

Akademie Verlag

Gedruckt mit Unterstützung der Deutschen Forschungsgemeinschaft.

Titelbild: Bundeskanzler Helmut Schmidt unmittelbar vor seiner dritten Vereidigung am 5. November 1980.
© Ullstein Bild, Bildnr. 00560760

Bibliografische Information der Deutschen Nationalbibliothek
Die Deutsche Nationalbibliothek verzeichnet diese Publikation in der Deutschen Nationalbibliografie; detaillierte bibliografische Daten sind im Internet über http://dnb.d-nb.de abrufbar.

ISBN 978-3-05-004302-9

Das eingesetzte Papier ist alterungsbeständig nach DIN/ISO 9706.

Satz: Klartext Medienwerkstatt GmbH, Essen
Druck und Bindung: Druckhaus „Thomas Müntzer“, Bad Langensalza
Einbandgestaltung: Dorén + Köster, Berlin

Printed in the Federal Republic of Germany

Inhalt

I. Einleitung

Im Dezember 2003 hob der Potsdamer Verleger und ehemalige hessische CDU-Politiker Alexander Gauland zu einem bemerkenswerten Stoßseufzer an: »Adenauer, Erhard, Brandt, Schmidt und Kohl hatten jeder auf seine Weise eine Vorstellung von der Gesellschaft um sie herum, auch wenn die politische Kraft, wie im Falle Erhards und Schmidts, zur Gestaltung nicht ausreichte.« Gerhard Schröder hingegen sei der erste Bundeskanzler gewesen, der schlicht kein Gesellschaftskonzept besessen und daher auch kein berechenbares politisches Wertesystem anzubieten gehabt habe. Gauland konnte sich dies nur mit charakterlichen Defiziten des Karrieristen Schröder erklären. Dessen Streben nach dem wichtigsten Amt im Staate habe eben immer nur dem Zweck gedient, »das Ego eines Aufstiegsorientierten zu befriedigen.«[1] Auch nach dem Ende der rot-grünen Ära verstummte diese Kritik am Pragmatismus heutiger Politik nicht. Die Große Koalition war noch keine hundert Tage alt, als ihr der österreichische Schriftsteller Robert Menasse mangelnde Staatsgesinnung vorwarf. Während alle bisherigen Kanzler »grundsätzlich um Sinn und Funktion des Staates« gewußt hätten, werde Angela Merkel in die Geschichte eingehen, weil sie als erste Kanzlerin dieses hohe Staatsamt erobert habe, um es »bewußt und willfährig zu destruieren.« Sie sei die erste, bei der man »Staatspolitik nicht mehr erwarten kann«, und dafür werde ihr von all jenen gehuldigt, die »schon die längste Zeit ›Staat‹ nur als Synonym für die organisierten Privatinteressen einiger weniger verstehen.«[2]

Quer zu den politischen Lagern hatten Gauland und Menasse damit zwei zentrale Fragen gegenwärtiger Politik erfaßt: Ist die Ausübung der Richtlinienkompetenz nur auf der Basis einer belastbaren Vorstellung vom Staat als politischem Akteur und von der Gesellschaft als Gegenstand der politischen Steuerung möglich? Welche Probleme ergeben sich daraus, wenn Politik ohne einen derartigen »Kompaß« auskommen muß? Die wichtigsten Debatten der jüngsten Vergangenheit kreisten ja um genau diese Fragen: Das eigenartige Fehlen einer verbindlichen Gesellschaftskonzeption, der damit verknüpfte Mangel an Utopien, die Sprunghaftigkeit, auch der Opportunismus einer sich als »pragmatisch« verstehenden Politik – all dies verwies auf einen offenkundigen Wandel politischer Konzeptionen, der erst am Ende der neunziger Jahre in dieser Deutlichkeit ins öffentliche Bewußtsein trat.

---

1 Frankfurter Allgemeine Sonntagszeitung, 28. 12. 2003, Art.: Der Parteilose. Gerhard Schröder als Reformer ohne Visionen. Das könnte sein Erfolgsgeheimnis sein (Alexander Gauland).

2 Die Zeit, 16.2.2006, Art.: Die Frau, die den Staat abschafft (Robert Menasse).

Sicher konnten diese Phänomene personalisiert und damit der mangelnden Eignung einzelner Politiker zugeschrieben werden, wie dies im übrigen auch mit den gewandelten Techniken des Regierens geschah, insbesondere mit Blick auf die Medialisierung der Politik und die gewaltige Expansion des Beratungswesens.[3] Doch ist eine solche Erklärung nicht nur deshalb unbefriedigend, weil sie einerseits den Verlust von politischer Gestaltungskraft anprangert, diesen andererseits aber auf die persönlichen Defizite einzelner Akteure zurückführt und ihnen damit wiederum ein hohes Maß an politischer Steuerungsfähigkeit unterstellt. Vor allem ist eine solche Sicht auf fast schon provozierende Weise ihrer historischen Konturen beraubt: Die zeitkritischen Diagnosen kommen ohne jede historische Überlegung aus und kritisieren eine Form der Politik, der es angeblich erst seit jüngster Vergangenheit am soliden Bezugspunkt verbindlicher Staats- und Gesellschaftskonzeptionen mangelt, der es daher an Entschlußkraft und Legitimität gebricht und die mit einem extensiven Gebrauch von »Expertenwissen« jedweder Provenienz gerade das Gegenteil der erhofften Entscheidungssicherheit erreicht. Doch unbeschadet dieser analytischen Preisgabe von Zeitlichkeit beschreibt – und bewertet – sie Gegenwärtiges zugleich in den Kategorien der Vergangenheit: »Wir sind Zeugen eines tiefgreifend wirkenden, aber öffentlich nicht dramatisierten sozialen Wandels. Die Grundentscheidungen der Nachkriegszeit werden [...] revidiert, aber die politische Kultur verläuft, was ihre Problemwahrnehmung und Ordnungsauffassungen betrifft, immer noch in den Bahnen, wie sie sich nach dem Zweiten Weltkrieg als Errungenschaften der verschiedenen Nachkriegsgenerationen ausgestaltet haben. In gewisser Weise könnte man einem Basis-Überbau-Schema zuneigen: Die Basis des Machtgefüges und der Institutionenordnung wird umgestellt, aber dafür gibt es keinen wirklichen politischen, sozialen und kulturellen Ausdruck.«[4]

Die Soziologie mag in dieser Verunsicherung Anzeichen für das zeitlich verzögerte, »allmähliche Vergehen« der »alten« Bundesrepublik erkennen. In historischer Perspektive ist hingegen zweierlei von Interesse. Erstens sind die veränderten Bedingungen des Regierens, der Verlust von eindeutigen Gesellschaftskonzeptionen und die grundlegend gewandelte Geltung von Expertise nicht als vermeintlich individuelle Fehlleistungen hinzunehmen, die »irgendwie« über uns gekommen sind, sondern als historisches Phänomen zu analysieren und damit gerade aufzuklären. Zweitens setzt dies voraus, daß die »alte« Bundesrepublik nicht als 1989/90 abgeschlossenes Projekt betrachtet wird. Prägnant hat Lutz Niethammer als dringliche Themen der Zeitgeschichte die »tiefgreifenden gesellschaftlichen Umbrüche der siebziger und achtziger Jahre«, den »Aufstieg des neoliberalen Paradigmas und die globale Mobilität des Kapitals, die Erfahrungen der jüngeren, nach dem Krieg geborenen Generationen und die veränderte Stellung der Frauen, die Bedingungen der Medienkultur, die abnehmende Geltung und Integrationskraft der Arbeitsgesellschaft, die nachlassende Steuerungskraft staatlicher Politik und die zunehmend transnational wirkenden Märkte« besonders betont.[5] Eine

3 Exemplarisch für ein ganzes Genre Manfred Lahnstein: Die Feuerwehr als Brandstifter. Die unheimliche Macht der Experten in Politik und Wirtschaft, München 2000.

4 Heinz Bude: Das Altern von Institutionen. In: Joachim Fischer; Hans Joas (Hg.): Kunst, Macht und Institution. Studien zur Philosophischen Anthropologie, soziologischen Theorie und Kultursoziologie der Moderne. FS f. Karl-Siegbert Rehberg, Frankfurt am Main 2003, S. 221–230, hier: 221; vgl. auch mit einigen Änderungen ders.: Das allmähliche Vergehen der Bundesrepublik. Zur deutschen Zukunftspolitik. In: Merkur 57 (2003), S. 255–260.

5 Zit. n. FAZ, 30.8.2001, Art.: Reden wir endlich vom Ende! Das Ancien Régime der Zeitgeschichte bleibt von der Gegenwart ungerührt: Sie kennt nur den Erfolg der Bundesrepublik (Klaus Naumann).

solche Sicht auf die Bundesrepublik der sechziger und siebziger Jahre geht also durchaus auf die »Vorgeschichte« der gegenwärtigen Umbrüche ein, und zwar ohne den Gegenstand mit folgenschweren Vorannahmen, etwa über den »Verschleiß« und die »Erosion einer alternden Ordnung«, unnötig einzuengen.[6]

Der Kontrast zwischen der augenblicklichen Unschärfe und Unverbindlichkeit politischer Ordnungsmodelle und den in der Bundesrepublik der frühen sechziger Jahre dominierenden Vorstellungen könnte deutlicher kaum ausfallen. Am Ende der »Ära Adenauer« baute Politik in der Tat noch auf Vorstellungen von der Gesellschaft auf, die bis in die Mitte des 19. Jahrhunderts zurückreichten und die sich ihre hohe Verbindlichkeit trotz aller Wandlungen bewahrt hatten. Die Grundannahme einer an sich beschreibbaren Gesellschaft als Gegenstand der politischen Steuerung war zu dieser Zeit noch unumstritten. In kaum einem Politikfeld ist aber der Verlust von Verbindlichkeit und damit unmittelbar verknüpfter Entscheidungssicherheit seither so deutlich erkennbar wie in der Wirtschaftspolitik. Sie hatte sich in den sechziger Jahren noch ganz unbekümmert als »Neue Wirtschaftspolitik«, als »rationale« Politik beschrieben und ihr statistisches und rechtliches Instrumentarium schon seit den fünfziger Jahren immer weiter ausgebaut – im Schlagwort von der keynesianischen »Globalsteuerung« bündelte sich diese Vorstellung von »Steuerbarkeit«. Stellt man dem im Kontrast die wirtschaftspolitischen Schlüsselbegriffe der frühen achtziger Jahre gegenüber, so wird besonders anschaulich, wie groß die Ernüchterung der siebziger Jahre tatsächlich gewesen ist. Der politische Steuerungsanspruch war inzwischen grundlegend relativiert worden. Um die »Steuerung« der Gesellschaft an sich sollte es nun gar nicht mehr gehen, sondern nur noch um die pragmatische »Beeinflussung« individuellen »Verhaltens«; die »Entscheidungen« und »Dispositionen« der Wirtschaftssubjekte waren zum Gegenstand staatlichen Handelns geworden. Wirtschaftspolitik war sich ihrer begrenzten Handlungs- und Steuerungsfähigkeit seit dieser Zeit offenbar sehr bewußt.

Generell wies die Sozial- und Wirtschaftsgeschichte der Bundesrepublik zwischen den sechziger und den achtziger Jahren gravierende Strukturveränderungen auf: Der »Pillenknick«, die Veränderung der Konsumgewohnheiten und -möglichkeiten, der Übergang zur »Dienstleistungsgesellschaft« und die Aufwertung der wissensbasierten Berufe, der endgültige Abschied von der Prosperität des »Wirtschaftswunders« und die »Globalisierung« der Wirtschaft sind die Stichworte, mit denen diese Veränderungen beschrieben werden. Daher fragt diese Studie nach dem Zusammenhang zwischen dem sozioökonomischen Wandel in der Bundesrepublik der sechziger und siebziger Jahre und den Veränderungen der wirtschaftspolitischen Wissensproduktion. Wie reagierte die Wirtschaftspolitik auf die Prozesse des sozioökonomischen Wandels? Wie nahm sie gesellschaftliche Komplexität überhaupt wahr? Wie gelang es ihr, unter den Bedingungen dieser Wahrnehmung Entscheidungssicherheit herzustellen? Wie veränderte sich dabei die Geltung wissenschaftlicher Expertise in der Wirtschaftspolitik? Und wie trug Wirtschaftspolitik damit selbst zum Wandel gesellschaftlicher Ordnungsvorstellungen bei?

Diese Fragen lassen sich analytisch auf vier Ebenen ausdifferenzieren. Erstens wird nach dem sozialen Wandel und besonders nach den sozioökonomischen Veränderungen der sechziger und siebziger Jahre gefragt, welche die überkommenen wirtschaftspolitischen Paradigmen

6 Klaus Naumann: Die Historisierung der Bonner Republik. Zeitgeschichtsschreibung in diagnostischer Absicht. In: Mittelweg 36, 9 (2000), S. 53–66, hier: 65.

in Plausibilitätskrisen stürzten. Die wichtigste Reaktion auf diese Krisen des etablierten Wissens bestand zweitens in der Aufnahme neuer Wissensproduktion und im weiteren Ausbau des Wissenstransfers zwischen Wissenschaft und Politik. Wie waren die wirtschaftspolitischen Beratungsinstitutionen aufgebaut? Wie funktionierte ihre Wissensproduktion? Und welche Bedeutung hatte wissenschaftliche Expertise für die jeweilige wirtschaftspolitische Praxis? Drittens gilt es, die von der Politikberatung bereitgestellten Wissensinhalte und Wissensformen sorgfältig zu analysieren, um auf dieser Grundlage viertens nach der politischen Rezeption der dort produzierten wissenschaftlichen Wissensbestände und deren sozialen Struktureffekten fragen zu können.

Die theoretische Modellierung dieser Fragestellung verwendet den Gesellschaftsbegriff Niklas Luhmanns, wodurch sich auch für die Begriffe »Wissen« und »gesellschaftlicher Wandel« einige zentrale Festlegungen ergeben. Gesellschaft wird nicht als Summe von Menschen, sondern als Kommunikation begriffen. Diese operiert entlang der Unterscheidung System/ Umwelt und bezeichnet die Systemseite der Unterscheidung wiederum als Gesellschaft. »Gesellschaft« ist also die Selbstbezeichnung von Kommunikation in Abgrenzung zur Umwelt, wobei der jeweils verwendete Gesellschaftsbegriff selbst historischen Wandlungen unterliegt. Im Kern von »Gesellschaft« stehen mithin Prozesse gesellschaftlicher Selbstbeschreibung. Bei dieser »gesellschaftlichen Selbstbeschreibung« handelt es sich um einen semantischen Prozeß, der seinerseits entscheidend zur Entstehung und Änderung der Institutionen von Gesellschaft beiträgt. Gesellschaftlicher Wandel kann daher nur ein Zusammenspiel von semantischem und sozialstrukturellem bzw. institutionellem Wandel sein: Es gibt keinen gesellschaftlichen Wandel ohne Variierungen der gesellschaftlichen Selbstbeschreibung, die sich aber stets auf einen historischen Strukturbestand und dessen Änderungen (sozialer Wandel) beziehen müssen. Hier hat auch der Wissensbegriff seinen Platz: Wissen ist eine kommunikativ (also innerhalb der Gesellschaft stattfindende und damit selbst historisch) genutzte Unterscheidung, um den Umgang mit Bedeutungen zu dirigieren. Wissen ist also nicht überzeitlich und umfassend, sondern seine Bezugsgröße ist stets das soziale System zu einem bestimmten historischen Zeitpunkt.[7] Mit dem Begriff der »Semantik«[8] kann man nun jene Wissensbestände bezeichnen, die der Gesellschaft zuzurechnen und die in der gesellschaftlichen Kommunikation aufgehoben sind. Seine Verwendung ist vor allem deshalb von Vorteil, weil die Relation von Gesellschaftsstruktur und Semantik evolutionär und nicht-hierarchisch konzipiert ist: Das Hervortreiben von semantischen Variationen als autopoietischer Prozeß wird über den Mechanismus der Selektion an die Gesellschaftsstruktur zurückgebunden. Nur semantische Innovationen, die sich in der sozialen Kommunikation bewähren, setzen sich durch und können sich dauerhaft als vorherrschende Sinnverarbeitungsregeln etablieren. Erst danach erfolgt eine Stabilisierung in Form von Systematisierung und Sortierung, welche die Sinnproduktion leichter erlern- und erinnerbar macht.[9]

7 Niklas Luhmann: Die Gesellschaft der Gesellschaft. Zweiter Teilband, Frankfurt am Main 1997, S. 776–801.

8 Ders.: Gesellschaftliche Struktur und semantische Tradition. In: Ders.: Gesellschaftsstruktur und Semantik. Studien zur Wissenssoziologie der modernen Gesellschaft Bd. 1, Frankfurt am Main 1980, S. 9–71, hier: 44 ff.

9 Frank Becker; Elke Reinhardt-Becker: Systemtheorie. Eine Einführung für die Geschichts- und Kulturwissenschaften,. Frankfurt am Main 2001, S. 154–157; ohne das Evolutionskonzept, aber mit besonderer Betonung der Kommunikation nun Ute Frevert: Neue Politikgeschichte. Konzepte und Herausforderungen. In:

Mit diesem Konzept einer »wirtschaftspolitischen Semantik« kann begrifflich sichergestellt werden, daß Veränderungen des Wissens über die Gesellschaft und der soziale Wandel gleichmäßig erfaßt und aufeinander bezogen werden. In der Bundesrepublik läßt sich der gesellschaftliche Strukturwandel durch die grundlegenden sozialhistorischen Daten, die Veränderung der Familienstruktur, der Konsumausgaben usw. beschreiben. Die rasche und tiefgreifende Veränderung der sozialen und ökonomischen Verhältnisse löste in Wirtschaftswissenschaft und Wirtschaftspolitik semantische Reaktionen aus, deren Untersuchung im Mittelpunkt dieser Studie steht. Dieser Zusammenhang von Strukturwandel und Semantik wird an der Schnittstelle von Wissenschaft und Politik in den Blick genommen, also dort, wo verschiedene Institutionen der Politikberatung während der sechziger Jahre nachhaltig an Bedeutung gewannen. An diesen Stellen, die das Wissen der Politik und der Wissenschaft über die Gesellschaft synchronisierten, wird die sich wandelnde wirtschaftspolitische Semantik ebenso greifbar wie der Wandel der gesellschaftlichen Selbstbeschreibung. Es soll also die Frage beantwortet werden, ob und wie genau das sich im Zeitablauf ändernde Wissen über die sich wandelnde Gesellschaft für die Wirtschaftspolitik handlungsleitend wurde, wie sich dabei die Geltung und Funktion wissenschaftlichen Wissens in der Politik veränderte und wie sich dies insgesamt auf die Wirtschaftspolitik auswirkte. Im Zentrum steht dabei die These, daß aus der Erkenntnis gesellschaftlicher Komplexität und dem Verlust des Vertrauens in eindeutige Handlungsanweisungen wissenschaftlicher Expertise eine »Pragmatisierung« der Wirtschaftspolitik resultierte. Diese war gleichermaßen Faktor und Indikator grundlegend gewandelter gesellschaftlicher Ordnungsvorstellungen, die ebenfalls ihre Verbindlichkeit verloren.[10]

Die einschneidenden gesellschaftlichen und ökonomischen Strukturveränderungen sowie die damit verbundenen Wandlungen gesellschaftlicher Selbstwahrnehmung und Selbstbeschreibung, die in der Bundesrepublik der sechziger und siebziger Jahre zu beobachten sind, wurden von der Geschichtswissenschaft bislang nicht systematisch untersucht. Sie waren fast ausschließlich Forschungsgegenstand der Sozial- und Politikwissenschaften.[11] Deren Interpretationen erweiterten dabei den Begriff des Strukturwandels, der nun über sektorale ökonomische Veränderungen hinauswies und bis in soziale und kulturelle Bereiche reichte, etwa indem gesellschaftliche Individualisierungsprozesse untersucht wurden. Zugleich wurde ein Ende der »alten Gesellschaft« diagnostiziert und die mit der Individualisierung eng verbundene gesellschaftliche Komplexität herausgestellt.[12] Daß sich die Gesellschaft der Bundesrepublik während der achtziger Jahre diametral von jener der frühen sechziger Jahre unter-

---

Dies. u. Heinz-Gerhard Haupt (Hg.): Neue Politikgeschichte. Perspektiven einer historischen Politikforschung (Historische Politikforschung, Bd. 1), Frankfurt am Main 2005, S. 7–26.

10 Das Begriffspaar wird hier und im folgenden verwendet in Anlehnung an Reinhart Koselleck: Begriffsgeschichte und Sozialgeschichte. In: Ders.: Vergangene Zukunft. Zur Semantik geschichtlicher Zeiten, Frankfurt am Main 1995, S. 107–129.

11 Die einschlägige historiographische Untersuchung endet bezeichnenderweise mit den frühen sechziger Jahren, da hier die bislang prägenden Beschreibungsmodelle ausliefen, vgl. Paul Nolte: Die Ordnung der deutschen Gesellschaft. Selbstentwurf und Selbstbeschreibung im 20. Jahrhundert, München 2000.

12 Daniel Bell: Die nachindustrielle Gesellschaft, Frankfurt am Main 1975; Lucien Kern (Hg.): Probleme der postindustriellen Gesellschaft, Köln 1976; Thomas Achatz; Franz Haslinger: »Postmaterialismus«, Arbeitslosigkeit und Arbeitszeitverkürzung. In: Hans-Joachim Hoffmann-Nowotny; Friedhelm Gehrmann (Hg.): Ansprüche an die Arbeit, Frankfurt am Main 1984; Ulrich Beck: Risikogesellschaft. Auf dem Weg in eine andere Moderne, Frankfurt am Main 1986; ders. u. Elisabeth Beck-Gernsheim (Hg.): Riskante Freiheiten. Individualisierung in modernen Gesellschaften, Frankfurt am Main 1994.

schied und daß der überkommene, an den soziologischen Klassikern orientierte Gesellschaftsbegriff selbst einer grundlegenden Revision bedurfte – dies war von den Sozialwissenschaften somit bereits als Problem aufgeworfen worden.[13]

Freilich wandelten sich mit den Diagnosen der Veränderung zugleich auch die Muster der Selbstbeschreibung und deren Konstitutionsformen. Gingen die älteren Gesellschaftsbegriffe immer noch von einer abzubildenden sozialen Realität aus, wurden Selbstbeschreibungen nun zunehmend als kontextabhängig wahrgenommen und verloren entsprechend an Verbindlichkeit.[14] Die Debatte über die Postmoderne radikalisierte diese Vorstellungen, indem sie mit der Auflösung traditioneller gesellschaftlicher Strukturen zugleich die Unmöglichkeit verbindlicher gesellschaftlicher Selbstdefinition postulierte.[15] Hierzu trug nicht zuletzt die Schwäche mancher Theorien von »Postmoderne« und »Risikogesellschaft« bei, die ja stets auch normative Momente enthielten. Damit blieben sie ihrerseits im gesellschaftlichen Strukturwandel nicht widerspruchsfrei, da sie selbst ein Teil des zu beschreibenden Wandlungsphänomens waren. Insofern bleibt die historische Analyse des Zusammenhanges von wissenschaftlichem Wissen und gesellschaftlichem Wandel zwischen den sechziger und den achtziger Jahren trotz einer beeindruckenden sozialwissenschaftlichen Forschung zum gesellschaftlichen Strukturwandel ein Desiderat.

Die Geschichtsschreibung hingegen hat sich der zweiten Hälfte des 20. Jahrhunderts seit einiger Zeit verstärkt zugewandt. Waren die einschlägigen Arbeiten dabei zunächst vorwiegend auf die »langen fünfziger Jahre«[16] konzentriert, entstanden in den letzten Jahren mehrere Überblicksdarstellungen,[17] in denen die siebziger Jahre als wirtschafts- und sozialhistorische Zäsur deutlich in Erscheinung treten. Sie markieren jedoch in erster Linie jene Felder, die einer gesonderten Erforschung bedürfen.[18] Empirisch hat sich die zeithistorische Forschung vor allem der sechziger Jahre angenommen, wobei sozial-, kultur- und wirtschaftshistorische Zusammenhänge von Sammelbänden abgedeckt werden, welche die gesamte Epoche der

---

13 Luhmann, Gesellschaft der Gesellschaft.

14 Grundsätzlich Niklas Luhmann: Die Wissenschaft der Gesellschaft, Frankfurt am Main 1994; auch die ältere Arbeit von Berger und Luckmann wurde wieder verstärkt rezipiert, Peter L. Berger; Thomas Luckmann: Die gesellschaftliche Konstruktion der Wirklichkeit, Frankfurt am Main 1969.

15 Wolfgang Welsch: Unsere postmoderne Moderne, 3. Aufl. Weinheim 1991.; Stefan Hradil: Vom Mangel an Mitteln zum Zweifel an Zielen. Die »Postmoderne« zwischen Modernisierungserfolg und Modernitätskritik. In: Brunhilde Scheuringer (Hg.): Wertorientierungen und Zweckrationalität, Opladen 1990.

16 Werner Abelshauser: Die langen fünfziger Jahre. Wirtschaft und Gesellschaft der Bundesrepublik Deutschland 1949–1966, Düsseldorf 1987; Axel Schildt; Arnold Sywottek (Hg.): Modernisierung im Wiederaufbau. Die westdeutsche Gesellschaft der 50er Jahre, Bonn 1993.

17 Ohne Anspruch auf Vollständigkeit Konrad H. Jarausch: Die Umkehr. Deutsche Wandlungen 1945–1995, München 2004; Werner Abelshauser: Deutsche Wirtschaftsgeschichte seit 1945, München 2004; Detlef Junker (Hg.): Die USA und Deutschland im Zeitalter des Kalten Krieges 1945–1990. Ein Handbuch, 2 Bde., Stuttgart 2001; Manfred Görtemaker: Geschichte der Bundesrepublik Deutschland. Von der Gründung bis zur Gegenwart, München 1999; Thomas Ellwein: Krisen und Reformen. Die Bundesrepublik seit den sechziger Jahren, München ²1993.

18 Der jüngste Überblick über die Geschichte der Bundesrepublik seit Ende der Großen Koalition möchte daher ganz explizit »Forschungsfelder« konturieren. Andreas Rödder: Die Bundesrepublik Deutschland 1969–1990, München 2004; der erste zeithistorische Sammelband über die siebziger Jahre kommt freilich ohne einen Beitrag zur wirtschaftlichen Entwicklung oder zur Wirtschaftspolitik aus, vgl. die Beiträge in Archiv für Sozialgeschichte 44 (2004).

Prosperität zwischen 1949 und 1973 in den Blick nehmen[19] oder erneut ein »langes Jahrzehnt« zwischen 1957 und 1974 favorisieren.[20] Die Betrachtung langer Zeiträume zielt erstens darauf, das von der Öffentlichkeit bis heute mit scharfen Zuspitzungen versehene Ereignis »Achtundsechzig« wenn schon nicht zu relativieren, so doch in den Kontext des sozialen und politischen Wandels zu stellen und damit zu einer angemessenen Historisierung der Protestbewegung beizutragen. Zweitens wird nach der »Bedeutung der sechziger Jahre für die Geschichte der Bundesrepublik«[21], nach dem historischen »Ort« der sechziger Jahre gefragt.[22] In diesem Kontext stehen die Interpretationsangebote von »Liberalisierung«, »Westernisierung« oder »Umgründung der Republik«, die alle den »entscheidenden politischen und gesellschaftlichen Wandel« herausstellen.[23] Und drittens tritt die Dekade schließlich als »Scharnierjahrzehnt«[24] zwischen Wiederaufbau und Gegenwart hervor: Prospektiv wird hier nach dem spezifisch Neuen gegenüber den Jahren des Wiederaufbaus, retrospektiv nach der Vorgeschichte der Gegenwart gefragt. Die »langen« sechziger Jahre brachten demnach den Abschied von der »Klassischen Moderne« und bereiteten spätestens seit den frühen siebziger Jahren unserer Gegenwart den Boden.[25]

Die bisher erschienenen Arbeiten über die veränderte Stellung wissenschaftlichen Wissens sprechen jedoch allesamt eher für eine Perspektive, die über das Raster der Jahrzehnte hinausweist und bis in die achtziger Jahre reichen sollte. Unter den Stichworten »Verwissenschaftli-

19 Thomas Schlemmer; Hans Woller (Hg.): Bayern im Bund Bd. 1. Die Erschließung des Landes 1949 bis 1973 (Quellen und Darstellungen zur Zeitgeschichte Bd. 52), München 2001; Dies.: Bayern im Bund Bd. 2. Gesellschaft im Wandel 1949 bis 1973, München 2002; Ulrich Herbert (Hg.): Wandlungsprozesse in Westdeutschland. Belastung, Integration, Liberalisierung 1945–1980, Göttingen 2002; Hanna Schissler (Hg.): The Miracle Years. A Cultural History of West Germany 1949–1968, Princeton 2001.

20 Matthias Frese; Julia Paulus; Karl Teppe (Hg.): Demokratisierung und gesellschaftlicher Aufbruch. Die sechziger Jahre als Wendezeit der Bundesrepublik, Paderborn 2003; Axel Schildt; Detlef Siegfried; Karl Christian Lammers (Hg): Dynamische Zeiten. Die 60er Jahre in der Entwicklung der beiden deutschen Gesellschaften, Hamburg 2000.

21 So etwa Klaus Schönhoven: Aufbruch in die sozialliberale Ära. Zur Bedeutung der 60er Jahre in der Geschichte der Bundesrepublik. In: Geschichte und Gesellschaft 25 (1999), S. 123–145.

22 Konrad H. Jarausch: 1968 and 1989. Caesuras, Comparisons and Connections. In: Carole Fink; Philipp Gassert; Detlef Junker (Hg.): 1968. The World Transformed, Cambridge/Washington 1998, S. 461–477; Claus Leggewie: A Laboratory of Postindustrial Society. Reassessing the 1960s in Germany. Ebd. S. 277–294; Matthias Frese; Julia Paulus: Geschwindigkeiten und Faktoren des Wandels – die 1960er Jahre in der Bundesrepublik. In: Demokratisierung und gesellschaftlicher Aufbruch, S. 1–23. Jürgen Zinnecker: Milieuauflösung und Generationenwandel. Ebd. S. 759–775.

23 Ulrich Herbert: Liberalisierung als Lernprozeß. Die Bundesrepublik in der deutschen Geschichte – eine Skizze. In: ders. (Hg.): Wandlungsprozesse in Westdeutschland. Belastung, Integration, Liberalisierung 1945–1980, Göttingen 2002, S. 7–49; Anselm Doering-Manteuffel: Westernisierung. Politisch-ideeller und gesellschaftlicher Wandel in der Bundesrepublik bis zum Ende der 60er Jahre. In: Dynamische Zeiten S. 311–341, Zitat S. 311; ders.: Wie westlich sind die Deutschen? Amerikanisierung und Westernisierung im 20. Jahrhundert, Göttingen 1999; Görtemaker, Geschichte der Bundesrepublik S. 475.

24 Axel Schildt; Detlef Siegfrid; Karl Christian Lammers: Einleitung. In: Dynamische Zeiten S. 11–20, hier: 13; Matthias Frese; Julia Paulus: Geschwindigkeiten und Faktoren des Wandels – die 1960er Jahre in der Bundesrepublik. In: Demokratisierung und gesellschaftlicher Aufbruch S. 1–23.

25 So z. B. bei Gabriele Metzler: Am Ende aller Krisen? Politisches Denken und Handeln in der Bundesrepublik der sechziger Jahre. In: Historische Zeitschrift 275 (2002), S. 57–103, hier: 62 ff. in Anlehnung an Detlef K. Peukert: Die Weimarer Republik. Krisenjahre der Klassischen Moderne, Frankfurt am Main 1987, S. 11 ff.

chung der Politik«[26] und »Planung«[27] rückten auch die in den »langen sechziger Jahren« stark expandierenden Institutionen der Politikberatung und die nachhaltig aufgewertete Stellung wissenschaftlicher Expertise in den Blick.[28] Diese neueren Forschungen stehen durchaus im Kontext einer bei weitem noch nicht abgeschlossenen Debatte über die angemessene Historisierung des Konzepts der »Wissensgesellschaft«.[29] Bislang beschränkte sich die Auseinandersetzung mit diesen zentralen »Signaturen« der sechziger Jahre allerdings zu sehr auf die reine Institutionalisierung von Planung und politischer Beratung sowie auf die daran anknüpfenden gesellschaftlichen »Diskurse«. Hingegen blieben die Inhalte des in den Institutionen der wissenschaftlichen Politikberatung produzierten Wissens ebenso wie die Mechanismen des Wissenstransfers weitgehend außen vor.[30] Außerdem ging das Forschungsinteresse noch nicht über die frühen siebziger Jahre hinaus. Die langfristigen Folgen einer »verwissenschaftlichten« Politik, wie sie hier untersucht werden sollen, werden damit jedoch vollständig ausgeblendet. Die sozialwissenschaftliche Literatur hingegen konzentriert sich auf genau diese von der Geschichtswissenschaft bisher vernachlässigten Folgewirkungen und die seit den sechziger Jahren immer enger werdende strukturelle Kopplung von Wissenschaft, Wirtschaft, Politik und Medien, zieht dabei jedoch nur gelegentlich historische Beispiele hinzu und bleibt damit empirisch der Gegenwartsdiagnose verhaftet.[31]

---

26 Dazu bereits Lutz Raphael: Die Verwissenschaftlichung des Sozialen als methodische und konzeptionelle Herausforderung für eine Sozialgeschichte des 20. Jahrhunderts. In: Geschichte und Gesellschaft 22 (1996), S. 165–193; instruktiv nach wie vor Ulrich Beck; Wolfgang Bonß: Verwissenschaftlichung ohne Aufklärung? Zum Strukturwandel von Sozialwissenschaft und Praxis. In: Dies. (Hg.): Weder Sozialtechnologie noch Aufklärung? Frankfurt am Main 1989, S. 7–45.

27 Michael Ruck: Ein kurzer Sommer der konkreten Utopie. Zur westdeutschen Planungsgeschichte der langen 60er Jahre. In: Dynamische Zeiten, S. 362–401; Metzler, Krisen; dies.: »Geborgenheit im gesicherten Fortschritt«. Das Jahrzehnt von Planbarkeit und Machbarkeit. In: Demokratisierung und gesellschaftlicher Aufbruch, S. 777–797; Stefan Grüner: Staatliche Planung und sozialer Wandel in den sechziger Jahren – Überlegungen zu einem Forschungsprojekt zur Geschichte Bayerns nach 1945. In: Theresia Bauer; Winfried Süß (Hg.): NS-Diktatur, DDR, Bundesrepublik. Drei Zeitgeschichten des vereinigten Deutschland, Neuried 2000, S. 263–286; Winfried Süß: »Wer aber denkt für das Ganze?« Aufstieg und Fall der ressortübergreifenden Planung im Bundeskanzleramt. In: Demokratisierung und gesellschaftlicher Aufbruch, S. 349–377.

28 Einen ausgezeichneten Überblick bietet nun Wilfried Rudloff: Einleitung. Politikberatung als Gegenstand historischer Betrachtung. Forschungsstand, neue Befunde, übergreifende Fragestellungen. In: Stefan Fisch, Wilfried Rudloff (Hg.): Experten und Politik. Wissenschaftliche Politikberatung in historischer Perspektive (Schriftenreihe der Hochschule Speyer Bd. 168), Berlin 2004, S. 13–57; vgl. auch ders.: Verwissenschaftlichung der Politik? Wissenschaftliche Politikberatung in den sechziger Jahren. In: Peter Collin; Thomas Horstmann (Hg.): Das Wissen des Staates (Rechtspolitologie, Bd. 17), Baden-Baden 2004, S. 216–257.

29 Das Konzept erstmals bei Robert E. Lane: The decline of Politics and Ideology in a Knowledgeable Society. In: American Sociological Review 31 (1966), S. 649–662; für die jüngste Debatte Jakob Vogel: Von der Wissenschafts- zur Wissensgeschichte. Für eine Historisierung der »Wissensgesellschaft. In: Geschichte und Gesellschaft 30 (2004), S. 639–660; Margit Szöllösi-Janze: Wissensgesellschaft in Deutschland: Überlegungen zur Neubestimmung der deutschen Zeitgeschichte über Verwissenschaftlichungsprozesse, ebd. S. 277–313.

30 Typisch etwa Gabriele Metzler: Konzeptionen politischen Handelns von Adenauer bis Brandt. Politische Planung in der pluralistischen Gesellschaft, Paderborn 2005; dies.: Versachlichung statt Interessenpolitik. Der Sachverständigenrat zur Begutachtung der gesamtwirtschaftlichen Entwicklung. In: Fisch/Rudloff, Experten und Politik S. 127–152.

31 Peter Weingart: Die Stunde der Wahrheit? Zum Verhältnis der Wissenschaft zu Politik, Wirtschaft und Medien in der Wissensgesellschaft, Weilerswist 2001; einige Hinweise bei Nico Stehr: Wissen und Wirtschaften. Die gesellschaftlichen Grundlagen der modernen Ökonomie, Frankfurt am Main 2001.

Von diesem Muster weicht bis dato lediglich die Arbeit von Alexander Nützenadel ab.[32] Sie nimmt die wirtschaftspolitischen Wissensbestände auch inhaltlich in den Blick, legt ihren empirischen und darstellerischen Schwerpunkt aber auf den Zeitraum zwischen 1950 und 1966. Die Zeit der ersten Großen Koalition nimmt dort nur noch geringen Raum ein, und die Phase bis zur ersten Ölpreiskrise wird lediglich in einem knappen Ausblick betrachtet. Der langsame »Aufstieg« des Leitbilds der »Verwissenschaftlichung« in der bundesrepublikanischen Wirtschaftspolitik ist also empirisch bereits bestens erforscht, so daß dieser Aspekt im folgenden weitgehend ausgeblendet werden kann. In anderen Studien wurden die Konturen der ab Mitte der sechziger Jahre dann zunehmend als überkommen empfundenen Konzeptionen von Wirtschaftspolitik deutlicher gezeichnet, indem etwa die noch bis Anfang der siebziger Jahre immer wieder auflebende Debatte über den Bundeswirtschaftsrat rekonstruiert wurde,[33] und über die Institutionen- und Organisationsgeschichte des Bundesministeriums für Wirtschaft (BMWi) und seine politischen Leitbilder bis in die frühen sechziger Jahre informiert nun eine monumentale Studie.[34] Auch die Institution der Konzertierten Aktion rückte in den Blick,[35] während mit dem Arbeitsförderungsgesetz eines der zentralen sozialpolitischen Gesetzeswerke der sechziger Jahre als Fanal der Planungseuphorie interpretiert wurde.[36] Außerdem liegen Arbeiten über die beiden Volksparteien bis zum Ende der sechziger Jahre vor,[37] und auch der wissenschaftlich fundierte Kenntnisstand über wichtige politische Akteure ist erweitert worden.[38] Drei Studien müssen besonders hervorgehoben werden, weil sie einige Hinweise auf den in den sechziger Jahren beginnenden Wandel der gesellschaftlichen Selbstbeschreibung geben: So spiegelte der Wandel der politischen Reaktionen auf die seit Ende der fünfziger Jahre anhaltende Ruhrbergbaukrise die Erosion der überkommenen Gesellschaftsbilder, indem die großstadtfeindliche Politik ihre Furcht vor der »Vermassung« ablegte und sich ganz den technokratischen Modellen von »Gemeinschaftsaufgaben« und »Strukturpoli-

32 Alexander Nützenadel: Stunde der Ökonomen. Wissenschaft, Politik und Expertenkultur in der Bundesrepublik 1949–1974 (Kritische Studien zur Geschichtswissenschaft, Bd. 166), Göttingen 2005.

33 Alexander Nützenadel: Wirtschaftliche Interessenvertretung in der parlamentarischen Demokratie. Die Debatte über den Bundeswirtschaftsrat in den fünfziger Jahren. In: VfZ 2 (2003), S. 229–260.

34 Bernhard Löffler: Soziale Marktwirtschaft und administrative Praxis. Das Bundeswirtschaftsministerium unter Ludwig Erhard, Stuttgart 2002.

35 Andrea Rehling: Die Konzertierte Aktion. Stabilisierungsstrategie oder Fanal der Unregierbarkeit? In: Jörg Calließ (Hg.): Die Reformzeit des Erfolgsmodells BRD. Die Nachgeborenen erforschen die Jahre, die ihre Eltern und Lehrer geprägt haben (Loccumer Protokolle 19/03), Rehburg-Loccum 2004, S. 355–365.

36 Georg Altmann: Aktive Arbeitsmarktpolitik. Entstehung und Wirkung eines Reformkonzepts in der Bundesrepublik Deutschland (VSWG-Beiheft 176), Stuttgart 2004; ders.: Vollbeschäftigung durch Planung? Das Reformprojekt »Vorausschauende Arbeitsmarktpolitik« in den 1960er Jahren. In: Demokratisierung und gesellschaftlicher Aufbruch, S. 283–304; ders.: Technischer Fortschritt und Sozialpolitik in den 1960er Jahren: Das Arbeitsförderungsgesetz. In: Bauer/Süß, Drei Zeitgeschichten S. 287–304.

37 Frank Bösch: Die Adenauer-CDU, Stuttgart 2001; Klaus Schönhoven: Wendejahre. Die Sozialdemokratie in der Zeit der Großen Koalition 1966–1969 (Die deutsche Sozialdemokratie nach 1945, Bd. 2), Bonn 2004; Julia Angster: Konsenskapitalismus und Sozialdemokratie. Die Westernisierung von SPD und DGB, München 2003; Dies.: Der neue Stil. Die Amerikanisierung des Wahlkampfes und der Wandel im Politikverständnis bei CDU und SPD in den 1960er Jahren. In: Demokratisierung und gesellschaftlicher Aufbruch, S. 181–204.

38 Philipp Gassert: Kurt-Georg Kiesinger 1904–1988. Kanzler zwischen den Zeiten, München 2006; Hartmut Soell: Helmut Schmidt 1918–1969. Vernunft und Leidenschaft, München 2003 (Bd. 2 war bei Redaktionsschluß noch nicht erschienen); Gregor Schöllgen: Willy Brandt. Die Biographie, Berlin 2001; Udo Kempf; Hans-Georg Merz (Hg.): Kanzler und Minister 1949–1998. Biografisches Lexikon der deutschen Bundesregierungen, Wiesbaden 2001.

tik« hingab.[39] Und auch mit der intellektuellen Neudefinition von Öffentlichkeit wurde in den sechziger Jahren das Verhältnis von Staat und Gesellschaft und damit die Rollenzuschreibung für Politiker und Staatsbürger verändert.[40] Derartige Konflikte, die mit der beginnenden Auflösung der strikten Trennung zwischen Staat und Gesellschaft zur Zeit der Großen Koalition virulent wurden, spiegelten sich zudem in der Debatte um die »Demokratisierung« der Gesellschaft.[41] Freilich bleiben diese Hinweise unsystematisch, was auch daran liegen mag, daß Noltes Studie über die »Ordnung der deutschen Gesellschaft« zwar breit rezipiert, jedoch gründlich mißverstanden wurde – diesen Anschein hat es jedenfalls, wenn die »gesellschaftliche Selbstbeschreibung« auf eine reine »Beschreibung der Gesellschaft« reduziert und dann nach Akteuren der sich wandelnden Beschreibung gefahndet wird.[42] Noltes Studie hatte einen großen Teil ihrer Faszination aus der »epistemologischen Besonderheit« der Soziologie gezogen: Diese ist selbst Bestandteil dessen, was sie zu beschreiben versucht, so daß ihre Begriffe und Kategorien ein besonders prominenter – reflexiver – Teil der gesellschaftlichen Selbstbeschreibung sind. Noltes methodischer Hinweis auf Luhmanns Konzept der gesellschaftlichen Selbstbeschreibung kann aber nur bedeuten, daß die Beschränkung auf die Soziologie eine rein pragmatische Setzung war, denn die gesellschaftlichen Ordnungsvorstellungen können ebenso gut auf der Grundlage von historischer, pädagogischer oder wirtschaftswissenschaftlicher Literatur, von Bundestagsdebatten oder Zeitungsartikeln rekonstruiert werden.[43]

Den wirtschaftspolitischen Konzeptionen, welche die Geschichte der Bundesrepublik im Verlauf der siebziger Jahre bestimmten, hat sich nun erstmals auch die wirtschaftshistorische Forschung in einigen kürzeren Beiträgen zugewandt, wobei vor allem der parallel verlaufende Untergang des Weltwährungssystems von Bretton Woods und die wissenschaftliche Diskreditierung des Keynesianismus während der siebziger Jahre im Mittelpunkt stand.[44] In der wirtschaftswissenschaftlichen Literatur rückte zudem der mit dem wirtschaftstheoretischen Paradigmenwechsel der siebziger Jahre verbundene wirtschaftspolitische Übergang vom Keynesianismus zum Monetarismus wieder stärker ins Blickfeld, so etwa, wenn Polanyis Konzept der »Großen Transformation« auf den Wandel zur Angebotspolitik übertragen wurde.[45] Vor dem gleichen Hintergrund entstanden Arbeiten aus dem Bereich der Wirtschafts- und Sozialwissenschaften, die nach der Wirksamkeit von Institutionen der Politikberatung fragten. Hierbei wurde auch der »Sachverständigenrat zur Begutachtung der gesamtwirtschaftlichen Entwicklung« wiederholt zum Forschungsgegenstand – allerdings wurde fast

39 Christoph Nonn: Die Ruhrbergbaukrise. Entindustrialisierung und Politik 1958–1969, Göttingen 2001.

40 Christina von Hodenberg: Konsens und Krise. Eine Geschichte der westdeutschen Medienöffentlichkeit 1945–1973 (Moderne Zeit, Bd. 12), Göttingen 2006; dies.: Konkurrierende Konzepte von »Öffentlichkeit« in der Orientierungskrise der 60er Jahre. In: Demokratisierung und gesellschaftlicher Aufbruch, S. 205–226.

41 Moritz Scheibe: Auf der Suche nach der demokratischen Gesellschaft. In: Wandlungsprozesse in Westdeutschland, S. 245–277.

42 So etwa Metzler, Konzeptionen S. 20 ff.

43 Nolte, Ordnung S. 16 ff.; vgl. auch ganz ähnlich, allerdings für einen früheren Zeitraum Ulrich Bielefeld: Nation und Gesellschaft. Selbstthematisierung in Frankreich und Deutschland, Hamburg 2003, S. 51.

44 Vgl. die Beiträge im Themenheft des Jahrbuchs für Wirtschaftsgeschichte; besonders hervorzuheben ist Hansjörg Siegenthaler: Das Ende des Keynesianismus als Gegenstand keynesianischer Interpretation. In: Jahrbuch für Wirtschaftsgeschichte 1/2002, S. 237–245.

45 Mark Blyth: Great Transformations. Economic Ideas and Institutional Change in the Twentieth Century, Cambridge 2002.

ausschließlich nach der Wirksamkeit unterschiedlicher theoretischer Modelle, nach einer Verbesserung des Beratungserfolgs oder seiner institutionellen Gründungsgeschichte gefragt.[46]

Trotz der Vielfalt dieser neueren Forschungen bleibt die Untersuchung des Zusammenspiels von sozialem und semantischem Wandel im Bereich der Wirtschaftspolitik für den Zeitraum 1966 bis 1982 ein Desiderat. Die historische Forschung betrachtet die Wachstums-, Planungs- und Wissenschaftseuphorie seit der kulturalistischen Wende zwar längst nicht mehr als »wahr« oder »falsch« im Lichte gegenwärtiger Vorstellungen.[47] Die Identifizierung zeitgenössischer »Diskurse« und die Betonung ihrer Bedeutung reicht allein für befriedigende Antworten auf die Frage nach den Ursachen und Wirkungen der Wissenschafts- und Planungseuphorie aber nicht aus. Auf der institutionellen Ebene sollen die expandierenden Beratungskapazitäten zur »Verwissenschaftlichung« der Politik geführt haben. Diese Vermehrung der Beratungseinrichtungen wird aber nicht erklärt, sondern vage auf gesellschaftliche Bedürfnisse, auf die grassierende Planungseuphorie und damit letztlich auf einen veränderten »Zeitgeist« zurückgeführt.[48] Diese Argumentation ist fragwürdig, weil sie zirkulär verläuft, und sie kann auch zwei zentrale Fragen nicht beantworten: Warum rückte die Diskussion über die »Verwissenschaftlichung« der Politik in den sechziger Jahren so sehr in den Mittelpunkt, obwohl die Institutionen des Wissenstransfers zu diesem Zeitpunkt längst kein neuartiges Phänomen mehr waren? Und warum blieben diese Beratungskapazitäten nach der Entzauberung von Wissenschaft und Planung in den siebziger Jahren nicht nur bestehen, sondern expandierten sogar noch weiter?

Aus diesen konzeptionellen Überlegungen und dem bisherigen Stand der Forschung folgen Vorgehensweise und Aufbau dieser Studie. Ihr Rückgriff auf Begriffe und Konzeptionen der Systemtheorie soll kein Selbstzweck sein, soll nicht dazu dienen, ein Theorieangebot in der Praxis zu »testen« oder »anzuwenden«.[49] Der Theoriebezug dieser geschichtswissenschaftlichen Untersuchung liegt in zwei Punkten: Erstens will sie klar definierte Begriffe (»Semantik« und »gesellschaftliche Selbstbeschreibung«) verwenden. Zweitens verweist die Vorgehensweise dieser Arbeit unmittelbar auf die theoretischen Aspekte der Fragestellung. Sie stellt die Expertise des »Sachverständigenrates zur Begutachtung der gesamtwirtschaftlichen Entwicklung« ganz in den Mittelpunkt. Konzeptionell wird der Sachverständigenrat als typische Schnittstelle von Wissenschaft und Politik betrachtet, die das Wissen der Politik und der Wis-

---

46 Sachverständigenrat zur Begutachtung der gesamtwirtschaftlichen Entwicklung (Hg.): Vierzig Jahre Sachverständigenrat 1963–2003, Wiesbaden 2003; Ansgar Strätling: Sachverständiger Rat im Wandel, Marburg 2001; Susanne Cassel: Politikberatung und Politikerberatung, Stuttgart 2001; Stephen Hilgartner: Science on Stage. Expert Advice as Public Drama, Stanford 2000; C. Christian von Weizsäcker: Der Einfluß der Volkswirtschaftslehre auf die Wirtschaftspolitik. In: Uwe Jens; Hajo Romahn (Hg.): Der Einfluß der Wissenschaft auf die Politik, Marburg 2002, S. 35–57; Bert Rürup; Kilian Bizer: Der Sachverständigenrat und sein Einfluß auf die Politik. Ebd., S. 59–73; Hajo Romahn: Wissenschaftliche Beratung der Politik – alte Ansprüche in neuer Perspektive. Ebd., S. 143–160; In historischer Perspektive: Alexander Nützenadel: Wissenschaftliche Politikberatung in der Bundesrepublik. Die Gründung des Sachverständigenrats zur Begutachtung der gesamtwirtschaftlichen Lage 1963. In: VSWG, 3 (2002), S. 288–306.

47 Dazu Andreas Rödder: Das »Modell Deutschland« zwischen Erfolgsgeschichte und Verfallsdiagnose. In: Viertelsjahrshefte für Zeitgeschichte 54 (2006), S. 345–363; vgl. auch Jürgen Bossmann: »Arrested Development«? Obsessionen im Wachstumsdenken. In: Michael Jeismann (Hg.): Obsessionen. Beherrschende Gedanken im wissenschaftlichen Zeitalter, Frankfurt am Main 1995, S. 26–78.

48 Ebd., S. 95 f.; Ruck: Planungsgeschichte (wie Anm. 7), S. 383 ff.

49 Typisch etwa die Beiträge in Frank Becker (Hg.): Geschichte und Systemtheorie. Exemplarische Fallstudien, Frankfurt am Main 2004.

senschaft über die Gesellschaft durch Mechanismen des Wissenstransfers (der als wechselseitige Irritation zu verstehen ist) jeweils synchronisierte. Das Verhältnis von Wissenschaft und Politik wird dabei als rekursiv aufgefaßt: Expertise beeinflußt die Politik und zeitigt damit sozioökonomische Struktureffekte. Diese wirken ihrerseits auf die Wissenschaft zurück, veranlassen neue Wissensproduktion, stürzen das wissenschaftliche Wissen womöglich in Plausibilitätskrisen. Dieser rekursive Mechanismus aus »challenge and response"[50] kann in der Wirtschaftspolitik der frühen siebziger Jahre mustergültig beobachtet werden.

Daher berücksichtigt die Gliederung chronologische und systematische Aspekte und räumt besonders dem rekursiven Mechanismus der Beratung durchgehend besonders viel Gewicht ein. Den Ausgangspunkt bildet in einem ersten Schritt die Rekonstruktion der traditionellen gesellschaftlichen Ordnungsvorstellungen am Beginn des Untersuchungszeitraumes. Während hier der Fokus auf den »langen« fünfziger Jahren liegt, werden in einem zweiten Schritt die Konturen des sozioökonomischen Strukturwandels während der sechziger und siebziger Jahre nachgezeichnet. Damit soll einerseits die folgende Darstellung von diesen Entwicklungen entlastet, andererseits im Zusammenhang betont werden, wie grundlegend sich die gesellschaftlichen Rahmenbedingungen der Wirtschaftspolitik veränderten. Der Untersuchungszeitraum wird danach in zwei etwa gleichgroße Abschnitte gegliedert.

Der erste Abschnitt wendet sich zunächst der Institutionengeschichte der wirtschaftspolitischen Beratungseinrichtungen zu und rekonstruiert dann die Mechanismen des Wissenstransfers unter dem Leitbild der »Verwissenschaftlichung der Politik« anhand der Beratungsinhalte und der politischen Reaktionen auf die wissenschaftliche Expertise. Auf dieser Grundlage fragt er in einem zweiten Schritt nach dem Wandel der gesellschaftlichen Selbstbeschreibung, der mit dem gleichermaßen extensiven wie idealistischen Rückgriff auf wirtschaftswissenschaftliches Expertenwissen verbunden war. Dieser erste Abschnitt umfaßt die gesamte kurze Phase der »Wissenschaftseuphorie« und ihrer Ernüchterung und reicht vom Winter 1966/67 bis zum Krisenjahr 1974.

Der zweite Abschnitt umfaßt mit der Phase von 1974 bis 1982 jene Epoche, in der sich die Mechanismen und die Inhalte der wissenschaftlichen Beratung in der Wirtschaftspolitik grundlegend wandelten. Hier wird die Umstellung der wirtschaftspolitischen Semantik besonders betont. Ein zweiter Schritt rekonstruiert die Mechanismen, die zu einer endgültigen Relativierung der wissenschaftlichen Expertise führten. In einem dritten Schritt wird diese doppelte Verunsicherung auf den Verlust von verbindlichen gesellschaftlichen Ordnungsvorstellungen zurückbezogen. Ein Ausblick auf die achtziger Jahre und die abschließende Ergebnissicherung beenden die Untersuchung.

Solch ein Unterfangen steht vor einem gravierenden Quellenproblem, da mit dem offenen Konzept der gesellschaftlichen Selbstbeschreibung nahezu jede Form von veröffentlichter oder unveröffentlichter Quelle verwendet werden könnte. Gleichzeitig standen amtliche Quellen aus öffentlicher Überlieferung wegen der üblichen Archivsperrfristen aber nur bis in die frühen siebziger Jahre zur Verfügung. Wegen der theoretischen Modellierung und der Stoßrichtung der Fragestellung war jedoch von vornherein ausgeschlossen, den Untersuchungszeitraum in Anlehnung an die Zugänglichkeit des öffentlichen Archivguts lediglich auf die »langen« sechziger Jahre zu beschränken. Daher schlug sich die theorieorientierte Herangehensweise besonders deutlich in der Auswahl des Quellenmaterials nieder. Die Unter-

50 Siegenthaler, Ende des Keynesianismus S. 239.

suchung basiert einerseits auf einem seriellen Quellenkorpus, der für den gesamten Zeitraum durchgängig zur Verfügung steht. Dies sind die Jahres- und Sondergutachten des »Sachverständigenrates zur Begutachtung der gesamtwirtschaftlichen Entwicklung« sowie die Reaktionen der Bundesregierung auf die Gutachten in Form der Jahreswirtschaftsberichte. Ergänzend wurden andererseits Regierungserklärungen, Parlamentsdebatten, Gutachten des wissenschaftlichen Beirates beim Bundeswirtschaftsministerium und Presseartikel hinzugezogen. Archivquellen wurden, sofern die Sperrfristen dies zuließen, lediglich verwendet, um den Mechanismus des Wissenstransfers transparent machen zu können. Zudem steht die Geschichtsschreibung über die Bundesrepublik seit den sechziger Jahren vor dem methodischen Problem, daß zeitgenössische sozial- und wirtschaftswissenschaftliche Arbeiten in großer Zahl und teils beachtlicher Qualität zur Verfügung stehen. Insbesondere in den siebziger Jahren differenzierte sich die Forschung so rasant aus, daß die Fachdebatten heute kaum mehr vollständig zu überblicken sind. Diese Arbeiten werden hier zwar im Literaturverzeichnis aufgeführt und wie üblich zitiert, aber ebenfalls als Quellen behandelt.

II. Ausgangspunkt und Rahmenbedingungen

1. Staat und Gesellschaft im »großen Boom«

Die Zeit des Wiederaufbaus und des allseits bestaunten westdeutschen »Wirtschaftswunders« war nicht nur eine Phase grundlegenden sozioökonomischen Wandels, der dazu führte, daß sich die Gesellschaft der Bundesrepublik binnen kürzester Frist veränderte. Die mit dem neuartigen Massenwohlstand einhergehende Umstellung der Lebensweise, ein wirtschaftlicher Strukturwandel, durch den die Landwirtschaft rasant an Bedeutung verlor und der industrielle Sektor nochmals drastisch an Gewicht gewann, schließlich die von Krieg, Flucht und Vertreibung bestimmten, gravierenden Veränderungen der Bevölkerungsstruktur – all dies führte dazu, daß mit der sozialen Gegenwart zugleich auch die gesellschaftlichen Ordnungsvorstellungen in Bewegung gerieten. In einem ersten Schritt werden daher zunächst die zentralen Motive der gesellschaftlichen Selbstbeschreibung in den »langen fünfziger Jahren«[1] zusammengefaßt. In dieser Phase verloren traditionsreiche Beschreibungsmodelle an Bedeutung, welche die Auseinandersetzungen um die Ordnung der deutschen Gesellschaft über ein halbes Jahrhundert geprägt hatten: An die Debatten über »Klassen« und »Stände« wurde mitunter zwar erneut angeknüpft, doch im Verlauf der fünfziger Jahre büßten diese Motive angesichts der sich rasant verändernden sozialen Wirklichkeit ihre Anziehungskraft weitgehend ein.

Damit war freilich kein Abschied von einer verbindlichen Beschreibung der gesellschaftlichen Realität verbunden. So wandelten sich zwar die Motive der gesellschaftlichen Selbstbeschreibung – grundsätzlich blieb es aber nach wie vor bei weithin akzeptierten, verbindlichen Beschreibungsmodellen. In einem zweiten Schritt werden diese zentralen Muster unmittelbar auf die Wirtschaftspolitik bezogen. Diese verfügte über kaum weniger verbindliche Vorstellungen von der Gesellschaft der Bundesrepublik, die sich demnach in »Schichten« und »Gruppen« gliederte. Damit korrespondierte eine Aktualisierung transzendentaler Staatskonzeptionen, die in einem dritten Schritt betrachtet werden. Bis in die sechziger Jahre hinein blieb es bei der Vorstellung, daß zwischen Staat und Gesellschaft strikt getrennt werden könne. Die Wirtschaftspolitik besaß damit einen eindeutigen Handlungsrahmen, der den Ausgangs-

1 So die klassische Epochenbezeichnung von Werner Abelshauser: Die langen fünfziger Jahre. Wirtschaft und Gesellschaft der Bundesrepublik Deutschland 1949–1966, Düsseldorf 1987; als Überblick über den sozialen Wandel zahlreiche Beiträge in Axel Schildt; Arnold Sywottek (Hg.): Modernisierung im Wiederaufbau. Die westdeutsche Gesellschaft der 50er Jahre (Politik und Gesellschaftsgeschichte Bd. 33), Bonn 1993.

punkt dieser Untersuchung bildet: Gesellschaft war einerseits unmittelbarer Bezugspunkt der Wirtschaftspolitik, da diese jederzeit auf eindeutige Informationen über den Gegenstand ihrer Entscheidungen bauen konnte, der zudem jenseits der staatlichen Sphäre lag. Zugleich war Wirtschaftspolitik andererseits Teil des sozialen Wandels, auf dessen Richtung sie selbst aktiven Einfluß nahm, und in der permanenten Analyse und Beschreibung der sozialen Realität trug sie ihren Teil zum Wandel der gesellschaftlichen Selbstbeschreibung bei.

Der Begriff der »Gesellschaft« machte seit den unmittelbaren Nachkriegsjahren eine steile Karriere, die an sich bereits höchst bemerkenswert ist. Erst seit der Wende zum 20. Jahrhundert stand »Gesellschaft« mit ihrem modernen begrifflichen Inhalt als »Denkrahmen des Sozialen und der Vergemeinschaftung« überhaupt zur Verfügung und war seither von der eigentümlichen Spannung zwischen den gebrochenen Erfahrungen der Massen- und Klassengesellschaft und der Erwartung von Einheit und Stabilität geprägt.[2] Traditionell konkurrierte der Begriff »Gesellschaft« mit anderen Konzepten der sozialen Integration wie etwa »Gemeinschaft«, »Nation«, »Volk« oder gar »Volksgemeinschaft«. In der politisch-sozialen Sprache der Nachkriegszeit waren diese Leitbegriffe freilich nicht mehr akzeptabel. Der extensive Rückgriff des Nationalsozialismus auf diese Beschreibungskategorien hatte sie politisch-ideologisch derart diskreditiert, daß die Nachkriegskarriere des Gesellschafts-Begriffs zunächst auf seine Funktion als ideologisch unbelasteter Ersatz für nationalsozialistisch »kontaminierte« Begriffe zurückzuführen ist.[3] Doch der Begriff der Gesellschaft mit seiner neuartigen Prominenz und bald universellen Verwendung war nicht nur Ersatz-Entität. In der jungen Bundesrepublik trug der Aufstieg einer an angloamerikanischen Vorbildern der empirischen Sozialforschung orientierten Soziologie und Politikwissenschaft seinen Teil dazu bei, den nüchternen Begriff der Gesellschaft populär zu machen und mit empirisch-statistischen Inhalten zu füllen. Die »Gesellschaftswissenschaften« wandten sich mit ihrem neuartigen Instrumentarium demonstrativ der Erfahrung von Gesellschaft zu und gingen in ihrer Mehrheit auf Distanz zur sozialphilosophischen und kulturkritischen Tradition ihrer Disziplinen.[4]

Die Betonung von Zukunftschancen, die mit den zeitgenössischen sozialen und ökonomischen Veränderungen einhergingen, prägte die gesellschaftliche Selbstbeschreibung der jungen Bundesrepublik. Dies zeigten besonders deutlich die Auseinandersetzungen um den Aufbau und die innere Struktur der westdeutschen Gesellschaft. So verlor die noch während der Jahre der Weimarer Republik hochideologische Verwendung der politisch-sozialen Begriffe von »Stand« und »Masse« schon in den fünfziger Jahren an Zustimmung – auch wenn sich bei CDU/CSU und FDP durchaus noch die Furcht vor »Vermassung« fand[5] oder programmatisch immer wieder eine »mittelstandsfreundliche« Politik gefordert wurde. Gleichwohl: An ständestaatliche Ideen und Gemeinschaftsvorstellungen in der Tradition Oswald Spenglers oder Othmar Spanns mit ihren Verweisen auf »stabile« gesellschaftliche Ordnungsentwürfe der

---

2 Reinhart Koselleck: »Erfahrungsraum« und »Erwartungshorizont« – zwei historische Kategorien. In: Ders.: Vergangene Zukunft. Zur Semantik geschichtlicher Zeiten, Frankfurt am Main 1979, S. 349–375; so auch die zentralen Beschreibungskategorien von Nolte, Ordnung S. 30–34, 210f.

3 Nolte, Ordnung S. 219, 244, 320ff., 336; zur Begriffsgeschichte Manfred Riedel: Art. Gesellschaft, Gemeinschaft. In: Geschichtliche Grundbegriffe Bd. 2, Stuttgart 1975, S. 801–862; ders.: Art. Gesellschaft, bürgerliche, ebd. S. 719–800.

4 Nolte, Ordnung S. 240ff., 320f.; vgl. auch Heinz Bude: Die Soziologen der Bundesrepublik. In: Merkur 46 (1992), S. 569–580.

5 Nonn, Ruhrbergbaukrise S. 229–244.

Vormoderne wurde nicht mehr angeknüpft.[6] Während die Verherrlichung des Mittelstandes in den Ständestaatskonzeptionen der zwanziger Jahre letztlich auf die Herstellung von gesellschaftlicher Harmonie gerichtet war und damit auf die Überwindung des Gegensatzes zwischen Bürgertum und Arbeiterschaft zielte, verloren in der Bundesrepublik bezeichnenderweise gerade die Begriffe des Klassenkonflikts an Integrationskraft. Auch wenn die Frage nach wie vor ungeklärt ist, ob es nach 1945 nun zum endgültigen Untergang[7] oder zum »Formwandel«[8], womöglich gar zur »Renaissance«[9] der bürgerlichen Gesellschaft gekommen ist, bleibt doch unbestritten, daß die spaltenden Beschreibungskategorien von »Bürgertum« und »Proletariat« im gleichen Maße an Bedeutung verloren, wie sich das »Streben zur Mitte« auf breiter Front durchsetzte. In diesem Zusammenhang erlebte das Konzept des »Mittelstandes« dann doch noch eine Renaissance, freilich im völlig neuen Zusammenhang der »nivellierten Mittelstandsgesellschaft«, die Helmut Schelsky bereits 1953 erstmals skizziert hatte.[10] Er behauptete, daß die Grundkategorien der sozialen Schichtung angesichts wachsenden Wohlstands und zunehmender sozialer Sicherheit immer weiter an Bedeutung verloren und die materiell immer homogenere Gesellschaft gleichzeitig eine Vereinheitlichung von Lebensformen und Lebensstilen in Richtung auf die frühere »kleinbürgerliche« Mitte hin zur Folge hatte. Auch wenn Schelskys Analyse zum Zeitpunkt ihrer Veröffentlichung die soziale Realität noch weithin verfehlte, zeichnete sie doch ein verheißungsvolles Bild der künftigen Entwicklung, welche die westdeutsche Gesellschaft im Falle des anhaltenden wirtschaftlichen Aufstiegs nehmen würde. Vor allem gab sie ihr einen prägnanten Begriff, der sich rasch verselbständigte und überaus populär wurde.[11] Insgesamt trugen der Pluralismus der Mittelstandsdeutungen und die mit der Unschärfe dieses Konzepts verbundene Integrationskraft erheblich dazu bei, jene Spannungen abzubauen, die zuvor alle Versuche der gesellschaftlichen Selbstbeschreibung geprägt hatten. Wo sich die Mehrheit der Bevölkerung selbst der Mitte zurechnete, verloren Begriffe des Klassenkampfes ihre Glaubwürdigkeit.[12]

Diese Veränderungen hatten gravierende Auswirkungen auf die Frage nach der Struktur der bundesrepublikanischen Gesellschaft. Die Popularität der Mittelstandsdeutungen sollte nicht darüber hinwegtäuschen, daß die Frage nach der hierarchischen Gliederung der Gesellschaft auch im »Wirtschaftswunder« akut blieb. Denn trotz des zunehmenden Massenwohlstandes entsprach die von Schelsky behauptete materielle Homogenität ja bei weitem nicht der

6 Nolte, Ordnung S. 324.

7 Hans Mommsen: Die Auflösung des Bürgertums seit dem späten 19. Jahrhundert. In: Jürgen Kocka (Hg.): Bürger und Bürgerlichkeit im 19. Jahrhundert, Göttingen 1987, S. 288–315.

8 Hans-Ulrich Wehler: Deutsches Bürgertum nach 1945: Exitus oder Phönix aus der Asche? In: Geschichte und Gesellschaft 27 (2001), S. 617–634; s. auch den Überblick bei Eckart Conze: Eine bürgerliche Republik? Bürgertum und Bürgerlichkeit in der westdeutschen Nachkriegsgesellschaft. In: Geschichte und Gesellschaft 30 (2004), S. 527–542.

9 Hans-Peter Schwarz: Die Ära Adenauer. Gründerjahre der Republik 1949–1957, Stuttgart 1981, S. 445.

10 Helmut Schelsky: Die Bedeutung des Schichtungsbegriffs für die Analyse der gegenwärtigen deutschen Gesellschaft [1953]. In: Ders.: Auf der Suche nach Wirklichkeit, Düsseldorf 1965, S. 331–336.

11 Ausführlich zur Rezeptionsgeschichte Gerhard Schäfer: Die nivellierte Mittelstandsgesellschaft – Strategien der Soziologie in den 50er-Jahren [sic]. In: Georg Bollenbeck; Gerhard Kaiser (Hg.): Die janusköpfigen 50er Jahre (Kulturelle Moderne und bildungsbürgerliche Semantik III), Opladen 2000, S. 115–142, hier: 122 ff.

12 Nolte, Ordnung S. 330 ff., 343, 347. Dies zeigt insbesondere der erhebliche argumentative Aufwand, der von den Autoren in Marianne Feuersenger (Hg): Gibt es noch ein Proletariat? Frankfurt am Main 1962 betrieben werden mußte.

alltäglich erfahrbaren Ungleichheit nach Einkommen, Vermögen oder »Sozialposition«.[13] Aber es fällt doch auf, daß die Klassen-Dichotomie von Proletariat und Bürgertum als Beschreibungsmodell für die Gesellschaft der Bundesrepublik ausgedient hatte. An die Stelle des Klassenbegriffs, der soziale Mobilität von vornherein ausschloß und einen auch ideologisch aufgeladenen Konflikt betonte, traten vielmehr unterschiedliche Modelle der sozialen Schichtung. Diese ermöglichten eine weniger starre Einteilung der Gesellschaft und ließen die ideologische Komponente des sozialen Großkonflikts außen vor. Auch in den Schichtungsmodellen dominierten die »Mitte«-Assoziationen, wobei deren genaue Gestalt seltener über Einkommen oder Bildung, sondern mehrheitlich über den Beruf als Faktor der Schichtung bestimmt wurde. Das Schichtungskonzept harmonierte also ebenfalls mit der Unverbindlichkeit der Mittelstandsdeutungen, denn »Schichtung« war ja lediglich eine Konstruktion der empirischen Sozialforschung, die keiner abgebildeten sozialen Realität entsprach, sondern stets von neuem inhaltlich gefüllt werden konnte. Unter den Bedingungen des »Wirtschaftswunders« und des Massenwohlstandes lag darin der Vorzug des Schichtungskonzepts: Seine Flexibilität kam der sozialen Mobilität und dem »Streben zur Mitte« entgegen und begleitete den Abschied von den Beschreibungsmodellen der Klassengesellschaft.[14]

Damit ist endgültig der Schritt zur Selbstbeschreibung der Wirtschaftspolitik unter Ludwig Erhard vollzogen. Die »Soziale Marktwirtschaft« basierte auf einer Ordnungspolitik, die ohne eine verbindliche Vorstellung von der gesellschaftlichen Ordnung als Bezugspunkt der Wirtschaftspolitik gar nicht denkbar war. Die konzeptionelle Unschärfe war zwar ihr zentrales Merkmal, und ihr Erfolg beruhte insbesondere darauf, daß der Begriff »Soziale Marktwirtschaft« von neoliberalen oder ordoliberalen Volkswirtschaftlern, sozialdemokratischen Oppositionspolitikern oder Gewerkschaftsfunktionären jeweils nach eigenen Bedürfnissen gefüllt werden konnte. Gleichwohl: Das Vertrauen in Markt und Wettbewerb sowie die Ablehnung staatlicher Planung als Kernbestände des Konzepts waren doch unumstritten. Die Soziale Marktwirtschaft vertraute darauf, daß die individuellen Nutzenkalküle der Wirtschaftssubjekte insgesamt segensreich wirkten, daß Wachstum und Wohlstand die zentralen Säulen für soziale Sicherheit bilden würden und ein starker Staat als Hüter des Wettbewerbs die Rahmenbedingungen für den Wirtschaftsprozeß zu setzen und insbesondere Schutz vor den Auswüchsen eines radikal kapitalistischen Systems zu gewähren hatte.

Die Protagonisten der Sozialen Marktwirtschaft verband also eine ausgeprägt individualistische Sicht auf die Gesellschaft, und so nimmt es kaum Wunder, daß Ludwig Erhard seine Wirtschaftspolitik auch selbst permanent auf die gesellschaftliche Ordnung bezog. Für ihn war 1960 völlig unstrittig, daß die Bundesrepublik eine »klassenlose Gesellschaft« war, in welcher der »Aufstieg der Arbeiter zu einem Prozeß der Entproletarisierung führte, der noch immer weitergreift.«[15] Damit waren »Vermögens- und Berufsschichtungen« zwar nicht hinfällig, aber immerhin doch »flüssig geworden«, und angesichts des Massenwohlstandes erblickte er eine

---

13 Diese Einsicht prägte ja auch die Wirtschaftspolitik, die seit Ende der fünfziger Jahre erste vermögenspolitische Initiativen im Rahmen der Privatisierung von Staatsunternehmen startete, s. Werner Abelshauser: Deutsche Wirtschaftsgeschichte seit 1945, München 2004, S. 350f.

14 Nolte, Ordnung S. 338f., 348f., 351

15 Erhard hatte damit einen Tatbestand aufgegriffen, der von der sozialhistorischen Forschung erst in den achtziger Jahren empirisch aufgearbeitet wurde, s. erstmals Josef Mooser: Abschied von der Proletarität. Sozialstruktur und Lage der Arbeiterschaft in historischer Perspektive. In: Werner Conze; M. Rainer Lepsius (Hg.): Sozialgeschichte der Bundesrepublik. Beiträge zum Kontinuitätsproblem, Stuttgart 1983, S. 143–186.

»Verbreiterung der Verbrauchsmöglichkeiten [...] durch die die Privilegierungen eines ständischen Konsums nivelliert wurden und noch weiter dahinschwinden werden. In dieser ›klassenlosen Gesellschaft‹ sind nicht mehr Stand und Klasse das Problem, sondern der Einzelne [...].« Erhard war sich bewußt, daß mit dieser Freiheit zugleich eine große Unsicherheit verbunden war, denn wie der Einzelne in einer derart ihrer festgefügten Strukturen beraubten Gesellschaft »im beruflichen und gesellschaftlichen Leben den seiner Wesensart gemäßen Standort« finden sollte, wurde nun zum ernsten Problem. Er warnte daher immer wieder vor den Gefahren der »Atomisierung« und der »Kollektivierung«.[16] Die »klassenlose Gesellschaft« bedurfte »des Einbaus gesellschaftlicher Stabilisatoren«, die »geeignet sind, dem in die Vereinzelung gedrängten Menschen unserer Zeit das Bewußtsein, ja sogar die objektive Sicherung seines Seins in einer ganzheitlichen gesellschaftlichen Ordnung zu geben.«[17]

So präzise Erhards Beschreibung der sozialen Ordnung auch ausfiel, so nebulös blieben seine Vorstellungen von der Überwindung der mit dieser neuartigen Freiheit verbundenen individuellen Unsicherheit. Freilich bleibt festzuhalten, daß sich die Soziale Marktwirtschaft nicht auf eine zerrissene Gesellschaft bezog, die in strikt getrennte Klassen oder Berufsstände gegliedert war – letztlich wies Erhard ja sogar die Schichtungsvorstellungen zurück und setzte ganz auf die einigende Kraft der allen Individuen gemeinen Erfahrung als Konsumenten. Gesellschaft war in diesem Sinne keine Pyramide der Ungleichheit und somit keine hierarchische Ordnung mehr, sondern mittels Ausweitung der Konsummöglichkeiten und Angleichung der Konsumchancen sollte der Durchbruch zur »klassenlosen« Konsumgesellschaft gelingen.[18] Erhard ging mit seiner Utopie des »Wohlstands für alle«[19] deutlich weiter als etwa Wilhelm Röpke oder Alexander Rüstow, die ja nie einen Hehl daraus gemacht hatten, daß ihnen gerade die Nivellierungstendenzen in der Massengesellschaft ein Graus waren.[20]

Auch wenn Erhard die traditionellen Ängste vor der »Vermassung« kurzerhand hinter sich ließ, die Großkonflikte der Klassengesellschaft für überholt erklärte und sich für eine strikt individualistische Sicht auf die Gesellschaft entschied, stand diese Haltung doch in eigentümlichem Kontrast zu seiner immer wieder geäußerten Warnung vor der »Gefahr, in einem beziehungslosen Individualismus zu ersticken.« In seiner Sicht gab es eben doch Folgen des individuellen Nutzenkalküls, die gesellschaftlich untragbare Auswirkungen hatten: Die Gesellschaft war zwar ihrer Klassenschranken beraubt, doch schufen nun soziale »Gruppen« eine funktionale Struktur der sozialen Ordnung, durch die Erhard das Gemeinwohl und letztlich auch die gesellschaftliche Harmonie bedroht sah. Seit Mitte der fünfziger Jahre kritisierte er immer wieder die »sogenannten Sozialpartner« und »alle Gruppen der Volkswirtschaft«, die um die Verteilung des Sozialprodukts rangen und damit am Ende dazu beitrugen, daß sich die Gesellschaft in die »Atomisierung von Gruppeninteressen« zu zerspalten drohte.[21] Diese Kritik war mehr als eine sozialphilosophische Abstützung der Maßhalteappelle an die Adresse

16 Ludwig Erhard: Wirtschaftspolitik als Teil der Gesellschaftspolitik. Rede vor dem Bundesparteitag der CDU am 28.4.1960 in Karlsruhe. In: Ders.: Deutsche Wirtschaftspolitik. Der Weg der Sozialen Marktwirtschaft, Düsseldorf u. Frankfurt am Main 1962, S. 476–491, hier: 479 f.
17 Ebd. S. 481 f.
18 Löffler, Soziale Marktwirtschaft S. 462.
19 So die als Wahlkampfslogan konzipierte Begriffsschöpfung von 1957, vgl. Ludwig Erhard: Wohlstand für alle, Düsseldorf 1957.
20 Nolte, Ordnung S. 296–298.
21 Die Zeit, 5.12.1957, Art.: Gebt dem Staate, was des Staates ist (Ludwig Erhard).

von Gewerkschaften und Verbänden, die immer dann besonders schrill wurden, wenn die Tarifkonflikte eskalierten oder die Einkommenspolitik die konjunkturpolitischen Anstrengungen des Wirtschaftsministers zu konterkarieren drohte. Bei aller Modernität der sozialen Ordnungsvorstellungen Erhards, die etwa Nolte besonders betont,[22] lag darin ein ausgeprägt konservatives Moment, da das Mißtrauen gegenüber den »Gruppenegoismen« doch deutlich in der Tradition einer Überhöhung des Staates als Wahrer des Gemeinwohls und der damit verbundenen Ablehnung von Interessengruppen stand.[23]

Die sozialdemokratische Opposition mochte sich Erhards Kritik an Gewerkschaften und Verbänden nicht anschließen – im Gegenteil: Mit dem Godesberger Programm stellte sich die SPD ab 1958 ganz auf den Boden der angloamerikanischen Pluralismustheorie: Pluralismus wurde nicht nur zum Strukturprinzip der Partei erklärt, sondern entwickelte sich zu einer zentralen Ordnungsvorstellung. Im scharfen Kontrast zur Sichtweise Erhards beschrieb sie die Bundesrepublik als soziales Gebilde, das entlang der Unterscheidung Arbeitgeber/Arbeitnehmer modelliert wurde. Analog zu dieser funktionalen Unterscheidung standen die von Gewerkschaften und Verbänden organisierten Interessen in dauerhafter Konkurrenz zueinander, wobei ein offener Wettbewerb zu einem gerechten Ausgleich führen konnte, sofern der Staat die Voraussetzung für einen fairen Wettstreit schuf. Das von Erhard beklagte Ringen der Interessengruppen um politischen Einfluß begriff die Opposition also als harmlose und völlig legitime Grundlage politischer Entscheidungs- und Kompromißfindung, und ironischerweise übertrug diese Vorstellung das von den Anhängern der Sozialen Marktwirtschaft so vehement betonte Prinzip des Wettbewerbs und der staatlichen Ordnungspolitik lediglich auf die Arena der politischen Interessenartikulation. Auf der Grundlage dieses Pluralismuskonzepts vollzogen die Sozialdemokraten – und etwas später auch die Gewerkschaften – nicht nur den Abschied von älteren Demokratie- und Gerechtigkeitsvorstellungen (Demokratie als bestmöglicher Weg zum Sozialismus, Schutz vor dem Mißbrauch wirtschaftlicher Macht durch Sozialisierung), sondern akzeptierten die marktwirtschaftliche Ordnung und beendeten ihre wirtschaftspolitische Neuorientierung in Richtung Keynesianismus. Sozialismus brauchte unter den Umständen von Wachstum und Wohlstand das marktwirtschaftliche System nicht mehr »abzuschaffen, sondern nur noch für Verteilungsgerechtigkeit zu sorgen und durch Regulierung und Rahmenplanung den freien Wettbewerb zu erhalten und so die Ansammlung von monopolistischer Macht zu verhindern.«[24]

Regierung und Opposition näherten sich also seit Ende der fünfziger Jahre durchaus einander an, denn die Soziale Marktwirtschaft war fortan für alle parlamentarischen Parteien die unangefochtene Wirtschaftsordnung. Jenseits dieses Grundkonsenses gingen die Auffassungen über die Art der Wirtschaftspolitik allerdings nach wie vor weit auseinander. Doch obwohl über den Einfluß der Interessenverbände oder das Ausmaß der staatlichen Intervention in das wirtschaftliche Geschehen keine Einigung zu erzielen war, stellen die Debatten der späten fünfziger und frühen sechziger Jahre doch die hohe Verbindlichkeit der grundlegenden gesellschaftlichen Ordnungsvorstellungen unter Beweis. Bei allen Unterschieden in ihren Schlußfolgerungen waren sich Regierung und Opposition doch darüber einig, daß die Klassengesell-

22 Nolte, Ordnung S. 296–298.

23 Für die »erste Welle« der Debatte in der Bundesrepublik vgl. Theodor Eschenburg: Macht der Verbände? Stuttgart 1955; Joseph H. Kaiser: Die Repräsentation organisierter Interessen, Berlin 1956.

24 Julia Angster: Konsenskapitalismus und Sozialdemokratie. Die Westernisierung von SPD und DGB (Ordnungssysteme. Studien zur Ideengeschichte der Neuzeit, Bd. 13), München 2003, S. 420ff.

schaft Vergangenheit war, daß die Gesellschaft insgesamt zur Mitte tendierte und in ihrem Aufbau flexibler geworden war. Schichten schienen als Beschreibungsmodell für die Sozialstruktur weitaus angemessener als verfeindete »Klassen« oder starre »Stände«, und daß eine funktionale Unterscheidung in Arbeitgeber und Arbeitnehmer legitim war – daran war nicht zu zweifeln. Selbst in der Frage der gesellschaftlichen »Gruppen« bestand grundsätzliche Einigkeit. Ganz gleich, ob man deren Einfluß vehement ablehnte oder aber im Rahmen einer pluralistischen Ordnung begrüßte: Darüber konnte ja nur deshalb gestritten werden, weil alle Parteien davon ausgingen, daß die westdeutsche Gesellschaft neben ihrer hierarchischen Schichtung zugleich in interessengebundene Gruppen eingeteilt werden konnte.

Die mit dieser gesellschaftlichen Selbstbeschreibung verbundene Handlungs- und Entscheidungssicherheit der Wirtschaftspolitik wurde freilich noch dadurch weiter erhöht, daß Erhard und seine neoliberalen Vordenker an eine weitere traditionsreiche Beschreibungskategorie anknüpften, die eng mit der Ablehnung der »Gruppeninteressen« verbunden war. Obwohl sich Erhard ganz »leidenschaftlich« dagegen verwahrte, »daß der Staat als Selbstzweck und abseits vom Wohle des Volkes ein Eigenleben führen dürfte«,[25] griff die Soziale Marktwirtschaft doch auf ein traditionelles, transzendentales Staatsverständnis zurück. Die Vorstellung, daß zwischen Staat und Gesellschaft eine strikte Trennung vorzunehmen sei, zählte seit dem 19. Jahrhundert zu den Kernbeständen der gesellschaftlichen Selbstbeschreibung in Deutschland, und Erhards Wirtschaftspolitik aktualisierte diese Vorstellung im zeitgemäßen Gewande.[26]

Des Wirtschaftsministers Mißtrauen gegenüber den Gruppeninteressen, seine Angst vor der »Gefahr, in einem beziehungslosen Individualismus zu ersticken«, ließ ihn zu der Überzeugung gelangen, daß die individuelle Freiheit in ein »umfassendes Ordnungssystem eingespannt und damit gebändigt« werden mußte, und er forderte ganz plakativ: »Gebt dem Staate, was des Staates ist.«[27] Darin knüpfte die »Soziale Marktwirtschaft« am deutlichsten an die ordoliberale Tradition eines über den gesellschaftlichen Gruppeninteressen stehenden »starken Staates« an, wie sie sich besonders ausgeprägt bei Franz Böhm, Alexander Rüstow, Erwin von Beckerath und Alfred Müller-Armack findet. Angesichts der Weltwirtschaftskrise hatten etwa Beckerath und Müller-Armack aus ihrer Bewunderung für das faschistische Italien keinen Hehl gemacht. Dort sahen sie eine handlungsfähige staatliche Organisation von Wirtschaft und Gesellschaft und die Disziplinierung der Gruppeninteressen verwirklicht, und erst als die nationalsozialistische Wirtschaftspolitik mit dem Vierjahresplan und der rüstungswirtschaftlichen Kriegsvorbereitung immer stärker dirigistische Züge annahm, gingen die Liberalen auf Distanz.[28]

Auch wenn die »Soziale Marktwirtschaft« keine geschlossene theoretische Konzeption war, sondern vielmehr Züge eines anpassungsfähigen politischen Slogans trug, bündelten sich in ihm doch die wirtschaftspolitischen Leitvorstellungen der »Ära Erhard«. Für die disparaten Ansätze der Ordoliberalen lag ja gerade in den gemeinsamen wirtschaftspolitischen Vorstel-

---

25 Die Zeit, 5.12.1957, Art.: Gebt dem Staate, was des Staates ist (Ludwig Erhard).

26 Niklas Luhmann: Die Unterscheidung von Staat und Gesellschaft. In: Ders.: Soziologische Aufklärung, Bd. 4. Beiträge zur funktionalen Differenzierung der Gesellschaft, Opladen 1987, S. 67–73.

27 Die Zeit, 5.12.1957, Art.: Gebt dem Staate, was des Staates ist (Ludwig Erhard).

28 Dieter Haselbach: Autoritärer Liberalismus und soziale Marktwirtschaft. Gesellschaft und Politik im Ordoliberalismus, Baden-Baden 1991; Anthony J. Nicholls: Freedom with Responsability. The Social Market Economy in Germany 1918–1963, Oxford 2000.

lungen ein wesentliches Moment der Integration.[29] Im folgenden wird gezeigt, daß es während der »langen fünfziger Jahre« in der Wirtschaftspolitik zu einer Reformulierung des transzendentalen Staatsverständnisses kam, die seiner Ablösung bereits den Boden bereitete. Die Trennung zwischen Staat und Gesellschaft verlor zwar an alter Schärfe und Verbindlichkeit, blieb aber zentral für die gesellschaftlichen Selbstbeschreibung in der Wirtschaftspolitik. Dieses Beschreibungsmodell ist als Ausgangspunkt besonders wichtig, denn entlang der Trennung zwischen staatlicher und gesellschaftlicher Sphäre wurde auch die wissenschaftliche Fundierung der Wirtschaftspolitik und damit die politische Geltung wissenschaftlichen Expertenwissens modelliert.

Die Soziale Marktwirtschaft aktualisierte ein Beschreibungsmodell, dessen Unterscheidung von Staat und Gesellschaft bereits von den Absolutismuskritikern seit Montesquieu vorbereitet worden war. Doch erst mit Hegels Rechtsphilosophie erschienen das »Politische« und das »Gesellschaftliche« als zwei strikt getrennte, von grundverschiedenen Rechtsprinzipien dominierte Sphären. Dabei nahm Hegel die spezifische Eigendynamik der Gesellschaft zum Ausgangspunkt seiner Philosophie. Politische Herrschaft war an Recht und Verfassung gebunden, schuf aber mit der Abschaffung feudaler Strukturen und der Reformgesetze eine neuartige Form gesellschaftlicher Bindungslosigkeit, welche die Individuen in die Freiheit entließ. Die auf diese Weise freigesetzte Dynamik spiegelte sich in wirtschaftlicher Konkurrenz, Landflucht, Verstädterung, Industrialisierung und Bevölkerungswachstum und war im gewohnten Sinne politisch nicht mehr beherrschbar, ja eine staatliche Herrschaft über diese gesellschaftliche Dynamik war im Sinne des Liberalismus auch gar nicht erstrebenswert. Hegel löste daher die Vorstellung von der über politische Herrschaft gewährleisteten gesellschaftlichen Einheit in die Differenz von Staat, bürgerlicher Gesellschaft und Familie auf. Sein Begriff der »bürgerlichen Gesellschaft« war stark am Wirtschaftssystem ausgerichtet, wobei er nicht die über den anonymen Markt vermittelten Tauschprozesse in den Mittelpunkt stellte, sondern die Beziehungen zwischen Individuen – an Stelle von Gütern oder Dienstleistungen betrachtete er individuelle Bedürfnisse. Doch erst der Staat wies den Weg zur bürgerlichen Gesellschaft, indem er Privateigentum, Rechtssicherheit und Vertragsfreiheit gewährleistete und somit den Rahmen für die das Gemeinwohl steigernde, wechselseitige Vorteilhaftigkeit der Befriedigung individueller Bedürfnisse schuf. Für Hegel war der moderne Staat somit das Ergebnis der »geschichtliche[n] Verwirklichung der Vernunft«, und das Individuum konzipierte er im doppelten Sinne als Bürger: Als Citoyen im Staat und als Bourgeois in der bürgerlichen Gesellschaft, wobei der Verfassungsstaat die Gleichheit der Individuen voraussetzte, die bürgerliche

29 Ernst Heuß: Kontinuität und Diskontinuität in der Nationalökonomie nach dem Zweiten Weltkrieg. Ordoliberalismus versus Keynesianismus. In: Karl Acham; Knut Wolfgang Nörr; Bertram Schefold (Hg.): Erkenntnisgewinne, Erkenntnisverluste. Kontinuitäten und Diskontinuitäten in den Wirtschafts-, Rechts- und Sozialwissenschaften zwischen den 20er und 50er Jahren, Stuttgart 1998, S. 331–355; zur Dogmengeschichte auch Rainer Klump: Wege zur Sozialen Marktwirtschaft. Die Entwicklung ordnungspolitischer Konzeptionen in Deutschland vor der Währungsreform. In: Erich W. Streissler (Hg.): Die Umsetzung wirtschaftspolitischer Grundkonzeptionen in die kontinentaleuropäische Praxis des 19. und 20. Jahrhunderts, 1. Teil (Studien zur Entwicklung der ökonomischen Theorie XVI), Berlin 1997, S. 129–170, hier: 140 ff.; außerdem Heinz Rieter; Matthias Schmolz: The ideas of German Ordoliberalism 1938–45: pointing the way to a new economic order. In: The European Journal of the History of Economic Thought 1:1 Autumn 1993, S. 87–114.

Gesellschaft hingegen auf »Ungleichheit der Geschicklichkeit, des Vermögens und selbst der intellektuellen und moralischen Bildung« gründete.[30]

Obwohl er klassische Elemente des Liberalismus aufgriff, hatte Hegel mit der Trennung zwischen Staat und Gesellschaft doch nicht die Befreiung der bürgerlichen Wirtschaftsgesellschaft von spätabsolutistischen Zumutungen des Staates im Sinn. Vielmehr schuf er die Basis für die Emanzipation des Staates von der Gesellschaft, für die Unterordnung der Gesellschaft unter die Staatssphäre. Dieser Etatismus bildete den Ausgangspunkt für eine spezifisch deutsche Tradition des rechtsphilosophischen Denkens, die zu einer Dominanz der Staatsrechtslehre und des Rechtspositivismus führte, der von einem »einheitlichen Staatswillen« ausging und dementsprechend auch dann noch auf das monarchische Prinzip fixiert blieb, als Parlament und Parteien längst an Bedeutung gewannen. Zudem erwies sich die Beschreibung des transzendentalen Staates als weitgehend immun gegenüber allen Irritationen, die schon im 19. Jahrhundert vom sozioökonomischen Wandel ausgingen. Empirisch sprach die zunehmende wechselseitige Durchdringung der beiden Sphären – etwa in der Sozialpolitik oder der modernen Leistungsverwaltung – eher gegen die Annahme einer strikten Trennung zwischen Staat und Gesellschaft. Für dieses Dilemma hatte aber schon Lorenz von Stein eine Lösung aufgezeigt: Er widmete sich besonders der von Hegel vernachlässigten Spannung zwischen den Begriffen Staat und Gesellschaft auf der einen und den realen gesellschaftlichen Verhältnissen auf der anderen Seite. Für ihn waren Staat und Gesellschaft zwar »ihrer Idee nach« deutlich geschieden, doch in der »geschichtlichen Wirklichkeit« durchdrangen sie sich permanent und brachten somit auf dynamische Weise ganz unterschiedliche, letztlich historische Gesellschaftsformationen hervor.[31]

Dieses Beschreibungsmodell gab zuverlässige Antworten auf jene doppelte Frage, die sich bei allen Versuchen der gesellschaftlichen Selbstbeschreibung zwangsläufig stellt: Wie bringt die Gesellschaft ihre politischen Institutionen hervor, und wie genau sollte das Verhältnis zwischen ihnen und der Gesellschaft gestaltet werden? Das transzendentale Staatskonzept begriff den Staat gerade nicht als gesellschaftliches Handlungssystem, und es verband diesen Dualismus zweier einander entfremdeter Sphären mit einer eindeutigen Präferenz für den Staat. Nicht der Staat leitete sich von der Gesellschaft ab, sondern die Gesellschaft vom Staat. Der Staat wurde somit nicht funktional beschrieben – etwa als ausführendes Organ eines »Volkswillens« – sondern als »Verkörperung eines höheren Willens« idealisiert und transzendiert, als ein »substanziell anderes Wesen, das sich über die Partikularität gesellschaftlicher Interessenverfolgung erheben konnte.«[32] Damit war gleichzeitig die Politisierung eines Staates verbunden, der das Politische monopolisierte, und im Gegenzug lief diese Vorstellung darauf hinaus, die Gesellschaft unpolitisch auf die sozioökonomische Sphäre festzulegen.[33] Diese

30 Franz-Xaver Kaufmann: Sozialpolitisches Denken. Die deutsche Tradition, Frankfurt am Main, 2003, S. 21–25.

31 Frieder Günther: Denken vom Staat her. Die bundesdeutsche Staatsrechtslehre zwischen Dezision und Integration 1949–1970 (Ordnungssysteme. Studien zur Ideengeschichte der Neuzeit, Bd. 15), München 2004, S. 29–33; Kaufmann, Sozialpolitisches Denken S. 25.

32 Peter Wagner: Sozialwissenschaften und Staat. Frankreich, Italien, Deutschland 1870–1980 (Theorie und Gesellschaft, Bd. 17), Frankfurt am Main 1990, S. 42.

33 Christoph Gusy: Verfassungsumbruch und Staatsrechtswissenschaft: Die Verfassung des Politischen zwischen Konstitutionalismus und demokratischer Republik. In: Ute Frevert; Heinz-Gerhard Haupt (Hg.): Neue Politikgeschichte. Perspektiven einer historischen Politikforschung (Historische Politikforschung, Bd. 1), Frankfurt am Main 2005, S. 166–201, hier: 173 ff.

Spannung zwischen politischem Staat und unpolitischer Gesellschaft, die in der zweiten Hälfte des 19. Jahrhunderts zunehmend als Entfremdung aufgefaßt wurde, förderte das Bedürfnis nach einer Verschmelzung der beiden Sphären, nach Konsens, gesellschaftlicher Harmonie, nach Unterordnung unter und Einsicht in das vom Staat gesicherte Allgemeinwohl.[34]

Erst vor dem Hintergrund dieses traditionellen Beschreibungsmodells wird Erhards tiefes Mißtrauen gegenüber den »Interessengruppen« überhaupt nachvollziehbar. Für den Wirtschaftsminister war die Vertretung von Interessen »nur bis zu einem bestimmten Punkt« legitim: »Die Funktionäre, die Organisationen und Interessenvertretungen haben sich dessen bewußt zu sein, daß sie sich in ein Ganzes einordnen müssen und daß die Rechnung nicht aufgeht, wenn jeder ohne Rücksicht auf den anderen und gefühllos gegen seine Umwelt glaubt, unter Inanspruchnahme von Macht jeweils das erringen zu können, was der Augenblick gerade hergibt.« Er sprach sich wiederholt für freien Wettbewerb aus, meinte damit jedoch »nicht den Wettbewerb, mit den Mitteln der Macht für sich und seine Gruppe das herauszuschlagen, was eben nur die Macht erzwingen kann.«[35] Im Gerangel von Verbänden und Gewerkschaften erblickte Erhard eine Bedrohung für das Gemeinwohl. Es drohte den gesellschaftlichen Konsens zu untergraben und die genuin politische Sphäre des Staates zu »usurpieren«. In der Sozialen Marktwirtschaft sollten die Interessengruppen zwar durchaus die zahllosen Einzelmeinungen der Wirtschaftssubjekte zusammenfassen und gegenüber den staatlichen Organen aggregiert zum Ausdruck bringen. Erhard hielt aber daran fest, daß erst unter Führung des Staates berechtigte von unberechtigten Forderungen geschieden werden konnten. Für ihn lag »die letzte Verantwortung für die Wirtschaft und für das soziale Leben eines Volkes beim Staate.« Dieser habe sich als Wahrer des Gemeinwohls über die Interessengruppen zu stellen und den wirtschaftlichen Ordnungsrahmen festzulegen und notfalls auch zu verteidigen. »Aufgabe des Staates ist es, die Spielregeln der Wirtschaft zu setzen, so wie es vorher schon seine Aufgabe gewesen ist, die soziale, ökonomische und politische Verfassung des Landes zu setzen.«[36]

Paradoxerweise sollte der Staat in der Sozialen Marktwirtschaft also einerseits den ordnungspolitischen Rahmen setzen, Wettbewerb und Konkurrenzkampf ermöglichen und somit von direkten Interventionen in das Marktgeschehen bewußt absehen. Darin kam ohne Frage eine gehörige Portion Mißtrauen gegenüber der Steuerungsfähigkeit des Staates und ein großes Zutrauen in die Selbststeuerungskräfte von Markt und Wettbewerb zum Ausdruck. Andererseits blieb es aber auch in der Sozialen Marktwirtschaft bei der Trennung von Staat und Gesellschaft, beim Primat des Staates, der dann am Ende doch wieder für die Herstellung von Konsens im Sinne von gesellschaftlicher Harmonie und politischem Gemeinwohl verantwortlich und damit allen Partikularinteressen übergeordnet sein sollte. Dies konterkarierte die Idee von der segensreichen Subsidiarität ökonomischer Entscheidungsprozesse, denn letztlich kam darin ja die Vorstellung zum Ausdruck, daß die Eigendynamik der gesellschaftlichen Kräfte

34 Diese Suche nach der »Einheit« und »Mitte« der Gesellschaft bildet daher den Ausgangspunkt der Studie von Nolte, Ordnung S. 379–381.

35 Ludwig Erhard: Freiheit und Verantwortung. Ansprache auf dem 9. Bundestag des Evangelischen Arbeitskreises der CDU am 2.6.1961 in Hamburg. In: Ders.: Deutsche Wirtschaftspolitik. Der Weg der Sozialen Marktwirtschaft, Düsseldorf u. Frankfurt am Main 1962, S. 588–595, hier: 593 f.

36 Ludwig Erhard: Unternehmer, Staat und Wirtschaft. Rede bei der 5. ordentlichen Mitgliederversammlung des BDI am 17. Mai 1954 in Essen. In: Ders.: Deutsche Wirtschaftspolitik. Der Weg der Sozialen Marktwirtschaft, Düsseldorf u. Frankfurt am Main 1962, S. 237–244, hier: 239 f.

prinzipiell unerwünschte Folgen zeitigen konnte und deshalb der staatlichen Einhegung bedurfte.[37]

Aus dieser Haltung resultierte Erhards demonstrative Geringschätzung der Parteien, die er ebenso wie die Interessenverbände dem Staat gegenüberstellte und allenfalls als unvermeidliche intermediäre Instanzen hinnehmen mochte. Konsequenterweise nahm Erhard die CDU von dieser Abneigung nicht aus, und so präsentierte er nach Adenauers Rücktritt in seiner Regierungserklärung vom 18. Oktober 1963 selbstbewußt das Programm einer unmittelbaren »Volkskanzlerschaft«. Der neue Bundeskanzler war überhaupt erst kurz zuvor in jene Partei eingetreten, mit der er in der Öffentlichkeit seit Jahren identifiziert wurde. Er wollte sich nun aber »über alle Parteiungen hinweg als Sachwalter des ganzen deutschen Volkes« verhalten, um den Staat auf stabile Grundlagen stellen zu können. Es war nicht sein Anspruch, »in erster Linie als Repräsentant einer Koalition oder Regierungspartei« zu wirken, sondern er wollte »Kanzler des ganzen deutschen Volkes« sein und verknüpfte dies mit der bekannten Kritik an »Gruppeninteressen« und »Gefälligkeitsdemokratie«.[38] Im Konzept des »Volkskanzlers« bündelte sich somit die tiefe Abneigung gegen gesellschaftliche Interessenkonflikte: Diese schadeten dem Gemeinwohl, und ganz gemäß der hegelianischen Tradition ging Erhard davon aus, daß es tatsächlich ein »a priori feststehendes Gemeinwohl« gab, das der politischen Erkenntnis zugänglich war und im Interesse des Ganzen umgesetzt, ja vom Staat machtvoll gegen gesellschaftliche Ansprüche verteidigt werden mußte. Dies war dann »richtige« Politik, die es gegen »falsche« Politik und »Usurpation« aus der gesellschaftlichen Sphäre,[39] aber auch gegen »falschen« wissenschaftlichen Rat, gegen »seelenlose Rationalisten« und den »falsche[n] und gefährliche[n] Tätigkeitsdrang der ›Gesellschaftsmechaniker‹« zu verteidigen galt.[40] Und im Konzept des »Volkskanzlers« klang ebenso wie in Erhards häufig geäußerten Forderungen nach »Einordnung des Individuums in das Ganze« und »verpflichtender Hingabe des einzelnen«, gar nach Schaffung eines »organischen Staates«, durchaus auch die von Carl Schmitt beeinflußte Vorstellung von der Unmittelbarkeit des Volkes an.[41]

In deutlichem Widerspruch dazu steht allerdings Foucaults dogmenhistorische Interpretation, wonach es den Ordoliberalen eher »um einen Staat unter der Aufsicht des Marktes« denn um einen »Markt unter der Aufsicht des Staats« gegangen sei.[42] In dieser Sicht hatte die Soziale Marktwirtschaft die Trennung von Staat und Gesellschaft konzeptionell bereits vollständig aufgehoben, indem sie die »Steuerungsfunktion von Regierung und Gesellschaft« auf den Wettbewerbsmechanismus übertrug. Letztlich erblickt Foucault im Ordoliberalismus also das gesellschaftspolitische Ziel, die Bürger zu unternehmerischem Denken und Handeln zu erziehen. Die Soziale Marktwirtschaft wird damit kurzerhand zu einem frühen Exponenten jener neoliberalen »Gouvernementalität« erklärt, die sich in den siebziger Jahren auf breiter

---

37 Christina von Hodenberg: Konkurrierende Konzepte von »Öffentlichkeit« in der Orientierungskrise der 60er Jahre. In: Demokratisierung und gesellschaftlicher Aufbruch S. 216.

38 Verhandlungen des Deutschen Bundestages. Stenographische Berichte, 4. Wahlperiode, 90. Sitzung (18.10.1963), S. 4192ff.

39 Julia Angster: Der neue Stil. Die Amerikanisierung des Wahlkampfes und der Wandel im Politikverständnis bei CDU und SPD in den 1960er Jahren. In: Demokratisierung und gesellschaftlicher Aufbruch S. 201; Görtemaker, Geschichte der Bundesrepublik S. 392–395.

40 FAZ, 31.12.1959, Art.: Harmonie durch »Harmonisierung«? (Ludwig Erhard).

41 Zit. n. Löffler, Soziale Marktwirtschaft S. 463.

42 Michel Foucault: Geschichte der Gouvernementalität II. Die Geburt der Biopolitik. Vorlesungen am Collège de France 1978–1979. Frankfurt am Main 2004, S. 168.

Front durchgesetzt habe und die den eigentlichen Bezugspunkt seiner Analyse bildet.[43] Ob dieser Standpunkt lediglich eine ahistorische »Vorgeschichte« von Monetarismus und Angebotsökonomie konstruiert oder tatsächlich eine tragfähige Interpretation der Sozialen Marktwirtschaft ermöglicht, wird erst durch weitere Untersuchungen geklärt werden können. Allerdings hat die neuere zeithistorische Forschung bereits gezeigt, daß der nach wie vor wirksame Dualismus von Staat und Gesellschaft während der fünfziger Jahre längst nicht nur die Selbstbeschreibung der Wirtschaftspolitik prägte.

Er dominierte auch die Debatten der Staatsrechtslehre, wo er im Zentrum der Auseinandersetzungen um die Frage der Wirtschaftsverfassung stand. Die Juristen empfanden den von Erhard propagierten Rückzug des Staates auf die Ordnungspolitik und das damit an sich verbundene Vertrauen in die gesellschaftliche Selbststeuerung als Provokation. So traf die vom Präsidenten des Bundesarbeitsgerichtes, Hans Carl Nipperdey, vertretene These, wonach mit dem Grundgesetz bereits eine Festlegung auf die Wirtschaftsordnung der Sozialen Marktwirtschaft erfolgt sei, auf entschiedene Ablehnung. Auf breitere Zustimmung konnten stärker interventionistische Konzepte hoffen, die eine etatistische Grundhaltung bedienten und die der Politik zumindest die verfassungsrechtliche Option einräumten, im Rahmen der Sozialen Marktwirtschaft auch eine stärker lenkende und planende Wirtschaftspolitik betreiben zu können.[44] In seiner Freiburger Habilitationsschrift griff beispielsweise Horst Ehmke – ein Schüler des Göttinger Staatsrechtlers Rudolf Smend – diese älteren Protagonisten der Diskussion über die Wirtschaftsverfassung frontal an und nahm sich besonders den von ihnen vertretenen Dualismus von Staat und Gesellschaft vor.[45] Für Ehmke war klar, daß Nipperdey, aber auch Ernst Rudolf Huber und Kurt Ballerstedt in der Frage der Wirtschaftsverfassung eine als unpolitisch verstandene Gesellschaft zum Ausgangspunkt ihrer Argumentation machten. Er warf ihnen vor, wirtschaftspolitische Konzepte in die Verfassung hineinzuinterpretieren, die von ihnen nur jeweils subjektiv befürwortet würden. Auf diese Weise trugen sie dazu bei, so Ehmke, die bestehende Wirtschaftsordnung als sakrosankt zu verankern und diese systematisch dem Gestaltungs- und Verantwortungsbereich der politischen Kräfte zu entziehen. Und obwohl Herbert Krüger und Ernst Forsthoff explizit von einer Neutralität des Grundgesetzes in Fragen der Wirtschaftsordnung ausgingen, erkannte Ehmke doch auch in deren Argumentation die zentrale Figur einer Trennung von Staat und Gesellschaft, die er für unzulässig und überholt hielt.[46]

Auch in der von Historikern, Philosophen, Rechts- und Sozialwissenschaftlern seit der Wende zu den sechziger Jahren mit Verve geführten Debatte um die Bedeutung der »Öffentlichkeit« kam das traditionelle Staatsverständnis noch einmal lebhaft zum Ausdruck. Vor allem die von Carl Schmitt beeinflußten Konzepte begriffen den Dualismus von Staat und

43 Jan-Otmar Hesse: »Der Mensch des Unternehmens und der Produktion«. Foucaults Sicht auf den Ordoliberalismus und die »Soziale Marktwirtschaft«. In: Zeithistorische Forschungen 3 (2006), im Erscheinen; ders.: »Der Staat unter der Aufsicht des Marktes« – Michel Foucaults Lektüren des »Ordoliberalismus«. In: Susanne Krasmann; Michael Volkmer (Hg.): Michel Foucaults »Geschichte der Gouvernementalität« in den Sozialwissenschaften. Internationale Beiträge, Köln 2006 (im Druck).

44 Günther, Denken vom Staat her S. 205–207.

45 Vgl. ausführlicher zu Ehmke Wagner, Sozialwissenschaften und Staat S. 386; Frieder Günther: »Staatsrechtslehre« between Tradition and Change. West-German University Teachers of Public Law in the Process of Westernization 1949–1970. GHI Conference Paper, March 1999, S. 16.

46 Günther, Denken vom Staat her S. 247; vgl. Horst Ehmke: Wirtschaft und Verfassung. Die Verfassungsrechtsprechung des Supreme Court zur Wirtschaftsregulierung, Karlsruhe 1961.

Gesellschaft nach wie vor als gegnerisches Oppositionsverhältnis. Diese Stoßrichtung machte der Freiburger Jurist Joseph Kaiser besonders deutlich: Öffentlichkeit war für ihn der Raum, in dem »Staat und Gesellschaft sich begegnen« und damit der Bereich, »in dem das Volk seiner Einheit als Nation bewußt und gewiß wird, in dem die Gesellschaft sich in den Staat integriert.«[47] Eine erstarkende Öffentlichkeit mit ihren partikularen Interessen bedeutete also letztlich eine Beschlagnahmung des Staates durch die Kräfte der Gesellschaft und damit eine Bedrohung für den Staat als genuinen Ort des Politischen. Allerdings gerieten die konservativen Protagonisten der Debatte seit Anfang der sechziger Jahre ins Hintertreffen: Autoren wie Jürgen Habermas, Hartmut von Hentig oder Ralf Dahrendorf griffen angloamerikanische Pluralismustheorien auf, vertrauten auf die Selbstregulierung von öffentlichen Auseinandersetzungen und betrachteten die Öffentlichkeit als Forum für Konflikt und Partizipation. »Diskussion«, »Kritik« und »Demokratisierung« rückten nun in den Mittelpunkt des Interesses, und die Diagnose einer nach demokratischen Maßstäben als »unterentwickelt« empfundenen Öffentlichkeit beinhaltete eine unmittelbare Kritik an den älteren Motiven der gesellschaftlichen Selbstbeschreibung: In der Bundesrepublik hätten die »hypertrophen Staatsvorstellungen« die Sphäre des Gesellschaftlichen insgesamt regelrecht »erdrückt« und damit die Entstehung einer kritischen und demokratischen Öffentlichkeit erschwert.[48]

Man wird also davon ausgehen können, daß sich der Gegensatz zwischen Staat und Gesellschaft bereits seit Ende der fünfziger Jahre abschwächte. Ähnlich wie im Fall der kulturpessimistisch aufgeladenen Ordnungsvorstellungen von »Masse«, »Klasse« und »Stand« war ja auch im Fall des transzendentalen Staatskonzeptes spätestens am Ende der »langen fünfziger Jahre« nicht mehr zu übersehen, daß die Protagonisten der Sozialen Marktwirtschaft ein Modell der gesellschaftlichen Selbstbeschreibung hochhielten, dem der soziale Wandel, aber auch die unbestrittenen Erfolge ihrer eigenen Politik nach und nach die Basis entzogen. Denn bei allem Festhalten am Antagonismus von Staat und Gesellschaft war ein ungebrochenes Anknüpfen an die überkommene Vorstellung vom eindeutigen und ethisch begründeten Primat des Staates doch kaum mehr möglich – diese war durch den Nationalsozialismus gründlich in Verruf gebracht worden. Zudem mochte Erhard seine Wirtschaftspolitik zwar auf die Vorstellung gründen, daß es Aufgabe des Staates sei, für das Gemeinwohl zu sorgen und die Rahmenbedingungen für die wirtschaftliche und soziale Ordnung zu setzen. Aber der Staat der Sozialen Marktwirtschaft blieb doch nur ein westdeutscher Teilstaat, dem mit der DDR ein erklärtes staatliches Gegenmodell in Konkurrenz gegenüberstand. Die Trennung von Staat und Gesellschaft zerfiel also eigentlich in zwei strikt voneinander getrennte deutsche Gesellschaften und in zwei gegnerische deutsche Staaten, deren Konkurrenz gerade in der Frage der Wirtschaftsordnung besonders dramatisch hervortrat. Diese Situation erforderte neue Formen der Legitimation für den westdeutschen Staat, und darin lag die eigentliche Leistung Erhards und seiner neoliberalen Mitstreiter. Ihnen gelang es einerseits, die Vorstellung getrennter Sphären von Staat und Gesellschaft aufrechtzuerhalten und an die neue Situation anzupassen, dieser Trennung andererseits aber viel von ihrer unüberbrückbaren Tiefe und der damit verknüpften, ursprünglichen Schärfe zu nehmen. Der »weiche Staat« der Sozialen Marktwirtschaft bezog seine Legitimation ja gerade aus den ökonomischen Leistungen des Wiederaufbaus und des »Wirtschaftswunders«, und die Verheißungen des »Wohlstands für alle« bildeten

47 Zit. n. Hodenberg, Konsens und Krise S. 47.
48 Hodenberg, Konsens und Krise S. 54 ff., 62 ff.; dies., Konkurrierende Konzepte S. 211, 216.

eine neuartige Klammer zwischen Staat und Gesellschaft.[49] Für Erhard traten die »erzielten wirtschaftlichen und sozialen Erfolge [...] klar und überwältigend eindringlich zutage« und waren auf die gezielt entfesselte Dynamik von Markt und Wettbewerb, letztlich also auf die Ordnungspolitik der Sozialen Marktwirtschaft zurückzuführen. Wirtschaftspolitik als Ordnungspolitik war damit selbst Gesellschaftspolitik und schwächte auf diese Weise die Konfrontation zwischen Staat und Gesellschaft ab.[50]

Der Staat und somit auch die Wirtschaftspolitik als Rahmenbedingungen setzende, auf Gemeinwohl und Ordnungspolitik orientierte Instanz befand sich damit in der komfortablen Lage, daß sie die Gesellschaft nach wie vor als etwas der eigenen politischen Steuerung Äußeres betrachten konnte. Im Verbund mit den weithin akzeptierten gesellschaftlichen Ordnungsvorstellungen konnte staatliche Wirtschaftspolitik in der Zeit Ludwig Erhards auf sicheres Wissen über den Gegenstand der eigenen Steuerung bauen. Ein Rückgriff auf wissenschaftliche Expertise war dann im Einzelfall dort möglich, wo sich Entscheidungsunsicherheit aufgebaut hatte oder aber die legitimierende Kraft der Wissenschaft gefragt war. So verwies das Konzept der Sozialen Marktwirtschaft von Beginn an demonstrativ auf wissenschaftliche Expertise, wie sie etwa die im wissenschaftlichen Beirat beim BMWi versammelten Professoren lieferten.[51] Angesichts der Trennung zwischen Staat und Gesellschaft war damit aber keineswegs der Anspruch verbunden, tatsächlich eine »verwissenschaftlichte« Wirtschaftspolitik zu betreiben, die ihre Interventionen systematisch aus der wirtschaftswissenschaftlichen Beschreibung der gesellschaftlichen Realität ableitete und das eigene Handeln zugleich der wissenschaftlichen Kritik aussetzte. Unter Verweis auf ein vom Staat zu bewahrendes Gemeinwohl war die Politik jederzeit in der Lage, den Expertenrat zurückzuweisen, war dieser doch ebenso wie die Ansprüche der Interessengruppen nur eine unter vielen Stimmen der gesellschaftlichen Sphäre, die sich an die staatlichen Akteure richteten. Ludwig Erhard ließ bis zum Ende seiner Amtszeit als Wirtschaftsminister und Bundeskanzler niemals Zweifel daran aufkommen, daß er sich trotz aller Beratungsinstitutionen einen Primat der politischen Entscheidung vorbehielt.[52]

Seine Haltung entsprach durchaus der traditionellen Theorie der Wirtschaftspolitik und dem damit verbundenen Beratungsverständnis. Dieses modellierte das Verhältnis von Wissenschaft und Politik idealtypisch in Form einer eindimensionalen Sequenz, in der aufgrund einer Problemwahrnehmung zunächst Expertenrat eingeholt und anschließend die politische Entscheidung gefällt wird. Im Grunde war diese Vorstellung noch ganz an Max Weber orientiert, der bereits die staatliche Abhängigkeit von spezialisiertem Wissen als »Rationalisierung« moderner Staaten charakterisiert hatte, wobei der Bezug auf wissenschaftliches Wissen ein zweites Stadium dieses Rationalisierungsprozesses kennzeichnete. Weber bestand auf der klaren Trennung zwischen wissenschaftlichem Expertenwissen und politischer Praxis, zwischen den Funktionen des Experten und des Politikers. Analog zur Trennung in gesellschaftli-

---

49 Nolte, Ordnung S. 379–381.

50 Ludwig Erhard: Wohlstand für alle! Rede vor dem 7. Bundesparteitag der CDU am 14. Mai 1957 in Hamburg. In: Ders.: Deutsche Wirtschaftspolitik. Der Weg der Sozialen Marktwirtschaft, Düsseldorf u. Frankfurt am Main 1962, S. 337–353, Zitat S. 338; mit erkennbar defensiver Stoßrichtung gegenüber der Programmatik der Opposition ders.: Wirtschaftspolitik als Teil der Gesellschaftspolitik, ebd. S. 476–491.

51 Vgl. Löffler, Soziale Marktwirtschaft S. 83–86.

52 Siehe ausführlich zum Aufwertungsstreit mit dem wissenschaftlichen Beirat beim BMWi Kap. III.1.1.2, mit dem Sachverständigenrat Kap. III.1.2.3.

che und staatliche Sphäre ging dieses Konzept davon aus, daß die Wahl der Mittel zwar rationalisiert werden konnte, nicht aber die Wahl zwischen Werten und Zielen – letztere blieb notgedrungen normativ. Diese »dezisionistische« Beziehung (Jürgen Habermas) zwischen politischer Macht und wissenschaftlichem Wissen beruhte somit auf der Annahme einer klaren Trennung zwischen Wissen und Werten wie zwischen Gesellschaft und Staat.[53]

Das ist der Ausgangspunkt dieser Untersuchung: Wirtschaftspolitik war in den »langen fünfziger Jahren« in der Lage, ihre Entscheidungen auf der Basis einer weithin verbindlichen Vorstellung von der gesellschaftlichen Realität zu treffen. Demnach setzte sich die Gesellschaft der Bundesrepublik aus Individuen zusammen, und sie gliederte sich hierarchisch in Schichten und funktional in gesellschaftliche Gruppen. Die Klassengesellschaft mit ihrem bedrohlichen Konfliktpotential war passé und einer Arbeitnehmergesellschaft gewichen, die zwar noch längst keine »Mittelstandsgesellschaft« war, aber dank der Segnungen des Massenkonsums in der Tat Anlaß zu der Hoffnung gab, daß der »Wohlstand für alle« in greifbare Nähe rückte. Zugleich wurden Gesellschaft und Staat noch immer als getrennte Sphären aufgefaßt, was doppelte Auswirkungen auf die Wirtschaftspolitik hatte: Diese trug ihrerseits dazu bei, den einst schroffen Gegensatz zwischen apolitischer Gesellschaft und politisiertem Staat einzuebnen, da sich der wirtschaftliche Wiederaufstieg der Bundesrepublik und mit ihm das Konzept der Sozialen Marktwirtschaft rasch zur zentralen Integrationsideologie entwickelten. Wirtschaftlicher Erfolg, soziale Sicherheit und das Versprechen des Massenwohlstands verschafften dem westdeutschen Staat eine neuartige, in erster Linie sozioökonomisch abgestützte Legitimation. Auf der anderen Seite versetzte das derart angepaßte Beschreibungsmodell von Staat und Gesellschaft die Wirtschaftspolitik in die Lage, die eigenen Steuerungsversuche nicht als Teil der Gesellschaft zu begreifen, sondern ausschließlich auf die dem Ganzen verpflichtete staatliche Sphäre zu beziehen. Dem vom Staat zu wahrenden »Gemeinwohl« hatten sich auch die wissenschaftlichen Experten unterzuordnen, die lediglich eine Stimme im Konzert der gesellschaftlichen Interessengruppen waren – eine honorige zwar, auf die im Einzelfall zurückgegriffen werden konnte und die der Politik durchaus größere Legitimation verschaffen konnte, aber eben nur eine Stimme, auf die Politiker hören konnten, doch nicht hören mußten. Eine dauerhafte Abhängigkeit der Wirtschaftspolitik von wissenschaftlichen Methoden, Instrumenten, ja wissenschaftlichem Wissen schlechthin war in diesem Sinne also weder vorgesehen, noch überhaupt erstrebenswert.

2. Konturen sozioökonomischen Wandels

Die verbindlichen Muster der Gesellschaftskonzeptionen in den »langen« fünfziger Jahre fußten auf einer gesamtwirtschaftlichen Lage, die alle Züge einer historischen Sonderentwicklung trug. Außergewöhnlich hohe, teils zweistellige Wachstumsraten bei relativer Geldwertstabilität, entsprechend hohe Einkommenszuwächse und stetig anwachsende Möglichkeiten des Konsums, Haushaltsüberschüsse und ein seit Ende der fünfziger Jahre leergefegter

53 Jürgen Habermas: Verwissenschaftlichte Politik und öffentliche Meinung [1963]. In: Ders.: Technik und Wissenschaft als »Ideologie«, Frankfurt am Main 1969, S. 120–145; Weingart, Die Stunde der Wahrheit S. 137, 150; Cassel, Politikerberatung S. 9–30.

Arbeitsmarkt – der über zwei Jahrzehnte anhaltende Nachkriegsboom prägte nicht nur die bundesrepublikanische Gesellschaft des »Wirtschaftwunders«, sondern auch deren westeuropäische Nachbarn. Immerhin zählten die stabilen Verhältnisse des bereits 1944 im amerikanischen Ostküsten-Badeort Bretton Woods vereinbarten Weltwirtschafts- und Währungssystems zu jenen günstigen Rahmenbedingungen, von denen alle westeuropäischen Nationen profitieren konnten.[54] In der Bundesrepublik trafen diese Bedingungen auf der Angebotsseite mit einer günstigen Faktorausstattung (ein moderner Anlagenbestand, der dank der Rüstungsinvestitionen trotz aller Zerstörungen, Reparationen und Restitutionen 1945 den Vorkriegsstand um rund 20 Prozent übertraf, preiswerte, gut ausgebildete und leistungsbereite Arbeitskräfte), auf der Nachfrageseite mit dem von Krieg, Zerstörungen und jahrelangem Mangel am Nötigsten bedingten Rekonstruktions- und Nachholpotential zusammen.[55] Im Verein mit der raschen Rückkehr auf den Weltmarkt, die von einer unterbewerteten D-Mark sowie der westeuropäischen »Dollarlücke« erleichtert wurde und von gewaltigen Exporterfolgen begleitet war, gelang so während der fünfziger Jahre der rasche wirtschaftliche Aufstieg der jungen Bundesrepublik.[56]

Der ökonomische Aufschwung trug dazu bei, die politischen Verhältnisse zu stabilisieren und schuf die Grundlage dafür, daß die Probleme der Kriegszerstörungen und Wohnungsnot in atemberaubendem Tempo gelöst werden konnten und die Integration von Millionen Vertriebener und Geflohener gelang. So lag der Anteil der Flüchtlinge, Vertriebenen und Zugewanderten an der Gesamtzahl der beschäftigten Arbeitnehmer 1950 bei fast 28 Prozent, und durch die anhaltende DDR-Flucht stieg dieser Anteil bis 1960 sogar noch weiter auf rund 30 Prozent.[57] Trotzdem war schon am Ende der fünfziger Jahre Vollbeschäftigung erreicht, und seit Anfang der sechziger Jahre herrschte Arbeitskräftemangel (mehr offene Stelle als Arbeitsuchende). Die öffentlichen Haushalte waren ausgeglichen und gestatteten kostenintensive Ausgabenprogramme (Wohnungsbauförderung, Subventionierung der Landwirtschaft), durch welche auch die sozialstaatliche Komponente der Sozialen Marktwirtschaft seit Ende der fünfziger Jahre immer deutlicher Kontur gewann (Dynamisierung der Renten und Sozialhilfe). All diese Erfolge waren auch auf die enge Kooperation zwischen Gewerkschaften und Arbeitgeberverbänden zurückzuführen, die trotz aller Konflikte um Betriebsverfassung, Mitbestimmung oder Vermögensbildung auf der Basis eines belastbaren Einvernehmens eine moderate Tarifpolitik betrieben, Arbeitskämpfe zur Ausnahme werden ließen und auf einen auch von staatlicher Seite geförderten Interessenausgleich setzten. Diese Kooperation prägte auch das Verhältnis von Industrieunternehmen und Universalbanken, die über wechselseitige

---

54 Harm G. Schröter: Von der Teilung zur Wiedervereinigung 1945–2000. In: Michael North (Hg.): Deutsche Wirtschaftsgeschichte. Ein Jahrtausend im Überblick, München 2000, S. 351–420, hier: 374 ff.; umfassend Harold James: Rambouillet, 15. November 1975. Die Globalisierung der Wirtschaft (20 Tage im 20. Jahrhundert), München 1997, S. 59 ff.

55 Werner Plumpe: Das Ende der Koloniezeit. Gedanken zur Sozial- und Wirtschaftsgeschichte des Ruhrgebietes in den 50er und frühen 60er Jahren. In: Jan-Pieter Barbian; Ludger Heid (Hg.): Die Entdeckung des Ruhrgebiets. Das Ruhrgebiet in Nordrhein-Westfalen 1946–1996, Essen 1997, S. 146–172, hier: 150 ff.

56 Dazu ausführlich Christoph Buchheim: Die Wiedereingliederung Westdeutschlands in die Weltwirtschaft 1945–1958, München 1991 sowie Ludger Lindlar: Das mißverstandene Wirtschaftswunder. Westdeutschland und die westeuropäische Nachkriegsprosperität, (Schriften zur angewandten Wirtschaftsforschung Bd. 77) Tübingen 1997.

57 Gerold Ambrosius: Das Wirtschaftssystem. In: Wolfgang Benz (Hg.): Die Geschichte der Bundesrepublik, Bd. 2: Wirtschaft, Frankfurt am Main 1989, S. 11–73, hier: 30 ff. sowie Plumpe, Koloniezeit S. 149 ff.

Beteiligungen und den Austausch von Aufsichtsratsmandaten eng verflochten waren und deren Unternehmensstrategien im internationalen Vergleich als vorsichtig galten und bewußt langfristig angelegt waren. Diese in ihrer Ausrichtung eher risikoaverse, langfristig orientierte, auf Selbstfinanzierung, Interessenausgleich, Konsens und breite Teilhabe an den Früchten der wirtschaftlichen Erfolge bauende Form des kooperativen Kapitalismus prägte die Soziale Marktwirtschaft auch insgesamt, so daß sie rasch mit dem »Wirtschaftswunder« und dem Leitbild der »Sozialen Marktwirtschaft« verknüpft wurde und zum prägenden Faktor des wirtschaftlichen – und wirtschaftspolitischen – Handelns aufstieg.[58]

Die großen wirtschaftlichen Erfolge der fünfziger und frühen sechziger Jahre waren der zeitgenössische Erfahrungshintergrund für den grundlegenden Wandel der ökonomischen Entwicklung seit Mitte der sechziger Jahre. Er kann hier nur in groben Zügen skizziert werden, da lediglich die Rahmenbedingungen der Wissensproduktion in der Wirtschaftspolitik und der sich wandelnden gesellschaftlichen Ordnungsvorstellungen rekonstruiert werden sollen. Diese werden von vier zentralen Entwicklungen bestimmt, die zwar alle unmittelbar und wechselseitig aufeinander bezogen waren, hier aber analytisch voneinander getrennt werden: Erstens prägte den Untersuchungszeitraum ein kontinuierlicher Rückgang der Wachstumsraten, die Rückkehr des konjunkturellen Risikos und damit der Abschied von der Sonderentwicklung des »großen Booms« – mit negativen Erscheinungen wie steigender Arbeitslosigkeit und relativ hoher Geldentwertung. Zweitens setzte sich der sektorale Strukturwandel beschleunigt fort, der bereits die fünfziger Jahre geprägt hatte – nun allerdings mit der neuen Qualität der Tertiarisierung. Drittens nahmen die internationalen Einflüsse auf die wirtschaftliche Entwicklung der Bundesrepublik durch die europäische Integration, aber auch durch internationale Währungs- und Rohstoffkrisen und neuartige weltwirtschaftliche Konkurrenz zu. Viertens reduzierte sich im Ergebnis dieser drei Entwicklungen der Handlungsspielraum der nationalen Wirtschaftspolitik, der durch hausgemachte Probleme wie steigende Staatsschulden und eine schon am Ende der siebziger Jahre als erdrückend empfundene Staatsquote noch weiter eingeengt wurde. Im Verein führten diese vier Entwicklungen nicht nur dazu, daß der Glanz des »Wirtschaftswunders« rasch verblaßte. In erster Linie wandelten sich die Bedingungen der Wirtschaftspolitik, die angesichts des strukturellen Wandels und akuter Krisen vor dem Problem zunehmender gesellschaftlicher Komplexität und einem steigenden Problemlösungs- und Wissensbedarf stand. Zugleich waren spätestens mit den wirtschaftlichen Krisen der siebziger Jahre auch die während des großen Booms formulierten Ordnungsvorstellungen der Wirtschaftspolitik obsolet geworden.

Der Blick auf die Wachstumsraten des Bruttoinlandsprodukts in Grafik 1 macht den langfristigen Trend zur Verlangsamung der gesamtwirtschaftlichen Zuwächse besonders anschaulich: Nach der konjunkturellen »Delle« von 1966/67 konnte an der Wende zu den siebziger Jahren zwar nochmals an das hohe Wachstum angeknüpft werden. Doch die schwere Rezession in der Folge des ersten Ölpreisschocks vom Winter 1973/74 sollte sich rasch als Wendepunkt entpuppen. Lag die alljährliche Wachstumsrate des realen Sozialprodukts pro Kopf im Durchschnitt der Jahre 1949 bis 1973 noch bei fabelhaften vier Prozent, halbierte sich die

58 Zur Vorgeschichte Abelshauser, Deutsche Wirtschaftsgeschichte S. 39 ff., 51 ff.; Werner Plumpe: »Wir sind wieder wer!« Konzept und Praxis der Sozialen Marktwirtschaft in der Rekonstruktionsphase der westdeutschen Wirtschaft nach dem Zweiten Weltkrieg. In: Marie-Luise Recker; Burkhard Jelloneck; Bernd Rauls (Hg.): Bilanz: 50 Jahre Bundesrepublik Deutschland, St. Ingbert 2001, S. 238–278; vgl. auch Schröter, Von der Teilung S. 369 ff.: Rödder, Bundesrepublik S. 11 f.

Dynamik im Zeitraum danach. Zwischen 1973 und 1989 wuchs die westdeutsche Wirtschaft nur noch um zwei Prozent im jährlichen Mittel. Diese Verlangsamung ist deshalb von kaum zu überschätzender Bedeutung, weil die exzeptionellen wirtschaftlichen Erfolge in den fünfziger und sechziger Jahren längst zur lieben Gewohnheit geworden waren. Angesichts konjunktureller »Tiefpunkte« in der Größenordnung von drei Prozent Wachstum war bald nur noch von »Wachstumszyklen« die Rede, und trotz aller zyklischen Schwankungen schien das konjunkturelle Risiko in der Sozialen Marktwirtschaft endgültig ausgeschaltet worden zu sein.[59]

Grafik 1: Reales Bruttoinlandsprodukt der Bundesrepublik
(Veränderung gegenüber dem Vorjahr in v.H.) 1951 bis 1989

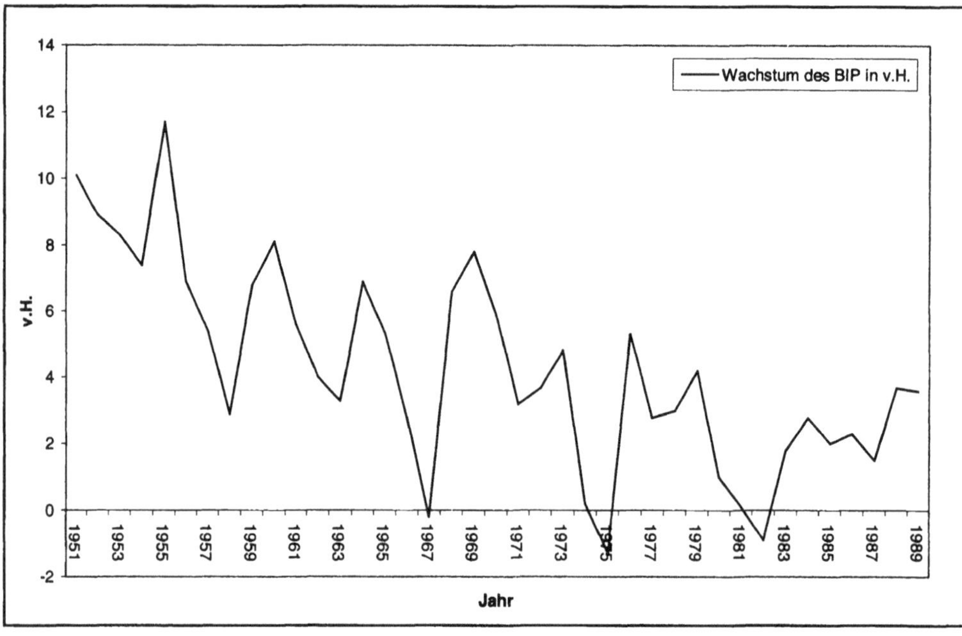

Daten: Jahresgutachten 1993/94 u. Ambrosius, Wirtschaftssystem S. 14.

Nur so erklären sich die überaus heftigen politischen Reaktionen auf die Krise von 1966/67: Obwohl das Wachstum lediglich stagnierte und die Arbeitslosenquote nur kurzzeitig über knapp zwei Prozent stieg, gab dieser erste konjunkturelle Rückschlag nach einer gut 15jährigen Phase dauerhafter Prosperität Anlaß für tiefe Besorgnis. Und die Gewöhnung an die Sonderentwicklung des Wirtschaftswunders äußerte sich auch darin, daß die Reformpolitik der Großen und der sozialliberalen Koalition darauf aufbaute, daß es der Wirtschaftspolitik auf lange Frist gelingen würde, durchschnittliche Wachstumsraten von rund vier Prozent zu gewährleisten. In diesem Sinne ist 1973/74 in der Tat ein tiefer Einschnitt zu erkennen, der die gesamtwirtschaftliche Entwicklung des Untersuchungszeitraums in zwei Teile trennt – spätes-

59 Nützenadel, Stunde der Ökonomen S. 72 ff.

tens mit der zweiten Ölkrise an der Wende zu den achtziger Jahren war endgültig klar, daß das »Wirtschaftswunder« Geschichte war.

Die Zäsur in der ersten Hälfte der siebziger Jahre wird von weiteren makroökonomischen Daten noch weiter untermauert (Grafik 2): War die Bundesrepublik bis in die späten sechziger Jahre noch ein allseits bewunderter Hort der Geldwertstabilität, stand die erste Hälfte der siebziger Jahre ganz im Zeichen der Inflation, und während der beiden Ölkrisen kam es gar zur »Stagflation«. Die öffentliche Sensibilität für das Problem der Geldentwertung war in der Bundesrepublik an sich bereits besonders deutlich ausgeprägt, was auf die traumatisierenden Erfahrungen der beiden Währungsreformen nach den Weltkriegen zurückzuführen war.

Grafik 2: Inflationsrate und Arbeitslosenquote in der Bundesrepublik (in v.H.) 1950 bis 1989

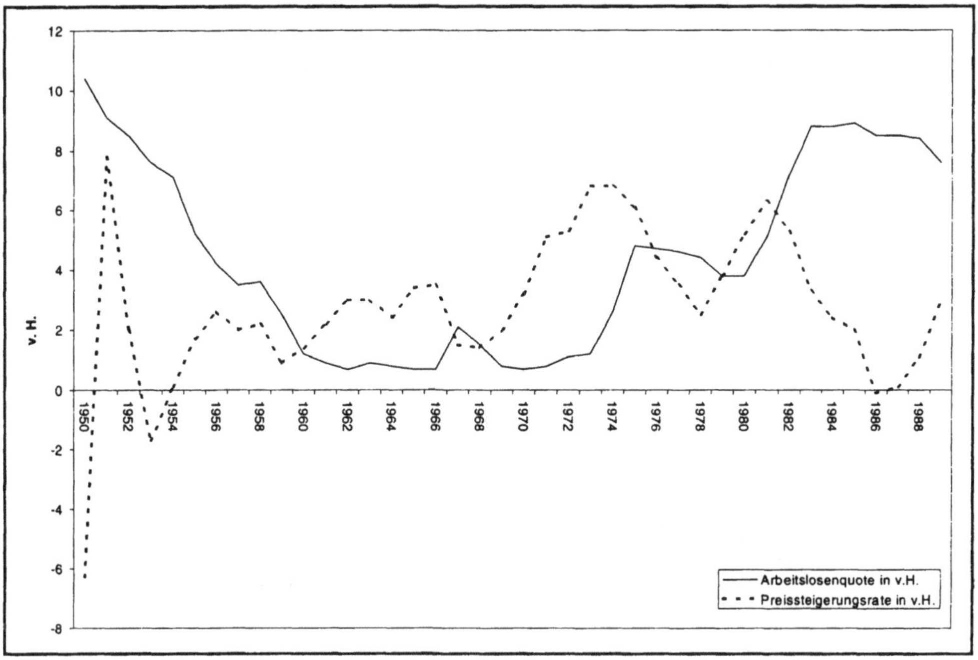

Daten: Statistisches Bundesamt

Doch die Kombination aus Wachstumsverlusten bei gleichzeitig hoher Geldentwertung war besonders brisant, weil diese Entwicklung die Geld- und Konjunkturpolitik vor besondere Probleme stellte. Der eigentlich gebotene geldpolitische Restriktionskurs drohte in der Stagflation die konjunkturelle Entwicklung zusätzlich zu belasten, und insbesondere auf dem Arbeitsmarkt waren die Folgen dieses Zielkonflikts besonders deutlich spürbar. Während zwischen den späten fünfziger und den frühen siebziger Jahren nicht nur Vollbeschäftigung, sondern faktisch Überbeschäftigung herrschte und der Arbeitsmarkt trotz der Anwerbung ausländischer Arbeitskräfte zum Wachstumsengpaß geworden war, kehrte sich die Entwicklung unmittelbar nach dem ersten Ölpreisschock um. Die Arbeitslosenquote stieg binnen kürzester Zeit dramatisch an. Im Krisenwinter 1974/75 wurden erstmals wieder mehr als eine Million Arbeitslose gezählt.

Und was noch schwerer wog: Trotz der konjunkturellen Belebung in der zweiten Hälfte der siebziger Jahre ging die Arbeitslosigkeit nur langsam zurück. Anders als 1966/67 war sie nun offenkundig nicht mehr ausschließlich auf konjunkturelle Ursachen zurückzuführen. Auch wenn es der Arbeitsmarktpolitik bis zum Ende der siebziger Jahre gelang, einige Erfolge zu erzielen, deren ganzes Ausmaß von der demographischen Entwicklung verdeckt wurden (die Quote ging kaum zurück, da die geburtenstarken Jahrgänge auf den Arbeitsmarkt drängten und die Erwerbsneigung von Frauen stetig zunahm), baute sich bereits in den siebziger Jahren eine hohe Sockelarbeitslosigkeit auf. Und schon mit dem zweiten Ölpreisschock und dem damit verbundenen konjunkturellen Einbruch am Anfang der achtziger Jahre übersprang die Arbeitslosenzahl die Zwei-Millionen-Marke, verdoppelte sich die Arbeitslosenquote auf gut neun Prozent. Trotz aller defensiven Bemühungen um Arbeitszeitverkürzung und Verringerung des Arbeitskräfteangebots (Anwachsen der stillen Reserve, Vorruhestand und Frührente) gelang es in den achtziger Jahren auch unter den Bedingungen der einsetzenden konjunkturellen Erholung nur noch äußerst langsam, die hohe Sockelarbeitslosigkeit abzubauen.

Grafik 3: Sektoraler Strukturwandel in der Bundesrepublik nach Anteil der Erwerbstätigen 1960 bis 1989 in v.H.

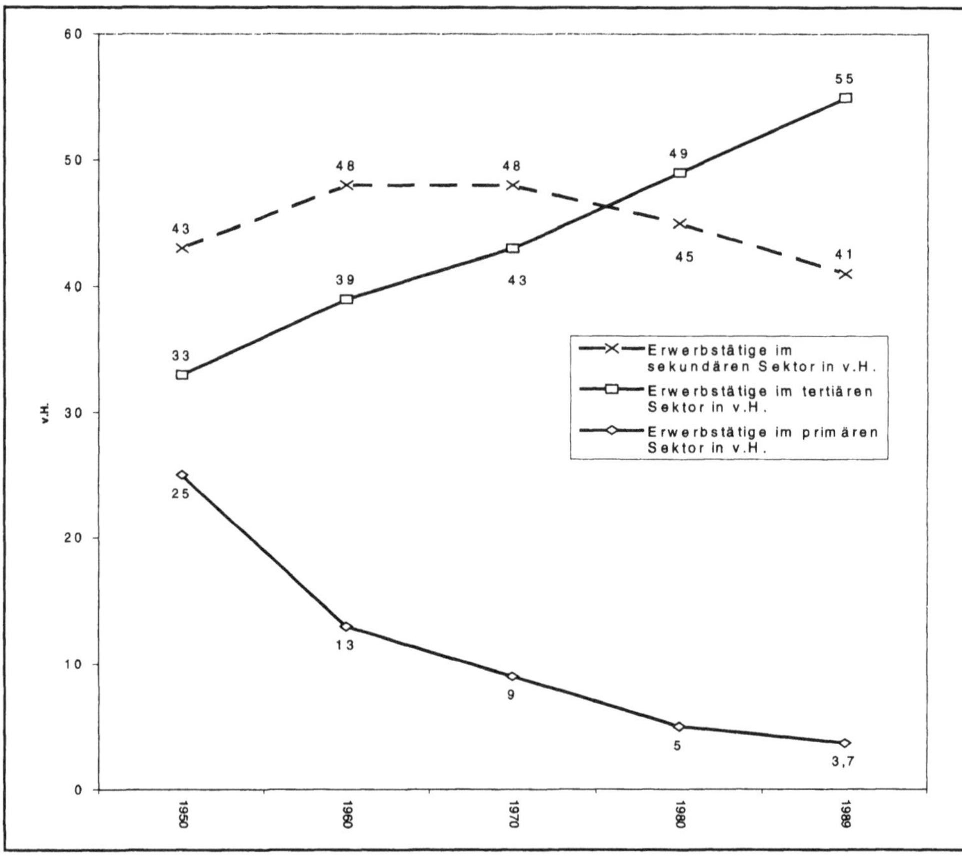

Daten: Geißler, Sozialstruktur

Das sich seit Mitte der siebziger Jahre verfestigende Problem der Dauerarbeitslosigkeit deutet besonders klar auf den strukturellen Wandel der westdeutschen Wirtschaft hin. Sektoraler Strukturwandel war an sich kein neuartiges Phänomen, wie Grafik 3 zeigt. Schon die fünfziger Jahre standen ganz im Zeichen des strukturellen Wandels. Im »Wirtschaftswunder« halbierte sich innerhalb von nur zehn Jahren der hohe Anteil der landwirtschaftlichen Beschäftigung, und gleichzeitig kam es zwar bereits zu einem Bedeutungsgewinn des Dienstleistungssektors – im Kern war der strukturelle Wandel der fünfziger Jahre aber noch von einer Dominanz des industriellen Sektors geprägt, der seine Bedeutung weiter ausbauen konnte. Der gesamte Untersuchungszeitraum wurde somit von einer durchlaufenden Entwicklung bestimmt: Der Anteil der landwirtschaftlichen Produktion ging kontinuierlich zurück, während der Dienstleistungssektor immer stärker an Bedeutung gewann. Von einem dominanten Zug zur »Tertiarisierung« kann aber erst seit den siebziger Jahren gesprochen werden, als der gesamtwirtschaftliche Anteil des industriellen Sektors, der in den sechziger Jahren auf hohem Niveau verharrt hatte, erstmals seit der Industrialisierung wieder zu sinken begann, bis schließlich am Ende der siebziger Jahre mehr Beschäftigte in den Dienstleistungen als im produzierenden Gewerbe gezählt wurden.

Dieser grundlegende strukturelle Wandel ist aus zweierlei Gründen besonders wichtig: Erstens war er ein zentraler Faktor der seit den siebziger Jahren ansteigenden Arbeitslosigkeit. Zwar ist ein Teil dieser Tertiarisierung lediglich auf statistische Effekte zurückzuführen, da produktionsnahe unternehmerische Dienstleistungen dramatisch an Bedeutung gewannen, die statistische Trennung zwischen sekundärem und tertiärem Sektor also quer durch die Belegschaften der Industrieunternehmen ging. Gleichwohl befand sich der sekundäre Sektor aber schon seit den späten fünfziger Jahren in einem grundlegenden Umbruch, durch den »alte« Industrien – also Bergbau, Eisen- und Stahlproduktion, Schiffbau, Textil- und Bekleidungsindustrie, in den siebziger Jahren auch Bauwirtschaft, optische und feinmechanische Industrie – in mehreren Wellen unter Rationalisierungsdruck gerieten. Die Umstellung der Energieversorgung auf Mineralöl, das Ende des Wiederaufbaus, vor allem aber steigende Arbeitskosten in Verbindung mit wettbewerbsfähiger internationaler Konkurrenz beschleunigten diesen strukturellen Wandel. Seit den siebziger Jahren gewann er durch verteuerte Energie und den endgültigen Fortfall einer den Export subventionierenden, unterbewerteten D-Mark nochmals deutlich an Dynamik und ließ große Mengen von Arbeitsplätzen überflüssig werden. Bis in die frühen siebziger Jahre hatte struktureller Wandel dabei noch kaum bedrohlich gewirkt, da etwa die in der Landwirtschaft oder im Bergbau entlassenen Arbeitskräfte auf einem insgesamt aufnahmefähigen Arbeitsmarkt neue Beschäftigung fanden. In der zweiten Hälfte des Untersuchungszeitraums änderte sich dies jedoch grundlegend: Der sekundäre Sektor fragte nun keine zusätzlichen Arbeitskräfte mehr nach, sondern schied sie selbst aus. Gleichzeitig wurden die Verheißungen der Dienstleistungsgesellschaft dadurch relativiert, daß der tertiäre Sektor selbst ein großes Rationalisierungspotential besaß. Standardisierte Verrichtungen, etwa in Banken, Versicherungen und Verwaltungen, konnten zunehmend mittels Computertechnologie bearbeitet werden. Zwar wuchs die Bedeutung moderner Wirtschaftssektoren (Kommunikation, Information und Medien), doch konnten die Wachstumsbranchen den Verlust von Arbeitsplätzen in den vom strukturellen Wandel betroffenen Branchen längst nicht mehr ausgleichen.

Dies hatte auch mit der zweiten Dimension der wirtschaftsstrukturellen Veränderungen zu tun, gingen in den siebziger Jahren doch gerade jene industriellen Branchen unter, die von standardisierter Massenproduktion, von großen und größten Belegschaften der klassischen Arbeiterschichten geprägt waren: Egal ob im Bergbau, in der Eisen- und Stahlindustrie oder im Schiffbau – der strukturelle Wandel leitete auch einen Abschied von einer spezifischen Form des industriellen Großbetriebs ein, dessen innere Organisation zugleich die Lebensweise großer Bevölkerungsteile bestimmt hatte. Auch wenn der beinahe geräuschlose Verlust hunderttausender Arbeitsplätze in jenen Industrien, die durch kleine Betriebsgrößen oder dezentrale Raumstrukturen geprägt waren (etwa: Bauhauptgewerbe oder Textilindustrie) dabei mit bedacht werden muß, war dieser Fortfall klassischer Beschäftigungskerne der »alten« Arbeiterschichten doch ein zentraler Faktor des sozialkulturellen Wandels, auf den unten noch zurückzukommen sein wird.

Der strukturelle Wandel verweist allerdings ebenso wie die ansteigende Arbeitslosigkeit auf Phänomene, die Anzeichen für die zunehmende Reife der westdeutschen Wirtschaft waren und damit den Kontrast zur Sonderkonjunktur der »langen« fünfziger Jahren nochmals erhöhen. Dies zeigte sich besonders deutlich bei der Entwicklung der unternehmerischen Investitionen. Mit dem rasanten Wachstum des »Wirtschaftswunders« korrespondierte ein bemerkenswerter Investitionsboom: So stieg die Bruttoinvestitionsquote von 19,1 Prozent im Jahr 1951 bis Mitte der sechziger Jahre auf fast 30 Prozent an. Nach einer Phase der Stagnation auf hohem Niveau am Anfang der siebziger Jahre sank sie unter zyklischen Schwankungen wieder bis auf unter 20 Prozent Mitte der achtziger Jahre ab. Dabei verschob sich die Binnenstruktur der unternehmerischen Anlageinvestitionen schon in den sechziger Jahren. Für Ersatzinvestitionen mußten immer mehr Mittel aufgewendet werden, so daß trotz absolut steigender Investitionsbeträge der mit diesen Summen tatsächlich erzielte Zuwachs des Kapitalstocks immer geringer wurde. Um das gleiche Produktionsergebnis zu erzielen, mußte also immer mehr Kapital eingesetzt werden. In dieser sinkenden Kapitalproduktivität spiegelte sich sowohl der Arbeitskräftemangel der sechziger Jahre, als auch der beschleunigte industrielle Strukturwandel, der erhebliche Investitionen erforderte. Gleichzeitig ging mit dieser Entwicklung eine steigende Arbeitsproduktivität einher, die teils zweistellige jährliche Wachstumsraten erreichte (Grafik 4).[60]

Die Investitionstätigkeit der Unternehmen und die Modernisierung des Anlagekapitals führten mithin dazu, daß die hohen Einkommenszuwächse der fünfziger und sechziger Jahre nicht zu einem Anstieg der realen Lohnstückkosten führten. Gleichwohl sank die Kapitalrentabilität als wesentliche Voraussetzung für neue Investitionen vom hohen Niveau der frühen fünfziger Jahre beständig ab. Mitte der siebziger Jahre stand die westdeutsche Wirtschaft daher vor einer alarmierenden Situation: In den Jahren zuvor waren im Gefolge einer offensiveren Einkommenspolitik erstmals auch die Lohnstückkosten drastisch angestiegen; die weltwirtschaftlichen Bedingungen hatten sich wegen des anhaltenden Aufwertungsdrucks auf die D-Mark deutlich verschlechtert, so daß die Investitionsquote einen neuen Tiefstand erreichte. Vor dem Hintergrund eines beschleunigten Strukturwandels erklärte dieser Ausfall der unternehmerischen Investitionen nicht nur die rasch steigende Arbeitslosigkeit, sondern auch die dauerhaft absinkende Wachstumsdynamik. Zwar gelang es, die Kapitalrentabilität seit 1976 wieder stetig zu steigern – am Grundproblem einer reduzierten Investitionsquote bei gleich-

60 Ambrosius, Wirtschaftssystem S. 24–26.

zeitig hoher Kapitalintensität der Investitionen änderte dies freilich nichts: Dieses wurde zur Hauptursache der reduzierten Wachstumsdynamik.[61]

Grafik 4: Entwicklung der Arbeitskosten (Durchschnittswerte für ausgewählte Zeiträume, Veränderung gegenüber Vorjahr in v.H.)

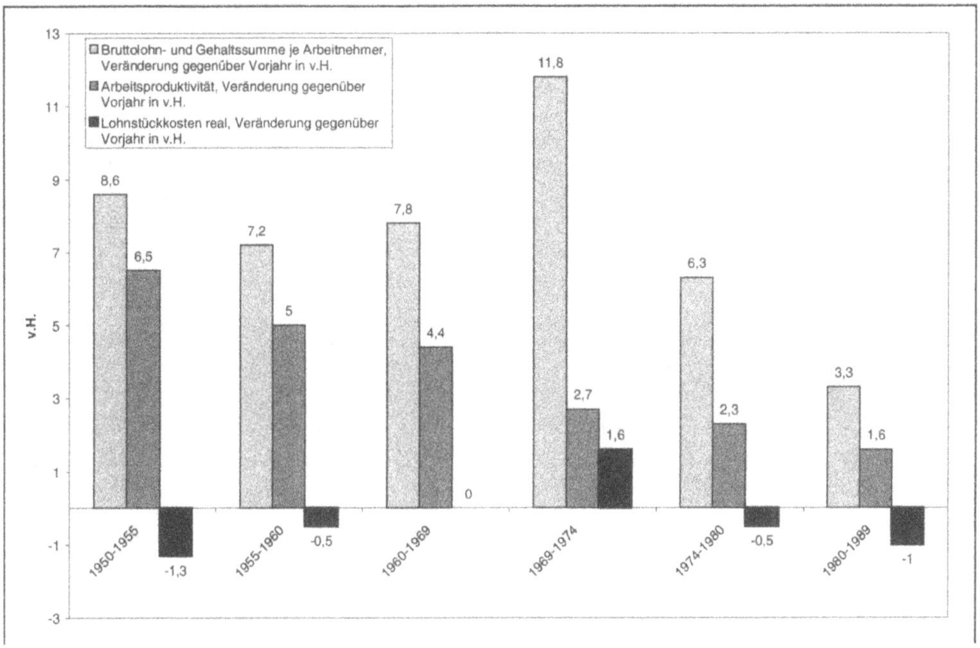

Daten: Giersch/Paqué/Schmieding, S. 72, 132, 211.

Um so bedauerlicher war es, daß der Spielraum der nationalen Wirtschaftspolitik im gesamten Untersuchungszeitraum immer weiter abnahm. Dies hatte auch institutionelle Ursachen, die politisch erwünscht waren. Im Zuge der europäischen Integration gab die Wirtschaftspolitik schon in den Gründungsjahren Kompetenzen an die Europäische Gemeinschaft für Kohle und Stahl und an Euratom ab, und im Zuge des Ausbaus der Europäischen Gemeinschaft, insbesondere auf dem Gebiet der Agrar-, Währungs- und Zollpolitik, setzte sich dieser Trend über den gesamten Untersuchungszeitraum fort. Paradoxerweise suchten Politik und Unternehmen gleichermaßen die weltwirtschaftliche Integration, da die Exporterfolge einer hochproduktiven Investitions- und Konsumgüterindustrie rasch zum wichtigsten konjunkturellen Motor der westdeutschen Wirtschaft geworden waren. Gleichzeitig nahm aber auch die internationale ökonomische Verflechtung und damit die Anfälligkeit für internationale Krisen zu. Die beiden Ölpreiskrisen ließen diesen Zusammenhang besonders drastisch ins öffentliche

61 Siehe dazu mit breiter mikroökonomischer Fundierung Horst Albach; Thomas Brandt; Manfred Fleischer; Jianping Yang: Soziale Marktwirtschaft: eine Erfolgsgeschichte. 50 Jahre Bundesrepublik Deutschland im Lichte von Industriebilanzen. In: Max Kaase; Günther Schmidt (Hg.): Eine lernende Demokratie. 50 Jahre Bundesrepublik Deutschland (WZB-Jahrbuch 1999), Berlin 1999, S. 499–528.

Bewußtsein treten. Allerdings zeigt Tabelle 1, daß die zunehmende Bedeutung des internationalen Warenaustausches für die Wirtschaft der Bundesrepublik eine weithin konstante Entwicklung war. Seit 1952 wurden Exportüberschüsse erzielt, und der seit den siebziger Jahren beschleunigt anwachsende Gesamtanteil des Außenhandels am Bruttosozialprodukt deutet auf die neue Qualität der »Internationalisierung« hin, die erst seit den neunziger Jahren als »Globalisierung« beschrieben wird.

Tabelle 1: Weltmarktzusammenhang der bundesrepublikanischen Wirtschaft

Jahr	Importe in Mrd. DM	Exporte in Mrd. DM	Anteil der Importe am BSP in v.H.	Anteil der Exporte am BSP in v.H.	Gesamtanteil des Außenhandels am BSP in v.H.
1950	11,4	8,4	11,6	8,5	20,1
1955	24,5	25,7	13,5	14,2	27,7
1960	42,7	47,9	14,1	15,8	29,9
1965	70,4	71,7	15,3	15,6	30,9
1970	109,6	125,3	16,0	18,3	34,3
1975	184,3	221,6	17,8	21,4	39,2
1980	341,4	350,3	22,9	23,5	46,4
1985	463,8	537,2	25,1	29,1	54,2

Daten: Ambrosius, Wirtschaftssystem S. 38

Für diese neue Qualität der »Internationalisierung« sprechen auch die schweren Währungskrisen der späten sechziger und frühen siebziger Jahre. Das stabile Weltwährungssystem mit dem an das Gold gebundenen Dollar als Ankerwährung und seinen festen Kursen brach in dieser Phase zusammen. Dies hatte zum Teil politische Ursachen, etwa die undisziplinierte Haushaltspolitik der USA und den fehlenden Willen zur multilateralen Einigung auf einen funktionalen Ersatz für die starren Kurse. Das Weltwährungssystem scheiterte aber auch an den Folgen seiner eigenen Erfolge. Bretton Woods hatte ja erst die Bedingungen für einen funktionsfähigen, liberalisierten internationalen Kapitalmarkt geschaffen. Seit Ende der sechziger Jahre wurde immer deutlicher, daß das Volumen der internationalen Kapitalströme zunahm, daß diese immer flexibler auf die internationalen Zinsdifferenzen reagierten und daß national unterschiedliche Wachstums- und Inflationsraten sowie regelmäßige Paritätsänderungen der festen Wechselkurse zur Währungsspekulation regelrecht einluden. Unter diesen Bedingungen kam es letztlich zu einer »Nicht-Ordnung« des Weltwährungssystems: Der Ordnungsrahmen von Bretton Woods brach zusammen, und an seine Stelle trat 1973 eine Weltwährungs- und Wirtschaftsordnung, die letztlich wegen fehlender Kraft zur politischen Einigung auf den Markt als Steuerungsinstanz setzte, damit aber zugleich die Wirtschaftspolitik wichtiger Instrumente beraubte. Daher war die europäische Wirtschaftsintegration, insbesondere im Rahmen des Europäischen Währungssystems, durchaus darauf gerichtet, wirtschaftspolitischen Handlungsspielraum zurückzugewinnen.

Daß eben diese Handlungsspielräume der Wirtschaftspolitik im nationalen Rahmen seit Mitte der siebziger Jahre immer weiter eingeengt wurden, weil die Politik danach trachtete, angesichts veränderter Rahmenbedingungen ihre gewohnte Steuerungsfähigkeit aufrechtzuerhalten, zählt zu den paradoxen Begleiterscheinungen dieses Prozesses. Grafik 5 zeigt, wie sehr das staatliche Handeln seit den siebziger Jahren durch zurückgehende Wachstumsraten, zwei schwere Konjunkturkrisen, steigende Arbeitslosigkeit und einen anhaltenden Strukturwandel unter Druck geriet:

Grafik 5: Verschuldung der öffentlichen Haushalte der Bundesrepublik 1950 bis 1989 in Mrd. DM.

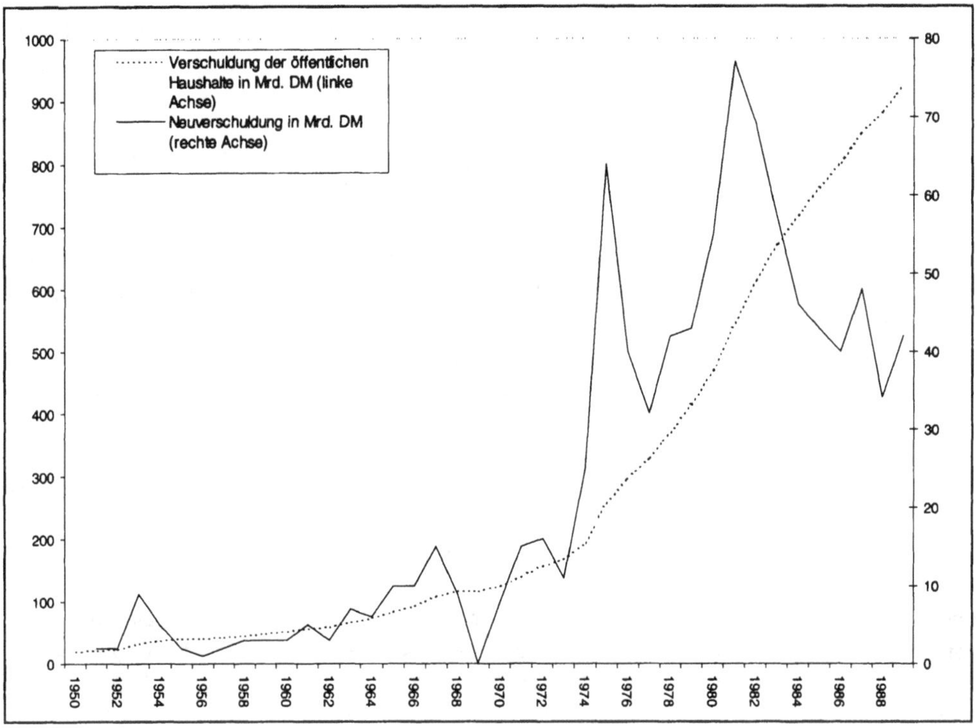

Daten: Rödder, Bundesrepublik S. 301

Die Entwicklung der öffentlichen Haushalte bildet die Trennung des Untersuchungszeitraums in zwei von der Zäsur der ersten Ölpreiskrise scharf geschiedene Teile besonders deutlich ab. Zwar standen schon die sechziger Jahre ganz im Zeichen eines als bedrohlich empfundenen Nachholbedarfs an öffentlichen Investitionen in Infrastruktur, Bildung und soziale Sicherheit, so daß das Volumen der öffentlichen Haushalte und auch die alljährliche Neuverschuldung bereits in dieser Zeit kontinuierlich zunahm. Aber erst die Zuspitzung der gesamtwirtschaftlichen Probleme und der Rückgang der Wachstumsraten in den siebziger Jahren sorgte dafür, daß sich ein hohes strukturelles Haushaltsdefizit aufbaute, das trotz aller Bemühungen um Konsolidierung zwischen 1976 und 1979 und seit 1982 nicht mehr abgebaut werden konnte. Dieser dauerhafte Anstieg der Defizite deutet auf einen Verlust von staatlicher Steuerungsfähigkeit hin, denn mit der Verschuldung stieg der durch Zinszahlungen gebundene Anteil der öffentlichen Haushalte. Während 1969 noch 2,7 Prozent des Bundeshaushaltes für Zinsausgaben verwendet wurden, waren 1982 schon 9 Prozent des Haushaltsvolumens auf diese Weise festgelegt. Auch die Ausdehnung der Leistungsansprüche an die sozialen Sicherungssysteme im Verbund mit wachsenden Kosten, insbesondere durch die Arbeitslosigkeit, legte immer größere Anteile der Haushalte fest, so daß gerade die konjunkturpolitisch wichtige Manövriermasse der öffentlichen Investitionen immer weiter an Gewicht verlor: Der Anteil der Sachinvestitionen ging im gleichen Zeitraum von 6 auf 2,9 Prozent zurück.[62]

Diese Entwicklung spiegelte sich in einem drastischen Anstieg der Staatsquote, die man als Gradmesser für das Ausmaß der staatlichen Gestaltungsversuche nehmen kann: Während sie bis in die sechziger Jahre nur langsam auf ein Niveau von rund 38 Prozent angestiegen war, kam es insbesondere im Rahmen der Reformpolitik der frühen siebziger Jahre zu einem sprunghaften Anstieg auf fast 46 Prozent im Jahr 1975, und bis 1981 stieg sie weiter bis auf eine Rekordhöhe von 48 Prozent, um dann bis 1990 wieder auf 44,5 Prozent zurückzugehen.[63] Schon in den Diagnosen der späten siebziger Jahre war dieser hohe Staatsanteil nicht nur Indikator für den Versuch, wirtschaftspolitische Steuerungsfähigkeit aufrechtzuerhalten, sondern zugleich auch ein Faktor der ökonomischen Probleme. Die steigenden Kosten der Sozialversicherung verteuerten den Faktor Arbeit und verschärften die Lage des Arbeitsmarktes damit noch zusätzlich, und private Investitionen standen auch unter dem Eindruck staatlicher Regulierungswut und steuerlicher Belastungen.

Zusammenfassend kann damit festgehalten werden, daß der Reifegrad der westdeutschen Wirtschaft im Laufe des Untersuchungszeitraums deutlich zunahm. Ihre Entwicklung ist in zwei scharf getrennte Phasen gegliedert, und als Wendemarke dient die erste Ölpreiskrise zwischen 1973 und 1975. Freilich überlagerten sich in diesem Krisenszenario kurzfristige Effekte der Ölpreiserhöhung mit schwerwiegenderen langfristigen Entwicklungen (sektoraler Strukturwandel, Veränderung der weltwirtschaftlichen Rahmenbedingungen, sinkende Investitions- und steigende Staatstätigkeit). Im Ergebnis kam es in der zweiten Hälfte des Untersuchungszeitraums zu einer Zuspitzung der gesamtwirtschaftlichen Probleme, die sich besonders deutlich in steigenden Arbeitslosenzahlen und einem hohen strukturellen Haushaltsdefizit spiegelten. Insgesamt muß also besonders hervorgehoben werden, daß sich die Rahmenbedingungen der bundesrepublikanischen Wirtschaftspolitik seit Mitte der sechziger Jahre in zweierlei Hinsicht grundlegend wandelten: Erstens stiegen analog zu den gesamtwirtschaftlichen Problemen die Steuerungsanforderungen an die Wirtschaftspolitik bei gleichzeitig immer engeren politischen Handlungsspielräumen. Zweitens macht die Art der Probleme – Rückgang des Wachstums und der Verteilungsmasse, Absterben alter Industrien und ihrer sozialen Milieus, Wandel zur Dienstleistungsgesellschaft – besonders deutlich, daß der Wissensbedarf der Wirtschaftspolitik nicht nur in einem analytischen Sinne anstieg. Es ging nicht nur um eine Erfassung der sich wandelnden gesamtwirtschaftlichen Lage, der modifizierten Bedingungen des staatlichen Handelns und die Produktion neuen Wissens, das zur Bewältigung der Probleme eingesetzt werden konnte. Das besondere Ausmaß der Wandlungsprozesse (die auch das Ergebnis der wirtschaftlichen Erfolg des »großen Booms« waren) erforderte zugleich eine laufende Anpassung der Gesellschaftskonzeptionen, um überhaupt eine präzise Vorstellung vom Gegenstand der wirtschaftspolitischen Steuerungsversuche aufbauen zu können.

---

62 Scherf, Hoffnungen S. 94.
63 Abelshauser, Deutsche Wirtschaftsgeschichte S. 278; Scherf, Hoffnungen S. 92.

In ebenso starkem Maße geriet die gesellschaftliche Selbstbeschreibung freilich vom sozialen und soziokulturellen Wandel unter Druck, der eng mit den gesamtwirtschaftlichen Veränderungen verknüpft ist. Allerdings weist dieser im Gegensatz zur wirtschaftlichen Entwicklung keine auch nur annähernd vergleichbaren Brüche auf, so daß eine präzise, verbindliche Periodisierung kaum möglich erscheint. Und auch wenn der Blick auf den Wandel von Sozialstruktur und Sozialkultur einen gewichtigen Anteil an der Deutung etwa der fünfziger Jahre als Phase »aufregender Modernisierung«[64] oder der sechziger Jahre als besonders »dynamischem Jahrzehnt«[65] hatte, wurden so doch in erster Linie heuristische Zäsuren zur Diskussion gestellt. Die wichtigsten Trends des sozialstrukturellen Wandels liefen hingegen gleichmäßig ab,[66] und sie hielten auch nach dem Ende des großen Booms in der ersten Hälfte der siebziger Jahren weiter an: eine enorme Steigerung des Lebensstandards, Massenwohlstand in einer Konsumgesellschaft, deren Gepräge nicht mehr von elementarer Knappheit und Bedrohung der materiellen Existenz, sondern von Überfluß am Notwendigen bestimmt wurde, schließlich ein moderner Wohlfahrtsstaat, dessen Sozialversicherung einen immer wirksameren Schutz vor individuellen Risiken wie Arbeitslosigkeit, Krankheit oder Alter gewährleistete.

Neben die sozialstrukturelle Kontinuität des konsumgesellschaftlichen Massenwohlstandes traten freilich seit den sechziger Jahren fundamentale Veränderungen der Sozialkultur, die sich in den siebziger Jahren noch weiter beschleunigten: Pluralisierung und Individualisierung zeigten einen Verlust von gewohnter Verbindlichkeit und Eindeutigkeit an, wie er besonders klar im rasant voranschreitenden Wertewandel erkennbar wurde. Die Normen des bürgerlichen Zeitalters verloren an Akzeptanz, ohne daß sich neue Werte mit gleicher Verbindlichkeit durchsetzten. In der Tendenz lösten Selbstentfaltungs- und Selbstbestimmungswerte die überkommenen Pflicht- und Akzeptanzwerte ebenso ab wie bürgerliche Moralvorstellungen.[67] Erst diese Überlagerung des sozialstrukturellen Wandels mit den seit Ende der sechziger Jahre immer deutlicher spürbaren Veränderungen von Sozialkultur und Mentalität machte jene neue Qualität und die besondere Tiefe des sozialen Wandels aus, in dessen Verlauf sich die Gesellschaft der »Klassischen Moderne«[68] Zug um Zug verflüchtigte und den noch während der fünfziger Jahre weitgehend verbindlichen gesellschaftlichen Ordnungsvorstellungen die soziale Basis entzog.

Fast alle Facetten des sozialstrukturellen Wandels verweisen unmittelbar auf die wirtschaftliche Entwicklung der Bundesrepublik. Der »große Boom« der zweieinhalb Nachkriegsjahrzehnte schuf die Voraussetzungen für einen Massenwohlstand, der historisch ohne Bei-

64 Hans-Peter Schwarz: Die Ära Adenauer. Gründerjahre der Republik 1949–1957 (Geschichte der Bundesrepublik Deutschland, Bd. 2), Stuttgart 1981, S. 375. Grundlegend Axel Schildt; Arnold Sywottek (Hg.): Modernisierung im Wiederaufbau. Die westdeutsche Gesellschaft der 50er Jahre (Politik und Gesellschaftsgeschichte, Bd. 33), Bonn 1993.

65 Schildt u. a., Dynamische Zeiten.

66 Daher verzichtet etwa Arnold Sywottek: Konsum, Mobilität, Freizeit. Tendenzen gesellschaftlichen Wandels. In: Martin Broszat (Hg.): Zäsuren nach 1945. Essays zur Periodisierung der deutschen Nachkriegsgeschichte, München 1990, S. 94–111 von vornherein auf die Diskussion derartiger Zäsuren der sozialstrukturellen Entwicklung.

67 Rödder, Bundesrepublik S. 22–30.

68 Detlev J.K. Peukert: Die Weimarer Republik. Krisenjahre der Klassischen Moderne, Frankfurt am Main 1987, S. 11 f. Peukerts heuristisches Konzept hat sich mittlerweile auch bei der Beschreibung des sozioökonomischen Wandels der Bundesrepublik etabliert, vgl. Gabriele Metzler: Am Ende aller Krisen? Politisches Denken und Handeln in der Bundesrepublik der sechziger Jahre. In: Historische Zeitschrift, 1 (2002), S. 57–103, hier: 62 f.

spiel war und dessen Auswirkungen weit über die Phase des eigentlichen »Wirtschaftswunders« hinausreichten. So stiegen die Nettoreallöhne und -gehälter der Arbeitnehmerinnen und Arbeitnehmer über den gesamten Zeitraum von 1955 bis 1985 um das 2,3 fache. Analog zur Entwicklung des Wirtschaftswachstums fiel das Gros dieser enormen Einkommensverbesserungen in die Phase vor 1974; so wuchs das reale Nettoeinkommen der Haushalte pro Kopf in den siebziger Jahren nur noch um 31 Prozent an und stagnierte dann im Verlauf der achtziger Jahre.[69] Insgesamt zeigte sich eine stärker ausgeprägte Spreizung der Einkommenszuwächse, insbesondere zwischen abhängig Beschäftigten und Transferbeziehern einerseits und Selbständigen andererseits. Während sich die realen Nettoeinkommen der Haushalte pro Kopf im Zeitraum von 1970 bis 1989 um durchschnittlich 47 Prozent erhöhten, gewannen Selbständige um 91 Prozent hinzu – freilich stellten derartige Veränderungen der Einkommensverteilung ebenso wie das spürbar verlangsamte Tempo der Einkommenszuwächse das einmal erreichte Niveau des Massenwohlstands nicht in Frage. Und daß es trotz der mit dem Massenwohlstand und den Leistungen des Wohlfahrtsstaates verbundenen allgemeinen »Umschichtung nach oben« doch immer noch bei sozialer Ungleichheit blieb, ist unbestritten. Alle globalen Nivellierungstendenzen konnten eine im einzelnen doch stark differenzierte Einkommensverteilung nicht überdecken, und seit dem Höhepunkt des »Wirtschaftswunders« zeigte die Vermögensverteilung sogar eine fortlaufende Tendenz zur verstärkten Kapitalkonzentration – verbunden mit entsprechend ungleich verteilten gesellschaftlichen Chancen und einer eng begrenzten sozialen Mobilität.[70]

Dabei nahm im Zuge des Strukturwandels die Bedeutung des ohnehin dominierenden Lohneinkommens aus abhängiger Beschäftigung noch weiter zu, so daß eine Entwicklung hin zur Arbeitnehmergesellschaft die gesamte Geschichte der »alten« Bundesrepublik dominierte. Der Anteil der abhängig beschäftigten Arbeitnehmer an der Gesamtzahl der Erwerbstätigen stieg von 68,6 Prozent (1950) auf 87,2 Prozent im Jahr 1985.[71] Bei einer bereinigten Erwerbsquote, die sich rasch auf knapp 70 Prozent einpendelte, ging der Anteil der Selbständigen an den Erwerbspersonen seit der Gründung der Bundesrepublik stetig zurück. So sank der Anteil der Selbständigen und der mithelfenden Familienangehörigen zwischen 1950 und 1987 von einem Drittel auf ein Zehntel aller Erwerbspersonen, wobei der Anteil der Selbständigen um 1970 ein Niveau von rund 10 Prozent erreichte und bis 1980 auf den historischen Tiefstand von 8,6 Prozent absank. In diesen Zahlen spiegelte sich in erster Linie der Bedeutungsverlust der Landwirtschaft und kleinster Gewerbe- und Einzelhandelsbetriebe, was insbesondere am stark rückläufigen Anteil der mithelfenden Familienangehörigen ablesbar ist. Er lag 1950 mit 15,5 Prozent noch fast ebenso hoch wie der Anteil der Selbständigen und fiel bis Anfang der achtziger Jahre kontinuierlich, als ein fortan stabiles Niveau von knapp 3 Prozent erreicht war.[72]

Doch die gravierenden Veränderungen der Wirtschafts- und Sozialstruktur spiegelten sich auch in der inneren Zusammensetzung der großen Gruppe der abhängig Beschäftigten. In fast gleichbleibendem Tempo erhöhte sich dort der Anteil der Angestellten, die mehr und mehr zur

69 Rainer Geißler: Die Sozialstruktur Deutschlands, 2. Aufl. Opladen 1996, S. 47. Die Einkommenszuwächse lägen noch höher, würde 1949 als Basisjahr verwendet. Mit dem Jahr 1955 können andererseits die statistischen Effekte der unmittelbaren Nachkriegsnot relativiert werden.

70 Vgl. ausführlicher ebd. S. 230ff. u. 275ff.

71 Ambrosius, Wirtschaftssystem S. 17.

72 Wolfgang Glatzer u.a.: Recent Social Trends in West Germany 1960–1990, Frankfurt am Main 1992, S. 198.

Hauptkategorie der Erwerbstätigenstatistik wurden und gleichsam die vielbeschworene »Mitte« der Gesellschaft bildeten. Waren 1950 noch 16 Prozent aller Erwerbstätigen Angestellte, verdoppelte sich dieser Anteil bereits bis 1974 auf knapp 33 Prozent. Der Trend blieb auch in den siebziger und achtziger Jahren ungebrochen, und 1989 waren mit 42 Prozent erstmals mehr Angestellte als Arbeiter (38,5 Prozent) beschäftigt. Auch wenn die Kategorie »Angestellte« grob unscharf ist und die gesamte Palette der Beschäftigungsverhältnisse von der Verkäuferin bis zum hochbezahlten Manager abdeckt, spricht der langfristige statistische Trend doch für die Tertiarisierungshypothese.[73] Aber die Zunahme der Angestelltenverhältnisse ist nicht nur ein Indiz für den Wandel der Erwerbsstruktur, sondern vor allem mit einem Wandel der Sozialkultur verbunden: Die Unterscheidung zwischen »Arbeiterschaft« und »Angestellten« verlor mit den wohlstandsbedingten Veränderungen der Lebensweise und der steigenden Qualifikationsanforderungen viel von ihrer ursprünglichen Brisanz. Zwar war der »Abschied von der Proletarität«[74] schon in den fünfziger Jahren immer deutlicher sichtbar geworden, da sich mit den prekären Lebensverhältnissen zugleich auch das stabile und von fehlender sozialer Mobilität bestimmte Arbeitermilieu verflüchtigte. Doch zugleich ging der kollektive soziale Aufstieg der Arbeiterschichten mit einer schärferen Binnendifferenzierung einher. Mit dem technischen Wandel der Arbeitswelt stiegen die Qualifikationsanforderungen, so daß nach Einkommen, Arbeitsalltag und Lebenschancen bald kaum mehr von einer »Kragenlinie« zwischen Angestellten und qualifizierten Facharbeitern gesprochen werden konnte. Umgekehrt stiegen die Risiken der Un- und Angelernten überproportional an.[75]

Mit der quantitativen Zunahme der Einkommen und dem Wandel der Erwerbsstruktur waren qualitative Veränderungen verbunden, die sich besonders gravierend in der Umstellung der Haushaltsbudgets niederschlugen. Hinzu kam, daß die Wohlstandsexplosion erst den Ausbau der sozialstaatlichen Sicherungssysteme ermöglichte: Ihre seit der Rentenreform von 1957 über fast zwei Jahrzehnte kontinuierlich betriebene Erweiterung zielte auf die Absicherung der klassischen Armutsrisiken Alter, Krankheit und Erwerbslosigkeit und trug mit dazu bei, die Teilhabe am Massenwohlstand zu verbreitern. Unterstellt man, daß gerade der große Block von Haushalten mit mittleren Einkommen die bundesrepublikanische Sozialstruktur besonders deutlich prägte, ermöglichen die vom Statistischen Bundesamt langfristig erhobenen Daten für einen vierköpfigen Arbeitnehmerhaushalt mit mittlerem Einkommen einen genauen Blick auf die Entwicklung der Konsumgesellschaft:[76] Zwischen 1950 und 1989 gingen die Aufwendungen für den sogenannten starren Bedarf (Nahrung, Kleidung, Wohnung, berufsbedingte Mobilität) kontinuierlich zurück, während die Ausgaben für langfristige Konsumgüter und Luxuskonsum anteilig zunahmen. Die Aufwendungen für Energie, Gesundheit und Hygiene veränderten sich über den langen Zeitraum kaum. Hingegen halbierte sich der Anteil der Ausgaben für Nahrung, Getränke, Tabak, Bekleidung und Schuhe (von 65,8 auf 31,9 Prozent). Gleichzeitig verdoppelten sich jeweils die Aufwendungen für Mieten (10,5 auf

---

73 Geißler, Sozialstruktur S. 142.

74 Josef Mooser: Arbeiterleben in Deutschland 1900–1970. Klassenlagen, Kultur und Politik, Frankfurt am Main 1984.

75 Geißler, Sozialstruktur S. 169.

76 Aus der umfangreichen Literatur hier nur die wichtigsten Titel, vgl. Wolfgang König: Geschichte der Konsumgesellschaft, Stuttgart 2000; Michael Wildt: Am Beginn der »Konsumgesellschaft«. Mangelerfahrung, Lebenshaltung, Wohlstandshoffnung in Westdeutschland in den fünfziger Jahren, Hamburg 1994; Arnold Sywottek: Zwei Wege in die »Konsumgesellschaft«. In: Schildt u. a., Modernisierung S. 269–274.

20,9 Prozent), Sparguthaben, Steuern und Sozialversicherung (11,1 auf 23,5 Prozent) sowie für Bildung, Unterhaltung und Erholung (5,5 auf 10,7 Prozent). Den mit Abstand stärksten Anstieg wies der Bereich Transport und Kommunikation auf, dessen Budgetanteil von 2,1 auf 15,5 Prozent anwuchs. Die makroökonomischen Trends schlugen sich also auch in den individuellen Haushaltsbudgets nieder, was insbesondere der rapide zunehmende Staatsanteil (Steuern und Sozialversicherung) unter Beweis stellte.[77]

Erst dieser seit den späten fünfziger Jahren deutlich zurückgehende Anteil des »starren Bedarfs« in den Haushaltsbudgets schuf die Basis für die Konsumgesellschaft. Diese setzte sich schon im Verlauf der fünfziger Jahre durch. Allerdings traten die Masseneffekte der »Affluent Society«[78] nach US-amerikanischem Vorbild erst im Verlauf der sechziger Jahre immer deutlicher zu Tage. Dies zeigt sich besonders in der Ausstattung der Haushalte mit langfristigen Konsumgütern: Verfügte 1962 nicht einmal ein Drittel aller Haushalte über einen PKW, konnte – oder wollte – 1983 nur ein Drittel nicht über ein eigenes Auto verfügen. Auch bei der Ausstattung der Haushalte mit Waschmaschinen zeigt sich eine ähnliche Entwicklung: Bis 1962 war das Waschen erst in einem knappen Drittel der Haushalte mechanisiert; 1983 verfügten 83 Prozent aller Haushalte über eine Waschmaschine. Und daß die Entwicklung der Konsumgesellschaft seit den späten sechziger Jahren ihre spezifische Dynamik immer weniger aus der Deckung von elementaren Bedürfnissen bezog, sondern verstärkt von qualitativen Höherstufungen, Sickereffekten und Produktinnovationszyklen bestimmt war, zeigen weitere Daten zur Ausstattung der Haushalte: Gefrierschrank (3 Prozent), Geschirrspülmaschine (9 Prozent) und Telefon (24 Prozent) waren 1963 noch Luxusgüter, taugten 20 Jahre später jedoch kaum mehr zum Distinktionsmerkmal, als 65 Prozent der Haushalte über einen Gefrierschrank, 88 Prozent über ein eigenes Telefon und immerhin ein Viertel der Haushalte über eine Geschirrspülmaschine verfügte. Noch deutlicher ist die qualitative Umstellung von der Bedarfsdeckung zur Bedürfnisbefriedigung an der Ausstattung mit Fernsehgeräten abzulesen: 1963 besaßen schon 37 Prozent aller Haushalte ein eigenes TV-Gerät, und 1983 war die Sättigungsgrenze mit 94 Prozent längst erreicht – freilich verfügten zehn Jahre nach dem Systemwechsel bereits 73 Prozent der Haushalte über einen Farbfernseher.[79]

Massenwohlstand als zentrales Merkmal der sozialstrukturellen Entwicklung der Bundesrepublik läßt sich jedoch nicht allein durch steigende Realeinkommen und neuartige Konsummöglichkeiten kennzeichnen. Kaum weniger wichtig war der Zugewinn an Freizeit. Er war einerseits eine unmittelbare Folge der enormen Produktivitätsfortschritte und damit ein wichtiger Faktor der realen Einkommensverbesserungen, da für immer höhere Einkommen immer weniger Arbeitszeit aufgewendet werden mußte. Mit der Freizeit als Massenphänomen wurde aber auch ein weiteres überkommenes Distinktionsmerkmal der Oberschichten demokratisiert: Die Konsumenten- war von Zeitsouveränität als Massenphänomen begleitet. So reduzierten sich die Erwerbsarbeitszeiten in allen Dimensionen – nach Jahres-, Wochen- und täglicher Arbeitszeit. Arbeitete ein vollzeitbeschäftigter Arbeitnehmer 1960 noch durchschnittlich 2.128 Stunden pro Jahr (ohne Krankenstand), kam er 1985 nur noch auf 1.804 Stunden. Und die tatsächliche Wochenarbeitszeit, die in den frühen fünfziger Jahren noch durchschnittlich 48 Stunden betragen hatte, fiel bereits bis Mitte der sechziger Jahre auf 42 Stunden. Bis Mitte

77 Glatzer, Social Trends S. 400.
78 Zuerst John Kenneth Galbraith: Gesellschaft im Überfluß, München 1959 (engl. Original: Boston 1958).
79 Geißler, Sozialstruktur S. 51.

der achtziger Jahre sank sie auf knapp über 40 Stunden, um dann erst am Ende des Jahrzehnts unter die Marke von 40 Stunden zu fallen. Zwischen 1952 und 1981 dehnte sich die tägliche Freizeit als Mußezeit (also nicht: erwerbsfreie Zeit!) von 2,33 auf 4,18 Stunden aus. Bei der Nutzung dieser hinzugewonnenen Freizeit waren freilich über den gesamten Zeitraum des Wandels widersprüchliche Muster erkennbar: Neben die Verhäuslichung der Lebenszeit trat ein paralleler Anstieg der gezielten außerhäuslichen Aktivitäten – Geselligkeit wurde ebenso wie Privatheit in stärkerem Maße ermöglicht und gesucht. Und im Zusammenspiel mit wachsendem Wohlstand wurde der Zugewinn an Freizeit seinerseits zum Faktor massenkultureller Veränderungen in der Konsumgesellschaft, sei es in Form der Tourismusindustrie, sei es, daß die aktive Gestaltung der freien Zeit eine eigene Freizeitindustrie hervorbrachte.[80]

Wie eng die Veränderungen der Sozial- und Wirtschaftsstruktur mit den Wandlungen von Sozialkultur und Lebensweise verschränkt sind und wie schwer eine genaue Trennung zwischen beiden Kategorien tatsächlich fällt, verdeutlichen besonders die drei zentralen demographischen Trends des Untersuchungszeitraums. Geburtenrückgang, Alterung und Zuwanderung werden auf ihre Weise jeweils eindeutig vom Massenwohlstand bestimmt. Besonders auffällig ist dieser Zusammenhang bei der Zuwanderung. Die Zahl der in der Bundesrepublik lebenden Ausländer stieg von 686.000 im Jahr 1961 (1,2 Prozent der Bevölkerung) auf 4,1 Millionen 1974 (6,7 Prozent) und fiel mit der Phase des Arbeitskräftemangels zusammen. Und so blieben die Zahlen nach dem Anwerbestop für »Gastarbeiter« (1973) absolut und prozentual bis zum Ende der achtziger Jahre stabil und verharrten nach dem Ende des Booms auf dem Niveau von 4,5 Millionen Personen, was rund sieben Prozent der Bevölkerung entsprach.[81]

Der drastische Geburtenrückgang nach 1964 (»Pillenknick«) verweist auf Veränderungen der Lebens- und Reproduktionsweise, die in allen Industrienationen beobachtet werden konnten und vom wachsenden Wohlstand zumindest angestoßen wurden. Während 1960 noch 17 Kinder auf 1.000 Einwohner neu geboren wurden, sank die Zahl bis 1984 auf 9,5. Schon Mitte der siebziger Jahre hatte die Bundesrepublik die niedrigste Geburtenrate der Welt, und seit 1972 sterben mehr Menschen als neu geboren werden. Die Folge: eine demographische Alterung der Bevölkerung, d. h. ein zurückgehender Anteil der jüngeren Jahrgänge an der Gesamtbevölkerung. Zwischen 1950 und 1988 sank der Anteil der Jüngeren (bis 15 Jahre) von 28 auf 18 Prozent, während gleichzeitig der Anteil der Älteren (über 65 Jahre) von 9 auf 15 Prozent anstieg.[82] Auch wenn diese langfristigen demographischen Trends schon früh erkennbar waren, ist die damit zwangsläufig verbundene Belastung für die Konstruktion der sozialen Sicherungssysteme erst im letzten Jahrzehnt vollends ins öffentliche und politische Bewußt-

---

80 Werner Polster: Wandlungen der Lebensweise im Spiegel der Konsumentwicklung. Vom Dienstleistungskonsum zum demokratischen Warenkonsum. In: Klaus Voy; Werner Polster; Claus Thomasberger (Hg.): Gesellschaftliche Transformationsprozesse und materielle Lebensweise (Beiträge zur Wirtschafts- und Gesellschaftsgeschichte der Bundesrepublik Deutschland 1949–1989, Bd. 2), Marburg 1993, S. 213–291, hier: 254 ff.; Axel Schildt: »Die kostbarsten Wochen des Jahres«. Urlaubstourismus der Westdeutschen (1945–1970). In: Hasso Spode (Hg.): Goldstrand und Teutonengrill. Kultur- und Sozialgeschichte des Tourismus in Deutschland 1945 bis 1989, Berlin 1996, S. 69–86.

81 Glatzer, Social Trends S. 12; Ulrich Herbert; Karin Hunn: Gastarbeiter und Gastarbeiterpolitik in der Bundesrepublik. Vom Beginn der offiziellen Anwerbung bis zum Anwerbestop (1955–1973). In: Schildt u. a., Dynamische Zeiten S. 273–310. Karin Hunn: »Nächstes Jahr kehren wir zurück …« Die Geschichte der türkischen »Gastarbeiter« in der Bundesrepublik (Moderne Zeit, Bd. 11), Göttingen 2005.

82 Geißler, Sozialstruktur S. 338, 344 f.

sein getreten. Dies überrascht um so mehr, als die damit verknüpften Veränderungen der Lebensweise ebenfalls schon in den siebziger Jahren überdeutlich hervortraten. Diese zeigten sich insbesondere in einem Wandel der Haushaltsformen. Während die Zahl der privaten Haushalte zwischen 1950 (17 Millionen) und dem Beginn der sechziger Jahre (19 Millionen) noch langsam zugenommen hatte, stieg sie seither kontinuierlich und deutlich an. 1987 wurden bereits 27 Millionen Haushalte gezählt. Der veränderte Altersaufbau, die steigende Lebenserwartung und die sinkende Geburtlichkeit, aber auch ein veränderter Lebensstil (»Single-Haushalte«) führte dazu, daß die Haushaltsgröße abnahm. So verdrängten die Einpersonenhaushalte mit einem Anteil von 30 Prozent schon 1980 den Zweipersonenhaushalt von der Spitzenposition, und umgekehrt war schon seit den sechziger Jahren ein rascher Rückgang des Anteils von Haushalten mit mehr als zwei Personen zu verzeichnen gewesen.[83] So sank die durchschnittliche Haushaltsgröße von 2,99 (1950) auf 2,35 Personen im Jahr 1987 ab.[84]

An dieser Entwicklung ist die Überlagerung von sozialen und sozialkulturellen Wandlungsprozessen besonders deutlich ablesbar, denn die Entwicklung der Haushaltsgrößen ist nur ein äußeres Anzeichen für den grundlegenden Wertewandel, der sich in den siebziger Jahren dramatisch beschleunigte, insbesondere für den Wandel von Geschlechterverhältnissen, Familienformen und Heiratsverhalten. So ist der Bedeutungsgewinn kleiner und kleinster Haushalte eben auch ein Indiz für den Abschied von der Familie als strukturbildendem Kern der Gesellschaft: Kamen 1960 auf 10.000 Hochzeiten noch 35,7 Scheidungen, hatte sich diese Zahl bis 1985 mehr als verdoppelt (86,1 Scheidungen). Gleichzeitig war eine kontinuierliche Zunahme des Heiratsalters und eine generell sinkende Heiratsneigung feststellbar.[85] Diese neuartigen Formen der Unabhängigkeit und Individualität hatten durchaus auch eine materielle Dimension, wenn etwa die Frauenerwerbsquote weiter anstieg: 1950 lag sie noch bei 31,3 Prozent, und bis 1986 stieg sie stetig weiter auf 36,3 Prozent an.[86] Darunter war ein signifikanter Anteil von Teilzeitarbeit, deren Anteil von 8,6 (1960) bis Mitte der siebziger Jahre auf rund 30 Prozent anstieg, um dann stabil zu bleiben.[87] An die Stelle der klassischen Kernfamilie traten damit immer mehr Erscheinungen, die eine Pluralisierung der Familienformen nahelegten: So hatte die »Einelternfamilie« mit Kindern unter 18 Jahren bereits 1976 einen Anteil von 9 Prozent an allen Familien (1992: 14 Prozent), und auch die Zahl der nichtehelichen Lebensgemeinschaften nahm seit den siebziger Jahren rasant zu. Nirgendwo sonst wird die Umstellung sozialer Normen während der siebziger Jahre deutlicher: Hatten im Heiratsjahrgang 1950 nur 4 Prozent, im Jahrgang 1970 nur 10 Prozent der Partner bereits vor der Hochzeit zusammengelebt, löste sich dieses gesellschaftliche Tabu nun binnen kürzester Zeit auf: 1980 lebten 85 Prozent der Partner vor der Trauung zusammen.[88]

Bei aller Widersprüchlichkeit im Detail läßt sich diese unübersichtliche Vielfalt der sozialen und sozialkulturellen Wandlungsprozesse doch in einigen Grundtendenzen zusammenfassen.

83 Lidwina Kühne-Büning; Werner Plumpe; Jan-Otmar Hesse: Zwischen Angebot und Nachfrage, zwischen Regulierung und Konjunktur. Die Entwicklung der Wohnungsmärkte in der Bundesrepublik, 1949–1989/1990–1998. In: Ingeborg Flagge (Hg.): Geschichte des Wohnens, Bd. 5. 1945 bis heute. Aufbau, Neubau, Umbau, Stuttgart 1999, S. 155–232, hier: 162 f.

84 Rödder, Bundesrepublik S. 290.

85 Geißler, Sozialstruktur S. 313 ff. und Glatzer, Social Trends S. 125 f.

86 Glatzer, Social Trends S. 133.

87 Ebd. S. 160.

88 Geißler, Sozialstruktur S. 318 f., 322 f.

Erstens wird deutlich, daß sozialer Wandel ein kontinuierlich ablaufender Prozeß war, der dabei gleichwohl unmittelbar auf die ökonomischen Rahmenbedingungen verwies. In fast allen Aspekten wurde er von der Dynamik der Wohlstandsgesellschaft geprägt, ohne daraus freilich eine einfache Kausalität ableiten zu können. Zweitens zeigte sich seit den sechziger Jahren, besonders deutlich aber in den siebziger Jahren, daß sich sozialstruktureller mit sozialkulturellem Wandel überlagerte. Letzterer deutete an, daß Wachstum und Wohlstand zwar durchaus eng miteinander verknüpft waren, daß sinkende Wachstumsraten und engere Verteilungsspielräume auf hohem Wohlstandsniveau den einmal in Gang gesetzten Prozeß aber nicht beenden konnten. Im Zentrum des sozialkulturellen Wandels stand schließlich drittens ein grundlegender Wertewandel, dessen Ergebnisse seit Mitte der sechziger Jahre immer deutlicher sichtbar wurden. Sie sorgten für eine neue Qualität des sozialen Wandels. Was bereits von zeitgenössischen Beobachtern mal freudig begrüßt, mal vehement als »Verfall der guten Sitten« beklagt wurde, war in der Tat eine »stille Revolution«:[89] Das Gefüge der gültigen Normen verschob sich grundlegend. Pflicht- und Akzeptanzwerte verloren an Bedeutung. Arbeitsfreude und Leistungsbereitschaft, Disziplin und Gehorsam, Pünktlichkeit und Sparsamkeit, Unterordnung, Respekt gegenüber Autoritäten – all diese Werte büßten ihre bisherige Bedeutung ein, und auch mit klassischen bürgerlichen Moralvorstellungen wurde gebrochen, insbesondere in Fragen der Rolle von Mann und Frau und der Sexualmoral. Statt dessen gewannen immer mehr Selbstentfaltungswerte an Bedeutung: Nun war Selbständigkeit gefragt statt Gehorsam, Mitbestimmung statt Unterordnung, Kritik statt Disziplin, und der selbstbestimmte, eigene freie Wille oder die individuelle Autonomie wurden zu neuen Werten. Der abstrakte Wertewandel hatte also konkrete Auswirkungen, auf die oben bereits im Zusammenhang des sozialen Wandels hingewiesen wurde. Diese Veränderung der Lebensstile, die Auflösung traditioneller Milieus und der damit verbundenen Bindungen zeigte sich nicht nur in der neuen Bedeutung, die der Freizeitgestaltung zugewiesen wurde, in hedonistischer Selbstverwirklichung, im Bedeutungsverlust traditioneller Institutionen, seien es Ehe und Familie oder die Bindung an Kirche und religiöse Milieus.[90] Nein, Wertewandel hatte auch unmittelbar politisch-ökonomische Folgen, sei es, daß das Interesse für Umwelt- und Naturschutz anstieg, was unmittelbare Auswirkungen auf das Parteiensystem (Die Grünen) hatte, sei es, daß durch neue Formen des Bürgerprotests Widerstände gegen Großprojekte wie Atomkraftwerke, Schnellstraßen oder anonyme Trabantenstädte aufkamen, die noch in den sechziger Jahren geräuschlos akzeptiert worden waren. Der Wertewandel – und insbesondere das Bedürfnis nach Mitsprache und Selbstverwirklichung – verwies damit auch auf ein mit der allgemeinen »Umschichtung nach oben« eng verknüpftes, insgesamt gestiegenes Bildungsniveau (so stieg der Anteil der Abiturienten an den Gleichaltrigen von 6 Prozent 1960 bis auf 24 Prozent im Jahr 1989).[91]

In ihrer Gesamtheit lassen sich die Prozesse des sozialen, sozialkulturellen und Wertewandels somit auf den gemeinsamen Nenner der Individualisierung und Pluralisierung bringen – Individualisierung, weil traditionelle Bindungen fortfielen und Selbstentfaltungswerte an Einfluß gewannen, und Pluralisierung, weil sich angesichts schwächerer Bindungen und zunehmender Individualisierung zugleich die Zahl und die Formen von Lebensstilen und

---

89 Ronald Inglehart: The Silent Revolution. Changing Values and Political Styles Among Western Publics, Princeton 1977; vorher bereits ders: The Silent Revolution in Europe: Intergenerational Change in Post-Industrieal Societies. In: American Political Science Review 65 (1971), S. 991–1017.

90 Rödder, Bundesrepublik S. 28–30.

91 Ebd. S. 250 ff.

Milieus erhöhten. Diese doppelte Entwicklung ist nicht nur an den o.a. makrosoziologischen Daten ablesbar, etwa an steigenden Scheidungsraten, sinkender Geburtlichkeit, steigender Frauenerwerbstätigkeit oder der Tendenz zu Patchwork-Familie und Single-Haushalt. Pluralisierung und Individualisierung bedeuteten zugleich: Auflösung großer sozialer Formationen, die durch homogene Werte, Lebensbedingungen und Lebensweisen geprägt waren und deren semantische Erfassung in den fünfziger Jahren noch die empirische Basis für alle Formen der gesellschaftlichen Selbstbeschreibung abgegeben hatte. Sozialer Wandel führte nicht nur dazu, daß am Ende der siebziger Jahre im klassischen bundesrepublikanischen Dreiparteiensystem ein Vakuum entstand, in dem sich eine neue Partei fest etablieren konnte, die sich radikal auf die Grundlage der neuen Wertorientierungen stellte. Er hatte auch zur Folge, daß sich die Grundlagen des Wirtschaftens veränderten: Dies spürten etwa die Unternehmen, als die fordistischen Massenproduktionsmodelle an ihre Grenzen gerieten und statt dessen die Weckung und Befriedigung individueller Bedürfnisse, die Anpassung an immer kleinere, immer weniger homogene Kundengruppen und Marktnischen zur neuen Herausforderung der Produktion wurde.

Für die Wirtschaftspolitik hieß das: In den siebziger Jahren stand sie vor dem Problem eines doppelten Abschieds. Zum einen lief der »große Boom« endgültig aus, nahmen weltwirtschaftliche Integration zu und nationale Handlungsspielräume ab. Zum anderen veränderte sich aber der Gegenstand der wirtschaftspolitischen Steuerung mit besonders hoher Geschwindigkeit, und beides gemeinsam führte dazu, daß das Bedürfnis zunahm, sichere Informationen über die Gestalt der bundesrepublikanischen Gesellschaft zu erhalten, um überhaupt Gewißheit über das Ziel der politischen Steuerungsversuche erlangen zu können. Das hier skizzierte Zusammenspiel von wirtschaftlichem, sozialstrukturellem und soziokulturellem Wandel macht aber vor allem deutlich, daß die noch weithin verbindlichen Modelle der gesellschaftlichen Selbstbeschreibung der »langen« fünfziger Jahre – Schichten und Gruppen – von der sozialen Realität immer stärker unter Druck gesetzt werden mußten. Wenn Individualisierung und Pluralisierung die soziale Wirklichkeit immer stärker prägten, dann war es nur eine Frage der Zeit, bis Gesellschaftskonzepte, die auf großen, homogenen gesellschaftlichen »Gruppen« und »Schichten« aufbauten, in Frage gestellt wurden. Und angesichts einer in immer kleinere, unübersichtliche und hochgradig flexible soziale »Milieus« und »Lagen« zerfallenden Gesellschaft war es überhaupt fragwürdig, ob an das Modell einer weithin akzeptierten gesellschaftlichen Selbstbeschreibung mit hoher Verbindlichkeit angeknüpft werden konnte – der Versuch jedenfalls konnte nur durch eine systematische Wissensproduktion gelingen, die der Wirtschaftspolitik fundierte Kenntnisse über die Gesellschaft als Gegenstand der eigenen Steuerung, über die wirtschaftliche Lage und über die erforderlichen politischen Instrumente gab. Der folgende Abschnitt nimmt daher genau diese Mechanismen der Wissensproduktion in der Wirtschaftspolitik in den Blick und fragt danach, wie Entscheidungssicherheit unter den Bedingungen gesellschaftlicher Komplexität hergestellt werden konnte.

III. Aufstieg und Fall der Globalsteuerung

Der Amtsantritt der Regierung Kiesinger im November 1966 wird bis heute als grundlegende »Zäsur im Verständnis der Wirtschaftspolitik«[1] interpretiert: Der Kontrast zwischen dem liberalen Denken in Ordnungen, wie es Ludwig Erhard als Wirtschaftsminister geprägt und bis zum Ende seiner Kanzlerschaft hochgehalten hatte, und der technokratischen Aura der keynesianischen Globalsteuerung, wie sie der neue Wirtschaftsminister Karl Schiller verkörperte, könnte kaum augenscheinlicher sein. Und in der Tat: Das im Krisenjahr 1967 von der Großen Koalition mit atemberaubendem Tempo umgesetzte Instrumentarium von Prognose und Projektion der wirtschaftlichen Entwicklung, mittelfristiger Finanzplanung, antizyklischer Fiskalpolitik und Konzertierter Aktion sorgte für einen »new look«[2] der Wirtschaftspolitik. Freilich sollte trotz der zahlreichen euphorischen Stimmen der Zeit nicht übersehen werden, daß hier ein langfristiger Prozeß seinen Abschluß fand. Die Wirtschaftspolitik war schrittweise um keynesianische Elemente angereichert worden; viele Instrumente gingen auf langjährige Forderungen der Wissenschaft zurück, und die Vorarbeiten für das Stabilitätsgesetz oder die Finanzreform hatten bereits unter Erhard begonnen. Dies und die Tatsache, daß Schillers Globalsteuerung bewußt darauf angelegt war, eine »Synthese von Freiburger Imperativ und Keynesianischer Botschaft«[3] herzustellen und damit auf die Kontinuität der »Sozialen Marktwirtschaft« setzte, relativiert die Tiefe der Zäsur von 1966/67.

Im folgenden ist dennoch davon auszugehen, daß mit der Großen Koalition ein grundlegender Einschnitt zu ziehen ist, da nun ein Wandel der wirtschaftspolitischen Semantik einsetzte. Die »Neue Wirtschaftspolitik« basierte auf einer neuartigen Stellung wissenschaftlichen Wissens in der Politik. Diese war ihrem Anspruch nach unmittelbar auf wissenschaftliche Expertise bezogen und baute darauf, daß mit wissenschaftlichen Methoden Entscheidungssicherheit hergestellt werden konnte. Paradoxerweise griff sie diese in der Praxis aber nur dann auf, wenn der Expertenrat in das politische Wahlkalkül paßte. In diesem Abschnitt kommt es darauf an, in einem ersten Schritt die Veränderungen aufzuzeigen, die mit dem »wissenschaftlichen Regieren« einhergingen: Der Rückgriff auf wissenschaftliches Expertenwissen bei der Umsetzung der Globalsteuerung wird dabei besonderes Augenmerk erfordern. In einem zweiten Schritt wird untersucht, wie der Sachverständigenrat auf die wirtschaftliche

1 So bei Görtemaker, Geschichte der Bundesrepublik S. 449 f.; vgl. auch Metzler, Krisen S. 59.

2 Jörg Huffschmid: Karl Schillers Konzertierte Aktion. Zur ökonomischen Formierung der Gesellschaft. In: Blätter für deutsche und internationale Politik, 1 (1967), S. 442–454, hier: 442.

3 Zit. n. Otto Schlecht: Konzertierte Aktion als Instrument der Wirtschaftspolitik (Walter Eucken-Institut, Vorträge und Aufsätze, Bd. 21), Tübingen 1968, S. 4.

Entwicklung reagierte, als sich abzeichnete, daß eine Politik, deren Gestalt er maßgeblich beeinflußt hatte, unter großen Steuerungsproblemen litt und in die Krise geriet – die Folge waren Plausibilitätskrisen des Expertenwissens und die Aufnahme neuer Wissensproduktion, wodurch die Globalsteuerung zumindest wissenschaftlich rasch obsolet wurde. In einem dritten Schritt wird die »Verwissenschaftlichung« der Wirtschaftspolitik auf den gleichzeitig zu beobachtenden Wandel der gesellschaftlichen Selbstbeschreibung bezogen, da in dieser Phase die gesellschaftlichen Ordnungsvorstellungen der »langen fünfziger Jahre« modifiziert wurden und sich insbesondere das transzendentale Staatsverständnis auflöste. Zunächst muß jedoch die Institutionengeschichte der wirtschaftspolitischen Expertise betrachtet werden: Der Aufbau entsprechender Institutionen der Politikberatung war bereits am Anfang der sechziger Jahre abgeschlossen, und das institutionelle Gefüge des Wissenstransfers zwischen Wirtschaftswissenschaft und Politik hat seither beinahe unverändert Bestand.

1. Die Keynesianer als regierende Partei

1.1 Zur Institutionengeschichte der wirtschaftspolitischen Expertise

1.1.1 Ressortberatung des Bundesministeriums für Wirtschaft

Sucht man nach den zentralen Signaturen der Politik in den sechziger Jahren, stehen die Begriffe »Planung« und »Verwissenschaftlichung der Politik« konkurrenzlos da. Aber anders als das höchst kurzlebige Zutrauen in die politische Planung[4] hatten die Veränderungen im Verhältnis zwischen Wissenschaft und Politik langfristige Wirkungen, da das neue politische Denken kein Diskursphänomen blieb. Vielmehr hatte es eine bis dato unbekannte Expansion der politischen Beratung, eine Ausdehnung der Ressortforschung, kurzum: den Auf- und Ausbau von Institutionen und Mechanismen der wissenschaftlichen Wissensproduktion in der Politik zur Folge. Und hinter die in den sechziger Jahren in einer Phase der Wissenschaftseuphorie etablierten Methoden des »wissenschaftlichen Regierens« gab es auch nach der Entzauberung dieses Modells in den siebziger Jahren kein zurück mehr. Bereits am Ende der sechziger Jahre, nach einer Phase der ungezügelten Ausdehnung der Beratungsinstitutionen, die politisch kaum koordiniert worden war, ließ sich deren genauer Umfang schon nicht mehr präzise ermitteln. So hatte sich die Zahl der Beratungsgremien bei den Bundesministerien und den nachgeordneten Bundesbehörden von rund 125 am Ende der fünfziger Jahre bis 1969 auf 203 erhöht. Dabei widersprachen sich die Erhebungen, die 1969 und 1970 von der Bundesregierung durchgeführt wurden: Sie zählten im Juli 1969 insgesamt 3.302 Experten, auf deren Rat die Ministerien zurückgriffen. Allerdings war nur ein Drittel der Berater tatsächlich Wissenschaftler. Schon im Dezember 1969 stellte das Innenministerium aber fest, daß die Zahl der Beiräte offenbar viel größer war als angenommen, und im Mai 1970 wurden dann 256 Gremien ermittelt. Bis 1977 stieg diese Zahl weiter bis auf 358 Gremien mit 5.600 Beratern an. Obwohl die gemischten Gremien, in denen Praktiker, Verbandsvertreter und Wissenschaft-

4 Vgl. das Fünf-Phasen-Modell von Ruck, Kurzer Sommer S. 364, wonach die Ära der »Euphorie« lediglich drei Jahre zwischen 1969 und 1971 umfaßte.

ler zusammenarbeiteten, die deutliche Mehrheit stellten und Wissenschaftler insgesamt eine Minderheit unter den Experten blieben, ist der Trend zur institutionellen Expansion der Beratungsgremien doch eindeutig.[5]

Die Angaben über die Anzahl und Zusammensetzung von Gremien der Regierungsberatung sind noch relativ präzise, vergleicht man sie mit anderen Bereichen der wissenschaftlichen Wissensproduktion in der Politik, die kaum weniger stark expandierten. In die gleiche Phase fiel beispielsweise der verstärkte Ausbau der Ressortforschung: Die Bundesministerien betrauten Mitte der sechziger Jahre bereits rund 2.000 Institute oder Wissenschaftler mit Forschungsaufträgen und setzten dafür einen Milliardenbetrag ein.[6] Zeitgleich verdoppelte sich zwischen 1963 und 1975 das wissenschaftliche Personal der Bundesforschungseinrichtungen, was insbesondere auf zahlreiche Institutsgründungen zurückzuführen ist.[7]

Mit den üppigen Ressourcen der Exekutive konnte das Parlament nicht konkurrieren. Doch auch am Beispiel des Bundestages läßt sich der Trend zur »Verwissenschaftlichung« festmachen. Auf Expertenanhörungen, die in den sechziger Jahren nun modisch »Hearings« hießen, griffen die Abgeordneten in der fünften Wahlperiode (1965–1969) in 58 Fällen zurück, was ein deutliches Indiz für einen neuen politischen Stil ist, da der Bundestag in allen vorherigen Wahlperioden insgesamt nur acht Anhörungen veranstaltet hatte. Die veränderten Anforderungen an die Parlamentsarbeit schlugen sich wohl am deutlichsten in der »Kleinen Parlamentsreform« von 1969 nieder: Fortan durfte der Bundestag Enquete-Kommissionen einsetzen, in die neben Abgeordnete auch externe Sachverständige berufen werden konnten, und zugleich erhielten die Parlamentarier nun Personaletats, um eigene wissenschaftliche Mitarbeiter beschäftigen zu können. Während der sechziger Jahre waren zudem die wissenschaftlichen Dienste des Bundestages stetig ausgebaut worden.[8]

Auch die Parteien wollten bei dieser Entwicklung nicht zurückstehen, wobei sich der Rückgriff auf wissenschaftliche Expertise hier weniger fest institutionalisiert zeigte. Zwei Trends lassen sich jedoch bereits in den sechziger Jahren deutlich feststellen. Zunächst intensivierte sich die Zusammenarbeit mit demoskopischen Instituten, deren Forschungsergebnisse nun – besonders früh und intensiv bei der SPD – Bestandteil taktischer Überlegungen wurden. Die Zusammenarbeit zwischen Instituten und Parteien blieb jedoch oft nur projektbezogen. Zugleich mühten sich die beiden Volksparteien, die ihnen verbundenen Stiftungen zu »Think tanks« auszubauen: Bei der CDU-nahen Konrad-Adenauer-Stiftung vor allem in Form des 1967 gegründeten und schon kurze Zeit später ausgebauten Wissenschaftlichen Instituts, bei der SPD mit dem bereits 1959 etablierten Forschungsinstitut der Friedrich-Ebert-Stiftung. Dabei war unter den Parteien unstrittig, daß enge Kontakte zur Wissenschaft und eine Politik mit wissenschaftlichem Anspruch unzweifelhaft Modernität verkörperten, was in einigen

5 Die Erhebungen des Innenministeriums waren Umfragen bei den Ressorts und wurden jeweils zur Beantwortung parlamentarischer Anfragen nötig. Zu den widersprüchlichen Zahlen Wilfried Rudloff: Politikberatung als Gegenstand historischer Betrachtung. Forschungsstand, neue Befunde, übergreifende Fragestellungen. In: Fisch/Rudloff, Experten und Politik S. 15; ders.: Verwissenschaftlichung der Politik? Wissenschaftliche Politikberatung in den sechziger Jahren. In: Collin/Horstmann, Wissen des Staates, S. 221; Krevert, Politikberatung S. 77 ff., 195 f.

6 Den größten Anteil verschlangen Ausgaben für Forschung und Entwicklung im Bereich der Verteidigung.

7 Rudloff, Verwissenschaftlichung der Politik S. 222 ff.

8 Krevert, Politikberatung S. 132 ff.; Metzler, Konzeptionen S. 188 ff.; Ralf Altenhof: Die Enquete-Kommissionen des Deutschen Bundestages, Wiesbaden 2002; die Zahl der Hearings nach Rudloff, Verwissenschaftlichung der Politik S. 231 ff.

Scharmützeln zwischen den Volksparteien deutlich hervortrat. So bezeichnete die SPD ihr Schattenkabinett im Wahlkampf des Jahres 1965 gern als »Professorenkabinett«, und rund um den Karlsruher SPD-Parteitag des Vorjahres stritten sich Regierung und Opposition über die Anzahl der Professoren, die als jeweils »eigene« wissenschaftliche Berater ausgewiesen werden konnten.[9]

Im Laufe der sechziger Jahre entstand somit eine kaum mehr zu überblickende Vielfalt von Kontakten zwischen Politik und Wissenschaft, deren Qualität sich vor allem dadurch von traditionellen, persönlichen Kontakten zwischen Politikern und Wissenschaftlern unterschied,[10] daß eine Vielzahl von Institutionen neu geschaffen worden war: Schon in der zeitgenössischen Wahrnehmung verkörperten »Wissenschaftsrat«, »Bildungsrat«, »Sachverständigenrat zur Begutachtung der gesamtwirtschaftlichen Entwicklung«, »Projektgruppe Regierungs- und Verwaltungsreform« oder die »Kommission für wirtschaftlichen und sozialen Wandel« den Aufbruch einer nach wissenschaftlichen Fundamenten strebenden Politik. Wendet man den Blick hingegen auf die Geschichte der wirtschaftswissenschaftlichen Beratungsinstitutionen, werden die Grenzen einer ausschließlich auf die Institutionen gerichteten Forschungsperspektive besonders deutlich: Sicher ist die Errichtung des »Sachverständigenrates zur Begutachtung der gesamtwirtschaftlichen Entwicklung« im Jahr 1963 schon auf der institutionellen Ebene ein wichtiges Indiz für den tiefgreifenden Wandel der »Signaturen politischen Denkens und Handelns«[11] in den sechziger Jahren. Doch steht die Etablierung dieses Gremiums eben nicht am Anfang eines Prozesses der Institutionalisierung von Beratungskontakten, sondern an dessen Ende. Der wissenschaftliche Beirat beim BMWi war schon Anfang 1948 bei der »Verwaltung für Wirtschaft des Vereinigten Wirtschaftsgebietes« eingerichtet worden, und bereits im Jahr darauf gründete sich in Bonn die »Arbeitsgemeinschaft deutscher wirtschaftswissenschaftlicher Forschungsinstitute«. Das institutionelle Arrangement der wissenschaftlichen Beratung der Wirtschaftspolitik war bei Gründung des Sachverständigenrates längst so weit entwickelt, daß von einer Vorreiterrolle der Wirtschaftswissenschaft gegenüber anderen Disziplinen gesprochen werden muß.

Der wissenschaftliche Beirat beim BMWi hatte für die Institutionalisierung der Ressortberatung bei der Bundesregierung richtungweisenden Charakter. Gemeinsam mit dem ähnlich früh gegründeten Beirat beim Bundesfinanzministerium gab seine Konstruktion die Schablone für die Einrichtung ähnlicher Beiräte bei anderen Ressorts ab (etwa beim Wohnungsbau-, Verkehrs- und Ernährungsministerium).[12] Bezeichnend an diesem Prozeß ist vor allem, daß die Bundesregierung angesichts einer unsystematischen Anlagerung von Beratungsinstitutionen an einzelne Ministerien keine Bemühungen unternahm, in ihre Geschäftsordnung präzise

9 Rudloff, Verwissenschaftlichung der Politik S. 227; Metzler, Konzeptionen S. 192–196; Anja Kruke: Der Kampf um die politische Deutungshoheit. Meinungsforschung als Instrument von Parteien und Medien in den Siebzigerjahren. In: Archiv für Sozialgeschichte 44 (2004), S. 293–326; einige Hinweise auch bei Julia Angster: Der neue Stil. Die Amerikanisierung des Wahlkampfes und der Wandel im Politikverständnis bei CDU und SPD in den 1960er Jahren. In: Demokratisierung und gesellschaftlicher Aufbruch, S. 181–204.

10 Typisch für derartige »Zirkel« etwa die Tübinger Professoren, die Kiesinger um sich scharte, siehe Gassert, Kiesinger S. 540.

11 Metzler, Versachlichung S. 128.

12 Michael Hascher: Verkehrswissenschaftler als Experten. Historische Wurzeln der wissenschaftlichen Beratung der Verkehrspolitik in der Bundesrepublik Deutschland, untersucht vom 19. Jahrhundert bis 1972, Diss. München 2004.

Bestimmungen über die wissenschaftliche Fachberatung aufzunehmen.[13] Die Institutionalisierung des wissenschaftlichen Beirats beim BMWi ist typisch für diesen eher »vegetativen« Entstehungsprozeß: Anfang 1948 vor allem auf Betreiben des Münchner Nationalökonomen Hans Möller bei der Verwaltung für Wirtschaft geschaffen, sollte der Expertenrat bei den grundlegenden Weichenstellungen für die Wirtschaftsordnung des entstehenden Weststaates helfen.[14] Und Ludwig Erhard erhoffte sich von den Beratern wissenschaftliche Schützenhilfe bei der Durchsetzung seines marktwirtschaftlichen Kurses, der innenpolitisch auf heftige Widerstände stieß und auch bei den Besatzungsmächten durchaus umstritten war. Nur vor dem Hintergrund der prekären wirtschaftlichen Lage im Vorfeld von Währungsreform und Leitsätzegesetz kann die Einrichtung des Beirates also überhaupt nachvollzogen werden. Neben der Bereitstellung wissenschaftlichen Expertenwissens verfolgte sie zu einem guten Teil politisch-instrumentelle Ziele.[15]

Einmal eingerichtet, wurde der wissenschaftliche Beirat dann nach Gründung der Bundesrepublik von der Verwaltung für Wirtschaft in das BMWi überführt. Die bereits etablierten Beratungsstrukturen blieben bestehen, und es bestand offenbar keine Notwendigkeit, der Institution einen formalen Rahmen zu geben, der rechtlich belastbar gewesen wäre. Tatsächlich »verlieh« Wirtschaftsminister Erhard dem wissenschaftlichen Beirat erst zu dessen zehnjährigem Bestehen im Jahr 1958 eine offizielle Satzung. Doch auch danach blieb es bei einer rechtlich unverbindlichen Konstruktion, die der Minister jederzeit verändern konnte. Auch wenn dies nicht geschah, bleibt doch festzuhalten, daß der wissenschaftliche Beirat somit über keine autonome, unangreifbare Position verfügte, sondern als Instrument der Ressortberatung allein dem BMWi zuarbeitete.[16]

Anders als die zahlreichen Fachbeiräte des BMWi (Außenhandelsbeirat usw.), in die neben Sachverständige, die nicht zwangsläufig Wissenschaftler sein mußten, vor allem Praktiker und Verbandsvertreter berufen wurden, hatte der wissenschaftliche Beirat einen strikt wissenschaftlichen Anspruch. Voraussetzung für eine Berufung war die Zugehörigkeit zum Lehrkörper einer Hochschule. Die Tätigkeit war dabei grundsätzlich ehrenamtlich, und zudem verfügte der Beirat über keine Sachmittel oder Mitarbeiter; die Geschäftsführung übernahmen Beamte der Grundsatzabteilung im BMWi. Die Arbeit der Beiratsmitglieder war überaus zeitaufwendig, trafen sie sich doch – gerade in der Frühphase – bis zu zehnmal jährlich zu zweitägigen Plenarsitzungen; hinzu kamen Sondersitzungen oder Tagungen von kleineren Arbeitsgruppen, die an den Textentwürfen für die Gutachten feilten. Ehrenamtliche Tätigkeit sollte

13 Krevert, Politikberatung S. 10 f.; 69.

14 Detlef J. Blesgen: Erich Preiser. Wirken und wirtschaftspolitische Wirkungen eines deutschen Nationalökonomen (1900–1967), Berlin 1999, S. 222–225.

15 Rainer Klump: Wege zur Sozialen Marktwirtschaft. Die Entwicklung ordnungspolitischer Konzeptionen in Deutschland vor der Währungsreform. In: Erich Streissler (Hg.): Die Umsetzung wirtschaftspolitischer Grundkonzeptionen in die kontinentaleuropäische Praxis des 19. und 20. Jahrhunderts, 1. Teil. (Studien zur Entwicklung der ökonomischen Theorie XVI), Berlin 1997, S. 129–160; zur politikhistorischen Dimension Gerold Ambrosius: Die Durchsetzung der Sozialen Marktwirtschaft in Westdeutschland 1945–1949 (Studien zur Zeitgeschichte Bd. 10), Stuttgart 1977.

16 Woldemar Koch: Der Wissenschaftliche Beirat beim Bundesminister für Wirtschaft. In: Erwin von Beckerath; Herbert Giersch (Hg.): Probleme der normativen Ökonomik und der wirtschaftspolitischen Beratung (Schriften des Vereins für Sozialpolitik, NF Bd. 20), Berlin 1963, S. 405–421, hier: 405; vgl. zur rechtlichen Stellung des wissenschaftlichen Beirats Norbert Kämper: Der Sachverständigenrat zur Begutachtung der gesamtwirtschaftlichen Entwicklung. Aufgaben und Rechtsstellung (Schriften zum Öffentlichen Recht, Bd. 561), Berlin 1989, S. 34 f.

jedoch die wissenschaftliche Unabhängigkeit der Professoren demonstrativ herausstellen. In die gleiche Richtung wiesen vier weitere Regeln der Beiratsarbeit: So stand den Mitgliedern erstens die Auswahl der in ihren Gutachten zu behandelnden Themen völlig frei, wobei sie jedoch gewöhnlich den Wünschen des Ministeriums Rechnung trugen. Die Professoren konnten für sich wissenschaftliche »Allzuständigkeit«[17] reklamieren, worunter insbesondere Fragen der Ordnungspolitik fielen. Zweitens erfolgte die Zuwahl in das Gremium ausschließlich durch die Wissenschaftler selbst – das BMWi hatte auf die Berufungspraxis keinerlei Einfluß. Zudem erfolgte die Berufung auf Lebenszeit. Drittens hatten die Wissenschaftler jederzeit das Recht, abweichende Meinungen in Minderheitsvoten zu artikulieren. Schließlich bestand viertens eine generelle Veröffentlichungspflicht für die Gutachten, so daß die Öffentlichkeit im Beratungsprozeß hergestellt war, auch wenn die öffentliche Reichweite der Gutachten bescheiden blieb. Im Druck der Öffentlichkeit lag freilich der einzige Anreiz für das BMWi, überhaupt auf die Expertisen einzugehen: Der Minister war nicht verpflichtet, Stellungnahmen zu den Gutachten abzugeben oder diese in seiner Politik irgendwie zu berücksichtigen. Zudem konnte er den Zeitpunkt für die Herstellung der Öffentlichkeit selbst bestimmen, und im Fall des umstrittenen Gutachtens über die D-Mark-Aufwertung vom April 1957 zögerte Erhard die Veröffentlichung tatsächlich bis März 1961 hinaus, weil das Votum der Wissenschaftler nicht in sein politisches Konzept paßte – dies blieb jedoch eine Ausnahme.[18]

Offensichtlich hatten die Professoren die »völlige Unverbindlichkeit« ihrer Expertise als »Preis für die völlige Autonomie«, vor allem bei der Kooptation neuer Mitglieder, billigend in Kauf genommen.[19] Gerade die Berufungspolitik des Beirates entwickelte sich jedoch rasch zu einem zentralen Problem. Die Berater legten als Obergrenze eine Zahl von 25 Beiratsmitgliedern fest, wobei lediglich die aktive Mitgliedschaft zählte. Diese endete automatisch mit dem 70. Lebensjahr; schieden die Professoren nicht auf eigenen Wunsch aus, beendete erst ihr Tod die passive Mitgliedschaft. Diese Praxis bewirkte eine höchst statische Mitgliederstruktur und eine Tendenz zur Überalterung. Strukturell bestanden keine Sanktionsmöglichkeiten für den Fall, daß Beiratsmitglieder ihr Amt eher zur Steigerung der eigenen Reputation nutzten und wenig Engagement bei der Verfertigung von Gutachten zeigten. Und die Chance, daß wissenschaftliche Außenseiter oder provokante Neuerer überhaupt in das Gremium berufen werden konnten, war ausgesprochen gering.[20] Positiv gewendet, erleichterte diese »langjährige Zusammenarbeit in einem sich wenig verändernden Personenkreis« in einem »hohen Maße das gegenseitige sprachliche Verständnis und fördert[e] dadurch den Ertrag der kollektiven Leistungen«.[21] Die institutionelle Ausgestaltung hatte freilich auch Auswirkungen auf den Inhalt der Beratung, die berechtigte Zweifel an ihrer Effizienz aufkommen lassen. Schon 1962 war sich der Tübinger Nationalökonom Woldemar Koch sicher, daß die Beratungen im

17 Norbert Kloten: Wissenschaftlicher Beirat beim Bundesministerium für Wirtschaft. In: Otto Schlecht; Ulrich van Suntum (Hg.): 30 Jahre Sachverständigenrat zur Begutachtung der gesamtwirtschaftlichen Entwicklung, Krefeld 1995, S. 60–62, hier: 60.

18 Koch, Wissenschaftlicher Beirat S. 405–409; Cassel, Politikberatung und Politikerberatung S. 131–135; Kämper, Sachverständigenrat S. 35 f.; Klaus Wegner, Im Blickpunkt: Sachverständigenrat und Konjunktur- und Wachstumspolitik der Bundesregierung seit 1964 (Aachener ökonomische Studien 6), 2. Aufl. Frankfurt am Main 1985, S. 50–55; Krevert, Politikberatung S. 71 f.; Nützenadel, Stunde der Ökonomen S. 127 f.

19 Koch, Wissenschaftlicher Beirat, S. 407.

20 Vgl. die sehr kritische Bewertung bei Cassel, Politikberatung und Politikerberatung S. 133 f.

21 Koch, Wissenschaftlicher Beirat, S. 406.

»wesentlich gleichbleibenden Kollegenkreis« zu einer Homogenisierung der Beratungsinhalte führte.[22]

Dieser Aspekt gewinnt an Bedeutung, wenn man die Position des wissenschaftlichen Beirats im Koordinatensystem zwischen Ordoliberalismus und Keynesianismus, zwischen sozialpsychologischer und modelltheoretisch-mathematischer Ökonomie einordnen will. Die nach wie vor verbreitete Vorstellung, daß die »tonangebenden Ordoliberalen«[23] in der frühen Bundesrepublik über ein »Deutungsmonopol«[24] verfügten, läßt sich mit Blick auf den Beirat jedenfalls kaum halten. Im Beraterkreis des BMWi gab es zu keiner Zeit eine Dominanz der Ordoliberalen, und durch den Tod von Walter Eucken, Adolf Lampe und Leonhardt Miksch wurde deren Position noch weiter geschwächt. Von Anfang an fanden sich dort bekennende Keynesianer wie Heinz Sauermann, Erich Preiser oder Karl Schiller, und mit dem katholischen Sozialethiker Oswald von Nell-Breuning, dem stärker planwirtschaftlich orientierten Wilhelm Kromphardt und den Sozialdemokraten Gerhard Weisser und Gerhard Albrecht deckte der Beirat durchaus die gesamte methodische und politische Breite der Nationalökonomie ab. Schon seit den frühen fünfziger Jahren gab er in einer ganze Reihe von Gutachten Empfehlungen gab, die auf der Grundlage der modernen Makroökonomie standen und auch der starken Mathematisierung der Disziplin Rechnung trugen (beispielsweise mit der Forderung nach einem Ausbau der volkswirtschaftlichen Gesamtrechnung).[25]

Woldemar Koch konstatierte jedenfalls, daß die Differenzen zwischen den Vertretern der verschiedenen ökonomischen Schulen schon bald »nicht mehr in ausführlichen Minderheitsvoten, sondern in Fußnoten kundgemacht« wurden. Aus eigener Anschauung kam er zu der Überzeugung, daß der Beirat interne Konflikte vermeiden wollte und daher »sein Arbeitsgebiet auf den Bereich der Übereinstimmung beschränkte.« Analog zu dieser Entwicklung verloren die Gutachten rasch den Charakter eines laufenden Kommentars zu konkreten Problemkonstellationen bzw. zur gesamtwirtschaftlichen Entwicklung. Statt dessen konzentrierten sie sich schon seit Mitte der fünfziger Jahre auf »ordnungspolitische Aufgaben langfristiger Art«.[26] Eine rasche Adaption an neue wissenschaftliche Paradigmen oder eine besonders auf die Ansprüche des Empfängers orientierte Gestaltung der Beratungsinhalte war daher durch die spezifische institutionelle Verfassung des wissenschaftlichen Beirats beim BMWi schon wenige Jahre nach seiner Gründung weitgehend ausgeschlossen.

Weniger schwer wog hingegen, daß der wissenschaftliche Beirat mangels eigener Ausstattung mit Sach- und Personalmitteln keine Grundlagenforschung betreiben oder umfassende empirische Forschungsaufträge übernehmen konnte – allesamt wichtige Informationen, die im Rahmen der Ressortberatung vom BMWi nachgefragt wurden. Das Wirtschaftsressort verfügte über einen eigenen Haushalt für derlei Forschungsaufträge, und das Gros dieser Mittel floß an zunächst drei, später fünf wirtschaftswissenschaftliche Forschungsinstitute. Diese hielten schon seit der Zwischenkriegszeit die Marktlücke der angewandten Wirtschaftsforschung besetzt, die von den Universitätsinstituten offen gelassen worden war. Die Beratung erfolgte hier einerseits über Einzelgutachten zu präzise spezifizierten Themen. Andererseits

22 Ebd., S. 409.

23 Gabriele Metzler: Versachlichung statt Interessenpolitik. Der Sachverständigenrat zur Begutachtung der gesamtwirtschaftlichen Entwicklung. In: Fisch/Rudloff, Experten und Politik S. 127–152, hier: 132.

24 Metzler, Konzeptionen S. 52 ff.

25 Nützenadel, Stunde der Ökonomen S. 126.

26 Koch, Wissenschaftlicher Beirat, S. 409.

schlossen sich die Institute im Oktober 1949 zur »Arbeitsgemeinschaft deutscher wirtschaftswissenschaftlicher Forschungsinstitute« mit Sitz in Bonn zusammen. Sie übernahm die wissenschaftliche Beratung der obersten Bundesbehörden und legte als Gemeinschaftsarbeit der Institute seit 1950 jeweils im Frühjahr und Herbst ein Halbjahresgutachten vor, das vor allem eine momentgebundene Stellungnahme zur gesamtwirtschaftlichen Lage leistete und neben Ministerialbürokratie und Notenbank auch Adressaten in Unternehmen, Verbänden und Gewerkschaften ansprach. Zugleich konnte so der wissenschaftliche Beirat beim BMWi von der kurzfristigen Lageanalyse, die er mangels eigener Ressourcen kaum zu leisten in der Lage war, dauerhaft entlastet werden. Und bereits seit 1953 enthielten die Frühjahrs- und Herbstgutachten auch eine gemeinsame Prognose, in der die fünf Institute die erwartete gesamtwirtschaftliche Entwicklung abschätzten.[27]

Zwischen den Instituten entwickelte sich – trotz aller Konkurrenz – rasch eine arbeitsteilige Spezialisierung. Das Deutsche Institut für Wirtschaftsforschung in Berlin (DIW) hatte dabei die längste Tradition in der empirischen Wirtschaftsforschung aufzuweisen, war aus Ernst Wagemanns 1925 gegründeten »Institut für Konjunkturforschung« hervorgegangen und setzte einen ausgeprägt makroökonomischen Schwerpunkt auf Fragen der volkswirtschaftlichen Gesamtrechnung und der Industriestatistik. Auch das Münchner Ifo-Institut nahm sich der volkswirtschaftlichen Statistik an, legte aber das größte Gewicht auf eine stark praxisbezogene Markt- und Konsumforschung. Individuelles Profil in der angewandten Wirtschaftsforschung gewann es durch die Entwicklung eines eigenen Konjunkturtestverfahrens, das seit 1950 in monatlichen Befragungen von Unternehmern zur Anwendung kam. Über die engste universitäre Anbindung verfügte das Kieler Institut für Weltwirtschaft. Neben der volkswirtschaftlichen Grundlagenforschung profilierte es sich vor allem über internationale Wirtschafts- und Konjunkturbeobachtung. Hinzu kamen das Rheinisch-Westfälische Institut für Wirtschaftsforschung (RWI) in Essen, das 1943 aus der 1926 gegründeten »Abteilung Westen« des Instituts für Konjunkturforschung hervorgegangen war und sich mit einem regionalen Schwerpunkt einen Namen machte, sowie das Hamburgische Welt-Wirtschafts-Archiv (HWWA), das erst 1949 damit begann, über seine dokumentarischen Aufgaben hinaus auch wissenschaftlich tätig zu werden.[28]

Die Sonderstellung der Institute in der angewandten Forschung führte im Verein mit deutlichen Mängeln der amtlichen Statistik – die Sozialproduktsberechnung löste sich beispielsweise erst 1957 von der fortgeschriebenen Vorkriegsbasis – zu einem Anwachsen der Forschungsressourcen. Schließlich war gerade die angewandte empirische Wirtschaftsforschung

---

27 Thomas Apolte; Thomas Wilke: Größere Effizienz der Wirtschaftspolitik durch institutionalisierte wissenschaftliche Politikberatung? In: Dieter Cassel (Hg.): 50 Jahre Soziale Marktwirtschaft. Ordnungstheoretische Grundlagen, Realisierungsprobleme und Zukunftsperspektiven einer wirtschaftspolitischen Konzeption (Schriften zu Ordnungsfragen der Wirtschaft, Bd. 57), Stuttgart 1998, S. 769–789, hier: 772; Nützenadel, Stunde der Ökonomen S. 99 f.

28 Als Überblick Nützenadel, Stunde der Ökonomen S. 92–99; zu den Instituten Rolf Krengel: Das Deutsche Institut für Wirtschaftsforschung (Institut für Konjunkturforschung) 1925–1979, Berlin 1986; Hans Köhler: Das Hamburgische Welt-Wirtschafts-Archiv: Geschichte einer Wissenschaftlichen Anstalt, Hamburg 1959; Rainer Stäglin; Gert Wagner: Das Deutsche Institut für Wirtschaftsforschung. Ein Bestandteil der »informellen Infrastruktur«. In: Allgemeines Statistisches Archiv, 3 (1997), S. 214–229; Claudia M. Bresgen: Ifo-Institut für Wirtschaftsforschung. Ebd. S. 230–235; Hans-Gunter Schoop: HWWA – Institut für Wirtschaftsforschung. Ebd. S. 429–436; Horst Siebert: Das Institut für Weltwirtschaft. Ebd. S. 437–443; Winand Gellner: Ideenagenturen für Politik und Öffentlichkeit: Think Tanks in den USA und in Deutschland, Opladen 1995, S. 176 ff.

durch die zu bewältigenden großen Datenmengen besonders personalintensiv, und so besetzten die fünf Institute der Arbeitsgemeinschaft genau jene Marktlücke, die von der schleppenden Einführung der nationalen Buchführung beim Statistischen Bundesamt verursacht worden war. Am Ende der fünfziger Jahre beschäftigten sie bereits 330 Wissenschaftler und rund 1.000 nichtwissenschaftliche Mitarbeiter. Der Aufbau derart umfassender personeller und statistischer Ressourcen schuf überhaupt erst die Möglichkeit, die Aggregate der volkswirtschaftlichen Gesamtrechnung nicht nur modelltheoretisch, sondern nun auch empirisch-quantitativ zu bestimmen. Neben der über Einzelaufträge erfolgenden Ressortberatung für das BMWi und andere Ministerien sowie der öffentlichen Konjunkturberichterstattung trugen die Forschungsinstitute also dazu bei, die Grundlagen für eine makroökonomisch orientierte, rechenhafte und auf Prognoseinstrumenten aufbauende Wirtschaftspolitik überhaupt erst zu schaffen.[29]

Es bleibt festzuhalten, daß das Wirtschaftsressort schon in den fünfziger Jahren über den wohl am weitesten entwickelten wissenschaftlichen Beratungsapparat der Bundesregierung verfügte und auf wissenschaftliche Ressourcen von außergewöhnlichem Umfang zurückgreifen konnte. Diese Sonderstellung bleibt grundsätzlich erklärungsbedürftig, auch wenn man eine rein institutionelle Sicht auf den Prozeß der »Verwissenschaftlichung der Politik« mit guten Gründen ablehnt. Es ist sicher richtig, daß diese Entwicklung auf der Angebotsseite – bei den politischen Beratern – mit dem Siegeszug von Makroökonomik, Neoklassischer Synthese, Ökonometrie und Mathematisierung von einem grundlegenden Wandel des Selbstverständnisses der Volkswirtschaftslehre begleitet war. Die Grenze zwischen Forschung und Praxis konnte auf dieser Grundlage (trotz erhöhter Zutrittsbarrieren zum mathematisierten Arkanum des Faches) durchlässiger erscheinen, weil das Rüstzeug für die Gestaltung der Wirtschaftspolitik mittels theoretischer Erkenntnisse parat zu stehen schien. In Verbindung mit der gezielten Popularisierung ökonomischen Denkens durch zahlreiche, teils wissenschaftliche Vereinigungen (Verein für Socialpolitik, List-Gesellschaft, Adolf-Weber-Gesellschaft, Aktionsgemeinschaft Soziale Marktwirtschaft, Volkswirtschaftliche Gesellschaft, Wirtschaftspolitische Vereinigung, Die Waage, Mont Pélerin Society usw.) kann wohl tatsächlich bereits für die fünfziger Jahre von der Nationalökonomie als »Leitwissenschaft« gesprochen werden.[30]

Das Bild wird freilich erst vollständig, wenn auch die Nachfrageseite – also die Adressaten der Beratung – berücksichtigt wird. Die Sonderstellung des BMWi bezog sich eben nicht allein auf Fragen der politischen Beratung. Schon strukturell verfügte das Wirtschaftsressort über eine »eigentümliche staatsrechtliche Stellung« innerhalb der Bundesregierung, da sich seine Federführung einerseits auf das weite Feld der Wirtschaftspolitik bezog, die konkrete Anordnungsbefugnis hingegen nur ein eng begrenztes Gebiet betraf, das sich zudem noch mit zahlreichen Nachbarressorts überschnitt.[31] In den daraus resultierenden Auseinandersetzungen trugen Erhard und seine Beamte stets den Wissenschaftsbezug ihrer Wirtschaftspolitik im Wappen. Der Minister liebte den Auftritt als »Professor Erhard«, und auch sein Staatssekretär Alfred Müller-Armack verstand sich als »politischer Professor«, der in Anlehnung an Max Weber über »Wirtschaftspolitik als Beruf« räsonierte. Wissenschaftliche Argumente bildeten von Anfang an eine »öffentlichkeitswirksame und symbolträchtige Legitimationsinstanz«, ja

29 Nützenadel, Stunde der Ökonomen S. 98–108.
30 Ebd. S. 3; 118.
31 Koch, Wissenschaftlicher Beirat, S. 407.

waren sogar ein »stilbildender Bestandteil« der Organisationskultur des BMWi.[32] So hatte sich im Wirtschaftsressort das traditionelle Juristenmonopol der Ministerialbürokratie bereits am Anfang der sechziger Jahre weitgehend abgeschwächt. Auch wenn die Juristen in der Leitungsebene noch immer den größten Anteil stellten, war Ende 1961 doch bereits gut die Hälfte der Stellen des gesamten höheren Dienstes mit Wirtschaftswissenschaftlern besetzt – auch dies verschaffte dem BMWi eine Ausnahmestellung unter den Bonner Ministerien und erleichterte fraglos den Umgang mit den Expertisen und Berichten der wissenschaftlichen Berater.[33]

1.1.2 Öffentlichkeitsberatung durch den Sachverständigenrat

Angesichts des bereits in den fünfziger Jahren weit entwickelten Beratungsapparates und der Vorreiterrolle der Wirtschaftspolitik beim Prozeß der »Verwissenschaftlichung« bleibt erklärungsbedürftig, warum ausgerechnet das institutionelle Gefüge der wirtschaftspolitischen Beratung im Jahr 1963 mit der Einrichtung des »Sachverständigenrates zur Begutachtung der gesamtwirtschaftlichen Entwicklung« um ein weiteres Gremium ergänzt wurde. Mehr noch: Trotz der bereits reichlich vorhandenen Quellen wirtschaftspolitischer Expertise gelang es dem Sachverständigenrat binnen kürzester Zeit, sich unter den Institutionen der Politikberatung eine herausragende Position zu erarbeiten. Diese außergewöhnliche Stellung spiegelte sich wohl nirgends so deutlich wider wie in den politischen und journalistischen Sprachspielen, die bereits Mitte der sechziger Jahre fest etabliert waren und die sich seither kaum wandelten. Schon kurz nach Gründung des Sachverständigenrates wurden die fünf Gutachter als »Wirtschaftsweise«, das Gremium als »Rat der fünf Weisen« bezeichnet.[34] So war später gar von den »fünf Hohepriestern« des »Konjunkturorakels«[35] die Rede, und selbst im Konflikt mit den Experten lösten sich Politiker nicht von den fest etablierten religiösen Sprachbildern: Der von den Gutachtern kritisierte Ludwig Erhard polterte beispielsweise im Bundestag, er sei nicht bereit, »das Sachverständigengutachten als eine Art Heilige Schrift zu betrachten, die für uns verbindlich wäre.«[36] Und Kurt-Georg Kiesinger ärgerte sich über die »mit der Anmaßung päpstlicher Autorität vorgetragene Lehrmeinung« der Gutachter.[37] Der Rückgriff auf religiöse Beschreibungskategorien ermöglichte zugleich auch deren ironische Brechung und damit den effektvollen Kontrast. So verstand die marxistische Kritik den Rat als »Olymp der Verdolmet-

---

32 Bernhard Löffler: Soziale Marktwirtschaft und administrative Praxis. Das Bundeswirtschaftsministerium unter Ludwig Erhard (VSW-Beiheft 162), Stuttgart 2003, S. 83, 296–305.

33 Die Angaben nach Egon Tuchtfeld: Der Wirtschaftswissenschaftler als ständiger Mitarbeiter bei staatlichen und nichtstaatlichen Instanzen der Wirtschaftspolitik. Vergleich und Zusammenfassung. In: Erwin von Beckerath; Herbert Giersch (Hg.): Probleme der normativen Ökonomik und der wirtschaftspolitischen Beratung (Schriften des Vereins für Socialpolitik NF Bd. 29), Berlin 1963, S. 381–398, hier: 385; sehr ausführlich, allerdings mit Tuchtfelds Angaben nicht vergleichbar die Kollektivbiographie bei Löffler, Soziale Marktwirtschaft S. 134–145.

34 Eine präzise Zuordnung auf eine erstmalige Verwendung ist bei diesem bis heute wichtigsten sprachlichen Muster leider nicht mehr möglich.

35 Frankfurter Rundschau, 18. 11. 1988, Art.: Magisches Karriere-Viereck.

36 Zit. n. Industriekurier, 10.7.1969, Art. Der Nervenkrieg um die »Fünf Weisen«.

37 Zit. n. Die Zeit, 18.7.1969, Art.: Fast den Sach-Verstand verloren ...

schung von Unternehmerinteressen«,[38] und »Die Zeit« erblickte im Jahresgutachten die »Dicke Berta der Politikberatung«[39] in der Bundesrepublik. Kam bei der Beschreibung des Sachverständigenrates einmal keine religiöse oder bellizistische Metaphorik zum Einsatz, zogen Journalisten immerhin noch Vergleiche zu solchen Institutionen der Bundesrepublik heran, deren besonderes Ansehen sich daraus ableitete, daß sie abseits des politischen Parteienstreits standen, etwa wenn sie das Expertengremium als »Bundesgerichtshof der Wirtschaftspolitik« vorstellten.[40]

Schon diese knappe Analyse sprachlicher Muster verweist darauf, daß das besondere Renommee des Sachverständigenrates auf zwei zentrale Ursachen zurückzuführen ist: Autorität wissenschaftlichen Expertenwissens und absolute, gesetzlich verbriefte Unabhängigkeit von tagespolitischen oder parteitaktischen Einflüssen. Hinzu trat allerdings ein drittes Element, das den Sachverständigenrat von allen übrigen Institutionen wirtschaftspolitischer Politikberatung unterschied und ihm erst seine Sonderstellung verschaffte. Anders als das Gros der Forschungsaufträge der fünf wirtschaftswissenschaftlichen Institute oder die Stellungnahmen des Beirates beim BMWi richteten sich die Ratsgutachten nicht nur an die Ministerialbürokratie, sondern an die breite Öffentlichkeit – die Tätigkeit des Gutachtergremiums bestand zu einem guten Teil in Öffentlichkeitsberatung, und seine Konstruktion ist an vielen Stellen wenn schon nicht als Gegenmodell, so doch als Weiterentwicklung des traditionellen Beiratswesens zu verstehen.[41] Diese drei Dimensionen sind daher besonders zu berücksichtigen: Auf welche Weise wurde die politische Inanspruchnahme wissenschaftlicher Expertise institutionalisiert? Wie wurde seine politische Unabhängigkeit gewährleistet? Und welche Mechanismen der Öffentlichkeitsberatung wurden etabliert?

Die Idee eines prominenten volkswirtschaftlichen Beratungsgremiums ging bis auf die Anfangsjahre der Bonner Republik zurück. Angesichts der fehlenden eigenen Forschungsressourcen und der mangelnden öffentlichen Wirkung seiner Expertise blickte der wissenschaftliche Beirat beim BMWi schon 1950 und 1954 neidisch auf das Vorbild des einflußreichen »Council of Economic Advisors« beim US-Präsidenten.[42] Eine Übertragung dieses Modells auf die Bundesrepublik hielt er zwar für wünschenswert, schätzte die Möglichkeiten einer politischen Umsetzung jedoch realistisch als gering ein. So scheiterte etwa die FDP 1955 im Bundestag mit einem Gesetzentwurf, der die Einrichtung eines »Konjunkturbeirats« vorsah – ebenso wie die SPD im Jahr darauf, als sie einen »Volkswirtschaftlichen Beirat« vorschlug.[43] Für Wirtschaftsminister Ludwig Erhard war die Konzeption der Sozialdemokraten vor allem

38 Rudolf Hickel; Harald Mattfeld: Epilog … statt eines Prologs. In: dies. (Hg.): Millionen Arbeitslose! Streitschrift gegen den Rat der Fünf Weisen. Eine Bilanz nach zwanzig Jahren, Reinbek b. Hamburg 1983, S. 7–15, hier: 11.

39 Die Zeit, 15.11.1985, Art.: Von Weisheit keine Rede.

40 Welt am Sonntag, 29.2.1976, Art.: Die Fünf Weisen mit neuem Sprecher wieder frecher?

41 Wilfried Rudloff: Verwissenschaftlichung der Politik? Wissenschaftliche Politikberatung in den sechziger Jahren. In: Collin/Horstmann, Das Wissen des Staates S. 244 ff.

42 Das US-amerikanische Beratungsmodell dient in der wissenschaftlichen Auseinandersetzung mit dem SVR bis heute als Referenz, vgl. zuerst Henry C. Wallich: The American Council of Economic Advisers and the German Sachverständigenrat. A Study in the Economics of Advice. In: Quarterly Journal of Economics 3 (1968), S. 349–379.

43 Empirisch gesättigt zur Vor- und Gründungsgeschichte Alexander Nützenadel: Wissenschaftliche Politikberatung in der Bundesrepublik. Die Gründung des Sachverständigenrates zur Begutachtung der gesamtwirtschaftlichen Lage 1963. In: VSWG 3 (2002), S. 288–306, hier: 293 ff.

deshalb nicht akzeptabel, weil sie die Errichtung eines wissenschaftlichen Beratergremiums als integrativen Bestandteil einer Wirtschaftspolitik verstand, die eine Ausweitung der volkswirtschaftlichen Gesamtrechnung mit der Aufstellung eines »Nationalbudgets« kombinierte und damit im krassen Gegensatz zur liberalen Ordnungspolitik des Wirtschaftsministers stand.[44] Aber auch Adenauer und die CDU-Sozialausschüsse lehnten einen »Volkswirtschaftlichen Beirat« strikt ab, da sie statt dessen das korporatistische Modell eines Bundeswirtschaftsrates favorisierten, in dem die »wirtschaftlichen Gruppen« nach dem Vorbild des »Vorläufigen Reichswirtschaftsrates« der Weimarer Republik vertreten sein sollten. Dabei ging es weniger um wirtschaftswissenschaftliche Expertise, sondern vielmehr um die Schlichtung von Verteilungskonflikten und gesellschaftliche Harmonisierung. Für Erhard hingegen war eine derart institutionalisierte politische Einbindung von Verbänden und Gewerkschaften eine ordnungspolitische Provokation. Und so setzte er das Sachverständigengremium 1958 im Rahmen seines Machtkampfes mit Adenauer erneut auf die Agenda – allerdings ohne die von der SPD ursprünglich vorgeschlagenen Elemente einer stärker mathematisierten Wirtschaftspolitik.[45]

Erhards Initiative war als Gegenmodell zum Bundeswirtschaftsrat konzipiert, und der Minister hoffte, wissenschaftliche Expertise für die Unterstützung seines marktwirtschaftlichen Kurses und zur Stärkung seiner Position im Kabinett nutzen zu können. Der Gesetzentwurf des BMWi sah ein Gremium unabhängiger Experten vor, das regelmäßig Berichte über die gesamtwirtschaftliche Lage anfertigen und sich dabei am binnenwirtschaftlichen »magischen Dreieck« (Vollbeschäftigung, stetiges Wachstum und Preisstabilität) orientieren sollte. Der Entwurf versah die Gutachter mit einer unabhängigen Position und gestand ihnen umfassende Anhörungsrechte zu. Neben der Lageanalyse sollte dieses Expertengremium durchaus auch Lösungsvorschläge für konkrete gesamtwirtschaftliche Störungen entwickeln. Erhard führte bereits erste Verhandlungen mit aussichtsreichen Kandidaten für das neue Gremium,[46] mußte dann aber rasch feststellen, daß er seinen Vorstoß unzureichend vorbereitet hatte. Zwar waren Gewerkschaften und Arbeitgeberverbände konsultiert worden, und auch Bundesarbeitsminister Theodor Blank unterstützte Erhards Ansinnen. Das Finanzministerium zog er jedoch erst verspätet hinzu, und den Bundeskanzler hatte Erhard von seinen Konsultationen vollständig ausgeschlossen. Erwartungsgemäß lehnte Adenauer den Vorschlag ab, da er befürchtete, daß Erhard sich »ne Laus in'n Pelz setzen«[47] und die Regierung ohne Not der professoralen Kritik aussetzen wolle. Erhards halbherzige Initiative scheiterte aber auch am Widerstand des Arbeitgeberlagers: Er hatte zunächst nur mit Hans Constantin Paulssen (Präsident der BdA) verhandelt, der die Idee eines Sachverständigengremiums unterstützte. Wichtiger wäre es hingegen gewesen, auch die Rückendeckung des BDI zu gewinnen, dessen machtbewußter Prä-

44 Metzler, Sachverständigenrat S. 131 ff.

45 Ausführlicher Alexander Nützenadel: Wirtschaftliche Interessenvertretung in der parlamentarischen Demokratie. Die Debatte über den Bundeswirtschaftsrat in den fünfziger Jahren. In: VfZ 2 (2003), S. 229–260.

46 Als unabhängige Wissenschaftler waren Erich Preiser, Heinz Sauermann und Wilhelm Kromphardt im Gespräch. Diese bestanden freilich darauf, daß den Gutachtern eigene Forschungsmittel und Assistenten zur Verfügung gestellt würden. Zudem lehnten sie die im Gesetzentwurf enthaltene Einbindung der Wirtschaftsforschungsinstitute in den Sachverständigenrat ab. Zwar scheiterten die Professoren mit ihren Änderungswünschen am Widerstand des BMWi und zogen ihre Kandidatur daraufhin zurück. Letztlich nahm die gesetzliche Konstruktion des Sachverständigenrates von 1963 ihre Anregungen dann aber fast vollständig auf. Blesgen, Erich Preiser S. 594 ff.

47 Zit. n. FAZ, 10.1.1998, Art.: Läuse im Pelz der Politik.

sident Fritz Berg stets engen Kontakt zu Adenauer hielt. Ihn hatte Erhard zunächst nicht eingeweiht, und als sich schließlich auch Berg mit der ihm eigenen Intransigenz gegen einen Sachverständigenrat aussprach, war das Projekt zu diesem Zeitpunkt politisch chancenlos.[48]

Knapp vier Jahre nach dieser gescheiterten Initiative wagte Erhard im Frühjahr 1962 vor dem Hintergrund veränderter politischer Kräfteverhältnisse einen erneuten Vorstoß. Nach der Bundestagswahl vom September 1961 war die CDU/CSU wieder auf die FDP als Koalitionspartner angewiesen, und diese zählte zu den Befürwortern eines wirtschaftswissenschaftlichen Sachverständigengremiums. Zudem stand nun fest, daß der greise Adenauer im Laufe der Legislaturperiode endlich den Weg für einen jüngeren Nachfolger freimachen würde, was bei Erhard die Hoffnung weckte, den Widerstand des Kanzlers nun leichter brechen zu können als noch vier Jahre zuvor. Außerdem hatten sich am Ende auch die Ordnungspolitiker des BMWi eingestehen müssen, daß ihr konjunkturpolitisches Instrumentarium längst nicht mehr ausreichte: Im internationalen Vergleich hinkte die Bundesrepublik vor allem im Bereich der makroökonomischen Statistik und Prognose deutlich hinterher.[49] Am Anfang der sechziger Jahre bekam dies unmittelbare politische Relevanz, als sich eine europapolitische Initiative des BMWi als Bumerang entpuppte. Erhards Staatssekretär Alfred Müller-Armack hatte im Sommer 1958 mit dem Projekt eines »Europäischen Konjunkturboard« eine stärkere konjunkturpolitische Koordinierung innerhalb der EWG angeregt.[50] Spätestens 1962 wurde aber immer deutlicher, daß Müller-Armacks Idee in Brüssel stark unter den Einfluß der französischen Planification geraten war. Bei der Verteidigung seiner ordnungspolitischen Linie sah sich das BMWi somit gezwungen, das eigene konjunkturpolitische Instrumentarium weiterzuentwickeln und dabei auch ein wissenschaftliches Expertengremium in Stellung zu bringen.[51]

Die ungleich günstigeren politischen Rahmenbedingungen für Erhards zweiten Vorstoß spiegelten sich aber nicht zuletzt in der Tatsache, daß neben der BdA im April 1962 auch DIHT und BDI ihre volle Unterstützung für das Vorhaben eines Sachverständigengremiums signalisierten. Gegenüber 1958 hatte sich die wirtschaftliche Lage gründlich gewandelt: Mit der heftig umstrittenen D-Mark-Aufwertung vom 6. März 1961 schien zwar der Druck der importierten Inflation zumindest mittelfristig gebannt zu sein. Bei anhaltend hohen Wachstumsraten überstieg die Zahl der offenen Stellen jedoch bereits 1960 erstmals jene der Arbeitslosen, und im Jahresmittel 1961 kamen auf jeden arbeitslos Gemeldeten drei offene Stellen. Es herrschte Überbeschäftigung, und mit dem Bau der Berliner Mauer im August 1961 war

48 Nützenadel, Politikberatung S. 295–303. Zum Führungsanspruch des BDI gegenüber der BdA sowie zur konservativen BDI-Position grundlegend Volker Berghahn: Unternehmer und Politik in der Bundesrepublik, Frankfurt am Main 1985.

49 Nützenadel, Politikberatung S. 300 f. und Metzler, Sachverständigenrat S. 133 f.

50 Müller-Armack geriet im Gefolge seiner Initiative im BMWi aufs Abstellgleis, da Erhard ihm die Zuständigkeit für die Grundsatzabteilung entzog. Ausführlich zum »Europäischen Konjunkturboard« Löffler, Soziale Marktwirtschaft S. 113–118 und Alexander Nützenadel: Die Bundesrepublik Deutschland, Frankreich und die Debatte über eine europäische Wirtschaftspolitik 1957–1965. In: Francia 3 (2003), S. 71–95.

51 Zur Kontroverse, die sich zwischen Erhard und dem Präsidenten der EWG-Kommission, Walter Hallstein, am »Memorandum über das Aktionsprogramm der Gemeinschaft für die zweite Stufe« vom Oktober 1962 entzündete, Michael Ruck: Westdeutsche Planungsdiskurse und Planungspraxis der 1960er Jahre im internationalen Kontext. In: Heinz Gerhard Haupt; Jörg Requate (Hg.): Aufbruch in die Zukunft. Die 1960er Jahre zwischen Planungseuphorie und kulturellem Wandel. DDR, CSSR und Bundesrepublik Deutschland im Vergleich, Weilerswist 2004, S. 289–325, hier: 294 f.

die Zuwanderung von »Sowjetzonenflüchtlingen«, die bis dato das Arbeitskräftepotential beständig ergänzt hatten, jäh gestoppt worden.[52] Die komfortable Verhandlungsposition der Gewerkschaften schlug sich dementsprechend in einer offensiveren Lohnpolitik nieder, und ihr gelangen achtbare Erfolge. In der Sicht der Regierung und des Arbeitgeberlagers drohte die Tarifpolitik die außenwirtschaftlichen Bemühungen um Geldwertstabilität zu konterkarieren – sichtbar in einer Inflationsrate, die 1962 erstmals wieder die als alarmierend empfundene Marke von drei Prozent erreichte. Für Erhard war ein Sachverständigengremium nun vor allem deshalb reizvoll, weil es zur »volkswirtschaftlichen Ausrichtung der Lohnentwicklung« beitragen, letztlich also wissenschaftliche Argumente für das vom Wirtschaftsminister propagierte »Maßhalten« liefern sollte. Und dies konnte nur gelingen, wenn das Expertengremium mit seinen Gutachten die breite Öffentlichkeit erreichte.[53]

Angesichts dieser wirtschaftspolitischen Rahmenbedingungen gelang es Erhard diesmal, auch innerhalb der Regierung wichtige Verbündete für sein Vorhaben zu gewinnen. Das Finanzministerium sicherte bereits frühzeitig seine volle Unterstützung zu, und daß sich nun auch die Bundesbank hinter das Projekt stellte, war ohne Frage von Vorteil. Zwar gab das Kanzleramt seinen Widerstand noch immer nicht auf, und auch die CDU-Bundestagsfraktion stand keineswegs geschlossen hinter dem Wirtschaftsminister. Aber immerhin gab der Kabinettsausschuß für Wirtschaft Erhard grünes Licht und machte damit den Weg für einen Gesetzentwurf des BMWi frei, der am 11. April 1962 im Kabinett beraten wurde. Adenauer gelang in dieser Sitzung eine allerletzte Blockade, die freilich nur noch symbolische Wirkung hatte: Anstelle der Regierung brachten nun Werner Dollinger für die CDU/CSU- und Knut Freiherr von Kühlmann-Stumm für die FDP-Fraktion am 26. Juni 1962 mit dem nur noch geringfügig veränderten »Entwurf eines Gesetzes über die Bildung eines Sachverständigenrates zur Begutachtung der gesamtwirtschaftlichen Entwicklung« das Gesetzgebungsverfahren in Gang.[54] Dieses konnte im Jahr darauf erfolgreich abgeschlossen werden, als der Bundestag das Gesetz am 26. Juni 1963 über alle Fraktionsgrenzen hinweg mit überwältigender Mehrheit verabschiedete.[55]

Ohne diesen Blick auf die lange Vorgeschichte des Sachverständigenrates, auf die gesamtwirtschaftliche Konstellation und die politischen Kräfteverhältnisse zur Zeit seiner endgültigen gesetzlichen Kodifizierung wäre die spezifische institutionelle Ausgestaltung des Gutachtergremiums schlechterdings nicht nachvollziehbar. Dies gilt erst recht für die detaillierten Bestimmungen des Gesetzes, wie es am 14. August 1963 verkündet wurde.[56] Gegenüber dem BMWi-Entwurf kam es in den parlamentarischen Verhandlungen noch zu zahlreichen Modifikationen, die allesamt vom Bestreben der Befürworter des Vorhabens getragen waren, ein brei-

52 Giersch u. a., Fading Miracle S. 127.

53 Zit. n. Nützenadel, Politikberatung S. 301. Die Aufwertung wurde von den Arbeitgeberverbänden dabei als großes stabilitätspolitisches Opfer aufgefaßt, da sie die Exportindustrien belastete. Dazu ausführlich Margarete Wagner-Braun: Die Aufwertung der D-Mark im Jahre 1961 – eine kritische Stellungnahme zum Währungssystem von Bretton Woods. In: Rainer Gömmel; Markus A. Denzel (Hg.): Weltwirtschaft und Wirtschaftsordnung. FS f. Jürgen Schneider (VSWG-Beiheft 159), Stuttgart 2002, S. 339–356, hier: 349 ff.

54 Vgl. Bundestags-Drucksache IV/540.

55 Nützenadel, Politikberatung S. 304; Metzler, Sachverständigenrat S. 135.

56 Der Gesetzestext ist den Jahresgutachten in der Druckfassung jeweils im Anhang beigefügt. Hier zit. n. Gesetz über die Bildung eines Sachverständigenrates zur Begutachtung der gesamtwirtschaftlichen Entwicklung vom 14. August 1963. In: Sachverständigenrat zur Begutachtung der gesamtwirtschaftlichen Entwicklung (Hg.): Vierzig Jahre Sachverständigenrat 1963–2003, Wiesbaden 2003, S. 123–125.

tes parteipolitisches und gesellschaftliches Einvernehmen herzustellen – was am Ende ja auch gelang. Für Erhard war klar, daß die Gutachten die hochgesteckten Erwartungen überhaupt nur dann erfüllen konnten, wenn die wissenschaftliche Autorität des Sachverständigenrates über die Parteigrenzen hinweg anerkannt wurde. Und so war die institutionelle Ausgestaltung des Gutachtergremiums eben das typische Ergebnis eines politischen Kompromisses, der die Interessen der Opposition ebenso berücksichtigte wie er Arbeitgeberverbände und Gewerkschaften einband. Als erklärte Befürworter einer stärker »verwissenschaftlichten« Wirtschaftspolitik drangen die Sozialdemokraten dabei in erster Linie darauf, die Unabhängigkeit der Sachverständigen zu stärken – mit dem deutlich erkennbaren Kalkül, die Gutachten auf diese Weise glaubwürdiger für oppositionelle Kritik an der Regierung instrumentalisieren zu können. Die Unterstützung der Gewerkschaften erkaufte Erhard mit einem Gentlemen's Agreement, das keinen Eingang in den Gesetzestext fand. Arbeitgeber und Gewerkschaften erhielten für jeweils einen der fünf Beraterposten ein informelles Vorschlagsrecht. Dies hat zwar den Anschein eines korporatistischen Arrangements, das auch die Befürworter eines Bundeswirtschaftsrates versöhnlich stimmen mochte – eigentlich diente dieses taktische Zugeständnis im Frühjahr 1963 jedoch dazu, Dissonanzen zwischen DGB und BMWi auszuräumen. Der DGB-Vorsitzende Ludwig Rosenberg drohte im Streit um eine engere Anbindung der Lohnpolitik an die Produktivitätsentwicklung seine Unterstützung für das Gesetzesvorhaben doch noch zurückzuziehen. Bei aller grundsätzlichen Ablehnung der »Gruppeninteressen« zeigte sich Erhard an diesem Punkt zu einem Entgegenkommen bereit. Rosenberg hatte seit seinem Amtsantritt im Oktober 1962 einen ernsthaften Modernisierungskurs eingeschlagen, der eine Ankunft in der »Sozialen Marktwirtschaft«, wie sie die SPD bereits mit dem Godesberger Programm vollzogen hatte, nun auch für den DGB in greifbare Nähe rücken ließ.[57]

Das Gesetz formulierte einen klaren Auftrag:[58] Durch »periodische Begutachtung der gesamtwirtschaftlichen Entwicklung« sollten die Gutachter die »Urteilsbildung bei allen wirtschaftspolitisch verantwortlichen Instanzen sowie in der Öffentlichkeit« erleichtern (§ 1 Abs. 1). Anders als in den ersten Entwürfen des Jahres 1958 war die Lagebeurteilung nun an vier Kriterien auszurichten: Neben das binnenwirtschaftliche magische Dreieck aus Preisniveaustabilität, »stetigem und angemessenem Wachstum« und hohem Beschäftigungsstand trat nun auch noch »außenwirtschaftliches Gleichgewicht« (§ 2) – damit waren erstmals jene makroökonomischen Zielgrößen des »magischen Vierecks« gesetzlich fixiert worden, die dann später auch Eingang in das Stabilitätsgesetz fanden. Die Ergänzung des Zielkataloges ging bereits auf den BMWi-Entwurf zurück, was angesichts der heftigen Aufwertungsdebatte und des Problems der importierten Inflation nicht überrascht. Aber auch der SPD-Fraktion gelang es, die Formulierung des gesetzlichen Beratungsauftrages spürbar zu beeinflussen: So legte das Gesetz in § 2 auch fest, daß der Sachverständigenrat die Ursachen von aktuellen oder

57 Dieser Kurswechsel wurde mit dem Düsseldorfer Grundsatzprogramm des DGB noch im selben Jahr tatsächlich vollzogen. Und als Konsequenz aus dem schweren Tarifkonflikt in der baden-württembergischen Metallindustrie im Frühjahr 1963 orientierten sich die Gewerkschaften nun auch an der »modifizierten Produktivitätsregel« (Bindung des Einkommens an den gesamtwirtschaftlichen Produktivitätszuwachs einschließlich der Steigerung der Lebenshaltungskosten). Vgl. Klaus Schönhoven: Die deutschen Gewerkschaften, Frankfurt am Main 1987, S. 217–232.

58 Die Darstellung erfolgt hier und im folgenden in der Vergangenheitsform, um Tempuswechsel zwischen Passagen, die den Gesetzestext wiedergeben und jenen, die auf den Entstehungskontext des Gesetzestextes hinweisen, vermeiden zu können – dies hat ausschließlich sprachlich-ästethische Gründe: Selbstverständlich ist das Gesetz nach wie vor in Kraft!

möglichen gesamtwirtschaftlichen Spannungen zwischen Angebot und Nachfrage ergründen und dabei explizit die »Bildung und die Verteilung von Einkommen und Vermögen« mit einbeziehen sollte. Auch das vom BMWi propagierte Empfehlungsverbot, wonach die Gutachter keine »Empfehlungen für bestimmte wirtschafts- und sozialpolitische Maßnahmen« (§ 2) aussprechen durften, wurde auf Bestreben der SPD zumindest aufgeweicht. Erhard hatte damit ursprünglich Adenauers Kritik aufgenommen und auf diesem Wege vermeiden wollen, daß die Gutachter die Wirtschaftspolitik der Regierung allzu heftig unter Beschuß nehmen konnten. Nach der neuen Formulierung konnte der Rat aber immerhin »Fehlentwicklungen und Möglichkeiten zu deren Vermeidung oder deren Beseitigung aufzeigen« und bei seinen Untersuchungen »jeweils verschiedene Annahmen« zugrunde legen und »deren unterschiedliche Wirkungen« darstellen und beurteilen.

Die strikte politische Unabhängigkeit des Sachverständigenrates war unter den Parteien unstrittig: Anstelle einer korporatistischen Interessenvertretung war der Rat grundsätzlich als Institution unabhängigen wissenschaftlichen Sachverstandes konzipiert. Seine Mitglieder mußten über »besondere wirtschaftswissenschaftliche Kenntnisse und volkswirtschaftliche Erfahrungen verfügen« (§ 1 Abs. 2) – auch diese Formulierung war ein Kompromiß. Er ging auf den Druck der Arbeitgeberverbände zurück, die ein reines Wissenschaftlergremium ablehnten und dafür sorgten, daß der Sachverständigenrat auch für »Praktiker« offenstand. Und trotz des informellen Vorschlagsrechtes der Arbeitgeber- und Arbeitnehmervertreter für zwei Gutachterposten schränkte § 1 Abs. 3 den Kreis der Mitglieder im Interesse der Unabhängigkeit deutlich ein: Aktiven Regierungsmitgliedern oder Parlamentariern aus Bund und Ländern war die Mitgliedschaft im Sachverständigenrat verwehrt. Auch Repräsentanten von Gewerkschaften und Verbänden sowie alle Angehörige des öffentlichen Dienstes waren per Gesetz ausgeschlossen, wobei für letztere eine Ausnahmeregelung galt, sofern sie »als Hochschullehrer oder als Mitarbeiter eines wirtschafts- oder sozialwissenschaftlichen Instituts« tätig waren. Wissenschaftliche Standards galten auch für die Abfassung der Gutachten: Nach § 3 Abs. 2 bestand jederzeit die Möglichkeit, abweichende inhaltliche Auffassungen in Minderheitsvoten zum Ausdruck zu bringen.

Auf Betreiben der SPD wurde die in § 3 betonte Unabhängigkeit der Gutachter auch beim Auswahl- und Berufungsverfahren demonstrativ herausgestellt. Ursprünglich hatte der BMWi-Entwurf ein Kooptationsverfahren samt Berufung durch die Bundesregierung vorgesehen. Statt dessen legte § 7 Abs. 1 nun fest, daß der Bundespräsident die Ratsmitglieder auf Vorschlag der Bundesregierung für die Dauer von fünf Jahren berief. Freilich wurde den Mitgliedern des Sachverständigenrates in § 7 Abs. 2 gesetzlich zugestanden, daß sie von der Bundesregierung angehört werden konnten, bevor diese ein neues Mitglied vorschlug. Je nach Auslegung durch den fachlich zuständigen Bundeswirtschaftsminister konnte dies zwar auf eine weiche Form der Kooptation hinauslaufen. Grundsätzlich war jedoch sichergestellt, daß die Besetzung des Gutachtergremiums nicht den bereits berufenen Wissenschaftlern überlassen blieb. Auch wenn das Gesetz die Wiederberufung von Gutachtern nach Ablauf ihrer fünfjährigen Amtszeit für zulässig erklärte, war mit diesem Verfahren doch der Gefahr einer Vergreisung, wie sie vom wissenschaftlichen Beirat beim BMWi bekannt war, gründlich entgegengewirkt.

Das Gesetz versetzte die Gutachter bereits rein formell in eine herausragende Position: Ihnen war freigestellt, ob sie vor Abfassung ihrer Gutachten Stellungnahmen von Verbänden und Gewerkschaften einholen wollten (§ 4), und sie waren zur Anhörung der Fachminister der Bundesregierung sowie des Bundesbankpräsidenten berechtigt. Zudem waren alle Behörden des Bundes und der Länder verpflichtet, dem Rat Amtshilfe zu leisten (§ 5).[59] Das Gesetz stattete den Rat mit einer eigenen Geschäftsstelle beim Statistischen Bundesamt in Wiesbaden aus, wobei die Behörde explizit darauf verpflichtet wurde, die »Vermittlung und Zusammenstellung von Quellenmaterial« zu übernehmen. Die Geschäftsstelle sollte neben den üblichen Verwaltungsaufgaben alle Arbeitslasten tragen, die mit dem Druck und der Veröffentlichung der Gutachten zusammenhingen (§ 9). Die besondere Stellung des Sachverständigenrates rührte aber vor allem von den Bestimmungen über die Öffentlichkeitsberatung her (§ 6). Sein jährliches Gutachten mußte der Rat der Bundesregierung jeweils bis zum 15. November vorlegen. Anders als etwa im Fall der Gutachten des Beirats beim BMWi war die Regierung nun jedoch verpflichtet worden, innerhalb einer Frist von acht Wochen schriftlich zum Ratsgutachten Stellung zu nehmen und dieses anschließend zu veröffentlichen.

An diesem institutionellen Arrangement wurde bis in die Gegenwart nichts geändert – mit zwei Ausnahmen: Bezeichnenderweise erwiesen sich erstens jene gesetzlichen Bestimmungen als ausgesprochen praxisfern, welche die Bundesregierung zur Herstellung der Öffentlichkeit im Beratungsprozeß zwangen. Tatsächlich war der Zeitraum zwischen Abgabe der Gutachten und ihrer Veröffentlichung viel zu lang, und in dieser Zeit gelangten einzelne Details in die Presse, die sich daraufhin in Spekulationen erging, ohne daß die Regierung bereits mit ihrer Reaktion auf das Gutachten an die Öffentlichkeit treten konnte. Das Sachverständigenratsgesetz wurde daraufhin bereits mit Wirkung vom 8. November 1966 – also noch vor der Abgabe des dritten Jahresgutachtens – novelliert: Fortan war die Bundesregierung verpflichtet, das Gutachten »unverzüglich« an den Bundestag weiterzuleiten und zu veröffentlichen. Im Rahmen der Novellierung wurde zweitens der Tatsache Rechnung getragen, daß sich gesamtwirtschaftliche Ungleichgewichte mitunter nicht an den Jahreszyklus des Sachverständigenrates hielten: Seither ist die Bundesregierung befugt, den Rat mit der Abfassung von Sondergutachten zu beauftragen. Umgekehrt haben die Gutachter das gesetzlich verbriefte Recht, selbst solche Sondergutachten in Angriff zu nehmen, sofern die wirtschaftliche Entwicklung dazu Anlaß gibt. Die Sondergutachten wurden jedoch von den Regelungen der Öffentlichkeitsberatung ausgenommen. Den Zeitpunkt ihrer Veröffentlichung kann der Rat nur im »Einvernehmen mit dem Bundesminister für Wirtschaft« bestimmen (§ 6).

Insgesamt gab das Gesetz den Gutachtern des Sachverständigenrates einen höchst widersprüchlichen Rahmen für ihre künftige Arbeit vor: Auf der einen Seite war das Gesetz deutlich von der Hoffnung getragen, das Ziel einer »rationalen« Wirtschaftspolitik durch Rückgriff auf die Expertise einer Wirtschaftswissenschaft zu verfolgen, die sich längst selbst als »versachlicht« beschrieb. In diesem Sinne steht der Sachverständigenrat pars pro toto für die Hoffnungen auf eine »Versachlichung« der Politik, die seit Mitte der fünfziger Jahre immer deutlicher hervorgetreten und am Beginn der sechziger Jahre dominant geworden waren.[60] Berücksichtigt man die strikte Ausrichtung der Beratung auf die Öffentlichkeit und den Primat der politi-

59 Umgekehrt haben die Fachminister der Bundesregierung und der Bundesbankpräsident das Recht, vom Sachverständigenrat auf ihr Verlangen hin gehört zu werden.

60 Bereits 1955 bei Karl Schiller: Der Ökonom und die Gesellschaft [1955]. In: Ders.: Der Ökonom und die Gesellschaft. Das freiheitliche und das soziale Element in der modernen Wirtschaftspolitik, Stuttgart 1964, S. 3–12, hier: 11; ebenso Erwin von Beckerath: Der Einfluß der Wirtschaftstheorie auf die Wirtschaftspolitik. In: Ders.: Lynkeus. Gestalten und Probleme aus Wirtschaft und Politik, Tübingen 1962, S. 288–303; vgl. auch Karl Schiller: Neuere Entwicklungen in der Theorie der Wirtschaftspolitik (Walter Eucken Institut, Vorträge und Aufsätze, Bd. 1), Tübingen 1958, S. 25f.

schen Entscheidung, wie er sich besonders im Empfehlungsverbot niederschlug, gibt der Rat ein Musterbeispiel für jenes Modell einer »pragmatistischen« Beratung ab, das Jürgen Habermas 1963 formulierte.[61] Das von ihm betonte »kritische Wechselverhältnis« zwischen Wissenschaft und Politik, vor allem aber der Rückbezug dieses Wechselverhältnisses auf die Öffentlichkeit, die damit eine zentrale, vermittelnde Instanz darstellte, wurde auch von den Gutachtern selbst schon früh aufgegriffen, wenn es galt, die eigene Position zu bestimmen.[62] Auf der anderen Seite hatte der Gesetzgeber die Unabhängigkeit des Gremiums zwar demonstrativ herausgestellt und damit auch ein euphorisch-naives Bekenntnis zu Max Webers Leitbild der »wertneutralen« Wissenschaft abgegeben.[63] Dies konnte jedoch kaum darüber hinwegtäuschen, daß wissenschaftliche Beratung per se nicht entnormativiert werden konnte – der Verein für Socialpolitik hatte diesem Thema im Frühjahr 1961 eine ganze Jahrestagung gewidmet.[64] Und vor allem war die Unabhängigkeit des Rates eine Frage der berufenen Gutachter und ihrer Arbeit; die ersten Gutachter leisteten in diesem Sinne Aufbauarbeit: Ihnen stellte sich die Aufgabe, die Möglichkeiten und Grenzen der vom Gesetz postulierten Unabhängigkeit überhaupt erst auszuloten.

Die Zusammensetzung des ersten Sachverständigenrates, der Ende 1964 sein Jahresgutachten vorlegte, weckte zunächst berechtigte Zweifel an der Unabhängigkeit der Gutachter. Mit Erich Preiser, Heinz Sauermann und Wilhelm Kromphardt waren drei prominente Ökonomen bereits 1958 als Kandidaten verschlissen worden und standen nun nicht mehr zur Verfügung. Statt dessen spiegelte sich im ersten Rat ein fein austarierter Proporz, der Angriffe auf das Gremium von vornherein unterbinden sollte. Nur drei der fünf Gutachter waren tatsächlich ausgewiesene Wissenschaftler, lediglich zwei von ihnen Ordinarien. Erhards theoretische Präferenzen waren durch den Bonner Ordinarius und Eucken-Schüler Fritz W. Meyer vertreten.[65] Die wirtschaftswissenschaftlichen Forschungsinstitute verkörperte Wilhelm Bauer, der auch den Vorsitz des Sachverständigenrates übernahm. Als ehemaliger Mitarbeiter Ernst Wagemanns und langjähriger Leiter des Rheinisch-Westfälischen Instituts für Wirtschaftsforschung in Essen (seit 1950) war Bauer ein Routinier der Konjunkturforschung und hatte seit 1961 eine Honorarprofessur in Köln inne.[66] Herbert Giersch, seit 1955 Ordinarius in Saarbrücken, galt als profilierter Theoretiker der Wirtschaftspolitik. Er war Schüler von Walther G. Hoffmann und hatte als einziger Gutachter bei einem Forschungsaufenthalt an der London School of Economics, vor allem aber als Abteilungsleiter der Handels- und Finanzdirektion der OECD in Paris Auslandserfahrung sammeln können. Giersch gehörte ebenso wie Meyer zugleich auch dem wissenschaftlichen Beirat beim BMWi an.[67]

---

61 Habermas: Verwissenschaftlichte Politik, S. 120–145.

62 Harald Koch: Die Wirtschaft im Spannungsfeld von Politik und Wissenschaft. In: Herbert Scholz (Hg.): Die Rolle der Wissenschaft in der modernen Gesellschaft, Berlin 1969, S. 172–185, hier: 184; im übrigen kommt kaum eine wissenschaftliche Studie über den Sachverständigenrat ohne eine Zuordnung nach dem Habermas-Modell aus, vgl. ausführlich Krevert, Politikberatung S. 15–24.

63 Metzler, Sachverständigenrat S. 143.

64 Beckerath/Giersch, Probleme der normativen Ökonomik, passim.

65 Gesellschaft für Wirtschafts- und Sozialwissenschaften (Hg.): Die Hochschullehrer der Wirtschaftswissenschaften, Berlin 2. Aufl. 1966, S. 480; Hans Willgerodt: Fritz Walter Meyer. In: In Memoriam Fritz W. Meyer, Bonn 1981, S. 11–29; Munzinger-Archiv, Art.: Fritz W. Meyer.

66 Die Hochschullehrer der Wirtschaftswissenschaften, S. 42; Munzinger-Archiv, Art. Wilhelm Bauer.

67 Jürgen B. Donges; Manfred E. Streit: Herbert Giersch – biographische und bibliographische Anmerkungen. In: Manfred E. Streit (Hg.): Wirtschaftspolitik zwischen ökonomischer und politischer Rationalität. FS für

Die drei Wissenschaftler waren damit alles andere als »politikferne« Vertreter der Nationalökonomie, und generell berief der Bundespräsident ausreichend profilierte Politikberater in den Sachverständigenrat, was sich noch viel deutlicher an den Biographien der beiden »Flügelmänner« ablesen läßt. Auf Vorschlag der Wirtschaftsverbände und der CDU/CSU wurde der aus einer Stuttgarter Bankiersfamilie stammende Wirtschaftsprüfer Paul Binder in den Rat entsandt.[68] In den unmittelbaren Nachkriegsjahren hatte dieser dem Parlamentarischen Rat angehört und als Staatssekretär für Finanzen in Württemberg-Hohenzollern gedient. Er war Vorsitzender der Stuttgarter CDU und innerhalb der Partei u. a. als geschäftsführendes Vorstandsmitglied des Wirtschaftsrates profiliert.[69] Gewerkschaften und SPD nominierten Harald Koch als Gutachter: Der Jurist war zunächst als Wirtschaftsprüfer und Steuerberater tätig, erhielt während des Krieges Prokura bei Friedrich Flicks Maximilianshütte und wurde 1946 Wirtschafts- und Finanzminister für die SPD im Land Oldenburg. Als Wiesbadener Minister für Wirtschaft und Verkehr zählte er zu den Vätern des Sozialisierungsartikels in der Hessischen Landesverfassung, gehörte in der ersten Legislaturperiode dem Bundestag an und arbeitete seit 1952 als Arbeitsdirektor im Vorstand der Dortmunder Hoesch AG.[70]

Es ist sicher kein Zufall, daß gleich zwei Gutachter in den unmittelbaren Nachkriegsjahren an verfassungsgebenden Weichenstellungen beteiligt waren: Koch, Meyer, Bauer und Binder waren typische Vertreter der »Kriegsjugendgeneration« (alle zwischen 1902 und 1907 geboren) und zum Zeitpunkt ihrer Berufung erfahrene, institutionenkluge Angehörige des Establishments der Republik. So verwundert es auch nicht, daß Paul Binder die theoretisch-ökonomische Kompetenz der Gutachter nur halbherzig herausstellte – viel wichtiger war ihm, daß die Ratsmitglieder »das Gewicht des Institutionellen« kannten und »wissen, daß jeder wirtschaftliche Kausalzusammenhang durch das psychologische Verhalten des wirtschaftenden Menschen, als Unternehmer oder als Verbraucher, jederzeit durchbrochen und unter Umständen in sein Gegenteil verkehrt werden kann.«[71] Strukturell war bei der Zusammensetzung des ersten Sachverständigenrates somit viel weniger Wert auf das wissenschaftliche Profil der Gutachter gelegt worden als auf deren institutionelle Einbindung und berufliche Erfahrung.

Lediglich Herbert Giersch (Jahrgang 1921) fiel aus diesem Muster heraus: Er war mit Abstand der jüngste Gutachter, und der Bankier Hermann Josef Abs hatte ihm bereits 1964 prophezeit: »Andere werden reden, und Sie werden eben als Jüngster das Schreiben übernehmen müssen.«[72] Zwar stand er der CDU nahe und war 1961 als 40jähriger in den wissenschaftlichen Beirat beim BMWi berufen worden – für ihn bot es sich jedoch an, den Sachverständigenrat zur Entwicklung der eigenen Karriere einzusetzen. Obwohl er nie den Vorsitz übernahm, prägte der sendungsbewußte Giersch dem Sachverständigenrat in der wichtigen Gründungsphase doch seinen Stempel auf und gab die Strategie vor: Er war »Motor und Spiritus rector des Rates«[73], als es darum ging, auf der einen Seite sicherzustellen, daß die Gut-

Herbert Giersch, Wiesbaden 1988, S. XI f.; Munzinger-Archiv, Art. Herbert Giersch.

68 Gassert, Kiesinger S. 52.

69 Der Volkswirt, 8.12.1967, Art.: Das Votum der Fünf Weisen; sowie: Munzinger-Archiv, Art. Paul Binder.

70 Ebd., sowie: Munzinger-Archiv, Art. Harald Koch.

71 ACDP I-105/004, Paul Binder: Der Sachverständigenrat, o. J. (Typoskript mit hdschr. Korrekturen).

72 So jedenfalls die Darstellung von Herbert Giersch: Aus der Anfangszeit des Rates. In: Otto Schlecht; Ulrich van Suntum (Hg.): 30 Jahre Sachverständigenrat zur Begutachtung der gesamtwirtschaftlichen Entwicklung, Krefeld 1995, S. 23–27, hier: 23.

73 Der Volkswirt, 8.12.1967, Art.: Das Votum der Fünf Weisen.

achten wissenschaftlichen Ansprüchen genügten, auf der anderen Seite aber doch mit soviel politischem Gespür verfaßt waren, daß der Rat tatsächlich in eine unabhängige und einflußreiche Position hineinwachsen konnte. Der »Spiegel« spöttelte, Giersch verwalte sein »Gutachter-Amt wie ein Schatten-Wirtschaftsminister« und könne mit professoraler Zurückhaltung wenig anfangen.[74]

Unter Gierschs Regie setzte der Sachverständigenrat von Anfang an auf eine paradoxe Strategie der Nähe und Distanz: Nähe, weil er von seinen Anhörungsrechten umfassend Gebrauch machte und den Kontakt zur Ministerialbürokratie, zum Statistischen Bundesamt, zur Bundesbank, zu Verbänden und Gewerkschaften rasch ausbaute. Distanz, weil schon das erste Gutachten demonstrativ die Position unabhängiger wissenschaftlicher Kritik an der Regierung kultivierte. Erhards Hoffnung auf wissenschaftliche Schützenhilfe erwies sich als völlig illusorisch, denn der Sachverständigenrat machte deutlich, daß er »unbeirrt seinen Weg gehen« werde, »ohne darauf zu achten, ob er sich Freunde oder Feinde macht.«[75] Und als in der Grundsatzabteilung des BMWi darüber nachgedacht wurde, den unbequemen Rat auf eine enge Auslegung des Gesetzesauftrages zu verpflichten und die Gutachten inhaltlich auf »konjunkturpolitische Probleme« zu beschränken, lehnten die fünf Weisen dies strikt ab, ja betonten sogar, daß sie eine vom Gesetz vollständig abgedeckte »sozialpädagogische Aufgabe« zu erfüllen hätten.[76] Später brachte Giersch das Selbstbewußtsein der Gutachter auf den Punkt: »Eines Gremiums, das die wirtschaftspolitischen Entscheidungen der Regierung wissenschaftlich untermauern und gutheißen soll, bedarf es in der Bundesrepublik nicht. Vor allem könnte dies auch kein Gremium unabhängiger Sachverständiger sein.«[77]

So erfolgreich diese »Strategie der Kritikimmunisierung«[78] bei der Etablierung des Beratungsgremiums auch war: Giersch wurde gleichwohl vorgeworfen, eine »monocharismatische Diktatur« im Rat entfaltet zu haben. So beklagte sich der CDU-Mann Paul Binder nach dem Ende seiner Amtszeit, daß »die Art und Weise, wie die Herren ihre Geschäfte führen« für ihn »einfach unerträglich« geworden sei.[79] Gerade Binder machte aber auch deutlich, daß die ersten Ratsmitglieder tatsächlich Neuland betreten hatten und sich offenbar über die mit dem Amt verbundene Arbeitsbelastung nicht im Klaren gewesen waren. Der Stuttgarter Wirtschaftsprüfer hielt es jedenfalls für »nahezu ausgeschlossen«, daß ein »Mann, der Aufgaben in der privaten Wirtschaft zu erfüllen hat«, dem Sachverständigenrat angehören könne. Ein- bis zweimal monatlich träfen die Ratsmitglieder zu zweitägigen Besprechungen zusammen, wobei sich die Frequenz dieser Treffen ab Juli steigerte, und »vom 1. September bis Mitte November ist der Sachverständigenrat von Dienstagfrüh bis Freitagabend ständig beisammen, wobei an den beiden letzten Wochenenden vor Erstattung des Berichtes ebenfalls gearbeitet wird und die Sitzungen des Sachverständigenrates sich in den letzten 14 Tagen überdies bis in

---

74 Spiegel 30.9.1968, Art. Sachverständigenrat: Keusche Natur.

75 So die Einschätzung von Rolf Gocht, dem Leiter der Grundsatzabteilung im BMWi, nach einem Gespräch mit den Gutachtern am 2. April 1965. BArch B102/93231, Vermerk Gocht für Langer, 5.4.1965.

76 Ebd., vgl. auch: Vermerk Gocht für Langer und Schmücker, 26.3.1965.

77 Die Zeit, 29.11.1968, Art.: Sachverständigenrat – beliebt oder unabhängig? (Herbert Giersch).

78 So der Begriff von Nützenadel, Stunde der Ökonomen, S. 173.

79 Spiegel 30.9.1968, Art. Sachverständigenrat: Keusche Natur; vgl. auch Die Zeit, 18.7.1969, Art.: Fast den Sach-Verstand verloren …

die späten Abendstunden hinziehen. Wenn für meine Kollegen der Arbeitstag beendet war, dann fing bei mir die Tätigkeit für meine Praxis an.«[80]

Binders Klagen über die außerordentlich zeitaufwendige Gutachtertätigkeit wirft ein bezeichnendes Licht auf die praktische Arbeit des Sachverständigenrates: Ihr prägten die Wissenschaftler rasch den Stempel auf, und sie war nur dank der Unterstützung durch wissenschaftliche Mitarbeiter überhaupt alljährlich zu leisten. Im BMWi hatte man ursprünglich angestrebt, für den Rat eine Geschäftsstelle mit zehn wissenschaftlichen Mitarbeitern einzurichten und zudem einige administrative Stellen beim Statistischen Bundesamtes zu schaffen – eine durchaus realistische Sicht auf das bevorstehende Arbeitspensum.[81] Diese komfortable Ausstattung scheiterte freilich am Widerstand von Innen- und Finanzministerium, und am Ende stand ein Kompromiß: Die Gutachtertätigkeit wurde mit jährlich 40.000 DM pro Kopf ausgesprochen großzügig vergütet, und den Gutachtern war freigestellt, aus diesem Etat auch die Beschäftigung ihrer wissenschaftlichen Mitarbeiter zu bestreiten.[82] Daher verfügten die Wirtschaftsweisen nur über einen wissenschaftlichen Stab, dem »ständig nur vier oder fünf Herren angehören«[83] und den anfangs vor allem Giersch mit seinen Saarbrücker Mitarbeitern und Doktoranden besetzte. Die Professoren waren hier gegenüber den Praktikern ohnehin im Vorteil, da sie zusätzlich auch auf die Ressourcen ihrer Lehrstühle bzw. Institute zurückgreifen konnten.[84] In die Plenarsitzungen des Rates in Wiesbaden wurden die Mitarbeiter von Anfang an einbezogen, da diese einen gewichtigen Teil der Gutachten verfaßten. Sie zeichneten vor allem für die Analyse der wirtschaftlichen Lage und damit für den größeren Teil des Textes verantwortlich. Generell trugen die Arbeitssitzungen deutlich Züge wissenschaftlicher Veranstaltungen: Meinungsunterschiede und kontroverse Formulierungen wurden offen diskutiert, da das Gutachten ein Gemeinschaftswerk bleiben sollte – auch wenn die Gutachter am Ende die alleinige Verantwortung für den Text trugen. Die Mitarbeiter konnten sich angesichts des großen Arbeitspensums und des hohen Termindrucks durchaus Gehör verschaffen, wie ein Beispiel des Jahres 1969 zeigt: Während die Gutachter die Arbeitskämpfe vom September als »wilde Streiks« bezeichnet wissen wollten, gingen die Assistenten ganz im Stil der Zeit in die Offensive und forderten, daß von »Sozial-Revolution« die Rede sein müsse. Am Ende einigte man sich auf die Kompromißformel »spontane Arbeitsniederlegung«.[85] Auch der Ratsvorsitzende nahm bei derlei Debatten keine herausgehobene Position ein, denn er wurde als Primus inter pares im Kreis der fünf Gutachter gewählt und verfügte über keine Richtlinienkompetenz.[86] Statt dessen prägte Teamwork die Arbeit, wobei jeder der fünf Gutachter inhaltliche Aspekte bearbeitete, die seinem Forschungs- oder Arbeitsschwerpunkt entsprachen, die jeweiligen Formulierungsentwürfe am Ende jedoch im Plenum zur Diskussion stellen und ggf. modifizieren mußte. Zeitmangel prägte die Entstehung der Gutachten während der »Kampagne« in den Monaten September und Oktober: Die Kapitel »Fehlentwicklungen« und

80 BArch B102/93232, Binder an Schiller, 2.1.1968.
81 BArch B102/59368, Langer an Erhard, 2.7.1963.
82 Ebd., Vermerk Tietmeyer, 10.7.1963; Vermerk Schlecht, 21.11.1963.
83 ACDP I-105/004, Paul Binder: Vier Jahre Sachverständigenrat, 10.2.1968.
84 Unter anderem Jürgen B. Donges, Gerhard Fels, Lutz Hoffmann, Wolfgang Kasper Horst Schulmann, Olav Sievert, Manfred Streit. Vgl. Giersch, Anfangszeit S. 24.
85 Capital 12/1970, Art.: Kein Jahr für Schiller.
86 Die Zeit, 15.11.1985, Art.: Von Weisheit keine Rede.

»Prognose« konnten überhaupt erst in der zweiten Oktoberhälfte geschrieben werden, und das Prognose-Kapitel wurde gar erst Anfang November endgültig fertiggestellt.[87]

Dabei wog ein grundsätzliches Problem besonders schwer: Der Rat konnte seine Gutachten selbst bei optimaler Unterstützung durch die Statistiker nur auf Basis der September-Zahlen formulieren, und in vielen Bereichen lagen Daten ohnehin nur für die ersten beiden Quartale des Berichtsjahres vor. Eine Prognose für das darauf folgende Jahr war damit eine höchst diffizile Angelegenheit – auch dies erklärt, warum die Gutachter von Anfang an intensiven Gebrauch von ihren Anhörungsrechten machten und mit Wirtschaftsverbänden und Gewerkschaften über die aktuelle Lage und die erwartete wirtschaftliche Entwicklung diskutierten. Die Gespräche, die meist im September, gelegentlich auch bereits im Juli stattfanden, wurden von beiden Seiten als wichtige Informationsquelle geschätzt – obwohl die anfängliche Skepsis nie ganz überwunden werden konnte. So beklagten sich Vertreter der Arbeitgeberverbände über die »missionarische Verhandlungsführung«[88] und mokierten sich über den »Maßnahmenperfektionismus«[89] der Gutachter. Diese waren wiederum enttäuscht darüber, daß sich »mitunter auch ein erschreckender Mangel an volkswirtschaftlicher Einsicht bei den Gesprächspartnern« zeigte.[90]

Obwohl Lobbyisten und Wissenschaftler im Gespräch augenscheinlich fremdelten, stellen diese Begegnungen doch unter Beweis, daß der Sachverständigenrat nach seiner Institutionalisierung an einer ganz unerwarteten Stelle zur »Verwissenschaftlichung der Politik« beitrug: Nachdem Verbände und Gewerkschaften anfangs lediglich Vorstände, Präsidenten und Geschäftsführer zu den Gesprächen mit den Gutachtern entsandt hatten, gingen sie bald dazu über, auf ihre eigenen wissenschaftlichen Apparate zurückzugreifen. Das Arbeitgeberlager ließ sich vom Institut der Deutschen Wirtschaft munitionieren, und die Gewerkschafter zogen bei den Treffen schon am Anfang der siebziger Jahre Mitarbeiter des Wirtschafts- und Sozialwissenschaftlichen Instituts (WSI) hinzu. Der Sachverständigenrat war seinerseits dazu übergegangen, Verbänden und Gewerkschaften bereits im Vorfeld der Gespräche umfangreiche Fragenkataloge zugehen zu lassen, um deren Einschätzung möglichst genau erheben und die Gespräche von der Erörterung allzu detaillierter Sachprobleme entlasten zu können.[91] Dieser Prozeß hatte offenbar eine solche Eigendynamik entwickelt, daß sich der Ratsvorsitzende dann 1974 dazu veranlaßt sah, den DGB an den ursprünglichen Zweck der Gespräche zu erinnern: Dem Sachverständigenrat komme es nicht nur darauf an, »die Meinungen von Experten zu hören«, sondern er wolle gerade auch »die politischen Einstellungen kennenlernen«, welche »die künftigen Entscheidungen beeinflussen.« Und dazu sei es eben unerläßlich, daß der DGB auch Vorstandsmitglieder zu den Gesprächen entsandte.[92]

In dieses Bild paßt auch die Tatsache, daß die beiden Volksparteien, Arbeitgeber und Gewerkschaften schon bald davon abrückten, Praktiker aus ihren Reihen als »Flügelmänner«

---

87 ACDP I-105/004, Paul Binder: Vier Jahre Sachverständigenrat, 10.2.1968; Wolfgang Franz: Wirtschaftspolitische Beratung: Reminiszenzen und Reflexionen. In: Perspektiven der Wirtschaftspolitik 1 (2000), S. 53–71, hier: 55.

88 BDI-Archiv, HGF Pro 24, Karton 783, Anlage zum Rundschreiben an das Präsidium vom 29.9.1970.

89 BDI-Archiv, KKW 36, Karton 702, Vermerk Baumann, 18.3.1970.

90 ACDP I-105/004, Paul Binder: Vier Jahre Sachverständigenrat, 10.2.1968.

91 BDI-Archiv, KKW 36, Karton 702, Rundschreiben Wagner an die Präsidiumsmitglieder, 23.10.1968; DGB-Archiv im AdsD, 24/4821, Aktennotiz Görgens, 27.9.1974. Ein typisches Beispiel für den Fragenkatalog: Ebd. 5/DGAI 1732, Sievert an Vetter, 5.9.1979.

92 DGB-Archiv im AdsD, 24/4821, Aktennotiz Henschel, 27.9.1974.

zu berufen. Seit Dezember 1970 war der Sachverständigenrat tatsächlich ein reines Wissenschaftler-Gremium. Nach dem Ausscheiden von Harald Koch im Sommer 1969 wollte sich der DGB dafür einsetzen, daß als Nachfolger »wiederum ein Mann unseres Vertrauens benannt wird.«[93] Obwohl der DGB-Vorsitzende Heinz-Oskar Vetter gern wieder einen Praktiker berufen hätte und einige Arbeitsdirektoren ins Gespräch gebracht hatte, drängte ihn Wirtschaftsminister Schiller dazu, einen Wissenschaftler zu nominieren.[94] Mit der SPD einigte man sich schließlich auf den Geldtheoretiker Claus Köhler. Dieser war SPD-Mitglied, publizierte regelmäßig in den gewerkschaftlichen WWI-Mitteilungen und hatte vor seiner Berufung auf eine Professur an der TU Hannover beim Deutschen Institut für Wirtschaftsforschung und im Bankgeschäft gearbeitet.[95]

Die CDU und die Arbeitgeberverbände schlugen Anfang 1968 zwar noch einmal einen Praktiker für den von Paul Binder geräumten Gutachterposten vor und hatten den Röchling-Bankier Manfred Schäfer nominiert, der für die CDU das Saarbrücker Wirtschaftsressort geleitet hatte und auch innerhalb der Bundespartei fest in deren wirtschaftspolitischen Gremien verankert war.[96] Nach dessen Ausscheiden im Sommer 1970 (Schäfer kehrte auf seinen Ministerposten ins Saarland zurück) war eine Einigung auf einen Praktiker jedoch nicht mehr möglich. Beim BDI war man zu der Ansicht gelangt, daß »Unternehmer, in welche Institution auch immer sie delegiert werden mögen, bald nur noch nach ›übergeordneten‹ Gesichtspunkten urteilen.«[97] Zudem zeigten sich die Verbände untereinander zerstritten und konnten sich auf keine gemeinsame Kandidatenliste verständigen. Der BDI-Hauptgeschäftsführer Fritz Neef hielt genervt fest: »Das Ministerium wird wahrscheinlich die ganze bunte Fülle der Namen aus den Verbänden in der Kabinettsvorlage erwähnen und dann hinzufügen, daß die Professoren des Sachverständigenausschusses einen bestimmten Kandidaten bevorzugen. Wie ich höre, wird dies dann wahrscheinlich der Professor Gutowski sein.«[98] Am Ende wurde tatsächlich der Frankfurter Ordinarius für Volkswirtschaftslehre berufen: Armin Gutowski war Schüler des ordoliberalen Erich Welter, hatte als Chefvolkswirt der Kreditanstalt für Wiederaufbau auch praktische Erfahrung sammeln können und war als liberaler Ökonom ein guter Kompromißkandidat.[99]

Damit war die »Verwissenschaftlichung« des Sachverständigenrates abgeschlossen. Seit 1970 wurde kein Praktiker mehr berufen, und die Analyse der Berufungspraxis in den Fällen Köhler und Gutowski ergibt ein klares Bild: Offensichtlich drangen sowohl das BMWi unter der Leitung von Karl Schiller als auch die Gutachter des Sachverständigenrates selbst nachdrücklich darauf, daß die Berufungspolitik der praktischen Arbeit des Rates angepaßt und qualifizierte Wissenschaftler nominiert wurden. Dies war keineswegs ein naturwüchsiger Prozeß,[100] sondern deutet in erster Linie auf die veränderte Stellung des Sachverständigenrates

93 DGB-Archiv im AdsD, 5/DGAI 1732, Vermerk Henschel für Vetter, 9.7.1969.
94 Ebd., Vermerk Abt. Vorsitzender, 14.7.1969.
95 Ebd., Markmann an Vetter, 31.7.1969; Schreiben Vetter, 8.8.1969 sowie Vermerk vom 9.9.1969; zur Person Köhlers: Markmann an Vetter, 31.7.1969; vgl. auch Munzinger-Archiv, Art. Claus Köhler.
96 Frankfurter Rundschau, 9.3.1968, Art.: Bedenken gegen einen CDU-Mann; vgl. auch Munzinger-Archiv, Art. Manfred Schäfer.
97 BDI-Archiv, KKW 36, Karton 702, Vermerk Baumann, 18.3.1970.
98 Ebd., HGF Büro 20, Karton 58, Vermerk Neef, 19.10.1970.
99 Capital, 9/1970, Art.: Über die Schwierigkeiten, einen Weisen zu finden; vgl. auch Munzinger-Archiv, Art. Armin Gutowski.
100 Vgl. kritisch Metzler, Sachverständigenrat S. 136.

am Ende seiner Gründungsphase hin. In einer Spanne des gezielten Konflikts mit Ludwig Erhard hatten sich die Gutachter als unabhängige »Wirtschaftsweise« profilieren können. Die Autorität seiner Expertise und sein institutionelles Ansehen waren inzwischen aber groß genug, um den Rat in die Lage zu versetzen, per Berufungspolitik auch die letzte Fessel der »Ära Erhard« abzustreifen und dem Ideal der »reinen Wissenschaft« Geltung zu verschaffen. Karl Schiller unterstützte diese Bemühungen nach Kräften, denn er pflegte einen im Vergleich zu Erhard unbekümmerten Umgang mit den Gutachtern und nahm für sich in Anspruch, als Wissenschaftler selbst wissenschaftlich zu regieren. Das Votum eines Sachverständigenrates, der aus fünf Wissenschaftlern bestand, stellte für ihn keine Bedrohung dar, sah er sich und seine Politik doch grundsätzlich im Einklang mit dem aktuellen Kenntnisstand der Wirtschaftswissenschaft. Letztlich versprach sich Schiller ebenso wie Erhard instrumentelle Hilfe und wissenschaftliche Rückendeckung vom Rat. Aber anders als Erhard, der seit dem ersten Gutachten auf Distanz zum Sachverständigenrat gegangen war, verfolgte Schiller eine Strategie der »Umarmung« und der demonstrativen Nähe zum Gutachtergremium.[101]

Daß der Rat diese Position so rasch erlangt hatte, ist um so erstaunlicher, wenn man bedenkt, daß die öffentlichen Reaktionen auf die Gutachten durchaus nicht einstimmig positiv waren. Dies hatte drei Ursachen, die sich allesamt auf die öffentliche Wirkung des Sachverständigenrates bezogen und damit noch einmal den zentralen Punkt der Öffentlichkeitsberatung in den Mittelpunkt rücken lassen. Für den ersten Aspekt hatte Fritz Neumarks Kritik exemplarischen Charakter: Seiner Meinung nach waren die Gutachten zu lang, zu detailliert, zu nah an der Fachdiskussion der Volkswirtschaftslehre, insbesondere in der Vertiefung von Spezialproblemen. Zudem erschwere die sperrige Prosa der Nationalökonomen die weite Verbreitung und damit eine nachhaltige Wirkung der Texte. Kurzum: Die Funktion der Öffentlichkeitsberatung werde durch die formale und inhaltliche Gestaltung der Gutachten grob eingeschränkt.[102] Auch Paul Binder war sich nach seinem Ausscheiden aus dem Rat sicher: »Wenn sich der Sachverständigenrat seinem Auftrag gemäß an die wirtschaftspolitisch verantwortlichen Instanzen und an die Öffentlichkeit wendet, so benützt er dabei offensichtlich eine Wellenlänge, die die Empfänger nicht oder nur unvollkommen erreicht.« Er führte dies auf den paradoxen Anspruch zurück, den das Gesetz an den Sachverständigenrat stellte – die Praxis anzusprechen und gleichzeitig vor der Wissenschaft bestehen zu müssen. Seiner Meinung nach konnte dieser Grundkonflikt nur gelöst werden, wenn dem Gutachten eine Kurzfassung für »eilige Leser« vorangestellt wurde, »die vereinfacht und in der Sprache der Politik und der Unternehmer geschrieben ist.« Unter seinen Kollegen konnte er sich mit diesem Vorschlag freilich nicht durchsetzen, denn diese hielten große Stücke auf den wissenschaftlichen Anspruch der Gutachten und sorgten sich, daß eine derartige Zusammenfassung dazu führen werde, »daß differenzierte Zusammenhänge in vergröbernder Vereinfachung dargestellt werden müßten und daß der Bericht nicht mehr in seiner Gesamtheit gelesen und durchgearbeitet werden würde.«[103]

101 Aufmerksame Beobachter bemerkten schon 1969, daß dies eine durchaus riskante Strategie war, vgl. Stuttgarter Zeitung, 4.12.1969, Art.: Ratloser Rat.

102 Fritz Neumark: Die Hauptadressaten nicht immer erreicht. Die Sprache des Sachverständigenrates. In: Regina Molitor (Hg.): Zehn Jahre Sachverständigenrat zur Begutachtung der gesamtwirtschaftlichen Entwicklung. Eine kritische Bestandsaufnahme, Frankfurt am Main 1973, S. 210–226; Die Zeit, 2.11.1973, Art.: Auch Minister sollten die Gutachten verstehen (Fritz Neumark).

103 ACDP I-105/004, Paul Binder: Vier Jahre Sachverständigenrat, 10.2.1968.

Zweitens geriet das Empfehlungsverbot rasch unter Beschuß. Dieser Kritikpunkt ist eng mit dem ersten verknüpft, denn der Umfang und die sperrige Sprache der Gutachten hatte auch damit zu tun, daß der Sachverständigenrat seine Empfehlungen mühsam in Alternativrechnungen kleiden oder konkrete Vorschläge in unterschiedlichen Szenarien durchspielen mußte. Die Kritiker waren sich einig, daß dies in den Gutachten zu »zum Teil grotesken Formen«[104] und »manchen Verklemmungen«[105] führte. Offenbar waren schon am Ende eines Jahrzehnts der Planungs- und Wissenschaftseuphorie die einstigen Sorgen um die präzise Trennung zwischen Beratung und politischer Entscheidung obsolet geworden, auch wenn es zu keiner weiteren Novellierung des Gesetzes im Sinne der Praktikabilität mehr kam.

Drittens war die Öffentlichkeitsberatung in Frage gestellt, weil gerade die Medienrezeption aus den Gutachtern »fünf Eintagsweise« (Deutsches Allgemeines Sonntagsblatt) zu machen drohte. Im Mittelpunkt des Interesses stand von Beginn an und fast ausschließlich die Konjunkturprognose, wobei die Zeitungsredaktionen »verbissen« um »oftmals falsche Vorausmeldungen« kämpften.[106] Bis heute ist der Rat – sofern er nicht mit personellen Querelen von sich Reden macht – öffentlich nur im November und Dezember präsent, wobei das umfangreiche Gutachten häufig genug auf eine Zahl, nämlich die Wachstumsprognose, reduziert wird. Die überregionalen Blätter und die Wirtschaftspresse widmeten sich in dieser kurzen Phase intensivierten öffentlichen Interesses zwar auch dem weiteren Inhalt der Gutachten, dessen Analyse dann ab Mitte Dezember auch Gegenstand von ausführlicheren redaktionellen Beiträgen oder Kommentaren war. Aber schon in der Regionalpresse konzentrierte sich die Berichterstattung fast ausschließlich auf die öffentliche Vorstellung der Gutachten und machte nur wenige Aussagen über deren Inhalt. Weil sich die Gutachter weigerten, eine Kurzfassung vorzulegen, übernahm die Deutsche Presseagentur diesen Part und übte mit ihrer Zusammenfassung großen Einfluß auf die Berichterstattung aus. Der Rat gestand sich dann 1974 selbst ein, daß er die Wirkung seiner Expertise ohne Not beschränkte, und veröffentlichte fortan im Vorspann der Gutachten »Eine kürzere Fassung« von rund 15 Druckseiten, die neben Journalisten eben auch Abgeordnete, Beamte, Verbandsfunktionäre, Gewerkschafter und Unternehmer direkt ansprechen sollte.

Doch wäre es verfehlt, aus diesem Muster der medialen Rezeption und der in der Presse artikulierten Kritik an der Form der Jahresgutachten zu schließen, daß es dem Rat nicht gelang, im ersten Jahrzehnt seiner Tätigkeit die ihm vom Gesetz zugedachte »Erleichterung der Urteilsbildung bei allen wirtschaftspolitisch verantwortlichen Instanzen sowie in der Öffentlichkeit« tatsächlich zu leisten.[107] Im Gegenteil: Betrachtet man die Gutachten selbst als Medien, gibt es doch zahlreiche Hinweise auf ihre ausgesprochen große Verbreitung. Ihre Buchhandels-Ausgabe, die seit Gründung des Rates parallel zu den Bundestagsdrucksachen

---

104 ACDP VI-043–427/1, Arbeitskreis für Wirtschaft und Ernährung: SVR-Jahresgutachten 1972, Dezember 1972.

105 Stuttgarter Zeitung, 4.12.1969, Art.: Ratloser Rat.

106 Dieser Absatz auf der Basis der im ACDP und AdsD ausgewerteten Zeitungsausschnittsammlungen, ohne Nachweise im Detail. Vgl. als Überblick (dort auch das Zitat): Manager-Magazin, 11/1986, Art.: Die Last der Weisheit. Wenig hilfreich hingegen, da vor allem als Abrechnung mit der konservativen Presse konzipiert, Rolf-Dieter Schwarz: Sachverständigenrat und Wirtschaftsjournalismus. In: Hickel/Mattfeld, Millionen Arbeitslose S. 54–66.

107 Vgl. zum Aspekt der medialen Wirkung auch Bert Rürup; Kilian Bizer: Der Sachverständigenrat und sein Einfluß auf die Politik. In: Uwe Jens; Hajo Romahn (Hg.): Der Einfluß der Wissenschaft auf die Politik, Marburg 2002, S. 59–73, hier: 65 ff.

im Stuttgarter Kohlhammer-Verlag erschien, entwickelte sich dank zahlreicher institutioneller Abnehmer jedenfalls rasch zum verlegerischen Erfolg.[108] Auch in den Archiven finden sich viele Anhaltspunkte für die hohe Reichweite der Gutachten: Schon seit Mitte der sechziger Jahre nahm die Zahl der in Parlamentsfraktionen, Parteien, Verbänden, Gewerkschaften, Unternehmen und bei Lobbyisten kursierenden Kurzversionen, Zusammenfassungen, Bewertungen und systematischen Auswertungen drastisch zu. Zwar war die Sorge berechtigt, daß die Expertisen des Sachverständigenrates auf Grund ihres Umfanges nur von wenigen Entscheidungsträgern selbst gelesen und ausgewertet werden konnten – auch wenn dies in Einzelfällen durchaus belegt ist.[109] Auf der Ebene der Stabsstellen, der wissenschaftlichen Referenten und Mitarbeiter oder der volkswirtschaftlichen Abteilungen setzte aber gleichwohl eine intensive inhaltliche Auseinandersetzung ein, die sich in konzisen Vorlagen für die Entscheidungsträger niederschlug. Hinzu trat ein mit der Großen Koalition verstärkter institutioneller Druck, der die Nachfrage nach solchen Aufbereitungen weiter erhöhte: Da die Gutachten regelmäßig Gegenstand von Parlamentsdebatten waren, nahmen sich die wirtschaftspolitischen Institutionen der Parteien der Gutachten an.[110] Und auch im Rahmen von Jahreswirtschaftsbericht und Konzertierter Aktion war die individuelle Stellungnahme zum Sachverständigengutachten gefragt, wurde phasenweise vom BMWi gar angefordert,[111] was bei Verbänden[112] und Gewerkschaften[113] sowohl die wissenschaftlichen Stabsabteilungen als auch die Vorstände und Präsidien selbst in Atem hielt und zudem Anlaß dazu gab, die eigene strategische Position mit der wirtschaftlichen Entwicklung und der Analyse des Sachverständigenrates abzugleichen.[114]

Damit kann festgehalten werden: Dem anfangs umstrittenen Gutachtergremium gelang es rasch, seine Position unter Rückgriff auf das Ideal der unabhängigen Wissenschaft zu festigen und sich damit in einem Zeitalter der Wissenschaftseuphorie weitgehend gegen Kritik zu immunisieren. Obwohl schon seine Einrichtung ein deutliches Indiz für die hoffnungsfrohe Aufbruchstimmung einer »Verwissenschaftlichung« der Politik darstellte, war der Sachverständigenrat doch mehr als ein bloßer Indikator für die sich in den sechziger Jahre rasant ver-

108 Vom Jahresgutachten 1964/65 wurden 5.000, vom Jahresgutachten 1965/66 sogar 7.000 Exemplare verkauft. Der Volkswirt, 8.12.1967, Art.: Bestseller aus dem Elfenbeinturm.

109 Vgl. ACDP 01–093–015/1, Notiz Friedrich für Flick, 16.12.1966. Diese faßt ein Gespräch zwischen Friedrich Flick, Hermann Josef Abs, Heinrich Nordhoff, Josef Rust, Konrad Kaletsch und Otto A. Friedrich zusammen, in dem diese sich am 14.12.1966 mit dem Jahresgutachten 1966/67 befaßten. Auch später nahmen sich bei Flick offenbar die Mitglieder der Geschäftsführung selbst die Gutachten vor, siehe DGB-Archiv im AdsD 5/DGAI 1732, Bemerkungen zum Jahresgutachten 1979/80 von Adolf Thomae, 7.12.1979.

110 Beispielhaft für die SPD: AdsD Abt. II SPD Bundestagsfraktion 5. WP/513, Protokoll der gemeinsamen Sitzung des wirtschaftspolitischen Ausschusses beim Parteivorstand der SPD und der Bundestagsfraktion vom 28./29.1.1966 (Aussprache über das Jahresgutachten des Sachverständigenrates u. Stellungnahme der Bundesregierung); für die CDU: ACDP VI-043–427/1, Wirtschaftsrat der CDU, Arbeitskreis für Wirtschaft und Ernährung: SVR-Jahresgutachten 1972, Dezember 1972.

111 Vgl. ACDP 01–093–124/3, Stellungnahme zum Jahresgutachten 1970/71 von Bundesverband deutscher Banken, BDI, Groß- und Außenhandel, BdA, DIHT, Hauptgemeinschaft des Deutschen Einzelhandels, Zentralverband des Deutschen Handwerks, 8.1.1971.

112 Exemplarisch BDI-Archiv, HGF Pro 15, Karton 778, Niederschrift über die Präsidialsitzung am 12.1.1967 vom 24.1.1967; vgl. auch ebd., Entwurf Stellungnahme zum 3. Jahresgutachten des SVR, 5.1.1967 (Abt. Volkswirtschaft u. Statistik).

113 DGB-Archiv im AdsD 5/DGAI 1460, Abt. Wirtschaftspolitik: Bemerkungen zum vierten Jahresgutachten (Material zur Konzertierten Aktion), 11.12.1967.

114 DGB-Archiv im AdsD 24/5294, DGB-Bundesvorstand, Abteilung Wirtschaftspolitik: Zum Jahresgutachten 1974 (Rudolf Henschel), 17.12.1974.

ändernden Konzeptionen politischen Handelns. Seit seiner Institutionalisierung war er zugleich auch ein bedeutender Faktor sich wandelnder Praktiken des Regierens. Seine Expertise stieß eigene Wissensproduktion an, und die Zwänge, die mit dem Sachverständigenratsgesetz geschaffen worden waren, hatten ihren Anteil am in den sechziger Jahren insgesamt zu beobachtenden Aufschwung der wissenschaftlichen Expertise in politischen und gesellschaftlichen Institutionen.

Fraglos konkurrierten die Jahresgutachten mit vielen anderen Expertisen, wie sie etwa die fünf Wirtschaftsforschungsinstitute, die Bundesbank, der wissenschaftliche Beirat beim BMWi oder interessengebundene Institutionen wie das gewerkschaftliche WSI oder das Institut der Deutschen Wirtschaft, auch internationale Institutionen wie die OECD, die Weltbank oder der IWF in den politischen Prozeß einspeisten. Dennoch nahm der Sachverständigenrat schon kurze Zeit nach seiner Gründung eine Sonderstellung ein, die nicht nur auf seine gesetzlich verankerte Prominenz und seine Unabhängigkeit zurückzuführen war. Vielmehr war sie eine unmittelbare Folge der gezielten Öffentlichkeitsorientierung seiner Expertise; keine andere wirtschaftspolitische Beratungsinstitution erreichte so zuverlässig eine so breite Öffentlichkeit wie der Sachverständigenrat. Es gab keine andere wirtschaftspolitische Beratungsinstitution, auf deren Gutachten die Bundesregierung mit einer ausführlichen Stellungnahme reagieren mußte. Allein diese spezifische Form der öffentlichen Kommunikation zwischen Beratern und Regierung rechtfertigt es, daß im folgenden die Expertise des Sachverständigenrates ganz in den Mittelpunkt gestellt und andere Gutachten lediglich ergänzend hinzugezogen werden, denn nur im Fall des Sachverständigenrates ist der Nachweis von »Wissenstransfers« und unmittelbaren amtlichen Reaktionen auf wirtschaftswissenschaftliche Expertise tatsächlich empirisch zu führen.

1.2 Anspruch und Wirklichkeit des »wissenschaftlichen Regierens«

1.2.1 Die Globalsteuerung und der Idealismus des Stabilitätsgesetzes

Die Große Koalition machte von Beginn an deutlich, daß sie sich auch in der Wirtschaftspolitik als Reformbündnis verstand, und angesichts der konjunkturellen Krise widmete der neue Kanzler Kurt-Georg Kiesinger diesem Politikfeld weite Teile seiner Regierungserklärung vom 13. Dezember 1966. Schon im ersten Satz betonte er, daß die Republik nicht nur vor den Herausforderungen eines kurzfristigen konjunkturellen Einbruchs stand. Vielmehr sei der Bildung der neuen Bundesregierung »eine lange, schwelende Krise vorausgegangen, deren Ursachen sich auf Jahre zurückverfolgen lassen.« Mit Blick auf die düstere Herbstprognose der Wirtschaftsforschungsinstitute warnte Kiesinger vor der drohenden Rezession und bekannte sich zu den »wirtschaftspolitischen Zielsetzungen, die der Deutsche Bundestag im Gesetz über die Bildung des Sachverständigenrates niedergelegt hat: im Rahmen der marktwirtschaftlichen Ordnung gleichzeitig Stabilität des Preisniveaus, hohen Beschäftigungsstand und außenwirtschaftliches Gleichgewicht bei stetigem und angemessenem Wachstum anzustreben.« Der Kanzler listete anschließend eine lange Reihe von Einzelmaßnahmen auf, deren Ziel die »kontrollierte Expansion« war. Vor allem müßten diese aber in eine »neue Politik der Globalsteuerung eingeordnet werden. Diese Politik schützt vor der Flucht in den Einzeldirigismus, sichert die marktwirtschaftlich-freiheitliche Ordnung und ist damit allen andern Systemen weit überlegen.« Und in der »Verabschiedung eines umfassenden Gesetzes zur Förderung der Stabilität und des Wachstums der Wirtschaft« erkenne die Regierung eine »notwendige Voraussetzung für diese Politik.«[115]

Dies waren neue Töne und ein deutlicher Kontrast zu den gewohnten Verlautbarungen Ludwig Erhards; der neue Kanzler verkündete damit nichts geringeres als einen Aufbruch der Wirtschaftspolitik, die sich nun zeitgemäßer Methoden und Instrumente bedienen sollte.[116] Die wirtschaftspolitischen Passagen seiner Regierungserklärung trugen unverkennbar die Handschrift des neuen sozialdemokratischen Wirtschaftsministers Karl Schiller und entwickelten systematisch die Elemente der kommenden wirtschaftspolitischen »Globalsteuerung«. Auch wenn die Überwindung der Konjunkturkrise zunächst noch ohne das neue gesetzliche Instrumentarium gelingen mußte, besteht doch kein Zweifel daran, daß gerade das »Gesetz zur Förderung der Stabilität und des Wachstums der Wirtschaft« (Stabilitätsgesetz), das erst am 13. Juni 1967 verkündet wurde, der »Instrumentenkasten«, ja die »Magna Charta«[117] der Globalsteuerung war. In ihm bündelte sich der neuartige Anspruch, den die Globalsteuerung insbesondere hinsichtlich der Mechanismen einer wissenschaftlich fundierten Entscheidungsvorbereitung formulierte. Daher wird am Beispiel des Stabilitätsgesetzes im folgenden nach den konkreten Auswirkungen einer »Verwissenschaftlichung der Politik« in der Wirtschaftspolitik gefragt. Dazu muß zunächst die Genese des Gesetzeswerkes rekonstruiert und in einem zweiten Schritt das damit geschaffene Instrumentarium der Globalsteuerung genauer betrachtet werden. Zentral ist allerdings der dritte Schritt, in dem der Wissenschaftsbezug der »Neuen Wirtschaftspolitik« herausgearbeitet wird. Dabei geht es weniger um die Orientierung am wissenschaftlichen Paradigma des Keynesianismus, sondern vielmehr um den systematischen Aufbau jenes wissenschaftlich fundierten Systems der Lageanalyse, Prognose und Projektion im Jahreswirtschaftsbericht (in das auch die Expertise des Sachverständigenrates einbezogen wurde), das bei der Formulierung der Wirtschaftspolitik an die Stelle weltanschaulicher Überzeugungen treten sollte.

Das Bundeskabinett hatte bereits am 11. März 1964 unter Ludwig Erhard beschlossen, die »Vorbereitung gesetzlicher Maßnahmen zur Beeinflussung der Konjunktur« einzuleiten.[118] Im Gefolge der D-Mark-Aufwertung war in den Ministerien in einem langen und schwierigen Diskussionsprozeß die Einsicht gereift, daß das bisherige finanz- und konjunkturpolitische Instrumentarium gravierende Steuerungsmängel hatte. Daher lag der Schwerpunkt der Kabinettsvorlage vom Frühjahr 1964 vor allem auf Elementen der antizyklischen Finanzpolitik (mittelfristige Finanzplanung, Investitionshaushalte, Variation von Steuersätzen und Abschrei-

115 Hans Ulrich Behn: Die Regierungserklärungen der Bundesrepublik Deutschland, München 1971, S. 185–204, hier: 185, 193 ff.; vgl. zur politischen Geschichte Schmoeckel; Reinhard; Kaiser, Bruno: Die Vergessene Regierung. Die große Koalition 1966–1969 und ihre langfristigen Wirkungen, Bonn 1991; sowie Andrea H. Schneider: Die Kunst des Kompromisses. Helmut Schmidt und die Große Koalition 1966–1969, Paderborn 1999.

116 Christopher A. Allen: The Underdevelopment of Keynesianism in the Federal Republic of Germany. In: Peter A. Hall (Hg.): The Political Power of Economic Ideas: Keynesianism across Nations, Princeton 1989, S. 263–289.

117 Dieser häufig gebrauchte Vergleich geht ursprünglich auf eine Formulierung Fritz Neumarks zurück, hier zit. n. Norbert Kloten: Erfolg und Mißerfolg der Stabilisierungspolitik (1969–1974). In: Deutsche Bundesbank (Hg.): Währung und Wirtschaft in Deutschland 1876–1975, Frankfurt am Main 1976, S. 643–690, hier: 645.

118 AdsD Abt. II SPD-Bundestagsfraktion 5. WP, 510, Mitteilung der Pressestelle der SPD-Fraktion betr. Stabilisierungsgesetz, 1. Lesung im BT, Debattenbeitrag Karl Schillers (14.9.1966).

bungen, Konjunkturausgleichsrücklage) und hatte in erster Linie defensiven Charakter: Stabilisierung bedeutete Sicherung der Geldwertstabilität und Dämpfung überhitzter Boomphasen. Das Vorhaben scheiterte allerdings am Widerstand der FDP. Bundesfinanzminister Rolf Dahlgrün befürchtete, daß die Autonomie seines Ressorts beschnitten werden sollte und blockierte das vom BMWi favorisierte Rahmengesetz – und in zahllosen Einzelgesetzen ließ sich ein konzeptioneller Neuanfang der Konjunktur- und Finanzpolitik kaum bewerkstelligen.[119]

Erst Anfang 1966, als sich die Geldentwertung weiter beschleunigt hatte und der Sachverständigenrat bereits vor einer drohenden Stabilisierungskrise warnte,[120] legte das BMWi einen neuen Gesetzentwurf vor, und im Frühsommer gab dann auch die FDP ihren Widerstand auf. Der Entwurf konnte daraufhin am 4. Juli 1966 im Bundeskabinett beschlossen werden. In der Begründung der Kabinettsvorlage kam der defensive Charakter des Vorhabens erneut deutlich zum Ausdruck: »Die Verhütung von Überkonjunktur und Rezession ist für die Sicherung des marktwirtschaftlichen Systems von eminenter Bedeutung. Unkoordiniertes Handeln öffentlicher und privater Stellen ohne genügend Rücksicht auf konjunkturpolitische Erfordernisse kann die marktwirtschaftliche Ordnung der Bundesrepublik ernstlich schwächen.« Die Vorlage warnte vor der »trügerischen Hoffnung«, ein »befriedigendes Wirtschaftswachstum und gleichzeitig die Stabilität des allgemeinen Preisniveaus« ohne Ausbau der wirtschaftspolitischen »Befugnisse« erzielen zu können. Schließlich seien im »hochentwickelten und stark integrierten Industriestaat« der Bundesrepublik nach dem »Abschluß des Wiederaufbaus [...] die Bedingungen für eine weiterhin starke Expansion der Wirtschaft ungünstiger, die Zahl der brauchbaren Instrumente der Wirtschaftspolitik und die Möglichkeiten zu ihrer Anwendung mit der zunehmenden Integration aber geringer geworden. Das findet seinen Ausdruck in kleineren Jahresraten des Wirtschaftswachstums und größeren Steigerungen des allgemeinen Preisniveaus während der letzten Jahre.« Allerdings werde mit einer derartigen Erweiterung der wirtschaftspolitischen Steuerungsmöglichkeiten keine »Prädominanz des Staates, etwa im Sinne einer Planifikation [sic]« intendiert – am bewährten Leitbild der Sozialen Marktwirtschaft sollte nicht gerüttelt werden.[121]

Die Begründung für das Stabilitätsgesetz verwies deutlich auf die ursprünglich von Alfred Müller-Armack entwickelte Vorstellung einer »zweiten Phase« der Sozialen Marktwirtschaft nach Abschluß des Wiederaufbaus. Erhards Staatssekretär war es seinerzeit allerdings nicht gelungen, eine schlüssige Konzeption für die Politik in den sechziger Jahren zu formulieren, die an die Erfolge der plakativen »Sozialen Marktwirtschaft« hätte anschließen können – die Sozialdemokraten lagen mit der von Karl Schiller propagierten Versöhnung von »Freiburger Imperativ« und »keynesianischer Botschaft« näher am Puls der Zeit.[122] Und so grenzten sich die Protagonisten des Regierungsentwurfes für das Stabilitätsgesetzes hartnäckig gegenüber den von der SPD favorisierten Möglichkeiten einer »Verwissenschaftlichung« der Wirtschaftspolitik ab: Wirtschaftsminister Kurt Schmücker sah sich etwa genötigt, davor zu »warnen, daß die Politik anfängt, mit Planziffern zu arbeiten. Das ist gefährlich. Daß Orientierungspunkte gegeben werden können, haben wir nie bestritten. [...] Es ist nur die Frage, ob der Wirt-

119 Nützenadel, Stunde der Ökonomen S. 286–290.
120 Vgl. Jahresgutachten 1965/66, Tz. 183–205.
121 BArch B102/93258, Begründung zum Stabilitätsgesetz – Kabinettsvorlage, 15.6.1966.
122 Alfred Müller-Armack: Die zweite Phase der Sozialen Marktwirtschaft. Ihre Ergänzung durch das Leitbild einer neuen Gesellschaftspolitik [1960]. In: Ders. (Hg.): Wirtschaftsordnung und Wirtschaftspolitik. Studien und Konzepte zur Sozialen Marktwirtschaft und zur Europäischen Integration, Köln 1966, S. 267–291.

schaftsminister sagen soll, bitte, das und das sind die richtigen Zahlen, jetzt mußt du im einzelnen dies und jenes tun. Dann hätten wir ja Planwirtschaft, und dann wäre es bald mit Wettbewerb, Privatinitiative, freier Konsumwahl und dann wohl auch mit dem Wohlstand vorbei.« Vor allem die Forderung der SPD, in das Gesetzeswerk auch Elemente einer systematischen Wachstumspolitik aufzunehmen, machte den Minister mißtrauisch: »Wie man Wirtschaftswachstum gesetzlich erzwingen soll, ist mir ein Rätsel.«[123]

Flankenschutz gab es von der »Aktionsgemeinschaft Soziale Marktwirtschaft« (ASM), deren Beirat von den Ordoliberalen Franz Böhm, Götz Briefs, Friedrich A. Lutz, Fritz W. Meyer und Alfred Müller-Armack dominiert wurde. Sie begleitete das gesamte Gesetzgebungsverfahren mit einer großen Zahl von grimmigen Memoranden, die allesamt zum Ziel hatten, »Wachstumsvorstellungen [...] außerhalb des Gesetzes« zu halten. Für die ASM war ausgemacht, daß »Wachstum kein Ziel, sondern ein Ergebnis ist. Wachstum als Ziel zu setzen, kann zur Gefährdung des Geldwertes und zu Dirigismus führen.«[124] Doch so sehr sich Erhard und die Ordoliberalen gegen den Wandel der wirtschaftspolitischen Semantik stemmten – sie waren längst in der Defensive, auch innerhalb des Regierungslagers. Nach der Verabschiedung des Gesetzentwurfes im Kabinett hatten sich sowohl Franz-Josef Strauß, als auch Rainer Barzel in langen Briefen an den Kanzler gewendet und gefordert, daß es nicht mehr nur um die Geldwertstabilität, sondern auch um Wachstumspolitik, letztlich um ein zeitgemäßes wirtschaftspolitisches Gesamtprogramm ginge.[125] Und selbst Müller-Armack versuchte auf Bitten Barzels, den störrischen Kanzler umzustimmen – vergeblich.[126]

Erhards Demontage hatte da längst begonnen, und bei der Umsetzung des Stabilitätsgesetzes kam die Regierung ohne Unterstützung der SPD keinen Schritt weiter. Der Entwurf sah eine Grundgesetzänderung vor, für die eine breite parlamentarische Unterstützung unabdingbar war. Bislang legte Artikel 109 des Grundgesetzes fest, daß Bund und Länder »in ihrer Haushaltswirtschaft selbständig und voneinander unabhängig« waren. Der Entwurf des Stabilitätsgesetzes griff jedoch tief in diese Autonomie der Länder ein und machte ihnen Vorschriften über die Abwehr von Gefahren für das gesamtwirtschaftliche Gleichgewicht (mehrjährige Pläne für Investitionsvorhaben, Stillegung von Steuereinnahmen bei der Bundesbank, Bundeseinfluß auf Höhe und Art der Kreditaufnahme).[127] Trotzdem hatte das BMWi die Opposition bei der Vorbereitung des Gesetzentwurfes demonstrativ links liegen gelassen. Der Vorsitzende der SPD-Bundestagsfraktion, Fritz Erler, beschwerte sich beim federführenden Minister Schmücker: Die Sozialdemokraten hätten mehrfach ihre Bereitschaft zur konstruktiven Mitarbeit signalisiert – leider sei die Regierung »auf diese Angebote nicht eingegangen, obwohl sie mit einer ganzen Reihe von Verbänden und anderen Stellen über ihre Absichten verhandelte.« Erler wies unverhohlen darauf hin, daß die Regierung bei der Grundgesetzänderung auf die SPD-Stimmen angewiesen war, und klagte: »Der bisherige Auftakt war jedenfalls unerfreulich und bedarf der Korrektur.«[128]

123 Der Spiegel, Nr. 35/1966, Art.: Wir haben alle miteinander Fehler gemacht.
124 Zahlreiche Beispiele in: Parlamentsarchiv des Deutschen Bundestages V 105, das Zitat in ASM-Memorandum: Mehr Stabilität, weniger Dirigismus, September 1966.
125 Görtemaker, Geschichte der Bundesrepublik S. 432 f.
126 B102/93186, Alfred Müller-Armack: Die konjunkturelle Lage, das Stabilisierungsgesetz und die nächsten wirtschaftspolitischen Aufgaben, Typoskript vom 7.9.1966.
127 Die Welt, 26.8.1966, Art.: An der Verfassungsänderung führt kein Weg vorbei.
128 AdsD Abt. II SPD-Bundestagsfraktion 5. WP, 507, Erler an Schmücker, 30.6.1966.

Während der Kanzler weiter daran festhielt, daß der Gesetzentwurf einen »rein instrumentalen Charakter«[129] habe und keineswegs zur konzeptionellen Neuerung der Wirtschaftspolitik tauge, gründete die sozialdemokratische Bundestagsfraktion einen »Sonderarbeitskreis Stabilität« unter dem Vorsitz von Karl Schiller und Alex Möller, dem unter anderem Klaus-Dieter Arndt, Georg Kurlbaum, Hans Apel, Hans Hermsdorf und Gerhard Jahn angehörten.[130] Schiller verdeutlichte schon im August 1966, worin die SPD die Mängel des Entwurfes sah: Bisher finde sich dort nur eine »lose Ansammlung von finanz- und wirtschaftspolitischen Instrumenten. Weder stellen sie konkrete Maßnahmen dar, noch sind sie in ein formuliertes Gesamtkonzept eingepaßt.« Zwar seien diese Instrumente immerhin aus dem Gutachten der Troeger-Kommission zur Finanzreform sowie den Stellungnahmen des Sachverständigenrates und des wissenschaftlichen Beirates beim BMWi abgeleitet. Aber »die in den aufgeführten Gutachten vorgeschlagenen Instrumente sind [...] dort jeweils in ein ganz bestimmtes Programm eingefügt, das natürlich in dem jetzt von der Bundesregierung vorgelegten Gesetzentwurf fehlt.«[131]

Während der ersten Lesung des Gesetzes im Bundestag am 14. und 15. September 1966 griff Schiller die Regierung dann auch scharf an: Der vorliegende Entwurf sei »unzulänglich«, »wachstumsverdrossen« und verrate schon »viel zu viel verwaltungswirtschaftliche Kleinkrämerei. Er muß gründlich umgebaut und durchlüftet werden, im Geiste einer Politik, die der zweiten Phase unserer marktwirtschaftlichen Ordnung entspricht. [...] Die gewandelten politischen, ökonomischen und sozialen Probleme lassen sich aber mit den Aktions- und Denkschablonen, oder besser noch: mit der Konzeption der Jahre 1948/49 nicht mehr bewältigen [...].« Ganz im Stile einer volkswirtschaftlichen Vorlesung zerlegte Schiller das Gesetz in seine Einzelteile, wobei er dessen konzeptionelle Widersprüche besonders herausstellte: Der Entwurf sei ein »Tisch mit zwei Beinen, und er muß umfallen«, da zwar Bestimmungen zur Belebung und Dämpfung der Konjunktur vorgesehen seien, Einkommenspolitik und außenwirtschaftliche Absicherung hingegen ausgespart blieben.[132]

Doch verlief die Debatte anders als erwartet. Viele Beobachter hatten mit einer pauschalen Ablehnung des Gesetzes und der Grundgesetzänderung durch die SPD gerechnet. Nachdem die Sozialdemokraten schon Mitte August erstmals Erhards Rücktritt gefordert hatten und auch aus der Spitze der FDP-Bundestagsfraktion entsprechende Signale zu hören gewesen waren,[133] schien sich nun die Chance zu bieten, dem Kanzler eine empfindliche Niederlage beizubringen oder ihn gar vollends zu stürzen. Doch Wehner und Schiller boten Erhard trotz aller Kritik ihre Kooperation an. Mit der SPD sei durchaus über eine Grundgesetzänderung zu reden – im Gegenzug müßten allerdings deren Essentials in das Stabilitätsgesetz aufgenommen werden: Projektion der wirtschaftlichen Entwicklung, Orientierungsdaten für die Tarifparteien, außenwirtschaftliche Absicherung und ein Konjunkturrat zur Koordinierung der

129 AdsD Abt. II SPD-Bundestagsfraktion 5. WP, 511, Analyse der bisherigen Stellungnahmen der SPD zum Stabilitätsgesetz [Fotokopie eines Typoskripts, o.D. u. Verf., aus dem BMWi].

130 AdsD Abt. II SPD-Bundestagsfraktion 5. WP, 506, div. Protokolle u. Sitzungsmaterialien.

131 Ebd., 508, SPD-Pressedienst vom 9.8.1966: Am 10.8.1966 erscheinendes Interview der Westfälischen Rundschau mit Karl Schiller.

132 Stenographischer Bericht des Deutschen Bundestages, 5. Wahlperiode, Sitzung am 14. September 1966; Christ und Welt, 23.9.1966, Art.: Vorschußlorbeer für Stabilisierung.

133 Görtemaker, Geschichte der Bundesrepublik S. 433.

öffentlichen Ausgabenwirtschaft.[134] Damit war das Ende der Regierung Erhard und der Weg zur Großen Koalition bereits vorweggenommen, was Schiller am Ende seines Debattenbeitrages genüßlich auskostete. Wenn ein Umbau des Stabilitätsgesetzes nach den Vorstellungen der SPD erfolge, werde sich das »neue und gute Gesetz [...] dann eine neue und bessere Regierung suchen.«[135]

Während des größeren Teils der Ausschußberatungen fanden sich die einstigen Kontrahenten bereits als Koalitionspartner vereint. Unter Schillers Regie brachte die SPD insgesamt 19 Änderungsanträge ein, durch die sich das Gesetz langsam seiner endgültigen Form näherte. Im Mittelpunkt stand vor allem die stärkere Betonung der Gleichrangigkeit von Wachstum und Stabilität. Schon in der modifizierten Titulatur »Gesetz zur Förderung der Stabilität und des Wachstums der Wirtschaft« kam dies deutlich zum Ausdruck. Vor allem wurde nun der Zielkatalog des Sachverständigenratsgesetzes vollständig übernommen und die staatliche Wirtschaftspolitik somit endgültig auf die Ziele des »magischen Vierecks« verpflichtet. Neben der Ergänzung bzw. Modifikation zahlreicher technischer Details[136] gelang es den Sozialdemokraten tatsächlich, Erhards Defensivgesetz in einen Instrumentenkasten für eine keynesianische Globalsteuerung umzugestalten. Zum einen erhielt der »Tisch« sein drittes und viertes Bein (gemeint ist der gesetzliche Hinweis, daß ggf. »außenwirtschaftliche Maßnahmen« zu ergreifen sind und daß per Konzertierter Aktion und Orientierungsdaten auch die Einkommenspolitik koordiniert werden soll). Andererseits setzte das Gesetz nun deutlich auf einen ausgeprägten Wissenschaftsbezug, auf die sachliche Rationalität der volkswirtschaftlichen Gesamtrechnung. Symbol dafür waren der Jahreswirtschaftsbericht, den die Regierung jeweils im Januar vorlegen sollte, und das Instrumentarium der fünfjährigen Finanzplanung samt regelmäßigem Subventionsbericht und Konjunkturrat der öffentlichen Hand. Zudem sollte die Expertise des Sachverständigenrates stärker in die Prozeßpolitik eingebunden werden. Ursprünglich plante die SPD, daß die Regierung ihn bei der Feststellung des gesamtwirtschaftlichen Ungleichgewichts und bei der Aufstellung der Finanzplanung konsultieren mußte, konnte sich mit diesen Vorstellungen jedoch nicht gegen den Widerstand der CDU/CSU durchsetzen. Immerhin wurde festgeschrieben, daß die Stellungnahme der Regierung zum Jahresgutachten des Sachverständigenrates zum Bestandteil des Jahreswirtschaftsberichtes wurde.[137] Am Ende der Beratungen konnte der Vorsitzende des Wirtschaftsausschusses und Hoechst-Manager Wilhelm Alexander Menne (FDP) im April 1967 nur noch resigniert feststellen, daß »der Sinn des Stabilitätsgesetzes [...] weitgehend, beinahe um 180 Grad geändert worden« war.[138]

---

134 Der Spiegel 39/1966, Art.: Stabilitätsgesetz. Gegen die Moral.

135 Stenographischer Bericht des Deutschen Bundestages, 5. Wahlperiode, Sitzung am 14. September 1966.

136 So etwa die Feststellung des gesamtwirtschaftlichen Ungleichgewichts durch die Bundesregierung vor Einführung der öffentlichen Kreditbegrenzung und der Kreditplafondierung, parlamentarische Kontrolle zusätzlicher Ausgaben, nachträgliche parlamentarische Kontrolle bei Anordnung öffentlicher Kreditbegrenzung, Variierung der Umsatzausgleichsteuer, Zusammenfassung der beiden Konjunkturausgleichsrücklagen, Einbeziehung längerfristiger Schuldtitel in die Offenmarktpolitik der Bundesbank.

137 BArch B102/315449, Entwurf f. d. Bericht über die Beratungen des StWG in den Bundestagsausschüssen, 18.11.1966; für die Ausschußberatungen div. Materialien u. Protokolle in Parlamentsarchiv des Deutschen Bundestages, V 105-A3.

138 AdL A1–326, Wortprotokoll d. Arbeitskreises III »Wirtschafts-, Finanz-, Verkehrs- u. Agrarpolitik« am 3.4.1967.

Das Stabilitätsgesetz, das nach der zweiten und dritten Lesung im Mai 1967 schließlich am 13. Juni 1967 verkündet wurde, gab dem Staat ein umfassendes konjunkturpolitisches Instrumentarium an die Hand: Es vereinte Elemente der laufenden statistischen Lageanalyse (Sachverständigenrat und Jahreswirtschaftsbericht) mit konkreten Entscheidungen der Konjunktursteuerung. Letztere waren zwischen Bund, Ländern und Gemeinden im »Konjunkturrat für die öffentliche Hand« sowie im »Finanzplanungsrat« aufeinander abzustimmen. Dabei war der Finanzplanungsrat im Stabilitätsgesetz nicht vorgesehen, aber in einer schriftlichen Vereinbarung zwischen dem Bundeskanzler und den Ministerpräsidenten im März 1968 errichtet worden, da die fünfjährigen Finanzplanungen von Bund und Ländern aufeinander abgestimmt werden sollten. Unter dem Vorsitz des Bundesfinanzministers trafen sich dort der Bundeswirtschaftsminister, die Finanzminister der Länder sowie vier Vertreter der Gemeinden bzw. Gemeindeverbände. Die Bestimmungen des Stabilitätsgesetzes lassen sich ganz im Sinne der antizyklischen Politik grob nach expansiven und kontraktiven Impulsen ordnen:

Zur Konjunkturdämpfung konnten die Regierungen in Bund und Ländern nun investive Ausgaben des Bundeshaushaltes strecken und die frei werdenden Mittel entweder zur zusätzlichen Schuldentilgung bei der Bundesbank verwenden oder aber in einer freiwilligen Konjunkturausgleichsrücklage stillegen – letztere konnte auch als obligatorische Rücklage gebildet werden. Per Rechtsverordnung wurde der Bund ermächtigt, die Kreditaufnahme der öffentlichen Hand zu beschränken und einen Konjunkturzuschlag von bis zu zehn Prozent zur Lohn-, Einkommen- und Körperschaftsteuer für maximal ein Jahr zu erheben. Zugleich konnten Steuervorauszahlungen nach dem Einkommen-, Körperschaft- und Gewerbesteuergesetz erhöht oder beschleunigt sowie die steuerlichen Abschreibungsmöglichkeiten der Unternehmen eingeschränkt oder ganz aufgehoben werden. Schließlich konnte die Bundesbank bis zu acht Milliarden Mark zusätzlich in der Offenmarktpolitik einsetzen, um über den Verkauf von Wertpapieren Liquidität abzuschöpfen.

Ähnlich wurde das Instrumentarium zur Ankurbelung der Konjunktur gestaltet: Für eine außerplanmäßige Kreditaufnahme im Sinne des »deficit spending« verfügte der Bund über einen Rahmen von fünf Milliarden Mark – diese sollten insbesondere für Investitionen und Ausgaben verwendet werden, die bereits in der mittelfristigen Finanzplanung enthalten waren. Auch die in den Konjunkturausgleichsrücklagen stillgelegten Mittel konnten im Abschwung für zusätzliche Ausgaben mobilisiert werden. Und ähnlich wie im Falle der Konjunkturdämpfung sah das Gesetz Senkungen der Lohn-, Einkommen- und Körperschaftsteuer um bis zu zehn Prozent für maximal ein Jahr vor. Belebend sollte zudem die Gewährung einer Investitionsprämie von bis zu 7,5 Prozent der Kosten bestimmter Investitionsgüter wirken.[139]

In diesem Katalog spiegelten sich die zentralen Anliegen der Globalsteuerung, wie sie ein programmatischer Artikel des BMWi schon im Januar 1967 in aller Deutlichkeit formuliert hatte. Hauptziel war es demnach, »konjunkturelle Ungleichgewichte zu vermeiden oder abzuschwächen, ein optimales und störungsfreies Wachstum der Gesamtwirtschaft auch langfristig zu sichern und übergroße strukturelle Disproportionalitäten zu verhindern. Diese umfassende Zielsetzung zeigt deutlich, daß die Globalsteuerung Konjunkturpolitik, Wachstumspolitik und

139 Gesetz zur Förderung der Stabilität und des Wachstums der Wirtschaft vom 8. Juni 1967, in: Bundesgesetzblatt I, Bonn 1967, S. 582 ff.; ACDP I-226-A308, Zusammenstellung des Bundeskanzleramtes: Vademecum der Wirtschaftspolitik der Regierung der Großen Koalition, Mai 1969; vgl. auch Alex Möller (Hg.): Kommentar zum Stabilitätsgesetz, Hannover 1969.

[...] in gewissen Grenzen auch Strukturpolitik zugleich sein muß. Sie hat die bisherigen Formen und Ansätze dieser Politiken zusammenzufassen [...].« Der bisherige ordnungspolitische Ansatz sollte also um eine »systematische gesamtwirtschaftliche Prozeßpolitik« ergänzt und die Instrumente der Geld- und Finanzpolitik mit der internationalen Koordinierung von Währungs- und Konjunkturpolitik kombiniert werden. Per Orientierungsdaten über die absehbare Entwicklung sollten auch die Tarifparteien beeinflußt werden. Der Globalsteuerung ging es um eine Beeinflussung der wirtschaftlichen Entwicklung mit marktkonformen Mitteln. Obwohl die »Bedingungen für das einzelwirtschaftliche Handeln« planmäßig gesteuert werden sollten, griff sie gerade nicht direkt in privatwirtschaftliche Entscheidungen und Marktprozesse ein – von Beginn an grenzten sich Schiller und seine Spitzenbeamte damit von »Planung« und »Dirigismus« ab. In dieser Konzeption spiegelt sich ebenso deutlich wie in den o. a. Instrumenten, daß der Steuerungseingriff auf die »Beeinflussung des makroökonomischen Prozeßablaufs« zielte und bei der Beeinflussung der »großen Aggregate des gesamtwirtschaftlichen Kreislaufs« ansetzte – deutlicher hätte man den Bezug der Globalsteuerung auf die Makroökonomie der neoklassischen Synthese nicht auf den Punkt bringen können.[140]

Auch wenn die »Neue Wirtschaftspolitik« damit schon konzeptionell auf wissenschaftliches Wissen verwies, zeigt sich der paradigmatische Charakter der Globalsteuerung für das Leitbild der »Verwissenschaftlichung der Politik« doch noch viel deutlicher in den konkreten Arbeitsverfahren, die mit einer derartigen Prozeßpolitik verbunden waren. Sie stellten zwangsläufig höchste Anforderungen an die Informationsgewinnung und -verarbeitung: Antizyklische Politik konnte die gewünschte Wirkung überhaupt nur dann entfalten, wenn zum richtigen Zeitpunkt die jeweils angemessenen Schritte der konjunkturpolitischen Feinsteuerung gemacht wurden. Jede Entscheidungsverzögerung und jede Fehleinschätzung der gesamtwirtschaftlichen Entwicklung mußte dazu führen, daß die Globalsteuerung prozyklisch wirkte. Prognose und Projektion der konjunkturellen Entwicklung rückten damit im Konzept der Globalsteuerung an die zentrale Stelle.

Zwar waren Konjunkturprognosen bereits seit den fünfziger Jahren auf dem Markt, und auch die volkswirtschaftliche Gesamtrechnung war – analog zu den langjährigen Forderungen des wissenschaftlichen Beirates beim BMWi – längst systematisch ausgebaut worden. Auch hatte die Bundesregierung bereits vor Erlaß des Stabilitätsgesetzes alljährlich einen Wirtschaftsbericht vorgelegt und eigene Prognosen über die künftige wirtschaftliche Entwicklung angestellt, ja sie verfügte seit der Einrichtung des Sachverständigenrates generell über weit entwickelte Möglichkeiten der gesamtwirtschaftlichen Lageanalyse.[141] Doch die entscheidende Wende bei der Nutzung all dieser statistisch-wissenschaftlichen Ressourcen markierte erst die Politik der Globalsteuerung. Erst sie trat mit dem Anspruch auf, ihren Instrumenteneinsatz systematisch aus den statistischen Tableaus abzuleiten, gleichsam wissenschaftlich zu regieren. Mehr noch: Die Globalsteuerung war konzeptionell darauf angewiesen, daß die wissenschaftlichen Modellrechnungen der Prognose belastbar waren und verläßliches Wissen auch über die Zukunft produzierten. Gleichzeitig stellte sie mit ihrer Projektion nun einen

140 BArch B102/93186, Aktuelle Beiträge zur Wirtschafts- und Finanzpolitik Nr. 5/1967, 20.1.1967, Art.: Globalsteuerung in der Marktwirtschaft.

141 Wie sehr gerade die Sozialdemokraten auf eine rationale, mittelfristig orientierte Politik setzten, ist daran ablesbar, daß beispielsweise der SPD-Haushaltsexperte Alex Möller »mit den unvollkommenen Mitteln einer politischen Partei« bereits 1965 finanzwirtschaftliche und gesamtwirtschaftliche Projektionen erarbeitet hatte, vgl. AdsD Abt. II SPD-Bundestagsfraktion 5. WP, 2187, Pressemitteilung der SPD-Fraktion vom 27.5.1966.

gesamtwirtschaftlichen Zielhorizont auf, der das wirtschaftspolitisch Wünschenswerte quantifizierbar machte und in die mathematische Sprache der volkswirtschaftlichen Gesamtrechnung übersetzte. Genau diese systematische Wissensproduktion, die auf moderne ökonomische Verfahren zurückgriff, markiert die neue Qualität der Globalsteuerung und damit den Kern der »Verwissenschaftlichung« der Wirtschaftspolitik. Allerdings liegt in diesem Rationalitätsversprechen zugleich auch der Idealismus des mit dem Stabilitätsgesetz formulierten Politikmodells begründet: Dieses vertraute einerseits auf die Eindeutigkeit der wissenschaftlich gewonnenen Daten, andererseits darauf, daß es der Politik gelang, den aus diesem Wissen abgeleiteten Instrumenteneinsatz dann tatsächlich ohne Entscheidungsverzögerung umzusetzen.[142]

Die Prognose der gesamtwirtschaftlichen Entwicklung mit einjährigem Horizont und die Formulierung der wünschenswerten Entwicklung in der Projektion mit fünfjähriger Laufzeit waren die Basis für den Jahreswirtschaftsbericht der Bundesregierung. Sie wurden auch der mittelfristigen Finanzplanung zugrunde gelegt und sollten in Form von Orientierungsdaten zugleich die Einkommenspolitik der Tarifparteien beeinflussen. Wie im Fall der mittelfristigen Finanzplanung war das Zahlentableau dabei als »gleitende« Planung konzipiert, die alljährlich fortgeschrieben wurde.[143] Das BMWi stand dabei zunächst vor der Aufgabe, die allgemeinen Angaben, die das Stabilitätsgesetz über das gesamtwirtschaftliche Zielquadrat machte, zu konkretisieren und zu quantifizieren. Das Ziel des hohen Beschäftigungsstandes galt demnach bei einer Arbeitslosenquote von 0,8 Prozent als erreicht; die Stabilität des Preisniveaus war bei einer Differenz der Zunahme des nominalen Bruttosozialprodukts zum Wachstum des realen Bruttosozialprodukts von 1 Prozent gewährleistet. Das Ziel des außenwirtschaftlichen Gleichgewichtes war erreicht, sobald der Außenbeitrag am Bruttosozialprodukt 1 Prozent betrug, und eine Zuwachsrate des realen Bruttosozialproduktes von 4 Prozent galt als angemessenes Wirtschaftswachstum.[144]

Zudem einigte man sich im BMWi darauf, den Jahreswirtschaftsbericht in drei Teile zu gliedern: Die Stellungnahme der Bundesregierung zum vorangegangenen Jahresgutachten des Sachverständigenrates sollte den Ausgangspunkt des Berichts bilden, gefolgt vom Kapitel, das die Ziele für das laufende Jahr quantitativ formulierte. Den Abschluß bildete ein Abschnitt, in dem die einzelnen Aspekte der im Berichtsjahr vorgesehenen Wirtschaftspolitik erörtert wurden – wobei eine inhaltliche Beschränkung auf den engeren Bereich der Globalsteuerung angestrebt wurde.[145] In dieser Gliederung spiegelte sich das wichtigste Anliegen des Jahreswirtschaftsberichtes: Auf der Basis einer wissenschaftlich fundierten Lageanalyse sollte die

142 Wenn das Stabilitätsgesetz ausschließlich auf den Planungsdiskurs bezogen wird, wird dieser zentrale Aspekt freilich völlig verkannt, vgl. Georg Altmann: Planung in der Marktwirtschaft? Zur Neuausrichtung der westdeutschen Wirtschaftspolitik durch das Stabilitätsgesetz von 1967. In: Heinz-Gerhard Haupt; Jörg Requate (Hg.): Aufbruch in die Zukunft. Die 1960er Jahre zwischen Planungseuphorie und kulturellem Wandel. DDR, CSSR und Bundesrepublik Deutschland im Vergleich, Paderborn 2004, S. 31–42; jetzt auch ders.: Aktive Arbeitsmarktpolitik. Entstehung und Wirkung eines Reformkonzepts in der Bundesrepublik Deutschland (VSWG-Beiheft 176), Stuttgart 2004.

143 Otto Schlecht: Gesamtwirtschaftliche Zielprojektionen als Grundlage der wirtschaftspolitischen Planung in der Marktwirtschaft. In: Joseph H. Kaiser (Hg.): Planung III. Mittel und Methoden planender Verwaltungen, Baden-Baden 1968, S. 111–127.

144 Bernd Hof: Mittelfristige Zielprojektionen – Erfahrungen und Kritik, Köln 1975, S. 8.

145 BArch B102/93210, Hiß an div. Referate seiner Unterabteilung I A, 27. 11. 1967; Vermerk Schlecht für Schiller u. Schöllhorn, 15. 11. 1967.

künftige Entwicklung prognostiziert und die Handlungen der Wirtschaftspolitik daraus systematisch abgeleitet werden. Dieses Schema verdeutlichte schon der erste Jahreswirtschaftsbericht für 1968: Neben der aktuellen Prognose und Projektion sowie ihrer ausführlichen Begründung in allen Einzelkonten analog zur volkswirtschaftlichen Gesamtrechnung enthielt dieses Kapitel auch einen ausführlichen Rückblick auf die Prognosen des vorangegangenen Jahres und legte dar, auf welche statistischen Quellen sich die Regierung bei ihrer Prognose stützte.[146] Auch darin lag fraglos eine große Portion Idealismus, denn von parteipolitischen Flügelkämpfen, Widerständen bei Verbänden oder Gewerkschaften, näherrückenden Wahlterminen oder Koalitionsabsprachen war im Jahreswirtschaftsbericht selbstverständlich nicht die Rede.

Wie groß im BMWi anfänglich gerade das Zutrauen in die Prognoseinstrumente war, läßt sich am Jahreswirtschaftsbericht deutlich ablesen. Sein statistisches Tableau enthielt zunächst exakte Zielwerte, die Präzision bis auf die erste Dezimalstelle vorspiegelten. Da Prognosefehler nicht ausblieben, sah sich die Regierung allerdings schon 1969 im zweiten Jahreswirtschaftsbericht gezwungen, den hohen Anspruch der eigenen Prognosen erstmals zu relativieren. Die Dezimalstellen wurden nun zurückgenommen und die Zielgrößen fortan in Bandbreiten dargestellt.[147] Der Bericht wies offen auf die begrenzte Präzision der Vorausschätzung hin, die im Kontrast zur äußeren Form der volkswirtschaftlichen Gesamtrechnung stand: »Diese Darstellungsweise erzwingt auch dort, wo Zielvorstellungen und Erwartungen eigentlich auf grobe Größenordnungen beschränkt bleiben müßten, eine Genauigkeit, deren rein rechnerische Bedeutung bei der Beurteilung der Werte der Jahresprojektion und ihrem späteren Vergleich mit der tatsächlich eingetretenen Entwicklung berücksichtigt werden muß; man sollte die durch die Konsistenz der Gesamtrechnung erzwungene, oft rein rechnerische Scheingenauigkeit stets richtig einschätzen.«[148] Dies ist ein erstes Indiz dafür, daß im BMWi bereits 1969 die Einsicht wuchs, daß mit den Methoden der volkswirtschaftlichen Gesamtrechnung und der Prognose womöglich eine eigene statistische »Realität« konstruiert wurde, die mit der tatsächlichen Entwicklung nicht unbedingt übereinstimmen mußte. An sich entlarvte dies bereits den ganzen Idealismus der Globalsteuerung, deren wissenschaftliche Methoden der Konjunkturdiagnose Entscheidungssicherheit nur vorspiegelten. Die Regierung hielt 1969 aber trotz dieses Eingeständnisses am bekannten Instrumentarium fest, was bereits die Grundlage für die wissenschaftliche Plausibilitätskrise der Globalsteuerung legte.

Gleichwohl: Daß diese Konzeption von Wirtschaftspolitik mit all ihrem Idealismus Mitte der sechziger Jahre in die Zeit paßte, zeigten insbesondere die Pressereaktionen auf das Stabilitätsgesetz – die Globalsteuerung gründete offenkundig auf einem breiten gesellschaftlichen und politischen Konsens. So zeigte sich die traditionell mit großen Sympathien für den Ordoliberalismus ausgestattete »Frankfurter Allgemeine« regelrecht erleichtert, daß nun »endlich [...] jenes unkoordinierte Hin und Her verhindert« werden könne, »das bisher in wirtschaftlichen Ungleichgewichtslagen – vornehmlich in der Hochkonjunktur – das Verhalten der verschiedenen öffentlichen Hände bestimmt hat.«[149] Und bei der »Süddeutschen Zeitung« war man sicher, daß es über die Frage, »ob man die Konjunktur global steuern muß oder nicht«,

146 Vgl. Bundestags-Drucksache V/2511: Jahreswirtschaftsbericht 1968 der Bundesregierung.

147 BArch B102/93211, Vermerk, 12.12.1968, o. Verf. (I D 2).

148 Bundestags-Drucksache V/3786: Jahreswirtschaftsbericht 1969 der Bundesregierung, 31.1.1969, Tz. 41.

149 FAZ, 16.5.1967, Art.: Lenkrad für die Konjunktur.

längst keinen Streit mehr gab. »Wachstum und Stabilität sind in einer Wirtschaft, die nicht nur das Vollbeschäftigungsniveau, sondern auch einen hohen Reifegrad erreicht hat, nicht allein um die Bemühung des Däumchendrehens zu haben. Wo der Grat zwischen Inflation und Deflation, zwischen Überbeschäftigung und Unterbeschäftigung so schmal geworden ist wie bei uns, da muß man die Konjunktur schon sehr aufmerksam im Auge behalten und rechtzeitig die neugeschaffenen Instrumente wohldosiert einsetzen.«[150] Selbst der »Bayernkurier« konnte sich mit Karl Schiller identifizieren: »Um dieses Gesetz werden uns andere beneiden, wenn es mit dem Geist vertrauensvoller Zusammenarbeit erfüllt wird.«[151] Und in den meisten Kommentaren wurde nun auf eine Formulierung des BMWi-Ministerialdirektors Rolf Gocht zurückgegriffen: »Wenn wir das Stabilisierungsgesetz haben, werden wir das modernste Land sein, was die Instrumente der Konjunkturpolitik betrifft.« Unbestreitbar verkörperte das Gesetz in den Augen der Zeitgenossen Modernität; da wog es nicht schwer, daß die Kommentatoren im Sommer 1967 geflissentlich übersahen, daß Gochts Formulierung vom September 1966 noch dazu gedient hatte, den Gesetzentwurf des BMWi in seiner ursprünglichen Fassung zu verteidigen.[152] Bei aller Euphorie gab es jedoch auch kritische Stimmen, die mahnend auf die Schwachstellen der Globalsteuerung hinwiesen. Die Kritik des »Tagesspiegels« erwies sich als nur zu berechtigt, wie die beiden folgenden Abschnitte zeigen werden: »Die tarifpolitische und die außenwirtschaftliche Flanke der Konjunkturpolitik ist im Grunde nicht besser gesichert als zuvor. Gerade in diesen Bereichen muß Politik mithin ohne zusätzliche Instrumente gemacht werden, wie es denn überhaupt – nach wie vor – auf die Fähigkeit und die Entschlossenheit der Regierung ankommen wird, ihre Ziele und Maßnahmen politisch durchzusetzen [...].«[153]

1.2.2 Prognose und Projektion in der Praxis: Einkommenspolitik

Großen Erfolg schien der Sachverständigenrat zunächst mit seinen Empfehlungen für die erste offene Flanke der Globalsteuerung zu haben: Die »Konzertierte Aktion«, in der sich Regierung, Verbände und Gewerkschaften auf eine gemeinsame Politik zur Überwindung der Wirtschaftskrise von 1966/67 einigten, zählt zu den Aushängeschildern der »Neuen Wirtschaftspolitik« – sie ging auf eine Anregung der Gutachter zurück und aktualisierte tripartistische bzw. korporatistische Traditionen, die bis in die Weimarer Republik reichten. Ursprünglich hatte der Sachverständigenrat sie keineswegs als Instrument der Krisenüberwindung konzipiert, sondern reagierte damit auf ein grundsätzliches Problem der Globalsteuerung: Neben den außenwirtschaftlichen Beziehungen entzog sich auch der gesamte Bereich der Einkommenspolitik der unmittelbaren staatlichen Konjunktursteuerung – die Tarifautonomie hatte Verfassungsrang und überließ das Metier dem Kartell aus Arbeitgeberverbänden und Einheitsgewerkschaften. Dies war in der Perspektive der Globalsteuerung um so ärgerlicher, als Löhne, Gehälter und Einkommen aus selbständiger Tätigkeit einen im Vergleich zur antizyklischen Manövriermasse der öffentlichen Haushalte sehr viel größeren Einfluß auf die

150 Süddeutsche Zeitung, 12.5.1967, Art.: Fruchtbare Spannung.
151 Bayernkurier, 20.5.1967, Art.: Grundgesetzänderung um der Stabilität willen.
152 Die Zeit, 17.9.1966, Art.: Abschied von der Marktwirtschaft?
153 Tagesspiegel, 12.5.1967, Art.: Verordnete Konjunktur.

gesamtwirtschaftliche Nachfrage, auf die Preisentwicklung und mittelbar auch auf Angebotsrelationen ausübten. Es wird daher besonderes Augenmerk erfordern, wie sich die Globalsteuerung dieses Problems annahm. Vor allem kann am Beispiel der Einkommenspolitik gezeigt werden, wie die Methoden der »Neuen Wirtschaftspolitik« ins Werk gesetzt wurden. Zum einen ist die Konzertierte Aktion als Institution ein »Beratungserfolg« des Sachverständigenrates, und mit ihrer Flankierung durch Orientierungsdaten, Prognosen und Projektionen trug sie selbst dazu bei, daß das wissenschaftliche Fundament der Wirtschaftspolitik weiter verstärkt wurde. Andererseits zeigten sich die wankenden Grundlagen dieses Politikmodells in der Einkommenspolitik besonders deutlich – es scheiterte bereits am Ende der sechziger Jahre an seinem naiven Wissenschaftskonzept.

In seinem zweiten Jahresgutachten nahm sich der Rat der offenen einkommenspolitischen Flanke vor dem Hintergrund der problematischen wirtschaftlichen Lage des Winters 1965/66 an. Angesichts steigender Inflationsraten sorgten sich nicht nur die Gutachter, daß die Bundesbank konsequent gegen den Geldwertschwund angehen und die ohnehin abflauende Konjunktur durch eine restriktive Geldpolitik vollends abwürgen würde. Angesichts eines nach wie vor leergefegten Arbeitsmarktes und dem damit verbundenen Lohnauftrieb schien darin die einzige Lösung des Inflationsproblems zu liegen. Ermutigende Signale gab es immerhin aus dem BMWi: 1963 und 1964 hatten sich einige Ministerialbeamte bereits mit Vertretern der Gewerkschaften getroffen, um gemeinsam über Grundsätze für eine Einkommenspolitik in der Marktwirtschaft nachzudenken.[154] Im Juni 1965 begannen die fünf Gutachter dann damit, in Gesprächen mit Verbänden und Gewerkschaften die Möglichkeiten für eine einkommenspolitische Initiative auszuloten. Das BMWi banden sie ein.[155] Allerdings fühlte man sich dort von den umtriebigen Beratern zunächst überrumpelt. Rolf Gocht bemerkte als Abteilungsleiter für Grundsatzfragen gallig, daß es dem Rat doch wohl gesetzlich verboten sei, »selber wirtschaftspolitische Initiative [zu] entfalten.«[156] Doch der Sachverständigenrat ließ sich nicht beirren und betitelte sein Gutachten vom November 1965 programmatisch mit »Stabilisierung ohne Stagnation«. Darin beklagte er, daß die Bundesrepublik in eine »Phase eines labilen inflatorischen Gleichgewichts« eingetreten, ja daß »das Rechnen mit weiteren Preissteigerungen fast schon zur Selbstverständlichkeit« geworden sei. Eine jährliche Inflationsrate von zwei bis drei Prozent könne jedoch nicht mehr hingenommen werden. Er machte für diese Entwicklung neben dem »ungeduldigen Drängen vieler Gruppen und Körperschaften in Gesellschaft und Staat« in erster Linie eine Politik verantwortlich, die der Anspruchsinflation nicht genügend Widerstand entgegensetzte. Zudem heize die öffentliche Hand durch Jahr für Jahr steigende Ausgaben die Inflation noch zusätzlich an, was die Maßhalteappelle der Regierung von vornherein unglaubwürdig mache. Für die Sachverständigen war Stabilität ohne Stagnation nur erreichbar, wenn »die gesellschaftlichen Kräfte systematisch auf dieses Ziel hin gelenkt werden. Dazu reichen freilich Appelle an einzelne nicht aus; vielmehr bedarf es einer Abstimmung der Verhaltensweisen im Rahmen einer umfassenden wirtschaftspolitischen Konzeption.«[157]

---

154 Schlecht, Konzertierte Aktion S. 12.
155 BArch B102/93231, Sachverständigenrat an Erhard, 19.6.1965; Schmücker an Erhard, 7.7.1965; Bauer an Schmücker, 14.9.1965.
156 Ebd., Vermerk Gocht für Langer, 3.9.1965.
157 Hier und im folgenden: Jahresgutachten 1965/66, Tz. 183–205.

Aus dieser schonungslosen Kritik an der Politik der Regierung Erhard leitete der Sachverständigenrat ein Programm für die nächsten Jahre ab, das er als »konzertierte Stabilisierungsaktion« bezeichnete. In zwei Jahren sollte die Inflationsrate schrittweise von drei auf ein Prozent gesenkt werden, indem Bund, Länder und Gemeinden ihre Ausgaben begrenzten, die Bundesbank die Ausdehnung des Kreditvolumens entsprechend anpaßte und die Tarifparteien Lohnabschlüsse unter Berücksichtigung der Produktivitätsentwicklung schlossen. Zwei Aspekte betonte der Rat besonders: Erstens forderte er ein »beispielhaftes Verhalten der öffentlichen Hand«. Mit dieser Vorleistung konjunktur- und stabilitätsgerechter Haushaltsführung sollte dann zweitens auf die Sozialpartner eingewirkt und ein Verhalten eingefordert werden, das dem Stabilisierungsziel entsprach. Dazu aber mußte es zunächst gelingen, die Bundesregierung in die Position eines fairen Moderators zu bringen, denn das Verhältnis der Tarifparteien war zu diesem Zeitpunkt angespannt, was nicht zuletzt die gegenseitigen Schuldzuweisungen unter den Stichworten »Lohn-Preisspirale« (Arbeitgeber) oder »Preis-Lohnspirale« (Gewerkschaften) unter Beweis stellten: »Eine konzertierte Stabilisierungsaktion kann nur dann zustandekommen, wenn die Bundesregierung ihren Teil dazu beiträgt, daß das Mißtrauen im Verhältnis der Beteiligten zueinander, das in den bisherigen Auseinandersetzungen um den Schuldanteil an der schleichenden Inflation entstanden ist, systematisch abgebaut wird und einem zukunftsbezogenen Vertrauensverhältnis Platz macht.«

Kurzum: Der Sachverständigenrat forderte entschiedenes Handeln der Bundesregierung ein, um eine Stabilisierungskrise verhindern zu können, wobei er süffisant zugestand, daß dies »hohe Anforderungen an die psychologische und politische Führungskunst der Regierung stellt.« Erneut zeigte sich in Form und Schärfe der Kritik an der Regierung, daß der gerade erst institutionalisierte Sachverständigenrat seine Unabhängigkeit besonders hervorzuheben suchte. Am Ende machte sich Wirtschaftsminister Kurt Schmücker den Ratsvorschlag notgedrungen zu eigen und rief als öffentliche Reaktion auf das Gutachten den »Sozialen Dialog« ins Leben, der die Idee der »konzertierten Stabilisierungsaktion« aufnahm: Gewerkschaften, Arbeitgeberverbände und Bundesbank entsandten Vertreter zu diesem Gespräch, das auf der Grundlage der volkswirtschaftlichen Gesamtrechnung zur Mäßigung in der Lohnpolitik beitragen sollte.[158] Die Runde blieb jedoch ohne greifbares Ergebnis. Außerdem kam es nur zu einer einzigen Sitzung am 21. Januar 1966, da Schmückers Vorpreschen die heftige Kritik Erhards provozierte, der im »Sozialen Dialog« die unzulässige, institutionalisierte Einflußnahme von Interessengruppen auf die Regierungspolitik erblickte.[159] Im Bundestag wies er den Vorschlag einer »konzertierten Stabilisierungsaktion« als »zu planwirtschaftlich, zu mechanistisch« harsch zurück.[160] Diese Weigerung ließ der Bundesbank keine Alternative: Sie sah sich gezwungen, mit herkömmlichen Mitteln gegen die Geldentwertung einzuschreiten, hob die Leitzinsen an und bremste die Konjunktur damit ab. In der Rückschau des Jahres 1967 bemerkte der Sachverständigenrat: »Nimmt man das Konzept der konzertierten Aktion [...] als Maßstab, so ergibt sich für die Rezession [...] eine Erklärung grundsätzlicher Art: Der

158 Zu Vorgesprächen im Rahmen des Sozialen Dialogs kam es bereits am 13. und 14. Dezember 1965 im Bundeskanzleramt, s.a. Helmut Siekmann: Institutionalisierte Einkommenspolitik in der Bundesrepublik Deutschland. Gesetzliche Regelung und bisherige Praxis, München 1985, S. 21 ff.

159 BArch B102/93231, Schmücker an Erhard, 8.11.1965; Michael Zink: Konzertierte Aktion und Gewerkschaftspolitik in der Bundesrepublik Deutschland, Diss. München 1975, S. 77 f.

160 Stenographische Berichte des Deutschen Bundestages, 5. Wahlperiode, 22. Sitzung am 17.2.1966 (Aussprache über das Sachverständigengutachten), S. 930 f.

Grund liegt im Fehlen einer planvollen Koordination von Kredit- und Fiskalpolitik und im Fehlen einer wirksamen Verhaltensabstimmung zwischen den staatlichen Instanzen auf der einen und den nichtstaatlichen auf der anderen Seite.«[161] Die Krise wirkte damit wie hausgemacht, und Ludwig Erhard gelang es 1966 nicht mehr, das Vertrauen in die Wirtschaftspolitik seiner Regierung zu stabilisieren.

Erst die Große Koalition griff die Idee der Konzertierten Aktion wieder auf, allerdings mit umgekehrten Vorzeichen – statt um »Stabilisierung ohne Stagnation« sollte es nun um »Expansion in Stabilität« gehen[162], denn die Wirtschaftskrise gebot schnelles Handeln: So war die Zahl der Arbeitslosen im Winter 1966/67 auf fast 700.000 angewachsen, und im Etat für 1967 klaffte ein Loch von 4,6 Milliarden Mark. Aber alle Einzelmaßnahmen zur Konjunkturbelebung, die im Rahmen der Globalsteuerung ergriffen wurden, konnten erst dann Wirkung zeigen, wenn die Geldpolitik ihre Zügel lockerte. Nur wenn es gelang, die Bundesbank davon zu überzeugen, daß von der Lohnentwicklung kein Inflationsdruck mehr ausging, war mit einem Entgegenkommen der Zentralbank zu rechnen, zumal diese ein positives Signal mit der Senkung des Diskontsatzes am 5. Januar 1967 erst nach mühseliger Überzeugungsarbeit durch die Regierung gegeben hatte.[163] Dies erklärt die herausragende Bedeutung der Konzertierten Aktion für Schillers Strategie der Krisenbewältigung im Jahr 1967: Sie bot sich – anders als ursprünglich vom Sachverständigenrat intendiert – nun als Instrument zur einkommenspolitischen Absicherung der Expansionsstrategie an. Daß dies nicht einfach werden würde, zeigten erfolglose Experimente mit Lohnleitlinien in den USA, Großbritannien und Frankreich, was zu einiger Skepsis Anlaß gab.[164] Dabei ging es Schiller letztlich darum, Anreize für unternehmerische Investitionen zu schaffen und die Gewerkschaften vom Lohnverzicht zu überzeugen, die Tarifautonomie dabei jedoch unangetastet zu lassen – ein Kraftakt, der die wirtschaftsnahe Presse in Euphorie versetzte: »Die Gewinne der Unternehmer zu steigern, ist die erklärte Absicht der Bundesregierung. Und die Sozialdemokratische Partei Deutschlands ist mit von der Partie. Der Sozialdemokrat Schiller forciert als Bundeswirtschaftsminister diese Politik. Das allein ist schon ein historisches Ereignis.«[165]

Während die Arbeitgeberverbände sofort ihre Bereitschaft zu einem »gemeinsamen Gespräch mit Gewerkschaften und Vertretern des Sachverständigenrates und der Bundesregierung« signalisierten,[166] zeigte sich die Gewerkschaftsseite zunächst äußerst zurückhaltend. Zwar bekundete sie grundsätzliches Interesse an einem gemeinsamen Gespräch, stieß sich jedoch an den von Schiller vorgeschlagenen Orientierungsdaten für die Einkommenspolitik, die sie als Eingriff in die Tarifautonomie vehement ablehnte: Anders als die »Seelenmassage« Ludwig Erhards, die stets nur vage und unverbindlich an Vernunft und Einsicht appelliert hatte, wollte Schiller in der Konzertierten Aktion auf der Grundlage wissenschaftlich gewonnener Daten argumentieren – die Orientierungsdaten sollten einerseits öffentliche Wirkung entfalten und andererseits in den Beratungen der Konzertierten Aktion »versachlichend« wirken. Das auf der Grundlage der volkswirtschaftlichen Gesamtrechnung Anfang 1967 erstellte Zahlentableau mit seiner Prognose und der langfristigen Projektion war für den

161 Jahresgutachten 1967/68, Tz. 232.
162 Regierungserklärung vom 13.12.1966. In: Behn, Regierungserklärungen S. 185–204, hier 195.
163 BArch N 1229/327, Schmidt an Kiesinger, 16.12.1966.
164 Wirtschaftsdienst der Berliner Handelsgesellschaft Nr. 579, 3.12.1966.
165 Der Volkswirt, 24.2.1967.
166 BArch B102/59374, Vermerk vom 19.1.1967.

Minister die zentrale Voraussetzung für ein Gelingen der Konzertierten Aktion: Wenn an der Tarifautonomie schon nicht gerüttelt werden konnte, so sollten sich Gewerkschaften und Verbände in ihrem Verhalten doch zumindest durch das Zahlenwerk und die Einsicht in sachliche Notwendigkeiten beeinflussen lassen. Und so unterstrich Schiller, daß nun pragmatisch verfahren und zunächst einmal der Stein ins Rollen gebracht werden müsse, zumal die Bundesbank »ohne konzertierte Aktion [...] erneut auf Rezessionskurs gehen [wird], und das könnte eine reale Wachstumsrate von Null trotz Preissteigerungen ergeben.« Außerdem gehe es nun nicht mehr »um ein freundliches Zureden«, sondern alle Beteiligten hätten zur Kenntnis zu nehmen, daß es sich bei der Konzertierten Aktion um ein »klares Obligo der Regierung« handele.[167]

Nach einigem Ringen trat die Konzertierte Aktion daraufhin am 14. Februar 1967 zu ihrem ersten Gespräch zusammen. Der Streit über die Frage der lohnpolitischen Orientierungsdaten wurde allerdings erst in der zweiten Sitzung vom 1. März gelöst, als die Gewerkschaften in Schillers Kompromißformel einwilligten: »Nach einer eingehenden Prüfung der von mir vorgelegten Zielprojektion für das Jahr 1967 haben alle Beteiligten die darin enthaltenen Zahlen als gesamtwirtschaftliche Orientierungsdaten anerkannt. Diese Orientierungsdaten können jedoch für einzelne Bereiche nicht als bindende Größen anerkannt werden. Die Beteiligten sind sich aber darin einig, daß der Staat bei seinen Maßnahmen und die autonomen Gruppen bei ihren preis- und lohnpolitischen Entscheidungen diese Orientierungsdaten berücksichtigen sollten.«[168] Damit war der Weg für eine Konzertierte Aktion frei, die dann im Sommer 1967 auch Eingang in das Stabilitätsgesetz fand. In § 3 legte dieses fest, daß die Bundesregierung im Falle der Gefährdung der vier gesamtwirtschaftlichen Ziele »Orientierungsdaten für ein gleichzeitiges aufeinander abgestimmtes Verhalten (konzertierte Aktion) der Gebietskörperschaften, Gewerkschaften und Unternehmensverbände zur Erreichung der Ziele des § 1 zur Verfügung« stellt. Wie ursprünglich vom Sachverständigenrat vorgeschlagen, bezeichnete auch das Gesetz mit »konzertierter Aktion« lediglich ein abgestimmtes Verhalten, jedoch keine Institution der Wirtschaftspolitik. Da in der Praxis allerdings stets mindestens eines der Ziele des »magischen Vierecks« in Gefahr war, stellte diese gesetzliche Regelung das Einfallstor für eine dauerhafte Institutionalisierung der Konzertierten Aktion dar.[169]

Diese trat allein im Jahr 1967 sechs Mal zusammen und entwickelte sich rasch zur Bühne der Selbstdarstellung für Wirtschaftsminister, Verbände und Gewerkschaften. Zwar mühte sich das BMWi, den ersten Treffen einen möglichst informellen Charakter zu geben, dessen Teilnehmerkreis im Interesse einer möglichst offenen Aussprache auf Spitzenvertreter der wichtigsten Verbände und Gewerkschaften beschränkt bleiben sollte. Dementsprechend wurde auch auf Geschäftsordnung und Protokolle verzichtet.[170] Doch die Konzertierte Aktion als Medium der politischen Selbstdarstellung weckte nicht nur das Interesse der Verbände (Ein-

---

167 Ebd., Vermerk vom 28.12.1966.

168 Ebd., Schiller an Kiesinger, 2.3.1967.

169 Ein Institutionalisierungsprozeß, der auch sprachlich schon 1967 weitgehend abgeschlossen war, als aus der »konzertierten Stabilisierungsaktion«, die auf Vorbilder in den USA (»concerted actions« im Antitrustrecht) und Frankreich (»économie concertée« der Planification) verwiesen hatte, der feststehende Begriff »Konzertierte Aktion« in Großschreibweise geworden war. Vgl. zu den sprachlichen Anleihen BArch B102/59375, Konzertierte Aktion – ein neuer Weg? Typoskript vom 27.7.1967.

170 BArch B102/59378, Vermerk für Dohnanyi, 29.3.1968. Protokolle der Sitzungen finden sich daher nur in der Gegenüberlieferung bei Gewerkschaften und Verbänden, die auf interne Protokolle nicht verzichten wollten.

zelhandel, Kreditwirtschaft und Landwirtschaft erkämpften sich rasch ihre Teilnahme). Auch die Ressorts der Bundesregierung drängten in den Gesprächskreis, so daß bis 1970 neben die Teilnehmer von BMWi und Sachverständigenrat auch noch Vertreter von Finanz-, Arbeits-, Landwirtschafts-, Innenministerium und Kanzleramt getreten waren – die Bundesbank war ohnehin schon 1967 beteiligt worden. Innerhalb kürzester Zeit kam es so zu einer Verdopplung der Teilnehmerzahlen: Waren zum ersten Gespräch im Februar 1967 noch 34 Personen erschienen, wuchs das Plenum in den folgenden Sitzungen rasch an und umfaßte 1970 bereits 49 Teilnehmer, davon 31 als Vertreter der Sozialpartner. Im Jahr darauf wurden dann schon 70 Personen gezählt, da nun auch verstärkt wissenschaftliche Mitarbeiter und Referenten hinzugezogen wurden.[171] Den endgültigen Abschied vom informellen Gespräch markierte bereits das Jahr 1969, als das BMWi auf Drängen des Bundestages zugestand, alle Besprechungsunterlagen der Konzertierten Aktion künftig auch den Fraktionen zukommen zu lassen. Außerdem sollte fortan ein »Lenkungsausschuß« über die Tagesordnungen beraten und die Sitzungen vorbereiten.[172]

Für Karl Schiller, der in der SPD über keine »Hausmacht« verfügte und für den die öffentliche Meinung daher von besonderer Bedeutung für die Durchsetzung seiner Ziele war, stellte die Konzertierte Aktion von Beginn an ein wichtiges Element seiner Öffentlichkeitsarbeit dar. Die Tagesordnungen der Sitzungen unterstreichen aber auch, daß er den Gesprächskreis systematisch zum Instrument des Regierungshandelns ausbaute. Die wissenschaftlich gewonnenen Orientierungsdaten rückten damit in eine zentrale Position. Und bei aller Unverbindlichkeit der Institution war der Druck auf die Verbands- und Gewerkschaftsspitzen doch enorm. Schiller forderte von den Teilnehmern ein Verhalten, das den Zielen der Regierungspolitik entsprach, und seine Legitimation war wissenschaftlich. Bevor Unternehmer und Gewerkschafter auch nur ein erstes Statement abgeben konnten, mußten sie zunächst die Lagebeurteilung des Ministers anhören. Anschließend referierte stets einer der Staatssekretäre des BMWi. Auch er schilderte augenblickliche Lage und voraussichtliche Entwicklung, dies aber auf der Basis der aktuellen statistischen Daten des Ministeriums. Und schließlich mußten die Tarifparteien auch noch einen Vortrag des Sachverständigenrats-Vorsitzenden über sich ergehen lassen, der ebenfalls mit konkreten Hinweisen auf den Spielraum für Lohn- und Gehaltserhöhungen nicht geizte.[173] Gleichzeitig band Schiller den Gesprächskreis systematisch in die Globalsteuerung ein: Schon in der letzten Sitzung des Jahres 1967 diskutierten die Teilnehmer erstmals das neue Jahresgutachten des Sachverständigenrates. Anfang 1968 holte das BMWi Stellungnahmen zum Jahreswirtschaftsbericht von den Teilnehmern der Konzertierten Aktion ein, und im Jahr darauf wurde diesen dann die Möglichkeit eröffnet, ihre Sicht der Dinge bereits Anfang Januar zu formulieren, damit das BMWi einen Jahreswirtschaftsbericht vorlegen konnte, der mit den »gesellschaftlichen Gruppen« abgestimmt war.[174]

Die Anziehungskraft der Konzertierten Aktion kontrastierte dabei in auffälliger Weise mit ihrer wirtschaftspolitischen Wirksamkeit. Hatten die Gespräche 1967 vor dem Hintergrund der

---

171 BArch B102/93237, Vorlage für Schiller zur Fragestunde am 15.–17.4.1970; DGB-Archiv im AdsD 5/DGAI1461, Bemerkungen des Kollegen Vetter vor der Konzertierten Aktion am 16.6.1971.

172 BArch B102/93238, Div. Vermerke und Korrespondenzen; B102/93237, Tietmeyer an Schöllhorn, 16.1.1970.

173 So der typische Ablauf der Sitzungen. Div. Protokolle in DGB-Archiv im AdsD 5/DGAI1167, 1168, 1979, 1461.

174 BArch B102/59377, Div. Korrespondenzen; B102/93235, Div. Stellungnahmen.

Wirtschaftskrise noch handfeste Ergebnisse in Form äußerst moderater Lohnabschlüsse gebracht, brachen die alten Konflikte zwischen den Tarifparteien im folgenden Boom rasch wieder auf. Diese wurden noch durch Schillers Taktik verschärft, im Arbeitgeber- und Arbeitnehmerlager widersprüchliche Erwartungen an die Konzertierte Aktion zu wecken. So hatte er die Zugeständnisse der Gewerkschaften mit dem Versprechen einer baldigen Wiederherstellung der »sozialen Symmetrie« nach Behebung der Rezession erkauft. Damit bestärkte er die Hoffnung des Gewerkschaftslagers, an der »Vorformung der Wirtschafts- und Finanzpolitik« beteiligt zu werden und in der Konzertierten Aktion eine Art »gesamtgesellschaftliche Mitbestimmung« realisieren zu können.[175] Schon seit Ende 1967 wurde immer deutlicher, daß die Gewerkschaften die Konzertierte Aktion zunehmend als Instrument der Verteilungs- und Gesellschaftspolitik auffaßten – Streitfragen wie Lohnfortzahlung, Vermögensbildung und Mitbestimmung gehörten ihrer Meinung nach auf die Agenda der Gespräche, was auf den erbitterten Widerstand der Arbeitgeberseite stieß, die eine Beschränkung auf Fragen der Lohnpolitik verlangte.[176] Vor dem Hintergrund dieser Konflikte forderten beide Seiten Schiller in der neunten Sitzung vom 5. Juli 1968 dringend dazu auf, Inhalte und Ziele endlich in verbindlicher, schriftlicher Form zu konkretisieren – dieser entzog sich einer Festlegung jedoch mit dem Hinweis auf die vagen Bestimmungen des Stabilitätsgesetzes.[177]

Noch zusätzlich unter Druck geriet Schillers Instrument durch die Dynamik des Aufschwungs: Schon 1968 betrug das Wirtschaftswachstum wieder 5,5 Prozent und 1969 sogar 7,5 Prozent, wobei die schnelle Überwindung der Krise von 1966/67 heute kaum noch als Verdienst der Globalsteuerung interpretiert, sondern in erster Linie auf die Geldpolitik der Bundesbank und die starke Exportnachfrage zurückgeführt wird. Dabei wurden die Wachstumsprognosen des Jahreswirtschaftsberichtes von der realen Entwicklung 1968 bereits um 1,5 und 1969 dann um 3 Prozentpunkte übertroffen. Dies entzog den lohnpolitischen Orientierungsdaten jede Grundlage.[178] Während die Regierung die Konjunktur nicht energisch genug dämpfte, stiegen die Gewinne der Unternehmen, und es baute sich ein »Lohn-Lag« auf, da sich die Tarifabschlüsse für 1968 noch an den Orientierungsdaten ausrichteten und diese erst 1969 sprengten.[179]

Dieses Problem stellte jedoch keine Überraschung dar, denn der Sachverständigenrat hatte schon in seinem Jahresgutachten vom November 1967 versucht, Wege für eine »lohnpolitische Absicherung des Wachstumsprozesses« aufzuzeigen, und dazu einen weiteren Ausbau des Systems der Orientierungsdaten vorgeschlagen. Er machte damit deutlich, daß es ihm nicht nur um die Einrichtung eines Gesprächskreises zu tun war, der kurzfristig zur Behebung des wirtschaftlichen Einbruchs beitragen sollte. Ihm schwebte ein grundsätzlicher einkommenspolitischer »Rahmenpakt« vor, in dem Arbeitgebervertreter und Gewerkschaften an der Ausarbeitung von Lohnleitlinien mitwirken sollten. In der Sitzung der Konzertierten Aktion am 14. Dezember 1967, in der das Ratsgutachten ausführlich diskutiert wurde, kämpfte Her-

175 Zink, Gewerkschaftspolitik S. 84, 99–102.
176 Hermann Adam: Konzertierte Aktion. Konzeptionen, gesellschaftstheoretischer Hintergrund und Grenzen eines neuen Steuerungsinstruments. In: WWI-Mitteilungen 24 (1971), S. 201–208, hier 201; Josef Molsberger: Zwischenbilanz der Konzertierten Aktion. In: Ordo 21 (1970), S. 167–192, hier 176 ff.
177 Zink, Gewerkschaftspolitik S. 101.
178 Für 1968 waren 4,0 Prozent und für 1969 4,5 Prozent prognostiziert worden. Jahreswirtschaftsbericht 1968 der Bundesregierung, Tz. 30; Jahreswirtschaftsbericht 1969 der Bundesregierung, Tz. 42 ff.
179 Siekmann, Einkommenspolitik S. 326 ff.

bert Giersch mit diesen Ideen allerdings auf verlorenem Posten: Gewerkschafts- wie Arbeitgebervertreter lehnten den Rahmenpakt strikt ab, da er in die Tarifautonomie eingreife, und die Vertreter des BMWi samt Minister Schiller hielten sich zurück, da sie den Vorschlag der Gutachter wohl von vornherein für politisch illusorisch hielten.[180] So konnte der Rat im Jahr darauf lediglich resigniert auf die Gefahren des »Lohn-Lag« hinweisen, der ohne ein »multilaterales Interessenclearing« zwangsläufig drohte: »Für die Wirtschaftspolitik überhaupt wiegt das Nichtzustandekommen eines ›Rahmenpaktes‹ [...] um so schwerer, als die objektiven Bedingungen für eine echte ›Konzertierte Aktion‹ zu Beginn eines Aufschwungs besonders günstig sind. [...] Verglichen mit 1967/68 wird die ›Konzertierte Aktion‹ in den nächsten Jahren mehr den Charakter eines Nullsummen-Spiels haben, bei dem eine Seite nur auf Kosten einer anderen gewinnen kann.«[181]

Spätestens im September 1969 war dann absehbar, daß der Rat Recht behalten würde und die Gewerkschaftsseite kaum länger zu Zugeständnissen in der Konzertierten Aktion bereit sein konnte: In 69 Betrieben (vor allem der Montanindustrie) kam es zu »wilden Streiks«, an denen sich über 140.000 Arbeitnehmer beteiligten und auf eigene Faust für weitere Lohnerhöhungen kämpften – in allen Fällen mit raschem Erfolg. Wenige Tage vor der Bundestagswahl hatte Schiller Verständnis für das Anliegen der Streikenden signalisiert, was die CDU zu heftiger Kritik veranlaßte.[182] Den Gewerkschaftsleitungen aber war schmerzhaft vor Augen geführt worden, daß ihre moderate Politik offenbar von der eigenen Basis nicht länger getragen wurde.[183] Damit war auch klar, daß sich die Konzertierte Aktion in Zukunft wieder auf Appelle im Stile Erhards, auf »moral suasion« beschränken mußte, denn mit einem weiteren Entgegenkommen der Arbeitnehmerseite war einstweilen nicht mehr zu rechnen.

Damit war die Effizienz der »rationalen Wirtschaftspolitik« schon im Herbst 1969 in Frage gestellt. Die wissenschaftlichen Instrumente der Prognose waren offenbar nicht sicher genug, und die Orientierungsdaten schienen von Grund auf diskreditiert. Hinzu kam, daß sie nun auch augenscheinlich ihre Eindeutigkeit verloren. Auch als Reaktion auf das Streikdebakel veröffentlichte der DGB Ende 1969 erstmals eine eigene volkswirtschaftliche Gesamtrechnung mit Prognose für 1970 und Projektion bis ins Jahr 1975.[184] Der Gewerkschaftsbund sah darin ein Instrument, mit dem er seinen politischen Zielen besser Gehör verschaffen konnte: »Mit der eigenen Zielplanung zwingt der DGB jede Regierung, sich mit den wirtschaftlichen und gesellschaftspolitischen Zielen der Gewerkschaften konkret auseinanderzusetzen. Teilt eine Regierung nicht die Zielvorstellungen der Gewerkschaften, so muß sie dies deutlich

180 DGB-Archiv im AdsD 5/DGAI1167, Protokoll zur Konzertierten Aktion am 14.12.1967 vom 27.12.1967; die Ablehnung der Regierung dann explizit im Jahreswirtschaftsbericht 1968 der Bundesregierung, Tz. 9.

181 Jahresgutachten 1967/68, Tz. 314; Jahresgutachten 1968/69, Tz. 183–187.

182 BArch N 1229/212, Mitschrift Erklärung Schiller im Südwestfunk am 5.9.1969; Pressemitteilung der CDU/CSU-Fraktion, 12.9.1969.

183 Molsberger, Zwischenbilanz S. 179; Zink, Gewerkschaftspolitik S. 201 ff. Geschäftsbericht 1968 bis 1970 des Vorstandes der Industriegewerkschaft Metall für die Bundesrepublik Deutschland. In: Georg Fülberth: Geschichte der Bundesrepublik Deutschland in Quellen und Dokumenten, Köln 1982, S. 305–307. Zahlreiche Hinweise auf die Rezeption der Streikbewegung von Gewerkschaften, Kirchen, Verfassungsschutz in: DGB-Archiv im AdsD, DGB-Bundesvorstand, Abt. Vorsitzender, 5/DGAI 15.

184 Intern hatte es entsprechende Berechnungen bereits 1968 gegeben, s. DGB-Archiv im AdsD 5/DGAI1168, Neeberg an die Mitglieder des Bundesvorstands, 19.12.1968; ebd., 5/DGAI2006, Rudolf Henschel: Die gegenwärtige Wirtschaftssituation und ihre gewerkschaftspolitischen Konsequenzen, o.D. [Frühjahr 1970].

sagen und sie muß ihre abweichende Vorstellung öffentlich begründen.«[185] Die Spitzenverbände der Wirtschaft zogen gezwungenermaßen noch im Januar 1970 mit eigenen Daten nach.[186] In deren Präsidien gab es zwar »zum Teil sehr temperamentvoll geäußerte Bedenken gegen Tabellen, Prophezeiungen, Lohnleitlinien, Ankündigungseffekte von Richtwerten, Orientierungsdaten.«[187] Aber in der Geschäftsführung des BDI war man sich doch sicher, daß sich die Prognose bzw. Projektion des Gemeinschaftsausschusses der gewerblichen Wirtschaft »als ein integrierendes Element für das unternehmerische Lager erwiesen« habe und betonte deren instrumentellen Charakter: »Zielprojektionen sind für die volkswirtschaftlichen Mitarbeiter ein Schema, das ihnen die Möglichkeit gibt, umfassend zu argumentieren und sich vor Widersprüchen zu schützen. Oder genauer: Ohne diese gesamtwirtschaftlichen Tableaus kommt der verantwortliche Mitarbeiter eines Verbandes heute im wirtschaftspolitischen Dialog gar nicht mehr voran.« Und in der Öffentlichkeitsarbeit der Verbände dienten sie »als Wunsch-, Forderungs- oder auch Vorwurfsstenogramm in einer nun einmal verwissenschaftlichten Zeit.«[188] Auch wenn diese Entwicklung den Anschein einer Verwissenschaftlichung von Verteilungskonflikten hatte: Recht eigentlich unterstrich sie nur, daß Prognosen und Projektionen kein unangreifbares, sicheres oder gar objektives wissenschaftliches Wissen widerspiegelten, sondern in hohem Maße normativ und kontextabhängig waren. So listete eine Übersicht des BMWi beispielsweise 13 Prognosen für das Jahr 1970 aus unterschiedlichen Quellen auf, die für das nominale Wachstum des Bruttosozialprodukts immerhin eine Bandbreite von 7,7 bis 10,0 Prozent aufwiesen.[189]

Damit können vier Aspekte festgehalten werden: Die Konzertierte Aktion ist erstens auf der institutionellen Ebene ein mustergültiges Beispiel für den Transfer wissenschaftlichen Wissens in die Politik. Zwar wurde die Anregung des Sachverständigenrates keineswegs eins zu eins in praktische Politik umgesetzt; zur Zeit der Großen Koalition waren die Wissensbestände des Keynesianismus jedoch unumstritten, eindeutig und parteipolitisch zu fast hundert Prozent konsensfähig. Zweitens unterstreicht das Beispiel, daß wissenschaftliches Wissen im politischen Prozeß selbst enorm aufgewertet worden war, was der naive Einsatz der Prognosen und Orientierungsdaten besonders deutlich macht. Drittens wird sichtbar, daß wissenschaftliche Expertise soziale Struktureffekte hervorbringen konnte. Die Wirtschaftspolitik hatte sich auf vermeintlich sicheres wissenschaftliches Wissen berufen und beeinflußte mit ihren Entscheidungen die Richtung des sozialen Wandels. In der Art der Krisenüberwindung im Jahr 1967, per Konzertierter Aktion, Orientierungsdaten und langfristigen Tarifverträgen, war ein Scheitern dieser wirtschaftspolitischen Konzeption bereits angelegt – dies führten die Septemberstreiks allen Beteiligten schmerzhaft vor Augen. Die Form der Politik wirkte somit viertens auf die wissenschaftlichen Wissensbestände zurück: Die wissenschaftlich gewonne-

185 DGB-Archiv im AdsD 5/DGAI2006, Rudolf Henschel, Redemanuskript: Die gegenwärtige Wirtschaftssituation und ihre gewerkschaftspolitischen Konsequenzen, ohne Datum [ca. Frühjahr 1970].

186 ACDP 01–093–115/3, Schreiben BdA, 13.1.1970; ebd., Zielprojektion der Unternehmerverbände für 1970, 12.1.1970.

187 BDI-Archiv, KKW 49, Karton 706, Vermerk Neef für Wagner, 18.1.1972.

188 Ebd. Vermerk Baumann, 1.2.1972.

189 Zu diesem Zeitpunkt waren Prognosen aus folgenden Quellen auf dem Markt: Bundesregierung, BMWi, DGB, Spitzenverbände der gewerblichen Wirtschaft, Deutsches Institut für Wirtschaftsforschung, Hamburgisches Weltwirtschaftsarchiv, Ifo-Institut, Institut für Weltwirtschaft, Rheinisch-Westfälisches Institut für Wirtschaftsforschung, Wirtschaftswissenschaftliches Institut des DGB, Sachverständigenrat, EG-Kommission, OECD-Sekretariat; ACDP 01–093–115/3, Fotokopie Prognosen für 1970 [BMWi], o.D.

nen Orientierungsdaten hatten keineswegs die gewünschte »Versachlichung« der Wirtschaftspolitik bewirkt, sondern die Situation am Ende noch zusätzlich verschärft.[190]

1.2.3 Politisches versus wissenschaftliches Kalkül: Der Sachverständigenrat und die außenwirtschaftliche Absicherung

Noch viel deutlicher als im Bereich der Einkommenspolitik traten die strukturellen Probleme der Globalsteuerung bei der außenwirtschaftlichen Absicherung zu Tage – ihrer zweiten »offenen Flanke«. Nicht erst in den heftigen politischen Auseinandersetzungen um die Aufwertung der D-Mark in den Jahren 1968 und 1969, sondern bereits seit dem ersten Gutachten des Sachverständigenrates vom Winter 1964/65 wurde besonders deutlich, daß der »Verwissenschaftlichung« der Wirtschaftspolitik enge Grenzen gesetzt waren: Konzeptionelle Überlegungen des Rates zur Wechselkurspolitik trafen bei Politikern aller Parteien auf taube Ohren, denn eine Änderung des internationalen Währungssystem erschien politisch völlig illusorisch. Erst als das Problem der festen Wechselkurse und der importierten Inflation im Exportboom seit 1968 mit Macht auf die politische Tagesordnung drängte, rückte es wieder in den Mittelpunkt des politischen Interesses und drohte 1969, die Große Koalition zu sprengen. Das Beispiel der außenwirtschaftlichen Absicherung der Globalsteuerung zeigt zweierlei: Erstens wird deutlich, daß es sich bei der Diskussion über die »Verwissenschaftlichung der Wirtschaftspolitik« zwar um die dominante zeitgenössische Semantik handelte, daß in der Praxis hingegen nach wie vor nur dort auf die Expertise der Wissenschaftler zurückgegriffen wurde, wo dies mit dem zeitgebundenen politischen Kalkül in Einklang zu bringen war. Zweitens zeigen die Zuspitzungen der wissenschaftlichen und politischen Auseinandersetzungen um die Aufwertung vor allem in den Jahren 1968 und 1969, daß der »Verwissenschaftlichung der Politik« analog eine »Politisierung der Wissenschaft« folgte: Die Ratgeber des Sachverständigenrates ließen sich nicht nur in den politischen Auseinandersetzungen instrumentalisieren, sondern versuchten selbst, politischen Einfluß geltend zu machen, verloren dabei aber mitunter die Übersicht über politische und wissenschaftliche Leitunterscheidungen.

Der Sachverständigenrat hatte schon mit seinem ersten Jahresgutachten alle Hoffnungen zunichte gemacht, die Ludwig Erhard bei der Einrichtung des Gremiums gehegt hatte: Statt der Regierung wissenschaftliche Schützenhilfe bei der Bekämpfung der Inflation zu geben, die von Erhard ausschließlich auf die starke Verhandlungsposition der Gewerkschaften und den damit verbundenen Lohnauftrieb zurückgeführt wurde, entlastete der Rat die Gewerkschaften vom Vorwurf, die Hauptschuld an der Geldentwertung zu tragen. Vielmehr sei im System fester Wechselkurse bei voller Konvertibilität der D-Mark, hohem Produktivitätswachstum und einer im internationalen Vergleich nur moderaten Geldentwertung »mit einer an Gewißheit grenzenden Wahrscheinlichkeit damit zu rechnen, daß unsere Zahlungsbilanz [...] immer wieder Überschüsse zeigen wird, die bei konstanten Wechselkursen nur im Zuge einer Anhebung unseres binnenwirtschaftlichen Preisniveaus abgebaut werden können.« Für den Sachverständigenrat ging der Druck auf den Geldwert in erster Linie auf »importierte Inflation« zurück, und die Gutachter warfen dem Kanzler vor, das konzeptionelle Problem des

190 So auch bei Hansjörg Siegenthaler: Das Ende des Keynesianismus als Gegenstand keynesianischer Interpretation. In: Jahrbuch für Wirtschaftsgeschichte 1 (2002), S. 237–245, hier 239.

internationalen Währungsregimes nicht durchschaut zu haben – seine wiederholten Appelle, in denen er die Tarifparteien und die öffentliche Hand zur Mäßigung aufrief, waren für sie »nicht mehr als ein Versuch mit unzureichenden Mitteln.« Der Rat propagierte statt dessen eine verstetigte Konjunkturpolitik, die außenwirtschaftlich abgesichert werden sollte. Im Festkurssystem könnten auch unregelmäßig wiederkehrende Aufwertungen – wie zuletzt 1961 – oder Stufenaufwertungen keinen dauerhaften Schutz vor dem Inflationsimport bieten. Als ersten Schritt schlug er daher vor, die Bandbreiten, innerhalb derer die Währungen auch im System von Bretton Woods frei schwanken konnten, deutlich über den bisherigen Satz von einem Prozent hinaus auszudehnen. Fernziel könne aber nur der Abschied vom System der fixen Kurse sein: »Die volle Flexibilität des Wechselkurses gibt erst die Freiheit, eine wirksame Politik der Geldwertstabilität zu treiben, ohne daß von Zeit zu Zeit ein Deflationsdruck ausgeübt zu werden brauchte.« Hektische Kursausschläge seien dabei wohl nicht zu erwarten, denn die Bundesbank könne ja wie bisher bei Bedarf intervenieren, um die Kurse zu glätten. Und auch das Gegenargument eines erhöhten Kursrisikos, das die mittel- und langfristigen Dispositionen der Unternehmen unsicher mache, ließ er nicht gelten: Solche Risiken könnten abgesichert werden.[191]

Damit hatte sich der Sachverständigenrat in ein Minenfeld begeben. Seine Position, die er auf der Basis der Theorie des direkten internationalen Preiszusammenhangs formulierte, entsprach durchaus nicht der wissenschaftlichen Mehrheitsmeinung. Und in der Öffentlichkeit stieß sein Vorschlag auf großes Unverständnis: Zu groß war die Freude darüber, daß die westdeutsche Wirtschaft mit der vollen Konvertibilität der D-Mark seit 1958 überhaupt wieder als vollgültiges Mitglied im Weltwirtschafts- und Währungssystem etabliert war. Wirtschaftsverbände und Gewerkschaften nahmen die importierte Inflation gern in Kauf, war die unterbewertete D-Mark doch ein Garant für Erfolge der westdeutschen Unternehmen auf den Exportmärkten, und aus Sicht der Großbanken bot das System von Bretton Woods die Gewähr dafür, daß sich ein stabiler internationaler Kapitalmarkt entwickeln konnte, der einen kommerziellen Ausgleich zwischen Kapitalüberschuß- und Kapitalzuschußländern ermöglichte. Die Regierung lehnte den Vorschlag des Sachverständigenrates schroff ab: Sie negierte die Wirkung des internationalen Preiszusammenhangs und betonte die internationalen vertraglichen Bindungen, welche die Bundesrepublik eingegangen war. Ein Abschied vom Festkurssystem würde zudem die Bemühungen um die europäische Integration konterkarieren. Für die Regierung Erhard war die Idee flexibler Wechselkurse schlicht politisch verantwortungslos und schien nur eine »unrealistische Vorliebe« der Gutachter zu sein.[192]

Erhards Ablehnung war kategorisch und mit der oberlehrerhaften Zurechtweisung verbunden, daß in derart konkreten Vorschlägen eine Verletzung des gesetzlichen Empfehlungsverbotes liege. Wirtschaftsminister Kurt Schmücker ließ sich im Vorfeld der Haushaltsdebatte im Februar 1965 eigens munitionieren, da er sich des Vorwurfs der »Mißachtung« des Gutachtergremiums zu erwehren hatte. Seine Grundsatzabteilung formulierte in diesem Zusammenhang einen klaren Primat der politischen Entscheidung gegenüber dem Urteil der Wissen-

---

191 Jahresgutachten 1964/65, Tz. 238–240.

192 Wegner, Im Blickpunkt S. 164–171; Thomas Schneider: Die wirtschaftspolitische Beratung im internationalen Vergleich. Frankreich und Bundesrepublik Deutschland. Am Beispiel des Conseil Economique et Social und des Sachverständigenrates zur Begutachtung der gesamtwirtschaftlichen Entwicklung, Pfaffenweiler 1989, S. 56; Lothar Gall: Der Bankier. Hermann Josef Abs. Eine Biographie, München 2004, S. 299, 319; James: Rambouillet S. 135.

schaftler. Die »politischen Instanzen« müßten immer die »Freiheit haben, sich evtl. auch gegen das ausgesprochene oder unausgesprochene Votum der Sachverständigen zu entscheiden. Dieses Verhältnis muß klar sein, denn die Entscheidung für oder gegen feste Wechselkurse ist vor allem eine politische Frage.«[193]

In der Tat: Es ging um eine politische Frage, aber eben auch um die wissenschaftliche Beratung bei der Entscheidung über eine politische Frage, und so nutzte der Sachverständigenrat die Chance, die für ihn in der verstockten Haltung der Regierung lag: Er nahm den Fehdehandschuh dankbar auf und rückte im Rahmen seiner Strategie des begrenzten Konflikts mit der Regierung keineswegs von seinem Vorschlag ab. Nachdem der Schwerpunkt des zweiten Jahresgutachtens klar auf der Absicherung der »einkommenspolitischen Flanke« per Konzertierter Aktion gelegen hatte, sahen sich die Gutachter schon im November 1966 erneut gezwungen, auf die Bedeutung der außenwirtschaftlichen Absicherung hinzuweisen, die sie nun als integralen Bestandteil der Konzertierten Aktion präsentierten.[194] Wiederum nannten sie als Fernziel flexible Kurse. Sollten diese aber aus politischen Gründen »kategorisch ausgeschlossen bleiben«, müsse zumindest über einen mittelfristig garantierten und damit berechenbaren Paritätsanstieg oder alternativ über eine »Bandbreitenerweiterung mit begrenzter Paritätsanpassung nach oben« nachgedacht werden. Darin liege eine »unerläßliche Vorbedingung« für das Gelingen der Konzertierten Aktion wie der Globalsteuerung insgesamt. Und seinen Kritikern aus den Wirtschaftsverbänden schrieb der Rat ins Stammbuch, daß es offenbar eine starke Gruppe von Menschen gebe, »für die die Wechselkurse den Charakter des Unveränderlichen haben.« Es ginge jedoch nicht an, daß diese Gruppe »wo immer sich eine Verschlechterung ihrer eigenen wirtschaftlichen Lage in einen auch nur äußerlichen Zusammenhang mit der Wechselkursänderung bringen läßt, diese [...] der staatlichen Politik, nicht ihrer eigenen wirtschaftlichen Fehldisposition« zugeschrieben werde. Und von der Politik forderten die Gutachter mehr Aufrichtigkeit: Wer den Bürgern einrede, »Konstanz der Wechselkurse und Konstanz des Binnenpreisniveaus« gewährleisten zu können, der gebe »ein Versprechen ab, von dem von vornherein klar ist, daß er es nicht wird einlösen können.«[195]

Doch auch die neue Bundesregierung und Wirtschaftsminister Schiller nahmen die Anregungen der Sachverständigen nicht auf. In ihrer Stellungnahme zum Jahresgutachten betonte die Regierung erneut, daß ein Alleingang der Bundesrepublik im bestehenden Weltwährungssystem nicht möglich sei und schwerwiegende »Rückwirkungen auf die internationale Zusammenarbeit haben müßte.« Allerdings war der Wechsel des Beratungsverständnisses von Erhard zur Großen Koalition auch hier erkennbar, denn die Regierung gestand nun immerhin grundsätzlich zu, daß es einen internationalen Preiszusammenhang gebe und daß sich Geldwertstabilität im Innern eben nur dann herstellen lasse, wenn Preise und Kosten international stabil seien oder aber das inländische Preisniveau durch Anpassungen der Wechselkurse vom internationalen Preisverbund abgekoppelt werde.[196] Damit hatte sich die Bundesregierung unter dem Einfluß Karl Schillers von der dogmatischen Haltung Erhards gelöst und zumindest die

193 BArch B102/93231, Vermerk Schlecht für Schmücker, 16.2.1965.

194 Im Vorspann dieser Argumentation wies der Rat für die jüngste Geschichte der Bundesrepublik empirisch nach, daß die Entwicklung des Preisniveaus auf mittlere Sicht fast ausschließlich international bestimmt war. Jahresgutachten 66/67, Tz. 207 ff.

195 Jahresgutachten 1966/67, Tz. 266–282.

196 Bundestags-Drucksache V/1313: Stellungnahme der Bundesregierung zum Jahresgutachten des Sachverständigenrates, Tz. 11–13; Wegner, Im Blickpunkt S. 181.

konzeptionelle Prämisse der wissenschaftlichen Berater akzeptiert, die dann im November vom wissenschaftlichen Beirat beim BMWi nochmals untermauert wurde, als dieser ebenfalls auf die Probleme der festen Wechselkurse hinwies.[197]

Nach dem Amtsantritt der Großen Koalition herrschte somit auch im Bereich der außenwirtschaftlichen Absicherung grundsätzlich Konsens zwischen den Gutachtern und dem Wirtschaftsminister – dies hatte sich ja bereits im Herbst 1966 während der Ausschußberatungen über das Stabilitätsgesetz abgezeichnet, als Schiller dort darauf gedrungen hatte, »außenwirtschaftliche Maßnahmen« zum Bestandteil des Gesetzes zu machen. Vom Standpunkt der Regierung aus hatte ein Kampf gegen die importierte Inflation im Winter 1966/67 freilich keine Priorität, da die Wirtschaftskrise deflationär wirkte und den Preisauftrieb ohnehin dämpfte. Auch von der Einkommenspolitik waren kaum inflationäre Impulse zu erwarten, verschlechterte sich doch mit der Rückkehr des Beschäftigungsrisikos die Verhandlungsposition der Gewerkschaften. Und für Schillers geplanten »Aufschwung nach Maß« war die Unterbewertung der D-Mark ein wahrer Segen: Sie förderte die Exportnachfrage, was in der Krise sehr erwünscht war. Die Rechnung ging auf, denn im ersten Halbjahr 1968 sprang der »Exportmotor« ja an und erwies sich bald als der entscheidende Faktor für die rasche Überwindung der Krise. Die Frage einer außenwirtschaftlichen Absicherung der Globalsteuerung war damit zunächst aus konjunkturellen und politischen Gründen vertagt worden.[198]

Dies änderte sich erst im Laufe des Jahres 1968, als das Thema mit Macht in die politische Diskussion zurückkehrte. Die Konjunktur belebte sich im zweiten Halbjahr nochmals deutlich, wobei die Wachstumsdynamik alle Beobachter überraschte. Zugleich stiegen die Überschüsse der Leistungsbilanz rasch an.[199] Für den Sachverständigenrat war die Frage der außenwirtschaftlichen Absicherung des Booms damit wieder virulent. Diesmal sollte die Regierung rechtzeitig handeln, und so trugen die Gutachter am 5. Juli 1968 ihr erstes Sondergutachten mündlich bei Bundeskanzler Kiesinger vor, in dem sie eine Aufwertung der D-Mark forderten – bevor der Preisauftrieb einsetzte. Warnend verwiesen sie auf das Beispiel des Jahres 1961, als viel zu spät aufgewertet worden war. Die Stabilisierungskrise von 1966 führten sie auch auf dieses mißglückte Timing zurück und malten die Gefahr einer ähnlichen Entwicklung an die Wand, sollte diesmal nicht rechtzeitig aufgewertet werden, wobei 1970 dann zum »kritischen Jahr« werde. Angesichts der noch frischen Krisenerfahrung stießen die Sachverständigen allerdings auf Unverständnis: Ihr Vorschlag wurde als gefährliches konjunkturelles Bremsmanöver empfunden, das den gerade erst eingeleiteten Aufschwung schon in seiner labilen Frühphase wieder abwürgen sollte.[200]

Den eigentlichen Anstoß für die Aufwertungsdebatte gaben aber internationale Einflüsse. Zu den westdeutschen Exportüberschüssen gesellte sich im Verlauf des Sommers eine veritable internationale Währungskrise. Seit Oktober befand sich das britische Pfund trotz vorhergehender Abwertungen erneut im freien Fall, und auch der Dollar geriet angesichts des Vietnamkrieges und weitverbreiteter Unsicherheit über den Kurs der neuen US-Regierung unter Druck. Vor allem strauchelte der französische Franc – auch eine Folge der Pariser Mai-Rebellion und der schwindenden Autorität Charles de Gaulles. Seit dem Sommer hatte die Bundes-

197 Nützenadel, Stunde der Ökonomen S. 170.
198 Giersch, Fading Miracle S. 147; Jahresgutachten 1966/67, Tz. 244 f.
199 Jahreswirtschaftsbericht 1968 der Bundesregierung, Tz. 30; Giersch, Fading Miracle S. 149.
200 Sondergutachten vom 3. Juli 1968, Tz. 5–7 (veröffentlicht erst mit dem Jahresgutachten 1969/70); Schönhoven, Wendejahre S. 452 f.

bank ihre Devisenreserven stetig erhöhen müssen, da gewaltige Summen spekulativer Auslandsgelder in die Bundesrepublik flossen. Doch trotz aller Stützungskäufe ließen sich die alten Paritäten nicht mehr verteidigen, so daß sich der Zentralbankrat den international vehement vorgetragenen Forderungen nach einer Aufwertung der D-Mark schon Anfang September 1968 anschloß.[201]

Der Sachverständigenrat begab sich mit seinem Gutachten vom November 1968 endgültig in die politische Auseinandersetzung. Es trug den programmatischen Titel »Strategien außenwirtschaftlicher Anpassung«, wobei die semantische Verschiebung von der »außenwirtschaftlichen Absicherung« zur »Anpassung« bereits verdeutlichte, daß sich die Handlungsspielräume der Regierung gegenüber dem Sondergutachten vom Sommer drastisch verengt hatten. Die Gutachter waren sicher, daß »über kein wirtschaftliches Thema so lebhaft debattiert [wurde] wie über die Frage einer Aufwertung der DM.« Es folgte eine lange Textpassage, in der noch einmal die bisherige Position des Sachverständigenrates zusammengefaßt und etwas rechthaberisch die lange Liste der bisherigen Initiativen zur außenwirtschaftlichen Absicherung mit Belegstellen aus den vorherigen Gutachten ausgebreitet wurde – mit dem kaum zu überhörenden Unterton, daß die Wirtschaftspolitik all diese Vorschläge bisher ignoriert habe. Nach wie vor sei die Entscheidung zwischen Wechselkurskorrektur oder Anpassungsinflation rein politisch; allerdings setzte der Rat nun die Vorgaben des Stabilitätsgesetzes als Druckmittel gegen dessen Urheber ein: »Die Wiederherstellung des außenwirtschaftlichen Gleichgewichts über eine Aushöhlung der Binnenkaufkraft der Deutschen Mark wäre eine Fehlentwicklung im Sinne des Gesetzes über die Bildung eines Sachverständigenrates.« Angesichts der internationalen Währungskrise ginge es nun aber nicht mehr nur um eine Paritätsanpassung der D-Mark; vielmehr sei ein »Realignment« notwendig geworden, also die multilateral abgestimmte Neufestsetzung der Wechselkurse.[202] Um sich nicht dem Vorwurf auszusetzen, gegen das Empfehlungsverbot zu verstoßen, spielte das Gutachten im folgenden fünf alternative »Strategien der außenwirtschaftlichen Anpassung« durch. Besonders deutlich warnte es vor »konjunkturpolitischem Laissez-faire«, und als Alternative zur Veränderung des D-Mark-Wechselkurses brachte es eine mögliche Förderung des westdeutschen Imports, etwa durch Steuervergünstigungen, ins Spiel.[203]

Daß der Sachverständigenrat sein Gutachten in diesem Jahr erstmals pünktlich zum 15. November fertigstellte, war sicher kein Zufall: Anfang November hob eine neue Welle der Währungsspekulation an, welche die Bundesbank zwang, allein zwischen 1. und 20. November 1968 Devisen für fast neun Milliarden Mark aufzukaufen. Bundesbankpräsident Karl Blessing traf sich daraufhin mit seinem französischen Amtskollegen, und beide einigten sich auf eine konzertierte Wechselkursänderung, die allerdings am Widerstand von Karl Schiller und Bundesfinanzminister Franz-Josef Strauß scheiterte. Und auf der Währungskonferenz der sogenannten »Zehner-Gruppe«, die vom 20. bis 22. November in Bonn tagte, sah sich Schiller dem massiven Druck der internationalen Partner ausgesetzt. Die Konferenz blieb weitgehend

201 Carl-Ludwig Holtfrerich: Geldpolitik bei festen Wechselkursen (1946–1970). In: Deutsche Bundesbank (Hg.): Fünfzig Jahre Deutsche Mark. Notenbank und Währung seit 1948, München 1998, S. 347–438, hier: 421 ff.; Hartmut Soell: Helmut Schmidt. 1918–1969. Vernunft und Leidenschaft, München 2003, S. 783 ff.; Schönhoven, Wendejahre S. 452 ff.; Björn Alecke: Deutsche Geldpolitik in der Ära Bretton Woods (Münsteraner Beiträge zur quantitativen Wirtschaftsgeschichte Bd. 7), Münster 1998, S. 88–91.

202 Jahresgutachten 1968/69, Tz. 197–229.

203 Ebd., Tz. 234–282.

ergebnislos – insbesondere scheiterte die von deutscher Seite erhoffte multilaterale Neufestsetzung der Paritäten, und der Wirtschaftsminister verkündete als westdeutschen Beitrag zur Stabilisierung des Weltwährungssystems vor den Notenbankgouverneuren lediglich eine »Ersatzaufwertung«. Gemäß Stabilitätsgesetz sollten die westdeutschen Exporte ab 1. Dezember 1968 mit einer vierprozentigen Sondersteuer belegt und die Importe durch eine entsprechende Steuervergünstigung subventioniert werden. Die westlichen Verbündeten empfanden diesen deutschen Beitrag als halbherzig und unzureichend, und selbst die Bundesbank ging noch tags darauf in einem Schreiben an Kiesinger auf Distanz zur währungspolitischen »Ersatzlösung«. Der Regierung gelang es gleichwohl, das auf 15 Monate befristete Absicherungsgesetz am 21. November, also noch während der Währungskonferenz, von den Koalitionsfraktionen in den Bundestag einbringen zu lassen. Schon eine Woche später wurde es in zweiter und dritter Lesung verabschiedet und trat dann zum 1. Dezember 1968 in Kraft.[204]

Das konsequente Handeln der Regierung ließ keine Zweifel an ihrer Haltung aufkommen. Schiller fürchtete ebenso wie Kiesinger noch immer, daß der Wirtschaftsaufschwung für eine Aufwertung nicht robust genug war.[205] Dabei mögen auch politische Erwägungen mit Blick auf die Bundestagswahlen binnen Jahresfrist eine Rolle gespielt haben – ebenso wie bei Bundesfinanzminister Strauß, den eine »echte« Wechselkursänderung in eine politisch unangenehme Lage gebracht hätte. Ihm drohten zusätzliche Belastungen des Bundeshaushalts für 1969 in Milliardenhöhe, falls eine Aufwertung analog zum Modus des Jahres 1961 erneut durch Ausgleichszahlungen an Landwirte (für Kursverluste bei EWG-Marktordnungsprodukten) flankiert worden wäre. Wären solche Ausgleichszahlungen hingegen unterblieben, hätte dies ausgerechnet im Wahljahr die ländliche Stammwählerschaft der Konservativen finanziell belastet. Kurt-Georg Kiesinger legte sich in einem Fernsehinterview demonstrativ fest: »Solange ich dieser Bundesregierung als Kanzler vorstehe, wird es eine Aufwertung der D-Mark nicht geben.«[206] Damit trug der Kanzler auch der Stimmung in Verbänden und Gewerkschaften Rechnung. BDI-Präsident Berg warnte im November 1968 eindringlich davor, in der Aufwertungsfrage »ideologische Kämpfe« auszufechten und fragte mit Blick auf die Geldentwertung in Frankreich, Großbritannien und den USA: »Warum verlangt man eigentlich, daß ein Gesunder operiert wird, um die Kranken zu heilen?«[207] Und beim DGB gelangte man zu der Überzeugung, daß der Aufwertungsdruck zwar immer weiter zunahm. Da der Wirtschaftsaufschwung aber angesichts der in der Konzertierten Aktion geübten Lohnzurückhaltung bislang fast ausschließlich vom Export getragen wurde, gestatte es die

---

204 Holtfrerich, Geldpolitik S. 422; zur britischen Verhandlungsstrategie und den hitzigen Reaktionen ausführlich Soell, Schmidt S. 784ff.; detailliert zur Ereignisgeschichte Franz-Ulrich Willeke; Helmut Less; Dirk Piekenbrock: Die Aufwertungsdebatte in der BRD in den Jahren 1968 und 1969. In: Hamburger Jahrbuch für Wirtschafts- und Gesellschaftspolitik 16 (1971), S. 287–316, hier: 297ff.; Hans-Thomas Panek: Die Währungskrisen im November 1968 bis Mai 1971 im politischen Prozeß der Bundesrepublik Deutschland, Köln 1977, S. 98ff.

205 Vgl. die Begründung des Absicherungsgesetzes durch Schiller in der Konzertierten Aktion: DGB-Archiv im AdsD 5/DGAI1168, Protokoll der Konzertierten Aktion am 16.12.1968 vom 8.1.1969.

206 Soell, Schmidt S. 784ff.; das Zitat bei Otmar Emminger: D-Mark, Dollar, Währungskrisen. Erinnerungen eines ehemaligen Bundesbankpräsidenten, Stuttgart 1986, S. 143; Gassert, Kiesinger S. 710 nimmt an, daß Kiesingers ungeschickte Festlegung vor allem auf die Eindämmung der Währungsspekulation zielte.

207 BDI-Archiv HGF Pro 18, Karton 777, Stenographisches Protokoll der Präsidial- und Vorstandssitzung am 15.11.1968.

»gegenwärtige Konjunkturlage [...] den Gewerkschaften nicht, eine Aufwertung der DM zu akzeptieren.«[208]

In diese Gemengelage aus internationalem Druck pro Aufwertung und der strikt ablehnenden Position der Regierung platzte das o.a. Jahresgutachten des Sachverständigenrates. Dieses traf am Wochenende des 16./17. November beim BMWi sowie im Bundesfinanzministerium ein, und am Montag darauf erreichte ein weiteres Exemplar das Bundeskanzleramt. Angesichts der Währungsspekulation und der bevorstehenden Bonner Währungskonferenz kam dies der Regierung höchst ungelegen, und so erklärt sich, daß die Expertise des Sachverständigenrates bis zur Verabschiedung des Absicherungsgesetzes unter Verschluß gehalten wurde – offiziell standen einer früheren Veröffentlichung »technische und administrative Gründe« beim Druck entgegen. Die Gutachter wollten dies nicht auf sich beruhen lassen und beauftragten kurzerhand die Hausdruckerei des Statistischen Bundesamtes in Wiesbaden damit, 200 Exemplare des Gutachtens zu vervielfältigen, damit die Bundestagsfraktionen ihre Entscheidungen über das Absicherungsgesetz auf wissenschaftlicher Grundlage treffen könnten. Am Ende wurde dieses Vorhaben allerdings wieder gestoppt, da den Ratsmitgliedern vom Bundeskanzleramt und aus der Leitungsebene des BMWi unmißverständlich signalisiert worden war, daß ein solcher Alleingang der Gutachter absolut unerwünscht war. Als der Vorfall schließlich publik wurde, waren sich die Beobachter einig, daß auch Schiller nur dort auf den Rat der Experten zurückgriff, wo er ihm genehm war: »Solange die ›Fünf Weisen‹ [...] die von der Koalitionsregierung eingeleitete expansive Konjunkturpolitik auch aus ihrer Sicht unterstützten, wurden sie von Professor Schiller gehegt und gepflegt. Nachdem sie jetzt aber eine abweichende Meinung vertreten, sind sie nicht mehr so beliebt.«[209]

Über die Frage, ob damit bereits das Sachverständigenratsgesetz verletzt worden war, kann füglich spekuliert werden: Seit seiner Novellierung schrieb es vor, daß die Bundesregierung das Jahresgutachten »unverzüglich« an die gesetzgebenden Körperschaften weiterzuleiten hatte. Allerdings war dies immer mit einer gewissen Verzögerung verbunden, die durch die Drucklegung bedingt war. Viel wichtiger ist aber, daß die Gutachter ihre Rolle nun offenbar selbst so politisch definierten, daß sie sich mit dieser Verzögerung nicht nur nicht abfinden mochten, sondern vielmehr meinten, der Bundestag könne über das im Eilverfahren behandelte Absicherungsgesetz überhaupt nur auf der Basis ihrer Expertise angemessen entscheiden. Analog zur »Verwissenschaftlichung« der Politik ist hier fraglos eine Politisierung der wissenschaftlichen Experten zu beobachten. Dies gilt um so mehr, als das Jahresgutachten vom November 1968 nur von vier Gutachtern verfaßt worden war – Wolfgang Stützel war von seinem Amt bereits am 19. September 1968 zurückgetreten. Erst als die Aufwertungsdebatte im Laufe des Frühjahres 1969 immer hitziger wurde, kamen die Details dieses Rücktritts an die Öffentlichkeit.[210] Stützel, der im Februar 1966 die Nachfolge des Aufwertungsbefürworters Fritz W. Meyer angetreten hatte, distanzierte sich 1968 von der Mehrheitsmeinung unter den Gutachtern und lehnte eine Aufwertung der D-Mark ab. Deshalb kam es bereits bei der Abfassung des Sondergutachtens vom Juli 1968 zu Spannungen innerhalb der Gutachtergruppe, die im Text noch hinter dem kryptischen Hinweis verborgen wurden, ein Ratsmitglied meine,

208 DGB-Archiv im AdsD 5/DGAI1167, Peschel an Neemann, 16.10.1968.

209 Süddeutsche Zeitung, 28.11.1968, Art.: Der Rat der Weisen durfte nicht laut werden; FAZ, 5.12.1968, Art.: Es ist nicht alles machbar.

210 Zum Zeitpunkt des Rücktritts drangen keine Informationen an die Presse, vgl. Die Zeit, 15.11.1968, Art.: Da waren's nur noch vier.

»daß wichtige Annahmen, auf denen die Befürchtungen des Sachverständigenrates beruhen, nicht so fest fundiert sind, daß dem Dilemma zwischen Geldwertstabilität im Innern und außenwirtschaftlichem Gleichgewicht in den nächsten zwei Jahren eine große Aktualität zukommt. Indes ist dieses Mitglied mit den übrigen Mitgliedern des Rates der Meinung, daß prophylaktisches Handeln wichtig sei.«[211]

Stützel war der Ansicht, daß durch Wechselkursänderungen die Zusammenarbeit in der Weltwirtschaft unnötig belastet werde. Durch einen politischen Beschluß am grünen Tisch würden Tausende von Unternehmen betroffen, die sich in womöglich jahrelanger Arbeit Exportmärkte erkämpft und dabei im Vertrauen auf stabile Wechselkurse oft hohe Anfangsverluste hingenommen hatten – daher müßten die mittel- und langfristigen Auswirkungen von Paritätsänderungen in den Blick genommen werden. Die Mehrheit der Gutachter wollte ein derartiges Minderheitsvotum im Jahresgutachten aber um jeden Preis verhindern: Bisher hatte es noch keine Minderheitsvoten gegeben, und diese Einigkeit drohte nun ausgerechnet im Feld der Währungspolitik, das der Rat mit besonderem Sendungsbewußtsein beackert hatte, verloren zu gehen. Giersch befürchtete, daß das Gutachtergremium damit politisch lahmgelegt würde. Nach dem Vortrag des Sondergutachtens bei Kiesinger faßte der Rat daher am 12. Juli 1968 einen folgenschweren Geschäftsordnungsbeschluß, der im krassen Widerspruch zum Gesetz stand, das den Abdruck von Minderheitsvoten ja ohne alle Einschränkungen zuließ: »Jedes Mitglied des Sachverständigenrates geht gleichermaßen davon aus, daß die Abgabe eines umfassenden Minderheitsvotums, das über die abweichende Auffassung zu einzelnen Fragen hinausgeht, gleichbedeutend ist mit der Gefährdung der Existenz des Sachverständigenrates oder seiner derzeitigen Zusammensetzung. Jedes Mitglied des Sachverständigenrates wird daher die Respektierung eines Minderheitsvotums nur dann verlangen, wenn es schwerwiegende Gründe hierfür geltend machen kann. Lehnt die Mehrheit einen solchen Antrag ab, so wird dies den Antragsteller zu persönlichen Konsequenzen veranlassen.« Und mit Blick auf die von Stützel verlangte mittel- bis langfristige Betrachtung von Veränderungen der Wechselkurse legte die Ratsmehrheit fest, daß unter den gesetzlichen Berichtsauftrag der »absehbaren Entwicklung« ein Zeitraum von bis zu zwei Jahren falle – die Untersuchung längerer Perioden bedurfte fortan ebenfalls der Zustimmung der Ratsmehrheit. Per Geschäftsordnungsbeschluß hatten die Befürworter der außenwirtschaftlichen Absicherung die wissenschaftliche Leitunterscheidung wahr/falsch und die damit verbundene Freiheit, die entsprechenden Argumente auch öffentlich auszutauschen, durch die politische Unterscheidung Mehrheit/Minderheit ersetzt, die letztlich mit Macht operierte. Vor allem zwischen den Saarbrücker Fakultätskollegen Giersch und Stützel kam es daraufhin zu heftigem Streit, der das Team endgültig spaltete. Als Stützel im September 1968 nur durch Zufall überhaupt bemerkte, daß die vier Aufwertungsbefürworter in seiner Abwesenheit bereits am Text des neuen Jahresgutachtens feilten, reichte er seinen Rücktritt ein. Erst im April 1969 wurde aus der Demission dann eine öffentliche Affäre, als Stützel sein Schweigen brach und sich die Politik des Vorfalls annahm.[212]

Im Frühjahr 1969 verfügte der Rücktritt Stützels über erhebliche politische Sprengkraft, denn über der Aufwertungsfrage drohte die Große Koalition auseinanderzubrechen. Die Ersatzaufwertung per Absicherungsgesetz funktionierte nicht: Erstens, weil der vierprozentige

---

211 Sondergutachten vom 3. Juli 1968, Tz. 9.

212 Handelsblatt, 23.5.1973, Art.: Der Minderheitenschutz gilt auch im Sachverständigenrat; FAZ, 5.12.1968, Art.: Es ist nicht alles machbar.

Satz angesichts des anhaltenden internationalen Gefälles der Inflationsraten viel zu gering bemessen war. Zweitens, weil die Regelung lückenhaft war und den gesamten Reise- und Dienstleistungsverkehr sowie den Handel mit landwirtschaftlichen Marktordnungsprodukten ausschloß.[213] Drittens, weil im Frühjahr eine erneute Spekulationswelle einsetzte. Letztere war vor allem eine Vertrauenskrise des Franc im Gefolge von de Gaulles Rücktritt im April 1969. Franz-Josef Strauß verschärfte die Situation durch eine ungeschickte Äußerung am 29. April noch weiter. Er erweckte in einer Münchner Rede den Eindruck, daß eine Aufwertung der D-Mark unmittelbar bevorstehe, was einen zusätzlichen Milliardenfluß vom Franc in die Mark auslöste.[214]

Karl Schiller änderte nun seine politische Strategie: Er wechselte ins Lager der Aufwertungsbefürworter. Für ihn hatte der Aufschwung inzwischen ein Tempo erreicht, das Dämpfungsaktionen erforderlich machte. Zwar hatte der Wirtschaftsminister im Jahreswirtschaftsbericht vom Januar 1969 noch verkünden lassen, das Absicherungsgesetz werde die Konjunktur spürbar bremsen und auch »zweifellos zu einer spürbaren Verlangsamung des Exportwachstums« beitragen. An mehreren Stellen sicherte sich die Regierung jedoch bereits ab: Die außenwirtschaftliche Lage sei nach wie vor höchst unsicher und die Entwicklung kaum prognostizierbar, und für den Fall gravierender Veränderungen wurde schon ein Nachtrag zum Jahreswirtschaftsbericht angekündigt.[215] Vor allem bot sich die Aufwertung dank Kiesingers unbedarfter Festlegung vom November aber als Wahlkampfinstrument an, mit dem die wirtschaftspolitische Kompetenz der SPD herausgestellt werden sollte.[216] Und Strauß wollte sich gegen seinen Kollegen Schiller unbedingt als Wahrer der westdeutschen Exportinteressen profilieren. Das einstmals harmonische Gespann Schiller/Strauß überwarf sich in der Aufwertungsfrage auch persönlich in irreparabler Weise. Schillers Vorstoß im Bundeskabinett, wo er am 9. Mai 1969 eine Aufwertung der D-Mark um 6,25 Prozent beantragte, scheiterte am demonstrativen Widerstand der CDU/CSU – und an Herbert Wehner und Helmut Schmidt, die es in dieser Frage keineswegs auf einen Bruch der Großen Koalition ankommen lassen wollten. Erst als im Laufe des Sommers immer deutlicher wurde, daß es Schiller mit dem komplizierten Thema tatsächlich zu gelingen schien, das wirtschaftspolitische Profil der Sozialdemokraten zu schärfen und neue Wähler anzusprechen, schwenkten auch seine Parteifreunde endgültig auf den neuen Kurs ein und unterstützten ihn nach Kräften.[217]

Die CDU/CSU geriet durch dieses Manöver in die Defensive: Im Wahlkampf wilderten die Sozialdemokraten ausgerechnet in jenem Politikfeld, das sie mit Ludwig Erhard zwei Jahrzehnte lang fest in der Hand gehalten hatte, und gegen ihre Position standen neben Schiller, dem Zentralbankrat und sämtlichen westlichen Partnerregierungen eben auch die Wissenschaftler des Sachverständigenrates, des wissenschaftlichen Beirates beim BMWi[218] und eines

213 Vgl. dazu Sondergutachten vom 30.6.1969 (abgedruckt in: Jahresgutachten 1969/70), Tz. 14.

214 Willeke/Less/Piekenbrock, Aufwertungsdebatte S. 304 ff.

215 Bundestags-Drucksache V/3786: Jahreswirtschaftsbericht 1969 der Bundesregierung, 31.1.1969, Tz. 42 ff.; 49; 56; 65

216 Gassert, Kiesinger S. 705, 710 f.; vgl. Daniela Münkel: Willy Brandt und die »Vierte Gewalt«. Politik und Massenmedien in den 50er bis 70er Jahren (Campus Historische Studien, Bd. 41), Frankfurt am Main 2005, S. 258 ff.

217 Schönhoven, Wendejahre S. 458 ff.; Soell, Schmidt S. 788 ff.

218 Der Beirat hatte in einem Gutachten vom 1. Februar 1969 die Aufwertung der D-Mark als »unerläßlich« bezeichnet und drang nun darauf, daß seine Expertise veröffentlicht wurde, was dann am 19. Mai 1969 (unter Protest des Finanzministeriums) auch geschah. Willeke/Less/Piekenbrock, Aufwertungsdebatte S. 312.

Teils der fünf Wirtschaftsforschungsinstitute.[219] Als die Details über den Rücktritt Wolfgang Stützels bekannt wurden, wirkte die Gutachterschelte daher wie ein Ventil. Herbert Giersch sah sich von den Enthüllungen ernstlich angegriffen – aber er insistierte darauf, daß die von ihm vertretene wissenschaftliche Position, die zum Anlaß für den Eklat geworden war, die Richtige sei. Demonstrative Unterstützung erhielt er von seinen Fachkollegen: Ein von Giersch und Egon Sohmen initiiertes und am 9. bzw. 12. Mai 1969 veröffentlichtes Manifest, das die Aufwertung nachdrücklich befürwortete, unterzeichneten zunächst 61, dann 99 Wirtschaftswissenschaftler.[220]

Franz-Josef Strauß verlor angesichts dieses politischen Engagements der Wissenschaftler am 17. Mai 1969 die Contenance. In einer Rede auf der Münchner Jahrestagung der Arbeitsgemeinschaft Selbständiger Unternehmer (ASU) verknüpfte der Bundesfinanzminister das Manifest der Professorenhundertschaft mit dem Fall Stützel. Bei der wissenschaftlichen Unterstützung für die Aufwertung handele es sich schlicht um »Meinungsmanipulation«, und ein Teil der Professoren versuche sich in »terroristische[r] Beeinflussung der Öffentlichkeit.« Strauß polterte: »In einem Zeitalter, wo die Autorität des Papstes mit Zustimmung des Inhabers abgebaut wird, sollten nicht neue superpäpstliche Autoritäten aufgebaut werden und zur bedingungslosen Anbetung ausgestellt werden.« Von »Verwissenschaftlichung der Politik« war hier freilich nicht mehr die Rede, und es traf sich, daß am gleichen Tag der wissenschaftliche Beirat des BMWi in Baden-Baden konferierte. So konnten die Nationalökonomen dort gleich ihre Reaktion diskutieren und koordinieren. Offenbar erwogen sie kurzzeitig sogar den geschlossenen Rücktritt der wissenschaftlichen Beiräte von Wirtschafts- und Finanzministerium sowie des Sachverständigenrates. Letztlich solidarisierten sich die Beiräte dann demonstrativ mit den Gutachtern des Sachverständigenrates ebenso wie mit den Unterzeichnern der Professoren-Protestnote. Strauß entschuldigte sich für die Form seiner Äußerungen, nicht aber für deren Inhalt, und das Scharmützel schien beendet – wenn nicht ein weiterer Gutachter des Sachverständigenrates seinen Rücktritt erklärt hätte. Harald Koch kündigte dem Bundespräsidenten in einem Schreiben vom 19. Mai 1969 sein Ausscheiden an. Über die genauen Ursachen dieses zweiten Rücktritts können freilich nur Vermutungen angestellt werden, da Koch seine Demission in einem privaten Schreiben an Schiller schon vier Tage zuvor (und damit vor dem Strauß-Eklat) angekündigt hatte – gleichwohl wurde in der Presse gemutmaßt, daß Koch zu den Befürwortern eines geschlossenen Rücktritts des Sachverständigenrates zählte und sich gegen seine Kollegen nicht hatte durchsetzen können. Zwar versuchte der Ratsvorsitzende Wilhelm Bauer noch bis Anfang Juli, Koch von seinem Entschluß abzubringen – doch der blieb standhaft. Die Lage hatte sich auch kaum verändert: Das Sondergutachten über die Aufwertung, das der Rat am 30. Juni 1969 präsentierte, stieß bei der Regierung auf wenig Begeisterung; vielmehr stellte ihr Sprecher Conrad Ahlers die wissenschaftliche Kompetenz der Gutachter grundsätzlich in Frage.[221] Die politischen Fronten blieben bis zur Wahl am 28. Sep-

---

219 In ihrem Frühjahrsgutachten konnten sich die Institute zumindest darauf einigen, daß ein Realignment nötig war. In der Frage der einseitigen Aufwertung der D-Mark gab es unter den Instituten Befürworter und Gegner, Panek, Währungskrisen S. 127.

220 FAZ, 12.5.1969, Art.: Eine scharfe Protestresolution der Nationalökonomen; Willeke/Less/Piekenbrock, Aufwertungsdebatte S. 312; im Rückblick zeigte sich Giersch dankbar für die Unterstützung, die er bei der Bewältigung einer »persönlichen Krise« erhalten habe: Giersch, Anfangszeit S. 25.

221 BArch N 1229/285, Koch an Schiller, 14.5.1968; Die Zeit, 18.7.1969, Art.: Fast den Sach-Verstand verloren ...; Die Zeit, 2.5.1969, Art.: Anatomie eines Rücktritts; Die Welt, 9.7.1969, Art.: Kritik von Strauß führt

tember 1969 klar gezogen: Die CDU/CSU beharrte auf ihrer ablehnenden Haltung, und Schiller gelang es, das Thema Aufwertung präsent zu halten. Dazu trug zum einen die Franc-Krise vom August bei, und zum anderen beeilte sich der Wirtschaftsminister, auch die wilden Streiks vom September in erster Linie auf das Zaudern der Aufwertungsgegner zurückzuführen – deren Haltung habe eben eine rechtzeitige Dämpfung der überhitzten Konjunktur verhindert.[222]

Die Schlußphase des Wahlkampfes dominierten somit Fragen der Wirtschafts- und Währungspolitik; die Außen- und Deutschlandpolitik trat demgegenüber in den Hintergrund. Wegen der Devisenspekulation sorgte Kiesinger vier Tage vor dem Wahltag auf Antrag der Bundesbank dafür, daß die Devisenbörsen rund um die Wahl geschlossen blieben und berief für den Montag nach dem Urnengang eine Kabinettssitzung ein. Nachdem sich eine knappe Mehrheit für eine sozialliberale Koalition abgezeichnet hatte, befreite die amtierende Regierung die Notenbank noch am Montag von ihrer Interventionspflicht, gab den Wechselkurs der Mark also frei. Erst nach der Vereidigung der neuen Bundesregierung wurde die Aufwertung um 9,3 Prozent am 27. Oktober 1969 auch offiziell sanktioniert. Gleichzeitig liefen die steuerlichen Vergünstigungen des Absicherungsgesetzes aus.[223] Der Großteil der spekulativen Gelder floß daraufhin wieder ab: Allein bis Dezember registrierte die Bundesbank einen »Devisenabgang« von 23 Milliarden Mark. Otmar Emminger, Vizepräsident der Bundesbank und faktisch deren »Außenminister«, zog daher noch im Winter 1969/70 eine außerordentlich positive Zwischenbilanz der Aufwertung. Zwar waren zu diesem Zeitpunkt die langfristigen Auswirkungen auf die Leistungsbilanz noch weitgehend unklar. Er war aber sicher, daß sich die Lage an den Devisenmärkten nun wieder »völlig normalisiert« hatte und ein »Schlußstrich [...] unter jene Serie von Währungskrisen, die unser Weltwährungssystem seit 1967 erschüttert haben«, gezogen werden konnte. Vor allem habe die Aufwertung »überhaupt erst den Weg für einen wirksamen Einsatz der Geld- und Fiskalpolitik freigemacht« – nur so könne an die wirksame Dämpfung des Booms überhaupt gedacht werden.[224]

Die Bilanz des Sachverständigenrates über die Aufwertung fiel hingegen weniger positiv aus: In einem quantitativen Szenario entwarfen die Gutachter im November 1969 eine rosige Entwicklung des laufenden Konjunkturzyklus. Unter der Überschrift »Wenn die D-Mark flexibel gewesen wäre ...« behaupteten sie, daß alle vier Ziele des Stabilitätsgesetzes erreicht worden wären, hätte die Politik nur ihren Rat befolgt. Erneut bekräftigten sie, daß die Globalsteuerung auf flexible Wechselkurse angewiesen sei und entwarfen in einem eigenen Abschnitt entsprechende »Alternativen zum gegenwärtigen Weltwährungssystem.«[225] Der Sachverständigenrat hielt also trotz der Turbulenzen des Wahljahres an seinem Standpunkt fest. Allerdings war kaum zu übersehen, daß die »Politisierung der Expertise« in der Wechselkursfrage alles in allem niederschmetternde Ergebnisse gezeitigt hatte. In der Aufwertungsdebatte hatten die

zu Austritt aus Sachverständigenrat; Industriekurier, 10.7.1969, Art.: Koch-Nachfolge: Ein Praktiker soll es sein.

222 BArch N 1229/212: Mitschrift Erklärung Schiller im Südwestfunk am 5.9.1969.

223 Schönhoven, Wendejahre S. 468f.; Gerhard Fels: Lohnpolitische Perspektiven nach der Aufwertung (Kieler Diskussionsbeiträge Bd. 2), Kiel 1969, S. 1f.; Panek, Währungskrisen S. 171ff.; Alecke, Deutsche Geldpolitik S. 90f.; Jens Rohwäder: Die Geldpolitik der Deutschen Bundesbank zwischen 1969 und 1982 im Lichte von Monetarismus und Keynesianismus, 2. Aufl. Hamburg 1997, S. 24ff.

224 Otmar Emminger: Zwischenbilanz der DM-Aufwertung (Schriftenreihe zu aktuellen Problemen aus Politik und Wirtschaft, Bd. 4), Erlenbach-Zürich 1970, S. 2ff., 12, 17.

225 Jahresgutachten 1969/70, Tz. 243ff.; 273ff.

Gutachter alle Register der Öffentlichkeitsberatung gezogen, wobei sich das noch junge Instrument der Sondergutachten als besonders hilfreich erwies. Aber trotz klarer Analysen und denkbar eindeutiger wissenschaftlicher Ratschläge, trotz der Unterdrückung wissenschaftlicher Minderheitspositionen im Sachverständigenrat und einer politischen Mobilisierung der gesamten Volkswirtschaftslehre in einem Ausmaß, das so vermutlich zuletzt in der Weltwirtschaftskrise erreicht worden war – es gelang den Ratgebern doch nicht, sich gegen das politische Kalkül und die innere Machtbalance der Großen Koalition durchzusetzen. Schon am Ende der sechziger Jahre zeigten sich damit die Grenzen einer »Verwissenschaftlichung« der Politik. Vor allem erwies sich aber die öffentliche Präsenz der Sachverständigen als größtes Problem der Politisierung: In der heißen Phase des Wahlkampfes gelang es ihnen nicht mehr, sich vor der parteitaktischen Vereinnahmung durch die Sozialdemokraten zu schützen – da die Positionen in der Sache identisch waren, fanden sich die unabhängigen Gutachter plötzlich in der Rolle von SPD-Wahlhelfern, was ihre wissenschaftlichen Positionen wiederum politisch angreifbar machte. Dies war der öffentlichen Reputation des Rates genauso abträglich wie die Details über die Stützel-Affäre. Daß die Ratsmehrheit offenbar um der politischen Schlagkraft willen einen Kollegen an der Meinungsäußerung gehindert hatte, ließ auch jenseits des Wahlkampfgetöses berechtigte Zweifel an der wissenschaftlichen Glaubwürdigkeit der Experten aufkommen.

Dieses Dilemma erklärt, warum die Gutachter alles daran setzten, die Stützel-Affäre unter Kontrolle zu bringen. Dem Ratsvorsitzenden Wilhelm Bauer gelang es, die offizielle Bekanntgabe des Rücktritts von Harald Koch lang genug hinauszuzögern, um die öffentliche Debatte über Wissenschaft, Politik und Aufwertung vom Mai 1969 nicht noch zusätzlich anzuheizen. Gleichzeitig bat er den Bundespräsidenten demonstrativ, ein Schiedsgericht aus unabhängigen Richtern einzusetzen, das den »Fall Stützel« untersuchen sollte – für den Sachverständigenrat war formal gar keine Schiedsinstanz vorgesehen, und im BMWi wies man eine Zuständigkeit für interne Streitigkeiten des Rates weit von sich. Am Ende hatte die Strategie einer langwierigen Untersuchung den gewünschten Erfolg: Die Arbeit des Schiedsgerichtes wurde erst im Mai 1973 abgeschlossen und fand ohne öffentliches Aufsehen statt. Die Richter stellten eine grobe Verletzung von Stützels Recht auf Formulierung seiner wissenschaftlichen Meinung fest. Auch fünf Jahre nach dem Rechtsbruch berichtete die Presse zwar noch ausführlich über das Untersuchungsergebnis – die wichtigsten Akteure der Stützel-Affäre waren da aber längst außerhalb der Schußlinie: Wilhelm Bauer hatte den Ratsvorsitz bereits 1970 abgegeben, und Herbert Giersch schied im gleichen Jahr aus, um sich auf sein Kieler Ordinariat und das Amt als Präsident des Instituts für Weltwirtschaft konzentrieren zu können.[226]

Ein dauerhafter Schaden für das Ansehen des Sachverständigenrates konnte somit abgewendet werden. Aber angesichts des Mißerfolgs der Konzertierten Aktion, gescheiterter Prognosen und Orientierungsdaten und der durch Parteitaktik verschleppten außenwirtschaftlichen Absicherung waren die hohen Erwartungen in die »Verwissenschaftlichung« der Wirtschaftspolitik doch erstmals grundsätzlich in Frage gestellt. Die noch am Anfang der sechziger Jahre weitverbreiteten Befürchtungen, wonach eine Institution wie der Sachverständigenrat kraft

226 Handelsblatt, 23.5.1973, Art.: Der Minderheitenschutz gilt auch im Sachverständigenrat; FAZ, 5.12.1968, Art.: Es ist nicht alles machbar.

wissenschaftlicher Kompetenz die politische Entscheidungsgewalt und damit letztlich die Autorität des Staates untergraben könne, schienen jedenfalls unbegründet zu sein.[227]

2. Frühe Diskreditierung der Globalsteuerung

2.1 »Diskretionäre« Wirtschaftspolitik versus Regelmechanismen

Vor dem Hintergrund der wenig ermutigenden praktischen Erfahrungen mit der keynesianischen Stabilisierungspolitik geriet das Konzept der Globalsteuerung bereits seit 1969 unter Druck. Weit vor den weltwirtschaftlichen Krisenerscheinungen des ersten Ölpreisschocks setzte die wissenschaftliche Wissensproduktion ein, an deren Ende die Ablösung des keynesianischen Paradigmas stand. Auch dabei spielten die Institutionen der Politikberatung eine zentrale Rolle, da der Siegeszug des Keynesianismus eine doppelte Basis hatte: Er begnügte sich nicht mit der makroökonomischen Modellbildung und einer »diagnostischen« Vermessung der wirtschaftlichen Entwicklung mit ökonometrischen Methoden. Der daraus abgeleitete »therapeutische« Aspekt einer durch wissenschaftliche Beratung fundierten Prozeßpolitik war integraler Bestandteil der Globalsteuerung.[228] In der 1969 beginnenden Debatte über die Funktionsfähigkeit der Globalsteuerung in der Bundesrepublik können die unmittelbaren Folgen dieser engen Einbindung von volkswirtschaftlicher Expertise und wissenschaftlichen Methoden in die Prozeßpolitik mustergültig nachvollzogen werden: Die nun einsetzende Wissensproduktion stand ganz unter dem Eindruck von sozialen Struktureffekten der wissenschaftlichen Beratung, war doch der überhitzte Boom des Jahres 1969 wenigstens zum Teil die unmittelbare Folge einer Politik, die den wissenschaftlichen Ratschlägen gefolgt war (Prognosen, Orientierungsdaten). Zum anderen waren die verfehlten gesamtwirtschaftlichen Ziele erkennbar darauf zurückzuführen, daß die Politik die aus wissenschaftlicher Sicht erforderlichen Schritte nur unzureichend, zu spät oder zu zögerlich machte – weil sie ihrem Wahlkalkül folgte (Aufwertung der D-Mark). Im folgenden wird darum nicht die wissenschaftliche Kontroverse zwischen Keynesianern und Monetaristen rekonstruiert, sondern die Krise des wirtschaftspolitischen Handlungswissens und damit der frühe Abschied von der »Verwissenschaftlichung der Politik« herausgestellt, wobei die neu aufgenommene Wissensproduktion im Mittelpunkt steht.

Die Globalsteuerung, die ja noch drei Jahre zuvor mit dem Anspruch der »aufgeklärten Wirtschaftspolitik« und der »Versachlichung« angetreten war, geriet bereits 1969 in die Krise. Angesichts der gesamtwirtschaftlichen Daten ist dieser Befund zunächst irritierend. Die »Wachstumsdelle« von 1967/67 war immerhin mit Bravour überwunden worden; die bundesrepublikanische Wirtschaft wuchs 1969 um beeindruckende 7,5 Prozent, bei moderater Geldentwertung (2 Prozent) und Vollbeschäftigung (0,8 Prozent Arbeitslosenquote bei 1,4 Millionen beschäftigten ausländischen Arbeitnehmern). Der Finanzierungssaldo der öffentlichen

227 Ernst-Wolfgang Böckenförde: Die Organisationsgewalt im Bereich der Regierung. Eine Untersuchung zum Staatsrecht der Bundesrepublik Deutschland, Berlin 1964, S. 257ff.

228 Siegenthaler, Ende des Keynesianismus S. 239; vgl. hingegen kritisch Nico Stehr: Praktische Erkenntnis, Frankfurt am Main 1991, S. 130ff.

Haushalte befand sich mit 2,5 Milliarden Mark leicht im Plus, und der hohe Außenbeitrag (17,6 Milliarden Mark) konnte immerhin als Zeichen für die internationale Stärke der westdeutschen Wirtschaft interpretiert werden. Die gesamtwirtschaftlichen Ziele des im Stabilitätsgesetz verankerten »magischen Vierecks« waren also doch weitgehend erreicht, und auch für Unternehmer und Beschäftigte war 1969 ohne Zweifel ein gutes Jahr: Die Bruttolohn- und Gehaltssumme je Arbeitnehmer wuchs um durchschnittlich 9,5 Prozent, und trotz dieses Zuwachses sanken die Lohnstückkosten der Unternehmen gegenüber dem Vorjahr real sogar um 0,6 Prozent (»Lohn-Lag«), was sich unter anderem in einer Investitionsquote von 26,1 Prozent niederschlug.[229]

Gleichwohl sorgte sich der Sachverständigenrat im November 1969 um die außenwirtschaftliche Flanke, und auch die Geldwertstabilität schien ihm auf mittlere Sicht gefährdet: »Die Gefahr, daß sich der konjunkturelle Lohn- und Preisauftrieb in einem kumulativen Prozeß verstärkt, ist besonders groß in der Spätphase eines Booms, der nach Dauer und Intensität alle früheren Hochkonjunkturphasen übertrifft.«[230] Trotz aller vordergründigen Erfolge der Globalsteuerung zogen die Gutachter unter dem Titel »Konjunkturpolitische Lehren der letzten sechs Jahre« eine deprimierende Bilanz. In seinem Rückblick arbeitete der Rat systematisch die »konjunkturpolitische[n] Fehlerquellen« heraus und kam zu dem ernüchternden Ergebnis, daß die Konjunkturpolitik durchschnittlich mit einjähriger Verzögerung auf die gesamtwirtschaftliche Entwicklung reagierte. Der »Entscheidungs-Lag« der Finanz- und Geldpolitik führte zu Verzögerungen von bis zu einem halben Jahr. Eine Ursache sah er in den nach wie vor zu beklagenden Mängeln der amtlichen Statistik, die »den Anforderungen einer flexiblen Konjunkturpolitik nicht genügt.« Das Hauptproblem lag für ihn aber darin, daß die Politik zu lange über Mittel und Ziele stritt, sich unsicher war, welche Mittel wann einzusetzen waren. Zudem mangele es der Öffentlichkeit bedauerlicherweise immer noch an der erforderlichen wirtschaftstheoretischen Einsicht.[231]

Der Rat hatte damit das zentrale Problem des Keynesianismus herausgestellt: Die politische Reaktionsverzögerung durch »Rigiditäten des Entscheidungsprozesses« drohte die Ziele der Globalsteuerung zu konterkarieren. Antizyklische Politik konnte nur von Erfolg gekrönt sein, wenn ihre Instrumente zum richtigen Zeitpunkt eingesetzt wurden. Andernfalls mußte sie prozyklisch wirken, ebnete die konjunkturellen Schwankungen also nicht ein, sondern verstärkte sie zusätzlich; es bestand »die Gefahr, daß das Richtige zu spät geschieht und dadurch falsch wird.« Für den Sachverständigenrat prägte genau dieser Mechanismus den starken Wirtschaftsaufschwung des Jahres 1969, und vor dem Hintergrund seiner Bestandsaufnahme sah er sich gezwungen, für »neue Wege in der Konjunkturpolitik« zu werben. Neben einer Verbesserung der statistischen Informationsbeschaffung, die vor allem eine weitere Intensivierung der ökonometrischen Konjunkturforschung erforderlich mache, war es dem Rat in erster Linie um die Überwindung der politischen Reaktionsverzögerung zu tun. Seine Wissensproduktion zielte zunächst also gerade nicht auf eine Überwindung des Keynesianismus, sondern auf dessen technokratische Optimierung. Dazu sollte der Gesetzgeber die »konjunkturpolitischen Ziele operational [definieren] und der Exekutive in all den Fragen, die dadurch

229 Daten nach Harald Scherf: Enttäuschte Hoffnungen – vergebene Chancen. Die Wirtschaftspolitik der Sozial-Liberalen Koalition 1969–1982, Göttingen 1986, S. 8 f. und Giersch, Fading Miracle S. 132.
230 Jahresgutachten 1969/70, Tz. 209.
231 Ebd., Tz. 229–242.

ihres politischen Charakters entkleidet würden und überwiegend Vollzugsangelegenheiten beträfen, mehr konjunkturpolitische Befugnisse« überantworten. Nach diesem Prinzip sollte zunächst die Währungs- und Fiskalpolitik mit einem eindeutigen »System von konjunkturpolitischen Zielen und Mitteln« versehen werden, nach denen sich die Exekutive dann verbindlich zu richten hatte. In der Konjunkturpolitik sollte »regelgebundenes Verhalten an die Stelle von diskretionärem Handeln« treten, die Finanz- und Geldpolitik am mittelfristigen Wachstum des Produktionspotentials ausgerichtet und damit verstetigt werden. Der Sachverständigenrat war überzeugt, daß mit mehr »Automatismus« in der Konjunkturpolitik die politischen »Reaktionsverzögerungen ganz ausgeschaltet und Wirkungsverzögerungen weitgehend überspielt werden« konnten. Auch für die Geld- und Kreditpolitik sei ein solcher Regelmechanismus wünschenswert. Milton Friedman erwähnten die Gutachter zwar nicht namentlich, sie ließen aber erkennen, daß sie das von ihm entworfene monetaristische Modell, in dem die »Zentralbank im Zusammenwirken mit den Geschäftsbanken dafür zu sorgen hat, daß das Geld- und Kreditangebot mit dem Wachstum des Produktionspotentials in Einklang steht«, trotz vieler ungeklärter Fragen doch grundsätzlich für »prüfenswert« hielten.[232]

Letztlich sollte die Globalsteuerung somit per Regelbindung den »tagespolitischen Einflüssen entzogen« und auf diese Weise optimiert werden. Herbert Giersch machte deutlich, daß auf diese Weise die Parlamente von konjunkturpolitischen Entscheidungen entlastet werden sollten, um »jene Aufgaben intensiver zu behandeln, die vorwiegend gesellschaftspolitischer Natur sind.«[233] Die Reaktionen auf den Vorstoß waren zunächst jedoch ablehnend. Die »Frankfurter Allgemeine« erblickte darin »manch utopische Züge« und hob hervor, daß Konjunkturpolitik immer ein Bestandteil der »politischen und sozialen Vorgänge« bleiben müsse, schließlich sei das »Irrationale [...] nie ganz auszuschalten.«[234] Auch die Bundesregierung setzte bei der Begrenzung von »Friktionen im konjunkturpolitischen Entscheidungsprozeß« nach wie vor auf die Verbesserung der bekannten konjunkturpolitischen Diagnose- und Prognosetechniken. Gegen die mit Regelmechanismen verbundene Verlagerung der konjunkturpolitischen Zuständigkeit von der Legislative auf die Exekutive äußerte sie grundsätzliche verfassungsrechtliche Bedenken. Vor allem hob sie hervor, daß die Entscheidung über konjunkturpolitische Ziele ebenso politisch sei wie jene über die eingesetzten Mittel. Der Sachverständigenrat ergehe sich leider nur in »Andeutungen«, ohne die vielen praktischen Probleme des »Übergang[s] zu einer Regelsteuerung« genauer zu erörtern. Insbesondere empfand sie die bloße Erwähnung des monetaristischen Programms angesichts der »noch immer offenen Diskussion« als unzureichend: »Dabei wäre besonders auf die Frage einzugehen gewesen, wieweit aus amerikanischen Verhältnissen gewonnene Erkenntnisse als für die Bundesrepublik ebenfalls gültig unterstellt werden können.« Der Rat hätte zumindest erörtern müssen, wie die Kontrolle der Geldmenge und ihre Ausrichtung am Wachstum des Produktionspotentials »in einer sehr viel stärker als die amerikanische vom Ausland abhängigen Volkswirtschaft bei nicht-flexiblen Wechselkursen« bewerkstelligt werden könnte. Zugleich machte sie nochmals deutlich, daß flexible Wechselkurse nicht realisierbar seien.[235]

232 Ebd., Tz. 263–272.
233 ACDP I-258–090/1, Herbert Giersch: Eine Strategie für Stabilität und Wachstum – Thesen, o.D. [1969].
234 FAZ, 4.12.1969, Art.: Sandkastenspiele perfekter Wirtschaftspolitik.
235 Bundestags-Drucksache VI/281: Jahreswirtschaftsbericht 1970 der Bundesregierung, 27.1.1970, Tz. 9–16.

Daß die Bundesregierung nicht eben euphorisch auf einen Vorschlag reagierte, der sie in konjunkturpolitischen Fragen an die Leine nehmen wollte, ist sicher wenig verwunderlich. Allerdings hatte sie die praktischen Probleme der »diskretionären« Konjunkturpolitik auch nicht geleugnet. Und so erwiesen sich die vom Sachverständigenrat erstmals in die politische Diskussion gebrachten Ideen rasch als zentrale Träger der Wissensproduktion zur Bewältigung der Plausibilitätskrise, in der sich die Globalsteuerung fraglos befand. Die Schlagworte »Regelmechanismus« und »Regelbindung« waren dazu gerade wegen ihrer begrifflichen Unschärfe besonders gut geeignet: Unter sie ließ sich ein breites und in sich höchst widersprüchliches Spektrum von Verbesserungsvorschlägen rubrizieren, die allesamt noch die Terminologie der Globalsteuerung beibehielten. Es ging ja gerade um deren technokratische Optimierung, um den Ausbau der statistischen Ressourcen, um kybernetische Planungskonzeptionen, und eben unter anderem auch um die neuen Ideen des Monetarismus. Daß dieser durch und durch antikeynesianisch konzipiert war, den Keynesianismus gar überwinden wollte und daher nicht einfach in die Politik der Globalsteuerung integriert werden konnte, spielte dabei zunächst überhaupt keine Rolle – dies zeigte ja bereits die Position des Sachverständigenrates. Gleichwohl: Auch wegen der erstmaligen Erwähnung des Monetarismus im Jahresgutachten 1969/70 wuchs in der bundesrepublikanischen Öffentlichkeit das Interesse an den wirtschaftstheoretischen Debatten, die in den USA zwischen Keynesianern und Monetaristen ausgefochten wurden, sprunghaft an. So druckte die Wochenzeitung »Christ und Welt« im Januar 1970 gleich eine dreiteilige Serie langer Artikel unter der programmatischen Überschrift »Geldpolitik in den siebziger Jahren.« Diese schilderte mit unverhohlener Sympathie den Siegeszug des Monetarismus in den USA und verwies auf das Netzwerk der Chicago School, vor allem im wirtschaftspolitischen Beraterstab Richard Nixons sowie in der Zentralbank von St. Louis. Die Serie referierte die Ergebnisse empirischer Studien, in denen das zentrale keynesianische »Dogma« der überlegenen konjunkturpolitischen Wirksamkeit der Fiskalpolitik auf breiter Front angegriffen worden war,[236] und hob im letzten Teil hervor, daß Wissenschaftler in Anlehnung an monetaristische Vorbilder[237] nun auch für Großbritannien[238] und die Bundesrepublik[239] historisch-empirische Analysen über den Zusammenhang zwischen Geldversorgung und wirtschaftlicher Entwicklung vorlegten. Der Artikel bezog sich direkt auf die Überlegungen des Sachverständigenrates und kam zu dem Schluß, daß es »ohnehin sicher« sei, daß die wirtschaftspolitische Diskussion in der Bundesrepublik künftig vom »Thema von der relativen Überlegenheit der Geldpolitik« beherrscht werde.[240] Etwas zurückhaltender äußerte sich der »Industriekurier«: Die monetaristische Position (»rules versus authority«) zöge automatische Regeln, die den Bereich des freien politischen Ermessens möglichst einschränkten, der »diskretionären« Wirtschaftspolitik vor. Die Forderungen seien politisch aber kaum realisierbar, zumal flexible Wechselkurse oder gar ein Verzicht auf den konjunkturpolitischen Einsatz liebgewonnener Instrumente wie der Fiskal-, Diskont- und Mindestreservepo-

236 Christ und Welt, 9.1.1970, Art.: Ein anderer Blues aus St. Louis.
237 Milton Friedman; Anna J. Schwartz: A Monetary History of the United States 1867–1960, Princeton 1963.
238 Anna J. Schwartz: Why Money Matters. In: Lloyd's Bank Review 24 (1969), S. 1–16.
239 Jürgen Siebke; Manfred Willms: Das Geldangebot in der Bundesrepublik Deutschland. Eine empirische Analyse für die Periode 1958–1968. In: Zeitschrift für die gesamte Staatswissenschaft 126 (1970), S. 55–74.
240 Christ und Welt, 23.1.1970, Art.: Die Friedmänner in Deutschland.

litik bestenfalls utopischen Charakter hätten.[241] Dennoch hatte die Rezeption des Monetarismus damit auf breiter Grundlage begonnen, und auch am Bundesbankdirektorium ging die Debatte nicht vorbei.[242]

Angesichts der klar ablehnenden Haltung der Bundesregierung, die ein Abrücken von der Globalsteuerung ausschloß, erschienen die Vorschläge für eine regelgebundene Politik vor allem für die Union interessant. Das Thema half dabei, in der ungewohnten Oppositionsrolle die personellen und inhaltlichen Defizite im Bereich der Wirtschaftspolitik zu überdecken. Was sich schon 1969 im Wahlkampf abgezeichnet hatte, wurde nun zum ernsten Problem, da CDU und CSU auf Bundesebene über keinen profilierten Wirtschaftspolitiker von Format verfügten, der es mit Karl Schiller, Alex Möller oder Helmut Schmidt hätte aufnehmen können.[243] Elmar Pieroth, ein mittelständischer Unternehmer und Nachwuchspolitiker der CDU, machte daher schon im ersten Oppositionsjahr deutlich, daß in der Umstellung der wirtschaftspolitischen Semantik für die Union eine besondere Chance lag. Gegen die sozialdemokratische Strategie, die »Wirtschaftspolitik von Karl Schiller als den Inbegriff ›moderner‹ Wirtschaftspolitik, die den neuesten Erkenntnissen der Wissenschaft entspricht, darzustellen«, hätten CDU und CSU nie eine Chance gehabt. Inzwischen sei aber der »Stand der Wissenschaft längst über Keynes hinausgegangen«, und die Anhänger der Globalsteuerung »repräsentieren heute eher das traditionelle Lager der Wirtschaftspolitik.« Auch Pieroth hob die konzeptionellen Schwächen des Keynesianismus hervor und unterstrich, daß die Wirkungsverzögerung der konjunkturpolitischen Interventionen auch international zu »nicht gerade günstig[en]« Ergebnissen geführt hätten. Daher sei davon auszugehen, daß die Politik der sozialliberalen Bundesregierung auch künftig von »kurzatmiger, unsystematischer und meist zu spät einsetzender Maßnahmegesetzgebung« geprägt sein werde. Die wirtschaftspolitische Oppositionsstragie der Union solle genau hier ansetzen und dem eine Alternative in Form von Regelmechanismen und dem Konzept einer automatisierten Konjunktursteuerung entgegensetzen.[244]

Der Wirtschaftsrat der CDU setzte sich dann auch intensiv mit der Konzeption auseinander – allerdings waren die Vorbehalte doch stark ausgeprägt.[245] Am Ende gelang es dem Saarbrücker Wirtschaftsminister und ehemaligen Mitglied des Sachverständigenrates Manfred Schäfer, die Forderung nach Regelmechanismen zumindest zum festen Bestandteil der Oppositionsrhetorik zu machen. Daß Schäfer als einer der »wenigen Sprecher der Opposition, die sich mit Sachverstand zu den Problemen der Wirtschaftspolitik äußern können« galt, unterstreicht in erster Linie, wie dünn die Personaldecke der Union in wirtschaftspolitischen Fragen nach Erhard tatsächlich war. Auch Schäfer bezog das Schlagwort der Regelbindung auf die erkennbaren Funktionsmängel der Globalsteuerung und verband dies mit Angriffen auf das zögerli-

---

241 Industriekurier, 5.2.1970, Art.: Milton Friedman gegen J. Maynard Keynes: Rules Versus Authority. Aus der wissenschaftlichen ist eine wirtschaftspolitische Kontroverse geworden.

242 BArch B102/93254, Protokoll der evangelischen Akademie Bad Boll, »Die Vernunft im freien Spiel der Kräfte«, Tagung 25. bis 27.6.1971.

243 Kiesinger hatte sich darüber schon während der Regierungsbildung im Herbst 1966 beklagt, Gassert, Kiesinger S. 515.

244 Elmar Pieroth: Zum wirtschaftspolitischen Konzept der Union. In: Ders.; Georg Gölter (Hg.): Die Union in der Opposition. Analyse – Strategie – Programm, Düsseldorf 1970, S. 198–217, hier: 212ff.

245 ACDP VI-043–235, Sitzungsprotokoll der Kommission Konjunkturpolitik und Währungsfragen des Wirtschaftsrates der CDU, 17.3.1971; vgl. auch Wirtschaftswoche, 27.11.1970, Art.: Stabilitätspolitik muß nicht weh tun (von Hans Besters).

che Handeln der Regierungspolitiker. Doch inhaltlich blieb das Konzept auch bei ihm vage und widersprüchlich, und ein schlüssiger Gegenentwurf zur Globalsteuerung war darin nicht zu erkennen. Einerseits sympathisierte Schäfer mit kybernetischen Konzepten, war der Ansicht, daß »Systeme gefragt [waren], die eine automatische Steuerung der Konjunktur ermöglichen oder die auf der Grundlage verläßlicher Indikatoren und möglichst unbeeinflußt von politischen Tagesfragen die Anwendung konjunkturpolitischer Maßnahmen zu programmieren gestatten. Sie müssen auf einem Katalog von Gefährdungstatbeständen aufbauen, der von dem vorgegebenen Zielbündel hergeleitet wird.« Andererseits distanzierte er sich aber vom Konzept einer »Automatisierung und Mechanisierung« und befürwortete statt dessen »Regeln, die [...] die wirtschaftliche Entwicklung verstetigen können.« Darunter fielen für ihn ein flexibler Wechselkurs, eine kostenniveauneutrale Lohn- sowie eine verstetigte, konjunkturneutrale Fiskalpolitik – dies waren altbekannte Forderungen des Sachverständigenrates, und Schäfer ergänzte sie lediglich um den Aspekt der potentialorientierten Geldmengensteuerung, zu der er sich allerdings nur sehr vorsichtig äußerte. Er kam zu dem Schluß: »Eine automatische Steuerung des Konjunkturverlaufes erscheint unwahrscheinlich. Regelgebundene Konjunkturpolitik dagegen erscheint durchaus möglich, wenn der Wille zur Verstetigung der Entwicklung bei allen Gruppen ernsthaft besteht.«[246] Auch innerhalb der Union setzte sich Schäfer nicht durch, und so blieb es zwar bis in die Mitte der siebziger Jahre bei der rhetorischen Forderung nach »regelgebundener Politik«. Ihr sachlicher Gehalt hatte sich am Ende aber fast ausschließlich auf Schäfers »Harmonisierungsformel« für die Lohnpolitik reduziert – und diese war klar auf die Zurückweisung gewerkschaftlicher Umverteilungsansprüche orientiert.[247]

Generell war die Debatte über eine Überwindung der »diskretionären« Wirtschaftspolitik davon bestimmt, daß sämtliche Vorschläge zur »Automatisierung« des Keynesianismus zwar mit viel Phantasie der »ökonomischen Kybernetik« und dem »Fetisch der Wissenschaftlichkeit« oder der »Entideologisierung« huldigten,[248] dabei aber über das Stadium der Kritik am Keynesianismus kaum hinauskamen. Immerhin sah sich der wissenschaftliche Beirat beim BMWi von der anhaltenden Debatte im Dezember 1971 genötigt, zur begrifflichen Klärung beizutragen und für mehr wissenschaftliches Augenmaß zu werben. Die Beiratsmitglieder pflichteten dem Sachverständigenrat und allen Kritikern der Globalsteuerung bei, daß es in der Tat zu Informationsproblemen (v.a. Prognosefehler) und Entscheidungsverzögerungen gekommen sei – und zwar international. Sie resümierten den Stand der Regelkreis-Theorie und bezogen diese auf die Wirtschaftspolitik: Der Begriff Regelmechanismus laufe darauf hinaus, »daß an die Stelle fallweise zu treffender Entscheidungen Handlungen treten, die ganz oder teilweise durch im voraus und im Prinzip auf Dauer angelegte Regelungen bestimmt sind.« Der Beirat äußerte sich allerdings sehr skeptisch über die Vorstellung, daß derartige Automatismen zu einem »komplexen System« zusammengefaßt werden könnten, mit dem sich eine »mehr oder weniger automatisierte Globalsteuerung des Wirtschaftsgeschehens« bewerkstelligen lasse. Für ihn war ausgeschlossen, daß sich Politiker gegen ihr Eigeninteresse auf derartige Regelbindungen festlegen lassen würden. Neben verfassungsrechtlichen Beden-

246 Handelsblatt, 18.6.1971, Art.: Soll der Computer die Konjunktur steuern? Möglichkeiten einer regelgebundenen Wirtschaftspolitik (v. Manfred Schäfer).

247 Frankfurter Rundschau, 13.4.1974, Art.: Mit Lohnformeln die Inflation bekämpfen; Frankfurter Rundschau, 22.6.1974, Art.: Neue Noten, neue Instrumente, neue Themen ...

248 Wirtschaftswoche, 2.4.1971, Art.: Die Wissenschaft wird überstrapaziert.

ken hielt er es für besonders fraglich, ob die statistischen Ressourcen für ein solches Vorhaben überhaupt ausreichten. Und die Modellierung von Regeln für die Konjunktur- und Fiskalpolitik könne nur dann gelingen, wenn dem ein idealtpyischer Ablauf von Konjunkturzyklen zugrunde gelegt werde. Dies sei jedoch höchst problematisch, da die wirtschaftswissenschaftliche Theoriebildung für derart weitreichende Schlußfolgerungen noch längst nicht ausreiche. Die Professoren konstatierten kühl, daß »Regelmechanismen, die es zum Beispiel gestatten würden, die Ziele des Gesetzes zur Förderung der Stabilität und des Wachstums der Wirtschaft [...] gleichsam automatisch zu realisieren, nicht zur Verfügung stehen.« Mit ihnen sei auf absehbare Zeit auch nicht zu rechnen. Allenfalls die Entwicklung von »partielle[n] Regelmechanismen mit mittelfristiger Orientierung« sei überhaupt vorstellbar, und angesichts der sichtbaren Verfahrensmängel der Globalsteuerung war sich der Beirat einig, künftig weiter über eine Verbesserung des Instrumentariums der »diskretionären Wirtschaftspolitik« zu diskutieren.[249]

Dies entsprach voll und ganz der Regierungsposition, und so beeilte sich das Wirtschaftsressort, in einer Pressemitteilung die ablehnende Haltung der Wissenschaftler besonders herauszustellen.[250] Der Leiter der Grundsatzabteilung im BMWi, Otto Schlecht, ging sogar noch weiter. Für ihn war die Entpolitisierung der Konjunkturpolitik kein »Ausweg«, sondern ein »Holzweg« – ihm erschien die Vorstellung, daß der Einsatz konjunktursteuernder Instrumente der politischen Diskussion entzogen werden könne, schlichtweg als naiv. Lediglich im »Gedanke[n] einer stärkeren Verstetigung, mehr mittelfristigen statt bisher weitgehend kurzfristigen Orientierung der Konjunkturpolitik« konnte er überhaupt eine ernstzunehmende Basis für die konjunkturpolitische Diskussion erkennen.[251] Auch wenn selbst in diesem Zugeständnis von alten Ordoliberalen wie dem langjährigen Staatssekretär im BMWi, Fritz Neef, der mittlerweile als Hauptgeschäftsführer zum BDI gewechselt war, bereits eine Rückkehr zu den alten Leitbildern Ludwig Erhards erblickt wurde,[252] hatte Schlecht doch nur den allgemeinen Konsens wiedergegeben. Die Globalsteuerung sollte nicht überwunden, sondern der »diskretionäre, fallweise Entscheidungsprozeß« weiter »rationalisiert«[253], politisches Handeln dabei aber keineswegs durch »Mechanik« ersetzt werden.[254] Obwohl dieser Strang der Debatte über Regelmechanismen politisch weitgehend folgenlos blieb, spiegelte sich in der hartnäckig geführten Diskussion doch die Verunsicherung über die Funktionsfähigkeit des keynesianischen Instrumentariums – das breite gesellschaftliche und parteipolitische Einvernehmen, auf dem die Globalsteuerung noch Mitte der sechziger Jahre aufgebaut hatte, löste sich damit schon am Anfang der siebziger Jahre wieder auf.

---

249 Gutachten vom 11. Dezember 1971: Regelmechanismen und regelgebundenes Verhalten in der Wirtschaftspolitik. In: Bundesministerium für Wirtschaft (Hg.): Der wissenschaftliche Beirat beim Bundesministerium für Wirtschaft. Sammelband der Gutachten von 1948 bis 1972, Göttingen 1973, S. 597–618.

250 AdsD Abt. II SPD-Bundestagsfraktion 6. Wahlperiode, 881: Pressemitteilung d. BMWF vom 24.2.1972.

251 AdL A17–49: Vortrag Otto Schlecht, Soziale Marktwirtschaft als permanente Herausforderung (Loccum am 8.10.1972).

252 BDI-Archiv, HGF Büro 21, Karton 58, Vermerk Neef für Baumann, 26.2.1973.

253 Wirtschaftswoche, 2.3.1973, Art.: Neue Gefahren für Preise und Beschäftigung.

254 AdL A17–51, Bundesfachausschuß Wirtschaftspolitik des FDP-Bundesvorstandes, Protokoll der Sitzung am 5.10.1973; ebd. A17–89: Bericht der Arbeitsgruppe I (Grundsatzfragen der Stabilitätspolitik) des Bundesfachausschusses Wirtschaftspolitik über die Beratungen am 31.8.1973.

2.2 Steuerungsprobleme

Dieser frühe Abschied vom breiten keynesianischen Konsens und die damit eng verknüpfte Wissensproduktion ist vor allem darauf zurückzuführen, daß die Steuerungsprobleme der »Neuen Wirtschaftspolitik« nun offen zu Tage traten. Im Herbst 1969 hatten die Warnungen des Sachverständigenrates angesichts der ausgezeichneten wirtschaftlichen Daten noch akademischen Charakter gehabt; die konzeptionellen Schwächen und praktischen Steuerungsprobleme der keynesianischen Politik wurden in den folgenden Jahren jedoch immer deutlicher sichtbar und ließen die Kassandrarufe der Politikberater in einem anderen Licht erscheinen. Der Elan, mit dem die Globalsteuerung 1966/67 angetreten war, ging spürbar verloren. Hatte der umfassende Instrumenteneinsatz, mit dem Karl Schiller seine »Prozeßpolitik« betrieb, bei der Überwindung der Wirtschaftskrise die Beobachter noch nachhaltig faszinieren und für die technokratische Aura der Globalsteuerung einnehmen können, änderte sich ihre Wahrnehmung nun grundlegend. Für die Wirtschaftspolitik der sozialliberalen Koalition zwischen 1970 und 1973 wurde der »Maßnahmenperfektionismus« der keynesianischen Feinsteuerung immer mehr zur Belastung, prägte doch die Hektik zahlreicher kurzfristiger Steuerungseingriffe das Bild einer Politik, die zunehmend gehetzt wirkte und kaum noch etwas von der konzeptionellen Eleganz der sechziger Jahre erkennen ließ. Zwischen Januar 1970 und Juni 1972 waren allein 70 konjunktur- und geldpolitische Entscheidungen zu verzeichnen, welche die gesamtwirtschaftlichen Rahmenbedingungen teils erheblich modifizierten.[255] Der von den Keynesianern in den sechziger Jahren erfolgreich erweckte Eindruck einer aktiv steuernden Politik ging über diesem Aktionismus verloren, und die Lage in den drei zentralen Problembereichen der Globalsteuerung spitzte sich von 1970 bis 1973 immer weiter zu: Internationale Währungsturbulenzen, eine dauerhaft expansive Fiskalpolitik und die auf Umverteilung zielende Einkommenspolitik setzten die Wirtschaftspolitiker unter anhaltenden Inflations- und Handlungsdruck und entzogen dem Steuerungsoptimismus damit jede Grundlage.

Insbesondere die Krise des Weltwährungssystems verfestigte den Eindruck, daß es auch der Globalsteuerung nicht gelang, sich von den Fesseln einer lediglich reagierenden Politik zu befreien. Seit 1971 befand sich das Festkurssystem von Bretton Woods in Agonie und drohte im Konfliktdreieck aus mangelnder Flexibilität verfestigter Wechselkurse, stetig anwachsenden und immer mobiler werdenden internationalen Kapitalströmen sowie dem Gefälle zwischen den nationalen Bemühungen um Geldwertstabilität endgültig zerrieben zu werden. Ausgangspunkt für die akute Krise war eine Umstellung der US-amerikanischen Politik: In Fragen der Außenwirtschaft legte die Nixon-Regierung kaum noch Wert auf internationale Kooperation und spielte die Rolle des Dollars als Reservewährung machtbewußt aus. In Verbindung mit der vor allem durch den Krieg in Vietnam und eine laxe Finanzpolitik verursachten monetären Expansion untergrub dies das Vertrauen in den Dollar und ließ die Bereitschaft der amerikanischen Partner sinken, eigene Anstrengungen zur Verteidigung der Paritäten zu unternehmen. Schon 1970 begann die Flucht aus dem Dollar, da die US-Zinsen in der dortigen Rezession sanken, während das Zinsniveau in Europa und insbesondere in der Bundesrepublik weiterhin hoch blieb. Schiller reagierte auf diese Konstellation zunächst mit einer multilateralen Strategie, wie sie im Weltwährungssystem angezeigt schien. Diese scheiterte jedoch

255 Gezählt von Scherf, Enttäuschte Hoffnungen S. 17ff. (auf der Basis der Tabellen des Sachverständigenrates).

gründlich. Weder ließen sich die europäischen Regierungen auf einen strikten Stabilitätskurs festlegen, noch gelang es, über den Umweg des Internationalen Währungsfonds den Druck auf die amerikanische Finanzpolitik zu erhöhen.[256]

Angesichts der 1971 erneut drastisch zunehmenden Devisenzugänge – in den ersten fünf Monaten des Jahres fluteten Dollar im Wert von fast 20 Milliarden Mark in die Bundesrepublik, eine Summe, die rund 6,5 Prozent des westdeutschen Bruttoinlandsprodukts entsprach[257] – wechselte Schiller die Strategie und wurde nun zum entschiedenen Befürworter flexibler Wechselkurse. Gegen den Widerstand der Bundesbank, der westeuropäischen Partnerregierungen und des Internationalen Währungsfonds ging die Bundesrepublik am 10. Mai 1971 unilateral zum Floaten über. Entgegen aller Befürchtungen erwies sich dieser Befreiungsschlag zumindest für Westdeutschland als überaus erfolgreich, denn die Dollarzuflüsse konnten praktisch sofort gestoppt werden – sie trafen nun allerdings die europäischen Nachbarn und besonders Japan mit voller Wucht. Insbesondere konnte sich die Bundesrepublik von den Folgen der schweren Dollarkrise des Sommers weitgehend abkoppeln, als die USA ihre Währung am 15. August 1971 endgültig vom Gold lösten und die meisten Staaten den Dollarkurs ebenfalls floaten ließen. Erst mit dem »Smithsonian Agreement« vom Dezember 1971 gelang die einstweilige Rückkehr zu festen Kursen mit Bandbreiten, die nun von 1 auf 2,25 Prozent erweitert wurden. Im Zuge der multilateral neu festgelegten Leitkurse wurde der Dollar durchschnittlich um 10 Prozent, gegenüber der D-Mark sogar um 13,57 Prozent abgewertet.[258]

Eine dauerhafte Stabilisierung des Weltwährungssystems gelang damit jedoch nicht, da die USA an einer Politik festhielten, die allein binnenwirtschaftlich ausgerichtet war – die von der Notenbank tolerierte, äußerst expansive Finanzpolitik war ganz auf die Präsidentenwahl im Jahr 1972 orientiert und beschleunigte die Inflation auch international.[259] Der im März 1972 in der EWG gestartete europäische Wechselkursverbund (»Währungsschlange«) war eine unmittelbare Antwort auf diese Entwicklung. Doch auch ihm gelang zunächst keine dauerhafte Stabilisierung, wie schon die Sterling-/Lire-Krise im Sommer 1972 zeigte. Die Bundesrepublik sah sich erneut gezwungen, spekulative Devisenzuflüsse abzuwehren. Schiller aber gelang es nach dem gerade erst überstandenen konstruktiven Mißtrauensvotum gegen die Regierung und vor den vorgezogenen Neuwahlen nicht mehr, sich im Kabinett mit seinem Plädoyer für marktkonforme Abwehrinstrumente durchzusetzen. Statt dessen beschloß die Regierung am 28. Juni 1972 die Einführung von Kapitalverkehrskontrollen, um die D-Mark zumindest bis zum Wahltermin stabil halten zu können. Schiller geißelte dies als ordnungspolitischen Sündenfall und trat zurück.[260]

Auf diesem Wege gelang es zwar tatsächlich, die von Bundesbankpräsident Karl Klasen in Aussicht gestellte Ruhe an der »Währungsfront« bis zur Wahl sicherzustellen. Doch Anfang 1973 brach das Festkurssystem dann endgültig zusammen. Die Dollarkrise ließ sich angesichts eines Rekorddefizits der amerikanischen Zahlungsbilanz und gescheiterter Verhandlungen

256 James, Rambouillet S. 131 ff.; Alecke, Deutsche Geldpolitik S. 55 f.
257 Giersch, Fading Miracle S. 179.
258 Barry Eichengreen: Vom Goldstandard zum Euro. Die Geschichte des internationalen Währungssystems, Berlin 2000, S. 178 ff.; Rudolf Richter: Deutsche Geldpolitik 1948–1998 im Spiegel der zeitgenössischen wissenschaftlichen Diskussion, Tübingen 1999, S. 68 f.; James, Rambouillet S. 146–148.
259 Alecke, Deutsche Geldpolitik S. 56.
260 James, Rambouillet S. 148–152; Rohwäder, Geldpolitik S. 44; Baring, Machtwechsel S. 670 ff.; Görtemaker, Geschichte der Bundesrepublik S. 570.

über ein erneutes Realignment auch durch eine weitere Abwertung des Dollars um zehn Prozent Mitte Februar nicht mehr abwenden. Nach der Schweiz und Japan gingen nun immer mehr Nationen zum Floaten über. Das neuartige Ausmaß der spekulativen Kapitalströme wurde am 1. März 1973 besonders deutlich erkennbar, als die Bundesbank an einem einzigen Tag Dollar im Wert von 7,5 Milliarden Mark aufkaufen und tags darauf eingestehen mußte, daß sie die Paritäten nicht mehr länger gegen den Markt verteidigen konnte. Die Situation schien nun tatsächlich »reif für den Übergang zu flexiblen Wechselkursen«,[261] und die Devisenbörsen blieben fast drei Wochen lang geschlossen, während die EWG-Regierungen über ein koordiniertes Blockfloating verhandelten. Bei der Wiedereröffnung der Börsen am 19. März 1973 war der Untergang des Systems von Bretton Woods endgültig besiegelt: Die Staaten der »Währungsschlange« (mit Ausnahme Großbritanniens, Irlands und Italiens) blieben untereinander bei starren Kursen, wodurch die D-Mark zur europäischen Ankerwährung aufstieg, gaben ihre Außenkurse gegenüber dem Dollar nun jedoch dauerhaft frei.[262]

So hatte die »Gewalt spekulativer Kapitalbewegungen«[263] am Ende zumindest gegenüber dem Dollar jene Übertragung der Kursfindung auf den Markt herbeigeführt, welche der Sachverständigenrat bereits seit 1964 so vehement gefordert hatte. Vor dem Hintergrund der Wucht der internationalen Währungsturbulenzen verwundert es nicht, daß die nationale Politik und damit die Globalsteuerung regelrecht getrieben wirkte. Viel schwerwiegender waren jedoch die gesamtwirtschaftlichen Auswirkungen der Dollarkrise: Der Aufwertungsdruck auf die D-Mark brachte der sozialliberalen Koalition den erbitterten Widerstand der exportorientierten Wirtschaft ein. Dieser war 1968/69 schon stark gewesen, als es noch um eine Anpassung der Wechselkurse um 8,6 Prozent ging; bis 1973 aber hatte die D-Mark gegenüber dem Dollar zusätzlich um 27 Prozent an Wert gewonnen. Zwischen 1969 (vor der Aufwertung) und 1973 (im Jahresdurchschnitt) verteuerten sich die in Dollar abgerechneten westdeutschen Exporte somit um 33,4 Prozent.[264] Dies mußte Auswirkungen auf die internationale Konkurrenzfähigkeit der Exporteure haben, die sich bereits seit der Jahreswende 1971/72 in sich kontinuierlich verschlechternden Terms of trade zeigten.[265] Weit vor der Ölkrise waren damit die ersten Grundlagen für einen beschleunigten industriellen Strukturwandel gelegt.

Der Bundesbank hingegen waren im Kampf gegen die Inflation die Hände weitgehend gebunden, da die Leitzinsen ohnehin am oberen Ende des internationalen Korridors standen und alle Versuche, die Bankenliquidität einzuschränken, bei einem regelrecht überfluteten Eurodollar-Markt ein hoffnungsloses Unterfangen blieben. Gemäß dem keynesianischen Konzept der Globalsteuerung hätte sich daher die Fiskalpolitik um einen nachhaltigen Restriktionskurs bemühen müssen, um die Inflation abzufangen. Doch die Reformpolitik der sozialliberalen Koalition entzog den Bemühungen um eine antizyklische Gestaltung der Einnahmen und Ausgaben von vornherein jede Grundlage: Diese kostete viel Geld, und so wuchs das Volumen der öffentlichen Haushalte (Bund, Länder, Gemeinden und Sondervermögen) von 1970 bis 1973 alljährlich um durchschnittlich 12,3 Prozent, die Ausgaben des Bundeshaushal-

---

261 Kloten, Stabilisierungspolitik S. 658.

262 Rödder, Bundesrepublik S. 48 spricht von einem »annus horribilis«; Giersch, Fading Miracle S. 180; Alecke, Deutsche Geldpolitik S. 56; James, Rambouillet S. 152 f.

263 James, Rambouillet S. 153.

264 Eigene Berechnungen auf der Grundlage des jahresdurchschnittlichen DM/Dollar-Wechselkurses an der Frankfurter Börse. Daten nach Deutsche Bundesbank, Zeitreihe WJ 5009.

265 Giersch, Fading Miracle S. 159.

tes um 10,5 Prozent. Dabei nahm die Verschuldung der öffentlichen Gesamthaushalte im gleichen Zeitraum um 9,75 Prozent pro Jahr, die des Bundeshaushaltes um jährlich 5,4 Prozent zu, obwohl das Steueraufkommen um 11,6 Prozent pro Jahr anwuchs, die Kassen also an sich gut gefüllt waren.[266]

Die einzelnen Reformvorhaben der sozialliberalen Koalition fügten sich in ein elaboriertes Programm ein, das Willy Brandt bereits im Oktober 1969 in seiner Regierungserklärung in groben Zügen entwickelt hatte. Idealtypisch zielte es auf die Verbesserung der materiellen Lage breiter sozialer Gruppen bei gleichzeitiger Veränderung der Wirtschafts- und Gesellschaftsordnung, auf die Reform der politischen Organisation, auf die Veränderung sozialer Normen und den Ausbau der politisch-gesellschaftlichen Partizipation.[267] Im Zentrum der Reformeuphorie der sozialliberalen Koalition stand vor allem ein sozialpolitisches Expansionsprogramm, das ganz vom Leitbild des modernen Wohlfahrtsstaates und dem Ziel einer »gerechteren« Verteilung der gesamtwirtschaftlichen Zuwächse in der Arbeitnehmergesellschaft geprägt war. Allein während der ersten Hälfte der siebziger Jahre verdoppelten sich die Einnahmen aus Beiträgen zur Sozialversicherung von 85 auf 167 Milliarden Mark. Und während die Steuerquote in den siebziger Jahren relativ moderat anstieg, erhöhte sich die Abgabenquote (also der Anteil von Steuern und Sozialabgaben am Bruttoinlandsprodukt) von 37 auf 43 Prozent.[268]

Neben Weichenstellungen, die klar auf die Verbesserung der Arbeitnehmer- und Verbraucherrechte zielten (etwa Wohnungsbauänderungs- und Wohnraumkündigungsgesetz zum 1. Januar 1972, Reform des Betriebsverfassungsgesetzes zum 19. Januar 1972), leitete die neue Regierung eine beeindruckende Reihe von Reformgesetzen in die Wege, die zur konjunkturunabhängigen Ausweitung der staatlichen Ausgaben führten und die öffentliche Mittel langfristig banden: Wegfall des zweiprozentigen Krankenversicherungsbeitrages für Rentner und Ausbau der Vermögensbildung der Arbeitnehmer zum 1. Januar 1970 (»624-DM-Gesetz«), die Erhöhung des Wohngeldes und eine Ausweitung des Empfängerkreises zum 1. Januar 1971, das Krankenhausfinanzierungsgesetz von 1972 und eine nachhaltige Ausweitung der Krankenkassenleistungen, das »Schüler-BAFöG« seit 1971, die große Rentenreform von 1972, die zu massiven Rentenerhöhungen führte, vor allem aber die Rentenversicherung für Hausfrauen und Selbständige öffnete und damit zahlreiche neue Leistungsansprüche verursachte. Hinzu traten Initiativen zum Ausbau der Hochschulen und zur Modernisierung der kommunalen Raum- und Infrastruktur (Städtebauförderungsgesetz von 1971), die ebenfalls zur Erhöhung der staatlichen Ausgaben auf allen Ebenen führten.[269] Daß es um eine Ausweitung von Leistungen der staatlichen Daseinsvorsorge ging, schlug sich auch in einer regelrechten Einstellungswelle im öffentlichen Dienst nieder. So stieg der Anteil der staatlich Beschäftigten an den Erwerbstätigen von 10,9 Prozent (1969) auf 12,2 Prozent (1972), was etwa 400.000 Beschäf-

266 Daten nach Rödder, Bundesrepublik S. 298–301.

267 Metzler, Konzeptionen S. 351 ff.; vgl. Regierungserklärung vom 28. Oktober 1969. In: Behn, Regierungserklärungen S. 205–235.

268 Hans-Peter Ullmann: Der deutsche Steuerstaat. Geschichte der öffentlichen Finanzen vom 18. Jahrhundert bis heute, München 2005, S. 202 f.

269 Gabriele Metzler: Der deutsche Sozialstaat. Vom bismarckschen Erfolgsmodell zum Pflegefall, Stuttgart 2003, S. 186 f.; Roland Sturm: Politische Wirtschaftslehre, Opladen 1995, S. 98; Görtemaker, Geschichte der Bundesrepublik S. 565 f.; Klaus von Beyme: Wohnen und Politik. In: Flagge, Geschichte des Wohnens S. 83–152, hier: 113.

tigten entsprach. Wie kostenträchtig diese Expansion der öffentlichen Beschäftigung unter den Bedingunge eines leergefegten Arbeitsmarktes war, zeigte sich im Wachstum der Personalausgaben. Sie nahmen im gleichen Zeitraum um 55 Prozent zu. Auch darin lagen äußerst langfristige staatliche Ausgaben begründet, die absolut konjunkturunabhängig waren.[270]

Die sozialliberale Reformpolitik war damit von Beginn an durch eine kaum aufzulösende Paradoxie geprägt: Sie bewirkte einerseits die kontinuierliche und konjunkturunabhängige Ausdehnung der öffentlichen Haushalte, wodurch sie die Wirksamkeit aller fiskalpolitischen Elemente der Konjunktursteuerung systematisch untergrub. Andererseits fußte sie aber auf der Überzeugung, daß die Globalsteuerung auch künftig jederzeit die Grundlage für eine derart nachhaltige Ausdehnung des »Staatskorridors« – in Form stabil hoher Wachstumsraten – zu schaffen in der Lage war.[271] In diesem Spannungsverhältnis stieg die Staatsquote sprunghaft an (von 38,9 Prozent 1969 auf 43,4 Prozent 1974[272]). Vor allem setzte die Reformhochstimmung innerhalb des Regierungslagers aber die Wirtschafts- und Finanzpolitiker nachhaltig unter Druck. Dem linken Flügel der SPD gingen die Veränderungen längst noch nicht rasch genug voran, und ihm galten sie zudem als halbherzig. Die Partei stand vor einer Zerreißprobe: Seit Ende der sechziger Jahre strömten junge Akademiker in die SPD und sorgten für einen neuen Stil, auch für einen deutlich erkennbaren Ruck nach links. Und die überaus erfolgreiche Popularisierung der Globalsteuerung wirkte nun voll auf die interne Willensbildung der Partei zurück. Auch ohne mühsames Studium der Nationalökonomie fühlte sich jedermann kompetent genug, um über wirtschaftliche Themen debattieren oder gar konkrete politische Schritte fordern zu können. In aller Deutlichkeit zeigte sich dies auf dem Sonderparteitag der Sozialdemokraten vom 18. bis 20. November 1971, auf dem der promovierte Anglist Erhard Eppler die Ergebnisse der von ihm geleiteten Steuerreformkommission vorstellte. In hitzigen Debatten kämpfte Schiller auf verlorenem Posten und argumentierte gegen eine Mehrheit, die in der Steuergesetzgebung lediglich einen Hebel zur gesellschaftlichen Systemüberwindung erblickte und dem Minister mit »eisiger Ablehnung« gegenüberstand. Der Parteitag beschloß eine verschärfte Besteuerung von Unternehmen und großen Einkommen (unter anderem eine Erhöhung des Spitzensteuersatzes auf 60 Prozent), und der schleswig-holsteinische SPD-Vorsitzende Jochen Steffen faßte das zentrale Motiv in einem vielzitierten Satz zusammen: »Wenn wir [...] strukturverändernde Politik machen wollen [...], dann müssen wir auch den Mut haben, die Grenzen der Belastbarkeit zu erproben.«[273] Schiller ließ seine Beamten die Beschlüsse des »Steuerparteitages« sofort durchrechnen. Gegenüber den Eckwerten der Bundesregierung, die bereits Steuererhöhungen vorsahen, hätte eine Umsetzung der SPD-Beschlüsse demnach nochmals zu einer jährlichen Mehrbelastung der Bürger und Unternehmen von rund 6,75 Milliarden Mark geführt.[274]

Die Wirtschafts- und Finanzpolitiker der Koalition beäugten diese Entwicklung von Beginn an mit großem Mißtrauen. Schiller charakterisierte die Regierung bereits 1970 als Kompanie, die sich der Kriegskasse bemächtigt habe und sie nun munter durchbringe.[275] Und

---

270 Scherf, Enttäuschte Hoffnungen S. 26 f.
271 Hier und im folgenden Ullmann, Steuerstaat S. 195 ff.
272 Berechnungen des Sachverständigenrates, zit. n. Scherf, Enttäuschte Hoffnungen S. 92.
273 Zit. n. Görtemaker, Geschichte der Bundesrepublik S. 523 u. 569.
274 AdL N47–73, Bökel an Flach, 21.1.1972; Stellungnahme zu den steuerpolitischen Beschlüssen des SPD-Parteitages, 7.1.1972.
275 Zit. n. Scherf, Enttäuschte Hoffnungen S. 27.

der auf stabile Haushaltsführung bedachte Finanzminister Alex Möller konnte sich schon 1971 nicht mehr gegen die »Bande von Verschwendern«[276] im Kabinett durchsetzen. Er sah angesichts mangelnder politischer Rückendeckung durch den Bundeskanzler nur noch die Möglichkeit seines Rücktritts. Schiller übernahm nun zusätzlich zum BMWi auch noch das Finanzressort und stieg damit zum »Superminister« auf. Doch zwischen den Anforderungen der Finanz- und Konjunkturpolitik, zwischen Wahltaktik und Haushaltsdisziplin wurde sein hohes öffentliches Ansehen rasch aufgerieben. Am Ende konnte auch er sich nicht mehr gegen die Reformpläne seiner Kollegen durchsetzen, stieß in Partei und Kabinett nur noch auf Unverständnis und trat 1972 mit großer Geste ebenfalls zurück. Er machte Platz für Helmut Schmidt, der als hartnäckiger Kämpfer für den Verteidigungsetat großen Anteil am Rücktritt seiner beiden Amtsvorgänger gehabt hatte. So verschliß die Koalition innerhalb nur eines Jahres nicht nur zwei Finanzminister und ihre beiden profiliertesten Wirtschaftspolitiker, sondern drängte auch zwei überzeugte Anhänger von Keynesianismus und Fiscal Theory aus dem Amt.[277]

Wie schwach die Position der Stabilisierungspolitiker im Kabinett tatsächlich war und wie sehr die Regierung vor einem energischen Einsatz der vom Stabilitätsgesetz bereitgehaltenen Instrumente zurückschreckte, zeigt beispielhaft die Ausgestaltung des Konjunkturzuschlages zur Lohn-, Einkommen- und Körperschaftsteuer im Sommer 1970. Bei seiner Einführung stand die Einsicht im Vordergrund, daß eine Dämpfung der Konjunktur über die Ausgabenseite der öffentlichen Haushalte angesichts der Begehrlichkeiten der Ressorts und der bekannten Strukturprobleme fiskalpolitischer Steuerung (Wirkungsverzögerung, extrem konjunkturabhängiges Steueraufkommen in Ländern und Gemeinden und daher prozyklische Ausgaben v. a. der Gemeinden) kaum Aussicht auf Erfolg hatte. Schiller sorgte daher im Verein mit Möller dafür, daß die Dämpfungsversuche erstmals über die Einnahmenseite erfolgten.[278] Der Zuschlag wurde vom 1. August 1970 bis zum 30. Juni 1971 gemeinsam mit einer Aussetzung der degressiven Abschreibung erhoben und führte dazu, daß ein Betrag von fast sechs Milliarden Mark stillgelegt werden konnte. Freilich war die Anwendung konjunkturpolitisch inkonsequent: Anders als im Stabilitätsgesetz vorgesehen, war eine Rückzahlung des Zuschlages bis zum 31. März 1973 beschlossen worden. Die Regierung begründete dies mit einer »Schonung der Steuerpflichtigen«. Konzeptionell war ein fixer Termin für die Rückzahlung jedoch unsinnig, da das steuerliche Mehraufkommen zur Krisenbewältigung eingesetzt werden sollte. Statt dessen lag das Datum der Rückzahlung auffällig nah am Ende der regulären sechsten Legislaturperiode, und die tatsächliche Rückzahlung erfolgte dann seit dem 15. Juni 1972, also im Vorfeld der vorgezogenen Neuwahlen. Zudem erfaßte der Zuschlag nur rund 10 von 25 Millionen Steuerpflichtigen. Untere Einkommen sollten aus sozialen Gründen geschont, die Finanzbehörden vor einer Flut von Bagatellfällen bewahrt werden. Doch auch dies schränkte die konjunkturpolitische Effizienz des Instruments nachhaltig ein, da doch gerade die Reduzierung der unteren Einkommen für einen unmittelbar wirksamen Nachfrageausfall gesorgt hätte. So klar sich die Konjunkturpolitiker also über die Notwendigkeit eines kontraktiven Kurses waren, zeigte der Konjunkturzuschlag doch besonders drastisch, daß der fiskalpoliti-

276 Helmut Schmidt, zit. n. Arnulf Baring: Machtwechsel. Die Ära Brandt-Scheel, Stuttgart 1982, S. 651.
277 Ebd. S. 653 ff., 670 ff.
278 Vgl. die selbstkritische Bestandsaufnahme in AdsD Abt. II SPD-Bundestagsfraktion 6. WP (1969–72) Nr. 882, Typoskript: Die Haushaltsführung der Jahre 1968 bis 1972 – Grundlagen, Durchführung, Bewertung, Bonn 29.9.1972 (BMWF, Referate F/IA3 und F/IIA2).

sche Instrumenteneinsatz wahltaktischen und machtpolitischen Erwägungen untergeordnet wurde.[279]

Die zügellose Ausgabenpolitik der sozialliberalen Koalition untergrub jedoch nicht nur die Wirksamkeit einer fiskalpolitischen Stabilisierungsstrategie. Sie gab zugleich auch den Rahmen für eine Einkommenspolitik vor, die ebenfalls ganz im Zeichen der Expansion, des Nachholbedarfs und der Umverteilung stand. Und sie untergrub auf diese Weise die Glaubwürdigkeit aller politischen Appelle, mit denen die Tarifparteien zur Mäßigung aufgerufen wurden. Damit trug auch die Einkommenspolitik ihren Teil zur Inflation bei: Nach dem faktischen Scheitern der Konzertierten Aktion im Herbst 1969 setzte das Gewerkschaftslager nun ganz darauf, den Lohn-Lag aus eigener Kraft über die Tarifpolitik auszugleichen und auf diese Weise die von Karl Schiller zum Schlagwort erhobene »soziale Symmetrie« wiederherzustellen. Die Bruttolohn- und Gehaltssumme je Beschäftigtem wuchs zwischen 1969 und 1974 durchschnittlich um 11,8 Prozent, allein im Jahr 1970 um sagenhafte 16 Prozent. Dem stand im gleichen Zeitraum ein durchschnittliches Wachstum der Arbeitsproduktivität von nur 2,7 Prozent gegenüber, und so erhöhten sich die realen Lohnstückkosten im jährlichen Durchschnitt um 1,6 Prozent. Die Jahre 1969 bis 1974 waren damit eine Phase enormer Einkommensverbesserungen für die Arbeitnehmer, deren Ausmaß und Geschwindigkeit in der gesamten Geschichte der Bundesrepublik singulär blieben.[280]

Die Rahmenbedingungen für eine tarifpolitische Strategie der Expansion waren in den ersten Jahren der sozialliberalen Koalition ohne Frage besonders günstig. Es herrschte großer Arbeitskräftemangel, der sich besonders deutlich in der steigenden Zahl von »Gastarbeitern« niederschlug – allein zwischen 1969 und 1973 nahm die Zahl der ausländischen Beschäftigten von 1,4 auf rund 2,6 Millionen zu.[281] Hohe Lohnforderungen waren auf dem leergefegten Arbeitsmarkt gut durchsetzbar, und das Arbeitgeberlager protestierte zwar lautstark, griff mitunter auch zum Kampfinstrument der Flächenaussperrung, lenkte in der Praxis jedoch notgedrungen ein, da die Unternehmen zusätzliche Kostenbelastungen teilweise auf die Preise abwälzen konnten. Die gewerkschaftliche Lohnpolitik folgte dabei grundsätzlich der bereits am Anfang der sechziger Jahre formulierten modifizierten Produktivitätsregel (»Meinhold-Formel«) und orientierte sich am gesamtwirtschaftlichen Produktivitätsfortschritt plus Geldentwertung. Hinzu trat nun eine Umverteilungskomponente, mit der die relativen Einkommensverluste der Arbeitnehmer zwischen 1967 und 1969 ausgeglichen werden sollten. Zudem gelang es in dieser Expansionsphase, in den Tarifverträgen die Einkommen der untersten Lohngruppen überproportional stark ansteigen zu lassen – eine »soziale Komponente« der Tarifpolitik, deren Effekt von den einkommenspolitischen Durchschnittswerten verdeckt wird und die den Rationalisierungsdruck auf die ungelernte Arbeit dramatisch erhöhte.[282]

Die zunehmende Schärfe der lohnpolitischen Auseinandersetzungen war zumindest zum Teil die Folge von Spannungen innerhalb der Gewerkschaftsorganisationen, die denen der SPD glichen: Hüben wie drüben traten die Folgen eines breiten Generationswechsels immer deutlicher hervor – auch innerhalb der Industriegewerkschaften brach sich ein »marxistisch

279 Jutta Muscheid: Die Steuerpolitik in der Bundesrepublik Deutschland 1949–1982 (Volkswirtschaftliche Schriften, Bd. 365), Berlin 1986, S. 159 f.; Sturm, Politische Wirtschaftslehre S. 97.

280 Giersch, Fading Miracle S. 132; Scharpf, Krisenpolitik S. 159 f.

281 Ulrich Herbert: Geschichte der Ausländerpolitik in Deutschland. Saisonarbeiter, Zwangsarbeiter, Gastarbeiter, Flüchtlinge, München 2001, S. 198, 233.

282 Schönhoven, Gewerkschaften S. 224; Scherf, Enttäuschte Hoffnungen S. 111.

theoretisierende[r] Zeitgeist« Bahn und trug zur »Redogmatisierung« der politischen Positionen bei. So wie in der SPD das traditionelle Facharbeitermilieu gegenüber den Intellektuellen immer stärker in den Hintergrund trat, sahen sich die Gewerkschaftsleitungen nun mit antiautoritären Protesten und Forderungen nach ausgeprägter demokratischer Teilhabe am Entscheidungsprozeß konfrontiert – ein krasser Bruch mit der traditionellen gewerkschaftlichen Organisationskultur.[283] Dabei verschärfte der Lohn-Lag der späten sechziger Jahre den Unmut an der Basis. Und die wilden Streiks vom September 1969 entfalteten erst in diesem Kontext ihre für die gewerkschaftlichen Spitzenfunktionäre regelrecht traumatisierende Wirkung: Eine Wiederholung dieser Situation mußte um jeden Preis verhindert werden, weil dies die auf Disziplin und Geschlossenheit gründende Schlagkraft der gewerkschaftlichen Organisation zu untergraben drohte. Schon in der Sitzung der Konzertierten Aktion vom 12. Januar 1970 machte das Gewerkschaftslager daher unmißverständlich deutlich, daß ihm die eigene Basis keinen Spielraum für weitere Lohnzurückhaltung ließ.[284] Der DGB-Vorsitzende Heinz-Oskar Vetter versuchte zudem, die Regierung davon zu überzeugen, in den Jahreswirtschaftsbericht keine einkommenspolitischen Orientierungsdaten mehr aufzunehmen.[285] Und in seiner mittelfristigen Zielprojektion rechnete der DGB damit, den Einkommensrückstand der Arbeitnehmer bis 1974 schrittweise über die Tarifpolitik ausgleichen zu können. Dazu müßten die Lohnsteigerungen aber so hoch ausfallen, daß den Unternehmen eine Abwälzung der Kosten über die Preise nicht mehr gelinge, was schärferen nationalen und internationalen Wettbewerbsdruck erfordere. In der Düsseldorfer DGB-Zentrale erkannte man durchaus, daß diese Strategie »Systemveränderungen« mit sich brachte, die in erster Linie die unternehmerische Investitionsfinanzierung betrafen, glaubte diese aber in Kauf nehmen zu können.[286]

Auch die Arbeitgeberverbände sahen die neuartige »Härte der Verhandlungsführung [...] von der Furcht diktiert, die Belegschaften könnten der Gewerkschaftsführung unter dem Druck radikaler Parolen aus der Hand gleiten.«[287] Als »Organisationsform, die für die Arbeitnehmer attraktiv bleibt«, seien die Gewerkschaften zwar »politisch lebenswichtig«.[288] Gleichwohl nahmen die Auseinandersetzungen dramatisch an Schärfe zu, weil sich das Arbeitgeberlager von der Tarifpolitik der Gewerkschaften und der Reformpolitik der Bundesregierung (Mitbestimmung, Vermögensbildung, Betriebsverfassungsgesetz) in die Defensive gedrängt sah. So sank der Geschäftsklima-Index des Münchner Ifo-Instituts trotz hohen Wirtschaftswachstums bis 1972 fast auf den Tiefstand der Wirtschaftskrise von 1966/67 ab, und auch die Realinvestitionen der Unternehmen gingen zurück. Mit dieser Stimmungsverschlechterung entwickelten die Spitzenverbände der Wirtschaft eine regelrechte »Belagerungsmentalität« und setzten 1971/72 in einer »heute kaum noch verständlichen Welle der Hysterie«[289] auf direkte Konfrontation: Sie malten die Schreckensvision einer »gewerkschaftlichen Machtergreifung in Wirtschaft, Gesellschaft und letztlich im Staat« an die Wand.[290] Bundesregierung

283 Kempter, Eugen Loderer S. 252 ff.
284 BDI-Archiv KKW 36, Karton 702, Vermerk Baumann, 15.1.1970.
285 DGB-Archiv im AdsD 5/DGAI1979, Vetter an Brandt, 14.1.1970.
286 DGB-Archiv im AdsD 5/DGAI2006, Rudolf Henschel, Redemanuskript: Die gegenwärtige Wirtschaftssituation und ihre gewerkschaftspolitischen Konsequenzen, ohne Datum [Frühjahr 1970].
287 BDI-Archiv HGF Pro 24, Karton 783, Anlage zum Rundschreiben an das Präsidium vom 29.9.1970.
288 BDI-Archiv KKW 36, Karton 702, Vermerk Baumann, 18.3.1970.
289 Volker Berghahn: Unternehmer und Politik in der Bundesrepublik, Frankfurt am Main 1985, S. 316–323.
290 Lutz Hachmeister: Schleyer. Eine deutsche Geschichte, München 2004, S. 305.

und Gewerkschaften waren dabei zu gleichen Teilen Ziel dieser Attacken, da die Gewerkschaften aus ihrer breiten Unterstützung für die sozialliberale Reformpolitik, insbesondere für die Ostpolitik und die Novellierung des Betriebsverfassungsgesetzes, keinen Hehl machten. Freilich beschränkte sich diese vordergründige Harmonie zwischen Gewerkschaften und Bundesregierung auf gesellschaftspolitische Fragen – angesichts der offensiven Tarifpolitik kühlte sich ihr Verhältnis seit 1970 rasch ab, als immer deutlicher wurde, daß sich die Gewerkschaften auch unter einer sozialdemokratisch geführten Bundesregierung keineswegs in die Rolle eines wirtschafts- und einkommenspolitischen »Ordnungsfaktors« einfügen wollten.[291]

Die Schärfe der einkommenspolitischen Auseinandersetzungen belastete auch das Gesprächsklima in der Konzertierten Aktion. Diese tagte weiterhin in regelmäßigen Abständen – allerdings prallten die Standpunkte von Arbeitgeber- und Arbeitnehmervertretern dort nun unversöhnlich aufeinander, und von »Gesprächen« konnte nur noch bedingt die Rede sein, da im ausgedehnten Teilnehmerkreis fast nur noch vorgefertigte Erklärungen verlesen wurden. Wirtschafts- und Finanzminister, Vertreter der Bundesbank und auch die Mitglieder des Sachverständigenrates versuchten vergeblich, die Tarifparteien auf einen moderateren Kurs einzuschwören, und griffen dabei mitunter auch zu drastischen Mitteln und Argumenten: In der Sitzung vom 4. März 1971 war sich Bundesbankpräsident Karl Klasen sicher, daß »unser freiheitliches Wirtschaftssystem in die Binsen geht«, wenn »die Tariferhöhungen in den nächsten Jahren nicht erheblich heruntergehen.« Und der Ratsvorsitzende Norbert Kloten präsentierte gar ein Papier, in dem er die Tarifparteien mit eigenen Berechnungen vom geringen Spielraum für Lohnerhöhungen zu überzeugen suchte und konkrete Lohnleitlinien vorschlug. Doch derlei Appelle liefen angesichts der Festlegung des Gewerkschaftslagers ins Leere, und die Konzertierte Aktion hatte ihre Funktion des einkommenspolitischen Flankenschutzes für die Globalsteuerung längst eingebüßt.[292]

Das Ergebnis dieser Steuerungsprobleme der keynesianischen Politik war eine sich rasch beschleunigende Geldentwertung. Die drei Problembereiche der Globalsteuerung – fehlende außenwirtschaftliche Absicherung, undisziplinierte Fiskalpolitik und starker Anstieg der Arbeitnehmereinkommen – verschärften im Zusammenspiel den Druck auf den Geldwert, so daß die Inflationsrate von zwei Prozent im Jahr 1969 bis 1971 auf knapp fünf Prozent anstieg und dann 1973 fast sieben Prozent erreichte.[293] Zwar schlugen auch noch andere Folgen negativ zu Buche, etwa die erste Verteuerung der westdeutschen Exporte, eine zurückgehende Investitionsneigung der Unternehmen, steigende Arbeits- und Lohnnebenkosten oder die langfristige Ausdehnung der öffentlichen Haushalte. Doch in der zeitgenössischen Problemwahrnehmung spielte dies kaum eine Rolle. Gradmesser für die konzeptionellen Mängel und den Mißerfolg der Globalsteuerung war allein die Inflation. Wie sehr diese Sicht von langfristig wirksamen Mentalitäten und dem tief im kollektiven Gedächtnis verankerten Trauma zweier Währungsreformen geprägt wurde, zeigte sich besonders deutlich beim Blick über Deutschland hinaus. Schließlich war die Bundesrepublik im internationalen Vergleich nach wie vor ein Hort der Stabilität, und die Gewöhnung an die Geldentwertung war andernorts längst viel

---

291 Für die IG Metall Kempter, Eugen Loderer S. 250ff.

292 DGB-Archiv im AdsD 5/DGAI1979, Protokoll der Konzertierten Aktion am 4.3.1971 vom 10.3.1971; Der Spiegel, Nr. 11/1971, Art. Konzertierte Aktion: Was soll das?

293 Scherf: Enttäuschte Hoffnungen S. 8.

weiter vorangeschritten.[294] Doch trotz der im internationalen Vergleich moderaten Geldentwertung thematisierte die westdeutsche Öffentlichkeit die steigenden Inflationsraten als Skandal, und die von der Opposition und den Wirtschaftsverbänden beherzt angefeuerte Debatte über den Geldwert trug seit den heftigen politischen Auseinandersetzungen des Jahres 1972 zunehmend hysterische Züge.[295] Vor allem führten die mit der Inflation immer deutlicher hervortretenden negativen Effekte der Globalsteuerung aber dazu, daß sich die wissenschaftliche Plausibilitätskrise des Keynesianismus vertiefte und sich die wirtschaftspolitische Beratung nun mit vollem Ernst der monetaristischen Konzeptionen annahm.

2.3 Die Stabilisierungskrise als Ausweg

Die sich am Anfang der siebziger Jahre auf hohem Niveau verfestigende Geldentwertung als Folge von Steuerungsproblemen der keynesianischen Politik leitete einen grundlegenden Wandel der wirtschaftspolitischen Semantik ein. Damit wurde der Abschied von der Globalsteuerung eingeläutet. Fortan konzentrierte sich der Sachverständigenrat auf die strukturellen Steuerungsprobleme der Wirtschaftspolitik, setzte sich nun erstmals intensiv mit der Geldpolitik auseinander und schwenkte bereits 1972 auf einen monetaristischen Kurs um. In einem ersten Schritt wird daher die Wissensproduktion des Sachverständigenrates rekonstruiert. Im zweiten Schritt werden die Folgen der veränderten wirtschaftspolitischen Semantik betrachtet, denn fast zeitgleich ging auch das BMWi erstmals auf Distanz zum wirtschaftspolitischen Handlungsmodell der sechziger Jahre. Damit ist bereits vor der ersten Ölkrise eine grundlegende Veränderung der wirtschaftspolitischen Akteurskonstellation zu konstatieren. Die Notenbank schritt nun bei der Inflationsbekämpfung als eigenständiger Akteur mit neuen Instrumenten voran; die Finanzpolitik wurde vom Ziel der Geldwertstabilisierung entlastet, und letztlich kam es in einer Übergangsphase zur konzeptionell höchst problematischen und praktisch folgenreichen Kombination von Keynesianismus und Monetarismus.

Ausgangspunkt für den Paradigmenwechsel des Sachverständigenrates waren die handfesten sozialen Folgen der Geldentwertung. Die Gutachter beobachteten mit Sorge, wie sich die Wirtschaftssubjekte an den schwindenden Geldwert gewöhnten, längst fest mit weiteren Preissteigerungen rechneten und diese Erwartung in ihre Dispositionen einfließen ließen – wodurch sich das inflationäre Geschehen wiederum beschleunigte. Solche Verhaltensänderungen zeigten sich wohl nirgendwo deutlicher als im Bauboom der Jahre 1970 bis 1973. Die Anlage in »Betongold« versprach einerseits Sicherheit vor der Geldentwertung, trug aber andererseits selbst inflatorische Züge. So war beispielsweise der Bau einer öffentlich geförderten Sozialwohnung 1972 nominell fast 56 Prozent teurer als noch im Jahr 1969. Zugleich war diese Flucht in die Sachwerte eine gewaltige volkswirtschaftliche Fehlallokation, durch die teure Wohnungen zu Tausenden an der Nachfrage des bereits weitgehend ausgeglichenen Wohnungsmarktes vorbei produziert wurden.[296]

---

294 Dominik Geppert: Thatchers konservative Revolution. Der Richtungswandel der britischen Tories 1975–1979 (Veröffentlichungen des DHI London, Bd. 53), München 2002, S. 147; zur Debatte in den USA vgl. auch John Kenneth Galbraith: Inflation. Ein Katechismus für Präsidenten. In: Jörg Huffschmid; Gerhard Kade; Dirk Ipsen: Die Krise und die Grenzen der bürgerlichen Ökonomie, Köln 1975, S. 41–48.
295 Vgl. das CDU-Wahlkampfmaterial zur Wirtschaftspolitik in ACDP VIII-001–308/2.
296 Jahresgutachten 1970/71, Tz. 64–78; Kühne-Büning/Hesse/Plumpe, Wohnungsmärkte S. 187.

Indem sie die individuellen Erwartungen bei der Erklärung der Inflation stark betonten, nahmen die Gutachter bereits Elemente der Theorie der rationalen Erwartungen auf, die sich als strikt antikeynesianisch begriff und ebenso eine mittelfristige Verstetigung der Wirtschaftspolitik propagierte wie der Monetarismus.[297] Sie fürchteten, daß der Teufelskreis aus Inflationserwartung, Verhaltensänderung und weiter beschleunigter Geldentwertung nicht nur zu kostspieligen Verzerrungen der Wirtschaftsstruktur führen, sondern sich sogar zur Bedrohung für die marktwirtschaftliche Ordnung auswachsen könnte: »Unmerklich zunächst, doch im Laufe der Zeit immer mehr und schon heute spürbar, verdirbt die Inflation das Urteil der Menschen über wirtschaftliche Zusammenhänge.« Darin liege die eigentliche Ursache für dirigistische Forderungen, deren Umsetzung die Marktwirtschaft in Frage zu stellen drohte: »Stopp der Mieten, Stopp der Bodenpreise, Kontrolle der Preise bei den Großen, dies sind populäre Parolen.« Tatsächlich sei die Inflation aber eine »soziale Erscheinung«, die letztlich nur »ein Ergebnis der Ordnung [ist], die wir uns geben, und der Art, wie wir diese Ordnung handhaben.« Somit war die Wirtschaftspolitik grundsätzlich »vor die Aufgabe gestellt, die Gewöhnung an hohe Inflationsraten zu durchbrechen und das Vertrauen in den Geldwert zurückzugewinnen.«[298]

Aus dieser Problemanalyse zog der Sachverständigenrat nun weitreichende Schlüsse, die letztlich eine fundamentale Wende seiner theoretischen Leitbilder bedeutete. Seit der Gründung des Rates hatten die Gutachter der Geldpolitik nur am Rande Beachtung geschenkt und sich dabei am breiten Konsens des geldtheoretischen Denkens westdeutscher Nationalökonomen orientiert. Dieser prägte auch die Praxis der Notenbank: Die Geldpolitik verstand sich als Kreditpolitik, die von der Bundesbank über die Steuerung der freien Liquiditätsreserven der Geschäftsbanken betrieben wurde. Erst nach der Berufung des Geldtheoretikers Claus Köhler im Dezember 1969 entwickelte der Sachverständigenrat überhaupt eigenständige geldpolitische Vorstellungen. Köhlers Einfluß schlug sich bereits im Jahresgutachten vom November 1970 nieder, als der Rat dessen Vorstellungen fast vollständig übernahm. Köhler hatte sich mit dem Konzept des Liquiditätssaldos (die Betrachtung der Gesamtausstattung des Geschäftsbankensystems mit Liquidität) einen Namen gemacht, das vom Rat nun ebenso aufgegriffen wurde wie sein praxisnaher Vorschlag einer »potentialorientierten Kreditpolitik«.[299] Letztere war deshalb besonders attraktiv, weil sie die altbekannten liquiditätstheoretischen Vorstellungen keineswegs über Bord warf, sondern im Sinne der 1969 vom Sachverständigenrat angemahnten »Regelbindung« weiterentwickelte. Analog zur Vorstellung des Rates, die Finanzpolitik stärker am mittelfristigen Wachstum des Produktionspotentials auszurichten, sollte nun auch die Notenbank in diese Politik eingebunden werden und per stetiger Liquiditätsversorgung der Banken ihrerseits zu einer gleichmäßigeren wirtschaftlichen Entwicklung beitragen. Das mittelfristige Wachstum des Produktionspotentials stieg damit zumindest für eine kurze Phase zum zentralen »Regelmechanismus« in der Konzeption des Sachverständigenrates

297 Vertreter dieser Richtung kürzten »rational expectations« gern mit »ratex« ab, was eben auch als antikeynesianische Spitze gelesen werden konnte (»Rattengift«); Mark H. Willies: »Rationale Erwartungen« als eine Gegenrevolution. In: Daniel Bell; Irving Kristol (Hg.): Die Krise in der Wirtschaftstheorie, Berlin 1984, S. 103–122, hier: 103.

298 Jahresgutachten 1972/73, Tz. 321, 341–346.

299 Vgl. Claus Köhler: Orientierungshilfen für die Kreditpolitik (Veröffentlichungen des Instituts für empirische Wirtschaftsforschung, Bd. 1), Berlin 1968.

auf.[300] Der Vorschlag stieß jedoch auf keine positive Resonanz. Die Bundesregierung äußerte sich im Jahreswirtschaftsbericht 1971 ausgesprochen skeptisch über die potentialorientierte Kreditpolitik, verwies auf das Problem der außenwirtschaftlichen Absicherung,[301] und auch in der Wissenschaft war Köhlers Position längst nicht unumstritten.[302] Da die Bundesbank wegen der anschwellenden internationalen Kapitalströme zudem immer größere Probleme damit hatte, die Kreditpolitik der Banken über die freien Liquiditätsreserven überhaupt noch zu beeinflussen, räumte der Sachverständigenrat im Gutachten vom Herbst 1972 ein, daß das Konzept der Bankenliquidität mittlerweile »den Problemen einer zu großen Elastizität des monetären Systems wahrscheinlich nicht genügend gerecht« werde. Die Episode der potentialorientierten Kreditpolitik war somit schon nach zwei Jahren wieder beendet und blieb politisch ohne Folgen.[303]

Statt dessen vollzogen die Gutachter nun die Wende zum Monetarismus und knüpften an die internationale, vor allem US-amerikanische Diskussion an, die Milton Friedman ausgelöst hatte. Auch Friedman ging davon aus, daß der Keynesianismus durch die Entscheidungsverzögerung der Politik ineffizient sei und letztlich prozyklisch wirke. Er rückte die Geldmenge in den Mittelpunkt der Betrachtung und argumentierte, daß ein verstetigtes und damit regelgebundenes Wachstum der Geldmenge nicht nur der Geldentwertung Einhalt gebiete, sondern sogar zu einer Stabilisierung der Konjunktur führen werde. Unter dem Schlagwort »rules versus authority« suspendierte also auch der Monetarismus die Wirtschaftspolitik von der Pflicht der permanenten Intervention. Im Gutachten vom Herbst 1972 wiesen die Sachverständigen daher der Geldpolitik die zentrale Rolle bei der Inflationsbekämpfung zu und verabschiedeten sich vom Konzept der Liquiditätssteuerung. Sie gingen nun von der These aus, daß »eine unerwünschte, weil inflatorische Nachfrageexpansion [...] letztlich unmöglich ist, wenn nicht in entsprechendem Umfang zusätzliches Geld geschaffen wird.« Da der Zusammenhang zwischen Geldmenge und Inflation wissenschaftlich unumstritten sei, sollte die Geldpolitik der Bundesbank künftig bei der Steuerung des Geldvolumens ansetzen, und eine Offenmarktpolitik als Mengenpolitik war nach Ansicht der Gutachter gegenüber dirigistischen Instrumenten (Kreditplafond, Bardepot usw.) »fast in jeder Hinsicht überlegen«. Vorsichtig verwiesen sie jedoch auch darauf, daß die monetaristische Theoriebildung nach wie vor Lücken aufwies und insbesondere der Wirkungszusammenhang zwischen Geldmenge und gesamtwirtschaftlicher Entwicklung noch nicht hinreichend geklärt sei. Ein vollgültiger Abschied vom Keynesianismus war mit ihren Vorschlägen also keineswegs verbunden. Zudem fragten sie sich, welcher Indikator für die Steuerung der Zentralbankgeldmenge geeignet sei: Woran konnte die Bundesbank »ablesen [...], was sie bewirkt, ja, ob sie überhaupt etwas bewirkt?« Einstweilen favorisierten die Gutachter daher die Kreditgewährung der Banken als zuverlässigsten Indikator der Geldpolitik.[304]

---

300 Jahresgutachten 1970/71, Tz. 359–369; Manfred J. M. Neumann: Theoretisch wenig fundiert, empirisch nicht belegt. Die geldtheoretischen Leitvorstellungen. In: Molitor, Zehn Jahre Sachverständigenrat S. 116–138.

301 Bundestags-Drucksache VI/1760: Jahreswirtschaftsbericht 1971 der Bundesregierung, 22.1.1971, Tz. 17f.

302 Ausführlich Diethard Schneider: Monetäre Konzepte der Verstetigungspolitik. Grundlagen und Ansatzpunkte des Sachverständigenrates (Schriften zur monetären Ökonomie, Bd. 12), Baden-Baden 1981, S. 47ff.; vgl. auch Manfred J. M. Neumann, Theoretisch wenig fundiert S. 127–134.

303 Jahresgutachten 1972/73, Tz. 401.

304 Ebd. Tz. 394–405.

In der breiten Öffentlichkeit wurde dieser Kurswechsel kaum zur Kenntnis genommen: Weder war die knappe Passage des Gutachtens mit einer programmatischen Überschrift versehen worden, noch konnten sich die Sachverständigen zu einer klaren konzeptionellen Darstellung durchringen. Die vorsichtige, »von Modalitäten durchsetzte Sprache« war wohl auch auf das Empfehlungsverbot zurückzuführen.[305] Vor allem sperrte sich aber Claus Köhler, den Kurswechsel seiner Kollegen mitzumachen. Er formulierte in einem Minderheitsvotum seinen Protest, hielt an seiner Konzeption fest und hob hervor, daß die Finanzpolitik weiterhin eine wichtige Rolle bei der Geldwertstabilisierung spielen müsse – andernfalls stehe ein Rückschritt hinter die »Fiscal Policy« und somit ein finanzpolitischer Rückfall in die fünfziger Jahre zu befürchten. Diese Uneinigkeit verhinderte eine demonstrative Festlegung der Gutachter im Herbst 1972.[306] Erst nachdem Köhlers Amtszeit im Februar 1974 ausgelaufen war, legte der Sachverständigenrat ein programmatisches Kapitel vor, in dem er seine geldpolitischen Vorstellungen aus einem Guß entwickelte, die konkreten Instrumente ausführlich erörterte und nun auch mutigere Aussagen über die konjunkturpolitische Wirksamkeit des Monetarismus wagte.[307]

Dennoch: Schon im Gutachten vom November 1972 deutete sich an, daß der Sachverständigenrat begann, Abschied von der wirtschaftspolitischen Semantik der sechziger Jahre zu nehmen. Die Stabilisierung von Konjunktur und Geldwert mit fiskalpolitischen Mitteln war auf ganzer Linie gescheitert – in dieser Einsicht lag der Ursprung für den Paradigmenwechsel der Gutachter. Den wirtschaftspolitischen Akteuren wiesen sie nun neue Funktionen zu. Die »wirksame autonome Kontrolle der Geldversorgung« sollte anstelle der Finanzpolitik die zentrale Rolle bei der Herstellung von Stabilität spielen, »da nur so die öffentlichen Haushalte aus dem unheilvollen Dauerkonflikt zu befreien wären, in den sie durch ihre stabilitätspolitische Verantwortung einerseits und die Aufgabe einer sehr weitreichenden öffentlichen Daseinsversorgung andererseits gestellt sind.« Die bisherige »Rollenzuweisung« hatte die keynesianische Finanzpolitik offenkundig überfordert, und die Sachverständigen erklärten dies auch mit dem historischen Entstehungskontext des Keynesianismus. Er war »nur von den Erfahrungen einer Zeit her verständlich [...], die von der Gefahr einer Dauerarbeitslosigkeit geprägt war, nicht aber – wie die Gegenwart – von einem eindeutigen Hang zur Übernachfrage.« Sie gingen sogar noch weiter: Selbst der Grundgedanke des Stabilitätsgesetzes, daß der »Bedarf an expansiver und der Bedarf an kontraktiver Fiskalpolitik abwechselnd etwa gleich stark sein werde« hatte sich nicht als »wirklichkeitsgerecht« erwiesen. Ziel der monetaristischen Wende war es somit, die Finanzpolitik von übertriebenen Erwartungen zu entlasten. Dies bedeutete vor allem eine Aufwertung der Bundesbank, denn die Geldpolitik rückte nun in eine zentrale Position. Eine solche Neujustierung der wirtschaftspolitischen Akteurskonstellation war nur auf der Basis der positiven Erfahrungen mit dem Floaten seit Frühjahr 1972 möglich. Vor allem spiegelte sich darin aber die tiefe Enttäuschung über die Entscheidungsschwäche der politischen Akteure, die den Einsatz der von den Gutachtern als »richtig« propagierten wirtschaftspolitischen Schritte ein ums andere Mal ihren wahltaktischen Erwägungen unterord-

305 Manfred J.M. Neumann, Theoretisch wenig fundiert S. 117.
306 Jahresgutachten 1972/73, Tz. 425–436.
307 Jahresgutachten 1974/75, Tz. 316–396, das Zitat: 396.

neten. Das monetaristische Konzept und die darin vorgesehene starke Stellung der politisch unabhängigen Bundesbank versprach eine Lösung dieses Problems.[308]

Die Warnung der Sachverständigen vor der »Illusion« eines »trade-off« zwischen Inflation und Arbeitslosigkeit war jedenfalls kaum verhüllt an die Adresse Helmut Schmidts gerichtet, der noch im Wahlkampf des Sommers 1972 behauptet hatte, fünf Prozent Inflation seien ihm lieber als fünf Prozent Arbeitslosigkeit. Eigentlich hatte der Finanzminister damit lediglich jene einflußreiche Grundannahme des keynesianischen Politikmodells auf den Punkt gebracht, die 1958 in der »Phillipskurve« graphisch eingängig formuliert worden war. Doch die Forschungen der Monetaristen und der Rational-Expectations-Schule hatten diese Sichtweise längst obsolet werden lassen, und so betonte der Sachverständigenrat eindringlich, daß Inflation zwar kurzfristig Wachstum und sinkende Arbeitslosigkeit bewirken könne. Mittelfristig schlage jedoch die Gewöhnung an die Geldentwertung, die Erwartungsbildung der Wirtschaftssubjekte und ein daraus folgender gesamtwirtschaftlicher Anpassungsprozeß negativ zu Buche.[309] Zwar beeilten sich die Gutachter zu versichern, daß der Geldwertstabilität nun keineswegs Vorrang gegenüber den Zielen Vollbeschäftigung, Wachstum und außenwirtschaftlichem Gleichgewicht eingeräumt werden sollte – »gleicher Rang« genüge vollauf.[310] Allerdings glaubten sie längst nicht mehr daran, daß das Ausmaß der Inflation eine Rückkehr zu stabilen Preisen »ohne die Bereitschaft, notfalls auch vorübergehend geringe Abstriche bei den Zielen Wachstum und hoher Beschäftigungsstand zu machen«, überhaupt noch ermöglichte.[311] Und an anderer Stelle betonten die Sachverständigen: Es »dürfte die Geldmenge als Zielgröße der monetären Politik in einem mittelfristig angelegten Konzept, das mit mehr Verhaltenskonstanz rechnen könnte, bedeutsamer sein, als in der kurzfristigen Bekämpfung eines gesamtwirtschaftlichen Ungleichgewichts.«[312] Etwas verklausuliert hatten die Experten mit dieser Erörterung des monetaristischen Konzeptes deutlich gemacht, worum es eigentlich ging: Die Gewöhnung an die Inflation mußte gebrochen, die Ineffizienz der fiskalpolitischen Steuerung überwunden werden. Dies mochte dann kurzfristig auch auf eine Stabilisierungsrezession samt Arbeitslosigkeit hinauslaufen. Und obwohl der Rat einen derart harten Schnitt an anderer Stelle explizit ablehnte,[313] ließ sein Gutachten vom November 1972 doch keinen Zweifel daran aufkommen, daß sich eine monetaristisch inspirierte, an der Geldmenge ausgerichtete Geldpolitik auf mittelfristige Ziele konzentrieren, Wachstums- und Beschäftigungseinbußen also kurzfristig durchaus hinnehmen könne.

In diesem Paradigmenwechsel kam die Suche nach neuen wirtschaftspolitischen Lösungen zum Ausdruck – er war gleichermaßen Reaktion auf offensichtliche Steuerungsprobleme der Regierungspolitik wie auf die damit eng verbundene Plausibilitätskrise der wirtschaftspolitischen Semantik der sechziger Jahre. Betrachtet man aber zugleich die langfristige personelle Zusammensetzung des Sachverständigenrates (Grafik 6), fällt auf, daß die monetaristische Wende mit einem deutlichen generationellen Wandel im Gutachtergremium zusammenfiel. In

308 Jahresgutachten 1972/73, Tz. 352.

309 Harald Scherf, Art.: Phillipskurve. In: HdWW Bd. 6, S. 78–84, hier: 81. Zum Schmidt-Zitat s. ders., Enttäuschte Hoffnungen S. 67; Jahresgutachten 1972/73, Tz. 346.

310 Der programmatische Titel des Gutachtens lautete denn auch »Gleicher Rang für den Geldwert.« Jahresgutachten 1972/73, Tz. 341.

311 Ebd. Tz. 346.

312 Ebd. Tz. 396.

313 Ebd. Tz. 347.

den Jahren 1969 und 1970 wurden vier von fünf Gutachterposten neu besetzt, eine Fluktuation, die in der gesamten Geschichte des Sachverständigenrates einzigartig ist. Sie war zum einen unmittelbare Folge der Auseinandersetzungen um die Aufwertung der D-Mark (Rücktritt von Wolfgang Stützel und Harald Koch), zum anderen schied Manfred Schäfer wegen seiner Rückkehr ins Saarbrücker Wirtschaftsministerium aus, und Herbert Giersch wechselte ans Kieler Institut für Weltwirtschaft. Das Ergebnis war eine drastische Verjüngung des Gremiums: Die Angehörigen der »Kriegsjugendgeneration« (im Rat vertreten mit den Geburtsjahrgängen 1902 bis 1907), welche die Anfangsphase des Sachverständigenrates klar dominiert hatten, traten nun ab. Die neu berufenen Gutachter stammten allesamt aus der Alterskohorte der zwischen 1926 und 1933 Geborenen. Die 40jährigen dominierten nun den Rat, der nie zuvor und auch danach nie wieder aus so jungen Mitgliedern zusammengesetzt war – hierbei handelte es sich in der Tat um eine »lange Generation«, deren Angehörige noch bis weit in die achtziger Jahre hinein die Mehrheit der Sachverständigen stellten. Dieser generative Wandel ist mittlerweile für viele gesellschaftliche Bereiche als typisch für die Geschichte der Bundesrepublik am Ausgang der sechziger Jahre nachgewiesen,[314] und mit ihm korrespondiert eine analoge Entwicklung in der gesamten universitären Volkswirtschaftslehre.[315]

So wenig überraschend der Befund für den Sachverständigenrat also ist, muß er bei der Klärung der Ursachen für den inhaltlichen Paradigmenwechsel doch zumindest hinzugezogen werden: Die Dominanz von Professoren, die bei ihrer Berufung in den Rat zwar bereits wissenschaftlich etabliert waren, sich aber eben noch nicht am Ende ihrer Laufbahn befanden, hat die Suche nach neuen wissenschaftlichen Rezepten am Anfang der siebziger Jahre sicher erleichtert. Dabei braucht die Sozialität von Wissenschaft und die Profilierung jüngerer Wissenschaftler auf Kosten der wissenschaftlichen Leitbilder ihrer Lehrer gar nicht erst bemüht zu werden – im Rahmen dieser Untersuchung bliebe dies reine Spekulation. Auch die in der Zeitgeschichte populäre Betrachtung generationeller Erfahrungsbildung und langfristiger mentaler Prägungen[316] muß nicht überstrapaziert werden, um doch zumindest einen zentralen Punkt des generativen Wandels im Sachverständigenrat herauszustellen. Der ersten Gutachtergeneration eignete in ihrer Mehrheit die gemeinsame, bewußt gemachte Erfahrung der Weltwirtschaftskrise und der nationalsozialistischen Machtübernahme. Egal, ob sie ordoliberale Positionen bezogen oder Keynesianer wurden – beides ist bei Angehörigen dieser Generation immer auch als Reaktion auf jene fundamentale Krisenerfahrung zu lesen, die sie mit Mitte/ Ende 20 gemacht hatten. Der neuen Gutachtergeneration der frühen siebziger Jahre fehlte

314 Grundlegend am Beispiel der baden-württembergischen Innenverwaltung Michael Ruck: Korpsgeist und Staatsbewußtsein. Beamte im deutschen Südwesten 1928 bis 1972 (Nationalsozialismus und Nachkriegszeit in Südwestdeutschland, Bd. 4), München 1996, S. 263 ff.; für die Unternehmer Michael Hartmann: Topmanager: die Rekrutierung einer Elite, Frankfurt am Main. 1996; ders.: Der Mythos von den Leistungseliten: Spitzenkarrieren und soziale Herkunft in Wirtschaft, Politik, Justiz und Wissenschaft, Frankfurt am Main 2002.

315 Jan-Otmar Hesse: Why did German Economics turn to a Mathematical Approach so Late? On the Relationship between Social Change and Scientific Progress. Conference-Paper, European Association of Environmental and Resource Economists, Bremen 2005.

316 Zum Konzept der Generation in der zeithistorischen Forschung der Überblick von Bernd Weisbrod: Generation und Generationalität in der Neueren Geschichte. In: Aus Politik und Zeitgeschichte 8/2005, S. 3–9; Ulrich Herbert: Generationenfolge in der deutschen Geschichte des 20. Jahrhunderts. In: Jürgen Reulecke (Hg.): Generationalität und Lebensgeschichte im 20. Jahrhundert, München 2003, S. 95–114; Dirk Moses: Die 45er. Eine Generation zwischen Faschismus und Demokratie. In: Neue Sammlung 40 (2001), S. 498–520; Ute Daniel: Kompendium Kulturgeschichte. Theorien, Praxis, Schlüsselwörter, Frankfurt am Main 2001, S. 330–345.

diese gemeinsame Erfahrung der Weltwirtschaftskrise hingegen. Die mathematisierte Makroökonomie und die neoklassische Synthese waren für sie lediglich wissenschaftliche Paradigmen, die während ihrer Ausbildung und zur Zeit ihrer ersten Karriereschritte prägend gewesen waren – in einer Zeit anhaltenden Wachstums und steigenden Wohlstands. Sich neuen Modellen und Leitbildern zuzuwenden, wenn die alten unter offenkundigen Plausibilitätsmängeln litten, war für Angehörige dieser Generation daher strukturell viel einfacher als für ihre Vorgänger.[317]

Zudem fiel der vom Sachverständigenrat vorangetriebene Wandel der wirtschaftspolitischen Semantik mit deutlichen Veränderungen der politischen Landschaft zusammen. Überzeugte Keynesianer wie Karl Schiller, seine Staatssekretäre Klaus-Dieter Arndt und Johann B. Schöllhorn oder Finanzminister Alex Möller, die sich allesamt als Wirtschafts- und Finanzpolitiker mit theoretischen Weihen begriffen, hatten der Regierung längst den Rücken gekehrt. Als das »Superministerium« für Wirtschaft und Finanzen nach den vorgezogenen Neuwahlen vom 19. November 1972 wieder aufgeteilt wurde, übernahm Hans Friderichs das Wirtschaftsressort. Dieser war ein typischer Vertreter des FDP-Wirtschaftsflügels und wurde von den Sozialdemokraten mißtrauisch als »Trojanisches Pferd« beäugt, weil er als Staatssekretär in der rheinland-pfälzischen Regierung Helmut Kohls geblieben war, obwohl die CDU dort 1971 die absolute Mehrheit errungen hatte und die FDP in die Opposition gegangen war.[318] Zudem war der neue Minister ein prominenter Sprecher für all jene in der FDP, die sich gegen den Etatismus der Sozialdemokraten wandten und Sorge hatten, daß diese auch in der Wirtschaftspolitik durch immer mehr Bürokratie dazu beitrugen, die Bundesrepublik »in eine riesige Allgemeine Ortskrankenkasse zu verwandeln.«[319]

Unter dem liberalen Minister distanzierte sich das BMWi rasch von den Aushängeschildern des Keynesianismus. Während etwa Karl Schiller in der Konzertierten Aktion bis zuletzt verzweifelt versucht hatte, Arbeitgeber und Gewerkschaften auf Regierungskurs zu bringen, bezog Friderichs – ähnlich wie sein interimistischer Vorgänger Helmut Schmidt – bei der Sitzungsleitung eine äußerst zurückhaltende Position und versuchte nach den Gesprächen auch gar nicht erst, den Eindruck von Harmonie zu erwecken.[320] Noch deutlicher trat die neue Distanz zur Globalsteuerung allerdings im Jahreswirtschaftsbericht vom Januar 1973 hervor: Er wurde einer regelrechten semantischen Säuberung unterzogen und radikal zusammengestrichen. Fast zehn Seiten Text konnten allein im Prognose-Kapitel eingespart werden, das auf die ausführliche Erläuterung von einzelnen Positionen der volkswirtschaftlichen Gesamtrechnung verzichtete und nur noch eine knappe Zusammenfassung der Ziele präsentierte. Dies offen-

317 Die Mühsal dieses Prozesses und die Folgen für die heutige biographische Selbstkonstruktion (die in der Behauptung gipfelt, der Sachverständigenrat habe in den sechziger Jahren keineswegs keynesianische Konzepte verfolgt!) lassen sich eindrucksvoll nachlesen bei Olaf Sievert: Vom Keynesianismus zur Angebotspolitik. In: 40 Jahre Sachverständigenrat, S. 34–46.

318 Es ist wohl kein Zufall, daß Görtemaker diesen Wechsel irrtümlich auf das Jahr 1974 datiert (Görtemaker, Geschichte der Bundesrepublik S. 579). Schon den zeitgenössischen Beobachtern fiel es schwer, Friderichs politisch einzuschätzen: Stuttgarter Nachrichten, 13.1.1973, Art.: Friderichs: Von Ideologien halte ich wenig; Christ und Welt, 15.12.1972, Art.: Was will Friderichs? Zum Mißtrauen der Sozialdemokraten vgl. Welt am Sonntag, 8.5.1977, Art.: Wir machen genug Schulden.

319 AdL A1–467, Wortprotokoll FDP-Bundesparteitag 1972: Dr. Horst-Ludwig Riemer (Nordrhein-Westfalen) zur Wirtschaftspolitik.

320 Div. Protokolle in DGB-Archiv im AdsD 5/DGAI1167, 1168, 1979, 1461; BDI-Archiv KKW 36, Kartons 701, 702.

Grafik 6: Mitglieder des Sachverständigenrates und ihre Amtszeiten

Jahr	**Mitglieder des Sachverständigenrates**				
	In Absprache mit den Gewerkschaften berufen	**Auf Vorschlag des Bundeswirtschaftsministeriums berufen**			**In Absprache mit den Arbeitgeberverbänden berufen**
1964	*Harald Koch* bis 5/1969 Jg. 1907	*Herbert Giersch* bis 2/1970 Jg. 1921	*Fritz W. Meyer* bis 2/1966 Jg. 1907	*Wilhelm Bauer* bis 7/1974 Vorsitzender bis 2/1970 Jg. 1904	*Paul Binder* bis 2/1968 Jg. 1902
1965					
1966			*Wolfgang Stützel* 2/1966 bis 9/1968 Jg. 1925		
1967					
1968					*Manfred Schäfer* 3/1968 bis 7/1970 Jg. 1921
1969			*Norbert Kloten* 6/1969 bis 4/1976 Vorsitzender 3/1970 bis 2/1976 Jg. 1926		
1970	*Claus Köhler* 12/1969 bis 2/1974 Jg. 1928	*Olaf Sievert* 5/1970 bis 2/1985 Vorsitzender 3/1976 bis 2/1985 Jg. 1933			*Armin Gutowski* 12/1970 bis 2/1978 Jg. 1930
1971					
1972					
1973					
1974	*Gerhard Scherhorn* 5/1974 bis 2/1979 Jg. 1930			*Kurt Schmidt* 8/1974 bis 5/1984 Jg. 1924	
1975					
1976			*Gerhard Fels* 6/1976 bis 2/1982 Jg. 1939		
1977					
1978					*Horst Albach* 5/1978 bis 2/1983 Jg. 1931
1979	*Werner Glastetter* 8/1979 bis 8/1981 Jg. 1937				
1980					
1981					
1982	*Hans-Jürgen Krupp* 3/1982 bis 2/1984 Jg. 1933		*Hans Karl Schneider* 7/1982 bis 2/1992 Vorsitzender 3/1985 bis 2/1992 Jg. 1920		
1983					*Ernst Helmstädter* 3/1983 bis 2/1988 Jg. 1924
1984	*Dieter Mertens* 3/1984 bis 2/1986 Jg. 1931			*Dieter Pohmer* 7/1984 bis 2/1992 Jg. 1925	
1985		*Helmut Hesse* 3/1985 bis 11/1988 Jg. 1934			
1986	*Rüdiger Pohl* 7/1986 bis 2/1994 Jg. 1945				
1987					
1988					*Otmar Issing* 4/1988 bis 9/1990 Jg. 1936
1989		*Herbert Hax* 3/1989 bis 2/00 Jg. 1933			

Eigene Zusammenstellung nach 40 Jahre Sachverständigenrat, S. 111 und biographischen Angaben über die Gutachter in: Munzinger-Archiv.

barte ein deutlich verringertes Zutrauen in die Belastbarkeit der Prognosen. Zudem rückte die Stellungnahme zum Gutachten des Sachverständigenrates an den Schluß des Berichts – die formale Struktur gab folglich gar nicht mehr vor, die politischen Ziele unmittelbar aus der Expertise der Berater abzuleiten.[321] Außerdem übernahm die Regierung die Position des Sachverständigenrates zur Inflation und deutete große Sympathien für eine veränderte Funktion der Geldpolitik an. Anstatt von »Entscheidungen« der Wirtschaftssubjekte sprach der Bericht nun auffällig häufig von deren »Dispositionen«,[322] was den Schluß nahelegt, daß auch im BMWi die Bedeutung der mittelfristigen Erwartungen höher eingeschätzt wurde. Zudem tauchte der Begriff »Globalsteuerung« im gesamten Jahreswirtschaftsbericht nicht mehr auf. Statt dessen war nur noch von »globaler Beeinflussung des Wirtschaftsprozesses« die Rede – ebenfalls ein deutliches Indiz für das verringerte Zutrauen in die Steuerungsfähigkeit der Politik.[323] Aufgrund der »Erfahrungen, die bei der Anwendung der verschiedenen konjunkturpolitischen Instrumente im letzten Konjunkturzyklus gemacht worden sind«, gehöre das gesamte Instrumentarium auf den Prüfstand, wobei der Regierung eine »Verbesserung und Erweiterung des kreditpolitischen Instrumentariums der Deutschen Bundesbank« besonders »dringlich« erschien.[324] Und der Bericht enthielt nun auch ein »Leitbild der Wirtschaftspolitik«, in dem die Bedeutung der »intakten, leistungsfähigen Wirtschaftsordnung« der Marktwirtschaft für den wirtschaftlichen und sozialen Fortschritt explizit herausgestellt wurde. Als »dynamisches Ordnungssystem« besitze diese zwar den Vorzug, sich dem gesellschaftlichen und wirtschaftlich-technologischen Wandel anzupassen. Dazu bräuchte sie aber »nicht nur ein freies und zukunftsorientiertes unternehmerisches Handeln« und den »informierten Verbraucher«, sondern bedürfe auch der »ständigen politischen Weiterentwicklung.«[325]

Dies war ein sprachlich kaum verhülltes Signal an Sachverständigenrat und Bundesbank: Die Regierung schwenkte auf den neuen Kurs um. Nach der Wahl wollte die mit einer stabilen parlamentarischen Mehrheit ausgestattete Koalition ernsthaft gegen die Geldentwertung einschreiten. Eine monetaristische Wende erschien für die Wirtschafts- und Finanzpolitiker plötzlich attraktiv, da diese von Währungsturbulenzen, umverteilungsfreudigen Gewerkschaften und strikt oppositionellen Industrieverbänden längst zermürbt waren. Erste Andeutungen, die auf einen solchen Kurswechsel hinwiesen, hatte es schon im Herbst 1972 gegeben. So machte etwa Finanzminister Helmut Schmidt deutlich, daß er die Entlastung der Haushaltspolitik von übertriebenen Ansprüchen nur begrüßen könne.[326] Und mit der ihm eigenen »beweglichen Grundsatztreue«[327] hob Otto Schlecht hervor, daß eine »realistische Stabilitätspolitik« die »zentrale Rolle der Geldpolitik« erforderte.[328] Im Frühjahr 1973 bot sich dann die Gelegenheit, die neuen Ideen auch in die Tat umzusetzen. Der Wirtschaftsaufschwung drohte erneut außer Kontrolle zu geraten, und nach den Devisenwellen von Februar und März gab die Bundesregierung am 19. März 1973 den Dollar-Wechselkurs im Rahmen des Block-Floatings frei

321 Bundestags-Drucksache 7/225: Jahreswirtschaftsbericht 1973 der Bundesregierung, 21.1.1973. Zum Vergleich: Bundestags-Drucksache VI/3078: Jahreswirtschaftsbericht 1972 der Bundesregierung, 28.1.1972.
322 Jahreswirtschaftsbericht 1973, Tz. 9, 12f.
323 Ebd., Tz. 12ff.
324 Ebd. Tz. 16.
325 Ebd. Tz. 23.
326 Handelsblatt, 20.9.1972, Art.: Alarm der Bundesbank.
327 Süddeutsche Zeitung, 6.12.2003, Art.: Der Ökonom von Bonn.
328 Süddeutsche Zeitung, 21.10.1972, Art.: Zentrale Rolle der Geldpolitik.

– damit verfügte die Geldpolitik nun erstmals über den nötigen außenwirtschaftlichen Handlungsspielraum, um autonom gegen die Geldentwertung einzuschreiten.[329]

Die Bundesbank setzte die Steuerung über die Zentralbankgeldmenge seither konsequent ins Werk. Nachdem sie die freien Liquiditätsreserven der Banken im Frühjahr 1973 auf beinahe Null reduziert hatte und dieses Niveau bis zum Herbst 1974 beibehielt, konnte sie die »Steuerfunktion« auf die Geldmenge übertragen und mit ihrem scharf restriktiven Kurs tatsächlich wieder wirksam auf die Geschäftspolitik der Banken einwirken.[330] Die kompromißlose Härte des Restriktionskurses war bis dahin ohne Beispiel: Bis zum Juni hob der Zentralbankrat den Diskontsatz auf sieben, den Lombardsatz auf neun Prozent an und behielt dieses hohe Niveau bis Oktober 1974 bei. Zwischenzeitlich wurde das normale Lombardgeschäft sogar vollständig ausgesetzt. Und bei der Einschränkung von Refinanzierungsmöglichkeiten für die Banken (zusätzlich über stark reduzierte Rediskontkontingente) ging die Notenbank bis an die Grenze des Vertretbaren. Im Sommer 1973 gerieten die ersten Banken in Liquiditätsschwierigkeiten; die Zinsen für Kontokorrentkredite stiegen binnen kurzem auf 14 Prozent, und am Geldmarkt wurde für Tagesgeld zeitweilig bis zu 35 Prozent verlangt.[331]

Zwischen Geld- und Fiskalpolitik gab es nun keinen Widerspruch mehr, denn die Finanzpolitik ging ebenfalls auf Bremskurs. Im Winter 1972/73 legte sie zunächst eine Stabilitätsanleihe auf, deren Ertrag bei der Bundesbank stillgelegt wurde. In den Kabinettssitzungen vom 17. Februar und 9. Mai 1973 beschloß die Regierung dann zwei umfangreiche »Stabilitätsprogramme«, die ab 1. Juli greifen sollten: Der Konjunkturzuschlag zur Einkommen- und Körperschaftsteuer war diesmal nicht rückzahlbar ausgestaltet, und die Freibeträge fielen deutlich niedriger aus als 1971 – gleichwohl waren von ihm nur 5 Prozent der rund 22 Millionen Arbeitnehmer betroffen. Hinzu trat die teils befristete, teils endgültige Streichung von Abschreibungsmöglichkeiten im Wohnungsbau, eine elfprozentige Investitionssteuer, die Aussetzung der degressiven Abschreibung für bewegliche Anlagegüter, Änderungen des Investitionszulagengesetzes und die Beseitigung des Abzuges privater Schuldzinsen bei der Ermittlung der Einkommensteuerschuld. Auch wenn hier unter dem Vorwand der Konjunkturpolitik zum Teil dauerhafte Einnahmeverbesserungen des Staates beschlossen wurden und die öffentlichen Haushalte insgesamt expansiv blieben (wegen der prozyklischen Ausgaben von Ländern und Gemeinden), ließen die beiden Programme doch keinen Zweifel mehr daran zu, daß die Bundesregierung gewillt war, die Geldpolitik in ihrem Kurs nachhaltig zu unterstützen.[332]

Die Einkommenspolitik hingegen stand ganz im Zeichen des inflationären Booms: Im Februar 1973 kam es erneut zu wilden Streiks bei der Dortmunder Hoesch AG, und auch nach dem Kurswechsel von Bundesbank und Bundesregierung erhöhte sich die Lohndrift weiter. So hatten beispielsweise die Nordrhein-Westfälischen Metallarbeitgeber ihren Belegschaften

---

329 James, Rambouillet S. 153; Jürgen von Hagen: Geldpolitik auf neuen Wegen (1971–1978). In: Deutsche Bundesbank (Hg.): Fünfzig Jahre deutsche Mark. Notenbank und Währung in Deutschland seit 1948, München 1998, S. 437–473, hier: 447 ff.

330 Helmut Schlesinger: Die Geldpolitik der Deutschen Bundesbank 1967–1977. In: Werner Ehrlicher; Dieter Duwendag (Hg.): Geld- und Währungspolitik im Umbruch (Schriften zur Monetären Ökonomie, Bd. 18), Baden-Baden 1983, S. 59–83, hier: 75 ff.

331 Vgl. die alarmistische Berichterstattung im Handelsblatt, 1.6.1973, Art.: Die Bundesbank wagt nun auch das äußerste Risiko; 24.7.1973, Art.: Bundesbank gibt Spritze in der Not; 27.7.1973, Art.: Bundesbank spielt mit dem Feuer.

332 Muscheid, Steuerpolitik S. 161 ff.

aus Sorge um den Betriebsfrieden noch am 30. Mai – während der Laufzeit des bis zum 31. Dezember 1973 gültigen Tarifvertrages – vier Einmalzahlungen von je 70 Mark zugestanden, die sich als »Inflationsausgleich« verstanden.[333] Am Ende des Jahres wurde dann deutlich, wie sehr die Tarifpolitik im Widerspruch zu den Stabilitätsbemühungen von Regierung und Geldpolitik stand: Die Einkommen aus unselbständiger Arbeit hatten sich im Jahresdurchschnitt um nominell 13,5 Prozent erhöht.[334]

Doch in der zweiten Jahreshälfte zeigte die geld- und fiskalpolitische Notbremse dann rasch Wirkung. Das Konjunkturklima kühlte sich spürbar ab, so daß das Umschlagen des Booms in eine hausgemachte Stabilisierungsrezession bereits vor dem Ölpreisschock absehbar war. So legte der DGB-Vorsitzende Heinz-Oskar Vetter schon im Herbst bei Willy Brandt seinen Protest gegen die schädliche Restriktionspolitik von Regierung und Bundesbank ein – er forderte einen Kurswechsel hin zur expansiven Politik. Vor allem in der Verbrauchsgüterindustrie hätten »Kurzarbeit, Entlassungen und Betriebsstillegungen« inzwischen »sprunghaft« zugenommen, und auch das Bauhauptgewerbe habe unter dem Einbruch des Sozialen Wohnungsbaus bereits erkennbar zu leiden.[335]

Der Sachverständigenrat hingegen zeigte sich im November 1973 mit dem Erreichten äußerst zufrieden: »Die neue monetäre Politik [...] hatte einen guten Einstand. Von der Finanzpolitik nicht mehr konterkariert, von Auslandseinflüssen [...] nicht mehr ständig unterlaufen, konnte sie überraschend schnell auf die expansiveren Pläne der Wirtschaft, namentlich der Investoren, einwirken.«[336] Der »beherzte Kurswechsel« hin zur restriktiven Geld- und Fiskalpolitik sollte nach Ansicht des Rates unbedingt beibehalten werden, da die Brechung der Inflationsmentalität Zeit benötige. Dabei sollten Regierung und Notenbank »an die Grenze gehen« und eine »Strategie des kalkulierten Risikos« verfolgen. An die Stelle der vagen Andeutungen des Vorjahres war nun grimmige Entschlossenheit getreten: »Der Stabilisierungserfolg sollte auch um einen hohen Preis nicht vertagt werden«, und die dabei möglicherweise anfallenden »Anpassungslasten« – sprich: Arbeitslosigkeit und Wachstumseinbußen – müßten eben hingenommen werden. Daß bestimmte Branchen besonders stark von Strukturwandel und massiven Arbeitsplatzverlusten betroffen sein könnten, sah der Rat durchaus kommen. Allerdings sei aus ordnungspolitischen Gründen von bestandserhaltenden Subventionen unbedingt abzusehen. Warnungen vor den Risiken des Übersteuerns in die Krise und dem Horrorszenario der Stagflation schlug er in den Wind. Zwar bestünden solche Gefahren durchaus. Die Gutachter waren sich aber sicher, daß die konjunktur- und geldpolitischen Steuerungskapazitäten ausreichten, um eine solche Situation in den Griff zu bekommen – immerhin hatten sie sich ja keineswegs endgültig von der Globalsteuerung verabschiedet, sondern deren Instrumente lediglich mit monetaristischen Ideen kombiniert und die konjunkturpolitischen Akteure neu formiert. [337]

Die harte Strategie des Sachverständigenrates lag somit auf einer Linie mit der Geldpolitik: Die »Dauerinflation«[338] mußte um jeden Preis bekämpft werden. Und der Rat war inzwischen offen dazu bereit, auch den Preis einer Stabilisierungskrise zu bezahlen. Der Kurs-

---

333 Baring, Machtwechsel S. 575 ff.; Jahresgutachten 1973/74, Tz. 111.
334 Görtemaker, Geschichte der Bundesrepublik S. 572.
335 DGB-Archiv im AdsD, 24/4942, Vetter an Brandt, 19. 10. 1973.
336 Jahresgutachten 1973/74, Tz. 292.
337 Ebd., Tz. 282–320.
338 Ebd. Tz. 310.

wechsel der wissenschaftlichen Berater, des Bundesbankpräsidiums, von Spitzenbeamten in Wirtschafts- und Finanzministerium, aber auch der Fachminister Friderichs und Schmidt, hatte eine »Reinigungskrise« im Sinn – anders ließen sich die überbordenden Ansprüche der reformfreudigen Parteiflügel und der Gewerkschaften offenbar nicht mehr zurückweisen. Anders schien auch der Teufelskreis aus Geldentwertung, Erwartung weiterer Inflation, entsprechender Dispositionen und erneut beschleunigtem Geldwertverlust gar nicht mehr durchbrochen werden zu können. Die vom Sachverständigenrat propagierte Anwendung der monetaristischen Theorie paßte daher ausgezeichnet in diese historische Konstellation: Zum einen schuf sie erst die Möglichkeit, den Prozeß der sich über Erwartungsbildung selbst verstärkenden Inflation überhaupt angemessen beschreiben und damit als Problem formulieren zu können. Und zum anderen lieferte sie einfache Antworten auf die brennenden Fragen der Jahre 1972/73, die sich zudem noch leicht popularisieren ließen und den Vorzug besaßen, die Konjunkturpolitiker der Regierung von den härtesten Entscheidungen zu entlasten und diese auf die politisch unabhängige Bundesbank zu übertragen. Es ist freilich nicht ohne Ironie, daß dieser Paradigmenwechsel, der das Ende der keynesianischen Epoche in der Bundesrepublik einläutete, ausgerechnet von jenem Sachverständigenrat vorangetrieben wurde, dessen Personal unter der Federführung des überzeugten Keynesianers Karl Schiller fast vollständig neu berufen worden war.

Der Sachverständigenrat war stolz darauf, daß in der Bundesrepublik seit dem Frühjahr 1973 »entschiedener als je zuvor [...] restriktive Politik vorgeführt« wurde. Allerdings währte dieses Vergnügen über den erfolgreichen Wissenstransfer nur kurz. Daß der Beginn der selbst herbeigeführten Stabilisierungskrise mit dem ersten Ölpreisschock und schweren weltwirtschaftlichen Verwerfungen zusammenfallen würde, war ja zunächst keineswegs absehbar. Noch im Gutachten vom November 1973, als die Regierung bereits autofreie Sonntage angeordnet hatte, ging der Rat davon aus, daß »Schwierigkeiten in der Ölversorgung so rechtzeitig behoben sein werden, daß die wirtschaftliche Entwicklung nicht nachhaltig beeinträchtigt wird.«[339] Dies war eine folgenschwere Fehleinschätzung.

3. Wandel der gesellschaftlichen Selbstbeschreibung

3.1 »Vergesellschaftung« der Wirtschaftspolitik

Aufstieg und Fall der Globalsteuerung und einer ganz am Leitbild der »Verwissenschaftlichung« ausgerichteten Wirtschaftspolitik werden allerdings erst dann in ihrer ganzen Tragweite erfaßt, wenn der Wandel der gesellschaftlichen Selbstbeschreibung in die Analyse mit einbezogen wird. Schon im Aufstieg der Globalsteuerung, den die Große Koalition abschloß, lag ein tiefer Einschnitt begründet, der weit über die Ergänzung des wirtschaftspolitischen »Instrumentenkastens« hinausweist: In der Umstellung des Staatsverständnisses, in der wissenschaftlich abgestützten Verschränkung von Staat und Gesellschaft kam ein tiefer Wandel der gesellschaftlichen Selbstbeschreibung zum Ausdruck. Zwar blieb es bei nach wie vor eindeutigen und weithin akzeptierten Vorstellungen von der Gesellschaft – allerdings kam mit der

---

339 Ebd. Tz. 230.

Einebnung der Unterscheidung von Staat und Gesellschaft nun ein Ordnungskonzept zum Ende, das die Politik über weit mehr als ein Jahrhundert geprägt hatte. In einem ersten Schritt wird daher zunächst diese grundlegende Zäsur rekonstruiert. Dafür bietet sich erneut das Beispiel der Konzertierten Aktion an, da »staatliche« Wirtschaftspolitik und »gesellschaftliche« Einkommenspolitik dort unmittelbar aufeinandertrafen. In einem zweiten Schritt wird dann nach der Funktion wissenschaftlicher Expertise im Rahmen dieses Wandlungsprozesses gefragt und die These einer stabilisierenden Funktion des Leitbilds von der »Verwissenschaftlichung« der Politik verfolgt.

Die überkommenen, nun rasch abgelösten Beschreibungsmodelle repräsentiert Ludwig Erhards glückloses Konzept der »formierten Gesellschaft« in mustergültiger Weise. Im Vorfeld der Bundestagswahl diktierte der konservative Publizist und stellvertretende Hauptgeschäftsführer des Deutschen Industrie- und Handelstages, Rüdiger Altmann, dem Kanzler diese Vision in die Feder. Mit den alten Slogans der »Sozialen Marktwirtschaft« und des »Wohlstands für alle« war kein Wahlkampf mehr zu bestreiten, und so sollte die Konzeption der »formierten Gesellschaft« deren Platz einnehmen. Mit ihr trat Erhard erstmals auf dem Düsseldorfer CDU-Parteitag am 31. März 1965 an die Öffentlichkeit.[340] Er verwies auf die grundlegenden Wandlungsprozesse, die mit dem wirtschaftlichen Aufschwung verbunden waren und kam zu dem Ergebnis, daß die »moderne Demokratie« auf die »Mitarbeit aller ihrer Gruppen angewiesen« war. Längst hätten sich alle »Gruppen« in die Demokratie eingefügt, so daß keine mehr im »Gegensatz zum Reststaat und zur Verfassung« stand, ja die Gesellschaft sei insgesamt nicht mehr von »sozialen Kämpfen geschüttelt und von kulturellen Konflikten zerrissen«. Für Erhard war »diese Gesellschaft von heute [...] keine Gesellschaft von kämpfenden Gruppen mehr. Sie ist immer mehr im Begriff, Form zu gewinnen, das heißt, sich zu formieren.« Die von ihm angestrebte »formierte Gesellschaft« sollte also »ihrem Wesen nach kooperativ« sein und »auf dem Zusammenwirken aller Gruppen und Interessen beruhen.« In der Sozialen Marktwirtschaft seien die Grundlagen dieser »Formierung« ja längst angelegt und in Ansätzen auch bereits erkennbar: Sie sollte ihren Antrieb nicht in »autoritärem Zwang«, sondern in »eigener Kraft« und »eigenem Willen« finden, »aus der Erkenntnis und dem wachsenden Bewußtsein der gegenseitigen Abhängigkeit.« Ganz im Sinne der seit der Wende zu den sechziger Jahren häufig beschworenen »zweiten Phase« der Sozialen Marktwirtschaft beruhte die Vorstellung von einer Formierung qua Einsicht auf der Annahme, daß die zunehmende Komplexität der sozialen und wirtschaftlichen Prozesse »moderne Techniken des Regierens und der politischen Willensbildung« erforderte. Nur so könne ein »vitales Verhältnis zwischen sozialer Stabilität und wirtschaftlicher Dynamik, die Konzentration auf eine fortdauernde Erhöhung der Leistung, die Sicherheit einer expansiven Weiterentwicklung der Wirtschaft sowie auf die Förderung und Nutzbarmachung des technischen und wissenschaftlichen Fortschritts« gelingen.[341]

Erhard und seine Vordenker nahmen also durchaus Bezug auf die zeitgenössischen Debatten über »Verwissenschaftlichung« und technischen Fortschritt in einer immer komplexeren

340 Volker Hentschel: Ludwig Erhard. Ein Politikerleben, München 1996, S. 561 f.; Heinzgerd Schott: Die formierte Gesellschaft und das Deutsche Gemeinschaftswerk. Zwei gesellschaftspolitische Konzepte Ludwig Erhards, Diss. Bonn 1981, S. 63.

341 Ludwig Erhard: Formierte Gesellschaft. Rede auf dem 13. Bundesparteitag der CDU am 31.3.1965 in Düsseldorf. In: Karl Hohmann (Hg.): Ludwig Erhard. Gedanken aus fünf Jahrzehnten. Reden und Schriften, Düsseldorf 1988, S. 915–919, hier: 916 f.

Gesellschaft – freilich löste sich die Vorstellung von einer erstrebenswerten »Formierung« nicht von den überkommenen Kategorien der gesellschaftlichen Selbstbeschreibung. Obwohl Erhard sich bewußt war, daß die »formierte Gesellschaft« nicht autoritär regiert werden konnte, daß diese »ihrem inneren Wesen nach nur demokratisch sein« konnte, griff er erneut jenen antipluralistischen Akkord auf, der seine Ordnungsvorstellungen seit langem prägte: Die parlamentarische Demokratie dürfe »nicht länger den organisierten Interessen unterworfen sein«. Er warnte vor dem »Spezialistentum« im modernen Arbeitsparlament, in dessen Ausschüssen sich die »Gruppeninteressen bedenklich verdichteten«, und verlangte eine »größere Autonomie unseres Parlamentarismus«: »Regierung und Parlament, Bund, Länder und Gemeinden müssen enger zusammenstehen und gemeinsam den Mut aufbringen, überwuchernden partiellen Wünschen die Zustimmung zu versagen, wenn es um das Gemeinwohl geht.« Es blieb also dabei: Für Erhard zerfiel die bundesrepublikanische Gesellschaft in organisierte Gruppen, die um illegitimen Einfluß auf politische Entscheidungen rangen und in egoistischer Manier ihren Anteil am Sozialprodukt zu steigern suchten, worin er eine Gefahr für Wachstum und Wohlstand erblickte. Ein falsch verstandener Pluralismus trug demnach zur gesellschaftlichen Fragmentierung bei und mußte am Ende in den »Kollektivismus« führen. In der Formierten Gesellschaft sollten die »Gruppen« statt dessen hinter die Individuen zurücktreten, Vernunft und Rücksicht die Gesellschaft prägen.[342]

Über die praktische Umsetzung dieser Vorstellungen schwieg sich Erhard allerdings aus, und so blieb der Slogan von der »formierten Gesellschaft« auf halbem Wege stecken. Auch wenn der Kanzler die Schlagworte der Zeit aufnahm und den als bedrohlich empfundenen Nachholbedarf an öffentlichen Investitionen in soziale Sicherheit, Bildung, Forschung und Gesundheitswesen, in kommunale und regionale Infrastruktur, kurz: die »Gemeinschaftsaufgaben« von Bund, Ländern und Gemeinden zumindest erwähnte, war sein einziger Lösungsvorschlag doch kaum weniger vage als die »formierte Gesellschaft« selbst. Ihm schwebte ein öffentliches Sondervermögen vor, das er als »Deutsches Gemeinschaftswerk« bezeichnete. In diesen Fonds sollten neben Privatisierungserlösen ein Teil der aus der Steuerprogression resultierenden »kalten« Steuererhöhungen fließen – Erhard rechnete mit einem Prozent des Bruttosozialprodukts, was auf jährlich etwa vier bis sechs Milliarden Mark hinauslief. Aber selbst die Verwendung der Mittel war nicht präzise bestimmt: Sie sollten für längerfristige öffentliche Investitionen aufgewendet werden, die »für die Gesamtheit des Volkes bedeutsam« waren. Gleichzeitig sollten die Ausgaben aber auch »konjunkturpolitisch sinnvoll gesteuert« werden – ein deutlicher Widerspruch, zumal die antizyklische Wirksamkeit des »Gemeinschaftswerks« wegen seines geringen Gesamtvolumens ohnehin begrenzt war.[343]

Diese konzeptionellen Schwächen erklären einen guten Teil der weithin ablehnenden öffentlichen Reaktionen, zumal die Worthülse »formierte Gesellschaft« ausgesprochen unglücklich gewählt war, wie die sofortigen Verballhornungen »uniformierte Gesellschaft«, »deformierte Gesellschaft« oder »chloroformierte Gesellschaft« zeigten.[344] So mokierte sich die »Süddeutsche Zeitung« über das »schöne Wort«, das bei näherem Hinsehen aber doch nur »das Deckblatt [...] für eine Zigarre aus lauter Unvereinbarkeit, Widerspruch und Wunsch-

342 Ebd. S. 917f.
343 Ebd. S. 918f.
344 Schott, Formierte Gesellschaft S. 105; Hodenberg, Konsens und Krise S. 378.

denken« war.[345] Und selbst innerhalb des Regierungslagers wurde das Konzept während des Wahlkampfes kaum noch aufgegriffen und verschwand rasch wieder in der Versenkung – ihm mangelte es nicht nur an inhaltlicher Substanz, sondern auch an wahltaktischem Wert. Während der liberale Finanzminister Rolf Dahlgrün die Idee des »Gemeinschaftswerkes« kühl ablehnte, zürnte Adenauer aus Cadenabbia, daß der Union auf Dauer ein »verheerender Schaden« entstünde, werde das »wenig durchdacht[e] und durchgearbeitet[e]« Konzept tatsächlich Bestandteil des offiziellen Programms – damit war er allerdings weitgehend isoliert, denn Erhards Vision wurde zu diesem Zeitpunkt kaum noch ernst genommen.[346]

Gerade das offensichtliche Scheitern der »formierten Gesellschaft« macht diese Konzeption im Zusammenhang der gesellschaftlichen Selbstbeschreibung aber besonders interessant. Erhards Vision ist ein Paradebeispiel für die Ungleichzeitigkeiten, die mit dem gesellschaftlichen Wandel einhergingen. Zentrale Elemente der sozialen Ordnungsvorstellungen, die noch in den späten fünfziger Jahren kaum für Aufsehen gesorgt hatten, stießen nun in der Mitte der sechziger Jahre auf breite Ablehnung, ja sogar auf Unverständnis. Dies gilt besonders für das von Erhard und Altmann vertretene Staatskonzept und die Zurückweisung des Pluralismus. Altmann (Student bei Carl Schmitt und später Assistent von Wolfgang Abendroth[347]) hatte schon 1960 das »Erbe Adenauers« betrachtet und die »Kanzlerdemokratie« vehement kritisiert. In ihr habe geschicktes Taktieren mit den Interessengruppen ein »Ensemble des Pluralismus« geschaffen, in dem die Regierung der parlamentarischen Kontrolle weitgehend entzogen und das demokratische Mehrheitsprinzip durch das Kompromißprinzip ersetzt worden sei. Altmann verknüpfte diese Diagnose mit der Kritik an der »Verschlingung von Staat und Gesellschaft« im modernen Verwaltungsstaat, in dem nicht das Notwendige, sondern lediglich das Durchsetzbare geschehe. Sein Mißtrauen gegenüber den »Massen« und der »komplizierten Apparatur der Öffentlichkeit« deckte sich mit Erhards Vorstellungen und mündete letztlich nach wie vor in die Suche nach einem Staat, der genügend Autorität besaß, die »Gruppeninteressen« einzudämmen.[348]

Die Motive dieses konservativen Staatsverständnisses finden sich auch bei Erhard, der am 15. August 1965 in einem Interview mit dem Deutschlandfunk näher auf das Staatskonzept seiner »formierten Gesellschaft« einging. Zwar könnten Staat und Gesellschaft einander nicht mehr wie im 19. Jahrhundert gegenübergestellt werden, da beide sich gegenseitig durchdrungen und miteinander verflochten hätten. Doch »in einer schwachen, sozial zerrissenen und in Gruppen aufgespaltenen Gesellschaft ist auch der Staat schwach, seine Autorität gering. Wir haben am Ende der Weimarer Republik erlebt, wie sich aus dieser schwachen Gesellschaft die totalitäre Diktatur entwickelt hat. Im Gegensatz dazu führt eine besser formierte Gesellschaft zu einer Stärkung des Staates.« In ihr werde sich der Staat »festigen und die natürliche Autorität gewinnen. Das heißt aber zugleich, daß er sich beschränken kann. Der Staatsapparat gewinnt dann ebenfalls eine festere Form. Er überwuchert nicht mehr das Leben. Der gefährlichen Bürokratisierung der Gesellschaft wird ein Ende gesetzt, und das gerade ist die große

345 Zit. n. Görtemaker, Geschichte der Bundesrepublik S. 416.
346 Schott, Formierte Gesellschaft S. 200ff.; Adenauer zit. n. Görtemaker, Geschichte der Bundesrepublik S. 416.
347 Dirk van Laak: Gespräche in der Sicherheit des Schweigens. Carl Schmitt in der politischen Geistesgeschichte der frühen Bundesrepublik, Berlin 1993, S. 262–265; Hodenberg, Konsens und Krise S. 59.
348 Rüdiger Altmann: Das Erbe Adenauers. Eine Bilanz, Stuttgart 1960; die Zitate n. Schott, Formierte Gesellschaft S. 101–104.

Chance für die Freiheit des Bürgers.«[349] In dieselbe Richtung argumentierte auch Wirtschaftsminister Kurt Schmücker, der sich nicht vorstellen konnte, daß »alle Gruppen, alle Unternehmer, alle Gewerkschaften mit dem Staat gleichgestellt [werden]. Der Staat ist nicht eine Gruppe wie alle anderen, sondern er ist der Staat, der als Ordnungsfaktor unsere Lebensverhältnisse gestaltet, ich möchte sogar sagen, erst ermöglicht. Wir sollten den Staat nicht als Gruppe bezeichnen.«[350]

Im Wahlkampf des Jahres 1965 griffen die Sozialdemokraten Erhards gescheiterten Versuch eines neuen visionären Gesellschaftskonzepts dankbar auf und stellten der »formierten Gesellschaft« die »mündige Gesellschaft« entgegen. Dies war mehr als Wahlkampfgeplänkel, denn die auf dem SPD-Parteitag Anfang Juni 1965 in Dortmund von Karl Schiller präsentierte Konzeption beschränkte sich nicht auf wohlfeile Kritik an Erhards Vorstellungen von der sozialen Ordnung. Vielmehr leitete Schiller die von ihm favorisierte Wirtschaftspolitik systematisch aus der »mündigen Gesellschaft« ab. Faktisch nahm seine Parteitagsrede die zentralen Vorstellungen der Wirtschaftspolitik zur Zeit der Großen Koalition bereits vorweg und deutete an, in welche Richtung sich die gesellschaftliche Selbstbeschreibung veränderte. Bezeichnenderweise provozierte Schiller mit der »mündigen Gesellschaft« überaus enthusiastische Reaktionen im intellektuellen Umfeld der Partei – Günter Grass etwa fand Schillers Konzeption »großartig und treffend« und versprach, er werde »von ihr bei jeder guten Gelegenheit Gebrauch machen.«[351]

Dabei gab es kaum Unterschiede zwischen Erhards und Schillers Beschreibung der gegenwärtigen Probleme: Auch Schiller war sich bewußt, daß ein neuer Abschnitt der gesellschaftlichen Entwicklung anstand und stellte fest, daß die »Industriegesellschaft selbst unaufhörlich neue Probleme aufwirft, Probleme, die tatsächlich in Qualität und Dimension alles bisher Bekannte in den Schatten stellen und die mit Sicherheit den weiteren Verlauf der gesellschaftlichen Entwicklung bestimmen werden.« Auch für ihn war die Kernfrage, wie es in Zukunft möglich sein werde, »Aufstieg und Stabilität der Gesellschaft, technische, wirtschaftliche und soziale Dynamik einerseits und gesamtgesellschaftliches Gleichgewicht andererseits miteinander zu verbinden.« Erhards Schlußfolgerungen kritisierte Schiller allerdings scharf. Die Regierung betreibe »Eskapismus«, da die »formierte Gesellschaft« jegliche Dynamik unterdrücke und Stabilität nur vorgaukle, tatsächlich aber einem obrigkeitsstaatlichen Denkstil huldige. Er setzte dem die Überzeugung entgegen, daß soziale Konflikte in ihrer Dynamik lebensnotwendig seien. Aufgabe der Politik sei es ja gerade, die Voraussetzungen dafür zu schaffen, daß diese Konflikte weder durch eine »Formierung überkleistert noch unterdrückt werden, noch in Anarchie ausarten, sondern durch mündige Menschen gelöst werden.«

Im Zentrum der »mündigen Gesellschaft« stand somit ein Gesellschaftskonzept, das sich grundlegend von Erhards Vorstellungen unterschied. Schiller ging von einer »vielgegliederten Gesellschaft« mit einer »Mannigfaltigkeit der Gruppen und Schichten« aus: Arbeiter, Angestellte und Unternehmer, Selbständige und Unselbständige, Bauern, Kaufleute und Industrielle, Einheimische und Vertriebene und Flüchtlinge – sie alle konnten und sollten durchaus »gruppenhaft organisiert sein. Das gehört zu unserer Wirklichkeit. Aber diese Gruppen müs-

349 Zit. n. Schott, Formierte Gesellschaft S. 59 f.

350 AdsD Abt. II SPD-Bundestagsfraktion, 5. Wahlperiode, 521, Bundespresseamt, Abschrift WDR-Interview mit Kurt Schmücker, ausgestrahlt am 20. 12. 1965.

351 Zit. in BArch N1229/327, Schiller an Brandt, 29.6.1966; AdsD Abt. II SPD-Bundestagsfraktion, 5. Wahlperiode, 555, dpa-Meldung zum SPD-Parteitag in Dortmund vom 3.6.1966; Die Welt, 4.6.1966, Art.: Schiller propagiert die mündige Gesellschaft.

sen zur Kooperation kommen, nicht durch Formierung, sondern durch mündige Selbstverwaltung.« Das Gemeinwohl sollte also weder durch die »unsichtbare Hand der Egoismen automatisch oder durch die Formierung der Interessen autoritär erreicht« werden. Vielmehr falle dem Staat die Aufgabe zu, die »gesellschaftlichen Gruppen durch seine planende und ausgleichende Politik und durch Orientierungshilfe auf das Gemeinwohl hinzuführen. Dieser Auseinandersetzung mit den mächtigen Interessen und den großen Gruppen hat der Staat sich unaufhörlich zu stellen; er darf ihnen nicht durch eigene Entschlußlosigkeit oder Flucht in die Moraltheologie praktisch ausweichen.« Die »mündige Gesellschaft« verstand sich somit nicht als statisches Gebilde, sondern als dynamisches Ergebnis von sozialer Interaktion, als Produkt eines fortlaufenden Prozesses, der alle Politikfelder prägte. Daher deklinierte Schiller auch das ganze Programm der sozialdemokratischen Reformprojekte durch, von der keynesianischen Wirtschafts- und Finanzpolitik über Gemeinschaftsaufgaben, Strukturpolitik, Einkommens- und Vermögenspolitik bis hin zur Mitbestimmung in der Wirtschaft – überall herrschte das »Prinzip des offenen Marktes für Großkonflikte«, die es nicht einzudämmen, sondern transparent zu machen gelte. Für Schiller übten sogar die von Erhard »so oft verächtlich gemachten Funktionäre« in Verbänden und Gewerkschaften eine »unentbehrliche Mittler- und Transformationsfunktion« aus. Es sei schlicht anzuerkennen, daß sie nunmal gesellschaftliche Verantwortung trügen und an der politischen Willensbildung mitwirkten, und daher müsse ihre Tätigkeit im vorparlamentarischen und vorstaatlichen Raum transparent gemacht werden – durch Herstellung von Öffentlichkeit, etwa in Form von »Hearings«.[352]

Hans Tietmeyer, Ministerialrat im BMWi, hob die Rückbindung der Wirtschaftspolitik an dieses Gesellschaftsbild besonders hervor: »Leben wir nicht ohnehin in einer Gruppengesellschaft, in der die organisierten Gruppen so oder so und durchaus nicht ohne Erfolg versuchen, über ihre privatrechtlichen Funktionen hinaus Zugang zu den sog. Makrodezisionen zu finden oder sie gar zu usurpieren? Wenn dem so ist [...] dann bleibt doch kein anderer Weg, als die Macht der organisierten Gruppen entweder mit staatlichen Zwangsmaßnahmen zurückzudrängen oder ein System zu entwickeln, um diese Usurpationsversuche in Schranken zu halten und sie in Übereinstimmung mit den Grundprinzipien unseres wirtschaftlichen und politischen Systems zu kanalisieren.« Die neue Regierung löste also nicht nur die Verkrampfungen, die das Verhältnis zwischen Regierung und Tarifparteien wegen Erhards mißtrauischer Haltung zunehmend geprägt hatten. Viel stärker noch wandelte sich die Vorstellung davon, was Wirtschaftspolitik ist und wie ihr Gegenstand zu definieren sei. Unter Schiller trennte sich das Wirtschaftsministerium von den bislang vorherrschenden Gemeinwohlvorstellungen und der Überzeugung, daß es einen sittlich begründeten Primat der wirtschaftspolitischen Entscheidung, ja generell eine Überordnung der staatlichen Wirtschaftspolitik über die Akteure der gesellschaftlichen Sphäre gab. Die strikte Trennung in Staat und Gesellschaft löste sich auf, und mehr noch: Tietmeyer hatte ja deutlich gemacht, daß wirtschaftspolitische Entscheidungen nicht mehr alleinige Sache der Regierung waren. Sie umfaßten statt dessen in holistischer Weise auch die »Mikrodezisionen« der Wirtschaftssubjekte – Individuen, Unternehmen, Institutionen, die angemessen in den gesellschaftlichen »Gruppen« repräsentiert seien.[353]

352 Hier und alle Zitate zuvor AdsD Abt. II SPD-Bundestagsfraktion, 5. Wahlperiode, 2187, Sopade-Rednerdienst Nr. 204/66: Schwerpunkte der Gesellschaftspolitik in Deutschland.

353 BArch B102/93253, Vortragsmanuskript Hans Tietmeyer, Konzertierte Aktion. Konzept, Praxis und Erfahrungen (17.1.1969 Seminar für Wirtschaftslehre der Universität Bochum); dieses geht in der Formulie-

Mit der Großen Koalition wurde dieses Modell der gesellschaftlichen Selbstbeschreibung zum prägenden Faktor der Wirtschaftspolitik. Fortan nahm diese die Vorstellung von einer »gruppenhaft aggregierten Gesellschaft« zum Ausgangspunkt ihrer Interventionen,[354] und umgekehrt erschien der Staat nicht mehr als »sittliche Idee« im Sinne Hegels, sondern nur noch als nüchterne Organisation, die laufend an aktuelle Erfordernisse angepaßt werden konnte. Dieses Staatsverständnis erklärt auch, warum die »Modernisierung« politisch-administrativer Institutionen mit der Großen Koalition so sehr ins Blickfeld rückte: Der neuen Regierung und insbesondere den Sozialdemokraten war es um eine Technisierung des Politischen zu tun, die ganz auf die Kraft wissenschaftlich-rationaler Information aufbaute.[355]

Nirgends kam dieser Wandel im Staats-, Gesellschafts- und Politikverständnis der sechziger Jahre so deutlich zum Ausdruck wie in der Konzertierten Aktion. Im Grunde hatte der Sachverständigenrat mit seinem Konzept einer »konzertierten Stabilisierungsaktion« von 1965 Erhards Kritik an den unnötigen Verteilungskämpfen aufgegriffen. Freilich nahm er eine gravierende Akzentverschiebung vor, denn ganz ähnlich wie die in der Industrie verbreiteten Vorstellungen von der »Sozialpartnerschaft« oder der reformerische Gewerkschaftsflügel verneinte auch der Rat einen fundamentalen Interessengegensatz zwischen Arbeitnehmern und Arbeitgebern. Mit dem marktwirtschaftlichen Rahmen der bundesrepublikanischen Gesellschaft sei auch die Einkommensverteilung vorgegeben und durch eine der Arbeitsmarktparteien allein nicht mittelfristig veränderbar. In dieser Sicht waren Verteilungskämpfe funktionslos, da sie sich über die Logik des Marktes stellten. Darin lag ein fundamentaler Unterschied zur Gesellschaftskonzeption, wie sie Erhard noch hochgehalten hatte: Ein zeitweiliges Auseinanderfallen von »Gruppeninteresse« und »Gemeinwohl« war für den Rat nicht mehr naturgegeben, sondern einzig auf mangelnde Einsicht in ökonomische Zusammenhänge zurückzuführen. Genau an diesem Punkt setzte die vom Sachverständigenrat vorgeschlagene »konzertierte Stabilisierungsaktion« an: Im Stile eines »sozialpsychologischen Aufklärungsinstrumentes« sollten Verbände und Gewerkschaften von der Sinnlosigkeit egoistischer Ziele überzeugt, auf ein gemeinsames Interesse verpflichtet (Senkung der Inflationsrate ohne Stabilisierungskrise), am Ende also die »Marktparteien zur Nichtausnutzung bestehender Marktchancen« bewegt werden.[356]

Während Erhard noch vage an Vernunft und Einsicht appelliert und immer wieder »Maßhalten« gefordert hatte, stimmten die Anhänger der Konzertierten Aktion mit dessen Zielen weitgehend überein, wählten hingegen andere Mittel und zeigten einen konkreten Weg zu derlei höherer Einsicht auf, welcher sich wissenschaftlicher Information und ökonomischer Rationalität bediente: Wissenschaftliches Expertenwissen sollte dazu beitragen, gesellschaftliche Konflikte aufzuklären und auf der Basis eines Wert- und Zielkonsenses aller gesellschaftlichen Gruppen zur Lösung von Konflikten herangezogen werden.[357] Gesellschaftliche

---

rung offensichtlich auf »Textbausteine« des BMWi zurück, vgl. wörtlich fast identisch Schlecht: Konzertierte Aktion, S. 21.

354 Dazu ausführlicher Karl Schiller: Konjunkturpolitik auf dem Weg zu einer Affluent Society. Kiel 1968, S. 14f.

355 Metzler, Am Ende aller Krisen S. 90–92 und vor allem Winfried Süß: »Wer aber denkt für das Ganze?« Aufstieg und Fall der ressortübergreifenden Planung im Bundeskanzleramt. In: Demokratisierung und gesellschaftlicher Aufbruch S. 349–377.

356 Zink, Gewerkschaftspolitik S. 89; 91.

357 Jahresgutachten 1964/65, Tz. 248; und später: Jahresgutachten 1965/66, Tz. 185; 194; Jahresgutachten 1967/68, Tz. 373; 246; Jahresgutachten 1969/70 Tz. 70; 234ff.; 242.

Harmonie wurde damit herstellbar: Wissenschaftlich gewonnene Informationen sollten soziale Konflikte ausschalten und die Partikularinteressen auf das Gemeinwohl verpflichten.[358] Wenn etwa Herbert Giersch darauf hinwies, daß gesellschaftlicher Konsens nicht qua Obrigkeit hergestellt werden konnte, sondern auf »das ständige Gespräch«, auf »die Kraft des besseren Arguments« angewiesen war, blitzte darin der eigentliche Antrieb der Gutachter auf: Die Idee der Konzertierten Aktion verstand sich auch als Antwort auf die »formierte Gesellschaft« Ludwig Erhards. Konsens war in der Tat machbar, allerdings nicht mit unscharfen Beschwörungsformeln, sondern sollte ganz im Stil der Zeit durch wissenschaftlich abgestützte Diskussionen und rationale Entscheidungen erzielt werden.[359]

Wenn Karl Schiller die Anregung einer tripartistischen »konzertierten Stabilisierungsaktion« im Winter 1966/67 dankbar aufnahm, so hieß dies freilich nicht, daß er den gesellschaftlichen Ordnungsvorstellungen des Sachverständigenrates vollständig gefolgt wäre. Schiller hatte es ja schon mit seinem Konzept der »mündigen Gesellschaft« vermieden, gesellschaftliche Interessengegensätze und soziale Konflikte zu leugnen – er hielt sie sogar für die Grundlage einer freien Gesellschaft. Der Konzertierten Aktion könne es somit auch gar nicht gelingen, diese dauerhaft auszuschalten, sondern ihr müsse vielmehr daran gelegen sein, derartige Konfliktfelder durch Information (d.h.: mit wissenschaftlichen Methoden gewonnene Orientierungsdaten) einzuengen und für alle Beteiligten durchschaubar zu machen. Damit sei die Transparenz des eigenen Handelns gegeben und der Weg zu einem von »kollektiver Vernunft« bestimmten Verhalten geebnet. Während der Sachverständigenrat durch Aufklärung letztlich Selbstbeschränkung und damit gesellschaftliche Harmonie herbeiführen wollte, reduzierte Schiller die Konzertierte Aktion auf ein Instrument des Regierungshandelns, in dem das Werben um Unterstützung für die Regierungspolitik auf Dauer gestellt wurde.[360]

Andererseits sollte die in ihrer Funktion derart eingeschränkte Konzertierte Aktion jedoch Aufgaben übernehmen, die weder dem Sachverständigenrat vorschwebten noch im Stabilitätsgesetz explizit angelegt waren. Für den Wirtschaftsminister erfüllte sie zugleich auch eine »gesamtgesellschaftliche Ordnungsfunktion«. Information und Kommunikation sollten die gesellschaftliche Integration vorantreiben. Während der Rat einzig auf die nüchterne Überzeugungskraft wissenschaftlicher Erkenntnis baute, hatte Schillers Einladung an Gewerkschaften und Verbände einen viel weiter reichenden Konsens im Sinn: Aus Konflikt und Kommunikation sollte Kooperation erwachsen und einen politischen Konsens erzielen, der von der Öffentlichkeit sodann als Wertvorstellung mitgetragen werden und dadurch am Ende gesellschaftlich integrierend wirken sollte. Dies ist der eigentliche Kern der »mündigen Gesellschaft«: Identifikation mit einer auf Gruppenkonsens gründenden ökonomischen Wertvorstellung, eine Gesellschaft, in der ökonomisch-wissenschaftliche mit gesellschaftlicher Rationalität in Übereinstimmung gebracht wird.[361]

---

358 Wegner, Im Blickpunkt S. 232; Adam, Konzertierte Aktion S. 205 f.; Zink, Gewerkschaftspolitik S. 87–91.

359 FAZ, 20.12.1965, Art.: Ein neuer Contrat Social?

360 Siekmann, Einkommenspolitik, S. 125–141; Zink, Gewerkschaftspolitik, S. 92–103; AdsD Abt. II SPD-Bundestagsfraktion 5. WP, 2187: Sopade-Rednerdienst Nr. 204/66, Schwerpunkte der Gesellschaftspolitik in Deutschland.

361 Jörg Hahn: Ökonomie, Politik und Krise. Diskutiert am Beispiel der ökonomischen Konzeption Karl Schillers, Würzburg 1984, S. 117–123; zur Genese in den fünfziger Jahren die Aufsätze in Schiller, Der Ökonom und die Gesellschaft.

Sicher hatte die Konzertierte Aktion im Rahmen der Globalsteuerung vor allem ein funktionales Ziel: Sie sollte die offene »einkommenspolitische Flanke« der Krisenüberwindung absichern, und zumindest in der Krise von 1967 gelang dieses Unterfangen ja auch. Und obwohl der Versuch, gesellschaftliche Unterstützung für die Politik der Regierung zu organisieren, wahrlich nicht neuartig war, wird die Bedeutung der Konzertierten Aktion als Symbol für den grundlegenden Wandel der gesellschaftlichen Selbstbeschreibung doch dramatisch unterschätzt, wenn etwa Klaus Hildebrand apodiktisch feststellt, daß sich mit ihr »im wesentlichen nur die Rhetorik« verändert habe.[362] Erst wenn die Konzertierte Aktion im Kontext des Gesamtkonzepts des »wissenschaftlichen Regierens« betrachtet wird, wenn die Forschungsperspektive sich nicht auf die Frage nach Konsens und »Makrokorporatismus«[363] beschränkt, sondern die Vorstellung von der wissenschaftlich fundierten gesellschaftlichen Integrationskraft rekonstruiert, tritt die eigentliche Dynamik der Konzertierten Aktion hervor: Dann erst wird sie zum prominenten Beispiel für den Wandel der Staats- und Gesellschaftskonzeptionen in den sechziger Jahren.[364]

Die Debatte über die Konzertierte Aktion unterstreicht, daß dieser fundamentale Wandel auch den Zeitgenossen nicht verborgen blieb. Je nach politischem Standpunkt war ja gerade deren gesellschaftlich integrierende Funktion und die veränderte Stellung von Staat und Gesellschaft ihr größtes Plus oder aber der Hauptangriffspunkt. So wies beispielsweise der beim BMWi mit der Konzertierten Aktion befaßte Ministerialdirigent Otto Schlecht im Juni 1968 darauf hin, daß ein direkter Vergleich mit der Situation in Frankreich die gesellschaftliche Integrationskraft des Dialoges gerade in einer Zeit sozialer Unruhen unter Beweis stellen könne: Anders als in der Bundesrepublik habe der Studentenprotest dort nun auch die Arbeitnehmer erfaßt.[365] Von solcherlei Sozialromantik wollte der schärfste Kritiker der Konzertierten Aktion hingegen nichts wissen. Kurt Biedenkopf, Professor der Rechtswissenschaften und Rektor der Universität Bochum, warf Schiller in mehreren Vorträgen und Aufsätzen vor, dieser gebe der »konzertierten Aktion [...] einen ideologischen Überbau. Er sagt nicht nur, die Beratung über die Festsetzung von Orientierungslinien bei der Störung des wirtschaftlichen Gleichgewichts ist die Aufgabe der konzertierten Aktion, sondern eine Veränderung unseres Gesellschaftsbildes. Die konzertierte Aktion soll wörtlich zu einer Veränderung des gesellschaftlichen Bewußtseins beitragen.«[366] Biedenkopf betonte besonders, daß tatsächlich eine Integration der Gruppen in die Gesellschaft erfolge, doch führe dies »nicht zu einer Integration der Gesellschaft, solange wir nicht die Konsequenz aus dieser Entwicklung ziehen und eine [...] Gesellschaft organisieren, wo jeder Mitglied sein muß.« In einer derartigen Integration

---

362 vgl. Klaus Hildebrand: Von Erhard zur Großen Koalition 1963–1969 (Geschichte der Bundesrepublik Deutschland, Bd. 4), Stuttgart 1984, S: 288 f., 298–301.

363 Bernhard Weßels: Die deutsche Variante des Korporatismus. In: Max Kaase; Günther Schmidt (Hg.): Eine lernende Demokratie. 50 Jahre Bundesrepublik Deutschland (WZB-Jahrbuch 1999), Berlin 1999, S. 87–113, hier: 93 ff.; s. auch Peter Engelhard; Ulrich Fehl; Heiko Geue: Konzertierte Aktionen, Runde Tische, Aktionsbündnisse. Machtbeteiligung und Machtkontrolle organisierter Interessen durch korporatistische Politikbeteiligung? In: Cassel, 50 Jahre Soziale Marktwirtschaft S. 741–768.

364 Mit ähnlicher Betonung der Zäsur, allerdings vor dem Hintergrund der »Konzertierten Aktion Kohle« und mit Blick auf die sozialdemokratische Strukturpolitik Nonn, Ruhrbergbaukrise S. 297.

365 Schlecht, Konzertierte Aktion, S. 34.

366 BArch B102/59379, Vortrag Biedenkopfs vor der Mitgliederversammlung des Verbandes metallindustrieller Arbeitgeberverbände am 19.6.1968 in Düsseldorf.

der Gruppen erblickte er eine »Vergesellschaftung staatlichen Handelns«, die er für verfassungsrechtlich höchst bedenklich hielt.[367]

Damit trat schon während der Diskussion über die Konzertierte Aktion eine Konfliktlinie hervor, die zur Zeit der sozialliberalen Koalition rasch an Bedeutung gewinnen sollte: Die Ablösung des transzendentalen Staatsverständnisses und die bereits in praktischer Politik sichtbar werdende »Vergesellschaftung« staatlichen Handelns provozierte durchaus energische Kritik. Mit den gleichen Argumenten, die Biedenkopf gegen die Konzertierte Aktion ins Feld führte, wurde insbesondere das sozialliberale Reformprogramm der »Demokratisierung« angegriffen. Willy Brandt hatte schon 1964 erklärt, daß der Staat lediglich die »moderne Organisation« dessen war, »was für alle zusammen entschieden und gestaltet werden muß« und euphorisch hinzugefügt: »Wir alle sind der Staat.«[368] Seine Regierungserklärung vom 28. Oktober 1969 nahm diese Vorstellung auf und präzisierte sie unter der Überschrift »Kontinuität und Erneuerung«. Ähnlich wie im Fall der »mündigen Gesellschaft« und der »konzertierten Aktion« wurde nun die innere Ordnung der bundesrepublikanischen Gesellschaft auf »Mitverantwortung« und rationale Auseinandersetzung gegründet: »Solche demokratische Ordnung braucht außerordentliche Geduld im Zuhören und außerordentliche Anstrengung, sich gegenseitig zu verstehen. Wir wollen mehr Demokratie wagen.« Dies bedeutete in erster Linie eine gezielte Öffnung des staatlichen Arkanums: Die Arbeitsweise der Regierung sollte systematisch transparent gemacht werden, um dem »kritischen Bedürfnis nach Information Genüge tun« zu können. Jeder Bürger sollte über Anhörungen im Bundestag, durch »ständige Fühlungnahme mit den repräsentativen Gruppen unseres Volkes«, vor allem aber durch eine »umfassende Unterrichtung über die Regierungspolitik« die Möglichkeit erhalten, »an der Reform von Staat und Gesellschaft mitzuwirken.« Demokratisierung war damit strikt an bestehende staatliche Institutionen geknüpft und hieß in erster Linie: Mitbestimmung und Mitverantwortung auf der Basis von – wissenschaftlich abgesicherter – Informationsbeschaffung und Herstellung von Öffentlichkeit bei gleichzeitiger Betonung von hierarchisch organisierter Partizipation.[369]

In der Praxis hatte dies vor allem eine kaum mehr zu überblickende Flut von »Berichten« zur Folge: Schon in der Regierungserklärung kündigte Brandt an, daß der Bundestag im Januar den Bericht zur Lage der Nation diskutieren werde, im Februar den Jahreswirtschaftsbericht, im März einen Bericht zur Lage der Landwirtschaft, im April den Sozialbericht, im Mai den Bericht über Bildungs- und Wissenschaftspolitik, im Juni schließlich das Weißbuch zur Verteidigungspolitik, und für den Herbst 1970 stünden Berichte über Verkehrspolitik, Gesundheitspolitik, Raumordnung und Städtebau, Vermögensbildung und Steuerreform zu erwarten.[370] Im »Verhältnis des Bürgers zu seinem Staat und seiner Regierung« sollte sich also »manches ändern«. Das politische Handeln sollte vielmehr vom »demokratischen Engagement der Bürger« getragen werden, schließlich habe der Staat »so wenig Bedarf an blinder Zustim-

---

367 Kurt H. Biedenkopf: Rechtsfragen der konzertierten Aktion. In: Der Betriebs-Berater 25 (1968), S. 1005–1011, hier 1009.

368 Zit. n. Julia Angster: Der neue Stil. Die Amerikanisierung des Wahlkampfes und der Wandel im Politikverständnis bei CDU und SPD in den 1960er Jahren. In: Demokratisierung und gesellschaftlicher Aufbruch S. 181–204, hier: 200.

369 Willy Brandt: Regierungserklärung vom 28. Oktober 1969. In: Behn, Regierungserklärungen S. 205–235, hier. 206.

370 Ebd. S. 227.

mung, wie unser Volk Bedarf hat an gespreizter Würde und hoheitsvoller Distanz. Wir suchen keine Bewunderer; wir brauchen Menschen, die kritisch mitdenken, mitentscheiden und mitverantworten.«[371]

In diesem Konzept war trotz des etatistischen Zutrauens in bestehende Institutionen von einer Überordnung des Staates über die Gesellschaft nichts mehr zu spüren. Daß es statt dessen um die systematische Verschränkung von Staat und Gesellschaft unter den Überschriften von »Demokratisierung« und »Teilhabe«[372] ging, trat noch deutlicher in Brandts zweiter Regierungserklärung hervor: Dort wies er explizit darauf hin, daß der Staat in der Geschichte dem »Volk« lange »wie eine fremde Macht gegenüber« gestanden habe. Längst sei aber ein »gewandelter Bürgertypus« prägend geworden, der »seine Freiheit auch im Geflecht der sozialen und wirtschaftlichen Abhängigkeiten behaupten will.« Darin erblickte Brandt eine »neue Mitte«, »die soziale, die liberale Mitte.« Ihr wie der Regierung ging es darum, daß »die vielen einzelnen ihre Heimat in dem Staat finden, den eine schmale Schicht von Mächtigen früher und lange wie ihren Besitz behandelt hat. Wir wollen den Staat zum Besitz aller machen.« In der »neuen Mitte« sei ein »vitaler Bürgergeist« zu Hause, der die »neuen Schnittlinien progressiver und bewahrender Interessen« selbständig erkennen könne. Obwohl der »Streit der Interessen« nach wie vor die Gesellschaft prägte, solle doch der »Wille zur guten Nachbarschaft« dem Bürger helfen, seine »soziale und seine geistige Heimat zu finden.« Diese Pflichten und Rechte der Nachbarschaft sollten gerade auch in den »Auseinandersetzungen und in der Koexistenz der großen gesellschaftlichen Gruppen wirksam sein.«[373]

Brandts Rückgriff auf die Metapher der Nachbarschaft ist in erster Linie auf die Passagen zur Außen- und Deutschlandpolitik zurückzuführen, welche die Rede dominierten. Allerdings nahm er damit jene pluralistische Gesellschaftskonzeption auf, die auch Eingang in die offizielle Langzeitprogrammatik der Partei fand. Der »Orientierungsrahmen '85« bündelt nochmals die gesellschaftlichen Leitvorstellungen der frühen siebziger Jahre. Nach schier endlosen innerparteilichen Rangeleien ragte er Mitte der siebziger Jahre als eine Art Monument des Wachstums-, Wissenschafts- und des etatistischen Machbarkeitsglaubens in die Zeit fundamentaler Verunsicherung hinein. Auch wenn das Papier damit schon bei seiner Verabschiedung seiner sozialen Grundlagen verlustig gegangen war und rasch wieder in den Schubladen verschwand, steht es doch für genau jene Ungleichzeitigkeiten, die auch Erhards »formierte Gesellschaft« gekennzeichnet hatten: Letztlich faßte es die zuvor weithin konsensfähigen Annahmen über die gesellschaftliche Ordnung äußerst kompakt zusammen – zu einem Zeitpunkt, der an sich eine Neubestimmung notwendig gemacht hätte. Der »Orientierungsrahmen« konstatierte, daß der moderne Staat gezwungen gewesen sei, auch in Bereichen Verantwortung übernehmen zu müssen, die zuvor privat geregelt worden waren: »Neue staatliche Aufgaben entstehen, wo die zunehmend komplizierte Struktur der Industriegesellschaft es notwendig macht, einzelnen oder Gruppen Verpflichtungen aufzuerlegen, die nicht freiwillig eingegangen würden, oder wo nur durch staatliche Aktivitäten die für die Wohlfahrt des Gemeinwesens

---

371 Ebd. S. 234.

372 So der prominentere Begriff beim liberalen Koalitionspartner, vgl. Werner Maihofer: Liberale Gesellschaftspolitik. In: Karl-Hermann Flach; Werner Maihofer; Walter Scheel: Die Freiburger Thesen der Liberalen, Reinbek bei Hamburg 1972, S. 25–54, hier: 42.

373 Willy Brandt: Regierungserklärung vom 18. Januar 1973. In: Peter Pulte: Regierungserklärungen 1949–1973, Berlin 1973, S. 260–291, hier: 289 ff.; zur Skepsis, mit der die Partei schon damals auf das Konzept einer »neuen Mitte« reagierte, Christoph Meyer: Herbert Wehner. Biographie, München 2006, S. 393.

notwendigen Leistungen erbracht werden können.« Mit dem gewachsenen Steuerungsanspruch des Staates sei freilich keine entsprechende Zunahme der Steuerungsfähigkeit verbunden gewesen, und insgesamt sei der Einfluß »gesellschaftlicher Gruppen« auf die Politik gewachsen – ihre »gegenseitige Konkurrenz und ihre Konflikte prägen und beeinflussen staatliches Handeln.« Damit sei aber die Vorstellung von einem »neutralen, über allen Interessengegensätzen schwebenden autonomen Staat, der verfassungsmäßig aufgegebene oder politisch frei gesetzte Ziele unabhängig verwirklicht, mit der staatlichen Wirklichkeit der Bundesrepublik unvereinbar« geworden. Der Staat sei kein »unabhängig über der Gesellschaft stehender neutraler Schiedsrichter, kein Vertreter eines ›objektiven‹ Gemeinwohls gegenüber den Interessen der konkreten gesellschaftlichen Gruppen« mehr. Gleichzeitig wurden »Gruppen und Verbände« als »notwendige vermittelnde Instanz zwischen dem einzelnen und der Gesellschaft« begrüßt, da sie dem einzelnen seinen »besonderen Standort« in der Gesellschaft verdeutlichten, ihm den »Rückhalt der Gruppe« gaben und »ihn in die Ordnung der gesamten Gesellschaft« einbezogen.[374]

Freilich traf gerade das Anliegen der »Demokratisierung« auf vehemente Kritik: In der Programmatik der sozialliberalen Koalition spiegele sich eine unzulässige Auflösung der Trennung zwischen Staat und Gesellschaft. In aller Deutlichkeit verwies Bruno Heck als Generalsekretär der CDU nach Brandts Regierungserklärung von 1969 auf die traditionellen Kategorien der gesellschaftlichen Selbstbeschreibung: Demokratie als politisches Organisationsprinzip des Staates tauge überhaupt nicht zum grundlegenden Gestaltungsmuster der Gesellschaft. Aber auch liberale Sozialwissenschaftler wie Wilhelm Hennis oder Kurt Sontheimer, die zuvor durchaus zu den Protagonisten eines modernisierten Staatsverständnisses zählten, wandten sich nun kaum weniger deutlich gegen das Vorhaben einer Demokratisierung der Gesellschaft und legten damit die Grundlagen für jene Debatte über »Regierbarkeit« der westlichen Demokratien, die dann seit Mitte der siebziger Jahre immer wichtiger werden sollte.[375]

Doch obwohl damit bereits an der Wende zu den siebziger Jahren erste Ansätze für eine intellektuelle »Gegenbewegung« sichtbar wurden,[376] blieben die kritischen, meist konservativen Stimmen in dieser Hochphase der etatistischen Reformeuphorie doch noch in der Minderheit und sahen sich zunehmend an den Rand gedrängt. So meinte der Staatsrechtler Ernst Forsthoff im Wahlkampf vom Herbst 1972 die CDU/CSU daran erinnern zu müssen, daß sie ihre Aktivität viel stärker auf die Institution zu richten habe, »innerhalb derer sie ihre Zielsetzungen nur verwirklichen« könne: »den Staat.« Dazu sei die Union »nach ihrer Herkunft und

---

374 Peter von Oertzen; Horst Ehmke; Herbert Ehrenberg (Hg.): Orientierungsrahmen ’85. Text und Diskussion, Bonn-Bad Godesberg 1976, S. 22–27.

375 Scheibe, Auf der Suche S. 268 ff.; vgl. auch Wolther von Kieseritzky: »Mehr Demokratie wagen.« Innen- und Gesellschaftspolitik 1966–1974. In: Willy Brandt: Mehr Demokratie wagen. Innen- und Gesellschaftspolitik 1966–1974 (Berliner Ausgabe, Bd. 7.), Bonn 2001, S. 15–82, hier 44; Wilhelm Hennis (Hg.): Regierbarkeit. Studien zu ihrer Problematisierung, Stuttgart 1977; Fritz W. Scharpf: Die Rolle des Staates im westlichen Wirtschaftssystem. Zwischen Krise und Neuorientierung. In: Carl Christian von Weizsäcker (Hg.): Staat und Wirtschaft. Verhandlungen auf der Arbeitstagung des Vereins für Socialpolitik in Hamburg 1978, Berlin 1979, S. 15–44; Franz Lehner: Grenzen des Regierens. Eine Studie zur Regierungsproblematik hochindustrialisierter Demokratien. Königstein/Ts. 1979.

376 Dazu mehr bei Axel Schildt: »Die Kräfte der Gegenreform sind auf breiter Front angetreten.« Zur konservativen Tendenzwende in den Siebzigerjahren. In: Archiv für Sozialgeschichte 44 (2004), S. 449–479, hier: 458 ff.

geistigen Struktur berufen«, und mit ihrer Anpassung an die Anliegen der Gesellschaftsreformer begebe diese sich leider »auf fremdes Terrain« und suche die Auseinandersetzung in einem »schwächeren Element«. Forsthoff zog eine bittere Bilanz, durch die sich wie ein roter Faden die Sehnsucht nach der »guten Ordnung« zog: Das Staatsbewußtsein sei weithin »erloschen«, staatliches Handeln vergesellschaftet und den »organisierten Interessen« ausgeliefert worden. Die daraus folgende Neigung zum Kompromiß trage in Wirklichkeit dazu bei, den Staat zu »vernichten«: »Nein, man spricht nicht mehr vom Staat, man spricht von der Gesellschaft«, und wer an der Unterscheidung von Staat und Gesellschaft noch weiter festhalte, gelte inzwischen »geradezu als reaktionär.«[377]

3.2 »Verwissenschaftlichung« der Politik als Faktor der Stabilität

Mit diesem Wandel der gesellschaftlichen Selbstbeschreibung stand die Wirtschaftspolitik freilich vor einem grundsätzlichen Problem, das von der konservativen Kritik an der »Vergesellschaftung« der Politik ja immer wieder besonders herausgestellt wurde: Mit der Einebnung von Grenzen zwischen Staat und Gesellschaft stellte sich das Problem staatlicher Steuerungsfähigkeit völlig neu. Die holistisch konzipierte Wirtschaftspolitik der Globalsteuerung konnte ja gerade nicht mehr darauf bauen, daß die Gesellschaft etwas ihren eigenen Steuerungsversuchen Äußeres war. Und wenn das Gemeinwohl als Ergebnis eines Aushandlungsprozesses zwischen gesellschaftlichen Gruppen betrachtet wurde, damit aber den Charakter einer »sicheren« Entität verlor, wurde selbst die Bestimmung von anerkannten wirtschaftspolitischen Zielen und legitimen Mitteln zur Erreichung dieser Ziele schwieriger als zuvor. Erst wenn diese grundlegende Verschiebung der politischen Gesellschafts- und Staatskonzeptionen berücksichtigt wird, tritt die eigentliche Bedeutung der Planungs- und Wissenschaftseuphorie hervor. Der extensive Rückgriff auf wissenschaftliches Wissen diente in erster Linie dazu, diesen Wandel der gesellschaftlichen Selbstbeschreibung zu stabilisieren: Das Wissen der Experten, die ökonometrische Diagnose der gesamtwirtschaftlichen Entwicklung, die Zielprojektionen und Prognosen traten an die Stelle weltanschaulich definierter wirtschaftspolitischer Zielsetzung.

Die Instrumente der »rationalen« Wirtschaftspolitik waren damit selbst ein Faktor der »Vergesellschaftung«, da mit ihnen eine Vielzahl von empirisch-statistischen Informationen als Entscheidungsgrundlage gewonnen werden konnte. Dies sollte die enge Anbindung politischer Entscheidungen an die gesellschaftliche »Realität« ermöglichen, dem gegenüber die nüchterne Moderation gesellschaftlicher Konflikte vereinfachen. Das Leitbild einer »Verwissenschaftlichung der Politik« war aber andererseits ein Lösungsweg für jene Probleme, die sich aus der Verschmelzung von Staat und Gesellschaft ergaben. Erst auf der Grundlage fundierter empirischer Erkenntnisse sollte eine »rationale« Prozeßpolitik betrieben werden. Solange die wissenschaftlichen Erkenntnisse zu der Hoffnung Anlaß gaben, eindeutige und verbindliche Informationen gewinnen zu können, lag darin eine entscheidende Entlastung der Politik, denn eindeutiges wissenschaftliches Wissen lieferte Handlungsanleitungen und verhalf den staatlichen wirtschaftspolitischen Akteuren zu jener Legitimation, die mit dem

377 ACDP 01–093–010/1, Ernst Forsthoff: Staatspolitik oder Gesellschaftspolitik, Typoskript o.D. [11/1972]; zu Forsthoff van Laak, Gespräche S. 240ff.

Abschied von den überkommenen Staats- und Gemeinwohlkonzeptionen verloren gegangen war. Doch als in der Wirtschaftspolitik spätestens an der Wende zu den siebziger Jahren immer deutlicher spürbar wurde, daß mit einem Mehr an wissenschaftlichen Ressourcen auch die Grundlagen für zunehmend widersprüchliche Informationen gelegt war, als die spezifischen Probleme der komplizierten rekursiven Mechanismen des Wissenstransfers im Scheitern der Konzertierten Aktion, in der Politisierung der Expertise, in politischen Entscheidungsverzögerungen immer klarer erkennbar wurden, war klar, daß es sich dabei lediglich um ein Übergangsphänomen gehandelt hatte.

Das enorme Selbstvertrauen, mit dem die Akteure der »rationalen« und »wissenschaftlichen« Wirtschaftspolitik zur Zeit der Großen Koalition agierten, brachte besonders deutlich der Wirtschaftsminister selbst auf den Punkt. Karl Schiller sah sich in seiner Doppelfunktion als Wirtschaftspolitiker und Nationalökonom bestens für die Herausforderungen der Zeit gerüstet. Ende 1968, als die Globalsteuerung allseits bewundert wurde und sich auf ihrem unumstrittenen Zenit befand, gab er in einem langen Fernsehinterview mit Günter Gaus beredt Auskunft über das Selbstverständnis seiner Politik: »Wir haben in vielen anderen Bereichen sehr viel mehr Sachverständige vielleicht als früher zu Rate gezogen.« Die wissenschaftlichen Beiräte, der Sachverständigenrat und auch »die völlig unabhängigen Forschungsinstitute in ihrer Arbeitsgemeinschaft« kamen in der Wirtschaftspolitik, »was die Beeinflussung und die Vorformung der Wirtschaftspolitik betrifft, stärker zu Wort als früher.«[378] Gaus erblickte in Schiller geradezu das Musterbeispiel eines neuen, zeitgemäßen Politikertypus. Dieser sei »intellektuell, wissenschaftlich fundiert, kühl kalkulierend« und damit das glatte »Gegenteil eines Volkstribunen.« Auf die Frage nach den Stärken und Schwächen des neuen Politikstils antwortete Schiller: »Wir leben [...] in einer Gesellschaft, [...] die unaufhörlich von der Technik, von der Wissenschaft, von der Theorie beeinflußt und geprägt wird. Die moderne Gesellschaft ist eine Gesellschaft, die immer komplizierter wird in ihren Steuermechanismen, die immer transparenter wird und damit immer sensibler wird, [...] und eine solche Gesellschaft verlangt, wenn Sie so wollen – ich sage es ruhig mal ganz hart – technokratisch trainierte Politiker. Das ist sehr hart formuliert, aber ich bin der festen Überzeugung, das gehört zur Stärke der Leute, die in einer solchen Gesellschaft, sagen wir mal, die Technokratie wenigstens kennen als methodisches Instrument der Politik. Das sehe ich alles nur als der Entwicklung gemäß an.« Grundsätzlich sei ja die »Chance der Versachlichung der Politik« gegeben, und der »Raum des Kalkulierbaren wird natürlich größer, selbstverständlich, von Tag zu Tag«. Selbst die einzige von Schiller selbst eingestandene Schwäche war recht eigentlich eine Stärke, denn der Minister sorgte sich kokett, daß der »technokratisch trainierte Politiker« sich zu wenig »kümmert in seinem Drang nach Versachlichung, nach Analyse, nach Schluß aus der Analyse, nach Befragung objektiver Meinung anderer, daß er sich zu wenig kümmert um die Niederungen der Politik, um jene kleinen Mätzchen oder auch größeren Rankünen und kleinen Komplizenschaften, die sich hier und dort im politischen Leben immer bilden können, das kann, glaube ich, die Hauptschwäche eines solchen Politikers sein, daß er von diesen Dingen zu wenig Kenntnis nimmt.«[379]

---

378 AdsD Abt. II SPD-Bundestagsfraktion, 5. Wahlperiode, 514, Sopade-Rednerdienst Nr. 260/1968: Zur Person – Karl Schiller. Wortlaut des Interviews von Günter Gaus, ausgestrahlt am 8.12.1968.
379 Ebd.

Nur knapp zwei Jahre nach dem Ende der »Ära Erhard« wurde der Wandel der wirtschaftspolitischen Semantik hier besonders drastisch greifbar: Der Globalsteuerung war es um die rationale »Vorformung der Wirtschaftspolitik« zu tun; sie setzte dazu statistisch-ökonometrische Modelle und Analysen ein und legte Wert darauf, ihre politischen Schritte aus diesen Analysen abzuleiten. Letztlich nahmen Schiller und seine Mitstreiter für sich in Anspruch, dank wissenschaftlicher Einsichten über dem Parteienstreit zu stehen. Hatte Erhard noch versucht, ein feststehendes Gemeinwohl mit staatlichen Mitteln gegen die gesellschaftlichen Interessen zu verteidigen, trat nun eine wissenschaftlich abgeleitete, sachliche Rationalität der wirtschaftspolitischen Ziele und Handlungen an die Stelle dieser älteren Vorstellungen. Wirtschaftswissenschaftliches Wissen rückte damit in eine zentrale gesellschaftliche Position. Dies ist auch an anderen Stellen direkt greifbar. So kritisierte die »Frankfurter Allgemeine« an der Tarifrunde 1967 nicht etwa die Forderungen der Gewerkschaften an sich, sondern bemängelte vor allem deren fehlende wissenschaftliche Einsicht: »Hier fehlt oft die primitivste ökonomische Sachkunde. Gelegentlich fragt man sich, was die dem Bildungsgedanken so zugetanen Gewerkschaften eigentlich in ihren Fortbildungskursen für die volkswirtschaftliche Ausbildung ihrer Funktionäre tun.«[380] Und im BMWi kam man bei der Bewertung der Konzertierten Aktion zu dem Ergebnis: »Die volkswirtschaftliche Sachlogik gelangt in der Meinungsbildung der gewerkschaftlichen Tarifkommissionen stärker ins Spiel, die lohnpolitische Vernunft gewinnt mehr Chancen gegenüber lohnpolitischer Illusion und Agitation. In den Verhandlungen selbst wird mehr und mit mehr Sachverstand volkswirtschaftlich diskutiert.«[381] Auch Schillers Begründung der Globalsteuerung, die er seit Jahren als »Synthese von Freiburger Imperativ und Keynesianischer Botschaft« salonfähig gemacht hatte, griff in ihrer impliziten Beschreibung der Gesellschaft auf die Kategorien der Nationalökonomie zurück: »Die optimale Zuordnung der Lenkungsmittel besteht [...] in der kombinierten Anwendung des Prinzips der Selbststeuerung für die Mikrorelationen und der Globalsteuerung für die Makrorelationen.«[382] Bezeichnend war daran gar nicht so sehr die Unterscheidung nach mikro- und makroökonomischen Relationen, sondern vielmehr die sprachliche Konnotation, mit der Schiller seine wirtschaftspolitische Vorstellung versah: Es ging explizit um »Steuerung«, nur daß dieses staatliche Steuerungsversprechen nun nicht mehr weltanschaulich begründet war. Es war ja nur noch die »optimale Zuordnung der Lenkungsmittel« zu leisten, also eine rationale, an die jeweilige Situation angemessene Auswahl von Instrumenten der Globalsteuerung.

Im Vordergrund stand damit die Vorstellung, daß Wirtschaftspolitik wissenschaftlich »machbar« sei, sofern der Zustand der Gesellschaft genau analysiert und beschrieben, aus ihm die nötigen Entscheidungen rational abgeleitet und diese dann nüchtern und mit wissenschaftlich fundierten Mitteln umgesetzt werden konnten. Dieses Rationalitätsversprechen wurde postideologisch gedeutet, galt aber trotz aller Bekenntnisse zur »Technokratie« keineswegs als Überwindung der Politik mittels wissenschaftlicher Methoden. »Im Gegenteil: ›Verwissenschaftlichte Politik‹ war immer noch Politik, ja sie war in Anbetracht der äußeren Umstände die einzig mögliche Politik; genau besehen, war Planung ein Versuch der Rückeroberung des Politischen gegenüber dem technischen ›Sachzwang‹, und ›politisch‹ hieß in den sechziger

380 FAZ, 12.1.1967, Art.: Konzertierte Vernunft.

381 BArch B102/59379, Skizze für das Referat »Auswirkungen auf die Praxis der Tarifpolitik« von Friedrichkarl Janert bei der Geschäftsführerkonferenz der BdA am 23.–25.5.1968.

382 So Schiller bereits 1966 in einem Vortrag vor dem Freiburger Eucken-Institut, zit. n. Schlecht, Konzertierte Aktion, S. 4

Jahren: ›staatlich‹.«[383] Auch wenn Technokratietheorien á la Schelsky weitergingen und sich von der Generalisierung wissenschaftlicher Rationalität nicht nur eine »Verwissenschaftlichung der Gesellschaft« versprachen, sondern Ideologie und Politik im »technischen Staat« schlicht von nüchternen »Sachgesetzlichkeiten« abgelöst sahen,[384] gab es doch einen gemeinsamen Nenner zwischen der Selbstbeschreibung der amtlichen Wirtschaftspolitik und derartigen intellektuellen Entwürfen: Sie einte die Diagnose einer zunehmenden gesellschaftlichen Komplexität, die vor allem von einer wachsenden internationalen Verflechtung und dem technologischen Wandel ausging. Die Vorstellung von einer »Verwissenschaftlichung der Politik« war daher ebenso von dem Bemühen getragen, den Raum des Politischen angesichts dieser Unübersichtlichkeit neu zu bestimmen wie Ludwig Erhards »formierte Gesellschaft«. Während diese aber im Ungefähren verharrte, machte die »Neue Wirtschaftspolitik« von Anfang an deutlich, daß die Lösung in einer Ausdehnung der staatlichen Aktivitäten liegen solle. Das Beispiel des Sachverständigenrates und der Konzertierten Aktion, die ja selbst vom Stabilitätsgesetz nur als »Verhalten« konzipiert worden war, unterstreicht, daß Politik sich dabei in erster Linie auf »Institutionen« bezog. Daher verwies »Verwissenschaftlichung der Politik« nicht nur auf eine zunehmende Verschränkung von Staat und Gesellschaft, sondern zugleich auf ein gewandeltes Staatsverständnis. Der Staat wurde als »Entscheidungssystem«[385] verstanden, und dazu paßte auch das dominierende Theorieangebot der Wissenschaft, wenn sich etwa die Politikwissenschaft verstärkt der policy-Analyse zuwandte.[386]

Mit diesem Wandel der gesellschaftlichen Selbstbeschreibung war eine neuartige Form der wirtschaftspolitischen Kommunikation verbunden: Von Beginn an entsprachen die Gutachten des Sachverständigenrates, aber auch der Jahreswirtschaftsbericht, dem Leitbild einer »Verwissenschaftlichung der Politik«, da sie der rationalen Entscheidungsvorbereitung besonderes Gewicht einräumten. Nur ein verhältnismäßig kleiner Teil der Gutachten und Berichte befaßte sich ja tatsächlich mit der Erörterung und Abwägung wirtschaftspolitischer Maßnahmen. Einen kaum weniger großen Umfang hatte die empirische Schilderung der gesamtwirtschaftlichen Lage. Weite Teile des jeweiligen Sachverständigengutachtens referierten auf der Basis umfassender statistischer Angaben lediglich die wirtschaftliche Entwicklung im Berichtszeitraum – aufgeschlüsselt nach Branchen, Binnen- und Außenwirtschaft, staatlichem und privatem Verbrauch. Letztlich konstruierten die Gutachter also zunächst eine statistische Realität, die dann in einem zweiten Schritt interpretiert und aus der dann erst im dritten Schritt sorgsam verklausuliert Empfehlungen abgeleitet wurden. In ihrer ausufernden Detailversessenheit gemahnten die empirischen Abschnitte der Ratsgutachten mitunter auch an ältere Bürokratietraditionen, etwa an preußische »Zeitungsberichte«, in denen sicher ebenfalls reichlich Hinweise auf »das knappe Angebot an Schlachtrindern« und »witterungsbedingte Angebotsverknappungen« bei »Kartoffeln, Obst und Gemüse« zu finden gewesen wären.[387]

383 Gabriele Metzler: »Geborgenheit im gesicherten Fortschritt«. Das Jahrzehnt von Planbarkeit und Machbarkeit. In: Demokratisierung und gesellschaftlicher Aufbruch S. 777–797, hier: 784, 788 f.

384 Weingart, Die Stunde der Wahrheit S. 19 f.

385 Typisch etwa Fritz W. Scharpf: Komplexität als Schranke der politischen Planung. In: Deutsche Vereinigung für Politische Wissenschaft (Hg.): Gesellschaftlicher Wandel und politische Innovation. Tagung der Deutschen Vereinigung für Politische Wissenschaft in Mannheim, Herbst 1971 (Politische Vierteljahresschrift, Sonderheft 4), Opladen 1972, S. 168–192, hier: 169.

386 Metzler, Geborgenheit S. 784, 788 ff.; dies., Am Ende aller Krisen S. 86.

387 Jahresgutachten 1972/73, Tz. 190.

Auch der Jahreswirtschaftsbericht der Bundesregierung war nach einem ähnlichen Muster aufgebaut; allerdings griff die Gliederung seines empirisch-statistischen Abschnitts die Einzelkonten der volkswirtschaftlichen Gesamtrechnung noch deutlicher auf und bestimmte sogar seine prognostischen Abschnitte. Insgesamt nahm hier die detaillierte Zielformulierung für die Wirtschaftspolitik den größten Raum ein, wozu nicht nur die Erörterung des Sachverständigengutachtens diente, sondern auch der Rückblick auf die Prognosen des Vorjahres, ein Überblick über statistische Quellen und die detaillierte Erörterung und Begründung der aktuellen Prognosen und Projektionen. Erst aus diesem statistischen Tableau wurden die politischen Schritte abgeleitet, die zur Erreichung der zuvor formulierten Ziele gemacht werden sollten.[388]

Diese Konstruktion gesellschaftlicher Realität nutzte die ökonomische Theoriebildung selbst dann, wenn damit an sich kein Erkenntnisgewinn verbunden war, ja sie wurde zum generalisierten sprachlichen Mittel der wirtschaftspolitischen Gesellschaftsbeschreibung. So plädierten die Gutachter des Sachverständigenrates im Aufschwung nicht einfach für Lohnzurückhaltung und einen der konjunkturellen Situation angemessenen Kompromiß, sondern empfahlen eine »Lohnleitlinie«, die sich »als Synthese aus der ›Kostentheorie des Lohnes‹, die vorwiegend von Unternehmern vertreten wird, und der ›Kaufkrafttheorie des Lohnes‹, die mit gewerkschaftlichen Vorstellungen übereinstimmt, [ergibt]. Finden sich die Tarifpartner nicht auf dieser Linie und gewinnt der Aufschwung deshalb nicht genügend Kraft, so werden sowohl Löhne als auch Gewinne niedriger sein, als sie sein könnten.«[389] Zugleich griffen die Gutachter ebenso wie die Bundesregierung auf sprachliche Mittel zurück, welche die Globalsteuerung erst selbst hervorgebracht hatte. Insbesondere rückte das »magische« Zielquadrat des Sachverständigenratsgesetzes und des Stabilitätsgesetzes in eine prominente Position. Der wirtschaftspolitische Handlungsdruck wurde somit aus dem jeweiligen »Zielerreichungsgrad« abgeleitet: »Die Bundesregierung sieht die Realisierung der in der Jahresprojektion für 1969 enthaltenen Eckwerte angesichts der Ausgangslage zu Beginn des Jahres als einen realistischen Schritt auf dem Wege zur weiteren Annäherung an eine optimale Kombination der wirtschaftspolitischen Grundziele [...] an. Insbesondere das durch die hohen Überschüsse der Leistungsbilanz im Vorjahr am stärksten gefährdete Ziel des außenwirtschaftlichen Gleichgewichts dürfte 1969 besser erreicht werden.«[390] Und 1971 sprach der Jahreswirtschaftsbericht von einer »kritischen Phase des konjunkturellen Normalisierungsprozesses«: Wenn »nicht rechtzeitig eine Neuorientierung aller am Wirtschaftsprozeß Beteiligten einsetzt, droht das Risiko eines Zielkonflikts zwischen Preisniveau und hohem Beschäftigungsstand.«[391] Und weiter unten stellte er fest: »Die Sorge muß nicht mehr allein der Preisstabilisierung« gelten, sondern »zunehmend auch der Sicherung eines angemessenen Wachstums« und »eines hohen Beschäftigungsstandes.«[392]

Es verwundert daher nicht, daß sich die wenigen Kritiker der Globalsteuerung gerade diesen Mechanismus einer mit wissenschaftlichen Methoden konstruierten sozialen Realität vornahmen, aus der dann »rationale« Handlungsnotwendigkeiten abgeleitet wurden. Ludwig Erhard behielt sein Bundestagsmandat und äußerte wiederholt Kritik an der »aufgeklärten«

388 So schon Jahreswirtschaftsbericht 1968.
389 Jahresgutachten 1967/68, Tz. 322.
390 Jahreswirtschaftsbericht 1969, Tz. 56.
391 Jahreswirtschaftsbericht 1971, Tz. 38.
392 Ebd. Tz. 63.

Marktwirtschaft. Sein »mangelnde[r] Glaube an die Rechenhaftigkeit des Lebens und die Machbarkeit des Geschehens«, seine Ablehnung von Prognosen und der politischen Verwendung von »Zahlen mit Dezimalen«, die notwendig »spekulativ« bleiben mußte, bot freilich wenig Neues.[393] Und obwohl er mit Unterstützung der Industrie eine eigene Stiftung aufbaute und seine Ansichten rührig verbreitete,[394] kamen selbst seine Geldgeber im Hause Flick zu der Einsicht, daß »er nicht mehr durchschlagskräftig, nicht mehr aktiv, nicht mehr mitreißend genug« war, um »irgendeine Front gegen die derzeitige Koalition« der Globalsteuerer aufzubauen.[395] Anderen Beobachtern gelang es hingegen, ihre Kritik an der »Verwissenschaftlichung der Wirtschaftspolitik« unmittelbar aus den neuartigen Mechanismen der wirtschaftspolitischen Legitimation abzuleiten. So erblickte Jörg Huffschmid in einem scharfsinnigen Aufsatz in der Globalsteuerung eine »ökonomische Formierung der Gesellschaft«: Deren Politik fuße nicht mehr auf der »Willkür und Laune« der Regierung, sondern lasse sich »aus einer objektiven, theoretisch und empirisch angeblich abgesicherten Theorie« ableiten, mit der die »notwendige[n] Bedingungen für ein ganz bestimmtes Wachstum des Volkseinkommens« legitimiert würden. »Nicht aus sozialen Überlegungen wird von den Gewerkschaften Verzicht verlangt, sondern diese Aufforderung ergibt sich angeblich aus den technisch-pragmatischen Gesetzen der Ökonomie.« Am Ende diene die ökonomische Theorie also dazu, die »auseinanderstrebenden Interessen« der Gesellschaft in ein »fiktives und abstraktes Gesamtinteresse einzuordnen.«[396] Damit deckte sich bezeichnenderweise die Diagnose eines ausgewiesenen »Linken« mit der Einschätzung des Deutschen Industrieinstituts, das ebenfalls zu dem Schluß kam, daß Schiller »die quantitativen Richtlinien des Sachverständigengutachtens als bindende Basis der Wirtschaftspolitik« betrachtete und in den »quantitativen Größen bereits die zentrale wirtschaftspolitische Entscheidung« sah, auf welche »die Wirtschaftssubjekte endgültig und definitiv festgelegt werden sollen.«[397] Doch wurde nicht nur die wissenschaftliche Legitimation der Wirtschaftspolitik in Frage gestellt – der oben bereits zitierte CDU-Politiker Elmar Pieroth gelangte sogar zu der Überzeugung, daß die Wirtschaftspolitik der Globalsteuerung unter einem »ökonomischen Positivismus« leide, da sie sich zunehmend selbst zum Wertmaßstab gesetzt und versucht habe, sich lediglich aus sich selbst heraus zu legitimieren. Damit habe sie sich ohne Not ihrer verbindlichen, »vorökonomischen Zielvorstellungen« begeben und letztlich ihren politischen Charakter preisgegeben. Er pflichtete Kurt Biedenkopf bei, der apodiktisch festgestellt hatte: »Das magische Viereck des Stabilitätsgesetzes liefert keine Vision unserer Gesellschaft.«[398]

Es mag richtig sein, daß die kühle Rationalität und der technokratische Elan der Globalsteuerung am Bedürfnis einer »Vision« vorbeigingen – aber unbestritten fußte die Global-

393 ACDP 01–093–013/4, Rede Ludwig Erhard vor dem Wirtschaftsrat der CDU am 20.6.1968 auf dem Bonner Empfang anläßlich der 20. Wiederkehr des Tages der Einführung der Deutschen Mark.

394 FAZ, 20.7.1972, Art: Auflösung der Sozialen Marktwirtschaft? (Ludwig Erhard); Bayernkurier, 28.6.1975, Art.: Ordnung ohne Alternative (Ludwig Erhard); siehe auch ACDP 01–093–013/4, Konzept zur Rückgewinnung der Stabilität (Ernst Dürr, Ludwig Erhard, Herbert Giersch, Ernst Helmstädter, Otmar Issing, Alfred Müller-Armack, Joachim Starbatty, Christian Watrin, Hans Willgerodt), 23.4.1974.

395 ACDP 01–093–013/4, Vermerk Wolfgang Pohle für Otto A. Friedrich, 10.1.1968. Zur Ludwig-Erhard-Stiftung Löffler, Soziale Marktwirtschaft S. 286.

396 Huffschmid, Karl Schillers Konzertierte Aktion S. 445, 452 f.

397 ACDP 01–093–041/2, Deutsches Industrieinstitut: Die wirtschaftspolitische Konzeption Karl Schillers, Köln 3/1966, S. 6–7.

398 Pieroth, Zum wirtschaftspolitischen Konzept S. 198 f.

steuerung und damit auch das im Stabilitätsgesetz festgeschriebene Zielquadrat auf verbindlichen Vorstellungen von der Gesellschaft, ja die wissenschaftliche Wissensproduktion der Beratungsinstitutionen und des staatlichen Berichtswesens trug sogar dazu bei, die Konturen dieser gesellschaftlichen Selbstbeschreibung besonders deutlich zu zeichnen. Schichtungsmodelle spielten dabei freilich nur dann eine Rolle, wenn es um das Spezialgebiet der Vermögenspolitik ging.[399] Vielmehr waren sich die Gutachter mit den Vertretern der amtlichen Wirtschaftspolitik in ihrer Diagnose der »gruppenhaft aggregierten« Gesellschaft weithin einig. Bis in die siebziger Jahre hinein ist dies das verbindliche Gesellschaftskonzept von Sachverständigenrat und Bundesregierung, das in den unterschiedlichsten Kontexten immer wieder herangezogen wurde, um die gesellschaftliche Dynamik zu erfassen. Der Sachverständigenrat war sicher, daß es »zur Last der freien Gesellschaft gezählt werden« müsse, daß es im »Zusammenspiel der Kräfte, die im Marktsystem wirksam sind, immer einmal wieder zu Fehlentwicklungen kommt. Doch fordert die Gesellschaft von denen, die wirtschaftspolitische Macht und damit gesamtwirtschaftliche Verantwortung tragen, ein Handeln, das ihrer Einsicht entspricht. Dies zu erleichtern, treffen in der Konzertierten Aktion, das heißt außerhalb des Verteilungskampfes am Markt, die Vertreter der autonomen sozialen Gruppen zusammen und versuchen, ihre Vorstellungen von der künftigen wirtschaftlichen Entwicklung voreinander und vor den Vertretern der amtlichen Wirtschaftspolitik zu begründen.«[400] Und der Regierung war es ja generell besonders wichtig, die »Strategien des Staates und der autonomen Gruppen« rational aufeinander abzustimmen.[401] Auch in seiner Inflationsdeutung der frühen siebziger Jahre sah der Rat die Kräfte der gesellschaftlichen Gruppen am Werk: Die »autonomen Gruppen« nutzten im Verteilungskampf die selbstverschuldete Schwäche der Politik und trieben damit die Geldentwertung voran.[402] Der Staat sei aber selbst Teil jenes Inflationsgerangels, das durch mangelnde Information, durch »Gruppenegoismen« und Verteilungskampf ebenso verursacht worden sei wie durch den Versuch des Staates, seinerseits für Verteilungsgerechtigkeit zu sorgen.[403] Und der Jahreswirtschaftsbericht vom Januar 1970 schaffte das Kunststück, die Leitlinien der Globalsteuerung und ihr Gesellschaftskonzept in einem einzigen Satz von allerdings fragwürdiger Eleganz zusammenzufassen: »Die Darlegungen des Sachverständigenrates machen insbesondere deutlich, daß ein hohes Maß an Prognosefähigkeit der Experten, an Vertrauen der Politiker in die Prognosen, an darauf basierender Handlungsbereitschaft sowie schließlich an Koordinierung und Konzertierung der auf die Konjunktur einwirkenden dezentralisierten und regelmäßig autonomen Kräfte erforderlich ist, um die vier großen wirtschaftspolitischen Ziele gleichzeitig in vollem Umfang zu erreichen.«[404]

Nach den Septemberstreiks von 1969, angesichts der ständig zunehmenden Schärfe der Tarifauseinandersetzungen und vor dem Hintergrund des Problems der Geldentwertung wurde am Anfang der siebziger Jahre immer häufiger darüber nachgedacht, wie sich interne Spannungen in den Gewerkschaften und Defizite der demokratischen Willensbildung innerhalb der

---

399 Vgl. etwa die ausführliche Untersuchung über »Grundprobleme der Einkommensverteilung« in Jahresgutachten 1972/73.
400 Jahresgutachten 1970/71, Tz. 231.
401 Jahresgutachten 1969/70, Tz. 228.
402 Jahresgutachten 1970/71, Tz. 211 u. 214.
403 Jahresgutachten 1972/73, Tz. 352.
404 Jahreswirtschaftsbericht 1970, Tz. 9.

»Gruppen« auswirkten.[405] Und auch innerhalb des Regierungslagers gab es nun, vor allem von Seiten des liberalen Koalitionspartners, erste Stimmen, die – wie etwa Wolfgang Mischnick – davor warnten, »unkritisch die Politik der Verbände als Ausdruck der Interessen der Mitglieder der jeweiligen Verbände zu werten.«[406] Doch bezog sich diese Kritik ja lediglich auf die Konstitutionsformen der »gruppenhaft aggregierten Gesellschaft« und stellte das Beschreibungsmodell noch nicht grundsätzlich in Frage.

Als Resümee dieses ersten Untersuchungsabschnitts bleibt festzuhalten, daß die Leitvorstellung von einer »Verwissenschaftlichung« der Politik vor allem eine Umstellung der wirtschaftspolitischen Semantik markierte. Der Aufbau von Institutionen der Politikberatung war in der Wirtschaftspolitik bereits am Anfang der sechziger Jahre weithin abgeschlossen, so daß eine enge Beschränkung des Blickwinkels auf die Institutionalisierung von Beratung und Wissenstransfer nur einen Randaspekt der »Verwissenschaftlichung« erfassen würde. Gravierender waren die Folgen der neuen wirtschaftspolitischen Semantik für die Praxis des »wissenschaftlichen Regierens«, die sich nach 1966 grundlegend veränderte. Mit der Globalsteuerung wurde ein hoher Anspruch formuliert: Er zielte sowohl auf die wissenschaftlich abgestützte Lageanalyse als auch auf den aus derartigen Diagnosen unmittelbar abzuleitenden, rationalen Instrumenteneinsatz der Politik.

Das Stabilitätsgesetz von 1967 war programmatisch für diese »Neue Wirtschaftspolitik« und gab der Regierung nicht nur neue konjunkturpolitische Instrumente an die Hand, sondern integrierte die Expertise des Sachverständigenrates unmittelbar in das System der Entscheidungsvorbereitung (Analyse der gesamtwirtschaftlichen Lage, Prognose der künftigen Entwicklung, Quantifizierung von Zielen per fünfjähriger Projektion, Information der Öffentlichkeit per Jahreswirtschaftsbericht). Von der Praxis wurde dieser hohe Anspruch allerdings bereits in den späten sechziger Jahren in Frage gestellt: Mit der Konzertierten Aktion gelang keine dauerhafte Absicherung der einkommenspolitischen Flanke, und in der Frage der außenwirtschaftlichen Absicherung prallten wissenschaftliche Empfehlungen und ganz am Wahlkalkül ausgerichtetes politisches Handeln unvereinbar aufeinander. Aber nicht nur die vom politischen Eigensinn verursachten Entscheidungsverzögerungen stellten den Idealismus der Globalsteuerung in Frage, sondern auch das Instrumentarium der Entscheidungsvorbereitung erwies sich als unsicher, seit Fehlprognosen zu einer Verschärfung der konjunkturellen Lage und zu einer Zuspitzung der Tarifauseinandersetzungen geführt hatten. Zugleich wurde deutlich, daß es mit dem Ideal der wertneutralen, sachlichen Wissensproduktion nicht weit her war, denn im Aufwertungsstreit der Jahre 1968/69 wurde erstmals sichtbar, daß sich die Politikberatung selbst politisierte und im Wahlkampf sogar instrumentalisieren ließ.

Wissenschaftlich geriet die Globalsteuerung damit schon seit 1969 unter Druck. Allerdings beschränkte sich die Kritik noch auf das Problem der politischen Entscheidungsverzögerung. Und seit die wirtschaftspolitischen Steuerungsprobleme in den frühen siebziger Jahren (Währungskrisen und importierte Inflation, undisziplinierte Fiskalpolitik, Umverteilung als Hauptmotiv der Einkommenspolitik) zu steigenden Inflationsraten führten, machte sich allgemeine

---

405 DGB-Archiv im AdsD 5/DGAI15, Dietrich Koher (Sozialamt der evangelischen Kirche von Westfalen), Ursachen und Hintergründe der jüngsten Streikaktionen und mögliche Folgerungen, Villigst 4.10.1969; ACDP 01–093–135/3, IG-Metall-Ausarbeitung zum Problem der spontanen Streiks und der Vertrauenskrise der Gewerkschaften, o. D. [Herbst 1969].

406 AdL A1–389, FDP-Bundesparteitag Nürnberg, 23.–25. Juni 1969, Wortprotokoll 24.6.1969; ebd. A1–388, FDP-Bundesparteitag Nürnberg, 23.–25. Juni 1969, Redemanuskript Scheel.

Ernüchterung breit. In der Adaption monetaristischer Konzeptionen lag eine unmittelbare Reaktion auf diese Problemkonstellation, und die Neujustierung der wirtschaftspolitischen Akteurskonstellation im Jahr 1973, die gerade der politisch unabhängigen Bundesbank eine besonders starke Rolle zubilligte, war sichtbarstes Zeichen für das schwindende Zutrauen in die Mechanismen des wissenschaftlichen Regierens.

Letztlich gelang es der Globalsteuerung nicht, mit den Mechanismen der Rekursivität von wissenschaftlicher Expertise und politischem Handeln fertig zu werden. Darin liegt das Bindeglied zum Wandel der gesellschaftlichen Selbstbeschreibung, der diese Phase der Wissenschaftseuphorie begleitete und der in vier Punkten zusammengefaßt werden kann: Erstens war die Phase der »Verwissenschaftlichung« der Wirtschaftspolitik von gesellschaftlichen Ordnungsvorstellungen geprägt, die unumstritten, eindeutig und höchst verbindlich waren. Obwohl sich die politische Akzeptanz des Pluralismus gegenüber den fünfziger Jahren erhöht hatte, blieb es bei der Beschreibung einer »gruppenhaft aggregierten« Gesellschaft, die weithin konsensfähig war. Zweitens wandelte sich dabei aber die Vorstellung über die Relation zwischen Staat und Gesellschaft. Die staatliche Wirtschaftspolitik wurde zunehmend zum Teil der Gesellschaft, kam also in der Gesellschaft an. Damit war drittens ein grundlegender Wandel von Staatlichkeit eng verknüpft. Der Staat wurde nun unmittelbar von der Gesellschaft abgeleitet, wirtschaftspolitisches Handeln direkt auf den makroökonomischen Datenkranz bezogen und der Staat mehr und mehr als »Entscheidungssystem« aufgefaßt. Viertens wurde dieser Wandel der gesellschaftlichen Selbstbeschreibung durch das Leitbild der »Verwissenschaftlichung« der Politik in einer Übergangsphase stabilisiert. Mit der Expansion der Politikberatung und der damit verknüpften Umstellung der Regierungstechniken ging eine Zunahme von Wissen über die Gesellschaft einher. Wissenschaftliche Expertise wurde dabei sowohl zur Entscheidungsvorbereitung als auch zur Legitimation eingesetzt. Diese Stabilisierung gelang freilich nur, solange das Zutrauen in eindeutigen wissenschaftlichen Rat und in eine konsequente politische Umsetzung aufrechterhalten werden konnte. Als erste Zweifel an dieser Vorstellung aufkamen, stand das gesamte System der rationalen Entscheidungsvorbereitung vor dem Problem der Rekursivität: Die Wissenschaftler hatten gesamtwirtschaftliche Lagen zu analysieren, die mittelbar auch Folge ihrer eigenen Expertise waren, und die Wirtschaftspolitik war selbst Bestandteil dessen, was sie »steuern« wollte.

IV. Zwischen zwei Krisen, zwischen zwei Konzepten

»In einer Zeit weltweit wachsender Probleme konzentrieren wir uns in Realismus und Nüchternheit auf das Wesentliche, auf das, was jetzt notwendig ist, und lassen anderes beiseite.« Schon in den ersten Sätzen seiner Regierungserklärung vom 17. Mai 1974 machte der tags zuvor zum Bundeskanzler gewählte Helmut Schmidt deutlich, daß sich der politische Stil künftig grundlegend verändern würde. Unter dem Eindruck der ersten Ölkrise formulierte der neue Bundeskanzler ein Programm von »Kontinuität und Konzentration«, dessen Kontrast zur Epoche der Planungs- und Reformeuphorie kaum deutlicher ausfallen konnte. Die wirtschaftlichen Möglichkeiten hatten die Spielräume der Politik verengt, und damit erblickte Schmidt nun »schärfer als zuvor die Notwendigkeit, der an den Staat gerichteten Leistungserwartung auch das notwendige Verantwortungsbewußtsein für die Leistungsfähigkeit des Staates wieder an die Seite zu stellen.«[1]

Im Frühjahr 1974, als die gesamtwirtschaftlichen Folgen der Ölkrise langsam sichtbar wurden, vollzog sich also ein grundlegender Wandel des politischen Klimas. Die großen Hoffnungen, welche sich mit dem Paradigma einer planvollen Politik verbunden hatten, wichen Ernüchterung und Desillusionierung. Zugleich wuchs das Bewußtsein für die »Grenzen des Wachstums«, für die Endlichkeit der natürlichen Ressourcen, was die alljährlichen Zuwächse nun ihrer vermeintlichen Selbstverständlichkeit entkleidete.[2] Der Stimmungswechsel spiegelte sich zuvorderst im Austausch des politischen Personals: Auf den »Visionär« Willy Brandt folgte Helmut Schmidt, der die Aura des nüchternen »Machers« systematisch kultiviert hatte. Straffe Führung des Kabinetts, ein Kanzler mit ausgeprägter wirtschaftspolitischer Kompetenz – all dies schien besser in die Zeit zu passen als die außen- oder gesellschaftspolitischen Interessen Brandts, und im neuen Kabinett war auch für politische Intellektuelle wie Klaus von Dohnanyi, Egon Bahr oder Horst Ehmke kein Platz mehr.[3]

Daher muß das Krisenjahr 1974 als tiefgreifender Einschnitt betrachtet werden. Zwar stehen mit wirtschaftshistorischer Perspektive die Ölkrise am Ende des Jahres 1973 oder die tiefe Rezession des Jahres 1975 bei einer gesamtwirtschaftlich ausgerichteten Betrachtung mit guten Gründen in Konkurrenz zu dieser politikgeschichtlichen Zäsur. Auch am Ende dieses

1 Deutscher Bundestag: Stenographische Protokolle, 7. Wahlperiode, 100. Sitzung, 17. Mai 1974, S. 6593.

2 Den Startschuß gab 1972 bereits Dennis Lynn Meadows u. a.: Die Grenzen des Wachstums. Bericht des Club of Rome zur Lage der Menschheit, Stuttgart 1972.

3 Görtemaker, Geschichte der Bundesrepublik S. 578 ff.; Soell, Schmidt Bd. 2 liegt noch nicht vor, daher mit kaum ausgeprägter Distanz zum Gegenstand Jonathan Carr: Helmut Schmidt, Düsseldorf 1985 und Michael Schwelien: Helmut Schmidt. Ein Leben für den Frieden, Hamburg 2003.

Untersuchungsabschnitts konkurrieren politische mit wirtschaftlichen Zäsuren, denn das Ende der sozialliberalen Ära legt einen Einschnitt im Jahr 1982 nahe, während die Auswirkungen des zweiten Ölpreisschocks von 1979 schon weit vor dem Regierungswechsel spürbar geworden waren.[4] Freilich werden diese Zäsuren in erster Linie pragmatisch gesetzt, da sich der hier im Mittelpunkt des Interesses stehende Wandel von Wissensproduktion und wirtschaftspolitischer Semantik ohnehin langfristig vollzog. Darin unterscheidet sich der zweite Teil der Untersuchung vom ersten. War die Veränderung des wirtschaftspolitischen Handlungsmodells mit dem Amtsantritt der Großen Koalition Ende 1966 noch eindeutig identifizierbar, verband sich mit dem politischen Klimawechsel des Jahres 1974 zunächst kein ähnlich tiefer Einschnitt. Die Regierung bekannte sich weiter zur aktiven Wirtschaftspolitik der Globalsteuerung, behielt die Instrumente des »wissenschaftlichen Regierens« bei, und auch die Experten des Sachverständigenrates hatten mit der monetaristischen Wende ja nur den ersten Schritt ihres Abschieds vom Keynesianismus gemacht.

Dennoch: Während der Amtszeit der Regierung Schmidt setzte sich die grundlegenden Umstellung der wirtschaftspolitischen Semantik fort. Zwischen den beiden Ölkrisen wurde der Keynesianismus und damit das wirtschaftspolitische Handlungsmodell der sechziger Jahre endgültig verabschiedet und durch ein angebotspolitisches Konzept ersetzt, das die Wissensproduktion der wirtschaftspolitischen Beratung inhaltlich bis heute dominiert. In einem ersten Schritt ist daher genau diese Wissensproduktion in den Blick zu nehmen. Allerdings wandelte sich in den siebziger Jahren zugleich die Stellung wissenschaftlicher Expertise: Am Beispiel des Sachverständigenrates und seiner Kritiker wird im zweiten Schritt gezeigt, daß an eine nichthinterfragte Geltung des wissenschaftlichen Wissens nun nicht mehr zu denken war, daß sich die »Verwissenschaftlichung der Politik« mithin selbst verwissenschaftlichte und sich das wissenschaftliche Expertenwissen gleichzeitig politisierte. Im dritten Schritt wird dieser Prozeß auf die Wirtschaftspolitik der Regierung Schmidts zurückbezogen, die zwischen keynesianischen und angebotspolitischen Akzenten oszillierte und damit die relativierte Geltung des Expertenwissens in praktischer Politik abbildete. Viertens werden diese Veränderungen von Wissensproduktion und Expertise im politischen Prozeß auf den Wandel der gesellschaftlichen Selbstbeschreibung bezogen – in der inneren Zerrissenheit der zwischen zwei Konzepten schwankenden Politik und der Widersprüchlichkeit der Expertise spiegelte sich ein fundamentaler Verlust von Verbindlichkeit gesellschaftlicher Ordnungsvorstellungen und ein Abschied von der Vorstellung vom Staat als gesellschaftlichem »Steuerungszentrum«.

4 Zur Frage der Zäsuren nach wie vor Martin Broszat (Hg.): Zäsuren nach 1945. Essays zur Periodisierung der deutschen Nachkriegsgeschichte, München 1990, dort v.a. Knut Borchardt: Zäsuren in der wirtschaftlichen Entwicklung. Zwei, drei oder vier Perioden? S. 21–33; zuletzt ähnlich pragmatisch Matthias Frese; Julia Paulus: Geschwindigkeiten und Faktoren des Wandels – die 1960er Jahre in der Bundesrepublik. In: Demokratisierung und gesellschaftlicher Aufbruch S. 1–23, hier: 7.

1. Wirtschaftspolitik in Zeiten der Stagflation

1.1 Wissensproduktion in der Krise der Globalsteuerung

1.1.1 Krise der Globalsteuerung

Das Ende einer gut 25jährigen Periode, die von außergewöhnlich hohem Wirtschaftswachstum und historisch singulären Wohlstandsgewinnen geprägt war, wurde im Herbst 1973 besiegelt. Als direkte Reaktion auf den Jom-Kippur-Krieg beschlossen die arabischen OPEC-Staaten am 17. Oktober 1973 eine drastische Verknappung ihrer Liefermengen. Das Mineralöl als wichtigste ökonomische Triebkraft der Welt wurde damit binnen kurzer Zeit dramatisch verteuert und nun erstmals als »Waffe« eingesetzt, um die westlichen Verbündeten Israels politisch unter Druck zu setzen. In der Bundesrepublik, die anders als die USA nicht vom direkten Lieferboykott betroffen war, zeichnete sich zwar rasch ab, daß die Ölversorgung sichergestellt war. Von einer Mengen- bzw. Versorgungskrise konnte also keine Rede sein – auch wenn absehbar war, daß die kurzfristige Verteuerung des wichtigsten Energieträgers von drei (Oktober 1973) auf elf Dollar je Barrel (Januar 1974) gravierende gesamtwirtschaftliche Folgen haben mußte. Das ausgerechnet am symbolträchtigen 9. November beschlossene »Energiesicherungsgesetz« enthielt gleichwohl zahlreiche Bestimmungen, die auf die Sicherung der Energieversorgung zielten.[5]

Wie tief dieser Einschnitt tatsächlich war und wie drastisch sich der Erwartungshorizont der Wirtschaftspolitik damit innerhalb kürzester Zeit verschob, zeigte sich in den weiteren politischen Reaktionen auf die Ölkrise. Zunächst erließ die Bundesregierung am 23. November 1973 einen Anwerbestopp für ausländische Arbeitskräfte. Die Ausländerbeschäftigung war über Jahre das wichtigste Ventil für den Druck eines seit Anfang der sechziger Jahre anhaltenden Arbeitskräftemangels gewesen, der sich mitunter zum Wachstumsengpaß auszuweiten drohte. Angesichts der hitzigen konjunkturellen Entwicklung waren die Anwerbepauschalen noch im September 1973 auf 1.000 Mark verdoppelt worden. Dies entsprach ganz der politischen Problemanalyse des ersten Halbjahres 1973: Alle wirtschaftspolitischen Schritte zielten auf Dämpfung der Konjunktur, Bekämpfung der Inflation und Linderung von Engpässen, die durch sektoralen Arbeitskräftemangel entstanden waren (insgesamt stieg die Arbeitslosenquote aber bereits 1972 und 1973 leicht an). Der Angebotsschock der Ölkrise entzog dieser Politik jedoch die Geschäftsgrundlage.[6] Arbeitslosigkeit in nennenswertem Umfang schien plötzlich wieder möglich zu sein, und so hob die Finanzpolitik noch im Dezember die restriktiven Maßnahmen der beiden Stabilitätsprogramme zum Jahresende wieder auf, um einem »kumulativen Abschwung« vorzubeugen.[7] Außerdem verkündete die Regierung Fahrverbote für mehrere Sonntage ab dem 25. November 1973 – die wohl folgenschwerste Reaktion auf die Krise. Trotz vieler Sondergenehmigungen und eines kaum quantifizierbaren Energiespareffektes waren die autofreien Sonntage ein in erster Linie politischer Erfolg, denn stille Städte und leere Autobahnen stellten solidarisches Handeln unter Beweis.

5 Jens Hohensee: Der erste Ölpreisschock 1973/74. Die politischen und gesellschaftlichen Auswirkungen der arabischen Erdölpolitik auf die Bundesrepublik Deutschland und Westeuropa (Historische Mitteilungen der Ranke-Gesellschaft, Beiheft 17), Stuttgart 1996, S. 112 ff.

6 Hunn, Nächstes Jahr S. 328, verweist hingegen auf die bereits seit 1972 laufenden Bemühungen, die Zahl der »Gastarbeiter« zu begrenzen und interpretiert den Anwerbestopp im Zuge der Ölkrise daher v.a. als »Legitimationsstrategie«.

7 Schröter, Von der Teilung zur Wiedervereinigung S. 387; Kurzfassung Jahresgutachten 1973/74, Tz. 12.

Die enorme Symbolkraft der von heute auf morgen lahmgelegten automobilen Gesellschaft überstrahlte alle Bestimmungen, mit denen die Regierung auf die Rohstoffkrise reagierte.[8] Die zunächst noch relativ abstrakte Veränderung der Preisrelationen und damit der gesamtwirtschaftlichen Bedingungen wurde nun in eine politische Botschaft umgemünzt, die eine für jedermann erfahrbare sinnliche Qualität hatte. Wirtschaftlich begann mit der Ölkrise eine neue Ära, in der die liebgewonnene Selbstverständlichkeit preiswerter Energie eben plötzlich nicht mehr selbstverständlich war. Und als im Laufe des Jahres 1974 die mittelbaren Auswirkungen des verteuerten Öls immer deutlicher spürbar wurden, als die Wachstumsraten steil abfielen und die Arbeitslosigkeit zunahm, markierten die autofreien Sonntage den unumstrittenen Wendepunkt, das Ende des »kurzen Traums immerwährender Prosperität.«[9]

Der große symbolische Erfolg der Fahrverbote und die Tiefe des wirtschaftlichen Einbruchs der Jahre 1974/75 haben dazu beigetragen, das Ende der langen Wachstumsperiode als unmittelbare Folge des Ölpreisschocks vom Herbst 1973 zu interpretieren. Eine unvorhersehbare Krisenkonstellation schien dazu geführt zu haben, daß das »Wirtschaftswunder« an sein Ende kam, die Reformhochstimmung in sich zusammenbrach und langfristig auch die Wirtschaftspolitik der Globalsteuerung in Mißkredit geriet.[10] Daß die folgenschwere Wende bereits im Frühjahr 1973 mit der Neuausrichtung von Finanz- und Geldpolitik begonnen hatte, gerät so zu Unrecht aus dem Blick. Die Tiefe der Krise von 1974/75 läßt sich aber nur dann vollständig erfassen, wenn das prekäre Zusammentreffen des exogenen Schocks mit den o.a. verschärften binnenwirtschaftlichen Bemühungen um Geldwertstabilität berücksichtigt wird. Es muß also zunächst die spezifische Dynamik der wirtschaftspolitischen Entscheidungen in den Jahren 1973/75 betrachtet werden. In einem zweiten Schritt wird dann hervorgehoben, daß die erste ernste Rezession in der Geschichte der Bundesrepublik zugleich auch eine Krise der Globalsteuerung war, die von der Stagflation konzeptionell überfordert wurde. Vor allem war sie aber der Ausgangspunkt für den wissenschaftlichen Abschied vom Keynesianismus: Mit der Kombination von Monetarismus und Globalsteuerung hatten sich die Berater in tiefe performative Widersprüche manövriert, die 1974/75 deutlich zu Tage traten.

Die drastische Erhöhung des Ölpreises war in der Tat ein schwerer Schock: Geld- und Fiskalpolitik hatten die Gewöhnung an hohe Inflationsraten noch längst nicht brechen können, als die bundesrepublikanische Wirtschaft diesen neuerlichen inflationären Schub verkraften mußte. Den Auswirkungen konnte sich kaum ein Wirtschaftsbereich entziehen: Die Haushalte mußten sich kurzfristig auf steigende Kosten für Heizung und Transport einstellen, mittelfristig auf ein generell ansteigendes Preisniveau, und überall, wo in der Industrie importiertes Öl zum Einsatz kam, drohten steigende Kosten. Die Ölkrise war also in allererster Linie ein schwerer Angebotsschock. In der Kalkulation der Unternehmen belasteten die gestiegenen Ausgaben für Rohstoffe und Energie die Erlöse, ließen den Spielraum für Investitionen sinken und verteuerten die Exporte. Die Terms of Trade der westdeutschen Wirtschaft, die bereits im Sommer 1972 ihren Zenit erreicht hatten, stürzten im Gefolge des Ölpreisschocks daher regelrecht ab (Tabelle 2).

---

8 Hohensee, Ölpreisschock S. 143 ff.

9 So der häufig zitierte Titel von Burkhard Lutz: Der kurze Traum immerwährender Prosperität. Eine neue Interpretation industrieller wie kapitalistischer Entwicklung im Europa des 20. Jahrhunderts, Frankfurt am Main 1984; zu den Folgen ausführlich Hohensee, Ölpreisschock S. 193 ff.

10 Hier nur einige Beispiele ohne Anspruch auf Vollständigkeit Ruck, Ein kurzer Sommer S. 362–401; Görtemaker, Geschichte der Bundesrepublik S. 581 ff.; Rödder, Die Bundesrepublik S. 178 ff.; Metzler: Konzeptionen, S. 412 ff.

Tabelle 2: Auswirkungen der ersten Ölpreiskrise 1973/74 in der Bundesrepublik

Jahr	Importpreise (1995 = 100)	Exportpreise (1995 = 100)	Terms of Trade (1995 = 100)	Jährlicher Durchschnittspreis des importierten Erdöls (DM/t)
1970	52,5	48,3	92,0	60
1971	52,7	50,0	94,9	77
1972	52,4	51,1	97,5	72
1973	59,1	54,3	91,9	82
1974	76,0	63,5	83,6	224
1975	74,6	66,0	88,5	223
1976	79,3	68,5	86,4	244
1977	80,4	69,8	86,8	244
1978	77,5	70,9	91,5	212

Daten: Statistisches Bundesamt, Datenreport 2004, S. 265, u. Datenreport 1994, S. 371.

Damit war klar, daß die unmittelbaren Folgen der verteuerten Rohstoffe und der steigenden Importpreise ganze Branchen schwer treffen würden, die ohnehin längst unter Strukturproblemen und verminderter internationaler Wettbewerbsfähigkeit litten, vor allem die Bekleidungs- und Textilindustrie sowie die Leder- und Schuhindustrie. Auch die Baukonjunktur drohte wegen gestrichener steuerlicher Abschreibungen, prozyklisch sinkender kommunaler Investitionen, hoher Zinsen und einem im Wohnungsbau spürbaren Trend zum Nachfragemarkt zusammenzubrechen. Hinzu traten Strukturprobleme, die erst durch die Verteuerung der Rohstoffe ans Licht kamen: Mit dem Ölpreisschock wurde erstmals deutlich, wie groß die Überkapazitäten der westdeutschen Stahl- und Schiffbauindustrie waren, und der Ausbruch der Stahlkrise wurde von der wegfallenden Nachfrage der Automobilindustrie, deren Absatz wegen der »Vorgänge im Mineralölbereich« unmittelbar zurückging, noch weiter beschleunigt.[11] Diese Überlagerung der Kostenexplosion mit strukturellen Wandlungsprozessen machte die eigentliche Brisanz des Ölpreisschocks aus: Die drastische Verschlechterung der Kosten- und Ertragslage ließ Arbeitslosigkeit selbst in Branchen und Unternehmen, die keineswegs vom strukturellen Wandel betroffen waren, wahrscheinlich werden. Außerdem deckte die Krise überholte Unternehmensstrategien (standardisierte Massenproduktion[12]) und Organisationsmängel[13] gnadenlos auf. Branchen, deren Kosten- und Erlösstruktur schon vor dem Ange-

11 Vgl. die Lageanalyse in Bundestags-Drucksache 7/1646: Jahreswirtschaftsbericht 1974 der Bundesregierung, 6.2.1974, Tz. 1–2.

12 Besonders drastisch bei Volkswagen, vgl. Volker Wellhöner: »Wirtschaftswunder« – Weltmarkt – westdeutscher Fordismus. Der Fall Volkswagen (Theorie und Geschichte der bürgerlichen Gesellschaft, Bd. 12), Münster 1996; Heidrun Edelmann: Heinz Nordhoff und Volkswagen. Ein deutscher Unternehmer im amerikanischen Jahrhundert, Göttingen 2003.

13 Dazu ausführlicher Werner Plumpe: 1968 und die deutschen Unternehmen. Zur Markierung eines Forschungsfeldes. In: Zeitschrift für Unternehmensgeschichte 1 (2004), S. 45–66.

botsschock prekär war, wurden nun regelrecht exekutiert – hier waren flächendeckende Unternehmensstillegungen und Massenarbeitslosigkeit vorprogrammiert.[14]

Anfang 1974 war sich die Bundesregierung daher höchst unsicher, wie sie die weitere wirtschaftliche Entwicklung prognostizieren sollte. Sie stellte alle Angaben ihres Jahreswirtschaftsberichtes unter Vorbehalt, und auch auf die Vorlage von einkommenspolitischen Orientierungsdaten verzichtete sie vorsichtshalber. Ebenso wie der Sachverständigenrat, der schon am 17. Dezember 1973 ein Sondergutachten über die Auswirkungen der Ölpreiskrise vorgelegt hatte,[15] rechnete sie aber mit hohen Preissteigerungen, sinkendem Wachstum und deutlich steigenden Arbeitslosenquoten, die in einzelnen Monaten des Jahres 1974 durchaus über zwei Prozent liegen könnten.[16] Der DGB legte ebenfalls keine Jahresprognose vor, weil er die mit der »unvorhersehbaren Preisentwicklung« verbundenen Unsicherheiten für zu groß hielt.[17] Alle Beteiligten waren sich mit dem Wirtschaftsminister darin einig, daß das Jahr 1974 »eine einmalige Situation« darstellte, »für die seit den letzten 25 Jahren keine Verhaltensmuster« vorlagen.[18] Die Ölpreiskrise hatte die Globalsteuerung in ein grundsätzliches strategisches Dilemma gestürzt: Auf die Gefahren steigender Arbeitslosigkeit und konjunktureller Abkühlung wäre an sich mit einer expansiven Fiskalpolitik zu reagieren gewesen. Dies verbot sich jedoch angesichts der hohen Preissteigerungen. Ein striktes Beibehalten des restriktiven, auf Stabilität gerichteten Kurses des Jahres 1973 schied jedoch ebenso aus, da dies die Krise prozyklisch zu verschärfen drohte und auf jeden Fall mit steigender Arbeitslosigkeit verbunden sein mußte, ja am Ende in die Stagflation münden konnte – stagnierendes oder sinkendes Wirtschaftswachstum bei hoher Geldentwertung. Die Politik der Globalsteuerung befand sich damit in einem paradoxen Zielkonflikt: Die Lage erforderte Lockerung und Verschärfung zugleich, eine »Politik, die auf den ersten Blick so widersprüchlich erscheinen mag, als wenn jemand auf der einen Schiene eines Gleises vorwärts, auf der anderen rückwärts fahren wollte.«[19]

Die vom Sachverständigenrat empfohlene und von der Bundesregierung aufgegriffene Strategie aus moderat expansiver Fiskalpolitik und weiter scharf restriktiver Geldpolitik konnte überhaupt nur dann Aussicht auf Erfolg haben, wenn es zugleich gelang, die »Ansprüche der privaten Haushalte im Rahmen des privaten Verbrauchs« einzuschränken.[20] Die Regierung appellierte daher an die Tarifparteien, daß es in der Einkommenspolitik nun »in erster Linie um die Absicherung des im vorangegangenen Jahr erreichten Lebensstandards und nur sehr beschränkt um die Verteilung eines zusätzlichen Realeinkommens« ging.[21] Willy Brandt bemühte sich, während eines Spitzengespräches am 25. Januar auf die veränderten gesamtwirtschaftlichen Bedingungen aufmerksam zu machen und von den Gewerkschaften Zurückhaltung einzufordern – freilich ohne Erfolg, denn beim DGB war man bereits im Vorfeld des

14 Detailliert bisher nur für die Textilindustrie, vgl. Stefan H. Lindner: Den Faden verloren. Die westdeutsche und französische Textilindustrie auf dem Rückzug (Schriftenreihe zur Zeitschrift für Unternehmensgeschichte, Bd. 7), München 2002.

15 Sondergutachten vom 17. Dezember 1973, in: Jahresgutachten 1974/75.

16 Jahreswirtschaftsbericht 1974, Tz. 5.

17 DGB-Archiv im AdsD 24/4821, Vermerk Görgens wg. Geschäftsbericht, DGB-Zielprojektion, 15.10.1974.

18 DGB-Archiv im AdsD 5/DGAI1461, Protokoll der Konzertierten Aktion am 10.1.1974 vom 1.2.1974.

19 Sondergutachten vom 17. Dezember 1973, Tz. 44.

20 Ebd.

21 Jahreswirtschaftsbericht 1974, Tz. 13.

Gespräches fest davon überzeugt, daß der Staat den von der Ölpreiserhöhung verursachten Kaufkraftentzug auszugleichen und die Konjunktur über die Nachfrageseite anzukurbeln habe. Ähnlich wie das BMWi schätzten auch die Gewerkschaftsökonomen den inflationären Impuls der Ölpreise auf mindestens zwei Prozentpunkte. Eine kostenniveauneutrale Lohnpolitik lehnten sie aber dennoch strikt ab: Die zu erwartende Inflation müsse voll in die Lohnforderungen eingerechnet werden, und sie waren sich durchaus bewußt, daß dies faktisch eine Umverteilung zugunsten der Arbeitnehmereinkommen bedeutete, da das Gros der Preiserhöhungen ja nicht den Unternehmen zugute kam, sondern in die Kassen der »ausländischen Scheiche« floß.[22]

Es gelang der Regierung nicht, die Gewerkschaften von diesem gefährlichen Kurs abzubringen. Im Gegenteil: Daß ausgerechnet die öffentliche Hand als Arbeitgeber mit schlechtem Beispiel voranging und dem Druck des ersten heftigen Arbeitskampfes im öffentlichen Dienst nicht standhielt, war ein deutliches Indiz für den weit vorangeschrittenen Autoritätsverlust Willy Brandts – »Die Zeit« sprach gar vom »Verlust an Staatsautorität«. Vor allem wies der Pilotabschluß über elf Prozent, den die ÖTV am 13. Februar unter der Führung Heinz Klunckers durchsetzte, den Weg für die gesamte Lohnrunde des Jahres 1974 (»Kluncker-Runde«): Die Bruttolohn- und Gehaltssumme je Beschäftigen stieg um durchschnittlich 11,1 Prozent. Die Folgen waren gravierend. Zwar gelang es den Gewerkschaften, die Arbeitnehmer von den kurzfristigen Belastungen der Ölpreiskrise zu entlasten und deren Verteilungsposition nachhaltig zu verbessern. Doch schon im Laufe des Jahres 1974 deutete sich an, daß davon langfristig nur jene Arbeitnehmer profitieren konnten, die ihren Arbeitsplatz behielten. Erst die Kluncker-Runde vervollständigte den Angebotsschock der ersten Ölkrise, denn zum externen Impuls der dramatisch gestiegenen Energie- und Rohstoffpreise trat nun noch der interne Effekt der drastischen Lohnkostensteigerungen. Die Gewerkschaftsleitungen hatten schlicht nicht damit gerechnet, daß die Bundesbank bis zum Herbst bei ihrem scharfen Restriktionskurs bleiben und die Bundesregierung sich nicht unmittelbar zu stark expansiven Nachfrageprogrammen drängen lassen würde. Diese dramatische Fehlinterpretation der wirtschaftspolitischen Rahmenbedingungen hatte gravierende Folgen. Angesichts der knappen Geldversorgung konnten die Unternehmen die gestiegenen Lohnkosten – anders als in den Vorjahren – nicht mehr auf die Preise abwälzen. Daher befand sich die Investitionsquote, die 1970 noch bei 27,6 Prozent gelegen und bereits bis 1973 auf 25,2 Prozent zurückgegangen war, nach dem Ölpreisschock im freien Fall. Allein 1974 nahm sie um knapp drei Prozentpunkte auf 22,1 Prozent ab, und im Jahr 1975 lag sie mit 19,7 Prozent erneut drei Prozentpunkte unter dem Vorjahreswert. Doch die Unternehmen sparten nicht nur an den Investitionen, sondern auch bei den Arbeitskosten: Von 1973 bis 1975 verdoppelte sich die Zahl der Arbeitslosen jährlich, von 300.000 (Jahresdurchschnitt 1973) auf 600.000 im Jahr 1974, und 1975 auf 1,1 Millionen. Die Arbeitslosenquote stieg so von 1,2 Prozent (1973) über 2,5 Prozent (1974) auf 4,7 Prozent im Jahr 1975.[23]

Erst als die Zahl der Arbeitslosen im Oktober 1974 auf fast 700.000 angestiegen war, traten die langfristigen Auswirkungen des Ölpreisschocks voll in das öffentliche Bewußtsein.

22 DGB-Archiv im AdsD 24/4942, Manfred Lahnstein, Einige mittelfristige Aspekte der Wirtschaftspolitik – Stichworte für Brandt, 21.1.1974; DGB-Bundesvorstand, Abt. WiPol: Bemerkungen zur aktuellen wirtschaftlichen Lage und Perspektive, 22.1.1974.

23 Giersch, Fading Miracle S. 156 f.; zu den politischen Folgen Görtemaker, Geschichte der Bundesrepublik S. 575 f.; die Daten nach Scherf, Enttäuschte Hoffnungen S. 8 f.

Die Bundesbank rückte mit einer ersten Senkung der Leitzinsen am 25. Oktober erstmals wieder von ihrem Restriktionskurs ab. Und die Bundesregierung schwenkte dann im Dezember ganz auf den von den Gewerkschaften erwarteten Expansionskurs um, verhielt sich also mustergültig keynesianisch. Das am 12. Dezember 1974 beschlossene »Programm zur Förderung von Beschäftigung und Wachstum bei Stabilität« mit einem Gesamtvolumen von fast zehn Milliarden Mark verknüpfte zusätzliche Investitionen des Bundes mit Lohnkostenzuschüssen und Mobilitätszulagen für Arbeitnehmer; zudem verdoppelte die Regierung den Bezug von Kurzarbeitergeld auf zwei Jahre. Eine Investitionszulage von 7,5 Prozent für Ausrüstungsgüter und Gebäude sollte den Angebotsschock kompensieren helfen, und aus ERP-Vermögen und Mitteln der Kreditanstalt für Wiederaufbau stellte sie weitere 1,5 Milliarden Mark für kleinere und mittlere Unternehmen zur Verfügung. Außerdem sollten die regulär im Bundeshaushalt für 1975 vorgesehenen Investitionen möglichst auf das erste Halbjahr vorgezogen werden.[24]

Schon am Jahresende 1974 war deutlich geworden, daß die Ziele des Jahreswirtschaftsberichts nicht erreicht werden konnten – die Wirtschaft der Bundesrepublik befand sich mitten in der Stagflation: Einem Wachstum von real nur noch 0,5 Prozent stand eine Inflationsrate von beinahe 7 Prozent gegenüber, und die Bundesregierung erblickte nun »eine ungewöhnliche Häufung außerordentlicher Belastungen, die nach Art und Umfang bisher nicht zum Erfahrungsbild der Wirtschaftspolitik gehörte.«[25] Im Jahr 1975 rutschte die Konjunktur wegen der in der Weltrezession zusätzlich wegbrechenden Auslandsnachfrage dann endgültig ab. Bei 6,1prozentiger Inflationsrate sank das Bruttosozialprodukt 1975 real um 1,6 Prozent. In der Rückschau wirkte die Krise von 1966/67 nun wie ein »Pfingstausflug«[26] – besonders deshalb, weil der Konjunktureinbruch dieses Ausmaß erreichte, obwohl die Fiskalpolitik bis an die Grenzen des »deficit spending« ging und obwohl die Bundesbank diesen Kurs durch eine moderat expansive Geldpolitik abstützte, den zuvor bestehenden Widerspruch zwischen Geld- und Fiskalpolitik also auflöste (zwischen Oktober 1974 und September 1975 senkte sie den Diskontsatz von 6,5 auf 3,5 Prozent). Allein der Bund nahm 1975 neue Kredite von fast 30 Milliarden Mark auf, und die Schulden von Bund, Ländern und Gemeinden nahmen gegenüber dem Vorjahr insgesamt um 69 auf 256 Milliarden Mark zu. Dieses enorme Haushaltsdefizit entsprach einem Anteil von 5,4 Prozent des Bruttoinlandsprodukts und ging nur teilweise auf die Konjunkturprogramme zurück, die auch 1975 noch aufgelegt wurden (etwa das knapp sechs Milliarden Mark schwere Bauinvestitionsprogramm vom August 1975). In der Krise schlugen zugleich sinkende Steuereinnahmen (besonders bei Ländern und Gemeinden) und die mit der Arbeitslosigkeit verbundenen steigenden Kosten der Sozialversicherung zu Buche, so daß die öffentlichen Haushalte in ihrer Gesamtheit trotz der enormen Verschuldung immer noch prozyklisch wirkten. Und trotz der Investitionsprogramme ging der Anteil der staatlichen Investitionen an den Gesamtausgaben gegenüber den Vorjahren weiter zurück.[27]

---

24 Jahresgutachten 1975/76, Tab. 23: Finanzpolitisch wichtige Ereignisse.

25 Bundestags-Drucksache 7/3197: Jahreswirtschaftsbericht 1975 der Bundesregierung, 30.1.1975, Tz. 1.

26 Thomas Schlüter: Zu einigen Aspekten der Wirtschafts- und Beschäftigungspolitik. In: Gert-Joachim Gläßner; Jürgen Holz; Thomas Schlüter (Hg.): Die Bundesrepublik in den siebziger Jahren. Versuch einer Bilanz, Opladen 1984, S. 95–112, hier: 105.

27 Giersch, Fading Miracle S. 188f.; Rödder, Bundesrepublik S. 301; Schlüter, Zu einigen Aspekten S. 104f.

Daß angesichts steigender Arbeitslosenzahlen die von den Akteuren der staatlichen Wirtschaftspolitik und auch vom Sachverständigenrat lange herbeigesehnte Disziplinierung der Gewerkschaften gelang, überrascht nicht, zählte nun aber ironischerweise zu den durchaus nicht unkritischen Faktoren. Im Krisenjahr 1975 wollten die Gewerkschaften von Umverteilung nichts mehr wissen und verfolgten fortan einen defensiven Kurs, dem es in erster Linie um die Verteidigung des Erreichten ging. Im Jahresdurchschnitt stieg die Bruttolohn- und Gehaltssumme je Beschäftigten um 6,9 Prozent und lag damit nur noch 0,8 Prozentpunkte über der Inflationsrate. Da die Arbeitsproduktivität gleichzeitig um 1,1 Prozentpunkte anstieg, nahmen die Arbeitnehmer somit erstmals wieder eine reale Verschlechterung ihrer Verteilungsposition in Kauf. Entgegen der öffentlichen Gewerkschaftsrhetorik, die bei der Bekämpfung der Arbeitslosigkeit vor allem auf Wachstum und eine staatliche Stützung der Gesamtnachfrage baute,[28] sorgte die lohnpolitische Zurückhaltung einerseits für verbesserte Angebotsbedingungen, andererseits aber auch für einen Ausfall gesamtwirtschaftlicher Nachfrage. Dies wog um so schwerer, als das Gros der vom Staat im Rahmen seiner keynesianischen Strategie auch den Haushalten zur Verfügung gestellten zusätzlichen Nachfrage (besonders durch die Steuer- und Kindergeldreform, die zum 1. Januar 1975 in Kraft trat) konjunkturell gerade nicht im Sinne der Kaufkrafttheorie des Lohnes wirksam wurde, weil die Sparquote in der Krise auf fast 16 Prozent anstieg.[29]

Am konjunkturellen Tiefpunkt des Jahres 1975 mußte daher eine ernüchternde Bilanz gezogen werden. Nachdem die Politik der Globalsteuerung schon während des inflationären Booms der frühen siebziger Jahre an ihre Grenzen gelangt war, hatte sie sich nun zusätzlich auch noch bei der Überwindung der bis dahin schwersten Wirtschaftskrise als weitgehend untauglich erwiesen. Damit war die »herkömmliche Globalsteuerung in eine Krise« geraten und der Glaube an die »Machbarkeit der Konjunktur [...] weitgehend erschüttert«.[30] Dem Wirtschaftsminister erschien der Keynesianismus nun als »veraltetes Konzept«, dessen Scheitern er auf »übersteigerte Erwartungen« und einen »unfundierten Glauben an eine weitgehende Machbarkeit der Politik« zurückführte.[31] Und in seiner Neujahrsansprache für das Jahr 1976 faßte der Bundeskanzler die tiefe Erschütterung prägnant zusammen: »Wir alle hatten geglaubt, daß es eines Tages nach der Überwindung der Weltwirtschaftskrise wieder so weitergehen würde wie vorher. Doch gerade in den lezten Monaten ist uns klar geworden, daß nichts wieder so sein wird wie vor 1974.«[32]

Konzeptionell hatte die Globalsteuerung für die Herausforderungen der ersten Ölkrise keine Lösung mehr anzubieten. Eine weitere Expansion der öffentlichen Ausgaben verbot sich angesichts der immer höher ansteigenden Staatsverschuldung und struktureller Haushaltsdefizite. Dabei machte das Phänomen der Stagflation allen Beobachtern zugleich deutlich, daß hohe Inflation nicht automatisch auch höhere Wachstumsraten und einen höheren Beschäftigungsstand bedeuten mußte. Die Wachstumskrise hatte ebenso wie die Arbeitslosigkeit in Millionenhöhe mehr als konjunkturelle Ursachen: Im grellen Licht der Krise traten der

28 DGB-Archiv im AdsD 24/5113 DGB-BV, Programm zur Bekämpfung der Arbeitslosigkeit, 27.11.1974.
29 Scharpf, Krisenpolitik S. 179.
30 Jahresgutachten 1975/76, Tz. 383 sowie der Ratsvorsitzende Norbert Kloten zit. n. Stuttgarter Zeitung, 15.7.1974, Art.: Kloten für mittelfristige Wirtschaftspolitik.
31 Manager Magazin 12/1975, Art.: Die Illusionen der Macher (Hans Friderichs).
32 Zit. n. Klaus Wiegrefe: Das Zerwürfnis. Helmut Schmidt, Jimmy Carter und die Krise der deutsch-amerikanischen Beziehungen, Berlin 2005, S. 49.

beschleunigte industrielle Strukturwandel sowie die durch gestiegene Rohstoff- und Arbeitskosten und eine verschlechterte internationale Wettbewerbsposition dramatisch eingetrübten Angebotsbedingungen deutlich hervor. Die Globalsteuerung gesamtwirtschaftlicher Nachfrageaggregate hatte auf diese Probleme keine Antwort, da ihr die individuellen Investitionsentscheidungen der Wirtschaftssubjekte nicht zugänglich waren. Schlimmer noch, selbst die nach der monetaristischen Wende auch vom Sachverständigenrat propagierte Kombination von globalsteuernder Fiskal- und monetaristischer Geldpolitik erwies sich konzeptionell als höchst problematisch. Dies hatte sich besonders im Jahr 1974 gezeigt, als die gewerkschaftliche Fehleinschätzung über die Politik der Bundesbank zu einer vermeidbaren Belastung der Unternehmenserträge geführt hatte. Für den Sachverständigenrat war es daher »außerordentlich bedeutsam«, daß künftig »der Kurs der Geldpolitik im voraus allen bekannt ist.« Nur so könnten folgenschwere Irrtümer wie die Kluncker-Runde künftig vermieden werden, und eine »klare Zielvorstellung« über die Geldpolitik sei besonders dringlich, wenn »es zu den Spielregeln gehören soll, daß alle den Kurs der Geldpolitik zu respektieren haben.«[33]

In der Tat verkündete die Bundesbank Ende 1974 erstmals ein Ziel für das Wachstum der Geldmenge im darauffolgenden Jahr. Fortan war es Sache der Regierung und der Tarifparteien, ihr Verhalten an diesem Ziel auszurichten. Taten sie dies nicht, war ein weiterer Anstieg der Arbeitslosigkeit unvermeidbar – freilich ohne daß die Zentralbanker hierfür die Verantwortung tragen mußten, denn die Ursache lag ja im Fehlverhalten der übrigen wirtschaftspolitischen Akteure.[34] Erst damit kam die im Zuge der »monetaristischen Konterrevolution«[35] begonnene Umgruppierung der wirtschaftspolitischen Akteurskonstellation zum Abschluß, durch welche die Bundesbank als eigenständiger, demokratisch nicht legitimierter Akteur an Bedeutung gewann. Verschärft wurde der wirtschaftspolitische Einflußverlust der Bundesregierung noch durch den Abschied vom festen Dollarwechselkurs, der die monetaristische Wende überhaupt erst ermöglicht hatte: Sie hatte auch die Hoheit über den Außenwert der Währung verlor, da dieser mit dem Floating teils an die Devisenmärkte, teils an die Bundesbank übertragen worden war.[36]

Mit der Bekanntgabe des ersten Geldmengenziels konnte zwar die Installation des monetaristischen Instrumentariums abgeschlossen werden. Die vom Sachverständigenrat befürwortete Konzeption hatte damit allerdings noch immer eine entscheidende Schwachstelle: So effektiv die Geldpolitik die Konjunktur 1973 abbremsen konnte, so hilflos zeigte sie sich danach bei der Überwindung der Krise. Die im Herbst 1974 einsetzenden massiven Zinssenkungen führten ja gerade nicht zu einer raschen Belebung der Investitionen. Die unternehmerischen Investitionsentscheidungen waren wirtschaftspolitisch nicht unmittelbar zu beeinflussen, was Karl Schiller schon 1967 in den plakativen Sinnspruch gefaßt hatte, daß man Pferde zwar zum Wasser führen, aber eben nicht zum Saufen zwingen könne – und dies galt für die Globalsteuerung ebenso wie für die monetaristische Geldpolitik. Eine Kombination beider Konzepte mochte also für eine Übergangsphase hilfreich sein, in der es galt, die Inflationsmentalität zu durchbrechen. Die Förderung von Wirtschaftswachstum, die Schaffung neuer

33 Jahresgutachten 1974/75.
34 Scharpf, Krisenpolitik S. 175–177.
35 Schlüter, Zu einigen Aspekten S. 104.
36 Scharpf, Krisenpolitik S. 175–177.

Arbeitsplätze oder gar die Bewältigung des rasanten Strukturwandels mußte sie jedoch überfordern.

1.1.2 Die »Kommission für wirtschaftlichen und sozialen Wandel«

Im Zentrum der wirtschaftspolitischen Semantik der sechziger Jahre hatte die systematisch-wissenschaftliche Wissensproduktion gestanden: Die »rationale« Wirtschaftspolitik agierte mit dem Anspruch, ein umfassendes System der Lageanalyse, Prognose und Projektion zum Einsatz zu bringen. Gemäß der Leitvorstellung einer »Verwissenschaftlichung« der Politik sollte der Einsatz politischer Instrumente dann erst im zweiten Schritt aus der gesamtwirtschaftlichen Diagnose abgeleitet werden. Dieser Mechanismus erklärt die Tiefe der Erschütterung und Verunsicherung, welche der Ölpreisschock auslöste: Die schlagartige Veränderung der gesamtwirtschaftlichen Rahmenbedingungen, sektoraler Strukturwandel, Arbeitslosigkeit, technischer, sozialer und kultureller Wandel – in der Krise der Jahre 1974/75 trat gesellschaftliche Komplexität plötzlich besonders deutlich hervor und stellte höchste Anforderungen an die rationale Lageanalyse. In der Mitte der siebziger Jahre stieg die Nachfrage nach wissenschaftlichem Wissen daher nochmals sprunghaft an. Eine Lösung für die ungewohnten Probleme – vor allem Stagflation und hohe Arbeitslosigkeit – erforderte zunächst eine präzise wissenschaftliche Diagnose der Gegenwart. Allerdings fielen die Gegenwartsdiagnosen nun höchst widersprüchlich aus. Daraus folgte auch eine tiefgreifende Verunsicherung über die richtigen politischen Instrumente, die zur Überwindung der Krise eingesetzt werden mußten.

Diese fundamentale Unsicherheit trat nirgendwo so deutlich zu Tage wie im Abschlußgutachten der »Kommission für wirtschaftlichen und sozialen Wandel« vom Oktober 1977.[37] Seit 1971 hatte diese im Auftrag der Bundesregierung einen »schier uferlosen Gegenstandsbereich« vermessen und war darüber selbst zum Anachronismus geworden. Als typisches Kind der Planungseuphorie sollte die Kommission ursprünglich dazu beitragen, den »immer schmerzlicher empfundenen Mangel an planungsrelevanten Informationen über die wirtschaftlichen und gesellschaftlichen Entwicklungstendenzen in Westdeutschland« zu überwinden.[38] Als sie ihre Forschungen nach sechsjähriger Arbeit dann endlich beendet hatte, waren die politischen Planer aber längst diskreditiert. Und ironischerweise stellte der 600 Seiten starke Abschlußbericht, der die Quintessenz aus nicht weniger als 189 Einzelgutachten zog, lediglich unter Beweis, daß der einzige wissenschaftlich zu erzielende Konsens die Verunsicherung über die Wirksamkeit des bislang gewohnten wirtschaftspolitischen Handlungsmodells war.

Die Kommission hatte eine lange Vorgeschichte, die bis in die sechziger Jahre zurück reichte.[39] Die Gewerkschaften, insbesondere die IG Metall, hatten die Bundesregierung bereits seit Anfang der sechziger Jahre dazu aufgefordert, eine Einrichtung zu schaffen, in der die

---

37 Bundesminister für Arbeit und Sozialordnung (Hg.): Wirtschaftlicher und sozialer Wandel in der Bundesrepublik Deutschland. Gutachten der Kommission für wirtschaftlichen und sozialen Wandel, Göttingen 1977.

38 Ruck, Kurzer Sommer S. 397.

39 Hier und im folgenden DGB-Archiv im AdsD 5/DGAI1979, Bericht an die Konzertierte Aktion über die Tätigkeit des Arbeitskreises Automation von Februar 1968 bis Oktober 1970, 6.10.1970; Karl Martin Bolte: Die Kommission für wirtschaftlichen und sozialen Wandel. In: Wissenschaftszentrum Berlin (Hg.): Interaktion

sozialen Folgen des rasch voranschreitenden technischen Fortschritts erforscht werden sollten. Ihre Forderung nahm deutlichen Bezug auf das Vorbild der US-amerikanischen »Commission on Technology, Automation and Economic Progress«, die von Präsident Lyndon B. Johnson eingerichtet worden war und ihren Untersuchungsbericht 1966 vorgelegt hatte. Doch erst bei Karl Schiller stießen sie damit auf Gehör, der dann am 9. November 1967 anregte, im Rahmen der Konzertierten Aktion einen »Arbeitskreis Automation« einzurichten. Seit Februar 1968 tagte der Arbeitskreis zwei Jahre lang abwechselnd im BMWi und im Bundesarbeitsministerium. Neben den beiden Ministerien, die mit vier Beamten vertreten waren, entsandten Gewerkschaften und Wirtschaftsverbände jeweils sechs ständige Mitglieder, denen vier »unabhängige Experten« zur Seite gestellt wurden.[40]

Von einer wissenschaftlichen Kommission im engeren Sinne kann also kaum gesprochen werden – der Arbeitskreis bildete vielmehr die tripartistische Zusammensetzung der Konzertierten Aktion detailgetreu ab. Er sollte sich nicht nur mit der »Automation«, sondern mit den »wirtschaftlichen und sozialen Fragen des technischen Wandels im weiteren Sinne« befassen und vergab zu diesem Zweck 35 Forschungsaufträge mit einem Gesamtbudget von rund zwei Millionen Mark, das die beiden Ministerien bereitstellten. Angesichts dieses weiten thematischen Feldes erarbeitete die Kommission gemeinsam mit der Heidelberger »Studiengruppe für Systemforschung« ein Forschungsprogramm, das sich in vier Punkte gliederte: Erstens Erscheinungsform und Anwendungsbereiche neuer Technologien; zweitens Förderungsbereiche und Förderungsmöglichkeiten des technischen Fortschritts; drittens Bekämpfung negativer Auswirkungen des technischen Wandels sowie viertens Beeinflussung und Verteilung des durch den technischen Fortschritt bewirkten Wohlstandszuwachses. Von der ursprünglichen Planung, nach dreijähriger Arbeit einen Schlußbericht präsentieren zu können, rückte der Arbeitskreis rasch ab und sah diesen dann für Anfang 1973 vor.

Doch dazu kam es nicht mehr. Weil immer deutlicher wurde, daß die Bundesregierung die Hauptadressatin des Berichtes sein würde, diese aber selbst mit vier Ministerialbeamten vertreten war, äußerte die Regierung grundsätzliche Bedenken. Die Unabhängigkeit der Berichterstatter sei auf diese Weise in Frage gestellt, was die öffentliche Glaubwürdigkeit des Gutachtens von vornherein zu untergraben drohte. Zudem sei es erwünscht, daß die Forschungsperspektive deutlich über den technischen Fortschritt als Triebkraft gesellschaftlichen Wandels hinaus ausgedehnt werde.[41] Der »Arbeitskreis Automation« wurde daher in die 1971 gegründete »Kommission für wirtschaftlichen und sozialen Wandel« überführt, die sich aus je fünf Vertretern von Wirtschaftsverbänden und Gewerkschaften und sieben Hochschullehrern zusammensetzte und ihren Abschlußbericht spätestens 1975 vorlegen sollte. Auch in der neuen Kommission blieben die Wissenschaftler also gegenüber den Verbands- und Gewerkschaftsvertretern in der Minderheit. Den Vorsitz übernahm der Münchner Soziologe Karl Martin Bolte, und an seine Seite wurden Professoren der Volks- und Betriebswirtschafts-

von Wissenschaft und Politik. Theoretische und praktische Probleme der anwendungsorientierten Sozialwissenschaften, Frankfurt am Main 1977, S. 260–284.

40 Dies waren Dieter Mertens (Leiter des Instituts für Arbeitsmarkt- und Berufsforschung der Bundesanstalt für Arbeit), Hans Wolfgang Büttner (Mitglied der Geschäftsführung des Rationalisierungs-Kuratioriums der Deutschen Wirtschaft), Armin Hegelheimer (Mitarbeiter des Instituts für Bildungsforschung der Max-Planck-Gesellschaft), Hans J. Barth (Generalsekretär des Sachverständigenrates).

41 DGB-Archiv im AdsD 5/DGAI1979, Rohwedder an Vetter, 19. 10. 1970.

lehre, der Soziologie, Bildungsplanung und Bildungsökonomie sowie der Verfahrenstechnik berufen.[42]

Die »Kommission für wirtschaftlichen und sozialen Wandel« konnte aus dem vollen schöpfen: Bis September 1974 vergab sie 144 Forschungsaufträge mit einem Gesamtvolumen von 5 Millionen Mark; diese wurden öffentlich ausgeschrieben, und über die Vergabe konnte die Kommission völlig unabhängig befinden. Berücksichtigt man die vom »Arbeitskreis Automation« angestoßenen Forschungen, gingen dem Abschlußbericht von 1977 also insgesamt 189 Forschungsarbeiten für 7,5 Millionen Mark voraus.[43] Zudem richtete das Bundesministerium für Arbeit und Sozialordnung ein Sekretariat ein, in dem acht wissenschaftliche Mitarbeiter der Kommission zuarbeiteten. In dieser luxuriösen Ausstattung spiegelte sich der höchst ambitionierte Auftrag der sozialliberalen Bundesregierung: Die Kommission sollte eine wissenschaftliche Grundlage für die Reformpolitik schaffen und diese durch die Analyse der beschleunigten technischen, wirtschaftlichen und sozialen Wandlungsphänomene in die Lage versetzen, den Wandel wirtschafts-, sozial- und bildungspolitisch selbst aktiv zu beeinflussen.[44]

Im Abschlußbericht hob die Kommission hervor, daß der soziale Wandel »nicht durch mehr oder minder zufällige Ereignisse, sondern durch menschliches Denken und Handeln in Gang gesetzt und vorangetrieben worden« war. In Zukunft bedürfe er »mit seinen vielfältigen positiven und negativen Auswirkungen der gestaltenden Beeinflussung«, sollte er sich »zum Wohle der betroffenen Bevölkerung entwickeln.« Die zentrale Voraussetzung für eine solche politische Gestaltung des gesellschaftlichen Wandels lag für die Kommission in einem »systematischen Ausbau einer aktiven und längerfristig orientierten Politik.« Die Wirtschaftspolitik sollte dazu eine »Strategie der gestalteten Expansion bei Vollbeschäftigung« verfolgen, da eine Fortsetzung des bisherigen Trends keine »ermutigenden Zukunftsperspektiven bieten« konnte. Die Kommission rechnete damit, daß ohne eine Erneuerung der Wirtschaftspolitik das Wirtschaftswachstum künftig weiter abnehmen, die Schärfe der Konjunkturzyklen zunehmen, die Geldentwertung sich beschleunigen und die Arbeitslosigkeit ansteigen werde – mit der Folge, daß die »soziale Sicherheit nicht mehr gewährleistet« werden könne. Aus der Wachstumskrise des Ölpreisschocks mußten daher Lehren gezogen werden, um in den nächsten Jahren einen neuen »Ansatz für eine langfristige Zukunftsgestaltung« finden zu können.[45]

Die mit solchen Leerformeln gespickte Prosa des Abschlußberichtes stand in keinem Verhältnis zum vorangegangenen Forschungsaufwand, und es gelang ihr weder, die fundamentale Verunsicherung über die wirtschaftliche und soziale Lage in der Mitte der siebziger Jahre noch die mangelnde Einigkeit der Kommission über die zu treffenden politischen Entscheidungen tatsächlich wirksam zu verschleiern. Dies spiegelte sich schon im von der Kommission favorisierten, extrem weiten Begriff des gesellschaftlichen Wandels als »Problem und Aufgabe«: Darunter faßte sie wirtschaftlichen, technischen und sozialen Wandel, aber auch Veränderungen des Wissens und der Wertvorstellungen, der Produktionsweisen, des Wirtschaftssystems, der politischen Ordnung oder der internationalen Verflechtung. Besonders stark betonte sie die Rolle einer Wissenschaft, die »auf ständige Produktion neuer Denk- und Verfahrensweisen

42 Wirtschaftlicher und sozialer Wandel S. 1
43 Bolte, Die Kommission S. 268
44 Krevert, Politikberatung S. 182–189.
45 Wirtschaftlicher und sozialer Wandel S. 7 ff.

ausgerichtet ist.« Von der Art der »gesellschaftlichen Ordnungsformen (politische Strukturen, Wirtschaftsordnungen, Bildungssysteme usw.)« hing es wiederum ab, wie »neue Ideen aufgenommen, verbreitet und in Auseinandersetzung miteinander weiterentwickelt werden können.« Gerade darin lag die charakteristische Gefahr eines beschleunigten gesellschaftlichen Wandels, der Ungleichzeitigkeiten entstehen lasse, durch die das »Wissen über die ›Wirklichkeit‹ oft hinter deren tatsächlicher Entwicklung hinterher« hinkte und politische »Handlungen damit unter Umständen an den eigentlichen Gegebenheiten vorbei« zielten und ihren Mißerfolg von vornherein in sich bargen. So bestand die Gefahr, »kurzfristige Schwankungen für den Beginn langfristiger Trends zu nehmen, oder langfristige Trends einfach in die Zukunft weiter zu verlängern.« Dies galt besonders für die gesamtwirtschaftliche Entwicklung, wo einerseits die Ausschläge der »Wachstumszyklen« ausgeprägter geworden seien, eine »kurzfristig orientierte reaktive Politik« die Entwicklung hingegen zu verschärfen drohte.[46]

Mit dieser Konzeption des gesellschaftlichen Wandels hatte die Kommission immerhin grundsätzlich festgestellt, daß die wissenschaftliche Wissensproduktion ebenso wie das staatliche Handeln selbst Bestandteil des gesellschaftlichen Wandels waren. Sie vollzogen freilich nicht den zweiten Schritt, der aus dieser Problemanalyse eigentlich notwendig folgen mußte. Wenn wissenschaftliches Wissen und »wissenschaftliche« Politik selbst Teil des Wandlungsprozesses waren, den sie beeinflussen wollten, mußte die gesellschaftliche Veränderung auf die Wissensproduktion zurückwirken. Diese Rekursivität der wissenschaftlichen Wissensproduktion, an der die Planungseuphorie schon in den frühen siebziger Jahren gescheitert war, spielte für die Gutachter jedoch gerade keine zentrale Rolle. Ihre Empfehlungen standen noch ganz in der Tradition der späten sechziger Jahre und setzten voll darauf, daß ein Mehr an wissenschaftlichem Wissen über die Gesellschaft automatisch auch eine größere Entscheidungssicherheit der Politik zur Folge haben mußte.[47] Dies lief auf einen weiteren Ausbau der wissenschaftlichen Informationsgewinnung und insbesondere der statistischen Ressourcen hinaus: Die volkswirtschaftliche Gesamtrechnung sei um soziale Indikatoren und sozialstatistische Erhebungen zu ergänzen. Unter der Überschrift »Ausbau der gesellschaftlichen Dauerbeobachtung« unterbreitete die Kommission dementsprechend zahlreiche Vorschläge, die vor allem einen weiteren Ausbau der sozialwissenschaftlichen Forschung zum Ziel hatten. So scheuten sich die in der Kommission stark vertretenen Soziologen auch nicht, der Regierung die »Verbesserung der Leistungsfähigkeit der Sozialforschung« durch Einrichtung von Sonderforschungsbereichen, Max-Planck-Instituten oder die permanente Auftragsvergabe an unabhängige Forschungsinstitute zu empfehlen.[48]

Wie wenig eindeutig das wissenschaftliche Wissen aber längst geworden war, stellte der Kommissionsbericht gerade in seinen wirtschaftspolitischen Passagen unfreiwillig unter Beweis. Sie nahmen mit Abstand den größten Raum ein und entfalteten ein breites empirisches Panorama der strukturellen Wandlungsprozesse. Die Schlußfolgerungen, die der Bericht aus der beeindruckenden Lageanalyse des wirtschaftlichen und gesellschaftlichen Umbruchs zog, waren jedoch alles andere als konzeptionell geschlossen. Hierin spiegelten sich gleichermaßen die widersprüchlichen Interessen von Arbeitgeber- und Arbeitnehmervertretern in der

46 Ebd. S. 23–24, 26

47 Vgl. auch die Kurzfassung von Helmut Kohn; Friedrich Latzelsberger: Steuerungsprobleme in Wirtschaft und Gesellschaft. Zum Gutachten der Kommission für wirtschaftlichen und sozialen Wandel. In: Aus Politik und Zeitgeschichte, 18 (1977), S. 3–53, hier: 8.

48 Wirtschaftlicher und sozialer Wandel S. 572 ff.

Kommission wie die generelle Verunsicherung über die angemessenen wirtschaftstheoretischen Konzepte. Über das Ziel der Vollbeschäftigung und einer Rückkehr auf den gewohnten Wachstumspfad herrschte immerhin Einigkeit. Unter dem Etikett »gestaltende Expansion bei Vollbeschäftigung« ging es der Kommission um eine stärkere Betonung »qualitativer Zielaspekte«, an denen sich das Wirtschaftswachstum künftig orientieren sollte: »Wiedergewinnung knapper Ressourcen durch Förderung von energie- und rohstoffsparenden Technologien, Verbesserung der Arbeitsbedingungen, gezielter Ausbau von Produktionsstrukturen, die auf hochentwickelte Technologien und qualifizierte Arbeitskräfte angewiesen sind. Verbesserung der regionalen Wirtschaftsstruktur und Annäherung der nach Regionen sehr unterschiedlichen Lebensbedingungen.«[49]

Obwohl die Überforderung der Globalsteuerung in der Stagflation offensichtlich geworden war, hielt die Kommission weiter an der wirtschaftspolitischen Semantik der sechziger Jahre fest. Sie erkannte zwar die Investitionsschwäche als zentrales Problem an und akzeptierte auch, daß Wachstum und Vollbeschäftigung erstens nur über eine gezielte Investitionsförderung erreicht werden und zweitens die damit verbundene Verteilungsungerechtigkeit in Kauf genommen werden mußte. Aber obwohl sie sich einerseits auf eine Politik der langfristigen Investitionsförderung festlegte, vollzog sie doch andererseits keine angebotspolitische Wende, ja nicht einmal die ablehnende Erörterung angebotspolitischer Konzepte fand den Weg aus den Einzelgutachten in den Abschlußbericht.[50] Denn im Mittelpunkt ihres Ansatzes standen nicht die unternehmerischen Investitionen, sondern eine Erhöhung der staatlichen Investitionstätigkeit, der weitere Ausbau der öffentlichen und produktionsorientierten Infrastruktur. Eine Erhöhung der Staatsquote sei prinzipiell kein Problem, und eine Privatisierung staatlicher Aufgaben lehnten die Gutachter sogar explizit ab.[51] Allerdings gaben sie zugleich ein Bekenntnis zur »aktiven sektoralen Strukturpolitik« ab: Da der Weltmarkt noch nicht vollständig liberalisiert sei, müsse im Einzelfall auch geprüft werden, ob staatliche Subventionen zur »gezielten Erhaltung« und Produktivitätssteigerung von bedrohten Branchen gewährt würden. Grundsätzlich hatte der Schutz vor »Ergebnissen, die aus gesellschaftspolitischen Gründen nicht hingenommen werden können«, und die »geordnete Anpassung« betroffener Wirtschaftssektoren absoluten Vorrang. Eine aktive sektorale Strukturpolitik könne aber nur gelingen, wenn die Strukturforschung systematisch ausgebaut, ein »Sachverständigenrat für Strukturfragen« eingesetzt und die Strukturstatistik verbessert würden.[52]

Die Kommission lobte die außenwirtschaftliche Absicherung durch flexible Wechselkurse[53] und forderte eine langfristige Orientierung der staatlichen Fiskalpolitik. Die Ausgaben (insbesondere der Gemeinden) sollten verstetigt werden. Statt wie bisher antizyklische Politik durch Kürzung oder Ausweitung der öffentlichen Investitionen zu betreiben, sollte eine »prophylaktische Fiskalpolitik« künftig vor allem über die Einnahmenseite betrieben werden – also durch eine konsequente Nutzung der vom Stabilitätsgesetz ermöglichten Variation von Steu-

49 Kohn/Latzelsberger, Steuerungsprobleme S. 11.

50 Vgl. Heinz Kock; Eduard Leifert; Alfons Schmidt; Ludwig Stirnberg: Stabilitätspolitik. Ein Überblick über die aktuelle Diskussion und Perspektiven einer Neuorientierung (Kommission für wirtschaftlichen und sozialen Wandel, Bd. 99), Göttingen 1976, S. 49.

51 Kohn/Latzelsberger, Steuerungsprobleme S. 12–14; Wirtschaftlicher und sozialer Wandel S. 99–113.

52 Wirtschaftlicher und sozialer Wandel S. 127–143.

53 Ebd. S. 175 ff.

ersätzen.[54] Und trotz aller Bekenntnisse zur mittelfristigen Orientierung mochte die Kommission ausgerechnet die monetaristische Geldpolitik der Bundesbank, die dieses Leitbild ja bereits umsetzte, nicht loben. Diese könne »Instabilitäten auch für die Zukunft« nicht ausschließen, und »fallweise wirtschaftspolitische Eingriffe« sollten auch nicht per se ausgeschlossen werden.[55] Ganz gemäß der Linie des DGB sollte der Inflationssockel vielmehr durch »Schwächung der Marktmacht auf der Anbieterseite und über eine Stärkung der Nachfrageseite der Gütermärkte« abgebaut werden. Natürlich hatten sich auch die Tarifparteien in ihrer Einkommenspolitik langfristig zu orientieren – wie dies in der Praxis vor sich gehen konnte, blieb jedoch unklar, da die Kommission an der Tarifautonomie festhielt und staatliche Lohnleitlinien ablehnte.[56]

Diese höchst widersprüchliche Konzeption hatte klare gesamtwirtschaftliche Zielvorstellungen: Vollbeschäftigung, Wachstum, gerechte Einkommens- und Vermögensverteilung waren »originäre Ziele« der Wirtschaftspolitik. Die »derivativen Ziele« Geldwertstabilität und außenwirtschaftliches Gleichgewicht galten demgegenüber nur als nachrangig. Die Interpretation dieses Zielkataloges entsprach ganz dem Modell der Phillipskurve und ging damit an den Problemen, die seit 1974 virulent geworden waren, völlig vorbei: »Ein originäres Ziel darf nicht auf Kosten eines anderen originären Ziels verletzt werden, weil sonst auf die Dauer der gesellschaftliche Basiskonsens und damit die Tragfähigkeit des Expansionsprozesses gefährdet ist. Bei den abgeleiteten Zielen braucht nur der Zielerreichungsgrad angestrebt zu werden, der zur Erfüllung der originären Ziele benötigt wird.« Zwar distanzierte sich der Bericht von einer »Inflationspolitik«. Aber es sei doch ausgemacht, daß »hochentwickelte Industrieländer« zehn Prozent Arbeitslosigkeit nicht ertragen könnten, während hingegen zahlreiche Länder zu beobachten seien, die zehn Prozent Inflation »ohne große Erschütterungen« hinnähmen.[57]

Ihre Hilflosigkeit gestand sich die Kommission im Fazit selbst ein: Sie hielt fest, daß sie »bei ihren Empfehlungen zur Stabilisierungspolitik am eingeführten konjunkturpolitischen Instrumentarium« angesetzt und dabei lediglich »den Akzent stärker auf die Langzeitorientierung gelegt« hatte. Da aber nicht auszuschließen sei, »daß bei starkem Problemdruck die vorgeschlagene Strategie nicht ausreicht, begrüßt die Kommission die Suche nach neuen Wegen für die Stabilisierungspolitik. Für die Verwirklichung bestimmter, immer wieder diskutierter Vorschläge, die die Einführung von Regelmechanismen, Indexlösungen, Lizenzlösungen oder Preis- und Lohnkontrollen zum Inhalt haben, sieht sie jedoch auf absehbare Zeit weder Chance noch Notwendigkeit.«[58] Über die reine Erörterung solcher Alternativkonzepte im Geiste der frühen siebziger Jahre kam die »Kommission für wirtschaftlichen und sozialen Wandel« an keiner Stelle hinaus. Ihre Empfehlungen an die wirtschaftspolitische Praxis standen ganz auf der Basis des Keynesianismus, setzten voll auf den Trade off zwischen Inflation und Arbeitslosigkeit und antworteten im Zweifel mit einem »mehr Staat« auf die wirtschaftlichen Probleme. Zudem läßt sich selbst dieser Minimalkonsens nur mühsam aus dem Abschlußbericht herausdestillieren, da in fast allen Einzelaspekten abweichende Meinungen in Minderheitsvoten artikuliert wurden. Innerhalb der Gutachtergruppe gab es große Meinungsunterschiede,

---

54 Ebd. S. 170 ff.
55 Ebd. S. 174 f.
56 Ebd. S. 161 ff.
57 Ebd. S. 150–161; Kohn/Latzelsberger, Steuerungsprobleme S. 24.
58 Wirtschaftlicher und sozialer Wandel S. 177

was angesichts ihrer gemischten Zusammensetzung aus Wissenschaftlern, Arbeitgeber- und Gewerkschaftsvertretern auch nicht weiter überrascht. Wie sehr dieses institutionelle Arrangement die Einigung auf minimale Gemeinsamkeiten begünstigte und einen großen Wurf verhinderte, kam besonders deutlich in der Tatsache zum Ausdruck, daß eine der wenigen wirtschaftspolitischen Passagen ohne Minderheitsvoten ausgerechnet das Kapitel zur Strukturpolitik war – in seiner Ausrichtung auf die staatliche Subventionierung und Abfederung des strukturellen Wandels waren sich Wirtschaftsverbände und Gewerkschaften immerhin einig.

Die »Kommission für wirtschaftlichen und sozialen Wandel« konnte somit kaum etwas zur Überwindung der konzeptionellen Krise, in welche die Wirtschaftspolitik durch die Stagflation geraten war, beisteuern. So überrascht es auch nicht, daß der sperrige Abschlußbericht rasch in der Versenkung verschwand und weder in der Öffentlichkeit, noch in der Wissenschaft auf größere Resonanz stieß. Es wäre allerdings verfehlt, jene Hilflosigkeit und Verunsicherung ausschließlich auf institutionelle Mängel zurückzuführen. Die Kommission und ebenso ihr uferloser Untersuchungsauftrag verkörperten vielmehr das Selbstbewußtsein und schier grenzenlose Zutrauen in die »Verwissenschaftlichung« der Politik, in die politischen Steuerungs- und Planungskapazitäten, das typisch für die späten sechziger Jahre gewesen war. Und die Kommission arbeitete ganz gemäß ihres Auftrages, kam zu Ergebnissen, die voll und ganz in die Semantik von »Planung« und »Verwissenschaftlichung« paßten. Mit einem Ausbau der wissenschaftlichen Wissensproduktion, mit einer Verbesserung der Informationsverarbeitung und mit einer effizienten, langfristig orientierten Politik werde der Staat angemessen auf die Herausforderung des gesellschaftlichen Wandels reagieren können. Diese Konzeption politischen Handelns war freilich schon bei der Einrichtung der Kommission wissenschaftlich in Frage gestellt, weil sie sich angesichts des rekursiven Zusammenhanges zwischen wissenschaftlichem Wissen, Politik und gesellschaftlichem Wandel zunehmend als unterkomplex erwiesen hatte.[59]

Nachdem die Krise der Jahre 1974/75 über das Modell der Globalsteuerung hinweggefegt war, konnte sich die Kommission in ihrem Abschlußbericht nur noch darauf einigen, daß sie sich nicht auf ein verbindliches Konzept zur Überwindung der Krise verständigen konnte. Der Rest war ein mit erheblichem Aufwand an soziologischer Sprache verschleiertes Gerangel zwischen Arbeitgeber- und Gewerkschaftsvertretern, das auf eine Politik der Geldentwertung und der über Schulden finanzierten staatlichen Abfederung von konjunkturellen oder strukturellen Risiken hinauslief. Erst dieses grandiose Scheitern am Gegenstand des »wirtschaftlichen und sozialen Wandels« macht aber die eigentliche Bedeutung der Kommission aus: Ihr Abschlußgutachten vom Oktober 1977 verdeutlichte unfreiwillig, wie sehr das gesellschaftliche Bedürfnis nach sicherem Wissen im Angesicht von Wirtschaftskrise, Arbeitslosigkeit und sozialem Wandel zugenommen, die Möglichkeiten sicheren Wissens aber gleichzeitig abgenommen hatten.

---

59 Metzler, Konzeptionen S. 388.

1.1.3 Wende zur Angebotspolitik: Wachstum, Stabilität und Investitionsanreize

Wie weitreichend die Folgen der schweren Wirtschaftskrise von 1974/75 für die Wissensproduktion der Politikberatung tatsächlich waren, zeigt sich noch viel deutlicher am Beispiel des Sachverständigenrates. Die konzeptionelle Überforderung der Globalsteuerung durch das Phänomen der Stagflation beendete jene Phase der »Suche«, in der sich die Wirtschaftsweisen schon seit Anfang der siebziger Jahre befanden. Sie bereitete der Wende zur Angebotspolitik den Boden. Zwar hatte sich die Plausibilitätskrise des keynesianischen Politikmodells schon seit Ende der sechziger Jahre angedeutet. Aber mit der monetaristischen Wende war noch keine vollständige Absage an die Globalsteuerung und die generelle Annahme einer weitreichenden konjunkturpolitischen Steuerungsfähigkeit des Staates verbunden gewesen. Doch die performativen Widersprüche der von den Sachverständigen propagierten und dann tatsächlich ins Werk gesetzten Mischung aus keynesianischer Fiskal- und monetaristischer Geldpolitik führten im Verein mit der Schwere des Angebotsschocks dazu, daß die Gutachter anders als die Experten der »Kommission für wirtschaftlichen und sozialen Wandel« in den Jahren 1975 bis 1977 tatsächlich den Abschied von der Globalsteuerung wagten. Auch sie rückten nun den Strukturwandel der Wirtschaft und das Problem der Arbeitslosigkeit ganz in den Mittelpunkt ihrer Expertise, kamen aber zu anderen Ergebnissen. Makroökonomische Lösungen seien dafür nicht in Sicht. Der Staat habe sich auf eine Verbesserung der Angebotsbedingungen zu konzentrieren, also die Ertragskraft der Unternehmen zu steigern, Innovationsprozesse zu fördern, müsse den Strukturwandel als Chance zur Modernisierung auffassen und als Herausforderung annehmen. Der Keynesianismus war damit passé, und die Gutachter orientierten sich an der neoklassischen Angebotsökonomie, die sich in Wirtschaftswissenschaft und Öffentlichkeit international längst auf dem Vormarsch befand.[60]

Ähnlich wie bei der Adaption der monetaristischen Ideen am Anfang der siebziger Jahre schwenkte der Sachverständigenrat in mehreren Schritten auf das angebotspolitische Konzept um, so daß dieses seit November 1975 allmählich immer detaillierter Gestalt annahm. Die Umstellung der wirtschaftspolitischen Semantik war dann Ende 1977 weitgehend abgeschlossen, und daß die Experten ihrem Gutachten vom Herbst 1976 den programmatischen Titel »Zeit zum Investieren« gaben, trug wesentlich dazu bei, dies auch im Bewußtsein der breiten Öffentlichkeit zu verankern.[61] Ganz ähnlich wie in den Gutachten von 1966/67 und 1969/70 machten die Ratsmitglieder eine kritische Bestandsaufnahme zum Ausgangspunkt ihrer Argumentation. Bereits Ende 1974 hatten diese mit despektierlichen Äußerungen über die bislang akzeptierten Glaubenssätze der Wirtschaftspolitik nicht gegeizt. Die Vorstellung, daß die Wirtschaftspolitik jederzeit gesamtwirtschaftliche Nachfrage schaffen könne, daß der Staat bei der

---

60 Eine vergleichende Rezeptionsanalyse für Großbritannien und die Bundesrepublik bei Thorsten Lange: Die Bedeutung der Neuen Vertragstheorie für die Neoliberale Wende. In: Lutz Raphael; Heinz-Elmar Tenorth (Hg.): Ideen als gesellschaftliche Gestaltungskraft im Europa der Neuzeit. Beiträge zu einer erneuerten Geistesgeschichte (Ordnungssysteme. Studien zur Ideengeschichte der Neuzeit, Bd. 20), München 2006, S. 173–191, hier: 187 ff.

61 So mit der eindeutigen Zuschreibung einer Zäsur auf das Jahr 1976 Jürgen Bossmann: »Arrested Development«? Obsessionen im Wachstumsdenken. In: Michael Jeismann (Hg.): Obsessionen. Beherrschende Gedanken im wissenschaftlichen Zeitalter, Frankfurt am Main 1995, S. 26–77, hier: 74 f.; auch bei Sturm, Politische Wirtschaftslehre S. 106 f. und Bert Rürup; Kilian Bizer: Der Sachverständigenrat und sein Einfluß auf die Politik. In: Uwe Jens; Hajo Romahn (Hg.): Der Einfluß der Wissenschaft auf die Politik, Marburg 2002, S. 59–73, hier: 70.

Erfüllung seiner Aufgaben nicht nur für den Augenblick handeln, sondern die Zukunft im Blick behalten würde, daß die Tarifparteien kompromißbereit den Weg des Interessenausgleiches gehen würden – in diesen Grundannahmen erblickten die Gutachter mittlerweile nur noch grundlegende »Irrtümer« der Globalsteuerung. Freilich habe sich »die Illusion, der Staat könne gleichsam eine Vollbeschäftigungsgarantie abgeben und einhalten« als der »gefährlichste dieser Irrtümer erwiesen.« Kurz und knapp stellten sie fest: »Er kann dies nicht.«[62] In Analogie zur wirtschaftlichen Lage bezeichnete der Sachverständigenrat dies im Jahr darauf als begrüßenswerte »Reinigungskrise der Globalsteuerung«, welche die übertriebenen Erwartungen an die staatliche Konjunktursteuerung auf ein erträgliches Maß zurückschraubte, und er verband dies mit einer kaum verschlüsselten Zurechtweisung der Tarifparteien: »Die Konjunkturpolitik ist keine unbeschränkte Versicherung gegen die Folgen von Fehlverhalten.«[63]

Freilich machten die Experten zugleich unmißverständlich deutlich, daß sie lediglich eine Krise des wirtschaftspolitischen Handlungsmodells diagnostizierten, woraus keine voreiligen Rückschlüsse auf die Leistungsfähigkeit der Wirtschaftsordnung zu ziehen seien. Unter der rhetorisch fragenden Überschrift »Krise der Marktwirtschaft?« lieferten sie ein flammendes Plädoyer für die marktwirtschaftliche Ordnung ab: Die Bewältigung eines grundlegenden Strukturwandels vom primären zum sekundären Sektor, eine historisch singuläre Steigerung des privaten und öffentlichen Wohlstandes und die damit erst ermöglichten Formen der wohlfahrtsstaatlichen Sicherungen und der sozialen Gerechtigkeit – seit den frühen fünfziger Jahren habe die Marktwirtschaft ihre überragende Leistungsfähigkeit unzweifelhaft unter Beweis gestellt. Allen Überlegungen, die quantitatives Wirtschaftswachstum generell in Frage stellten und statt dessen ressourcenschonendes, umweltverträgliches, qualitatives Wachstum, mitunter gar »Null-Wachstum« in Erwägung zogen, erteilte der Sachverständigenrat daher eine klare Absage. Angemessenes Wirtschaftswachstum sei weiterhin unbedingt notwendig, um die sozialen Folgen der Krise, insbesondere in Form von Arbeitslosigkeit, überwinden und den erreichten Lebensstandard sichern zu können. Zudem sei die Unterscheidung in qualitative und quantitative Wachstumsformen irreführend, da die Marktwirtschaft per se kein gesellschaftlich isoliertes Wachstumsziel formuliere.[64]

Darin lag der Kern der semantischen Neuorientierung, die der Rat nun vornahm: Angebotspolitik war Wachstumspolitik. Nach einer fast 25jährigen Phase, in der Wirtschaftswachstum und Vollbeschäftigung zur lieben Gewohnheit geworden und das Hauptaugenmerk der Wissenschaftler in erster Linie auf die Bewahrung der Geldwertstabilität oder die Milderung konjunktureller Schwankungen gerichtet gewesen war, rückte die Schaffung einer robusten Wachstumsdynamik nun wieder ganz in den Mittelpunkt ihrer Argumentation. Nur so war die Rückkehr zur Vollbeschäftigung, eine Bewahrung der wohlfahrtsstaatlichen Standards und die Sicherung der öffentlichen Haushalte überhaupt vorstellbar. Die angebotspolitisch ausgerichtete Strategie des Sachverständigenrates setzte sich dabei aus drei Elementen zusammen: Geldwertstabilität rückte erstens in die Position einer von allen anzuerkennenden Grundvoraussetzung. Zweitens sollten darauf aufbauend die Investitionen der Unternehmen angereizt werden, um den Strukturwandel bewältigen, Arbeitsplätze schaffen und Wirtschafts-

62 Jahresgutachten 1974/75, Tz. 369.
63 Jahresgutachten 1975/76, Tz. 375ff.; 383.
64 Jahresgutachten 1975/76, Tz. 67ff., 273ff.; zur zeitgenössischen Diskussion über »Null-Wachstum« Bossmann, Obsessionen S. 70ff.

wachstum von der Angebotsseite her schaffen zu können. Drittens stand für den Rat schließlich eine Revision der Staatstätigkeit an, welche die Wachstumspolitik flankieren sollte. Insgesamt war sein Programm stark auf eine mittelfristige Orientierung, auf Verstetigung der Wirtschaftspolitik und auf Schaffung verläßlicher Rahmenbedingungen ausgerichtet.

Im ersten Schritt bekannte sich der Sachverständigenrat eindeutig zu seinem monetaristischen Konzept der Geldmengensteuerung und der damit verbundenen Rollenzuweisung für die Bundesbank – das Ziel eines stabilen Geldwertes war für ihn die Voraussetzung allen weiteren wirtschaftspolitischen Handelns und besaß »als feste Spielregel für alle« insofern »durchaus instrumentellen Rang«. Nur so könne die Wirtschaftspolitik die »Bedingungen ihrer Wirksamkeit auf Dauer wiederherstellen« und so die Lehren aus den Steuerungsproblemen der Jahre 1970 bis 1974 ziehen. Diese stabilitätspolitisch prekäre Phase skizzierte er in einem düsteren Sittengemälde als inflationäres Gerangel aller gegen alle. Die Antriebskraft des Verteilungskampfes der Privaten untereinander und der Privaten gegen den Staat war für die Gutachter offensichtlich: »Der Anreiz für die einzelnen liegt in der Chance des temporären Vorteils gegenüber dem Gegner, der Anreiz für alle zusammen außerdem in der Chance, sich auf Kosten Dritter zu bereichern, die keine Möglichkeiten haben, sich wirksam zu wehren. Beides treibt den Prozeß. Bei vollständiger Anpassung aller ist er für alle uninteressant. Eine Stabilisierungskrise ist ein verspätetes Disziplinieren dieses Kampfes. Soll sie künftig vermieden werden, so darf die mittelfristige Entwicklung des Preisniveaus nicht zur Disposition der Beteiligten stehen, auch nicht des Staates (als Fiskus).« Mit dieser Analyse hatte der Rat einerseits deutlich gemacht, worin der konzeptionelle Vorteil der starken, unabhängigen Position der Geldpolitik lag. Andererseits trat hier bereits klar hervor, wie sehr sich der Schwerpunkt seiner Beschreibungsperspektive von den makroökonomischen Kreislaufgrößen auf das individuelle Verhalten verlagert hatte. Er sprach explizit von »Anreizen« für das Verhalten der Wirtschaftssubjekte, und da der inflationäre Prozeß für ihn ganz eindeutig von individuellen »Erwartungen« und entsprechenden »Dispositionen« geprägt war, konnte an eine Fortführung der expansiven Krisenbewältigungsstrategie durch die öffentliche Hand nicht mehr gedacht werden. Die mit der expansiven Fiskalpolitik verbundenen Inflationserwartungen würden Verhaltensänderungen bewirken, »die ihren direkten Wirkungen entgegengesetzt sind und diese möglicherweise von einem bestimmten Punkte an aufheben oder sogar in ihr Gegenteil verkehren. Dem Staat bleibt daher nichts anderes übrig, als seine Finanzpolitik verstärkt mittelfristig zu orientieren und in den expansiven Impulsen maßvoll zu bleiben – zur Stabilisierung der Erwartungen.« Dem gleichen Ziel diente die mittelfristige Orientierung der Geldpolitik. Beides müsse unmittelbare Auswirkungen auch auf die Einkommenspolitik zeitigen, denn die Tarifparteien könnten fortan nicht mehr »darauf rechnen, daß eine nachgiebige Geldpolitik oder kompensierende Finanzpolitik die von überzogener Lohnpolitik verursachten Beschäftigungsrisiken abfängt«, was zur marktgerechten Orientierung der Tarifverträge und damit ebenfalls zur Stabilisierung der Erwartungen beitrage.[65]

Diese mittelfristig orientierte Fiskal-, Geld- und Einkommenspolitik bildete in der Konzeption des Sachverständigenrates die Grundvoraussetzung für den zweiten Schritt, in dem er sich der Schaffung neuen Wirtschaftswachstums, der Arbeitslosigkeit und dem strukturellen Wandel zuwendete. Dabei ging er davon aus, daß in allen drei Bereichen vor allem die dramatische Verschlechterung von Angebotsbedingungen zum Tragen kam. Das Schrumpfen der

65 Jahresgutachten 1975/76, Tz. 379–382.

unternehmerischen Gewinnmargen und der Rückgang der Investitionsneigung machten es erforderlich, die nachfrageorientierte Globalsteuerung um »eine mittelfristig angelegte, angebotsorientierte Therapie« zu ergänzen. Dieser gehe es darum, »die Bedingungen für das Investieren und den Wandel der Produktionsstruktur so zu verbessern, daß wieder mit angemessenem Wachstum und hohem Beschäftigungsstand gerechnet werden kann.« Von Forderungen nach einer staatlichen Nachfragestimulierung, die sich am Kaufkraftargument orientierten, distanzierten sich die Gutachter nun explizit. Ein Blick in die Wirtschaftsgeschichte genügte für sie vollauf, um ganz im Sinne Jean Baptiste Says festzustellen, daß die »primären Impulse für die Expansion« oft vom Angebot ausgingen und daß sich auch künftig ein »verbessertes Angebot an Gütern und Technologien den Markt selbst schafft.«[66]

In dieser Sichtweise spiegelte sich die ausgeprägt mikroökonomische Perspektive des Rates besonders deutlich wider. Er betonte, daß Investitionsentscheidungen als Entscheidungen über die Zukunft stets unter Unsicherheit über den künftigen Erfolg fielen und damit Risikoentscheidungen waren. Auch mit Blick auf die in Teilen von SPD und Gewerkschaften geäußerten Vorlieben für eine staatliche Investitionslenkung hob er hervor, daß ein dirigistisches staatliches Eingreifen in derartige Entscheidungskalküle kaum in Frage komme: »Der Investor, der die Entscheidung darüber zu treffen hat, für welchen Zweck, wieviel und wo er investiert, wägt die Chancen und Risiken in seinem Rentabilitätskalkül gegeneinander ab. Interveniert der Staat, beansprucht er also ein Einwirkungsrecht bei der Entscheidung über Investitionen, so wird der Investor gedrängt, gegen sein Urteil etwas zu unterlassen oder etwas zu tun.«[67] Waren subsidiär getroffene Investitionsentscheidungen der staatlichen Lenkung also überlegen, so folgerte der Rat, mußte die Wirtschaftspolitik in erster Linie darauf zielen, die Rahmenbedingungen für die Investitionsentscheidungen der Wirtschaftssubjekte positiv zu gestalten. Für ihn war ausgemacht, daß die Globalsteuerung an »Wirksamkeit dadurch verloren [hatte], daß Inflation und scharfe Verteilungskämpfe die Erwartungen, auf die sich wirtschaftliche Entscheidungen gründen, unsicher gemacht haben.«[68]

Die angebotspolitische Strategie richtete ihr Hauptaugenmerk fraglos auf verbesserte Erträge der Unternehmen. Doch konzeptionell viel wichtiger war die Stabilisierung der unternehmerischen »Gewinnerwartungen«[69] und der Versuch, das individuelle Verhalten bei Investitionsentscheidungen staatlich zu beeinflussen. Ähnlich wie in seiner Inflationsdiagnose sprach der Rat auch hier explizit von »Anreizen«. Da ein direkter, planvoll-steuernder Zugriff des Staates auf Investitionsentscheidungen schlicht nicht möglich war – jedenfalls nicht ihm Rahmen der marktwirtschaftlichen Ordnung –, ging es nun um die Schaffung eines positiven Investitionsklimas und um das Setzen von »steuerlichen Investitionsanreizen.« Schärfer hätte der Kontrast zur technokratischen Steuerungsterminologie der Globalsteuerung, zur generell makroökonomischen Beschreibungsperspektive des Keynesianismus und damit zur wirtschaftspolitischen Semantik der sechziger Jahre kaum ausfallen können.[70]

In dieser mikroökonomisch fundierten Strategie lag für den Rat der Schlüssel für mehr Wirtschaftswachstum und damit zugleich auch für die Bekämpfung der Arbeitslosigkeit. Es fällt allerdings auf, daß dieser sich noch am Ende des Jahres 1975, als die Arbeitslosenzahl die

66 Jahresgutachten 1976/77, Tz. 284ff.
67 Jahresgutachten 1975/76, Tz. 291.
68 Jahresgutachten 1976/77, Tz. 308.
69 Jahresgutachten 1975/76, Tz. 296ff.
70 Ebd. Tz. 440ff.

Millionenmarke längst überschritten hatte, strikt weigerte, von »struktureller Arbeitslosigkeit« zu sprechen. Zwar bestritten auch die Gutachter nicht, daß ein großer Teil der Erwerbslosigkeit auf den beschleunigten industriellen Strukturwandel zurückzuführen war. Dennoch wollten sie das Phänomen besser als »Arbeitslosigkeit aufgrund eines zu hohen Lohnniveaus« beschrieben wissen, zumal sich die Lohnpolitik grundsätzlich im Sog der wirtschaftlichen Wachstumsbereiche befand und auf diese Weise dazu beitrug, die Altindustrien von der Kostenseite her noch zusätzlich zu überfordern.[71] Erst als 1976 immer deutlicher erkennbar wurde, daß die konjunkturelle Erholung keineswegs für Entspannung auf dem Arbeitsmarkt sorgte, konstatierte der Rat eine weitverbreitete »Enttäuschung und Unsicherheit« und sorgte sich, daß die Krise womöglich eine »Lücke an Arbeitsplätzen in unserer Volkswirtschaft« hinterlassen haben könnte. Außerdem schien der Strukturwandel »mehr als bisher auf unbekanntes Terrain« zu führen, so daß er sich dazu durchrang, nun auch von »nichtkonjunktureller Arbeitslosigkeit« im Sinne von »Mindestlohnarbeitslosigkeit« zu sprechen.[72] Doch trotz dieser Analyse blieb er bei seiner strategischen Wahl, daß letztlich nur Wachstum die Rückkehr zum Ziel der Vollbeschäftigung ermöglichen konnte – ein Widerspruch, der die folgenden Gutachten über Jahre hinweg prägen sollte.[73]

Die hohe Erwerbslosigkeit war für den Rat somit gleichermaßen Faktor und Indikator des strukturellen Wandels, weil sie diesen einerseits in den Mittelpunkt des öffentlichen Bewußtseins rückte und andererseits über die Höhe der Sozialversicherungskosten selbst dazu beitrug, den Strukturwandel noch weiter zu beschleunigen. Und so unerwünscht die sozialen Folgen auch waren, hielten die Sachverständigen den »strukturellen Anpassungsprozeß als Ganzes gesehen« doch für begrüßenswert, da nur über die Auslese am Markt eine »gesunde Produktionsstruktur« gewährleistet werden könne. In diesem Sinne schien ihnen auch die Furcht vor »Rationalisierungsinvestitionen«, vor Investitionen, die allein der »Wegrationalisierung von Arbeitsplätzen« dienten, nicht angemessen. Und auch den Defensivstrategien im Sinne einer »Rationierung der Arbeit«, wie sie die Gewerkschaften im Rahmen der Arbeitszeitverkürzung propagierten, erteilten sie eine klare Absage.[74] Auf die Herausforderung, die der strukturelle Wandel und die Arbeitslosigkeit unzweifelhaft bedeuteten, habe die staatliche Wirtschaftspolitik mit einer angebotspolitisch ausgerichteten Linie zu reagieren. Allerdings müsse die mittelfristige Stetigkeit der auf Wachstum gerichteten Fiskal-, Geld- und Einkommenspolitik sowie die Schaffung von Investitionsanreizen zusätzlich um eine elaborierte Strukturpolitik ergänzt werden, deren Ratio für die Gutachter darin lag, »daß der Staat, der am Gewinn hoch beteiligt ist, auch stärker als bisher das Innovations- und Investitionsrisiko mitträgt.« Die Erfahrungen mit einer bislang vor allem sektoral ausgerichteten Strukturpolitik, die sich durch stark »dirigistische und konservierende Züge« auszeichnete, schienen ihm allerdings wenig ermutigend. Ordnungspolitisch sinnvoll war Strukturpolitik daher nur, wenn sie nicht als Instrument der Strukturerhaltung eingesetzt wurde oder auf »kurzfristigen beschäftigungspolitischen Zielsetzungen« beharrte, also nicht mehr ad hoc auf Krisenerscheinungen reagierte, sondern ebenso mittelfristig ausgerichtet und mit einem »möglichst globalen Konzept« vorging wie die Wirtschaftspolitik insgesamt. Konkret hieß das für die Wirtschaftsweisen:

---

71 Ebd. Tz. 316.
72 Jahresgutachten 1976/77, Tz. 274–278.
73 Jahresgutachten 1977/78, Tz. 354 ff.
74 Ebd. Tz. 295 ff.

Neue Arbeitsplätze konnten nur entstehen, wenn der Staat den Unternehmen bessere Abschreibungsmöglichkeiten gewährte, Forschung und Entwicklung nachhaltig förderte, die Arbeitnehmer mehr Mut zur Mobilität aufbrachten und ordnungspolitisch bedenkliche Steuern abgeschafft würden. Dazu zählten in erster Linie die Grunderwerbssteuer (für den Rat ein ärgerliches Mobilitätshemmnis) und die Gewerbesteuer, welche die Investitionen belastete und zudem wegen ihres extrem konjunkturabhängigen Aufkommens die Gemeinden zur prozyklischen Ausgabenpolitik animierte.[75]

Im dritten Schritt vervollständigte der Sachverständigenrat sein angebotspolitisches Konzept, indem er die wirtschaftspolitische Rolle des Staates grundsätzlich in Frage stellte und eine allgemeine »Revision der Staatstätigkeit« anregte. Dies war zunächst auf die bedrohliche Lage der öffentlichen Haushalte im Krisenjahr 1975 zurückzuführen, hatte neben dieser konjunkturellen aber auch eine strukturelle Komponente. Angesichts der wachsenden Personalausgaben und steigender Kosten der Sozialversicherung wandte er sich gegen eine weitere Ausdehnung der Staatsquote und plädierte für ein Programm zur Haushaltskonsolidierung.[76] Strukturell schwer wogen für die Gutachter vor allem die langfristigen Folgen der Wirtschaftskrise: »Gering schätzen darf man jedoch nicht, in welchem Maße die hohen fiskalischen Dauerlasten der Rezession für lange Zeit entweder die Erfüllung von Staatsaufgaben behindern oder eine erhöhte Steuerquote erfordern werden.« Allein die im Zuge der antizyklischen Finanzpolitik während der Krise aufgehäuften Schulden belasteten die öffentlichen Haushalte nach Berechnungen des Rates fortan mit einer zusätzlichen jährlichen Zinslast von fünf Milliarden Mark. Damit war klar: »Eine volkswirtschaftlich kostenfreie Form der Rezessionsbekämpfung durch die Finanzpolitik gibt es nicht.«[77] Der Rat gestand der staatlichen Konjunkturpolitik im Rahmen seines angebotspolitisch orientierten und auf mittelfristige Verstetigung abzielenden Konzepts also noch zu, Fehlentwicklungen »in begrenztem Umfang« korrigieren zu können. Er betonte jedoch zugleich, daß sie »das wirtschaftliche Grundgeschehen mit ihren Mitteln nicht im Griff« und sich zwangsläufig von dem »Reißbrett einer virtuosen Konjunktursteuerung« zu verabschieden habe. Andernfalls werde sowohl die »Handlungsfähigkeit des Staates« in finanzieller Hinsicht untergraben, als auch die »Autorität des Staates in bedrückender Weise« strapaziert.[78]

So beängstigend dieses Szenario auch war – für den Sachverständigenrat wogen konzeptionelle Erwägungen viel schwerer, die eindeutig für die Konsolidierung der Staatsfinanzen und eine künftige Absenz von konjunkturpolitischen Steuerungsversuchen via expansiver Finanzpolitik sprachen. So zeigte die Erfahrung des Jahres 1975, daß der Vorrat der öffentlichen (Bau-)Projekte, die kurzfristig in Angriff genommen werden konnten, nicht einmal mehr ausgereicht hatte, um alle Mittel der antizyklischen Ausgabenprogramme vollständig abzurufen. Vor allem beeinträchtigte aber die »Labilität der Erwartungen die Wirksamkeit zusätzlicher Staatsausgaben.« Für die Gutachter war ausgemacht, daß Privathaushalte ebenso wie Unternehmen im »hochschießenden Staatsdefizit ein Indiz für eine sich immer weiter ausbreitende Staatstätigkeit« sahen – mit schwerwiegenden Folgen: Die Defizite nährten die Inflationserwartung. Vor allem ging von der beständig steigenden Staatsquote aber das Signal

75 Ebd. Tz. 306–349.
76 Jahresgutachten 1975/76, Tz. 333 ff.
77 Jahresgutachten 1976/77, Tz. 229.
78 Ebd. Tz. 336–340.

aus, daß der Staat immer weniger »Spielraum für eigene Aktivitäten in der Zukunft« ließ. Dies dämpfe die Privatinitiative, und auf die Freisetzung von Eigendynamik komme es angesichts der verschlechterten Angebotsbedingungen nun einmal an.[79]

In dieser Umstellung der wirtschaftspolitischen Semantik ist ein besonders tiefgreifender Einschnitt zu sehen, nicht nur, weil sich nun ein Konzept durchsetzte, das die ökonomische Expertise bis in die Gegenwart dominiert. In der angebotspolitischen Konzeption spiegelte sich die Enttäuschung über das Versagen des Keynesianismus wider, dem die Krise von 1974/75 das »Stigma des Mißerfolgs«[80] aufgeprägt hatte. Damit war den Wissenschaftlern der Glaube an die politische Machbarkeit der Konjunktur abhanden gekommen, war dem technokratischen Optimismus jede Grundlage entzogen. Kaum zehn Jahre nachdem die Politik der Globalsteuerung eine umfassende Gestaltungsmöglichkeit des Staates postuliert hatte, reduzierte sich nun genau dieser Steuerungsanspruch: Wirtschaftspolitik sollte nicht mehr länger mit makroökonomischen Kreislaufgrößen hantieren, dies womöglich noch mit der Vorstellung, damit die Gesellschaft insgesamt zu dirigieren. Die dazu nötigen wissenschaftlichen Instrumente der Statistik, Ökonometrie und Prognose hatten sich in der Praxis als vollkommen unzureichend erwiesen. Statt dessen verschob die Angebotsökonomie die Perspektive des Steuerungseingriffs auf die Mikroebene der Gesellschaft und damit auf die Individuen: Investitionsanreize, Strukturpolitik, Stabilisierung der Erwartungen, Setzen von Rahmenbedingungen – schon die Schlagworte machen deutlich, daß es der Politik nun nicht mehr um die wirtschaftliche Gesamtnachfrage zu tun sein sollte, sondern um das individuelle Verhalten, um die autonomen Entscheidungen der Wirtschaftssubjekte. Die Angebotsökonomie lieferte mithin eine passende Antwort auf den von der Ölpreiskrise ausgelösten Angebotsschock und das Dilemma des Jahres 1975, in dem die unternehmerischen Investitionen zum Dreh- und Angelpunkt der Krisenüberwindung geworden waren, sich aber zugleich der direkten staatlichen Steuerung über Fiskalpolitik und expansive Geldpolitik weitgehend entzogen.

1.2 Politisierung der Expertise

1.2.1 Entzauberung der Prognose und Politisierung der Wissensproduktion

Beschleunigt wurde die Umstellung der wirtschaftspolitischen Semantik dadurch, daß das Kernelement der diagnostischen Lageanalyse Mitte der siebziger Jahre nochmals dramatisch an Prestige einbüßte. Da der Sachverständigenrat und viele andere Prognostiker der gesamtwirtschaftlichen Entwicklung die tiefe Krise des Jahres 1975 nicht vorausgesehen hatten, hob ein Sturm der Entrüstung an, durch den das Instrumentarium von Prognose und Projektion, ja die politische Beratung insgesamt grundsätzlich in Frage gestellt wurde. Dies offenbarte, daß mit der Expansion wissenschaftlichen Wissens in der Wirtschaftspolitik keineswegs eine Zunahme an Entscheidungssicherheit verbunden gewesen war. Vielmehr wirkte die öffentliche Kritik und das Eingeständnis der begrenzten Prognosefähigkeit auf die Wissensproduktion der Experten zurück, die sich nun selbst eingestehen mußten, daß die Reichweite und Zuverlässigkeit ihrer Methoden keineswegs den hohen Erwartungen der sechziger Jahre ent-

79 Jahresgutachten 1977/78, Tz. 319.
80 Manager Magazin 12/1975, Art.: Die Illusionen der Macher (Hans Friderichs).

sprachen. Prognose und Projektion, einkommenspolitische Orientierungsdaten, kurz: das wirtschaftspolitische Instrumentarium des »diagnostisch-therapeutischen Keynesianismus« wurde nun auch von dieser Seite her endgültig entzaubert. Freilich war an einen Verzicht auf die Prognoseinstrumente angesichts der unsicheren gesamtwirtschaftlichen Lage genauso wenig zu denken, und so hatten sich die Berater, Regierung und Öffentlichkeit darauf einzustellen, daß Prognosen zwar notwendig waren, ihnen aber zugleich nur noch begrenztes Vertrauen entgegengebracht werden konnte. Das angebotspolitische Konzept des Sachverständigenrates war auch eine Reaktion auf diese paradoxe Situation, und im folgenden wird gezeigt, daß darin bereits eine nachhaltige Politisierung der Wissensproduktion angelegt war.

Dabei war die Skepsis gegenüber der Belastbarkeit von Prognosen und Projektionen an sich nicht neu. Wirtschaftswissenschaftler hatten darüber seit Mitte der fünfziger Jahre geforscht und gestritten und dem Problem 1961 sogar eine ganze Jahrestagung des Vereins für Socialpolitik gewidmet.[81] Und oben konnte bereits gezeigt werden, daß schon 1968/69, also in der Hochphase der Globalsteuerung, ernste Prognosefehler aufgetreten waren und die Regierung im Jahreswirtschaftsbericht sogar darauf verwiesen hatte, daß die exakten Daten in der Logik der volkswirtschaftlichen Gesamtrechnung letztlich nur eine Konstruktion der »Wirklichkeit« waren. Dennoch sorgte die Institutionalisierung der Prognosen in Form der mittelfristigen Finanzplanung, des Jahreswirtschaftsberichtes und der Orientierungsdaten dafür,[82] daß sich auch die Wirtschaftsverbände und Gewerkschaften gezwungen sahen, auf die neue Sprache des Verteilungskonfliktes zurückzugreifen und ihre Forderungen mit eigenen Prognosen und Projektionen zu untermauern. Die Prognosefehler vertieften zwar die wissenschaftlichen Zweifel, und auch die CDU/CSU-Opposition wandte sich gegen die »Wundergläubigkeit der Globalsteuerung«, die den Eindruck erweckte, daß Wissenschaftler und Politik mit der »Superweisheit ausgestattet [waren], auf ein Jahr oder gar auf Jahre voraus die wirtschaftliche Entwicklung mit Stellen hinter dem Komma vorauszuberechnen.« So stellte der Vorsitzende des Arbeitskreises Wirtschaft der CDU/CSU-Bundestagsfraktion, Ernst Müller-Hermann, fest: »Fast alle amtlichen und halbamtlichen Wirtschaftsprognosen haben sich hinterher als unzutreffend erwiesen. In den Augen der Arbeitnehmer, der Unternehmer und der Verbraucher werden aber Prognosen mit amtlichem Siegel zu fixen Daten, die ihr Verhalten beeinflussen.« Dies habe »letztlich dazu geführt, daß viele Staatsbürger und die großen gesellschaftlichen Gruppen an die verkündeten Daten glauben und meinen, sie würden eintreten, unabhängig davon, was sie selbst täten.« Für Müller-Hermann waren die Prognosen daher Teil des inflationären Geschehens, da die Ankündigung hoher Geldentwertung zur Gewöhnung an die Inflation beitrage.[83]

Doch trotz derlei grundsätzlicher Bedenken und der häufigen Prognosefehler kam es zunächst noch zu keiner breiten öffentlichen Debatte über die Prognosefähigkeit von Wissenschaft und Politik. Dies lag wohl vor allem daran, daß die gravierenden Fehlprognosen der

81 Herbert Giersch; Knut Borchardt (Hg.): Diagnose und Prognose als wirtschaftswissenschaftliche Methodenprobleme. Verhandlungen auf der Arbeitstagung des Vereins für Socialpolitik in Garmisch-Partenkirchen 1961, Berlin 1962; zum Kontext Nützenadel, Stunde der Ökonomen S. 108–121.

82 Eine erschöpfende Übersicht über den institutionellen Aufbau der Wirtschaftsprognose findet sich bei Karl-Heinz Raabe: Gesamtwirtschaftliche Analysen, Prognosen und Projektionen und ihre Rolle in der Wirtschaftspolitik. In: Wissenschaftszentrum Berlin (Hg.): Interaktion von Wissenschaft und Politik. Theoretische und praktische Probleme der anwendungsorientierten Sozialwissenschaften, Frankfurt am Main 1977, S. 56–84.

83 ACDP VIII-001–306/1; Ernst Müller-Hermann: Zu wirtschaftspolitischen Grundsatzfragen, 14.1.1974.

Jahre 1968/69 zwar den Lohn-Lag begünstigt, aber eben die Dynamik eines kräftigen Wirtschaftsaufschwungs lediglich unterschätzt hatten; eine Überschätzung hätte womöglich ernstere Kritik provoziert. Das tatsächliche Ausmaß der prognostischen Unsicherheit trat erst ins öffentliche Bewußtsein, als die wissenschaftlichen Berater vor dem Problem der Ölkrise standen, die Orientierung über die zukünftige wirtschaftliche Entwicklung also an sich besonders wichtig wurde. Das dramatische Wegbrechen der Auslandsnachfrage im Laufe des Jahres 1975 überraschte alle Prognostiker, und so versuchte der Sachverständigenrat in seinem Sondergutachten vom 17. August 1975 die Wirtschaftspolitiker – und mittelbar auch sich selbst – zu entlasten: Ein solcher Verlauf der wirtschaftlichen Entwicklung sei nun wirklich für niemanden absehbar gewesen. Nachdem die Gutachter im November 1974 eine Zunahme des Exports um vier Prozent vorausgesagt hatten, mußten sie sich bereits in ihrem Sondergutachten korrigieren und gingen nun aufs gesamte Jahr 1975 gerechnet von einer Abnahme um acht Prozent aus – damit war die »Geschäftsgrundlage« ihrer auf Stabilität und Expansion gerichteten Strategie endgültig entfallen.[84] Am Ende sank das Bruttoinlandsprodukt 1975 um 1,9 Prozent. Ursprünglich hatten die Gutachter hingegen ein Wachstum von 2 Prozent prognostiziert. Noch am 6. Juni 1975, als sich die westdeutsche Wirtschaft längst auf Talfahrt befand, wagte das BMWi im Rahmen der Konzertierten Aktion eine neue Prognose, stellte aber bitter fest, daß diese vermutlich bereits »in wenigen Monaten überholt« sein werde. Mit Abweichungen müsse also gerechnet werden. »Die Crux ist nur, niemand kennt die Richtung der Abweichung.«[85] Der FDP-Generalsekretär Martin Bangemann ärgerte sich daher schon über das Sondergutachten des Sachverständigenrates: »Die Hälfte des jetzt vorgelegten Gutachtens verschwenden die Professoren darauf, sich für bisherige Fehlprognosen zu entschuldigen.«[86] Das war eine maßlose Übertreibung, doch auch »Die Zeit« urteilte im November 1975 kaum weniger scharf: »Der Lack ist ab, was den Ruf der Wissenschaftler als Prognostiker angeht.« Ihnen wäre wohl leicht verziehen worden, »wenn sie die Ereignisse der Zukunft düsterer geschildert hätten, als sie sich dann präsentierten. Aber den fünf Professoren ist schlimmeres passiert. Sie haben Hoffnungen geweckt, wo Warnungen notwendig gewesen wären.«[87]

Die vernichtende Kritik am Sachverständigenrat nötigte sogar die Regierung dazu, den Gutachtern in ihrem Jahreswirtschaftsbericht vom Januar 1976 zur Hilfe zu eilen. Dort stellte sie fest: »Vorausschätzungen der zukünftigen Wirtschaftsentwicklung sind naturgemäß mit erheblichen Unsicherheiten behaftet und damit Irrtümern ausgesetzt. Da politisches Handeln jedoch stets zukunftsgerichtet ist, kann die Wirtschaftspolitik auf dieses Hilfsmittel nicht verzichten.«[88] Was als Unterstützung für den Sachverständigenrat gedacht war, brachte statt dessen die ganze Paradoxie der Lage auf den Punkt – die Entscheidungsunsicherheit des auf die Zukunft gerichteten politischen Handelns sollte mit Mitteln abgebaut werden, die selbst zutiefst unsicher waren, weil sie lediglich die Erfahrungen der Vergangenheit in die Zukunft

84 Sondergutachten vom 17.8.1975, abgedruckt in Jahresgutachten 1975/76, Tz. 9–13.
85 BDI-Archiv, KKW 36, Karton 702, Niederschrift über die Konzertierte Aktion am 6.6.1975 vom 9.6.1975.
86 Der Spiegel, 25.8.1975, Art.: Gesunder Gott.
87 Die Zeit, 14.11.1975, Art.: Wenn Ratgeber irren; Süddeutsche Zeitung, 20.11.1975, Art.: Auch irrende Weise hilfreich.
88 Bundestags-Drucksache 7/4677: Jahreswirtschaftsbericht 1976 der Bundesregierung, 30.1.1976, Tz. 7.

fortschrieben und damit per se von der »sportlichen Spannung der Fehlvoraussage« lebten.[89] Außerdem litten gerade die Prognosen des Jahreswirtschaftsberichtes darunter, daß sie mit dem Anspruch auftraten, eine zukünftige Entwicklung zu prognostizieren, die ja zugleich Folge des eigenen, im Bericht detailliert erläuterten wirtschaftspolitischen Handelns sein sollte, so daß auch die Auswirkungen der Wirtschaftspolitik in die eigene Prognose eingerechnet werden mußten – das Verhältnis zwischen Prognose und politischem Handeln war also rekursiv und überforderte auf diese Weise die ökonometrischen Großmodelle.[90]

Dieses Dilemma konnte schon zum Anlaß für philosophische Reflexionen werden, wie sie beim BDI beobachtet werden können. Die Wirtschaftsverbände hatten sich 1968/69 letztlich nur wegen des öffentlichen Drucks, der von den DGB-Projektionen ausging, überhaupt auf eine gemeinsame Prognose/Projektion verständigen können, die sich dann auch noch zum dauernden Zankapfel unter den Verbänden entwickelte.[91] In der Geschäftsführung des Industrieverbandes wurde Wolfgang Baumann im Juli 1975 nun grundsätzlich und ging das Problem in einem Schreiben an einen Redakteur des »Manager-Magazins« ganz hegelianisch an: »Wenn man einmal die wissenschaftliche Logik bemüht, kann man unbestreitbar feststellen, daß die Zukunft niemals Wirklichkeit ist, sondern nur Möglichkeit. Der wesentliche Unterschied zwischen Möglichkeit und Wirklichkeit ist aber, daß es von dieser nur eine, von jener aber unzählig viele gibt. Deshalb auch eine Unzahl von Prognosen, die man natürlich durch Anlegen von Wahrscheinlichkeitsdifferentialen einengt. [...] Es ist eine sichere Erkenntnis, daß das, was wirklich ist, vorher möglich gewesen sein muß. Nicht aber umgekehrt. Die Möglichkeit braucht zu keiner bestimmten Wirklichkeit zu werden. Der erste Satz drückt eine Notwendigkeit aus. Wenn also das Wirkliche notwendigerweise möglich gewesen sein muß, so kann das Wirkliche selbst nur zufällig sein. Daraus folgt: Wenn die später eingetretene Wirklichkeit mit irgendeiner gestellten Prognose sich decken sollte, so ist dies zufällig.« Mit dieser logischen Akrobatik erklärte Baumann die »Problematik von Prognosen« schlechthin. Wenn nun aber »auf diesem Boden des Zufälligen Zielprojektionen errichtet und sogar weitreichende Maßnahmen beschlossen werden«, so sei dies »total unseriös« und eigentlich »unter den Aspekten der Rechtssicherheit« sogar »unmöglich.«[92]

Die Wirtschaftsverbände verzichteten folglich seit dem Desaster des Jahres 1975 auf die Vorlage einer eigenen Prognose/Projektion – die allgemeine Ernüchterung hatte diesen Aktivitäten die Grundlage entzogen. Prognosen der Wirtschaftsforschungsinstitute, des Sachverständigenrates und des Jahreswirtschaftsberichtes waren ja weiterhin auf dem Markt, und diese gaben immerhin noch »den einen oder anderen Denkanstoß« und schienen »als Diskussionsgrundlage geeignet.« In diesen relativierenden Aussagen war der grundlegende Vertrauensschwund gegenüber der »rationalen« Wirtschaftspolitik klar erkennbar.[93] Die Erfahrungen mit der Ölkrise hatten nur zu deutlich gemacht, daß die Prognosesysteme von unvorhersehbaren Entwicklungen überfordert wurden: »Rohstoffe, die reichlich vorhanden sind, werden

89 Wolf Dieter Narr: Die fünf Weisen und der reine Sachverstand. In: Leviathan 2 (1977), S. 157–162, hier: 158.

90 Dies war ebenfalls seit den fünfziger Jahren ein zentraler Punkt der wissenschaftlichen Debatten über die Prognose, s. Nützenadel, Stunde der Ökonomen S. 119 ff.

91 Vgl. BDI-Archiv, KKW 49, Karton 706, Vermerk Neef für Wagner, 18.1.1972; Vermerk Baumann, 1.2.1972; Vermerk Freitag für Wagner und Neef, 25.1.1972.

92 BDI-Archiv, KKW 50, Karton 706, Baumann an Wilhelm (Manager-Magazin), 16.7.1975.

93 BDI-Archiv, KKW 35, Karton 702, Baumann an Ahn, 7.7.1980.

plötzlich knapp; die über Jahre hinaus konstante Konsum- oder Investitionsneigung beginnt zu sinken; die außenwirtschaftlichen Beziehungen werden durch die Einführung flexibler Wechselkurse schlagartig verändert; Verfahrensinnovationen ändern die Knappheitsrelationen der Produktionsfaktoren.« Zudem seien die Prognostiker von den sich gegenseitig überlagernden und damit kumulativen Effekten veränderter wirtschaftlicher Rahmenbedingungen völlig überfordert – darin liege die Lehre aus den Fehlprognosen über das Jahr 1975. Und die Konjunkturprognose als wirtschaftspolitisches Instrument stehe vor dem schlechthin unlösbaren logischen Problem der Rekursivität: »Im Prinzip läßt sich die Regierung ihre eigenen künftigen Handlungen prophezeien, was darauf hinausläuft, daß sie sich ihre eigene Wachstumspolitik voraussagen läßt, um aufgrund dieser Ergebnisse [...] Wachstumspolitik betreiben zu wollen.«[94]

Auch nach dem »besonders krassen Fehlschuß« von 1974/75 boten gerade die Prognosen des Sachverständigenrats weiterhin genügend Angriffsfläche, denn dieser lag mit seiner Vorausschätzung für 1977 erneut gründlich daneben: Er prophezeite ein kräftiges Wachstum von 4,5 Prozent; tatsächlich wuchs die Wirtschaft dann aber nur um 2,4 Prozent.[95] Die »Wirtschaftswoche« beklagte sich daher: »Immer mehr Prognostiker produzieren immer mehr Fehlprognosen [...]. Damit sinken die Chancen für sinnvolle Planungen, bei Politikern wie bei Produzenten.« Neben dem Sachverständigenrat hätten auch Prognos AG, Shell AG, OECD, BMWi und die Wirtschaftsforschungsinstitute versagt. Darin liege ein grundsätzliches Problem der ökonomischen Theoriebildung, die nicht genügend berücksichtigte, daß die menschlichen Verhaltensweisen (etwas »Seelisches«) den Konjunkturverlauf bestimmten. Letztlich habe die Prognose in den sechziger Jahren in erster Linie dazu gedient, die allgemeine Überzeugung, daß die Wirtschaft weiter wachse, zu bestärken. Doch seit die Zuwächse geringer und die konjunkturellen Schwankungen größer geworden waren, seien die Mängel des prognostischen Wissens um so deutlicher hervorgetreten.[96]

Doch die Prognosefähigkeit der Politikberater wurde nicht nur von den Industrieverbänden oder der Wirtschaftspresse in Frage gestellt. Ihre offenkundigen Mängel gaben auch den Anstoß für eine systematische, empirisch-statistische Überprüfung der vom Sachverständigenrat und den Forschungsinstituten zwischen 1973 und 1979 angestellten Vorausschätzungen. Die Arbeit von Charles C. Roberts trat mit dem Ziel an, das mikroökonomisch fundierte, angebotspolitische Konzept des Rates grundsätzlich in Frage zu stellen: »Lassen die Prognosen auf ein zutreffendes Verständnis der Bewegungsgesetze einer kapitalistischen Wirtschaft schließen? Sind Ausmaß und Art der festgestellten Prognosefehler mit einer im großen und ganzen zutreffenden, empirisch umsetzbaren theoretischen Erfassung der wirtschaftlichen Dynamik vereinbar?«[97] Der Autor kam zu dem ernüchternden Ergebnis, daß es dem Sachver-

94 BDI-Archiv, KKW 50, Karton 706, Vermerk Sonnenborn für Wolff-Metternich, 9.6.1976. Mit dem gleichen Ergebnis auch die beiden Studien des Instituts der deutschen Wirtschaft Hof, Mittelfristige Zielprojektionen; und Theodor Brinkmann: Zielprojektionen und Wirtschaftspolitik 1968/75. Anspruch und Wirklichkeit (Beiträge zur Wirtschafts- und Sozialpolitik Bd. 31), Köln 1976; weitaus optimistischer die Einschätzung von Rolf Krengel: Gesamtwirtschaftliche Prognosen und Projektionen und ihre Rolle in der Wirtschaftspolitik. In: Wissenschaftszentrum Berlin (Hg.): Interaktion von Wissenschaft und Politik. Theoretische und praktische Probleme der anwendungsorientierten Sozialwissenschaften, Frankfurt am Main 1977, S. 40–55.

95 Stern, 26.11.1981, Art.: Seit zehn Jahren kein Treffer.

96 Wirtschaftswoche, 6.1.1978, Art.: Fast ein Lotteriespiel.

97 Charles C. Roberts: Konjunkturprognosen und Wirtschaftspolitik. Eine kritische Betrachtung, Köln 1981, S. 8.

ständigenrat, aber auch den Wirtschaftsforschungsinstituten in ihrem Herbstgutachten »nicht gelungen ist, über das laufende Halbjahr hinaus die Entwicklung des Bruttosozialprodukts in konstanten Preisen, seiner realen Verwendungsaggregate, der Erwerbstätigenzahl, der Einkommens- und Verteilungsvariablen oder des Preisauftriebs zutreffend und unverzerrt zu prognostizieren.«[98]

Die »Treffsicherheitsüberprüfung« ergab, daß der Prognosefehler für das erste Halbjahr nach Abgabe des Gutachtens im Fall des realen Bruttosozialprodukts bei 40 Prozent, für die Beschäftigungsentwicklung sogar bei knapp 50 Prozent lag. Die Fehleinschätzung des privaten Verbrauchs und der Anlageinvestitionen waren sogar noch größer. Nur die Entwicklung des Preisindex wurde mit einem Prognosefehler von nur 9 Prozent recht genau getroffen. Insgesamt kam »eine ausgeprägte Neigung, eine günstigere Entwicklung als die im nachhinein statistisch registrierte vorherzusagen« zum Tragen. Für das zweite Halbjahr nach Abgabe des Gutachtens stieg die Ungenauigkeit – mit Ausnahme der Preisentwicklung – noch weiter auf insgesamt 75 Prozent an. Auch die Entwicklung im zweiten Halbjahr wurde von den Prognostikern systematisch zu positiv eingeschätzt. »Die krassen Fehlprognosen des realen privaten Verbrauchs für das zweite Halbjahr ergeben sich typischerweise aus Überschätzungen der Einkommensentwicklung in Tateinheit mit Unterschätzungen der Sparquote und des Preisauftriebs.«[99]

Sicher schoß der Autor damit weit übers Ziel hinaus, denn die Beschränkung des Untersuchungszeitraumes auf die besonders turbulenten Jahre 1973 bis 1979 mußte zu derart schlechten Ergebnissen führen, die von einer Erweiterung des Zeitraumes auf frühere Prognosen der sechziger und frühen siebziger Jahre vermutlich relativiert worden wären. Doch trotz dieser methodischen Mängel und der damit verbundenen Einseitigkeit, die im Ton des Staatsanwaltes (»in Tateinheit«) vorgetragen wurde, lag die eigentliche Brisanz seiner Ergebnisse an anderer Stelle. Roberts fragte sich, ob es überhaupt etwas gab, was die »Prognostiker noch vorhersagen können?« Sein pikantes Ergebnis: Der Gemeinschaftsprognose der Forschungsinstitute vom Oktober gelang es zwar nicht, die reale wirtschaftliche Entwicklung zuverlässig vorherzusehen. Aber sie sagte mit großer Verläßlichkeit die Prognose des Sachverständigenrates vom November voraus. Die Abweichungen zwischen beiden Prognosen waren für das erste Halbjahr des jeweiligen Prognosejahres bereits gering und reduzierten sich für das zweite Halbjahr dann noch weiter. »Auf die Frage, was können die Beratungsgremien prognostizieren, scheint aus diesen Gegenüberstellungen eine Antwort hervorzugehen: Sie können die Ergebnisse der nächsten Prognoserunde prognostizieren.«[100]

Roberts betonte also die Selbstreferenz der Konjunkturprognosen, und dies stellte eine weitere Grundannahme der von den Prognostikern vertretenen, systematischen Wissensproduktion in der Wirtschaftspolitik in Frage. Die regierungsamtliche Vorausschätzung des Jahreswirtschaftsberichtes baute ja darauf, daß das Abwägen zwischen den unterschiedlichen Zahlen der am Jahresbeginn vorliegenden Prognosen ganz unterschiedlicher Urheber tatsächlich eine Wahl zwischen unabhängigen Einzelurteilen war. Roberts aber wies darauf hin, daß sich die unterschiedlichen Prognosen durchaus aufeinander bezogen und damit nicht autonom

98 Ebd. S. 77.

99 Charles C. Roberts: Konjunkturprognosen und Wirtschaftspolitik. Der SVR auf dem Prüfstand. In: WSI Mitteilungen 10 (1981), S. 596–605.

100 Roberts, Konjunkturprognosen S. 77–82.

waren. Eine Festlegung der Regierung auf einen aggregierten Mittelwert verlor damit den Anschein des rationalen Handelns, sondern wurde als das entlarvt, was sie zweifellos war: Eine ebenso normative, unter Unsicherheit vollzogene Setzung wie sie jeder vorangegangenen Prognoserechnung zugrunde lag. Und auch Roberts wies mit aller Vehemenz auf die Rekursivität von Prognose und politischem Handeln hin: Er hielt es nur für eine »Ausrede«, wenn Mitglieder des Sachverständigenrates ihre Fehlprognose für 1975 damit entschuldigten, daß die Sonderentwicklung der Weltkonjunktur und das Wegbrechen des Exports als unerwartete Entwicklung schlechterdings nicht prognostizierbar gewesen seien. Für ihn war diese »Hilflosigkeit der Prognostiker gegenüber der Entwicklung der Exporte« vielmehr »das Ergebnis ihrer hartnäckigen Weigerung [...], politische Elemente zu berücksichtigen.«[101] Daher kam er zu dem Schluß, daß die wirtschaftspolitischen Beratungsgremien nicht nur in der Prognose »kläglich versagt« hatten. Dies sei vielmehr darauf zurückzuführen, daß die konzeptionellen Prämissen der Lageanalyse an den Problemen der Realität vorbeigingen: »Sie sind in der Prognose gescheitert, weil sie in der Analyse versagt haben.«[102]

Diese umfassende Kritik an den Institutionen der Politikberatung trug bereits deutliche Züge von systematischer Gegenexpertise, die sich selbst als »politisiert« begriff und entsprechend normativ argumentierte. Dazu lud der Sachverständigenrat jedoch regelrecht ein, denn die Fehlprognosen gingen auch an seinen eigenen Gutachten nicht spurlos vorüber. So sehr er sich seit Mitte der siebziger Jahre auf die Angebotspolitik festlegte, so unsicher war er sich doch über die Geltung des wissenschaftlichen Expertenwissens und insbesondere über seine eigenen prognostischen Aussagen geworden. Es war sicher keine Zufall, daß der Rat im November 1977 schon seinen Rückblick auf die Mängel der wirtschaftspolitischen Krisenüberwindung mit einer bemerkenswerten Feststellung begann: »Die Wirtschaftspolitik der vergangenen Jahre hat eine Schlappe erlitten.« Dies paßte in das bis dato schon deutlich erkennbare Muster der Ratskritik an der Globalsteuerung und am übertriebenen Glauben an die Machbarkeit der Konjunktur. Doch die Gutachter fügten nun hinzu: »Das Konzept, das diese Schlappe erlitten hat, ist im Prinzip auch das Konzept, für das der Sachverständigenrat geworben hat.«[103] Erstmals in der Geschichte des Sachverständigenrates hatten seine Mitglieder damit ganz offen eingestanden, daß ihre Expertise selbst Teil des von ihnen diagnostizierten Problems sein könnte, daß die Art der Wirtschaftspolitik teilweise auch das Ergebnis ihrer eigenen Beratung war. Die Verunsicherung über diese rekursiven Mechanismen war nun so groß geworden, daß die Experten ihre eigene Prognose mit einem folgenschweren Satz relativierten: »Wir wissen, daß es auch anders kommen kann. Und in diesem Jahr spricht vieles dafür, daß das, was tatsächlich geschieht, eher besser als schlechter sein wird als jene Entwicklung, die wir für am wahrscheinlichsten halten. Aber das ist zu ungewiß.«[104] Diese Aussage war Wasser auf die Mühlen der Ratskritiker, und sie entfaltete rasch ein Eigenleben, um als Zitat aus dem Zusammenhang gerissen und immer wieder gegen die Sachverständigen eingesetzt zu werden. Wenn die Gutachter selbst schon nicht mehr an ihre eigenen Prognosen

101 Ebd. S. 83 ff.
102 Ebd. S. 86–107.
103 Jahresgutachten 1977/78, Tz. 335.
104 Ebd. Tz. 339.

glauben mochten – wozu dann überhaupt noch ein derart aufwendiges Beratungsgremium aus Steuermitteln finanzieren?[105]

Einen möglichen Ausweg aus dem Dilemma der relativierten Geltung wirtschaftswissenschaftlichen Wissens erblickte der Rat lediglich in der mittelfristigen Orientierung der Politik: »Eine gute Wirtschaftspolitik zeichnet sich dadurch aus, daß sie auch dann richtig ist, wenn die kurzfristigen Prognosen falsch sind. Dies ist der wichtigste Grundgedanke einer mittelfristig orientierten Politik.«[106] Letztlich hatten die Gutachter also nur eine Lösung für die Paradoxie steigenden Wissensbedarfs und sinkender Verbindlichkeit ihres Wissens anzubieten: Es sollte möglichst akzeptiert werden, daß auch die Berater kein sicheres Wissen über die Zukunft anzubieten hatten, und die Wirtschaftspolitik war auf eine Weise zu gestalten, die diesem Problem Rechnung trug. Die Paradoxie wurde damit in die Zeit entfaltet, und darin lag der eigentliche Abschied von der Semantik des diagnostisch-therapeutischen Keynesianismus. Die mikroökonomisch fundierte Strategie der Angebotspolitik versprach, auf genau dieses Dilemma eine Antwort zu geben. Sie war auch bei falschen Prognosen »richtig«, weil sie auf lange Frist angelegt war.

Der Ratsvorsitzende Olaf Sievert – als ehemaliger Assistent von Herbert Giersch und Generalsekretär des Sachverständigenrates schon seit der Anfangszeit dabei – stellte diese neue Bescheidenheit besonders heraus. Im Rahmen der öffentlichen Präsentation des Gutachtens für 1978 konstatierte er in einem Interview mit der »Wirtschaftswoche« kühl, daß die Treffsicherheit der Prognosen doch »noch nie sehr gut« gewesen war. Aber angesichts der wirtschaftlichen Probleme und der anhaltend hohen Arbeitslosigkeit sei »der Unmut darüber in der Öffentlichkeit größer geworden.« Er gelangte zu der Überzeugung: »Wir sind keine Propheten, haben auch nie den Anschein zu erwecken versucht, daß wir es seien.« Der Rat verstehe sich »überhaupt nicht in erster Linie als ein Gremium, das Prognosen zu stellen hat. Der übertriebene Glaube an die Möglichkeit von Zukunftswissen ist unmittelbar verbunden mit dem Irrglauben, alles sei machbar, nötigenfalls durch den Staat. Er ist verständlich, denn alle haben unter Unsicherheit Entscheidungen zu treffen, die in die Zukunft greifen. Wir können helfen, indem wir mit Sorgfalt alle Informationen auswerten, die irgendwie Zukunft in sich tragen mögen. Aber es bleiben selbstverständlich Informationen über die Vergangenheit.«[107]

Und auch jenseits des Prognosekapitels zeigte das Gutachten des folgenden Jahres, daß die einmal festgestellte, begrenzte Zuverlässigkeit und die damit verbundene reduzierte Geltung des Expertenwissens keine einmalige Erscheinung waren. Der Sachverständigenrat fragte sich, ob die Reallöhne nicht weiter sinken müßten. Anders als in der Vergangenheit, als von ihm ebenso wie von der Bundesregierung im Rahmen der Orientierungsdaten stets eindeutige Aussagen zu erwarten gewesen waren, verwies er dieses Problem wegen der mangelnden Zuverlässigkeit der wissenschaftlichen Wissensproduktion nun aber an den Markt: »Der Sachverständigenrat hat in der Vergangenheit diese Frage nie ohne Vorbehalte bejaht, sondern dafür geworben, daß die Tarifparteien das zur Vollbeschäftigung passende Lohnniveau im Rahmen der Tarifautonomie herausfinden müssen. Eine wissenschaftliche Methode, mit der

105 Typisch die Verwendung des Zitats bei Rudolf Hickel; Harald Mattfeld: Epilog … statt eines Prologs. In: Hickel/Mattfeld, Millionen Arbeitslose S. 7–15.
106 Jahresgutachten 1977/78, Tz. 348.
107 Wirtschaftswoche, 18.11.1977, Art.: Gratwanderung zwischen Interessen.

festgestellt werden könnte, wie hoch das vollbeschäftigungskonforme Lohnniveau ist, gibt es nicht.«[108] An anderer Stelle betonte er, daß sich daran auch nichts mehr ändern werde, da eine Verbesserung der Wirtschaftsprognose nicht zu erwarten sei. Eine Lösung lag für ihn in langfristigen Tarifverträgen mit integrierten Revisionsklauseln – so könne auf die Unsicherheit über die künftige gesamtwirtschaftliche Entwicklung reagiert und gleichzeitig zur langfristigen Orientierung, zur Stabilisierung der Erwartungen beigetragen werden.[109] Er kam zu dem Schluß: »Unsicherheit darüber, auf welchen Ursachen Fehlentwicklungen beruhen und wie diese beseitigt werden können, kann jedoch kein Argument sein, eine bestimmte Strategie nicht in Betracht zu ziehen. Sicheres Wissen gibt es nicht.«[110] Darin kam besonders deutlich zum Ausdruck, wie brisant der Verlust des Vertrauens in das wirtschaftswissenschaftliche Handlungswissen tatsächlich war: Wenn der Rat eingestand, daß sich die Unsicherheit nicht nur auf die Prognosen, sondern auch auf seine Diagnosen und Therapievorschläge bezog, und dies dann auch noch mit einem selbstbewußten Bekenntnis zur normativen Setzung verband – dann bedeutete dies, daß mit der angebotspolitischen Wende eine nachhaltige Politisierung der Expertise verbunden war. Diese ging weit über die politischen Interventionen der Gutachter während der Aufwertungsdebatte in den sechziger Jahren hinaus, da nun nicht mehr nur die wissenschaftliche Beeinflussung der Öffentlichkeit oder des wirtschaftspolitischen Kurses, sondern das Fundament der Wissensproduktion selbst politisiert wurde. Zugleich provozierte der Sachverständigenrat die kaum weniger normative und politische Kritik all jener, die andere Diagnosen erstellten und alternative Therapien vorschlugen. Einem breiten gesellschaftlichen und politischen Einvernehmen über die wirtschaftspolitische Gesamtkonzeption, wie es noch die Semantik der sechziger Jahre gekennzeichnet hatte, war damit die Grundlage entzogen.

1.2.2 Politisierung als Gegenexpertise

Eine zweite Dimension der Politisierung trat ebenfalls bereits seit der Wirtschaftskrise von 1974/75 deutlich hervor. Die Expertise des Sachverständigenrates provozierte nun erstmals Widerspruch, der sich als gezielte Gegenexpertise äußerte. Auch zuvor hatte es immer wieder kritische Stimmen gegeben, die Positionen der Gutachter nicht teilten und Kritik vorbrachten. Der von den Ratsmitgliedern seit 1963 verfolgte Kurs der strengen Wissenschaftlichkeit ihrer Äußerungen trug noch zusätzlich dazu bei, daß diese auch der permanenten wissenschaftlichen Kritik ausgesetzt waren. Doch seit 1975 wurde immer klarer, daß sich der Modus der Kritik nachhaltig änderte: Es ging nicht mehr nur um eine wissenschaftliche Debatte, in der einzelne Hypothesen und Aussagen der Diskussion und Kritik unterzogen wurden. Vielmehr kamen nun erstmals die Mechanismen einer hochgradig politisierten Gegenexpertise zur Geltung, die wissenschaftliche Methoden und Argumente instrumentell einsetzte, dabei in erster Linie auf die Öffentlichkeit zielte und die sogar explizit mit dem Anspruch antrat, »Gegenöffentlichkeit« herzustellen. Knapp 15 Jahre nach Etablierung des Sachverständigenrates traten seine Kritiker nun mit dem gleichen Anspruch der »Öffentlichkeitsberatung« wie das Gutachtergremium selbst auf. Und obwohl die theoretischen Positionen der Gegenexperten

108 Jahresgutachten 1978/79, Tz. 286.
109 Ebd. Tz. 394–401.
110 Ebd. Tz. 287.

innerhalb der akademischen Wirtschaftswissenschaft weitgehend marginalisiert waren, trafen sie in der Öffentlichkeit doch auf Resonanz und wurden damit auch politisch relevant.

Erst das Zusammenspiel dieser zwei Dimensionen der Politisierung erklärt, warum die Geltung des wirtschaftswissenschaftlichen Expertenwissen seit Mitte der siebziger Jahre so nachhaltig relativiert wurde. Neben die von den Gutachtern selbst eingestandenen Unsicherheiten trat nun eine in der Öffentlichkeit als irritierend wahrgenommene Vielstimmigkeit der Expertenäußerungen. Auf die Gutachten der Berater folgten Gegengutachten, die deren Annahmen grundsätzlich in Frage stellten und diametral entgegengesetzte politische Konzepte empfahlen. Da sich diese Form der »Gegenberatung« in der Öffentlichkeit vollzog, hatten die Adressaten der Beratung nun die Möglichkeit, auf jene Expertise zurückzugreifen, die von vornherein ihren eigenen politischen Standpunkten entsprach. Das Konzept der »Verwissenschaftlichung« der Politik, die durch wissenschaftliche Fundierung ihrer Entscheidungen zur »Versachlichung« gelangen sollte, war damit doppelt hinfällig: Einerseits hatte sich das Expertenwissen als unzuverlässig erwiesen, so daß ein Mehr an wissenschaftlichen Ressourcen in der Politik keineswegs die Unsicherheit politischer Entscheidungen reduzierte. Und andererseits hatten Politiker nun zwischen den unterschiedlichsten und widersprüchlichsten Empfehlungen konkurrierender Expertengruppen auszuwählen, was die Unsicherheit noch zusätzlich erhöhte und den Anspruch der »sachlich-rationalen« Entscheidungsvorbereitung untergraben mußte. Letztlich wurden Politiker damit zu Beobachtern wissenschaftlichen Expertenstreits, die sich, je nach politischem Standpunkt, dieses oder jenes Gutachtens bedienten, um es zu instrumentellen oder legitimatorischen Zwecken einzusetzen.[111]

Diese neue Form der wissenschaftlichen und öffentlichen Auseinandersetzung mit der Position und Institution des Sachverständigenrates begann im November 1975. Am Ende des wirtschaftlichen Krisenjahres, nach dem Kanzlerwechsel und dem politischen Klimawandel seit der Ölkrise, präsentierte eine Gruppe linker Wirtschaftswissenschaftler der Öffentlichkeit erstmals ein »Memorandum«, das den Kurswechsel massiv kritisierte. Mit den Autoren unterzeichneten 41 Wissenschaftler das Papier, da sie sich von der Politik der Bundesregierung zu »entschiedenem Widerspruch« herausgefordert sahen. Die geplanten Haushaltskürzungen, der Kontrast zwischen Einschnitten in den Sozialetats und den gleichzeitig vorgesehenen Steuersenkungen für die Unternehmen, vor allem aber der von Regierung und Sachverständigenrat mittels einer »massiven Kampagne in der Öffentlichkeit« erweckte Eindruck, eine solche Politik sei ohne Alternative, provozierte ihre Kritik. Sie beklagten die Tiefe der Wirtschaftskrise und ihre gravierenden sozialen Folgen, da die sozial Schwächsten besonders hart getroffen würden. Der endgültige Abbruch der Reformpolitik, die allgemeine »Anspannung des sozialen und politischen Klimas« – damit wollten sich die Gegenexperten nicht abfinden. Vor allem konnten sie die wirtschaftswissenschaftlichen Annahmen, die dem Politikwechsel zugrunde lagen, nicht teilen: »Die geringe Effizienz der Wirtschaftspolitik ist um so wahrscheinlicher, als die privaten Investitionen durch Gewinnanreize stimuliert werden sollen, der

111 Bernhard Badura: Gegenexpertise als wissenschaftssoziologisches und wissenschaftspolitisches Phänomen. In: Soziale Welt 31 (1980), S. 459–473; Dieter Rucht: Gegenöffentlichkeit und Gegenexperten. Zur Institutionalisierung des Widerspruchs in Politik und Recht. In: Zeitschrift für Rechtssoziologie 9 (1988), S. 290–305; Wolfgang van den Daele: Objektives Wissen als politische Ressource. Experten und Gegenexperten im Diskurs. In: ders. u. Friedhelm Neidhardt (Hg.): Kommunikation und Entscheidung. Politische Funktionen öffentlicher Meinungsbildung und diskursiver Verfahren (WZB-Jahrbuch 1996), Berlin 1996, S. 297–326.

Zusammenhang zwischen Gewinnerwartungen, privaten Investitionen und Beschäftigungseffekten allerdings zu den am wenigsten gesicherten Vermutungen der Ökonomie gehört.«[112]

Der eigentliche Antrieb für das Memorandum lag somit im Positionswechsel des Sachverständigenrates. Die Wissenschaftler widersprachen in erster Linie dem angebotspolitischen Konzept, und dadurch geriet der Sachverständigenrat auch als Institution ins Kreuzfeuer ihrer Kritik. Schon mit der öffentlichen Vorstellung des Memorandums in unmittelbarer zeitlicher Nähe zur Präsentation des Ratsgutachtens im November wurde diese Gegenposition deutlich herausgestellt. Das Memorandum stellte fest, daß die »wissenschaftlich unhaltbare[n] Behauptungen« der Angebotspolitik in der Öffentlichkeit bislang unter anderem »deswegen weitgehend unwidersprochen« geblieben waren, »weil der Sachverständigenrat zur Begutachtung der gesamtwirtschaftlichen Entwicklung, der in der Öffentlichkeit als Sprachrohr der Wissenschaft zu Fragen der Wirtschaftspolitik angesehen wird, mittlerweile so einseitig zusammengesetzt ist, daß in seine Stellungnahmen nicht die in der Wissenschaft vertretene Breite der Anschauungen einfließt.« Diese Kritik brachte deutlich zum Ausdruck, daß es um gezielte Gegenexpertise gegen den Sachverständigenrat ging – seine Empfehlungen spiegelten nicht die gesamte wirtschaftswissenschaftliche Debatte, sondern gingen auf eine unzulässige normative Setzung zurück. Für die Kritiker hatte dies auch institutionelle Ursachen, die eine unmittelbare Folge der Besetzungspolitik waren. Wenn der Rat aber nur noch einen Ausschnitt des möglichen wirtschaftswissenschaftlichen Wissens in der Öffentlichkeit favorisierte, lag darin der eigentliche Antrieb für die öffentlichkeitswirksame Form der Gegenexpertise. Ironischerweise griffen die Kritiker dabei auf jene Instrumente (öffentliches Memorandum mit Unterschriften zahlreicher Wissenschaftler) zurück, mit denen die Wissenschaftler des Sachverständigenrates in den späten sechziger Jahren noch die akademische Wirtschaftswissenschaft in Stellung gebracht hatten, um ihrer eigenen Position im Aufwertungsstreit mehr Geltung zu verschaffen. Die Alternativen des Memorandums waren im Grunde altbekannt: Es forderte letztlich ein Festhalten an der staatlichen Konjunktursteuerung und einen Keynesianismus mit erweiterten Steuerungsmöglichkeiten samt Inkaufnahme höherer Staatsverschuldung. Die Perspektive war vorwiegend makroökonomisch und stellte die Nachfrageseite in den Mittelpunkt. Zudem setzte es starke verteilungspolitische Akzente. So sollte etwa mehr soziale Gerechtigkeit mittels einer steileren Steuerprogression erreicht werden.[113]

Die Autorengruppe verstand sich von Anfang an als Netzwerk, das für wissenschaftliche Mitarbeit offen war. Im Zentrum der Initiative standen jedoch mit den Ökonomen Jörg Huffschmid und Rudolf Hickel zwei typische Ordinarien der oft als »linke Kaderschmiede« angegriffenen Bremer Reformuniversität.[114] Vor allem Huffschmid hatte sich seit der zweiten Hälfte der sechziger Jahre als scharfsinniger Beobachter des wirtschaftlichen und wirtschaftspolitischen Geschehens in der Bundesrepublik profiliert. Seine Analysen argumentierten streng marxistisch und griffen auch gern auf Material aus der DDR zurück, was sie in den Augen der westdeutschen Öffentlichkeit grundsätzlich fragwürdig machte. Allerdings war Huffschmids »Politik des Kapitals« ohne Frage ein Meilenstein, der zugleich verdeutlichte, wie sehr sich die Öffentlichkeit seit »Achtundsechzig« selbst gewandelt hatte – schließlich

112 Hier und im folgenden DGB-Archiv im AdsD, 24/4933, Memorandum von Wirtschaftswissenschaftlern. Für eine wirksame und soziale Wirtschaftspolitik, 4.11.1975.

113 Ebd.

114 Die Welt, 30.10.2001, Art.: Bremen lebt: Die gelungene Reform der Reform-Uni.

war seine Abrechnung mit dem »Monopolkapital« genauso ideologisch wie analytisch brillant und fand reißenden Absatz. Kaum drei Jahre nach Erscheinen waren bereits 90.000 Exemplare gedruckt.[115]

Schon vor dem ersten Memorandum hatte Huffschmid keinen Hehl aus seiner Kritik an der wirtschaftspolitischen Beratung gemacht. Unmittelbar nach dem Ölpreisschock fand er, daß deren Bedeutung in der Krise zentral geworden war – schließlich stieg die politische Nachfrage nach wissenschaftlicher Legitimation, und das Grundthema der »gegenwärtig zu hörenden wissenschaftlichen Gutachten und Stellungnahmen der sich kompetent fühlenden und zur Begutachtung bestellten Gremien und Institute sowie die Äußerungen von Regierungs- und Oppositionsparteien im Bundestag sind nichts anderes als Variationen dieses Grundthemas: Klage über die mangelhaften Gewinne und Propaganda für ihre Erhöhung.« Mit der Belebung der Investitionsneigung setzten sich zahlreiche »scheinwissenschaftliche Veröffentlichungen« auseinander, die für ihn nur »propagandistische Hebel« für die »massive ökonomische Erpressung« waren, mit der Einkommen und Vermögen zugunsten der Unternehmer umverteilt werden sollten. Ganz im Sinne des Spätkapitalismus-Konzepts kam Huffschmid zu dem Ergebnis: »Materielle Umverteilung zugunsten des Kapitals, Entpolitisierung der Bevölkerung und Entdemokratisierung der gesellschaftlichen Entscheidungsprozesse sind die Stabilisierungsstrategien, die eine ökonomisch und politisch in die Enge gedrängte Klasse zur Erhaltung ihrer ökonomischen und politischen Herrschaft einschlagen muß.«[116]

Vor dem Hintergrund dieser Problemdiagnose war die Gründung der »Arbeitsgruppe Alternative Wirtschaftspolitik« (die rasch als »Memorandum-Gruppe« bezeichnet wurde) nur konsequent, denn es bedurfte der gesellschaftlichen Aufklärung über »Alternativen der Wirtschaftspolitik«, und der Sachverständigenrat als zentrale Institution der Öffentlichkeitsberatung bot sich dabei als Widerpart besonders an. Ziel der Gegenexpertise war es letztlich, gegen das etablierte »Beratungskartell« eine autonome, »wissenschaftlich fundierte Gegenöffentlichkeit« zu stellen. Mit den Memoranden sollte gezeigt werden, daß der Anspruch der etablierten Beratungsinstitutionen, »wissenschaftlich fundiert und wertneutral zu argumentieren«, an der Realität vorbeiging. Die »Neutralitätsthese herrschender Politikberatung« sollte statt dessen »auf ihre Interessenstandpunkte hin« aufgelöst »und andererseits die Lage der Arbeitnehmer zum Ausgangspunkt der Analyse und Therapie« genommen werden.[117]

Die Gegenexpertise der Arbeitsgruppe war daher kein einmaliges Phänomen. Seit 1977 legte sie ihre Memoranden alljährlich vor. Nur im Jahr 1976 verzichtete sie darauf, um dann zu einem Modus zu finden, der den Aspekt der Gegenexpertise zum Sachverständigenrat noch deutlicher hervortreten ließ: Fortan präsentierte sie ihre Memos, die das Problem der Arbeitslosigkeit ganz in den Mittelpunkt stellten, symbolträchtig am 1. Mai. Dies hatte den Vorzug, daß die Autoren unmittelbar auf das vorangegangene Gutachten des Sachverständigenrates

115 Jörg Huffschmid: Die Politik des Kapitals. Konzentration und Wirtschaftspolitik in der Bundesrepublik, Frankfurt am Main 1969.

116 Jörg Huffschmid: Im Namen der Investitionsneigung. Zur herrschenden wissenschaftlichen und politischen Krisendiskussion in der BRD [zuerst 1974 in den Blättern für deutsche und internationale Politik erschienen]. In: Ders.; Gerhard Kade; Dirk Ipsen: Die Krise und die Grenzen der bürgerlichen Ökonomie, Köln 1975, S. 3–21, hier: 6, 17f.; an dieser Diagnose änderte sich fortan nicht mehr viel, vgl. auch die polemischen Beiträge in Hickel/Mattfeld, Millionen Arbeitslose.

117 Rudolf Hickel: Notwendigkeit und Möglichkeiten »Alternativer Wirtschaftspolitik«. In: Gewerkschaftliche Monatshefte 2 (1980), S. 116–130, hier: 119f.

eingehen konnten. Und während dieser sich nur mühsam dazu hatte durchringen können, eine kurze Zusammenfassung seiner Gutachten mitzuliefern, trat die Memorandumgruppe von Anfang an mit einer handlichen Kurzfassung auf den Plan. Diese sprach nicht nur Journalisten und »Sympathisanten« an, sondern in den »Blättern für deutsche und internationale Politik« erschienen die kürzeren Versionen dann auch für die Wissenschaft leicht zugänglich. In den Jahren 1978 und 1980 brachte der gewerkschaftseigene Bund-Verlag eine Buchfassung des Memorandums auf den Markt, die 1979 und ab 1981 dann der am DDR-Tropf hängende Kölner Verlag Pahl-Rugenstein übernahm.[118] Die Memorandum-Gruppe arbeitete somit systematisch darauf hin, mit ihren Expertisen in die Öffentlichkeit zu wirken, und sie nahm dabei durchaus Anleihen bei den Methoden des Sachverständigenrates. Obwohl die Gruppe ihre Gutachten durchweg ohne Honorare oder Sachmittel verfaßte, gelang es ihr, die Wirtschaftskrise im Gefolge des zweiten Ölpreisschocks mit eigenen Sondergutachten[119] zu begleiten und in einigen ihrer Memoranden sogar – ähnlich wie der Sachverständigenrat – in systematischen Schwerpunkten wirtschaftliche Problemfelder zu vertiefen.[120]

Doch die Memorandum-Gruppe stand mit ihrer Gegenexpertise nicht allein, auch wenn sie sich – wie die bis 1979 auf rund 200 Unterzeichner angestiegene Zahl der Sympathisanten zeigte – rasch als Kritiker des Sachverständigenrates profilieren konnte. Nachdem der Rat in seinem Gutachten von 1976 die Wende zur Neoklassik bekräftigt hatte, stieß auch die Initiative einer kleineren Gruppe von Ökonomen, die ihre gemeinsame akademische Sozialisation an der Universität Regensburg verband, in der Öffentlichkeit auf Interesse. Auch die »Regensburger« wandten sich vehement gegen die Sichtweise des Sachverständigenrates. Dieser vollziehe insofern einen Rückschritt hinter Keynes, als seine Gutachten erkennbar von den Vorstellungen der Gleichgewichtsökonomie getragen seien. Die Mitglieder des Rates gingen davon aus, daß die Wirtschaft grundsätzlich zum Gleichgewichtszustand tendiere. Erst politische Störungen, vor allem aber jene folgenschweren Ungleichgewichte, die von den gesellschaftlichen Interessengruppen durchgesetzt würden und deren Ergebnis nicht den Marktverhältnissen entsprachen, führten dazu, daß die Wirtschaft vom gleichsam »natürlichen« Pfad zum Gleichgewicht abkomme. Seine Therapievorschläge zielten in der Sicht der »Regensburger« dogmatisch darauf, derartige Störungen auszuschalten, also beispielsweise die Arbeitnehmer in der Einkommensverteilung zu benachteiligen, um die vom Rat als Mindestlohnarbeitslosigkeit verstandene Erwerbslosigkeit beseitigen zu können. Die Gegenexperten teilten diese Sichtweise nicht. Für sie waren gesamtwirtschaftliche Ungleichgewichte keine Störungen, sondern ein systembedingter Bestandteil des Wirtschaftsprozesses. Die Tendenz zum Ungleichgewicht und zur Instabilität erforderte daher den Einsatz der staatlichen Wirtschafts-

118 Vgl. Arbeitsgruppe Alternative Wirtschaftspolitik: Memorandum '77. Vorschläge zur Beendigung der Massenarbeitslosigkeit, Köln 1977 (Kurzfassung in Blätter für deutsche und internationale Politik, 11 (1978)); dies.: Memorandum '78. Alternativen der Wirtschaftspolitik, Köln 1978; dies: Memorandum '79. Vorrang für Vollbeschäftigung. Alternativen der Wirtschaftspolitik, Köln 1979; dies.: Memorandum '80. Gegen konservative Formierung. Alternativen der Wirtschaftspolitik, Köln 1980; dies: Memorandum '81. Demokratische Wirtschaftspolitik gegen Marktmacht und Sparmaßnahmen, Köln 1981.

119 Von 1980 bis 1982 jährliche Sondermemoranden, abgedruckt in den Blättern für deutsche und internationale Politik, 12 (1980); 10 (1981); 11 (1982).

120 Etwa die Themenblöcke Wohnungsbau, Stahlkrise, Berufsausbildung, Finanzierung der Sozialpolitik. Vgl. Memorandum 1981 und Arbeitsgruppe Alternative Wirtschaftspolitik: Memorandum '82. Qualitatives Wachstum statt Gewinnförderung. Alternativen der Wirtschaftspolitik, Köln 1982.

politik, die zur Stabilisierung beizutragen habe. Letztlich hielten also auch die »Regensburger« am keynesinaischen Politikmodell der aktiven staatlichen Steuerung fest.[121]

Zudem hatte die Kritik am Sachverständigenrat längst das Stadium der Selbstreferenz erreicht, denn kurz nach den Regensburgern meldeten sich die Berliner (ebenfalls in der Zeitschrift »Leviathan«) kritisch zu Wort. Zahlreiche Dozenten der Berliner Fachhochschule für Wirtschaft gehörten zu den Unterzeichnern der Memoranden. Sie dokumentierten nun ihre Debatte mit jenen Kollegen, die sich geweigert hatten, die Memoranden zu unterzeichnen, obwohl sie den Kurs des Sachverständigenrates an sich ablehnten. Auch sie konstatierten angesichts der Probleme der Stagflation und der Massenarbeitslosigkeit eine Krise der Wirtschaftspolitik, und die Kritiker warfen den Kritikern vor, sich mit ihren wirtschaftspolitischen Empfehlungen ohne Not in die Tradition der sechziger Jahre zu stellen. Über die technokratische Ideologie der Steuerbarkeit und die damit verbundene Betonung des Machbaren sei die wirtschaftliche Entwicklung (und im übrigen auch der wissenschaftliche Erkenntnisprozeß) aber längst hinweggegangen.[122]

Die Äußerungen der Gegenexperten provozierten außerdem Widerspruch von jenen Ökonomen, die den Mainstream des Faches vertraten und aus ihrer Sympathie für das angebotspolitische Konzept des Sachverständigenrates keinen Hehl machten. Dies konnte auf betont nüchterne, die Wissenschaftlichkeit der Auseinandersetzung betonende Art und Weise geschehen. Und in der Tat boten die Memoranden mit ihrer bisweilen kruden Mischung aus keynesianischen und marxistischen Argumenten, ihrer Neigung zum Staatsinterventionismus und Dirigismus genügend Angriffsflächen. Ihre Argumentation konnte nüchtern seziert und deren Inkonsistenz Schritt für Schritt herausgestellt werden.[123] Der Gegenangriff konnte aber durchaus auch auf politische Argumente zurückgreifen. So unterstrich der Tübinger Volkswirt Joachim Starbatty die Instabilität der Allianz von Linkskeynesianern und Marxisten, die sich in Meinungsverschiedenheiten und einer hohen Fluktuation unter den Unterzeichnern der einzelnen Memoranden niedergeschlagen habe: Mehr als die Hälfte der Unterzeichner des ersten Memorandums unterschrieb drei Jahre später nicht mehr – vor allem »hauptamtliche Dozenten aus dem Hochschulbereich« sahen nun davon ab. Außerdem sei von einem »Etikettenschwindel« auszugehen: »Eine Überprüfung des Personalteils der Vorlesungsverzeichnisse« ergab, »daß eine Reihe von Mitzeichnern entweder überhaupt nicht an Hochschulen oder aber nicht in wirtschaftswissenschaftlichen Abteilungen tätig ist. Dies gilt vornehmlich für die Universität Bielefeld. Möglicherweise hat hier ein eifriger Dozent die Unterschriftenliste während eines Proseminars kursieren lassen.«[124] Starbatty stellte besonders die Widersprüche zwischen den einzelnen Memoranden heraus, und ihm grauste es vor den vorgeschlagenen Alternativen der Wirtschaftspolitik, die auf Dirigismus, Planung, letztlich einen grundlegenden Wandel der Wirtschafts- und Gesellschaftsordnung hinausliefen. Derlei Vorschläge »sollte man nicht uto-

121 Helmut Baisch u. a.: Die Wirtschaftskrise in der BRD. Eine Auseinandersetzung mit den Analysen des Sachverständigenrates zur Begutachtung der gesamtwirtschaftlichen Entwicklung. In: Leviathan 2 (1977), S. 163–209.

122 Joachim Bessert-Nettelbeck; Michael Boll; Ulrike Fischer; Heinrich Stohauer: Die Skrupel des Wissenschaftlers beim Politik-Beraten. In: Leviathan 4 (1977), S. 578–596, hier: 579. Vgl. auch in Heft 3 den Beitrag von Claus Koch und Wolf-Dieter Narr: Krise und Kritik – Zur Krise der Kritik, S. 400–423.

123 Roland Vaubel: »Alternativen der Wirtschaftspolitik«? Das Memorandum der 130: Eine Widerlegung (Kieler Diskussionsbeiträge Nr. 56), Kiel 1978.

124 Joachim Starbatty: Kritische Anmerkungen zu den »Alternativgutachten«. In: List-Forum 9 (1977/78), S. 310–330, hier: 312f.

pisch nennen, sondern eher unausgegoren – vielleicht auch nicht unausgegoren; denn dies bedeutete immerhin, daß aus dem ›Stoff‹ noch etwas werden könnte, ließe man ihn ausgären.« Die Vorschläge seien schädlich, weil sie die Arbeitslosigkeit nicht beseitigten, sondern den »Lebensstandard der produktiven, werktätigen ›Klasse‹ empfindlich schmälern, kaum dagegen den der beratenden, planenden und anordnenden ›Klasse‹. Dies würde die Verf. aber nicht in ihren Ansichten wankend machen; denn der Schuldige für diese Misere wäre schon gefunden: die Sabotage durch die privaten Unternehmer.« Derlei Polemik mochten die Gegengutachter eher als Ritterschlag aufnehmen – Rudolf Hickel sah darin beispielsweise ein Zeichen für die »wachsende Relevanz« der Memoranden.[125] Doch Starbatty hatte keine Sorge, seinen Gegnern zuviel Wertschätzung zuteil werden zu lassen – statt dessen ereiferte er sich darüber, daß derlei Gutachten überhaupt »von Leuten unterschrieben werden, die sich für Wirtschaftswissenschaftler halten.«[126]

Damit verfehlte die Kritik freilich das eigentliche Problem der Gegenexpertise. Nachdenklichere Ökonomen blickten angesichts der Vielstimmigkeit, die das eigene Fach in der Öffentlichkeit mittlerweile an den Tag legte, mit Wehmut auf die sechziger Jahre zurück. Hans-Jürgen Krupp, der scheidende Rektor der Universität Frankfurt und designierte Präsident des Berliner DIW, der als linker Ökonom in den achtziger Jahren selbst Mitglied im Sachverständigenrat (als »Flügelmann« der Gewerkschaften) werden sollte, stellte im Oktober 1978 kühl fest, daß die »wissenschaftliche Meinungsverschiedenheit [...] notwendig für den wissenschaftlichen Prozeß« ist. Im Rahmen der Politikberatung sei es deshalb erforderlich, daß »Politiker wissenschaftliche Kontroversen zur Kenntnis nehmen und sich ihre Meinung anhand der unterschiedlichen wissenschaftlichen Aussagen bilden.« Andererseits erblickte er aber auch ein grundlegendes Problem der Wirtschaftswissenschaftler. Sie sollten sich »wieder stärker um einen Konsens bemühen [...]. Es ist nötig, daß die eigenen Werthaltungen offengelegt werden, daß empirische Ergebnisse zur Entscheidung kontroverser Sachverhalte herangezogen werden, wo immer dies möglich ist, und daß man auch die Möglichkeit, sich selber zu irren, für denkbar hält.« Leider seien die Zeiten aber längst passé, in denen die Voten des Sachverständigenrates, der in der »Öffentlichkeit als Sprachrohr der Wirtschaftswissenschaft betrachtet wird«, von der eigenen Profession vollständig mitgetragen wurden. Trotz aller inhaltlichen Kontroversen war für Krupp damals »ohne Zweifel stärker die Tendenz erkennbar, seine zentralen Aussagen auf das zu stützen, was in der Wirtschaftswissenschaft konsensusfähig ist. Diese Bereitschaft ist sowohl dem Sachverständigenrat wie, wenn auch in schwächerem Maße, der Wirtschaftswissenschaft in den letzten Jahren verlorengegangen. Gerade der Sachverständigenrat muß sich den Vorwurf der Einseitigkeit, wenn nicht gar der Parteilichkeit, gefallen lassen.«[127]

Krupps Diagnose unterstrich, daß es nicht damit getan war, den Gegenexperten Inkonsistenz der Theoriebildung nachzuweisen oder durch Blick in die Vorlesungsverzeichnisse zu überprüfen, ob die Unterzeichner auch tatsächlich Wirtschaftswissenschaftler waren. Sicher war das innere Band der Gegengutachten aus der Feder von Neomarxisten, Keynesianern und Gewerkschaftsökonomen einzig die Gegnerschaft zur Position der Wirtschaftsweisen. Doch

---

125 Vgl. Hickel, Notwendigkeit und Möglichkeiten S. 120.

126 Starbatty, Kritische Anmerkungen S. 330; die Kritik nimmt deutliche Anleihen am CDU-Konzept der »Neuen Sozialen Frage«, vgl. Kap. IV.2.2.

127 Frankfurter Rundschau, 7.10.1978, Art.: »Sachverständigenrat trifft Vorwurf der Parteilichkeit.«

wäre es verfehlt, diese deshalb von vornherein als irrelevante Elaborate abzutun, die einer linken Subkultur entsprangen,[128] deren Protagonisten vom Mainstream der Ökonomen bestenfalls als Häretiker betrachtet werden konnten. Dagegen spricht vor allem, daß die Gegenexpertise in der Öffentlichkeit tatsächlich wirkte. Folgenreich war bereits die Tatsache der Gegenexpertise an sich: In der Öffentlichkeit wurde ja ohne Frage wahrgenommen, daß es Kritiker des Sachverständigenrates gab und daß die Ökonomen nicht mehr mit einer Stimme sprachen. So hob die »Stuttgarter Zeitung« mit Blick auf die Bremer Memoranden und den Text der »Regensburger« hervor: »Am Denkmal des Sachverständigenrates wird gerüttelt. Hatte dieses Gremium [...] allenfalls die Kritik der Gewerkschaften wegen der lohnpolitischen Empfehlungen in den Jahresgutachten herausgefordert, so wird die Autorität der fünf ›Weisen‹ zunehmend auch auf der wissenschaftlichen Ebene angetastet.« Das Blatt enthielt seinen Lesern die linke Überzeugung der Kritiker durchaus nicht vor, und es kam zu dem Schluß: »Die arbeitsmarktpolitischen Vorschläge dieser Autorengruppe verdienen insofern verstärkte Aufmerksamkeit, weil offensichtlich die Empfehlungen des Sachverständigenrates, denen die Bundesregierung in weiten Teilen folgt, bisher keine nennenswerte Verbesserung brachten.« Mitunter folgte die Berichterstattung sogar dem politischen Links-Rechts-Schema, welches die Gegenexperten auf das Beratungswissen anwendeten: Der Sachverständigenrat galt plötzlich als »konservativ«, und die Politik schien tatsächlich der Gefahr ausgesetzt, nur einen Teil der wissenschaftlichen Kenntnisse vermittelt zu bekommen.[129] Andere Beobachter kamen zu dem Schluß, daß die Gegenexpertise dem Sachverständigenrat nicht geschadet habe, weil man die Kritiker leicht als »linkslastige Ökonomen« abstempeln konnte.[130]

Wichtigster Faktor der öffentlichen und politischen Wirkung der Memoranden war hingegen nicht die Presse. Den eigentlichen Auftrieb erlebten die Gegenexperten, weil ihre gegen den Sachverständigenrat gemünzten Diagnosen seit 1977 den Gewerkschaften immer besser zupaß kamen. Der Rat hatte im Rahmen seines angebotspolitischen Konzepts letztlich die Höhe der Arbeitslosigkeit mit der Tarifpolitik der Gewerkschaften verknüpft und hielt auch in den Jahren darauf hartnäckig an der Empfehlung zur Lohnzurückhaltung fest. Im Jahresgutachten 1977/78 wagte er sogar, eine konkrete Zielgröße für die Einkommenspolitik zu nennen und sich auf eine mittelfristige Strategie festzulegen: »Den Weg der Lohnzurückhaltung zu gehen, halten wir auch dann für angezeigt, wenn es 1978 noch nicht zu der stärkeren Entlastung am Arbeitsmarkt kommen sollte.«[131] Diese Haltung provozierte den erbitterten Widerstand der Gewerkschafter; so konnte der IG Metall-Chef Eugen Loderer in den Ratschlägen des Sachverständigenrates nur noch »Ignoranz und politische Einseitigkeit«[132] erblicken, und der ÖTV-Vorsitzende Heinz Kluncker stellte die Institution des Rates insgesamt in Frage.[133] Den Tenor der Kritik faßte Alois Pfeiffer (Mitglied des geschäftsführenden Bundesvorstandes des DGB) zusammen. Er verwies mahnend auf das gesetzliche Empfehlungsverbot und betonte, daß es den Gewerkschaften nicht darum ging, dem Rat einen Irrtum vorzuwerfen. Sie wandten sich vielmehr gegen die »einseitig subjektive und suggestive Art, in der der Rat Emp-

---

128 Vorzüglich Gerd Koenen: Das rote Jahrzehnt. Unsere kleine deutsche Kulturrevolution 1967–1977, Frankfurt am Main 2002.

129 Stuttgarter Zeitung, 24.9.1977, Art.: Eine Schelte für den Sachverständigenrat.

130 Deutsches Allgemeines Sonntagsblatt, 9.10.1977, Art.: Falsch beraten – falsch regiert.

131 Jahresgutachten 1977/78, Tz. 389.

132 Die Zeit, 2.12.1977, Art.: Zum Sündenbock gemacht.

133 Christ und Welt, 27.1.1978, Art.: Harte Zeiten für die fünf Weisen.

fehlungen ausspricht, ohne diese empirisch abstützen zu können. Der Sachverständigenrat soll nicht seine private Glaubensmeinung wiedergeben, sondern wissenschaftlich aufbereitete Informationen zur wirtschaftspolitischen Meinungsbildung liefern.« Leider habe es der Rat versäumt, die wissenschaftlichen Auffassungen objektiv nebeneinander darzustellen und somit seinen gesetzlichen Auftrag verletzt.[134]

Die Gewerkschaften reagierten auf den verschärften öffentlichen Druck äußerst nervös – symptomatisch für die Verschärfung der Gesprächskultur war vor allem der endgültig Untergang der Konzertierten Aktion, welche die Arbeitnehmerseite nun im Konflikt um das Betriebsverfassungsgesetz aufkündigte.[135] Unternehmerverbände und Gewerkschaften warfen sich daraufhin gegenseitig einen »beeinträchtigten sozialen Konsens« vor.[136] Grundsätzlich zielte die Kritik der Gewerkschaften und der Memorandumgruppe fortan in die gleiche Richtung: Ihr ging es um die Einseitigkeit der Angebotspolitik; sie stellte das Problem der Arbeitslosigkeit ganz in den Mittelpunkt, setzte bei seiner Lösung aber am bekannten keynesianischen Instrumentarium und besonders bei der gesamtwirtschaftlichen Nachfrage an. Und in Details wie etwa der Arbeitszeitverkürzung als Lösung für das Problem der Arbeitslosigkeit waren die wissenschaftlichen Argumente sogar weitgehend deckungsgleich.[137] Gleichwohl war das Verhältnis zwischen Gewerkschaftern und Gegenexperten alles andere als einfach. Einige Ökonomen des WSI hatten schon zu den Erstunterzeichnern des Memorandums vom November 1975 gezählt, und von Anfang an waren deren Vorgesetzte darauf bedacht, zunächst Distanz zu wahren und festzustellen, daß in dem Gegengutachten keine gewerkschaftliche Erklärung zu sehen sei – auch wenn die Arbeitnehmervertreter viele Kritikpunkte der Ökonomen teilten und sich für den wirtschaftspolitischen Kurs der Gruppe durchaus erwärmen konnten.[138]

Spätestens mit dem Memorandum '79 wurden die Abgrenzungsprobleme für die Gewerkschaften aber endgültig virulent. Inzwischen erklärten die Gegenexperten im Klappentext, ihr Gutachten sei von »über 200 Wissenschaftlern und Gewerkschaftsfunktionären« unterzeichnet worden. Die Memorandumgruppe suchte ganz offen die Unterstützung der Arbeitnehmervertreter und stieß dort auf unverhohlene Sympathie. Damit stellte sich aber das grundsätzliche Problem, daß »eine Gruppe, die sich durch ihre Unterschriftensammlung im DGB selbst als eine Gruppierung des DGB darstellt, sich an den gewählten Gewerkschaftsgremien vorbei an die Öffentlichkeit gewandt hat.« Dies breche mit allen Regeln der Organisationsdisziplin und der gewerkschaftlichen Kommunikation, und da die Äußerungen des Memorandums vom Kurs der Gewerkschaften abwichen, mußte dies als »Fraktionsbildung« aufgefaßt werden. Das Memorandum enthielt »eine umfassende Unterschriftensammlung innerhalb des DGB zu eindeutig gewerkschaftlichen Problemstellungen, die an die Öffentlichkeit gerichtet, den Eindruck einer gewerkschaftlichen Aussage vermitteln mußten.« Davon konnte aber keine Rede sein, denn bei allen inhaltlichen Übereinstimmungen gingen den Spitzenfunktionären die

134 Frankfurter Rundschau, 18.1.1978, Art.: Glaubensbekenntnis statt Wissenschaft (Alois Pfeiffer).

135 BDI-Archiv, KKW 37, Karton 701, Vetter an Friderichs, 1.7.1977; Erklärung des DGB-Bundesvorstandes zur Verfassungsbeschwerde gegen das neue Mitbestimmungsgesetz vom 5.7.1977; vgl. auch Rehling, Konzertierte Aktion S. 361 f.

136 BDI-Archiv, KKW 35, Karton 702, Vermerk Baumann für Petersen, 5.4.1978.

137 Vgl. Memorandum '79, S. 74 ff. und DGB-Archiv im AdsD, 24/4933, Manuskript von Reinhard Jordan; Hartmut Küchle; Hartmut Seifert: Die mittelfristige Entwicklung des Arbeitsmarktes und die Auswirkungen arbeitsmarktpolitischer Maßnahmen (im Auftrag des DGB-Bundesvorstandes), 21.12.1976.

138 DGB-Archiv im AdsD, 24/4933, Abteilung Wirtschaftspolitik, Memorandum von 41 Wissenschaftlern, 12.11.1975.

radikalen Forderungen nach Verstaatlichung von Schlüsselindustrien oder nach starker Umverteilung zu Lasten der Arbeitgeber dann doch zu weit. Dem »Führungsanspruch einer sich selbst als Avantgarde der Arbeiterklasse begreifenden Gruppe mit dem Ziel, unsere demokratische Ordnung auf revolutionärem Wege zu ändern«, erteilten die Gewerkschaften eine klare Absage. Gleichzeitig signalisierten sie aber, daß sie sich »Unterstützung bei der Durchsetzung ihrer Ziele durch die Wissenschaft« erhofften. Allerdings habe keine Wissenschaftlergruppe »auch nur den Schein eines Anspruchs« auf die »Monopolisierung des Beratungsrechts der Gewerkschaften.« Kühl wurde den Wissenschaftlern beschieden: »Sofern die Selbstbezeichnung einer Wissenschaftlergruppe als ›arbeitnehmerorientiert‹ einen derartigen Alleinvertretungsanspruch suggeriert, genügt dies bereits, um die Zweckmäßigkeit einer solchen ›Markenbezeichnung‹ in Frage zu stellen.«[139]

Offiziell unterstützten die Gewerkschaften die Gegenexperten also keineswegs. In der Praxis griffen sie aber gern auf deren Argumente zurück, und eine Reihe von Gewerkschaftern solidarisierte sich während der zweiten Ölkrise ebenso mit der Gruppe wie einzelne Bundestagsabgeordnete der SPD – die wirtschaftspolitischen Entscheidungen, die dem angebotspolitischen Kurs verpflichtet waren, gingen ihnen bereits zu weit, und angesichts der weiter steigenden Arbeitslosigkeit schien ihnen ebenso wie der Memorandumgruppe die Untauglichkeit der Supply-Side-Economics längst empirisch belegt zu sein.[140] So verlautbarte die SPD-Bundestagsfraktion, daß es einen offenkundigen Nachholbedarf bei der Auseinandersetzung mit den Memoranden gab: Trotz aller berechtigten Kritik ginge es doch nicht an, daß eine pauschale Ablehnung mit nur wenigen Schlagworten begründet, einzelne positive Aspekte der Gutachten aber nicht berücksichtigt würden.[141] Am Anfang der achtziger Jahre hatte die Gruppe ihren Platz in der Öffentlichkeit also längst gefunden: Selbst die »bürgerliche« Presse brachte nun immerhin kurze Meldungen über die »Anti-Gutachten linker Professoren«.[142] Die »Frankfurter Rundschau« distanzierte sich zwar klar von den »Illusionen, auf leisen Reform-Sohlen grundlegende Strukturveränderungen in Wirtschaft und Gesellschaft von der Preiskontrolle bis zur Vergesellschaftung erschleichen zu können.«[143] Gleichwohl kommentierte sie die Memoranden aber durchweg wohlwollend und stellte den Protagonisten der Gruppe auch immer wieder ganze Seiten des Blattes zur Verfügung.[144] Auch die »Stuttgarter Nachrichten« kamen zu dem Ergebnis: »Die sogenannten linken Professoren, die Alternativ-Gutachter, haben sich politisch inzwischen fest in Bonn etabliert. Wenn der Sachverständigenrat ein Gutachten vorlegt, ist dies Anlaß genug für die Hamburger und Bremer Professoren, eine Art Gegengutachten zu erstellen.« Sie betonten allerdings, daß deren Forderungen bestenfalls politisch naiv seien. Doch wäre es »sicherlich falsch, das Alternativ-Gutachten in Bausch und Bogen abzulehnen, nur weil der Grundtenor nicht ins Konzept paßt. Einige der Vorschläge sind durchaus erwägenswert, wie etwa die Forderung, mehr öffentliche Mittel zum Ausbau

139 Rudolf Henschel: Die gewerkschaftliche Kritik am Memorandum '79. In: Gewerkschaftliche Monatshefte 2 (1980), S. 109–116.

140 Frankfurter Rundschau, 26.4.1980, Art.: Bedarf statt Gewinn soll Politik bestimmen.

141 Sozialdemokratischer Pressedienst, 19.12.1980: Nachholbedarf. Bisher kaum inhaltliche Kritik an den »Alternativen«.

142 FAZ, 4.12.1980, Art.: Für Staatsprogramme und höhere Löhne.

143 Frankfurter Rundschau, 26.4.1980, Art.: Bedarf statt Gewinn soll Politik bestimmen.

144 Typisch Frankfurter Rundschau, 19.12.1979, Art.: »Bei der Wirkungskette fehlen einige Glieder« (Rudolf Hickel).

des Nahverkehrs und damit gleichzeitig für mehr Arbeitsplätze zur Verfügung zu stellen. Dies wäre politisch sicherlich machbar.«[145]

Kurzum: Es gelang den Gegenexperten, die Öffentlichkeit dafür zu sensibilisieren, daß die Wissensproduktion des Sachverständigenrates normativen Regeln folgte. Spätestens seit dem Auftreten von Gegengutachten war klar, daß der »Areopag wissenschaftlichen Sachverstands«[146] zwar wertvolle Diagnosen, Analysen und Therapievorschläge in die wirtschaftspolitische Debatte einspeiste. An ein Zutrauen in sein Urteil, das mit dem technokratischen Elan der sechziger Jahre vergleichbar gewesen wäre, war damit aber nicht mehr zu denken. Zugleich trugen die Gegenexperten ihren Teil dazu bei, daß der instrumentelle und legitimatorische Einsatz wissenschaftlicher Argumente während der politischen und gesellschaftlichen Auseinandersetzungen um den besten wirtschaftspolitischen Kurs ein neues Ausmaß erreichte – dies zeigte besonders deutlich die gleichzeitig von Sympathie und Distanz geprägte Haltung der Gewerkschaften.

Es gelang den Gegenexperten freilich nicht, den Sachverständigenrat aus der Reserve zu locken. Dieser äußerte sich in seinen Gutachten nicht direkt über seine Kritiker. Dies lag vor allem daran, daß die Jahresgutachten seit Mitte der siebziger Jahre ohnehin noch damit beschäftigt waren, die neue wirtschaftspolitische Semantik zu pflegen. Sie grenzten sich daher beständig von den bisher praktizierten Ansätzen der Globalsteuerung ab und erörterten die spezifischen Vorteile des neuen Konzepts. Da erübrigte es sich, auf die aus Sicht der Ratsmehrheit »rückwärtsgewandten« Positionen der Gegenexperten gesondert einzugehen. Und wenn der Rat doch einmal das Für und Wider konkurrierender wirtschaftspolitischer Ansätze erläuterte, so blieb er ganz bei den ungeschriebenen Regeln, die für die Gutachten seit Gründung des Rates galten: Die Experten erörterten wissenschaftliche oder politische Positionen, gingen hingegen nicht auf deren Autoren oder Verfechter ein. Erleichtert wurde dem Rat dieses Vorgehen noch dadurch, daß insbesondere im Bereich der Arbeitsmarktpolitik kaum zwischen Gewerkschaftspositionen und Forderungen der Gegenexperten geschieden werden konnte.[147]

Insgesamt könnte man das Projekt einer »kritischen Gegenöffentlichkeit« damit wohl dennoch als gescheitert ansehen: Die »hartnäckige, geduldige Organisation dieser Gegenöffentlichkeit« hatte keineswegs dazu beigetragen, »die nahezu übermächtige neokonservative Hegemonie« aufzuweichen.[148] Eine derartige Frage nach dem »Beratungserfolg« greift freilich zu kurz, da das Auftreten von Gegenexpertise in erster Linie ein Phänomen der gewandelten Wissensproduktion und der reduzierten politischen Geltung des Expertenwissens war. Und da wog es eben durchaus schwer, wenn die »Bonner Rundschau« im Herbst 1982 ganz selbstverständlich feststellte: »Politiker und Bürger werden in diesem Herbst einer Inflation von Ratschlägen ausgesetzt. Nach dem Sondergutachten des volkswirtschaftlichen Sachverständigenrates und dem Gegengutachten sozialistischer Jung-Akademiker liegt jetzt die Aussage der fünf führenden wirtschaftswissenschaftlichen Forschungsinstitute vor, und im nächsten Monat wird dann noch das routinemäßige Jahresgutachten der ›Fünf Weisen‹ folgen.«[149] Die Gegen-

145 Stuttgarter Nachrichten, 21.10.1982, Art.: Alternativ.
146 Hickel/Mattfeld, Epilog S. 8.
147 Vgl. zur Arbeitslosigkeit Jahresgutachten 1978/79, Tz. 461 ff.
148 So etwa Joachim Bischoff: Die Memoranden – Alternativen zur neoliberalen Wirtschaftskonzeption. In: Utopie kreativ 146 (2002), S. 1114–1123, hier: 1115.
149 Bonner Rundschau, 26.10.1982, Art.: Der laute Expertenzorn.

expertise war längst zum festen Bestandteil des breiten Angebots von Expertenwissen geworden, war eine von zahllosen Stimmen, von denen sich die Wirtschaftspolitiker im einzelnen durchaus eindeutige Ratschläge erhoffen konnten. Der vielstimmige Chor stellte aber in seiner Gesamtheit unter Beweis, daß die optimistischen Hoffnungen in die Expansion der wissenschaftlichen Wissensproduktion enttäuscht worden waren: Mehr Beratungswissen führte nicht zu mehr Entscheidungssicherheit, sondern trug gerade dazu bei, den »Überlegenheitsanspruch wissenschaftlichen Wissens brüchig« werden zu lassen.[150] Und jede einzelne Expertenäußerung wurde von der jeweiligen Gegenexpertenäußerung relativiert und dem Verdacht einer Normativität ausgesetzt, die von den Kritikern jeweils als »politische Argumentation« angefeindet werden konnte. Daher war es nun möglich, daß ausgerechnet der lange als unantastbare Autorität geltende Sachverständigenrat frontal als »interessengebunden« angegriffen werden konnte.[151]

1.2.3 Minderheitspositionen im Sachverständigenrat

Wie schwierig ein Konsens über die »richtige« Beschreibung der gesellschaftlichen Wirklichkeit und über die erfolgversprechende Gestaltung der Wirtschaftspolitik in der zweiten Hälfte der siebziger Jahre geworden war, deuteten auch die Gutachten des Sachverständigenrates selbst an. In den sechziger Jahren hatte der Rat noch mit einer Stimme gesprochen – dahinter stand neben dem keynesianischen Konsens die unter der Mehrheit der Gutachter verbreitete Ansicht, daß die politische Wirksamkeit ihrer Expertise auf diese Weise erhöht werden konnte. Die schweren Auseinandersetzungen um die Minderheitsposition Wolfgang Stützels in der Aufwertungsfrage gab für diese Haltung das beste Beispiel ab. Nach der monetaristischen Wende von 1972 kam es dann erstmals zu offenen Minderheitsvoten. Claus Köhler wollte den Weg der Ratsmehrheit nicht mitgehen und hielt an seinen geldpolitischen Vorstellungen fest. Letztlich standen seine Minderheitsvoten aber auf dem Boden der gemeinsamen gesamtwirtschaftliche Lageanalyse und beschränkten sich auf eine abweichende Vorstellung über die Rollenzuweisung an Fiskal- und Geldpolitik. Insbesondere teilten alle Gutachter des Rates zu diesem Zeitpunkt noch die Überzeugung, daß eine aktive und direkte staatliche Beeinflussung der gesamtwirtschaftlichen Entwicklung nötig und möglich sei.

Dies änderte sich in der zweiten Hälfte der siebziger und in den frühen achtziger Jahren, als in den Minderheitsvoten zunehmend Kritik an den grundlegenden theoretischen Prämissen der Ratsmehrheit geäußert wurde. Wie die Wirtschaftswissenschaft insgesamt, so sprach auch der Sachverständigenrat fortan nicht mehr mit einer Stimme, was schwerwiegende Folgen für die wirtschaftspolitische Beratung der Öffentlichkeit hatte. Die abweichenden Meinungen stellten unter Beweis, daß die Empfehlungen der Ratsmehrheit tatsächlich normativ waren und eben nur einen Teil der wirtschaftswissenschaftlichen Theoriebildung abdeckten. Zum anderen bestand damit die Möglichkeit der Identifikation mit den Fraktionen des Rates: So äußerten die Wirtschaftsverbände große Sympathien für das angebotspolitische Konzept der

150 Grundlegend Ulrich Beck; Wolfgang Bonß: Verwissenschaftlichung ohne Aufklärung? Zum Strukturwandel von Sozialwissenschaft und Praxis. In: Dies. (Hg.): Weder Sozialtechnologie noch Aufklärung? Analysen zur Verwendung sozialwissenschaftlichen Wissens, Frankfurt am Main 1989, S. 7–45, hier: 16.
151 Konkret 8/1981, Art.: Spart doch die fünf Weisen ein (Rudolf Hickel).

Ratsmehrheit, während sich die Gewerkschaften nicht nur mit den Gegenexperten, sondern auch mit den Positionen der Ratsminderheit identifizierten und die Institution des Sachverständigenrates am Ende grundsätzlich in Frage stellten. Eine Beratungsinstitution, die in den sechziger Jahren noch mit dem Anspruch angetreten war, als neutraler, wissenschaftlich legitimierter »Schiedsrichter« über den gesellschaftlichen Konflikten zu stehen, wurde auf diese Weise mehr und mehr zum gewöhnlichen Bestandteil der politischen und sozialen Auseinandersetzung.

Da Claus Köhler bereits dafür gesorgt hatte, daß die Öffentlichkeit mit Minderheitsvoten in den Gutachten des Sachverständigenrates aus der Feder des gewerkschaftlichen »Flügelmannes« rechnete, wurde die Berufung seines Nachfolgers aufmerksam registriert. Auf Köhler, der ins Bundesbankdirektorium wechselte, folgte mit Gerhard Scherhorn ein wissenschaftlicher Außenseiter. Dieser war Schüler des Kölner Finanzwissenschaftlers Günter Schmölders[152] und paßte hervorragend in das Profil der Gewerkschaften, da er in der Tradition der sozialökonomischen Verhaltensforschung stand, seinen Forschungsschwerpunkt auf Fragen des Konsums und Verbraucherschutzes gelegt und ein Konzept der »Gegenmacht« der Konsumenten entwickelt hatte.[153] Ihm schlug freilich einige Skepsis entgegen, weil er früh deutlich machte, daß er die Möglichkeiten der Politikberatung grundsätzlich für recht begrenzt hielt. Zudem bekannte er sich zu der von DGB und WSI hochgehaltenen Position, daß bei der Erklärung der Geldentwertung die Vermachtung der Märkte verstärkt berücksichtigt werden müsse. Freilich hob er bei seiner Berufung auch hervor, daß er in der Abfassung von Minderheitsvoten lediglich die »ultima ratio« seiner Beratungstätigkeit sah.[154]

Dieser Linie blieb Scherhorn zunächst treu. Er unterstützte die angebotspolitische Wachstumsstrategie und hatte auch an der veränderten Rolle der Geldpolitik nichts auszusetzen. Doch im November 1977 endete diese kurze Phase der Einigkeit bezeichnenderweise wegen unterschiedlicher Auffassungen über die gesellschaftliche Wirklichkeit. In seinem Minderheitsvotum – das nun freundlich mit »Eine andere Meinung« überschrieben war – betonte Scherhorn nochmals, daß er zwar mit der Ratsmehrheit in der Diagnose der Angebotsschwäche absolut übereinstimmte, und auch die Alternative »mehr Staat« lehnte er strikt ab. Allerdings erblickte er »deutliche Anzeichen für einen Wandel nicht nur in den objektiven Bedingungen der weiteren Wohlstandszunahme, sondern auch in den subjektiven Vorstellungen über Art und Ausmaß des erstrebten Wohlstandswachstums.« So habe der soziale Wandel, den Scherhorn besonders deutlich als Wertewandel beschrieb, längst derart grundlegende Auswirkungen gezeitigt, daß die Wirtschaftspolitik gezwungen sei, die »geänderten Präferenzen« der Wirtschaftssubjekte zu berücksichtigen. Den Optimismus der Ratsmehrheit, daß über Wachstum und verbesserte Angebotsbedingungen eine Rückkehr zur Vollbeschäftigung möglich sei, teilte er nicht mehr.[155] Auf Scherhorns Position wird weiter unten im Zusammenhang der

---

152 Werdegang von Gerhard Scherhorn. In: Michael Neuner; Lucia A. Reisch (Hg.): Konsumperspektiven, Verhaltensaspekte und Infrastruktur. FS f. Gerhard Scherhorn, Berlin 1998, S. 245.

153 Vgl. Gerhard Scherhorn: Bedürfnis und Bedarf. Sozialökonomische Grundbegriffe im Lichte der neueren Anthropologie, Diss. Köln 1959; ders.: Information und Kauf. Empirische Analyse der Markttransparenz (Forschungsberichte des Landes Nordrhein-Westfalen, Nr. 1358), Köln 1964; ders. u. a.: Verbraucherinteresse und Verbraucherpolitik (Schriften der Kommission für Wirtschaftlichen und Sozialen Wandel, Bd. 17), Göttingen 1975.

154 Frankfurter Rundschau, 10.5.1974, Art.: Der neue »Weise« ein Anwalt der Verbraucher.

155 Jahresgutachten 1977/78, Tz. 472

gesellschaftlichen Selbstbeschreibung ausführlicher eingegangen. Es bleibt aber festzuhalten, daß er sich gegen jene Wachstumsfixierung wandte, die er in der Position der Ratsmehrheit erblickte. In einer vom Wertewandel geprägten Gesellschaft gehe es in erster Linie um die qualitative Ausgestaltung des Wachstums, wobei die »Begrenztheit der naturgegebenen Produktivkräfte« unbedingt im Blick zu behalten sei. Konkrete wirtschaftspolitische Schritte schlug Scherhorn nicht vor. Statt dessen machte er deutlich, daß er das von der Ratsmehrheit in den Mittelpunkt ihrer Argumentation gestellte Saysche Theorem grundsätzlich für überholt hielt: »Gewiß: Die menschlichen Bedürfnisse sind unbegrenzt, und nichts spricht dafür, daß in Zukunft keine neuen Güter aus industrieller Produktion den Kreis der Bedarfe mehr erweitern könnten. Aber was wir an Wandlungen in der Struktur der Bedarfe beobachten, spricht eher für eine stärkere Expansion der Nachfrage nach Dienstleistungen und immateriellen Gütern als für hohe Zuwachsraten der Nachfrage nach industriell gefertigten Konsumgütern, auch wenn jene sicherlich in gewissem Maße auf diese angewiesen und zum Teil auch durch diese ersetzbar sind.«[156]

Bis zum Ende seiner Amtszeit im Februar 1979 bekräftigte Scherhorn seinen Standpunkt in weiteren Minderheitsvoten,[157] die im Gegensatz zur ausführlichen Argumentation von 1977 dann allerdings knapper ausfielen. Zwar formulierte er seine Position ohne jegliche Schärfe, doch in der Sache traf Scherhorns Analyse das Konzept des Sachverständigenrates im Mark: Er stellte einerseits die Wachstumsfixierung in Frage und lenkte das Augenmerk der Gutachten erstmals auf die wirtschaftlichen Folgen des gesellschaftlichen Wandels. Seine Analyse sympathisierte erkennbar mit den »neuen sozialen Bewegungen«, integrierte auch die Folgen des Umweltschutzes und des Anti-Atom-Protestes in die Gutachten. Zugleich stellte sich diese eher an der soziologischen Forschung orientierte Sicht auf den Boden der im Rat längst dominanten mikroökonomischen Perspektive und argumentierte ebenso wie die Ratsmehrheit klar aus der Sicht der Wirtschaftssubjekte, insbesondere der Unternehmen. Dieser Widerspruch im zentralen Dogma (Angebot schafft sich seine Nachfrage) und in der Strategie (Wachstum schaffen) war für die wissenschaftliche Geltung der Ratsgutachten sicher schmerzlich, da sich diese nun in den zentralen theoretischen Annahmen uneinig zeigten. Doch die öffentliche Geltung der Gutachten und der Beratungsinstitution bedrohten Scherhorns Minderheitsmeinungen kaum, da dieser mit konkreten Hinweisen auf veränderte wirtschaftspolitische Entscheidungen äußerst sparsam umging.

Wie sehr sich die Politisierung der Expertise am Ende der siebziger Jahre zuspitzte und wie sehr der Sachverständigenrat zum Bestandteil der politischen Auseinandersetzungen wurde, zeigte sich hingegen bei der Berufung eines Nachfolgers für Scherhorn. Die Wahl fiel auf Werner Glastetter, was an sich bereits ein Politikum war: Dieser hatte von 1969 bis zu seiner Berufung auf den Bielefelder Lehrstuhl für Wirtschaftspolitik im Jahr 1977 als Referent im gewerkschaftseigenen WSI gearbeitet. Vor allem gehörte er aber zu jenen Gewerkschaftsökonomen, die den Gegenexperten der Memorandumgruppe seit 1975 Unterstützung angedeihen ließen. Auch wenn Glastetter nicht zu den Autoren, sondern lediglich zu den regelmäßigen Unterzeichnern der Memoranden zählte, wurde mit ihm doch erstmals ein bekennender Kritiker des Sachverständigenrates in das Gutachtergremium berufen. Seine wissenschaftliche

156 Ebd. Tz. 480.
157 Sondergutachten vom 19.6.1978, abgedr. in Jahresgutachten 1978/79, Tz. 42–45, sowie Jahresgutachten 1978/79, Tz. 485–493.

Qualifikation wurde zwar nicht in Frage gestellt – zumal Glastetter sich während seiner Tätigkeit am WSI in zahlreichen Publikationen der Außenwirtschaftspolitik zugewandt[158] und als DGB-Vertreter auch an Arbeitssitzungen mit dem Sachverständigenrat teilgenommen hatte.[159] Gleichwohl haftete Glastetter doch von Beginn an das Etikett des politisch festgelegten »Gewerkschaftsmannes« an, der aus seiner Abneigung gegen das »konservative Gesellschaftsverständnis« des Rates nie einen Hehl gemacht hatte. Im Kreis der Giersch-Schüler Olaf Sievert und Gerhard Fels (letzterer übernahm 1982 die Leitung des Instituts der Deutschen Wirtschaft in Köln, also des unternehmerischen Widerparts zum WSI), des liberalen Finanzwissenschaftlers Kurt Schmidt und des von den Wirtschaftsverbänden vorgeschlagenen Betriebswirtes Horst Albach war Glastetter damit von Anfang an auf eine Außenseiterposition festgelegt.[160]

Derlei Erwartungen unterlief er jedoch zunächst, da das Jahresgutachten vom November 1979 kein Minderheitsvotum enthielt. Doch im Jahr darauf trat sein Widerstand gegen die wirtschaftspolitische Gesamtlinie der Mehrheit dann doch mehr als deutlich hervor. Angesichts der zweiten Ölkrise sei die strikt angebotspolitische Linie, die an der monetaristischen Geldpolitik festhielt und von der Finanzpolitik keine zusätzlichen expansiven Impulse erwartete, zu überdenken. Er fragte, ob dieses Konzept »unabhängig von einer gegebenen Situation einfach beibehalten werden kann oder ob es nicht vielmehr erheblicher Modifikationen bedarf.« Besonders fragwürdig sei die von der Ratsmehrheit ausgesprochene Empfehlung an die Tarifparteien, daß der Lohnkostendruck weiter vermindert werden müsse. Zwar erkannte Glastetter die strukturellen Herausforderungen der Krise an und sah auch einen großen Investitionsbedarf. Doch daß aus verringertem Lohnkostendruck eine verbesserte Erlös-Kosten-Relation der Unternehmen folgte, die wiederum mehr Investitionen anreize und damit sowohl zur Lösung des Beschäftigungsproblems als auch zu mehr Wachstum und einer erfolgreichen Bewältigung des strukturellen Wandels beitrage – damit konnte er sich nicht abfinden.[161]

Die Krise von 1974/75 war auch für die Analyse Glastetters nach wie vor die erste Referenz. Damals hätten die hohen Arbeitskosten im Verein mit der Geldentwertung tatsächlich eine nachhaltige »Gewinnkompression« zur Folge gehabt und damit direkt in die Krise geführt. Allerdings bezweifelte er, ob die Lohnkosten tatsächlich von so großer Bedeutung für die autonomen Investitionsentscheidungen der Unternehmen seien, wie von der Ratsmehrheit angenommen. Auf der einen Seite erblickte er »autonome Investitionen«, die wegen des Wettbewerbsdrucks, der notwendigen Rationalisierung, wegen Verfahrensinnovationen und der Energiekosten ohnehin anstünden. Bei der Entscheidung über derlei Investitionen hätten die Lohnkosten aber kaum Gewicht. Davon unterschied er andererseits die der Kapazitätsausweitung dienenden »induzierten Investitionen«. Doch auch diese seien über sinkende Lohnkosten

158 Werner Glastetter: Das Integrationsproblem in den ökonomischen Grundwissenschaften. Versuch einer dogmenkritischen Analyse des Integrationsproblems aus der Sicht seiner moralphilosophischen und erkenntnistheoretischen Grundlagen, Diss. Mannheim 1965; ders.: Wachstumskonzeption und politische Ökonomie. Eine dogmenkritische Auseinandersetzung mit der These von der Überflußgesellschaft, Köln 1971; ders.: Die Stellung der Bundesrepublik Deutschland in der Weltwirtschaft. Eine Bestandsaufnahme (WSI-Studien zur Wirtschafts- und Sozialforschung, Bd. 25), Köln 1973; ders.: Außenwirtschaftspolitik. Eine problemorientierte Einführung mit einem Kompendium außenwirtschaftlicher Fachbegriffe, Köln 1975.

159 DGB-Archiv im AdsD, 24/4821, Vermerk Henschel, 27.9.1974.

160 Pressemitteilung zum Konjunkturbericht der WSI-Mitteilungen 1/1976, 28.12.1975 (Werner Glastetter). FAZ, 20.11.1980, Art.: Wenn die fünf Weisen sprechen; Die Zeit, 4.9.1981, Art.: Sind die Weisen am Ende?

161 Jahresgutachten 1980/81, Tz. 495 f.

nicht anzureizen, da sie nur bei ausreichender Nachfrage getätigt würden – gesamtwirtschaftlich betrachtet also erst dann, wenn die Arbeitslosigkeit sinke. Da der Beschäftigungseffekt der »autonomen Investitionen« jedoch gering sei (diese seien in erster Linie Rationalisierungsinvestitionen), stünde die Wirtschaftspolitik somit vor einem grundsätzlichen Dilemma. Immerhin habe man die Angebotsbedingungen seit 1975 deutlich verbessern können. So sank die bereinigte Lohnquote von 66 (1975) auf 63 Prozent (1979), und dank der steuerpolitischen Begünstigung der Gewinne lagen die Ausrüstungsinvestitionen 1979 um 36 Prozent höher als im Krisenjahr 1975. Dennoch habe sich die Arbeitslosigkeit in dieser Periode auf hohem Niveau verfestigt. Dies sei darauf zurückzuführen, daß durch die angebotspolitische Strategie lediglich »autonome Investitionen« angereizt worden seien, die ohne Beschäftigungseffekt blieben. Letztlich bestimmte für Glastetter die Art der Nachfragepolitik somit auch die Struktur der Investitionen, die von der Angebotspolitik allein nicht hinreichend präzise auf das Ziel der Beschäftigungspolitik hin angereizt werden konnten.[162]

Trotz dieser eindeutig auf die Gesamtnachfrage gerichteten Lageanalyse distanzierte sich Glastetter in seinen Schlußfolgerungen aber auch von der Gewerkschaftsposition. Er folgerte, »daß die Lohnpolitik aus ihrer Mitverantwortung für Wachstum und Beschäftigung nicht entlassen werden kann; und diese Mitverantwortung erlaubt gegenwärtig keine expansive Lohnpolitik, da weder das konjunktur- noch das verteilungspolitische Argument hinreichend tragfähig sind.« Zwar lehnte er die Kaufkrafttheorie des Lohnes entschieden ab – für eine Abwärtskorrektur der Löhne während der Krise und den damit verbundenen zusätzlichen Nachfrageausfall sah er aber auch keinen Anlaß. Außerdem zeige sich in der Krise, daß der geldpolitische Kurs nach wie vor zu restriktiv sei. Und die Finanzpolitik sei ebenfalls nicht aus ihrer konjunkturpolitischen Verantwortung zu entlassen. Die bisherigen expansiven Impulse fielen bei weitem zu schwach aus. Globale Nachfrageprogramme hatten sich auch aus Glastetters Sicht als untaugliches Mittel erwiesen. Die positiven Erfahrungen mit dem Zukunftsinvestitionsprogramm (s.u.) sprächen aber für ein staatliches Konjunkturprogramm, das gezielt private Investitionen anreize. Sorgen um die öffentliche Haushaltslage teilte er nicht: Der Staatsverschuldung seien keine objektiven, sondern lediglich subjektive Grenzen gesetzt. Eine Lösung könne zudem in einer grundsätzlich steigenden Steuerquote liegen, und ein expansiver Kurs würde ja zu mehr Wachstum und dank der automatischen Stabilisatoren des Steuersystems auch zu höheren Staatseinnahmen führen.[163]

In Glastetters Darstellung spiegelte sich seine isolierte Position innerhalb der Gutachtergruppe wider: Sein Minderheitsvotum stellte die gesamte wirtschaftspolitische Konzeption des Sachverständigenrates in Frage – dies war eine neue Qualität des Widerspruchs. In seinen Minderheitsäußerungen vom Anfang der siebziger Jahre hatte Claus Köhler noch abweichende Auffassungen über einzelne Aspekte des Ratsgutachtens zum Ausdruck gebracht, und auch Gerhard Scherhorn teilte immerhin Problemdiagnose und mikroökonomische Perspektive der Ratsmehrheit. Glastetter hingegen trat für eine aktive politische Steuerung gesamtwirtschaftlicher Nachfrageaggregate ein, als sich die Ratsmehrheit von dieser Option in einem mühsamen Erkenntnisprozeß längst verabschiedet hatte. Er stellte das Zutrauen in subsidiäre Investitionsentscheidungen und mittelbar auch das Wachstumskonzept in Frage, widersprach der von der Ratsmehrheit verfolgten Linie der Geldpolitik und lehnte deren Standpunkt in der

162 Ebd. Tz. 496–499.
163 Ebd. Tz. 503–505.

Frage der Staatsverschuldung ab – trotz seines betont sachlichen und moderaten Tones, der ganz auf die Überzeugungskraft des wissenschaftlichen Arguments baute, wurde in diesem Minderheitsvotum doch mehr als deutlich, daß es zwischen Ratsmehrheit und -minderheit keine Gemeinsamkeiten mehr gab.

Letztlich hatte die Gegenexpertise damit erstmals den Weg in das Ratsgutachten gefunden, was an sich schon für Aufsehen sorgen mochte. Doch Glastetter ging noch einen Schritt weiter. Zum 1. September 1981 legte er sein Mandat unter Protest nieder. Nach Lage der Dinge sei er dauerhaft auf die Minderheitsposition festgelegt und könne seine wissenschaftliche Sicht nur unzureichend in die Analysen des gesamten Gutachtens einbringen. Nach Wolfgang Stützel war Glastetter damit der zweite Gutachter, der sein Amt wegen unüberbrückbarer inhaltlicher Differenzen niederlegte. Eine direkte Analogie zum »Fall Stützel« und der damit eng verknüpften Aufwertungsdebatte in den Jahren 1968/69 verbietet sich, weil sich der Ausgangspunkt der beiden Demissionen deutlich unterschied. Im Jahr 1968 hatte die Ratsmehrheit versucht, eine wissenschaftliche Kontroverse durch Mehrheitsentscheidungen vor der Öffentlichkeit zu verbergen. Davon konnte 1981 wahrlich nicht die Rede sein, denn Glastetter hatte – anders als Stützel – die Chance gehabt, seine Minderheitsposition jederzeit öffentlich zum Ausdruck zu bringen. Zudem traf dieser zweite durch wissenschaftliche Meinungsverschiedenheiten verursachte Rücktritt auf völlig veränderte Rahmenbedingungen der wissenschaftlichen Expertise. Das Zutrauen in Eindeutigkeit und Rationalität des Expertenwissens war längst Geschichte, was die Minderheitspositionen innerhalb des Rates, aber auch die Äußerungen der Gegenexperten eindrücklich unter Beweis stellten. Und angesichts der Folgen der zweiten Ölkrise trug auch das gesamtwirtschaftliche Klima dazu bei, daß die Positionen immer unversöhnlicher aufeinanderprallten: »Unverkennbar ist allerdings, daß die schwierige wirtschaftspolitische Entwicklung die Kluft unter den ›Wirtschaftsweisen‹ beträchtlich ausgeweitet hat.«[164] Glastetters Rücktritt löste daher eine heftige öffentliche Debatte über die Grundlagen der wissenschaftlichen Politikberatung aus, die sich grundlegend von der Stützel-Kontroverse des Jahres 1969 unterschied, weil sie die Mechanismen der Wissensproduktion selbst zum Thema machte und die widersprüchlichen wissenschaftlichen Positionen innerhalb des Sachverständigenrates als politisches Problem aufgriff.

Die öffentlichen Reaktionen auf den Rücktritt fielen dabei zunächst bemerkenswert nachdenklich aus. Selbst der liberale Wirtschaftsminister Otto Graf Lambsdorff, der keinen Hehl daraus machte, daß er die meisten Auffassungen Glastetters keineswegs teilte, kam zu der Ansicht, daß es den Kritikern des Rates nun noch leichter fallen werde, dessen Aussagen »als überholte ›bürgerliche‹, realitätsferne Theorie abzutun.« Die aus seiner Sicht begrüßenswerten Mahnungen, das wirtschaftspolitisch Mögliche nicht aus den Augen zu verlieren, verlören dadurch einiges an Gewicht.[165] Auch »Die Zeit« stellte den Rücktritt in den Zusammenhang der politisierten Kritik an den Positionen des Sachverständigenrates, dessen »politische Wirksamkeit« damit »in den letzten Jahren zunehmend relativiert worden« sei. Daher stünde nun eine grundsätzliche Debatte über den Nutzen des Rates an. Gegebenenfalls sei auch über eine Revision des gesetzlichen Empfehlungsverbots nachzudenken, und möglicherweise müßten unterschiedliche theoretische Positionen innerhalb des Rates durch verstärkte Nutzung von offenen Alternativrechnungen abgebildet werden. Der ehemalige Ratsvorsitzende Norbert

164 Stuttgarter Zeitung, 14.10.1981, Art.: DGB: Sachverständigenrat reformieren.
165 Stuttgarter Zeitung, 2.9.1981, Art.: Triumph der herrschenden Lehre?

Kloten war in diesem Punkt allerdings skeptisch. Ohne einen gemeinsamen analytischen Ansatz, an dem es dem Rat offenkundig mangelte, ließe sich auch dies nicht durchhalten. Auch er war der Ansicht, daß sich in Glastetters Rücktritt eine neue Qualität der politischen Auseinandersetzung um den Sachverständigenrat widerspiegelte: »Doch diesmal, so meint Kloten, könnte der Konflikt womöglich weitreichendere Folgen haben. Sollten die Gewerkschaften, ›die sich mit dem Sachverständigenrat nie leicht getan haben‹, zu dem Schluß kommen, daß es nach den Erfahrungen Glastetters keinen Zweck habe, einen neuen Mann vorzuschlagen, wäre die Auseinandersetzung auf eine neue Ebene gehoben.«[166]

Schärfe kam in die Diskussion erst, als der DGB-Bundesvorstand Glastetters Vorlage im Oktober 1981 für einen weiteren Angriff auf die Institution des Sachverständigenrates nutzte. Er kam zu der Auffassung, daß dieser seinen Gesetzesauftrag nur dann erfüllen könne, »wenn die von verschiedenen Ratsmitgliedern für möglich erachteten wirtschaftspolitischen Strategien [...] im Gutachten selbst im Sinne der Vertreter dieser Auffassungen sachlich nebeneinander dargestellt und erläutert werden.« Das Gesetz schreibe lediglich vor, daß Gutachtern die Möglichkeit gegeben werden müsse, ihre abweichende Meinung »in den Gutachten zum Ausdruck zu bringen.« Dies könne freilich nicht bedeuten, daß die »von der Mehrheit nicht geteilten Auffassungen nur in angehängte Minderheitsvoten abgedrängt« würden. Der DGB verknüpfte daher die »Fortsetzung der Arbeit des Sachverständigenrates und eine weitere Finanzierung des Rates durch die Bundesregierung« mit einer »vorurteilsfreie[n] Darstellung der verschiedenen politischen Strategiemöglichkeiten.« Zudem sei bei der personellen Besetzung des Rates der »Vielfältigkeit des wissenschaftlichen Meinungsspektrums in der Bundesrepublik Rechnung« zu tragen.[167] Die Alternative des DGB lautete somit: Entweder Zusammensetzung und Arbeitsweise des Gremiums wurden verändert, oder die gesamte Institution sei in Frage zu stellen. Im Auftrag des Bundesvorstandes brachte DGB-Chef Vetter diese Kritik auch in einem Schreiben an Wirtschaftsminister Graf Lambsdorff offiziell zur Sprache.[168]

Im Gefolge dieses Vorstoßes nahmen die Angriffe auf den Sachverständigenrat zu, und einzelne Mitglieder des DGB-Bundesvorstandes stellten selbst die Lageanalyse der Professoren in Frage. Sie fragten sich »von welchem Land die Mehrheit des Sachverständigenrats überhaupt schreibt«. Auch in der SPD-Bundestagsfraktion rumorte es. Obwohl die offizielle Linie von SPD und FDP die Unabhängigkeit des Rates für unantastbar erklärte, äußerten sich einzelne Abgeordnete doch höchst kritisch über die Angebotspolitik und konnten sich nun mit dem Gedanken, den Sachverständigenrat wegen seines unliebsamen wissenschaftlichen Konzepts kurzerhand abzuschaffen, durchaus anfreunden. Und auch Rudolf Hickel forderte die Abschaffung des Gremiums, da dort offensichtlich die »Anliegen der Bevölkerungsmehrheit zur wissenschaftlich minderwertigen Außenseitermeinung« herabgestuft würden.[169] Wirtschaftsminister Lambsdorff hingegen lobte die Arbeit des Rates demonstrativ und achtete penibel darauf, daß dessen Unabhängigkeit gewahrt blieb. Eine gesetzliche Regelung für den Umgang mit Minderheitsvoten war politisch chancenlos. Die »Wirtschaftswoche« zitierte

166 Die Zeit, 4.9.1981, Art.: Sind die Weisen am Ende?

167 DGB Nachrichten-Dienst, 12.10.1981: Erklärung des DGB Bundesvorstandes zum Sachverständigenrat.

168 Stuttgarter Zeitung, 14.10.1981, Art.: DGB: Sachverständigenrat reformieren; vgl. auch Handelsblatt, 14.10.1981, Art.: Ein Ultimatum für den Sachverständigenrat.

169 Konkret 8/1981, Art.: Spart doch die fünf Weisen ein (Rudolf Hickel).

einen Beamten des BMWi: »Das ist für uns einfach nicht vorstellbar.«[170] Glastetters Minderheitsvotum und sein Rücktritt hatten damit binnen kürzester Zeit eine Art Dogmenstreit entfacht: »Dürfen sich die ›Wirtschaftsweisen‹ nur eine Wachstums- und Beschäftigungsphilosophie zu eigen machen, oder müssen sie einem ›Methoden-Pluralismus‹ huldigen?« Für die »Frankfurter Allgemeine« war ausgemacht, daß die Angriffe der Gewerkschaften dieses Problem nur zum Vorwand nahmen. Letztlich zielten sie auf die Angebotspolitik, zu deren zentraler Forderung eben auch eine maßvolle Lohnpolitik zählte. Daran arbeiteten sich die Arbeitnehmervertreter »mit nie nachlassender Schärfe« ab, und nun ginge es offenkundig darum, den »Fall Glastetter« als »Hebel zur Umfunktionierung des Sachverständigenrates« zu nutzen. Dieser solle am »gesellschaftlichen Proporz ausgerichtet, ›demokratisch‹ legitimiert und damit als Kritiker der Gewerkschaften unschädlich gemacht werden.«[171]

Anders als in der Auseinandersetzung mit den linken Gegenexperten sahen sich die Gutachter nun zu einigen Klarstellungen genötigt. Sie wandten sich vehement gegen den in der Öffentlichkeit entstandenen Eindruck, »im Sachverständigenrat seien die Möglichkeiten einer Minderheit, konkurrierenden wirtschaftspolitischen Auffassungen [...] den ihnen in Form und Inhalt gebührenden Ausdruck zu geben, unangemessen beengt.« Schließlich sei die vom Gesetz eröffnete Möglichkeit des Minderheitsvotums – in ihrer Sicht nach wie vor eine »scharfe Waffe« – genutzt worden, und von einem »Abschieben in den Anhang« könne nicht gesprochen werden. Der Rat bedauerte allerdings, daß es überhaupt zu Minderheitsvoten gekommen war, die nicht mehr aus dem »integrierten Gesamtgutachten hervorwuchsen.« Schließlich sei es nicht die »Ratio des Sachverständigenrates«, daß »vorgefaßte Meinungen zu einem Gutachten zu addieren sind, sondern daß unterschiedliche Positionen nach den Regeln einer wissenschaftlichen Diskussion auf Integrationsmöglichkeiten überprüft und daß sie im Hinblick auf die wirtschaftspolitischen Ziele [...] bewertet werden sollen.« Das Zusammenwirken von Mitgliedern mit unterschiedlichen wissenschaftlichen Auffassungen sei daher grundsätzlich nicht gefährdet, schließlich könne man die »wirtschaftspolitische Bedeutung unterschiedlicher Werthaltungen« durchaus darstellen, ohne daß es zum Zerfall in Mehrheits- und Minderheitsvoten kommen müsse. Der Rat distanzierte sich ausdrücklich vom politischen »Streit zwischen Interessen«, stellte sich ein Zeugnis wissenschaftlicher Sachlichkeit aus und aktualisierte somit die Intentionen seiner Gründer: »Wissenschaftliche Arbeit beruht auf Tatsachenwissen, Schätzurteilen und Logik. Daß Werturteile sich allenthalben einmischen, gilt als unbestritten. Aber Wissenschaftler können sich – sind sie bereit, ein Problem zu Ende zu diskutieren – wechselseitig dazu zwingen, ihre Auffassungsunterschiede auf Unterschiede in ihren Schätzurteilen zu reduzieren. Auf das Vertrauen, daß dies besonders für die Wirtschaftspolitik Wert hat, wo so viele von der Konfusion von Interessenstandpunkten und Sachzusammenhängen leben, ist der Sachverständigenrat gegründet.«[172]

Diese Äußerungen waren nicht ohne Ironie, denn damit stellten sich die Gutachter kurzerhand über die politischen Auseinandersetzungen und beanspruchten eine wissenschaftliche Legitimation, die ganz der wirtschaftspolitischen Semantik der sechziger Jahre entsprach. Mit dem Verweis auf »vorgefaßte Meinungen« deuteten sie zumindest zwischen den Zeilen an, daß Werner Glastetter sich aus ihrer Sicht eben nicht an wissenschaftlichen, sondern an politi-

---

170 Wirtschaftswoche, 20. 11. 1981, Art.: Grand mit Vieren.
171 FAZ, 26. 11. 1981, Art.: Unabhängig – daher unbequem.
172 Vorwort zum Jahresgutachten 1981/82, S. VI f.

schen Leitunterscheidungen orientiert und daß es ihm am nötigen Willen zum Konsens von vornherein gefehlt habe. Auf die veränderten Bedingungen wissenschaftlicher Wissensproduktion gingen die Professoren hingegen nicht ein. Bezeichnenderweise aktualisierten sie ausgerechnet in der schärfsten Auseinandersetzung mit ihren wissenschaftlichen und politischen Kritikern die Idee einer rationalen, sachlichen Wissenschaft, die außerhalb der politischen Auseinandersetzungen stand. Dieser Rekurs auf die Semantik der »Verwissenschaftlichung« übersah freilich, daß eine derart scharfe Trennung in vermeintlich unabhängige Sphären längst obsolet geworden war, weil sich die Wissenschaft selbst politisiert hatte. Und er stand zugleich in deutlichem Widerspruch zu jener Unsicherheit, welche der Sachverständigenrat bei der Entwicklung und Begründung seines angebotspolitischen Kurses selbst noch offen eingestanden hatte. Doch vor allem kam darin nicht zum Ausdruck, daß der Rat eine Institution war, die Beratungswissen mit starker Anwendungsorientierung lieferte. Daher war es kaum relevant, daß sich die Angebotsökonomie in der akademischen Wirtschaftswissenschaft längst auf breiter Front durchgesetzt und die Nachfragetheoretiker Zug um Zug in die Minderheit gedrängt hatte. Als Institution der Öffentlichkeitsberatung hatte sich der Rat damit abzufinden, daß seine Expertise nur über die Öffentlichkeit wirken konnte, und dort verfügten die wissenschaftlichen Minderheitspositionen Glastetters, aber auch der Memorandum-Gruppe und anderer Gegenexperten, über einen mächtig schwingenden Resonanzboden – dies kam nach dem Rücktritt Glastetter in den Reaktionen von Gewerkschaften, Presse und Politik deutlich zum Ausdruck.

Daher kann hier durchaus von einer Krise der Politikberatung gesprochen werden. Die von der Tiefe der Wirtschaftskrise noch zusätzlich verstärkte Welle der öffentlichen Kritik und die Schärfe, mit der diese vorgebracht wurde, wies deutlich darauf hin, daß sich die Geltung des Expertenwissens grundlegend gewandelt hatte. Dem steigenden gesellschaftlichen Wissensbedarf stand jedoch gerade keine Sicherheit und Verbindlichkeit der gutachterlichen Aussagen gegenüber – dies zeigten die Minderheitsvoten, öffentliche Kritik von Gegenexperten und auch die Aussagen der Ratsmitglieder selbst. Daß die Sachverständigen auf diese völlig gewandelten Bedingungen ihrer Arbeit ausgerechnet mit einem Rekurs auf den »Gründergeist« des Sachverständigenrates, auf den Gesetzesauftrag von 1963, auf das Leitbild der »sachlichen« und »rationalen« Wissenschaft reagierten, ist somit als Defensivstrategie zu verstehen. Sie steht für den Versuch der Professoren, sich aus den politischen Konflikten zurückzuziehen und auf diese Weise den Fortbestand der Institution Sachverständigenrat zu sichern. An diesem Punkt ist eine Analogie zur Strategie der späten sechziger Jahre dann absolut zulässig, denn nach den Rücktritten während der Aufwertungsdebatte und den damaligen politischen Angriffen auf den Rat war dieser ja ganz ähnlich vorgegangen.

1.3 Gebremste Euphorie, begrenzter Wissenstransfer

1.3.1 Widersprüche der sozialliberalen Wirtschaftspolitik

Auf den ersten Blick erscheint es daher nur folgerichtig, daß mit der Unsicherheit, die zum zentralen Kennzeichen der wirtschaftspolitischen Beratung geworden war, seit Mitte der siebziger Jahre eine widersprüchliche Wirtschaftspolitik der sozialliberalen Koalition korrespondierte. Diese zeigte in den Jahren bis zur »Wende« eine irritierende Zerrissenheit zwischen

Angebotspolitik und Keynesianismus und ließ sich keinem der beiden konkurrierenden Konzepte klar zuordnen. Auf der einen Seite agierte die Fiskalpolitik weiterhin antizyklisch, wurden noch zahlreiche Konjunkturprogramme aufgelegt. Auf der anderen Seite zielten schon seit 1975 zahlreiche Gesetze auf die Angebotsseite der Wirtschaft, vor allem über Abschreibungserleichterungen und Investitionszulagen. Seit 1977 trugen zudem die Konjunkturprogramme klar angebotspolitische Züge: Sie zielten immer weniger auf die Gesamtnachfrage, sondern verbanden Investitionsanreize mit strukturpolitischen Initiativen. Es wäre hingegen verfehlt, diese mangelnde Eindeutigkeit ausschließlich auf die relativierte Geltung des Expertenwissens zurückzuführen, da auf diese Weise pragmatische Probleme der gesamtwirtschaftlichen Entwicklung oder die innere Machtbalance der sozialliberalen Koalition ausgeblendet würden. In einem ersten Schritt werden daher (wie schon bei der Betrachtung der ersten Hälfte der siebziger Jahre) zunächst die Widersprüche der sozialliberalen Wirtschaftspolitik rekonstruiert. Letztlich wurde die wirtschaftspolitische Semantik der Globalsteuerung erst am Ende dieser Phase nach dem zweiten Ölpreisschock endgültig politisch verschlissen und das antizyklische Instrumentarium nachhaltig diskreditiert. Der schwere Abschied von der Globalsteuerung, die Umstellung der wirtschaftspolitischen Semantik auf eine eindeutige Angebotsorientierung und damit das Ende der konzeptionellen Zerrissenheit ist das Thema des darauf folgenden Abschnitts.

Die Wirtschaftspolitik der sozialliberalen Koalition schien sich zwischen erstem und zweitem Ölpreisschock von der Verunsicherung der wissenschaftlichen Berater und den drastisch veränderten Bedingungen ihrer Wissensproduktion zunächst gar nicht beunruhigen zu lassen. Helmut Schmidts sachlich-forsches Auftreten als »Krisenmanager«[173] ließ keine Zweifel daran aufkommen, daß der Kanzler die Wirtschaftspolitik als Chefsache betrachtete und sich dafür auch als kompetent empfand. Die weltwirtschaftlichen Verwerfungen, die der erste Ölpreisschock ausgelöst hatte, waren so groß und die binnenwirtschaftlichen Probleme überall so gravierend, daß Schmidt es nicht bei einer nationalen Strategie der Krisenüberwindung bewenden ließ. Statt dessen profilierte er sich auf dem Parkett internationaler Wirtschaftsdiplomatie rasch als »Weltökonom«, der 1975 in Rambouillet die Institution der Weltwirtschaftsgipfel aus der Taufe hob. Im engen Zusammenspiel mit dem französischen Staatspräsidenten Valéry Giscard d'Estaing gelang es ihm 1978 zudem, mit der Gründung des Europäischen Währungssystems den Außenwert der D-Mark (zumindest innerhalb der Europäischen Gemeinschaft) wieder in den »Kompetenzbereich der Regierung« zurückzuholen – gegen den erbitterten Widerstand der Bundesbank.[174] Der stark auf die internationalen Zusammenhänge orientierte Blick, den Schmidt kultivierte, ließ die binnenwirtschaftlichen Probleme, die in den frühen siebziger Jahren in die Wirtschaftskrise geführt hatten, in den Hintergrund treten und statt dessen den Eindruck einer »importierten Rezession« entstehen. Hinzu kam, daß die Strategie der Krisenüberwindung schon seit Ende 1975 erste Erfolge zeitigte und 1976 dann einen kräftigen Aufschwung brachte. Die Wirtschaft wuchs wieder um 5,6 Prozent, und die Inflationsrate lag mit 4,4 Prozent erstmals seit 1970 wieder unter der Fünf-Prozent-Marke.[175]

173 Görtemaker, Geschichte der Bundesrepublik S. 583.

174 Scharpf, Krisenpolitik S. 162; Uwe Andersen: Das Europäische Währungssystem. Eine neue Initiative zur europäischen Integration. In: Aus Politik und Zeitgeschichte 16 (1979), S. 3–21, hier: 17ff.

175 Daten nach Scherf, Enttäuschte Hoffnungen S. 8f.

Im Bundestagswahlkampf des Jahres 1976 fiel der Kontrast zwischen den Problemdiagnosen der wissenschaftlichen Berater und der Lageanalyse der Regierung daher besonders drastisch aus; schließlich schien die Mischung aus keynesianischen und monetaristischen Instrumenten am Ende doch zum Erfolg geführt zu haben. Der Blick auf die westlichen Industrienationen, die im Vergleich weitaus schlechter durch die Ölkrise gekommen waren, unterstützte diese Sichtweise. So führte die Strategie einer durch und durch keynesianischen Verteidigung der Vollbeschäftigung, wie sie in den USA, aber auch in Schweden oder Österreich mustergültig beobachtet werden konnte, zu besorgniserregend hohen Inflationsraten und gravierenden Leistungsbilanzdefiziten.[176] Und in Europa standen die an der »englischen Krankheit« laborierenden Briten als besonders abschreckendes Beispiel parat: Arbeitslosigkeit und Inflation, Staatsverschuldung und ernste Zahlungsbilanzprobleme, vor allem aber der mangelnde gesellschaftliche Konsens, der in zahllosen schweren Arbeitskämpfen zum Ausdruck kam, ließen die Bundesrepublik als Hort der wirtschaftlichen und gesellschaftlichen Stabilität erscheinen.[177] Die vergleichsweise günstige westdeutsche Wirtschaftsentwicklung brachte Schmidt somit erst jene hohe internationale Reputation ein, von der er auch daheim zehren konnte. Und zugleich ermutigte sie die SPD, 1976 mit dem Slogan »Weiterarbeiten am Modell Deutschland« in den Bundestagswahlkampf zu ziehen. Schmidt machte auf dem Dortmunder Parteitag am 18. und 19. Juni 1976 deutlich: »Seit 1966 sind die Nettoeinkommen der Arbeitnehmer um rund 100 Prozent gestiegen. Seit 1974 haben wir im Dreijahresdurchschnitt die höchste Preisstabilität aller Industrieländer. Die D-Mark ist eine der härtesten Währungen der Welt. Wir verfügen über das dickste Polster an Währungsreserven.«[178] Das »Modell Deutschland« verwies somit auf die Erfolge der sozialliberalen Wirtschaftspolitik und ihre Ursachen. Diese lagen demnach in der Entfaltung der produktiven Kräfte des Kapitals in den geordneten Bahnen eines Wohlfahrtsstaates, der die Risiken der freien Marktwirtschaft absicherte und der auf der Kooperation zwischen Staat, Arbeitnehmern und Arbeitgebern basierte. In diesem Sinne verstanden die Sozialdemokraten das »Modell Deutschland« tatsächlich als weltweit richtungweisendes »Erfolgsmodell«.[179]

Freilich konnte die Euphorie über gesamtwirtschaftliche Erfolge nicht darüber hinwegtäuschen, daß die Lasten aus der wohlfahrtsstaatlichen Expansionsphase genauso schwer wogen wie jene, die langfristig aus der keynesianischen Strategie der Krisenüberwindung resultierten. Diese mit der Krise verbundenen Belastungen waren schon im Herbst 1975 deutlich hervorgetreten, als die Beratungen über den Bundeshaushalt 1976 anstanden und das Kabinett am 10. September 1975 ein Konsolidierungsprogramm für die nächsten Jahre beschloß. Bis ins Jahr 1974 hatten die Defizite des Bundeshaushaltes alljährlich lediglich zur Aufnahme von neuen Schulden im einstelligen Milliardenbereich geführt. Im Krisenjahr 1975 rutschte der Etat jedoch tief in die roten Zahlen: Der Bund mußte über 33 Milliarden Mark durch Kredite

176 Fritz W. Scharpf: Beschäftigungspolitische Strategien in der Krise. In: Rudolf Hickel (Hg.): Radikale Neoklassik. Ein neues Paradigma zur Erklärung der Massenarbeitslosigkeit? Die Vogt-Kontroverse, Opladen 1986, S. 139–160, hier: 148–152.

177 Dazu ausführlich Geppert, Thatchers konservative Revolution S. 146 ff.

178 Vorstand der SPD (Hg.): Weiterarbeiten am Modell Deutschland. Parteitagsreden von Willy Brandt und Helmut Schmidt. SPD-Parteitag Dortmund 18./19. Juni 1976, Bonn 1976.

179 Vgl. Eduard Pestel; Rolf Bauerschmidt; Michael Gottwald (Hg.): Das Deutschland-Modell. Herausforderungen auf dem Weg ins 21. Jahrhundert, Stuttgart 1978; Volkhard Brandes; Jens Huhn; Joachim Hirsch (Hg.): Wie Phoenix aus der Asche? Energiekrise und »Modell Deutschland«, Offenbach 1981.

finanzieren.[180] Hier schlugen neben konjunkturellen Einnahmeausfällen und hohen zusätzlichen Belastungen durch die Arbeitslosigkeit vor allem die Konjunkturprogramme sowie die Kindergeld- und Steuerreform zu Buche. Beide Reformen waren nicht aufkommensneutral gestaltet und somit bewußt zur gesamtwirtschaftlichen Nachfragebelebung eingesetzt worden.[181] Strukturelle Defizite dieses Ausmaßes drohten die Handlungsfähigkeit des Staates aber dauerhaft einzuschränken, und die Regierung gab sich auch keinen Illusionen hin: »Auch nach einer konjunkturellen Wiederbelebung würden die hohen Defizite ohne finanzpolitische Maßnahmen zum großen Teil bestehen bleiben, weil auf Grund der Rezession eine nachhaltige Absenkung der Steuereinnahmen eingetreten ist und die Staatseinnahmen dem Aufschwung erst mit Verzögerung folgen. Auf der anderen Seite entwickeln sich die Ausgaben auf Grund rechtlicher und faktischer Bindungen stetig fort.« Allerdings relativierte die Regierung die strukturellen Ursachen der hohen Defizite und hob hervor, daß in erster Linie »konjunkturelle Ursachen« zu den »hohen strukturellen Haushaltsdefiziten geführt« hatten.[182]

Die Defizite sollten per »Haushaltsstrukturgesetz« abgebaut werden, da sonst die Kapitalmärkte »eindeutig überbeansprucht« würden – mit entsprechend negativen Folgen für Investitionsneigung und Beschäftigung. Die Regierung faßte zahlreiche Bestimmungen in einem Artikelgesetz zusammen, fürchtete aber, daß eine verfrühte Haushaltskonsolidierung den Aufschwung gefährden könnte. Daher sah sie für 1976 trotz erster Einsparungen weiterhin noch recht hohe Defizite vor, und erst nach dem Wahljahr sollten dann 1977 auch die geplanten Steuererhöhungen (Mehrwert-, Tabak- und Branntweinsteuer) wirksam werden. Hinzu traten weitere Kürzungen bei der Arbeits-, Ausbildungs- und Sparförderung, bei Beförderungen im öffentlichen Dienst, beim Krankenhausbau und Kindergeld, die schrittweise Abschaffung des Aufwertungsausgleichs in der Landwirtschaft, schließlich eine Anhebung der Beiträge zur Arbeitslosenversicherung und der Abbau von Körperschaftsteuersubventionen für Sparkassen und Kreditgenossenschaften.[183]

Dieser Konsolidierungskurs entsprach ganz den Empfehlungen des Sachverständigenrates und gab wegen seiner sozialpolitischen Einschnitte auch den Hintergrund für das erste Gegengutachten der Memorandumgruppe ab.[184] Auf diese Weise gelang es, den Anstieg des Haushaltsvolumens abzubremsen. Dieser lag nur noch geringfügig über der Inflationsrate: 1976 bei 4 Prozent, und auch im darauffolgenden Jahr konnte das Ausgabenwachstum auf 4,4 Prozent beschränkt werden. Auch der bis dahin steile Anstieg der Staatsquote konnte wenn schon nicht gestoppt, so doch zumindest in den Jahren 1976 und 1977 deutlich verlangsamt werden. Zwar sollten gerade die strukturellen Defizite abgebaut werden, doch nach dem Rekordjahr 1975 (33 Milliarden Mark) sank die Nettokreditaufnahme des Bundes 1976 lediglich auf 26 Milliarden, 1977 auf 22 Milliarden Mark. Es blieb also trotz der Bemühungen um Konsolidierung bei einer stetig anwachsenden Staatsverschuldung – die Regierung brachte nicht die Kraft auf, jene Mehrausgaben zurückzunehmen, die während der Krise zur Nachfragebelebung einge-

---

180 Rödder, Bundesrepublik S. 300 f.
181 Ausführlich zur Steuerreform Muscheid, Steuerpolitik S. 142–158.
182 Bundsrats-Drucksache 575/75, Gesetzentwurf der Bundesregierung: Entwurf eines Gesetzes zur Verbesserung der Haushaltsstruktur (Haushaltsstrukturgesetz – HStruktG), 16.9.1975, S. 30 ff.
183 Parlamentsarchiv, Gesetzesmaterialien VII 347/348 A1, BMF, Pressemitteilung vom 12.9.1975; ebd.: Presse- und Informationsamt der Bundesregierung: Haushaltsstrukturgesetz der Bundesregierung von Bundestag und Bundesrat im wesentlichen unverändert verabschiedet, 9.1.1976.
184 Sondergutachten vom August 1975, Tz. 29.

setzt worden waren, und erst recht fehlte es am politischen Durchsetzungsvermögen, das nötig gewesen wäre, um auch die Zinsbelastungen auszugleichen, die aus dem »Deficit-Spending« der Jahre 1974/75 resultierten.[185]

Gleichwohl: Aus Sicht der wirtschaftswissenschaftlichen Berater stimmte zumindest die Richtung der Politik. Im November 1976 lobte der Sachverständigenrat den Konsolidierungskurs. Nur auf diese Weise könne die Regierung »das Vertrauen der Privaten [...] wiedergewinnen und gleichzeitig die konjunkturelle Erholung durch expansive Impulse stützen.« Allerdings kritisierten die Gutachter zugleich, daß sich die Regierung nicht zu »durchgreifenden Maßnahmen« entschließen konnte: Die Sünden der Vergangenheit führten nun dazu, daß sich die Haushaltsstruktur zu Lasten der staatlichen Investitionsausgaben verschob, während gleichzeitig der Zinsanteil an den Ausgaben stetig zunahm. Einsparungen bei den Investitionen waren zwar politisch leichter durchsetzbar, reduzierten aber gleichzeitig die konjunkturpolitische Manövriermasse des Bundeshaushaltes und damit dessen strukturelle Möglichkeit, über den Multiplikatoreffekt öffentlicher Investitionen private Folgeinvestitionen anzustoßen. Bereits während der Konsolidierungsrunde wurde damit das grundlegende Problem der steigenden Staatsverschuldung sichtbar, das den wirtschaftspolitischen Handlungsspielraum der sozialliberalen Koalition in den folgenden Jahren immer weiter einengte. Der Anteil der Sachinvestitionen am Bundeshaushalt, der bis 1974 noch über 5 Prozent gelegen hatte, sank seit 1975 stetig bis auf 2,9 Prozent (1982) ab. Gleichzeitig stieg der Anteil der Zinsausgaben, der bereits 1973 erstmals die Marke von 3 Prozent genommen hatte, trotz des Konsolidierungskurses auf fast 5 Prozent (1977) an, und im Jahr 1982 wurden dann sogar 9 Prozent des Haushalts für Zinszahlungen aufgewendet.[186]

Bezeichnenderweise traf aber bereits der moderate Konsolidierungskurs der Jahre 1976/77 auf heftige Kritik. Wirtschaftsliberalen Beobachtern ging er nicht weit genug, da angesichts des »finanziellen Desasters« viel mehr bei den konsumtiven Ausgaben gespart werden müsse. Neben dem »Abschmelzen des staatlichen Personalbestandes« seien in erster Linie die Sozialetats zu durchforsten und die sozialen Sicherungssysteme generell auf ihre Rationalität zu überprüfen – schließlich sollten diese lediglich den »Schutz vor den Risiken des Lebens« gewährleisten.[187] Keynesianer, Gewerkschaftsökonomen und auch die linken Gegengutachter protestierten hingegen heftig, weil ihnen die »Etablierung einer Sparlogik in der Rezession« widersinnig erschien. Sie betrachteten die »Renaissance einer konservativen Finanzpolitik« aber vor allem deshalb als Skandal, weil sie fürchteten, daß die »Opferung sozialstaatlicher Errungenschaften« letztlich nur dazu diente, Investitionen zu fördern und somit »den Unternehmergewinn als strategische Variable der ökonomischen Dynamik« zu positionieren, was die soziale Ungleichheit zu verstärken drohte.[188]

Dahinter stand der Verdacht, daß die sozialliberale Regierung seit 1976 den »Einflüsterungen« der wissenschaftlichen Berater folgte, die in ihrer Mehrheit neues Wachstum und eine Rückkehr zur Vollbeschäftigung nur dann in Aussicht stellen mochten, wenn die Angebotsbedingungen deutlich verbessert wurden. Und in der Tat stellte die Koalition den Sparbeschlüssen zahlreiche wachstumspolitische Initiativen an die Seite, die klar auf die Angebots-

185 Rödder, Bundesrepublik S. 300 f.
186 Jahresgutachten 1976/77, Tz. 202 ff., Daten nach Scherf, Enttäuschte Hoffnungen S. 94.
187 FAZ, 26.9.1975, Art.: Wo der Rotstift ansetzen könnte.
188 So bei Schlüter, Zu einigen Aspekten S. 106.

seite der Wirtschaft zielten. Zunächst hatte dies eher den Charakter der defensiven »Nothilfe« für akut vom Konkurs bedrohte Unternehmen: So sorgte die Änderung des Einkommensteuerrechts vom 20. April 1976 dafür, daß Unternehmen zusätzlich zum altbekannten fünfjährigen Verlustvortrag nun auch die Möglichkeit erhielten, ihre akuten Verluste im Rahmen eines einjährigen Verlustrücktrages mit Gewinnen der Vorperiode zu verrechnen. Diese vorgezogene steuerliche Entlastung sollte kleinen und mittelständischen Unternehmen (es galt eine entsprechende Begrenzung des Rücktrags auf fünf Millionen Mark) die Möglichkeit geben, bei bedrohlichen Liquiditätsengpässen die Steuerschuld zu senken. Stärkere Anreizwirkungen und deutliche wachstumspolitische Akzente setzte die am 25. Juni 1976 von Bundestag und Bundesrat verabschiedete Reform der Körperschaftsteuer: Ab Januar 1977 wurde die Doppelbelastung ausgeschütteter Gewinne mit Körperschaft- und Einkommensteuer beseitigt. Statt dessen wurden diese nur noch in Höhe des individuellen Einkommensteuersatzes des Anteilseigners besteuert. Einbehaltene Gewinne von Körperschaften unterlagen nur noch dem Spitzensatz der Einkommensteuer von 56 Prozent.[189]

In die gleiche Richtung zielten in den folgenden Jahren zahlreiche weitere Steuersenkungen und Abschreibungserleichterungen. So senkte die Regierung 1978 die Vermögensteuer für natürliche und juristische Personen und erhöhte die Freibeträge in der Gewerbesteuer. Letztere wurden 1979/80 erneut angehoben, so daß der Anteil der gewerbesteuerpflichtigen Betriebe langfristig drastisch zurückging.[190] Bereits 1977 dehnte die Koalition die 7b-Abschreibungen auf den Erwerb von Altbauten aus und setzte auch die Grunderwerbsteuer bis zu gewissen Höchstgrenzen aus.[191] Hinzu kam die Verbesserung des Investitionszulagengesetzes, das nun gezielt auf die Förderung von Investitionen im Bereich Forschung und Entwicklung ausgerichtet wurde. 1978 wurden die auf die Bauwirtschaft zielenden Abschreibungserleichterungen nochmals verbessert: Die degressive Abschreibung auf Gebäude wurde wieder eingeführt, und im Rahmen des auf vier Jahre angelegten »Energiesparprogramms« wurden Investitionszuschüsse oder alternativ Abschreibungserleichterungen für energiesparende Investitionen an Wohnhäusern gewährt. Außerdem erhöhte die Regierung den Satz der degressiven Abschreibung für bewegliche Anlagegüter.[192] Und 1979 entsprachen Regierung und Opposition nach mühsamem Ringen im Vermittlungsausschuß den Wünschen des Sachverständigenrats und anderer Experten, die seit Jahren eine große Reform der Gewerbesteuer angemahnt hatten. Neben der o.a. Erhöhung von Freibeträgen in der Gewerbe- und Gewerbekapitalsteuer wurde nun vor allem die Lohnsummensteuer abgeschafft: Diese wurde überhaupt nur in rund 800 Gemeinden erhoben, und ihre Abschaffung diente nicht nur der Vereinheitlichung der Steuererhebung, sondern sollte vor allem die negativen Anreize ausschalten, die von den ertragsunabhängigen Bestandteilen der Gewerbesteuer ausgingen. In die gleiche Richtung zielte die Verdopplung des Freibetrags bei der Gewerbekapitalsteuer von 60.000 auf 120.000 Mark.[193]

189 Jahresgutachten 1976/77, Tabelle 25; Muscheid, Steuerpolitik S. 164–168.
190 Vgl. für einige Städte die Übersicht in Muscheid, Steuerpolitik, S. 170.
191 Jahresgutachten 1977/78, Tabelle 21.
192 Jahresgutachten 1978/79, Tabelle 24.
193 Jahresgutachten 1978/79, Tz. 323–330; Jahresgutachten 1979/80, Tabelle 24; Muscheid, Steuerpolitik S. 178 ff.

Obwohl der Sachverständigenrat zu dem Ergebnis kam, daß selbst die Konsolidierungshaushalte 1976 und 1977 noch immer expansive konjunkturelle Impulse setzten,[194] wurden die Rufe nach staatlichen »Ankurbelungsprogrammen« doch schon seit Herbst 1976 immer lauter. Erstmals in der Wirtschaftsgeschichte der Bundesrepublik wurde ein Aufschwung nicht vom Export, sondern fast ausschließlich von der Binnennachfrage getragen, und da erschien ein Abbau der strukturellen Haushaltsdefizite als riskantes Manöver, das die wirtschaftliche Erholung zu gefährden drohte. Laut OECD ging das steile Wachstum des ersten Halbjahrs 1976 vor allem auf die antizyklischen staatlichen Impulse aus dem Jahr 1975 zurück und wies zudem Anzeichen einer kurzlebigen Lagerkonjunktur auf. Für den Fall eines Rückschlages sollten unbedingt Vorkehrungen für eine Stärkung der Nachfrage getroffen werden. Als die hohen Wachstumsraten dann schon im dritten und vierten Quartal 1976 abbröckelten und wieder unter die Marke von drei Prozent sanken, nahm der Druck auf die Regierung immer weiter zu: Insbesondere die Gewerkschaften und die SPD-Linke forderten eine Abkehr vom Kurs der Angebotsverbesserung plus Haushaltskonsolidierung. Sie empfanden es nicht nur als bedrohlich, daß das Wachstum erneut abzustürzen drohte, sondern mehr noch als skandalös, daß die Lohnzurückhaltung der Arbeitnehmer und die »Umverteilung« zugunsten der Unternehmenserträge keine positiven Folgen auf dem Arbeitsmarkt zeitigte. Die Regierung müsse daher dringend ein auf die Gesamtnachfrage zielendes Konjunkturprogramm auflegen. Selbst der Sachverständigenrat empfahl der Regierung in seinem Gutachten vom November 1976, es nicht beim Konsolidierungskurs und der reinen Verbesserung von angebotspolitischen Rahmenbedingungen zu belassen. Er empfahl ihr, »ein mittelfristig orientiertes Programm für Wachstum und Vollbeschäftigung« aufzulegen, »das die Ertragserwartungen der Investoren festigt, die Innovations- und Investitionsrisiken mindert und die Bereitschaft sowie die Fähigkeit der Arbeitnehmer zur Mobilität erhöht.«[195]

Bereits in ihrem Jahreswirtschaftsbericht für 1977 gab die Regierung dem Drängen nach und kündigte ein mehrjähriges Investitionsprogramm zur »wachstums- und umweltpolitischen Vorsorge« an, das die Anregung des Sachverständigenrates aufgriff. Das im März 1977 vom Bundestag verabschiedete »Programm für Zukunftsinvestitionen« unterschied sich in drei Punkten grundlegend von allen vorangegangenen Konjunkturprogrammen: Erstens zielte es nicht auf die wirtschaftliche Gesamtnachfrage, sondern war ganz bewußt als Ausgabenprogramm konzipiert, das über staatliche Investitionen und deren Multiplikatoreffekt private Investitionen anreizen sollte. Einerseits sollte der Staat fehlende private Investitionen kompensieren und auf diese Weise beschäftigungs- und wachstumspolitische Impulse auslösen. Andererseits waren die Schwerpunkte des Programms darauf angelegt, daß sich mittelbar auch die Rahmenbedingungen für private Investitionen verbesserten. Neben diesem ausgeprägt angebotspolitischen Akzent reflektierte die Gestaltung des Programms zweitens die verschlechterte Struktur der öffentlichen Ausgaben. Aus den Aufwendungen des Zukunftsinvestitionsprogramms sollten den öffentlichen Haushalten keine neuen, dauerhaften Verpflichtungen entstehen. Und es zielte darauf ab, bei Fortführung des Konsolidierungskurses

194 Vgl. die Übersicht auf Basis seiner zurückliegenden, alljährlichen Berechnungen in Jahresgutachten 1980/81, Tabelle 35.

195 Robert D. Putnam; C. Randall Henning: The Bonn Summit of 1978. A Case Study in Coordination. In: Dies. u. Richard N. Cooper; Barry Eichengreen; Gerald Holtham: Can Nations Agree? Issues in International Economic Cooperation, Washington D.C. 1989, S. 12–140, hier: 29, 37, 46; Jahresgutachten 1976/77, Tz. 458–466.

gleichzeitig den Anteil der Investitionen an den öffentlichen Ausgaben zu steigern. Drittens wurden die negativen Erfahrungen mit den bisherigen, globalen Konjunkturprogrammen bei der Konzeption des neuen Programms berücksichtigt. Die Regierung nahm sich nun erstmals die Zeit, Programminhalte und Förderwege gründlich mit den Ländern abzustimmen. Wegen der langen Vorlauf- und Planungszeit gelang nicht nur eine bessere Koordinierung der einzelnen Akteure. Vor allem ging es darum, die aus der Vergangenheit bekannten Mitnahmeeffekte soweit wie möglich zu vermeiden. Bisher hatten insbesondere die Kommunen laufende Vorhaben einfach in den diversen Sonderprogrammen »unterbringen« können. Mit den finanziellen Anreizen des Programms für Zukunftsinvestitionen sollten jedoch tatsächlich neue Projekte angestoßen werden. Damit dies überhaupt gelang, einigten sich Bund und Länder auf eine vierjährige Laufzeit von 1978 bis 1981, um Planungssicherheit herstellen zu können. Die Regierung war sich aber auch sicher, daß es »wegen der mehrjährigen Dauer« gelingen konnte, »die mittelfristigen Erwartungen und Dispositionsmöglichkeiten der Unternehmen« zu stabilisieren.[196]

Das »Programm für Zukunftsinvestitionen« war über vier Jahre auf ein Gesamtvolumen von 13,8 Milliarden Mark angelegt, die von Bund, Ländern und Gemeinden gemeinsam finanziert wurden und am Ende in fast 14.000 Einzelprojekte flossen. Wie gewohnt wurden die Mittel fast ausschließlich für »Beton-Investitionen« verwendet, kamen also zuallererst der Bauwirtschaft zugute. Anders als in der Vergangenheit förderte das Programm nun aber ausschließlich »zukunftsweisende Projekte in Schwerpunktbereichen der Wasserwirtschaft, Verkehrssicherheit, Wohnumwelt und Energieversorgung.«[197] In der Praxis verbargen sich dahinter der Bau von Kläranlagen und Berufsbildungszentren, erhaltende Stadtsanierungen und Denkmalschutz, Verbesserungen des Wohnumfeldes und der Verkehrsinfrastruktur sowie der Ausbau des Fernwärmenetzes und die Förderung von Forschung und Entwicklung (Technologie der Energieeinsparung, Abfall- und Abwasserbeseitigung, Verkehrssicherheit, Nachrichtentechnik, Lärmschutz).[198] Das Programm wurde noch auf 16 Milliarden Mark aufgestockt, und bereits im Oktober 1978 waren die Projekte vollständig verteilt sowie Aufträge im Volumen von 9,3 Milliarden Mark vergeben, und schon Ende 1979 war bereits gut die Hälfte des Gesamtvolumens produktionswirksam geworden.[199]

In ihrer Begleitforschung kamen das DIW, das Ifo-Institut und das Institut für angewandte Arbeitsmarkt- und Berufsforschung übereinstimmend zu positiven Urteilen über das »Programm für Zukunftsinvestitionen«[200], und so galt es rasch als beschäftigungspolitisch und umweltpolitisch »bemerkenswert erfolgreich.«[201] Sicher war das Programm auch ein takti-

---

196 Bundestags-Drucksache 8/72: Jahreswirtschaftsbericht 1977 der Bundesregierung, 28.1.1977, Tz. 14; Scharpf, Krisenpolitik S. 181–182; Klaus Wegner: Entstehung und Wirkung des öffentlichen Zukunftsinvestitionsprogramms 1977/81 als Modell für mehr Beschäftigung und Wachstum in der Zukunft. In: Georg Kurlbaum; Uwe Jens (Hg.): Beiträge zur sozialdemokratischen Wirtschaftspolitik, Bonn 1983, S. 127–146, hier: 134 ff.

197 Jahreswirtschaftsbericht 1977, Tz. 14.

198 Bundestags-Drucksache 8/1471: Jahreswirtschaftsbericht 1978 der Bundesregierung, 26.1.1978, Anlage II: Bericht über die Abwicklung des Programms für Zukunftsinvestitionen, Stand 31. 12. 1977.

199 Wegner, Entstehung und Wirkung S. 134, 138.

200 Ebd. S. 140.

201 Scharpf, Krisenpolitik S. 182; eine kritische Sicht bei Carsten Klingemann: Theorien und Funktionen des »Säkularen Staatsinterventionismus«. Ökonomische Eingriffsmodelle und gesellschaftliche Ordnungsvorstellungen in der Bundesrepublik Deutschland seit 1945, Diss. Münster 1978, S. 375.

sches Mittel, mit dem die Regierung jenen Druck abfangen konnte, den die Gewerkschaften sowie der Gewerkschaftsflügel und die Linke innerhalb der SPD aufgebaut hatten.[202] Diese Interpretation unterschätzt jedoch, daß es mit dem Zukunftsinvestitionsprogramm tatsächlich gelungen war, die Forderungen nach einer althergebrachten Fortführung der Globalsteuerung, nach einem »Arbeitsbeschaffungsprogramm«, nach Erhöhung der gesamtwirtschaftlichen Nachfrage angebotspolitisch zu unterlaufen. Das Programm nahm diese Ziele zwar auf, setzte mit seinem mittelfristigen Konzept aber auf einen langfristigen Erfolg beim Abbau der Arbeitslosigkeit. Bezeichnend ist, daß etwa der BDI das Programm in der Rückschau ganz selbstverständlich und pauschal als »Angebotspolitik« kennzeichnete.[203]

Die Widersprüche der sozialliberalen Wirtschaftspolitik brachen aber schon im Jahr darauf endgültig auf. Letztlich kam es unter dem unmittelbaren Eindruck des Krisenjahres 1975 nur während einer äußerst kurzen Phase (Herbst 1975 bis Frühjahr 1978) zum »erfolgreichen« Transfer des vom Sachverständigenrat in die politische Debatte eingespeisten Wissens: Die Regierung teilte die Problemdiagnose der Gutachter und setzte wie sie auf ein angebotspolitisch fundiertes und längerfristig angelegtes Wachstumskonzept, um die Krise, vor allem aber die Arbeitslosigkeit überwinden zu können. Im Programm für Zukunftsinvestitionen spiegelte sich die Verunsicherung der Wirtschaftspolitik, die sich keineswegs endgültig von der Semantik der Globalsteuerung lösen mochte. So nahm sie Teile des angebotspolitischen Konzepts auf und integrierte sie in eine Wirtschaftspolitik, deren Glaube an die eigene Steuerungsfähigkeit zwar zutiefst erschüttert war, zugleich aber am typischen Repertoire der Globalsteuerung (Programme, optimierte Planung, staatliche Investitionen mit Kompensations- und Komplementärfunktion) festhielt. Von einer angebotspolitischen Wende der sozialliberalen Wirtschaftspolitik kann also nur ansatzweise gesprochen werden.

Wie groß die Beharrungskräfte tatsächlich waren, zeigte sich bereits 1977/78. Die mittelfristige Orientierung des »Programms für Zukunftsinvestitionen« wurde dadurch konterkariert, daß die Regierung darauf drängte, den größten Teil seines Finanzvolumens möglichst rasch wirksam werden zu lassen – ein keynesianischer Reflex, den die als schwach empfundene wirtschaftliche Entwicklung auslöste und der erkennbar von der Vorstellung getragen war, daß die westdeutsche Wirtschaft an die hohen Wachstumsraten der Vergangenheit anknüpfen müsse. Er hatte die altbekannten Ergebnisse zur Folge: Die Massierung der öffentlichen Aufträge überforderte die Bauwirtschaft, die wegen sinkender Zinsen ohnehin wieder besser ausgelastet war. Wie am Beginn der siebziger Jahre waren zweistellige Preissteigerungsraten auf dem Bau die Folge.[204] Ausgangspunkt für dieses Wiederaufleben der Globalsteuerung mit ihren altbekannten Defekten war die nur mühsam vorankommende wirtschaftliche Erholung: Wie befürchtet halbierte sich das Wachstum von 1976 auf 1977 (von 5,6 auf 2,8 Prozent). 1978 wurden zwar 3,5 Prozent erreicht, doch selbst dies schien keineswegs auszureichen, um zur Vollbeschäftigung zurückkehren zu können. So sank die Arbeitslosenquote von 1975 (4,7 Prozent) bis 1977 jährlich nur um 0,1 Prozentpunkte, und 1978 lag sie mit 4,3 Prozent kaum unter dem Wert der Wirtschaftskrise. Die restriktive Geldmengensteuerung durch die Bundesbank bewährte sich hingegen: 1978 fiel die Preissteigerungsrate erstmals

202 So die Interpretation von Putnam/Henning, The Bonn Summit S. 46.
203 BDI-Archiv, KKW 35, Karton 702, Vermerk Baumann, 19.1.1981.
204 Wegner, Entstehung und Wirkung S. 140 f.

wieder unter die Marke von 3 Prozent (2,5 Prozent) und damit auf den niedrigsten Wert der siebziger Jahre.[205]

Diese Rahmenbedingungen sind aus zweierlei Gründen zentral für die Wirtschaftspolitik der sozialliberalen Koalition: Zum einen erklären die ausbleibenden Beschäftigungserfolge die zunehmende Schärfe der Gewerkschaftsagitation, die sich in den o.a. Angriffen auf den Sachverständigenrat oder in der Aufkündigung der Konzertierten Aktion niederschlug. Die Arbeitnehmer hatten in dieser Phase anhaltende Verteilungsverluste hinzunehmen. Die Lohnerhöhungen lagen zwischen 1975 und 1978 durchweg unter den Zielen der Meinhold-Formel (Produktivitätswachstum plus Inflationsausgleich), so daß die realen Lohnstückkosten der Unternehmen im Jahresdurchschnitt um 0,925 Prozent sanken.[206] Diese vom Sachverständigenrat freudig begrüßte Entwicklung, die ganz in das Konzept der Angebotspolitik paßte (»Mindestlohnarbeitslosigkeit«), konnten die Gewerkschaften aber nur dann länger hinnehmen, wenn sie tatsächlich dazu führte, daß die Arbeitslosigkeit deutlich sank. Dies war aber nicht der Fall. Zwar konnte die Wende am Arbeitsmarkt schon 1976/77 erreicht werden, als die Zahl der Erwerbstätigen erstmals wieder leicht über dem Vorjahreswert lag, und die positive Entwicklung hielt auch bis 1980 an, als fast 600.000 Erwerbstätige mehr gezählt wurden als noch 1976. Doch gleichzeitig stieg auch das Erwerbspersonenpotential immer weiter an, drängten die Angehörigen geburtenstarker Jahrgänge auf den Arbeitsmarkt. Die positiven Beschäftigungseffekte wurden von der demographischen Entwicklung also größtenteils neutralisiert.[207] Diese Entwicklung erklärt die zunehmende Schärfe der tarifpolitischen Auseinandersetzung und den rauhen Ton, den das Gewerkschaftslager nicht nur gegenüber den Arbeitgeberverbänden, sondern vor allem gegenüber den Protagonisten der Angebotspolitik anschlug.

Zum anderen geriet die Regierung wegen ihrer wirtschaftspolitischen Strategie unter internationalen Druck. Obwohl die D-Mark gegenüber dem Dollar immer weiter aufgewertet wurde und sich damit die westdeutschen Exporte verteuerten, blieb die Leistungsbilanz im moderaten Plus. Über ihre Exportquote profitierte die westdeutsche Wirtschaft also mittelbar von der inflationären Expansionspolitik ihrer Handelspartner, wobei die Deflationspolitik der Bundesbank kaum Raum für Importe in den deutschen Markt ließ und so dazu beitrug, die Leistungsbilanzungleichgewichte zu verfestigen. Die Defizitstaaten (USA, Großbritannien, Frankreich, Italien) litten darunter besonders. Vor diesem Hintergrund wurden die für bundesrepublikanische Verhältnisse an sich moderaten Leistungsbilanzüberschüsse plötzlich zum Politikum. Die OECD hatte bereits 1975 eine »Lokomotivtheorie« vorgeschlagen, die streng keynesianisch argumentierte. Im Jahr darauf griffen mit der Brookings Institution zunächst einer der wichtigsten amerikanischen Think Tanks und kurz darauf auch der neue US-Präsident Jimmy Carter das Thema auf, so daß es bald die internationale Debatte prägte. Im Kern sah das Konzept vor, daß Japan und die Bundesrepublik als »starke« Staaten (Handelsbilanzüberschüsse und niedrige Inflationsraten) durch expansive Nachfrageprogramme einen Beitrag zum weltwirtschaftlichen Wachstum leisten sollten. Außerdem sollten sie auf diese Weise zum Ausgleich der Handelsbilanzen beitragen, da höheres Wachstum auch höhere Importe bedeu-

205 Daten nach Scherf, Enttäuschte Hoffnungen S. 8 f.

206 Daten nach Giersch, Fading Miracle S. 211; die Zahlen sind allerdings mit Vorsicht zu genießen, da die Lohnstückkosten angesichts der Tertiarisierung und Deindustrialisierung immer weiter an Aussagekraft einbüßen.

207 Vgl. die Arbeitsmarktdaten in Scherf, Enttäuschte Hoffnungen S. 107.

tete.[208] Die Lokomotivtheorie gab den Hintergrund für eine scharfe Konfrontation zwischen Überschuß- und Defizit-Staaten beim Londoner Gipfeltreffen im Mai 1977 ab, als sich Japan und die Bundesrepublik strikt weigerten, Änderungen ihres wirtschaftspolitischen Kurses vorzunehmen.[209] Aus Sicht der Bundesbank wurde der schwächelnde Dollar zunehmend zu einem Problem: Von 1973 (Floating) bis 1978 war die D-Mark um ein Viertel aufgewertet worden, und im Juli 1978 durchbrach der Dollarkurs erstmals die 2-DM-Marke.[210] US-Finanzminister Michael Blumenthal hatte mit einigen Äußerungen eine regelrechte Spekulation gegen den Dollar eingeleitet, die in das Kalkül der Amerikaner paßte: Sie erhöhte den Druck auf die Bundesrepublik, doch noch auf den erwünschten Expansionskurs umzuschwenken.[211] Die westdeutsche Notenbank sah sich vom Dollarverfall jedenfalls schon Ende 1977 gezwungen, einen geldpolitischen Kurswechsel einzuleiten. Um den vom internationalen Zinsgefälle beschleunigten Dollarsturz zu bremsen, senkte sie zum 16. Dezember 1977 den Diskontsatz auf 3 Prozent, ging also deutlicher auf Expansionskurs, als es die Inflationsrate von 3,5 Prozent im Jahr 1977 erwarten ließ.[212]

Diese Konstellation führte dazu, daß sich die Bundesregierung im Sommer 1978 vom Konzept der mittelfristig orientierten Wirtschaftspolitik verabschiedete: Die Gewerkschaften sahen die Verteilungsposition der Arbeitnehmer in dauerhafter Gefahr und bezichtigten die angebotspolitischen Akzente der Erfolglosigkeit. Zugleich rückte die Bundesbank von ihrem scharfen Stabilitätskurs ab, und auch die EG-Partnerregierungen, vor allem aber US-Präsident Carter, drängten auf eine stärker expansive Politik. Daher wurde immer deutlicher, daß der internationale Druck auf die Bundesregierung während des Bonner Weltwirtschaftsgipfel am 16. und 17. Juli 1978 seinen Höhepunkt erreichen würde. Im Regierungslager wandte sich vor allem Wirtschaftsminister Graf Lambsdorff gegen eine Rückkehr zu einer Globalsteuerung, die ausschließlich auf die Gesamtnachfrage gerichtet war. Die gesamtwirtschaftliche Lage biete dazu keinen Anlaß, und letztlich liefen alle Forderungen nach einem Wachstumsschub im Sinne der Lokomotiv-These auf ein prozyklisches Verhalten des Staates hinaus. Auch die Wirtschaftsverbände und der Sachverständigenrat wandten sich gegen einen Expansionskurs: Der Rat griff sogar gegen den ausdrücklichen Willen der Regierung[213] zum Mittel des Sondergutachtens, das er rechtzeitig vor dem Bonner Gipfel fertigstellte: Darin forderte er ein Festhalten am angebotspolitischen Kurs und räumte deutschen Vorleistungen zur Belebung der schwachen Weltwirtschaft wenig Erfolgschancen ein.[214]

Dennoch gab die Regierung ihren Widerstand gegen die Lokomotivtheorie während des Bonner Gipfels auf. Nachdem die USA zugesagt hatten, den inländischen Ölpreis bis Ende

208 Erstmals OECD: Economic Outlook (December 1975), S. 9; dann dies.: Economic Outlook (July 1976), S. 126–152; Wiegrefe, Zerwürfnis S. 108 f.; Bernhard May: Ein schwieriger Lernprozeß. Die Weltwirtschaftsgipfel. In: Detlef Junker u. a. (Hg.): Die USA und Deutschland im Zeitalter des Kalten Krieges Bd. 2 1968–1990, Stuttgart 2001, S. 382–392, hier: 387 f.; vgl. auch Dietmar Gebert; Joachim Scheide: Die Lokomotiven-Strategie als wirtschaftspolitisches Konzept, Kiel 1980.

209 James, Rambouillet S. 169; Wiegrefe, Zerwürfnis S. 120 ff.

210 Deutsche Bundesbank, Zeitreihen WU 5009 u. WJ 5009.

211 Wiegrefe, Zerwürfnis S. 208 ff.

212 Giersch, Fading Miracle S. 189.

213 Bonner Rundschau, 16.6.1978, Art.: Lambsdorff nahm die fünf Weisen in Schutz. Vgl. auch FAZ, 14.6.1978, Art.: Roth: Der Vorsitzende leidet unter Profilneurose.

214 Sondergutachten vom 19.6.1978, in: Jahresgutachten 1978/79; vgl. auch Münchner Merkur, 22.6.1978, Art.: Stein der Weisen. Stuttgarter Zeitung, 21.6.1978, Art.: Weise ohne Rat.

1980 auf Weltmarktniveau zu heben (der regulierte Ölpreis hatte in den USA bislang Binnennachfrage, Importe und damit das Leistungsbilanzdefizit vergrößert), verpflichteten sich Japan und die Bundesrepublik, Wachstumsprogramme einzuleiten. Schmidt gab die Zusage über zusätzliche öffentliche Ausgaben von bis zu einem Prozent des Bruttoinlandsprodukts. Tatsächlich betrug der nachfragesteigernde Impuls 1979 dann fast 16 Milliarden Mark oder 1,2 Prozent des Bruttoinlandsprodukts.[215] Für eine gründliche Vorbereitung im Stile des Programms für Zukunftsinvestitionen blieb nun aber keine Zeit, da Schmidt eine rasche Durchführung zugesichert hatte und die Regierung das parlamentarische Verfahren schon im August in Gang brachte. Das neue Programm versammelte daher eher zufällig entscheidungsreife Ressortentwürfe, die in der Regel langfristige finanzielle Auswirkungen hatten und somit die »Lerneffekte« des Programms für Zukunftsinvestitionen obsolet werden ließen: Erhöhung des Kindergeldes und der Grundfreibeträge der Einkommensteuer, Beseitigung der Lohnsummensteuer, Verlängerung des Mutterschaftsurlaubes von zwei auf sechs Monate, ein Mutterschaftsgeld von monatlich 750 Mark aus Bundesmitteln. Die Akzente auf der Nachfrageseite dominierten das Programm, und in den Jahren 1979 und 1980 summierten sich die Mehrausgaben auf rund 27 Milliarden Mark.[216]

Die Frage ist müßig, ob Schmidt sich auf dem Bonner Gipfel tatsächlich von seinen Amtskollegen zum Nachfrageprogramm drängen ließ[217] oder ob er in Wirklichkeit ein »doppeltes Spiel« gespielt hatte, indem er den internationalen Druck gezielt dazu einsetzte, um innenpolitische Widerstände gegen einen Expansionskurs zu brechen, der angesichts der 1980 bevorstehenden Bundestagswahl durchaus in das mittelfristige taktische Kalkül der Sozialdemokraten paßte.[218] Zentral ist vielmehr, daß der offenen Abkehr vom Kurs der Haushaltskonsolidierung und der gezielten angebotspolitischen Akzente sowie dem »Rückfall« in eine globale Anregung der gesamtwirtschaftlichen Nachfrage nur noch mit dem Verweis auf internationalen Druck überhaupt Legitimation verschafft werden konnten.[219] Das Vertrauen in die Steuerungsfähigkeit der Konjunkturpolitik war längst verlorengegangen, und angesichts weitverbreiteter Skepsis oder offener Ablehnung trat sie nun mit gebremster Euphorie an und versuchte gar nicht erst den Eindruck zu erwecken, tatsächlich noch antizyklisch zu agieren. Auf der anderen Seite war auch das Zutrauen in die Wirksamkeit der angebotspolitischen Initiativen nicht groß genug. Statt dessen wuchs die Ungeduld, weil ihre wachstums- und beschäftigungspolitischen Effekte zu langsam sichtbar wurden. Die eigenartige Zerrissenheit, von der die sozialliberale Wirtschaftspolitik seit Mitte der siebziger Jahre bestimmt wurde, ging auf dieses Mißtrauen gegenüber den beiden konkurrierenden Konzeptionen zurück. Der keynesianische Konsens hatte sich längst aufgelöst, während die angebotspolitischen Konzepte zwar bei der Opposition, von der FDP und zumindest in Teilen der SPD befürwortet wurden. Auf ein breites politisches Einvernehmen konnten sie sich jedoch noch längst nicht stützen, und so mußte die Reputation des »Weltökonomen« Helmut Schmidt und der interna-

---

215 Gerald Holtham: German Macroeconomic Policy and the 1978 Bonn Economic Summit. In: Robert D. Putnam u. a.: Can Nations Agree? S. 141–177, hier: 143 f.; May, Weltwirtschaftsgipfel S. 385 ff.
216 Scharpf, Krisenpolitik S. 183 f.; Wiegrefe, Zerwürfnis S. 245 f.
217 Wie bei Schröter, Von der Teilung zur Wiedervereinigung S. 389 f.; Rödder, Bundesrepublik S. 60; Scharpf, Krisenpolitik S. 183; so auch Sturm, Politische Wirtschaftslehre S. 107.
218 Putnam/Henning, The Bonn Summit S. 67–69, May, Weltwirtschaftsgipfel S. 386 und auch James, Rambouillet S. 170.
219 So auch bei Wiegrefe, Zerwürfnis S. 207, 235 ff.

tionale Druck dazu herhalten, eine widersprüchliche und prozyklische Wachstumsstrategie zu rechtfertigen.[220]

1.3.2 Der schwere Abschied von der Globalsteuerung

Die Widersprüche der sozialliberalen Wirtschaftspolitik zwischen erstem und zweitem Ölpreisschock machen besonders deutlich, wie fest die wirtschaftspolitische Semantik der sechziger Jahre tatsächlich verankert war. So leicht den wissenschaftlichen Beratern die Umstellung auf die mikroökonomische Perspektive angesichts der Frustrationen und Enttäuschungen über die Steuerungsprobleme der Globalsteuerung gefallen war, so schwer taten sich die Politiker damit, den umfassenden Steuerungsanspruch der Wirtschaftspolitik aufzugeben. Erst mit der zweiten Ölpreiskrise wurde dieser auch in der Praxis endgültig und nachhaltig diskreditiert. Freilich war die konzeptionelle Zerrissenheit der Politik in dieser Phase des Übergangs zu einem guten Teil auch eine direkte Folge der unterschiedlichen Positionen innerhalb der sozialliberalen Koalition: Der kleine Koalitionspartner nahm die angebotspolitischen Akzente der wissenschaftlichen Berater viel früher auf als die Sozialdemokraten. Da diese das Wirtschaftsressort seit 1972 an die FDP abgetreten hatten, erhielt dieser Positionswechsel erhebliche politische Relevanz. Die Liberalen profilierten sich als Verfechter der angebotspolitischen Akzente, und seit den späten siebziger Jahren trugen die widersprüchlichen Vorstellungen über den Weg der Wirtschaftspolitik ihren Teil zu den Spannungen zwischen beiden Regierungsparteien bei, der am Ende in den Bruch der Koalition führte und Helmut Schmidt dazu zwang, ständig zwischen den »marktradikalen« Forderungen der FDP und jenen des vom Strukturwandel der Altindustrien besonders betroffenen Arbeitnehmerflügels der SPD zu lavieren.[221]

Im folgenden wird daher zunächst die angebotspolitische Wende der Liberalen rekonstruiert. Auch wenn die Empfehlungen des Sachverständigenrates beim FDP-Wirtschaftsflügel ohne Frage auf fruchtbaren Boden fielen, weil angebotspolitische Initiativen hervorragend in dessen traditionell wirtschaftsnahe »Klientelpolitik« paßten, kann so doch erstens gezeigt werden, wie mühsam der Abschied von der Globalsteuerung tatsächlich war. Zweitens hatte der Wechsel der wirtschaftspolitischen Semantik hier Folgen, die weit über die sozialliberale Ära hinauswiesen, da der liberale Wirtschaftsminister Otto Graf Lambsdorff über die »Wende« hinaus amtierte. Erst im zweiten Schritt wird dann herausgestellt, wie grundlegend die Globalsteuerung von der zweiten Ölkrise in Frage gestellt wurde.

In den frühen siebziger Jahren, als Karl Schiller die Wirtschaftspolitik dominiert hatte, war die FDP kaum durch klare wirtschaftspolitische Programmatik hervorgetreten. Die Reformkoalition mit den Sozialdemokraten und die damit eng verknüpfte programmatische Neuorientierung stellte den Zusammenhalt der Partei ohnehin auf die Probe. Daher verzichtete der linksliberale Flügel darauf, den Konflikt mit dem Wirtschaftsflügel eskalieren zu lassen, und so beschränkten sich die »Freiburger Thesen«, die den Höhepunkt der sozialliberalen pro-

220 Bundestags-Drucksache 8/2502: Jahreswirtschaftsbericht 1979 der Bundesregierung, 24.1.1979, Tz. 1, 51; sehr skeptisch Jahresgutachten 1978/79, Tz. 266.

221 Vgl. dazu ausführlich Johannes Merck: Klar zur Wende? Die FDP vor dem Koalitionswechsel in Bonn 1980 bis 1982, Diss. Berlin 1989, Rödder, Bundesrepublik S. 70ff.; Görtemaker, Geschichte der Bundesrepublik S. 592ff., 703.

grammatischen Erneuerung bildeten, auf den Aspekt der Demokratisierung der Gesellschaft. Darunter verstand die Partei durchaus auch Veränderungen der Eigentumsordnung und Reformen in den Bereichen Vermögenspolitik, Erbrecht, Mitbestimmung und Umweltpolitik. Liberalismus trat hier dezidiert als »Reformbewegung in der Gesellschaft«[222] an, und auch der neue Wirtschaftsminister Hans Friderichs paßte sich an diese programmatischen Äußerungen an. Seine Vorstellung von einer »mobilen Gesellschaft« betonte liberale Grundgedanken: »Deren erstes Wort heißt nicht mehr Sicherheit, sondern Offenheit. Sicherheit bedeutet, daß dem einzelnen Sorgen abgenommen werden. Offenheit heißt, daß ihm Chancen eröffnet werden.«[223]

Während der Reformphase der sozialliberalen Koalition war der wirtschaftsliberale Flügel innerhalb der Partei somit deutlich ins Hintertreffen geraten. Auf dem Bundesparteitag von 1974 wagten die »Jungdemokraten« dann den nächsten Vorstoß und forderten eine Diskussion über ein neues Leitbild der Wirtschaftspolitik. Sie trafen damit auf den erbitterten Widerstand von Friderichs und Lambsdorff, denen die Vorschläge allesamt zu radikal, zu weit links waren, und die sich daher für eine Grundsatzdebatte aussprachen, diese jedoch in die ordentlichen Gremien der Partei verlagern und damit faktisch vertagen wollten. Diese Taktik war am Ende nicht durchzuhalten, und so verwies der Parteitag die Frage nach dem wirtschaftspolitischen Leitbild der Partei an eine Programmkommission, die der Bundesvorstand einrichtete.[224] Diese sollte bis zur Bundestagswahl 1976 aus den zahlreichen Anträgen des Parteitages »Thesen für die Wahlplattform« erarbeiten. Damit gelang zumindest die Vertagung, denn nach der Neuwahl des Bundesvorstandes im Jahr 1976 wurde – ähnlich wie zuvor bei der Ausarbeitung der »Freiburger Thesen« – eine Grundsatzkommission unter der Leitung von Friderichs eingesetzt, die ein »langfristiges wirtschaftspolitisches Programm zur Erweiterung des Freiburger Programms zu erarbeiten und der Partei zur Diskussion vorzulegen« hatte.[225]

Ironischerweise hatten die Nachwuchspolitiker des linksliberalen Flügels 1974 einen Prozeß angestoßen, der ihnen rasch aus den Händen glitt: Die Programmarbeit lief immer deutlicher darauf hinaus, die Enttäuschungen über die Globalsteuerung zu verarbeiten und die neuen Töne der wissenschaftlichen Berater aufzugreifen. Dies machte insbesondere die Arbeit des »Bundesfachausschusses für Wirtschaft« deutlich, der sich traditionell den Unternehmen verbunden fühlte und vom Frankfurter Mittelständler Dieter Fertsch-Röver geleitet wurde. Die Beschlüsse des Ausschusses hoben ganz klar die Bedeutung der privaten Investitionen hervor, forderten die Vereinfachung von Genehmigungsverfahren und Verwaltungsvorschriften und wandten sich besonders intensiv den öffentlichen Unternehmen zu. Kurzfristig sollte dort mehr Transparenz, vor allem aber Kostendeckung erreicht werden. Langfristig strebten sie aus ordnungspolitischen Gründen die Privatisierung nicht nur von Bundesbeteiligungen, sondern auch von kommunalen Unternehmen an.[226]

---

222 Werner Maihofer: Liberale Gesellschaftspolitik. In: ders. u. Karl-Hermann Flach; Walter Scheel: Die Freiburger Thesen der Liberalen, Reinbek bei Hamburg 1972, S. 25–54.

223 Christ und Welt, 15.12.1972, Art.: Was will Friderichs? Vgl. auch Stuttgarter Nachrichten, 13.1.1973, Art.: Friderichs: Von Ideologien halte ich wenig.

224 AdL A1–522, Wortprotokoll FDP-Bundesparteitag 1974.

225 AdL 6099, Antrag Nr. 54 zum Bundesparteitag der FDP in Mainz am 27.–29.10.1975.

226 AdL 3520, Liberale Thesen zur Öffentlichen Wirtschaft. Beschlossen vom Bundesfachausschuß für Wirtschaft am 27.9.1975.

Unter dem Eindruck der Wirtschaftskrise war sich auch Graf Lambsdorff (wirtschaftspolitischer Sprecher der FDP-Bundestagsfraktion) sicher, daß die Ausdehnung des öffentlichen Sektors und der Glaube an die Steuerungsfähigkeit des Staates, die sich in einer ansteigenden Staatsquote niederschlug, selbst Teil des Problems waren: Der Staat beschleunige damit die »Anspruchsinflation«, und »nur zu bereitwillig gaben die Politiker diesem Trend nach, schien damit doch ein Machtzuwachs verbunden. Das erwies sich als entscheidender Irrtum, wurde doch der Apparat immer schwerfälliger und unregierbar. Schließlich gipfelte die Entwicklung in der finanziellen Krise des Staates, die den Schaden sichtbar machte.«[227] In der Konjunkturpolitik sollten die »geldpolitischen und finanzpolitischen Mittel der Globalsteuerung« konsequenter, vor allem aber mit »stärkerer mittelfristiger Orientierung als bisher« angewendet werden.[228] Wirtschaftsminister Friderichs verfolgte einen ähnlichen Kurs, und er schrieb den Sozialdemokraten ins Stammbuch, daß die »dynamische Unternehmerpersönlichkeit gefragter denn je zuvor« sei. Schließlich bedürfe es einer Umstellung von der »keynesianischen Unternehmermentalität« auf eine »Schumpetersche Unternehmermentalität«, die »nicht auf Nachfrage aus Regierungsprogrammen wartet, sondern sie sich durch Innovation selbst zu schaffen versucht.«[229]

Zudem konstatierte Lambsdorff angesichts der gescheiterten Konjunkturprognosen einen »Bedarf nach Verbesserung der diagnostischen und therapeutischen Methoden.«[230] Daher galt für ihn auch ein klarer Primat der politischen Entscheidung. Mit den Rationalitätsversprechen der sechziger Jahre und den damit verbundenen Funktionszuschreibungen an die wissenschaftlichen Berater konnte er wenig anfangen: Expertengremien wie der Sachverständigenrat waren für ihn keine geeigneten »Institutionen zur Steuerung der Wirtschaft.« Diese Vorstellung schien Lambsdorff eine »gedankenlose Übertragung naturwissenschaftlicher Denkkategorien auf das Gebiet der Wirtschaftspolitik zu sein, die übersieht, daß Wirtschaftspolitik menschliches Verhalten beeinflussen muß.« Für ihn waren »Expertenpolitik und Regelmechanismen« letztlich eine »Flucht vor der Verantwortung.« Nach wissenschaftlichen Irrtümern oder Fehlprognosen könnten die Experten sich einfach wegducken. Lambsdorff stellte dem das »politische Mandat« der Regierung gegenüber, durch das die Bürger regelmäßig die Möglichkeit der Kontrolle hätten.[231]

Erst im Sommer 1977 schloß die »Friderichs-Kommission« ihre programmatischen Arbeiten ab und legte ihre »Grundzüge liberaler Wirtschaftspolitik« dar. Aus der ursprünglich beabsichtigten wirtschaftspolitischen Ergänzung der »Freiburger Thesen« war statt dessen ein Papier hervorgegangen, das den programmatischen Wandel dokumentierte. Ein offenes Bekenntnis zur Angebotspolitik erwuchs daraus allerdings noch nicht, da der Wirtschaftsflügel der Parteilinken zahlreiche Zugeständnisse machte. Dennoch wurde deutlich, daß die FDP auf

227 Otto Graf Lambsdorff: Lehren der Krise. In: Rosenthal-Geschäftsbericht 1975. Abgedr. in: Ders.: Zielsetzung, Aufgaben und Chancen der Marktwirtschaft, Düsseldorf u. a. 1977, S. 323 f.

228 Otto Graf Lambsdorff: Marktwirtschaft in der Bewährung. Vortrag vor der Centralvereinigung Deutscher Handelsvertreter- und Handelsmakler-Verbände in Hannover am 28.5.1976. In: Ders.: Zielsetzung, Aufgaben und Chancen der Marktwirtschaft, Düsseldorf u. a. 1977, S. 34 f.

229 AdL 5637, Manuskript Rede Friderichs vor dem Gesprächskreis Wirtschaft und Politik der Friedrich-Ebert-Stiftung: Unternehmensautonomie und Wirtschaftsordnung, gehalten am 3.5.1977.

230 Lambsdorff: Marktwirtschaft in der Bewährung S. 34 f.

231 Otto Graf Lambsdorff: Die Wirtschaftspolitik und der Sachverständigenrat. In: Manager-Magazin, Juni 1977. Abgedr. in: Ders.: Zielsetzung, Aufgaben und Chancen der Marktwirtschaft, Düsseldorf u. a. 1977, S. 135 f.

Distanz zum bisherigen wirtschaftspolitischen Kurs ging. Gleich im ersten Punkt verabschiedete das Papier die Vorstellung von der umfassenden wirtschaftspolitischen Steuerungsfähigkeit des Staates: »So kann z. B. der Staat die Konjunktur beeinflussen, er kann sie jedoch nicht exakt lenken, ohne die Konsum- oder Investitionsfreiheit zu beschneiden.« Von Fall zu Fall müsse »geprüft« werden, »ob eine bestimmte Aufgabe besser von der privaten Wirtschaft oder vom Staat erfüllt werden kann.« Zwar bekannten sich die Liberalen zur Globalsteuerung – allerdings nur, sofern diese nicht mit Konjunkturpolitik verwechselt würde, das »Prinzip der Gleichbehandlung« vertrat und genügend »Raum für private Einzelentscheidungen läßt.«[232]

Das Papier hob die begrenzte »Machbarkeit« der Konjunktur hervor und kam zu der Überzeugung, daß »Reibungsverluste innerhalb des förderalistischen Systems«, Prognoseprobleme und »überzogene Verteilungsansprüche aller sozialen Gruppen« dazu führten, »daß Instrumente der Globalsteuerung aus politischer Opportunität oder unter dem Druck von Interessengruppen nicht rechtzeitig, nicht angemessen oder überhaupt nicht eingesetzt werden.« Daher sei eine »Abkehr von dem nicht funktionierenden traditionellen Konzept der antizyklischen Konjunktursteuerung notwendig: Die Wirkung konjunkturpolitischer Maßnahmen hängt zum großen Teil von den Erwartungen und Reaktionen der Teilnehmer am Wirtschaftsleben ab. Kontinuität und Stetigkeit der ordnungspolitischen Rahmenbedingungen und das Wissen, daß der Staat an bestimmten Zielen festhält, erleichtern mittelfristige Planungen und stabilisieren die Erwartungen. Anstelle des Unsicherheiten verbreitenden schnellen Wechsels konjunkturpolitischer Maßnahmen ist deshalb eine mittelfristige Orientierung und Verstetigung anzustreben.« Dies entsprach genau der Argumentation des Sachverständigenrates und der Bundesbank, und auch in einem weiteren Punkt nahmen die »Grundzüge« offen deren theoretische Argumentation auf: In einer langen Passage über die vier gesamtwirtschaftlichen Ziele des Stabilitätsgesetzes und die Gewöhnung an die Vollbeschäftigung kamen sie zu dem Ergebnis, daß »Vollbeschäftigung und Preisniveaustabilität [...] gleichrangig zu verfolgende Ziele« seien – eine klare Absage an die Vorstellungen der Phillipskurve. Allerdings vollzog die Friderichs-Kommission noch nicht den zweiten Schritt des Sachverständigenrates: Sie schwenkte nicht auf den klaren Angebotskurs um, den der liberale Wirtschaftsflügel favorisierte.[233] Das Thema Investitionen und Investitionsneigung spielte in dem Papier keine große Rolle – allerdings war dieses doch zugleich so offen formuliert, daß der »Schlußstein« der mikroökonomischen Wende jederzeit eingefügt werden konnte.[234] Dies zeigte sich auch auf dem Kieler Bundesparteitag vom November 1977, der die »Grundsätze« verabschiedete: Trotz des Widerstandes der Linksliberalen gaben Friderichs und Lambsdorff dort den Ton an. Letzterer hatte erst kurz zuvor die Nachfolge von Friderichs als Bundeswirtschaftsminister angetreten und avancierte sogar zum »Star« des Parteitages. Jene Anträge, die allzu deutlich an die »Freiburger Thesen« gemahnten und einen »sozialen Liberalismus« propagierten, fanden nun keine Mehrheit mehr, und die Gewichte verlagerten sich deutlich zuungunsten der Linksliberalen um Gerhart Baum.[235]

---

232 AdL 6099, Grundzüge liberaler Wirtschaftspolitik, Kommissionspapier vom 13.7.1977.

233 Otto Graf Lambsdorff: Grundsätze einer liberalen Wirtschafts- und Finanzpolitik. Vortrag auf der Mitgliederversammlung des Instituts »Finanzen und Steuern« am 12. Mai 1977. In: Ders.: Zielsetzung, Aufgaben und Chancen der Marktwirtschaft, Düsseldorf u. a. 1977, S. 125 f.

234 AdL 6099, Grundzüge liberaler Wirtschaftspolitik, Kommissionspapier vom 13.7.1977.

235 Merck, Klar zur Wende S. 66–72; AdL A1–641, Wortprotokoll FDP-Bundesparteitag 1977.

Der Kieler Parteitag war damit auch als Signal an die Sozialdemokraten zu verstehen, denn die Linien innerhalb der sozialliberalen Koalition verschoben sich zugunsten der Liberalen: Die Bundestagswahl von 1976 brachte ein denkbar knappes Ergebnis, so daß die Koalitionsmehrheit im Bundestag von 46 auf 10 Sitze zusammenschmolz. Obwohl SPD und FDP prozentuale Verluste hinzunehmen hatten, verloren die Sozialdemokraten doch die meisten Sitze, und die Liberalen erreichten respektable acht Prozent der Stimmen. Ein Signal ging auch von den Landtagswahlen in Niedersachsen und im Saarland aus, wo die FDP in Koalitionsregierungen mit der Union eintrat.[236] Friderichs' Wechsel in den Vorstand der Dresdner Bank (er trat die Nachfolge des von RAF-Terroristen ermordeten Sprechers Jürgen Ponto an) ging im Herbst 1977 hingegen fast vollständig unter. Sein Rücktritt aus der Politik wurde in der öffentlichen Wahrnehmung fast vollständig von der terroristischen Bedrohung der RAF überlagert – eigentlich war das Ausscheiden jenes Ministers, der »dem Ökonomen Schmidt Vorträge über eigenen ökonomischen Sachverstand mitunter nicht erspart hat« eine »Sensation«.[237] In der SPD war die Kritik am liberalen Wirtschaftsminister längst immer lauter geworden: Dort hatte man genug von »bloßen Wachstumsbeschwörungen« und dem »zur Ideologie erstarrten Glauben an die ›Selbstheilungskräfte des Marktes‹.«[238] Auch innerhalb der FDP schien sich der Minister zunehmend isoliert zu fühlen: Die Kritik an seiner Tätigkeit als Leiter der Wirtschaftsprogrammkommission war nicht verstummt, Teile der FDP wollten seiner Kernenergiepolitik nicht folgen, und auch das Ende der Konzertierten Aktion wurde als herber Rückschlag für den Minister gewertet. Die Beobachter versprachen sich von dessen Nachfolger Graf Lambsdorff, der als »graue Eminenz« der Partei galt, ein größeres Durchsetzungsvermögen gegenüber den rebellischen Jungdemokraten in der FDP und ein standfestes Einstehen für liberale wirtschaftspolitische Prinzipien.[239]

Der Wirtschaftsflügel konnte sich in seinem Kurs vor allem dadurch bestätigt fühlen, daß die Angebotspolitik auf längere Sicht durchaus Erfolge vorzuweisen hatte. So kam der BDI 1980 im Vorfeld eines Spitzengespräches bei Minister Lambsdorff zu dem Ergebnis, daß sich seit 1977 »gesamtwirtschaftlich ein positiver Investitionszyklus herausgebildet« hatte, dem sich die Industrie seit 1978 zögerlich und ab 1979 dann in voller Breite anschloß. »Er hat sich von Jahr zu Jahr verstärkt. War er bis in die jüngste Zeit vom Rationalisierungsmotiv getragen, so kam im Laufe des Jahres 1979 zunehmend auch das Erweiterungsmotiv zur Geltung.« Die verteuerten Ölpreise »lösten überdies Bemühungen um Energieeinsparung aus und stellen auf diese Weise ein Investitionsmotiv dar, das immer stärker zum Tragen« kam.[240] Im Jahr 1979 sanken die Arbeitslosenquote erstmals wieder unter vier Prozent (3,7 Prozent) und die Arbeitslosenzahl unter die psychologisch wichtige Millionen-Marke (876.000).[241]

Doch erst die zweite Ölkrise, die aus dem neuerlichen starken Anstieg der Rohölpreise im Gefolge des iranischen Umsturzes resultierte, ließ die Liberalen endgültig auf die angebotspolitische Linie umschwenken. Von den Wahlergebnissen der Bundestagswahl 1980 konnte

---

236 Putnam/Henning, The Bonn Summit S. 28

237 AP, 9.11.1977, Meldung: Der Graf erbat sich 60 Minuten Bedenkzeit.

238 Vorwärts, 18.8.1977, Art.: Staranwalt in Bonn. Hans Friderichs – ein politische Porträt (Leopold G. Bernstein).

239 DPA, 9.11.1977, Meldung: Wechsel im dichten Konjunkturnebel.

240 BDI-Archiv, KKW 35, Karton 702, Vermerk Abt. Konjunktur-, Kredit- und Währungspolitik vom 7.1.1980.

241 Daten nach Rödder, Bundesrepublik S. 70 und Scherf, Enttäuschte Hoffnungen S. 9.

sich die Partei in ihrer immer deutlicher zur Schau gestellten Distanz zum Koalitionspartner bekräftigt fühlen: Während die Sozialdemokraten ihren Stimmenanteil hielten, legte die FDP auf fast elf Prozent zu und konnte die Zahl ihrer Bundestagsmandate von 39 auf 53 erhöhen.[242] Wichtiger als derartige Fragen der Machtverhältnisse oder der parteipolitischen Strategie waren jedoch die ernsten wirtschaftlichen Probleme, die aus dem zweiten Ölpreisschock resultierten. Das Wirtschaftswachstum ging von 4 Prozent (1979) auf 1,9 Prozent (1980) zurück, und 1981/82 schlitterte die Wirtschaft in die zweite Ölkrise: Die Wachstumsraten drehten erneut ins Negative (–0,2 Prozent 1981 und –1,1 Prozent 1982). Sofort schnellte die Arbeitslosigkeit wieder über die Millionenmarke (1981). Die Quote stieg von 3,7 Prozent (1980) binnen Jahresfrist auf 5,3 Prozent – und übertraf damit bereits den Höchststand von 1975. Ein Jahr später lag sie bereits bei 7,6 Prozent, und 1983 erreichte sie mit 9,3 Prozent und über zwei Millionen Erwerbslosen einen Wert, den die Republik seit den frühen fünfziger Jahren nicht mehr kannte. Erneut stieg auch die Inflationsrate auf über fünf Prozent (Höchststand 1981 mit 6,3 Prozent). Wie schon nach dem ersten Ölpreisschock brachen die Steuereinnahmen weg, während gleichzeitig die Staatsausgaben weiter anstiegen – vor allem wegen der hohen Kosten der Arbeitslosigkeit. Der Finanzierungssaldo aller öffentlichen Haushalte rutschte dadurch noch weiter ins Minus als 1974/75: Von –46,6 Milliarden Mark (1979) über –57,1 Milliarden (1980) bis ins Rekordjahr 1981 auf –75,7 Milliarden Mark. Auch 1982 betrug das Minus immer noch fast 70 Milliarden Mark. Die Staatsverschuldung stieg allein beim Bund von 207,6 Milliarden im Jahr 1979 auf 314,3 Milliarden im Jahr 1982 an (eine Zunahme um 51 Prozent in drei Jahren). Die Gesamtverschuldung aller öffentlichen Haushalte nahm im gleichen Zeitraum mit der gleiche Rasanz zu: von 413,9 auf 614,8 Milliarden Mark, was einem Plus von 48,5 Prozent entspricht.[243] Die Stimmung korrespondierte mit diesen katastrophalen Zahlen: 1982 wählte die Gesellschaft für deutsche Sprache die Wendung »Talfahrt der Wirtschaft« zum »Wort des Jahres«.[244]

Erst diese schwere Krise führte zur endgültigen Diskreditierung der Globalsteuerung: Weil der »diagnostisch-therapeutische Keynesianismus« zum zweiten Mal vom wirtschaftlichen Einbruch überrascht und überfordert wurde – und weil der prozyklische Expansionskurs der Jahre 1978/79 die Handlungsspielräume keynesianischer Politik schon vor der Krise beschränkt hatte. Anders als 1973/74 war die D-Mark am Vorabend der Krise nun nicht unter-, sondern überbewertet, was eine »Flucht in den Export« verhinderte. Wegen des nach dem Bonner Gipfel beschlossenen Ausgabenprogramms rutschte die Leistungsbilanz 1979 sogar erstmals wieder ins Defizit (–0,7 Prozent des Bruttosozialprodukts), das sich im Jahr darauf sogar noch weiter vergrößerte (–1,7 Prozent). Darin kamen auch die gegenüber 1973/74 grundlegend veränderten Bedingungen der Exportmärkte zum Ausdruck, von denen nun keine belebenden Impulse ausgingen: So hatte die radikale Abwertungsstrategie Japans eine Exportoffensive zur Folge, und auch von der US-amerikanischen Nachfrage konnte die westdeutsche Wirtschaft diesmal nicht profitieren. Die Federal Reserve befand sich unter Paul Volcker seit 1978 auf scharfem Restriktionskurs, den sie bis in den Herbst 1982 durchhielt. Damit vollzogen auch die USA die monetaristische Wende und brachen die Inflationsgewöhnung. Seit 1980 stiegen die amerikanischen Zinsen und der Dollarkurs, und bereits 1979 war die ame-

242 Forschungsgruppe Wahlen: Wahlergebnisse in Deutschland 1946–1998, Mannheim 1998, S. 141 f.
243 Daten nach Rödder, Bundesrepublik S. 301, Scherf, Enttäuschte Hoffnungen S. 8 f.
244 Zit. n. Schröter, Von der Teilung zur Wiedervereinigung S. 391.

rikanische Binnenkonjunktur eingebrochen. In Großbritannien betrieb die neue Regierung Thatcher eine ähnliche Politik.

Der zweite Ölpreisschock traf die bundesrepublikanische Wirtschaft zudem nicht während scharfer Inflationsbekämpfung, sondern mitten in einer Phase expansiver Fiskal- und Geldpolitik mit moderaten Tarifabschlüssen. Ein zusätzlicher Einsatz der Globalsteuerung zur Abstützung der gesamtwirtschaftlichen Nachfrage wurde dadurch erschwert, denn die öffentlichen Haushalte befanden sich schon vor dem Ölpreisschock tief im Minus und hatten zudem große strukturelle Defizite aufgebaut. Erschwerend kam hinzu, daß – anders als 1973/74 – diesmal die Bundesbank nicht autonom über das Ausmaß ihres Restriktionskurses entscheiden konnte: Angesichts der amerikanischen Hochzinspolitik mußte bei zu großen Zinsdifferenzen eine Flucht aus der D-Mark einsetzen. So sehr die daraus folgende Abwertung mit Blick auf die westdeutschen Exporte wünschenswert schien, so groß wären die Gefahren für die Preisstabilität gewesen. Das Bundesbankdirektorium entschied sich in diesem Zielkonflikt für die Geldwertstabilität und war somit gezwungen, die Zinsschritte der amerikanischen Notenbank mitzugehen – da die westdeutschen Inflationsraten aber viel geringer als in den USA waren, kam es damit zu einem viel drastischeren Anstieg der Realzinsen. Diesmal ging die Bundesbank den Weg der harten Restriktionspolitik also nur »widerstrebend und ganz ohne die fröhlich-monetaristische Aufbruchstimmung von 1973/74«.[245]

Die Globalsteuerung wurde somit erneut vom Dilemma der Stagflation bedroht. Ähnlich wie nach dem ersten Ölpreisschock stiegen Zinsen und Inflation rasch an – doch nun war der Spielraum für eine antizyklische staatliche Ausgabenpolitik wegen der hohen Staatsverschuldung und der strukturellen Haushaltsdefizite kaum noch vorhanden, und die Arbeitslosigkeit verharrte bereits vor der Krise auf einem hohen strukturellen Sockel. Und erneut unterschätzten sowohl der Sachverständigenrat als auch die Bundesregierung das Ausmaß des drohenden Abschwungs: So gestand der Jahreswirtschaftsbericht 1981 zu, daß der wirtschaftliche Einbruch tiefer als erwartet ausgefallen war. Die Regierung war sich dennoch sicher, daß »weiterhin die Chance [besteht], daß ein sich selbst verstärkender und längeranhaltender Schrumpfungsprozeß vermieden werden kann.« Und gern zitierte sie das Jahresgutachten des Sachverständigenrates, in dem die Berater festgestellt hatten, daß die Ausgangsbedingungen für eine Überwindung der Krise nun sogar besser seien als 1974. Immerhin sei die bundesdeutsche Wirtschaft während der Vorjahre in den Genuß der Geldwertstabilität gekommen, und so brauche man diesmal »nicht erst die Hypothek einer gescheiterten Wirtschaftspolitik abzutragen.«[246] Wirtschaftsstaatssekretär Otto Schlecht zeichnete inoffiziell hingegen ein düsteres Bild: »Die Wirtschaftspolitik befindet sich in der Zwickmühle der öffentlichen Haushaltsdefizite, des Konsolidierungszwangs, der Leistungsbilanzdefizite, DM-Schwäche und des krassen internationalen Zinsgefälles. Es besteht konjunkturpolitischer Handlungsbedarf. Der Spielraum ist aber erheblich eingeschränkt. Überdies sind die Probleme der strukturellen Anpassung nicht konjunkturpolitisch zu lösen.«[247]

Der Regierung gelang es nicht einmal mehr, die immer wieder aufreißenden Haushaltslöcher zu stopfen. Erst nach der Bundestagswahl von 1980 hatte die Koalition offen einge-

---

245 Giersch, Fading Miracle S. 191 f.; Scharpf, Krisenpolitik S. 185–188.
246 Bundestags-Drucksache 9/125: Jahreswirtschaftsbericht 1981 der Bundesregierung, 29.1.1981, Tz. 1–3.; Jahresgutachten 1980/81, Tz. 276.
247 BDI-Archiv, KKW 88, Karton 719, Vermerk Baumann, 23.1.1981.

standen, daß die Bekämpfung der Staatsverschuldung das zentrale politische Problem war. Doch trotz mehrerer Sparrunden und Abgabenerhöhungen (z.B. »Operation '82«) gelang es ihr nicht, den Vertrauensverlust aufzuhalten – alles schien »mehr oder weniger im gleichen Schlendrian weiterzugehen.«[248] Die FDP hatte die Globalsteuerung in dieser Situation bereits endgültig aufgegeben, während die Sozialdemokraten trotz der strukturellen Probleme von den keynesianischen Instrumenten nicht lassen wollten. Der Gegensatz zwischen den Koalitionspartnern kam im letzten antizyklischen Experiment besonders deutlich zum Vorschein, das innerhalb der SPD-Bundestagsfraktion kaum noch durchgesetzt werden konnte: Anfang 1982, als die Arbeitslosenquote erstmals nah an die Zwei-Millionen-Grenze heranrückte, wollte die Regierung Handlungsfähigkeit beweisen und verabschiedete die »Gemeinschaftsinitiative für Arbeitsplätze, Wachstum und Stabilität«, die im Kern eine befristete Investitionszulage enthielt. Dazu mußte die SPD den Liberalen weit entgegenkommen: Diese machten ihre Unterstützung vom Abbau des Mieterschutzes abhängig – damit sollten private Investitionen im Wohnungsbau angereizt werden. Das Programm konnte am Ende verabschiedet werden, blieb aber ohne Gegenfinanzierung, weil die Unionsländer die geplante Erhöhung der Mehrwertsteuer im Bundesrat scheitern ließen. Und der Bundeskanzler sah sich gezwungen, die eigene Bundestagsfraktion zu disziplinieren und sich per Vertrauensfrage neue Legitimation für die Linie seiner Politik zu verschaffen.[249]

Damit begann die Agonie der Koalition, und nachdem sich Wirtschaftsminister Lambsdorff immer häufiger mit angebotspolitischen Ratschlägen zu Wort gemeldet hatte, forderte ihn der Bundeskanzler auf, seine Forderungen verbindlich zu Papier zu bringen. Die daraufhin von der Grundsatzabteilung des BMWi verfertigte Lageanalyse wurde rasch zum »Scheidungspapier« der Koalition erklärt, obwohl der Koalitionswechsel längst beschlossene Sache und die Gemeinsamkeiten zwischen den beiden Regierungsparteien aufgebraucht waren. Auch wenn die Differenzen in der Wirtschaftspolitik damit nur den äußeren Anlaß für das Ende der sozialliberalen Koalition boten, kam im »Lambsdorff-Papier« doch deutlich zum Ausdruck, wie weit sich die Position der FDP inzwischen dem angebotspolitischen Konzept des Sachverständigenrates angenähert hatte und wie groß der Gegensatz zur SPD geworden war. Lambsdorff erblickte die Hauptursache für die »seit Jahren anhaltende Labilität der deutschen Wirtschaft« in der »weitverbreiteten und eher noch wachsenden Skepsis im eigenen Lande. Die seit über zwei Jahren andauernde Stagnation, die immer neu hervortretenden Strukturprobleme, die wachsende Arbeitslosigkeit, die große Zahl von Insolvenzen, das Bewußtwerden internationaler Zinsabhängigkeit sowie nicht zuletzt die Auseinandersetzungen und die Unklarheit über den weiteren Kurs der Wirtschafts-, Finanz und Gesellschaftspolitik haben in weiten Bereichen der deutschen Wirtschaft zu Resignation und Zukunftspessimismus geführt.« Obwohl die Regierung mit den Sparprogrammen und der Gemeinschaftsinitiative an sich richtige Schritte unternommen hatte, gelang es ihr doch nicht mehr, die pessimistische Grundstimmung zu durchbrechen. Für Lambsdorff lag das daran, daß die Wirtschaftspolitik – wohlgemerkt seine eigene Wirtschaftspolitik – »zu kurzatmig, zu vordergründig, zu unsystematisch und teilweise sogar in sich widersprüchlich« gewesen war.[250]

---

248 BDI-Archiv, KKW 35, Karton 702, Rodenstock an Schnitker, 18.12.1980.

249 Jahresgutachten 1982/83, Tabelle 23; Sturm, Politische Wirtschaftslehre S. 109f.; Rödder, Bundesrepublik S. 75.

250 Vgl. auch die Einschätzung von Andreas Wirsching, Abschied vom Provisorium (Geschichte der Bundesrepublik Deutschland Bd. 6, 1982–1990), München 2006. S. 20; das Papier in BDI-Archiv, KKW 38, Karton

Ausgangspunkt für die Lageanalyse des Papiers waren Beobachtungen, die auch der Sachverständigenrat in seinen Gutachten seit Jahren hervorgehoben hatte. »Fundamentale gesamtwirtschaftliche Veränderungen« hatten in die Vertrauenskrise geführt. Dazu zählte der langfristige Rückgang der gesamtwirtschaftlichen Investitionsquote, die sinkende Kapitalrendite bei gleichzeitig steigender Umlaufrendite festverzinslicher Wertpapiere, der starke Anstieg der Staats- und Abgabenquote, schließlich die ansteigende Kreditfinanzierungsquote der öffentlichen Haushalte. Hinzu trat eine »Vielzahl von gesetzlichen, bürokratischen und tarifvertraglichen Verpflichtungen« der Unternehmen und der bereits von Gerhard Scherhorn betonte Wandel der gesellschaftlichen Einstellungen gegenüber technischem Fortschritt, wirtschaftlicher Leistungsbereitschaft oder privater Eigenverantwortung. Die Folge der verschlechterten Rahmenbedingungen für die Unternehmen seien gravierend: Die Anpassungsfähigkeit an Marktänderungen war geschwächt, Eigendynamik und Selbstvertrauen erschüttert und die »Unternehmen in ihren Investitionsdispositionen« verunsichert.[251]

Eine Lösung der akuten Haushaltsprobleme und die Rückkehr zur Vollbeschäftigung könne nur durch ausreichendes Wirtschaftswachstum bewerkstelligt werden, und zwar müsse dieses »hinreichend stark« und »über längere Zeit anhaltend« sein. Wie schon der Sachverständigenrat sieben Jahre zuvor betonte nun auch Lambsdorff, daß Wirtschaftswachstum nur von der Angebotsseite, durch private Investitionen erreicht werden konnte. Nicht kurzfristige Absatzerwartungen, sondern langfristige Rentabilitätsperspektiven seien für diese ausschlaggebend – von einer generellen Marktsättigung könne daher auch nicht gesprochen werden, da Investitionen selbst die Marktperspektiven veränderten und damit den »eigentliche[n] Motor der Wirtschaftsentwicklung« darstellten. Da das Hauptproblem die hohe Arbeitslosigkeit sei, müsse die Politik »dieser vordringlichen Aufgabe« alle anderen Wünsche und Interessen unterordnen. Vor allem liege die Lösung nicht in weiteren staatlichen Nachfrageprogrammen mit ihren hohen Folgekosten. Auch eine Fortsetzung der widersprüchlichen Politik der »Gesamtkompromisse« ohne ein »von der Gesamtkoalition akzeptiertes Grundkonzept« erschien Lambsdorff wenig aussichtsreich: »Wenn in der Öffentlichkeit immer wieder von Kurzatmigkeit, Halbherzigkeit sowie systemlosen bzw. gar in sich widersprüchlichen Kompromissen gesprochen wird, so verhindert dies nicht nur die notwendige Vertrauensbildung; es kumulieren sogar die unmittelbaren negativen Effekte staatlicher Nachfragekürzung mit neuer Unsicherheit für den privaten Bereich.«[252]

Auf der Basis dieser Lageanalyse formulierten die Autoren der Grundsatzabteilung des BMWi einen Rahmen für eine »notwendige« und »allein erfolgversprechende« Politik. Diese mußte ihrer Ansicht nach langfristig angelegt sein, über ein »widerspruchsfreies Gesamtkonzept« verfügen, die Strukturprobleme schrittweise abbauen, die Investitionsbedingungen verbessern und auf diese Weise dazu beitragen, die Basis für neuen Optimismus zu schaffen. Dies war im Kern eine »marktwirtschaftliche Politik«, die einerseits der »Wirtschaft wieder mehr Handlungsraum« verschaffte und die Gewichte der staatlichen Initiative wieder stärker von der »konsumtiven in Richtung der investiven Verwendung« verlagerte. In der Praxis hieß das:

701, Otto Graf Lambsdorff, Konzept für eine Politik zur Überwindung der Wachstumsschwäche und zur Bekämpfung der Arbeitslosigkeit, 9.9.1982, S. 2.
251 Ebd. S. 3–5.
252 Ebd. S. 6–9.

Konsolidierung der Staatshaushalte ohne Abgabenerhöhungen und Kürzungen bei den sozialen Sicherungssystemen.[253]

Im folgenden enthielt das Papier eine lange Liste mit Zumutungen an den Koalitionspartner: Lambsdorff schlug vor, an die Erfolge des »Programms für Zukunftsinvestitionen« anzuknüpfen, forderte u. a. die Senkung des Arbeitslosengeldes, eine Streichung des Schüler-BaFöG samt Umstellung auf Darlehen für Studenten, Beschränkungen des Wohngeldbezugs. Bei der Lohnfortzahlung erschienen ihm Karenztage sinnvoll; ebenso sollte die Selbstbeteiligung in der Krankenversicherung ausgebaut werden. Sozial- und Arbeitslosenhilfe sollten zusammengelegt und von den Sozialämtern gemeinsam verwaltet, die Regelsätze eingefroren und die Zumutbarkeitsregelungen verschärft werden. Auf der anderen Seite forderte Lambsdorff Anreize für Existenzgründer durch Zuschüsse und Eigenkapitalhilfe. Daneben sah das Papier aber auch eine ganze Reihe von steuerlichen Begünstigungen für Unternehmen vor, und zudem sollten die wirtschaftlichen Rechtsvorschriften (Produzentenhaftung, Mitbestimmung, Bilanzierungsregeln, Datenschutz) keineswegs verschärft werden.[254] Lambsdorff gestand in seinem Fazit zu, daß hier Maximalforderungen zusammengestellt worden waren, die weit »über den konventionellen Rahmen der bisher als durchsetzbar angesehenen Politik« hinausgingen. Doch die Arbeitslosigkeit zwinge einfach zum Neuanfang: »Die Konsequenz eines Festklammerns an heute nicht mehr finanzierbaren Leistungen des Staates bedeutet nur die weitere Verschärfung der Wachstums- und Beschäftigungsprobleme sowie eine Eskalation in den Umverteilungsstaat, der Leistung und Eigenvorsorge zunehmend bestraft und das Anspruchsdenken weiter fördert – und an dessen Ende die Krise des politischen Systems steht.«[255]

Auch wenn dieses Papier ohne Zweifel auf den Koalitionsbruch hin formuliert wurde, macht sein Beispiel doch den grundlegenden Wandel der wirtschaftspolitischen Semantik seit Mitte der siebziger Jahre deutlich: Letztlich hatte nun auch die FDP die Position des Sachverständigenrates übernommen. Von einigen Zuspitzungen einmal abgesehen, ging das Lambsdorff-Papier vom Spätsommer 1982 ja gerade nicht über die altbekannten Empfehlungen der wirtschaftswissenschaftlichen Berater hinaus. Es teilte jene Lageanalysen, welche die Wirtschaftsweisen bereits seit dem Krisenjahr 1975 propagierten – und es schlug Schritte vor, die voll und ganz jenem angebotspolitischen Instrumentarium entsprachen, das längst von der Mehrheit der Berater und auch vom Mainstream der Wirtschaftswissenschaft vertreten wurde.

Das »Scheidungspapier« der sozialliberalen Koalition ist damit aber gleichzeitig auch das beste Beispiel für das grundlegende Dilemma der Wirtschaftspolitik, das auch von der »Wende« nicht überwunden werden konnte: Weder die staatliche Wirtschaftspolitik noch deren wissenschaftliche Berater waren vor den Effekten der Rekursivität gefeit, die seit Anfang der siebziger Jahre immer deutlicher hervortraten. Beide waren Teil der Gesellschaft und damit auch Teil jenes Prozesses, den sie zugleich beeinflussen wollten. Dieser Mechanismus, der sich in Prognosefehlern, Gegenexpertise, Minderheitsvoten und einer als beratungsresistent beschriebenen Politik abbildete, ließ die wirtschaftspolitische Semantik insgesamt weniger verbindlich werden.

---

253 Ebd. S. 10–11.
254 Ebd. S. 12–34.
255 Ebd. S. 34.

Daß Lambsdorff 1982 mit seinem Thesenpapier überhaupt einen solchen öffentlichen Skandal auslösen konnte, weist eben auch darauf hin, daß aus dem Versagen und der wissenschaftlichen Diskreditierung der Globalsteuerung nicht notwendigerweise ein politischer Abschied von dieser Konzeption folgen mußte. Weil das wirtschaftspolitische Konzept an der Realität scheiterte, veränderten die Sozialdemokraten eben nicht ihr wirtschaftspolitisches Leitbild, sondern paßten ihm lieber die Realitäten an – indem sie den Weg in die Opposition gingen und sich gemeinsam mit den Gewerkschaften, den Gegenexperten und Teilen des Arbeitnehmerflügels der Union auf die »unsoziale«, »kalte« und »neoliberale« Politik der Regierung einschossen. Bereits seit der ersten Ölkrise hatte sich diese Allianz einspielen können, und seit Mitte der siebziger Jahre gelang es diesem politisierten Widerstand nicht nur, die Angebotsökonomen durch eigene Gegenexpertise wissenschaftlich anzugreifen. Die Debatte über das »Lambsdorff-Papier« zeigt vielmehr, daß es ihr durchaus gelang, genau jenen Wissenstransfer zu blockieren, der mit der Expansion der Politikberatung während der sechziger Jahre und somit auch mit der Institution des Sachverständigenrates intendiert worden war. Die Erfahrung wissenschaftlicher Unsicherheit und gleichzeitiger politischer Unzugänglichkeit, das Auftreten politisierter Wissenschaft – all dies führte dazu, daß an ein Zutrauen in die Rationalität des »wissenschaftlichen Regierens«, an ein nüchtern kalkulierendes und damit sachlich-zuverlässiges Entscheiden auf der Basis fundierter Lageanalysen und entsprechender wissenschaftlicher Empfehlungen nicht mehr zu denken war. Ja mehr noch: Recht eigentlich hätte es auch die Autoren des »Lambsdorff-Papiers« skeptisch machen müssen. Denn wenn an nichthinterfragte Geltung wissenschaftlicher Expertise nicht mehr zu denken war – wer mochte dann behaupten, daß mit den Empfehlungen des Sachverständigenrates, die 1982 von der Grundsatzabteilung des BWMi in ein politisches Manifest gegossen worden waren, in einer neuen Koalition tatsächlich der gesamtwirtschaftliche Erfolg herbeigeführt werden konnte? Daß das Papier von sich behauptete, eine »allein erfolgversprechende« Politik zu skizzieren, paßte somit schon nicht mehr in die Zeit und unterstrich, daß sich auch die Angebotspolitiker auf eine politisierte Wissensbasis stützten.

2. Neue Unübersichtlichkeit

2.1 Verlust der Verbindlichkeit

In den Auseinandersetzungen um den »richtigen« wirtschaftspolitischen Weg aus der zweiten Ölkrise bündelte sich das seit der »Tendenzwende«[256] Mitte der siebziger Jahre grundlegend veränderte gesellschaftliche und politische Klima. In der zweiten Hälfte der sozialliberalen Ära – der »klassische[n] Sorgen- und Schwermutsperiode der Bundesrepublik« – kam »vieles zusammen: Ölpreisschock, Dauerinflation und Wachstumsschwäche, RAF-Terrorismus und Afghanistan-Krieg, Nachrüstungsstreit, Atomangst und Aussteigertum. Politik wurde ›Krisenmanagement‹, und Helmut Schmidt lenkte das Staatsschiff mit zusammengebissenen Zähnen

---

256 Zuerst bei Clemens Graf Podewils (Hg.): Tendenzwende. Zur geistigen Situation der Bundesrepublik. Vorträge bei der Bayerischen Akademie der Schönen Künste, November 1974 in München, Stuttgart 1975.

zwischen Klippen und Untiefen hindurch, professionell, angespannt und übernächtigt.«[257] Schon die Zeitgenossen diagnostizierten eine »tiefgreifende Veränderung der politischen Kultur«, die vor allem im Wandel von Wertorientierungen und Verhaltensmustern unübersehbar zu Tage getreten war, und das in gesellschaftlichen Institutionen ebenso wie im »politisierten Teil« der Privatsphäre, etwa im Erziehungsstil, der Rolle der Frau oder der Sexualmoral. Ja zum hervorstechenden Merkmal dieser Übergangszeit erhoben sie das neuartige »Kritikpotential gegenüber staatlichen Einrichtungen« von »wachsame[n] liberale[n] und linke[n] Medien, Bürgerinitiativen und neue[n] soziale[n] Bewegungen.«[258] Im Kontrast dazu stand die Überzeugung, daß in der gleichen Zeit längst eine konservative Rückeroberung der Meinungsführerschaft eingesetzt hatte.[259] So stellte »Die Zeit« schon 1974 fest, daß man »wieder konservativ trug«[260], und nach der angebotspolitischen Wende wurde insbesondere der Sachverständigenrat als herausragender Exponent dieses gewandelten »Zeitgeistes« angesehen.[261] Zugleich zeichnete sich immer deutlicher ab, daß die »Wirklichkeitsinterpretationen« der sechziger Jahre längst »unzureichend geworden waren und darauf gestützte Strategien scheitern mußten.« Entweder »fehlten der veränderten Situation besser entsprechende Interpretationen vollständig«, oder – wie im Fall der Wirtschaftspolitik – die Analysen waren so kontrovers, daß »stabile und erfolgreiche Interaktionen zwischen Unternehmern, Gewerkschaften und Politik und staatlicher Bürokratie nicht wieder darauf gestützt werden konnten.«[262] In einem ersten Schritt wird daher zunächst die Widersprüchlichkeit der Gesellschaftsdeutungen rekonstruiert, die angesichts der sozioökonomischen Strukturveränderungen und des Wertewandels einen gravierenden Verlust an Verbindlichkeit unter Beweis stellten. In einem zweiten Schritt wird dann herausgestellt, daß dieser Befund weitreichender gesellschaftlicher »Komplexität« von einer Verunsicherung über die Leistungs- und Steuerungsfähigkeit des Staates und der Wirtschaftspolitik begleitet war.

Allen empirischen und theoretischen Versuchen, Klarheit über den inneren Aufbau der Gesellschaft in den siebziger Jahren zu erlangen, war die Überzeugung gemein, daß die sozioökonomischen Strukturen – gerade unter den Bedingungen sich strukturell verfestigender Arbeitslosigkeit – »Ungleichheit« und »Schichtung« keineswegs in Frage stellten, daß diese im Wohlfahrtsstaat aber ihre »gesellschafts- und kulturprägende Kraft« weithin eingebüßt hatten.[263] Vielmehr galt es, die schwerwiegenden gesellschaftlichen Auswirkungen des ökonomischen Strukturwandels und die Folgen des Wertewandels zu vermessen. Bezeichnenderweise wurden beide Debatten international geführt und argumentierten mit Gesellschaftskon-

---

257 Die Zeit, 5.12.2002, Art.: Regieren – Eingerosteter Autopilot.

258 Detlef Lehnert: Die sozialliberale Koalition. Vom ‚historischen Bündnis' zum wahltaktischen Bruch? In: Gert-Joachim Gläßner; Jürgen Holz; Thomas Schlüter (Hg.): Die Bundesrepublik in den siebziger Jahren. Versuch einer Bilanz, Opladen 1984, S. 15–31, hier: 22 ff.

259 Typisch die Diagnose von Martin Greiffenhagen: Neokonservatismus in der Bundesrepublik. In: ders. (Hg.): Der neue Konservatismus der siebziger Jahre, Reinbeck b. Hamburg 1974, S. 7–22; im Widerspruch dazu mit stark autobiographischer Perspektive Gerd Koenen: Das rote Jahrzehnt. Unsere kleine deutsche Kulturrevolution 1967–1977, Frankfurt am Main 2002.

260 Zit. n. Herbert, Kräfte der Gegenreform S. 462.

261 Entsprechende, meist knappe Hinweise etwa in vielen Beiträgen bei Jürgen Habermas (Hg.): Stichworte zur »Geistigen Situation der Zeit«, 2 Bde., Frankfurt am Main 1979.

262 Klaus Lompe: Das Ende des Neokorporatismus? Konfliktlösungsmuster unter der sozialliberalen und der konservativ-liberalen Koalition im Vergleich. In: ders.: Sozialstaat und Krise. Bundesrepublikanische Politikmuster der 70er und 80er Jahre, Frankfurt am Main 1987, S. 211–235, hier: 221.

263 Nolte, Ordnung S. 408.

zepten, die für alle »westlichen Industriegesellschaften« Gültigkeit beanspruchten. Dies trifft besonders deutlich auf die von Daniel Bell bereits 1973 erstmals entworfenen Konturen der »nachindustriellen Gesellschaft« zu.[264] Dieser griff das Modell der drei Wirtschaftssektoren und die »Tertiarisierungshypothese« in der Tradition Jean Fourastiés und Colin Clarks auf.[265] Freilich interessierte ihn nicht nur der »wirtschaftliche Wandel, die Verschiebung innerhalb der Berufsgliederung«, sondern er bezog insbesondere das »neue Verhältnis zwischen Theorie und Empirie, vor allem zwischen Wissenschaft und Technologie« in seine Diagnose einer »postindustriellen Gesellschaft« mit ein.[266] Bell schilderte den Übergang von einer güterproduzierenden zu einer Dienstleistungswirtschaft und den damit eng verknüpften Wandel der Berufsstruktur. Er konstatierte, daß in der »postindustriellen Gesellschaft« eine »Klasse professionalisierter und technisch qualifizierter Berufe« dramatisch an Bedeutung gewann. Damit verband sich ein »Primat des theoretischen Wissens« in allen gesellschaftlichen Bereichen, besonders aber bei der politischen Steuerung des technischen und sozialen Fortschritts, insbesondere in der Wirtschaftspolitik. Bell stellte die durch und durch fortschrittsoptimistische These in den Raum, daß es künftig erstmals gelingen könne, den technischen Fortschritt tatsächlich gezielt zu steuern, und zwar mittels einer »neuen intellektuellen Theorie«, die der enormen gesellschaftlichen Komplexität angemessen sei.[267]

In ihren durchaus gewichtigen prognostischen Teilen stand Bells Analyse damit noch ganz in der Tradition des Fortschritts- und Planungsoptimismus der späten sechziger Jahre. Freilich ging es ihm nicht nur um eine Theorie der »wissenschaftlich-technischen Revolution«.[268] Bell hob ja zugleich die mangelnde Determiniertheit moderner Gesellschaften hervor und vertrat die These, daß mit dem Wandel zur modernen Dienstleistungswirtschaft soziale Folgen verknüpft waren, die traditionelle Vorstellungen von der sozialen Ordnung obsolet werden ließen. In der »postindustriellen Gesellschaft« hänge die Sozialposition kaum mehr von Einkommen und Vermögen ab, sondern vielmehr von Können und Befähigung, von der Ausbildung des Einzelnen. Bell legte damit die Grundlage für das Beschreibungsmodell der Informations- und Wissensgesellschaft,[269] das bis in die Gegenwart immer weiter an Bedeutung gewonnen hat und seinen Reiz ja gerade aus der Ablösung der überkommenen Schichtungskonzepte gewann.[270] Bells Entwurf der »nachindustriellen Gesellschaft« ist damit ein mustergültiges Beispiel für den Wandel der gesellschaftlichen Selbstbeschreibung in den siebziger Jahren: Ihre Prämissen leitete sie aus der veränderten sozialen Realität ab und verzichtete trotz aller prognostischen Elemente doch darauf, eine Gesellschaft zu entwerfen, an deren »Wünschbarkeit« die aktuelle gesellschaftliche Realität gemessen wurde. Die Akzeptanz des sozialen

---

264 Daniel Bell: Die nachindustrielle Gesellschaft [engl. 1973], Frankfurt am Main 1975.

265 Dazu ausführlich Werner Polster; Klaus Voy: Die Entfaltung der Industriewirtschaft. Zum Strukturwandel von Wirtschaft und Erwerbsarbeit in der Industriegesellschaft. In: dies. u. Claus Thomasberger (Hg.): Marktwirtschaft und politische Regulierung (Beiträge zur Wirtschafts- und Gesellschaftsgeschichte der Bundesrepublik Deutschland Bd. 1), Marburg 1994, S. 52–59.

266 Bell, Nachindustrielle Gesellschaft S. 30.

267 Ebd. S. 32–49.

268 Vgl. in marxistischer Sicht auch Radovan Richta: Technischer Fortschritt und die industrielle Gesellschaft, Frankfurt am Main 1972.

269 Als Überblick Martin Heidenreich: Die Debatte um die Wissensgesellschaft. In: Stefan Böschen; Ingo Schulz-Schaeffer (Hg.): Wissenschaft in der Wissensgesellschaft, Wiesbaden 2003, S. 25–51, hier: 34 ff.

270 Explizit betont bei Nico Stehr: Arbeit, Eigentum und Wissen. Zur Theorie von Wissensgesellschaften, Frankfurt am Main 1994, S. 42.

Wandels wurde also gerade zum charakteristischen Bestandteil der Theoriebildung, welche die »zunehmend rigide intellektuelle Arbeitsteilung« in den Wissenschaften reflektierte und daraus in erster Linie die Konsequenz zog, die Reichweite des eigenen Gesellschaftsentwurfs von vornherein pragmatisch zu begrenzen.[271]

Das Bild einer im sozioökonomischen Wandel weiter zunehmenden gesellschaftlichen Komplexität wurde allerdings erst durch die Analysen des Wertewandels vervollständigt. Sein Ausmaß trat seit der Wende zu den siebziger Jahren immer deutlicher ins Bewußtsein. Neben alltäglichen Beobachtungen gaben dafür sozialwissenschaftliche Analysen und demoskopische Erhebungen den Ausschlag. Befeuert wurde die Debatte von den Arbeiten Ronald Ingleharts, der in allen westlichen Gesellschaften Anzeichen für eine kontinuierliche Verschiebung von »materialistischen« zu »postmaterialistischen« Werthaltungen entdeckt hatte (»Postmaterialismus-These«). Inglehart griff auf sozialisationstheoretische Überlegungen und Arbeiten des amerikanischen Psychologen Abraham H. Maslow zurück und ging davon aus, daß die Angehörigen jener Alterskohorten, die ihre Jugend als Zeit materiellen Mangels erlebt hatten, in ihren Werthaltungen lebenslang geprägt worden waren und deshalb dauerhaft »materialistische« Werte hochhielten. Mit dem Wohlstand und dem Wirtschaftswachstum der Nachkriegsjahre sei diese grundlegende Mangelerfahrung für alle nachfolgenden Alterskohorten allerdings hinfällig geworden, so daß sich die an materielle Sicherheit gewöhnten Generationen immer stärker an »postmaterialistischen« Werten orientierten.[272] Auch wenn die strikte Gegenüberstellung von Materialismus und Postmaterialismus ebenso heftige Kritik provozierte wie seine Vorstellung von den lebenslang stabilen Werthaltungen, stieß Inglehart damit doch eine Welle der soziologischen Wertewandel-Forschung an. Der Speyerer Soziologe Helmut Klages ging sogar davon aus, daß die Gesellschaft der Bundesrepublik seit Mitte der sechziger Jahre als »Wertewandelsgesellschaft« beschrieben werden müsse. Er wies Ingleharts lineares Stufenmodell zurück und betonte stärker den Zusammenhang zwischen der individuellen Lebenssituation (Alter, Einkommen, Bildung usw.) und dem Wandel der jeweiligen Wertorientierungen. An die Stelle der Dichotomie »Materialismus-Postmaterialismus« trat damit die analytische Unterscheidung zwischen Pflicht- und Akzeptanzwerten auf der einen, sogenannten »Selbstentfaltungswerten« auf der anderen Seite. In der Praxis konnte das Gewicht der beiden Wertgruppen je nach individueller Lebenssituation unterschiedlich ausfallen. Wertewandel erschien damit eher als fließende Gewichtsveränderung neuer und alter Werte, wobei seit den sechziger Jahren aber insgesamt doch ein dramatischer Bedeutungsgewinn der Selbstentfaltungswerte zu beobachten sei.[273]

Dieses Konzept einer »Wertewandelsgesellschaft« war für die wissenschaftlichen Berater der Wirtschaftspolitik von einiger Relevanz, da die soziologischen Befunde immerhin eine Möglichkeit darstellten, gesellschaftliche Veränderungen angemessen zu beschreiben, die ja unmittelbare wirtschaftliche Auswirkungen hatten. Freilich konnten die Gutachter des Sachverständigenrates über diese Diagnose in den siebziger Jahren noch keinen Konsens herstellen

271 Ebd. S. 47 ff.

272 Ronald Inglehart: The Silent Revolution in Europe. Intergenerational Change in Post-Industrial Societies. In: American Political Science Review 65 (1971), S. 991–1017; umfassend dann ders.: The Silent Revolution. Changing Values and Political Styles Among Western Publics, Princeton 1977.

273 Helmut Klages; Peter Kmieciak (Hg.): Wertewandel und gesellschaftlicher Wandel, Frankfurt am Main 1979; Helmut Klages: Wertorientierungen im Wandel. Rückblick, Gegenwartsanalyse, Prognosen, Frankfurt am Main 1984.

(s.o.) – nur Gerhard Scherhorn entfaltete in seinen Minderheitsvoten die gesamtwirtschaftlichen Folgen des Wertewandels, nahm die Analyse Ingleharts bis in die begriffliche Unterscheidung von materialistischen und postmaterialistischen Bedürfnissen hinein auf und machte sie zum Ausgangspunkt seiner Empfehlungen.[274] Er konstatierte eine grundlegende Veränderung der Bedarfsstruktur, da die Nachfrage nach langfristigen Konsumgütern weitgehend gedeckt sei. Damit sinke der Preis, »den die Gesellschaft für steigenden Wohlstand zu zahlen bereit ist.« Scherhorn folgerte daraus, daß sich damit auch die Bedingungen der industriellen Produktion grundlegend gewandelt hatten, was ebenfalls unmittelbare Folge des Wertewandels sei. Zahlreiche Vorschriften zum Schutz von Umwelt und Verbrauchern sowie die komplizierten behördlichen Genehmigungsverfahren hemmten so »manche Initiative« und machten unternehmerische Investitionsentscheidungen zunehmend unsicher und langwierig. Selbst bereits getroffene Entscheidungen würden dadurch in Frage gestellt, daß sie auf den Widerstand von Bürgerinitiativen oder ganzen Protestbewegungen (wie etwa im Falle der Atomenergie) trafen. Darin konnte man, so Scherhorn, durchaus das Hindernis bürokratischer und gesellschaftlicher Ineffizienz erblicken. Freilich bildeten sich in dieser Entwicklung zugleich gesellschaftliche Ziele wie Demokratisierung, Partizipation und Umweltschutz ab, die er begrüßte. Daher riet er dazu, derlei Wachstumshemmnisse »im Kern für dauerhaft zu halten« und die Wahl der wirtschaftspolitischen Strategie an dieser Einsicht auszurichten.[275]

Die Diagnose gewandelter Bedürfnisse und eines weitgehend gedeckten materiellen Bedarfs stellte auch das von der Ratsmehrheit vertretene Konzept von Wachstum und Berufsarbeit in Frage. Die Bereitschaft, zur Befriedigung materieller Bedürfnisse Berufsarbeit zu leisten, so die Ansicht Scherhorns, sinke erkennbar ab, und in der Gesamttendenz gewinne Freizeit (als freie Zeit zur Erfüllung nichtmaterieller Bedürfnisse) an Bedeutung. Er teilte die Auffassung der Ratsmehrheit, daß bei der Überwindung der Arbeitslosigkeit defensive Strategien, die auf Verkürzung der Arbeitszeit setzten, keineswegs zum Ziel führen würden. Wenn aus der gewandelten Bedürfnishierarchie also der Wunsch nach mehr Freizeit folgte, würde dies zwar zu mehr Urlaub bzw. individuell geringerer Wochenarbeitszeit führen. Die Arbeitszeitverkürzungen müßten aber in jedem Fall auf die Höhe der Einkommenserhöhungen angerechnet werden, und mit einem Beschäftigungseffekt sei dabei gerade nicht zu rechnen.[276]

Auch wenn Scherhorn die Beschreibung einer »Wertewandelsgesellschaft« und der gewandelten wirtschaftspolitischen Handlungsbedingungen lediglich in Minderheitsvoten kundtat, waren sich seit Mitte der siebziger Jahre doch alle Beobachter einig, daß das Zusammenspiel aus wirtschaftlichem Strukturwandel und Wertewandel eine neue, höchst unübersichtliche Gesellschaft zur Folge hatte. Und auch jenseits des engeren Bereichs der Wirtschaftspolitik besaß der empirische Befund des Wertewandels gehörige politische Sprengkraft, seit konservative Kommentatoren Mitte der siebziger Jahre immer häufiger eine unmittelbare Kausalität zwischen dem Programm der sozialliberalen Reformpolitik und dem gesellschaftlichen Wandel herstellten. Dies bündelte sich besonders drastisch in eine Reihe von Kommentaren, die Elisabeth Noelle-Neumann seit 1975 auf der Basis von Umfrageergebnissen ihres Allensbacher Instituts für Demoskopie formulierte. Sie ging davon aus, daß sich »Gesellschaft bildet und ihres Zusammenhaltes bewußt bleibt über Gemeinsamkeit in der Überzeu-

---

274 In den achtziger Jahren übernahm dann auch die Mehrheit diese Sichtweise, vgl. Kap. V.2.
275 Jahresgutachten 1977/78, Tz. 473–475.
276 Ebd. Tz. 477–479

gung von Grundwerten, wie sie insbesondere in Erziehungswerten [...] zum Ausdruck kommen und weitergegeben, tradiert werden. Ständige starke Schwankungen in den Grundüberzeugungen würden eine Gesellschaft in ihrem Bestand gefährden.«[277] Die Umfragen enthüllten jedoch einen Wandel in eben diesen Grundhaltungen, den Noelle-Neumann nur als »revolutionär« charakterisieren konnte – weil sie die Stabilität der Gesellschaft bedroht sah, und weil sie ihn ausgerechnet im begrifflichen Raster der Klassengesellschaft des 19. Jahrhunderts beschrieb. Der hohe Wert von Arbeit, Fleiß und Leistungsethos, die Bejahung von sozialen Unterschieden, der Respekt vor den Eltern, die traditionelle Rolle von Mann und Frau, der Gehorsam der Kinder gegenüber ihren Eltern und gegenüber Älteren, auch der Respekt vor dem Eigentum – überall erblickte sie eine Erosion von »bürgerlichen« Werten. Den auf diese Weise diagnostizierten Verfall von Arbeitsfreude und Leistungsbereitschaft und das allgemeine Bewußtsein für die »Grenzen des Wachstums« kontrastierte Noelle-Neumann mit der demoskopischen Messung des individuell empfundenen Glücksgefühls: Dieses werde ja offenbar keineswegs von der objektiv feststellbaren materiellen Sicherheit bestimmt. Unternehmer seien das beste Beispiel für diesen Zusammenhang, da trotz aller Risiken vor allem die Freude an der Arbeit das individuelle Empfinden von Glück und Erfüllung konditioniere. Ergebnis des Wertewandels sei also in erster Linie »Trägheit« und »Traurigkeit«, und offenbar stünde nicht die »post-industrial era« an, sondern lediglich eine »post-industrious era«. Daher fragte sie rhetorisch: »Werden wir alle Proletarier?« Zwar habe der Wohlfahrtsstaat dafür gesorgt, daß die Arbeiter materiell »verbürgerlichten«. Doch im »geistigen Bereich« vollziehe sich umgekehrt eine Anpassung an die »Unterschichtsmentalität«, an »den bürgerlichen Werten entgegengesetzte Haltungen.«[278] Der Wertewandel erschien somit als wichtiger Faktor der wirtschaftlichen und politischen Entwicklung, denn wenn das, »was sich zwischen Mitte der 60er und Anfang der 70er Jahre zutrug, als Revolution bezeichnet werden kann, lauten die Prognosen für die vor uns liegenden Jahre anders – wir werden nach der kollektiven Erregung eine Art von Erschöpfung, ein Ruhebedürfnis, eine Vorliebe für geborgene Positionen (Mitte) erwarten [...].«[279]

Auch wenn diese eigentümliche Aktualisierung der Terminologie des Klassenkonflikts wohl in erster Linie der provokativen Zuspitzung geschuldet war, bündelte sich in Noelle-Neumanns Kritik doch eine grundlegende Verunsicherung über den inneren Aufbau und den Zusammenhalt der bundesrepublikanischen Gesellschaft. Ihre unmittelbare politische Stoßrichtung gegen das sozialliberale Reformprojekt und gegen die Semantik der sechziger Jahre teilte sie mit jenen politischen Intellektuellen, die zur gleichen Zeit eifrig an der programmatischen Neuausrichtung der CDU arbeiteten. Sie kam im Juni 1975 mit der »Mannheimer Erklärung« zum Abschluß, die einen eigenständigen Versuch der gesellschaftlichen Positionsbestimmung enthielt. Ganz im Stil der Zeit kam das Papier auch als »Alternative '76« daher, was seine unmittelbare Konkurrenz zum sozialdemokratischen »Orientierungsrahmen '85« schon im Titel verdeutlichte. Für die Inhalte zeichneten vor allem Helmut Kohl, Kurt Biedenkopf und Heiner Geißler verantwortlich, und es ging um die Wiedergewinnung der wirtschaftlichen Stabilität, um die Erhaltung und Steigerung der wirtschaftlichen Leistungsfähigkeit, um

277 Elisabeth Noelle-Neumann: Werden wir alle Proletarier? Wertewandel in unserer Gesellschaft, Zürich 1978, S. 11 f.; der Band war die Zusammenfassung und Ergänzung einiger Zeitungsartikel, u. a. in »Die Zeit«, die seit 1975 erschienen waren.
278 Ebd. S. 7, 59 ff., 96.
279 Ebd. S. 52.

die Lösung gesellschaftspolitischer Aufgaben und vor allem um die Verbesserung der staatlichen Handlungsfähigkeit. Dies war nicht weniger als der Versuch, der sozialliberalen Reformpolitik programmatisch auf ihrem ureigensten Terrain zu begegnen, nämlich bei der Herstellung von »Freiheit und Gerechtigkeit«.[280]

Im Zentrum des Programms stand bezeichnenderweise der Versuch einer Gesellschaftsbeschreibung, die nun an die Lage der siebziger Jahre angepaßt wurde, sich dabei aber ebenso wie Noelle-Neumann eines Begriffs des 19. Jahrhunderts bediente: Eine »Neue Soziale Frage« spalte die bundesrepublikanische Gesellschaft – nun allerdings nicht mehr nach »Arbeit und Kapital«, sondern nach Mobilisierung von »Gruppen- oder Verbandsmacht«. Die »Asymmetrie der Interessenpräsentanz« führe zu »ungleichen Startchancen«, denn »während der normale Wahlbürger nur einmal alle 4 Jahre seine Interessen bei der Wahl in die Waagschale werfen kann, vermögen die Organisierten auch zwischenzeitlich über ihre Mitgliedschaft in den Parteien und in den Verbänden ihre Interessen [zu] vertreten.« Alle Interessen, die nicht wirkungsvoll organisierbar waren, drohten in diesem System »auf der Strecke zu bleiben.« Überhaupt werde die Gesellschaft nur teilweise vom Konflikt zwischen Arbeitgebern und Arbeitnehmern geprägt, denn über die Hälfte der Bevölkerung sei gar nicht erwerbstätig (»Kinder, Hausfrauen, alte Menschen«), und bei den Tarifauseinandersetzungen zwischen Arbeitnehmern und Arbeitgebern siegten am Ende doch immer die »Beschäftigten gegen die Unbeschäftigten.« Sowohl innerhalb der »Gruppe der Nichterwerbstätigen als auch zwischen den Erwerbstätigen einerseits und den Nichterwerbstätigen andererseits« hatten sich aber längst »gravierende neue Konfliktfelder gebildet«, insbesondere zwischen Alt und Jung (Generationengerechtigkeit) sowie zwischen Mann und Frau (Doppelbelastung durch Haushalt und Beruf).[281] Von der Expansion des Wohlfahrtsstaates weitgehend verdeckt, sei inzwischen längst eine »Neue Armut« zu beobachten, von der alte Menschen, Frauen und kinderreiche Familien besonders betroffen seien. Gerade in Zeiten wachsender wirtschaftlicher Probleme und knapper Kassen komme es darauf an, die sozialen Leistungen künftig den »wirklich Bedürftigen« zukommen zu lassen, so daß bei gleichem Gesamtaufwand mehr Gerechtigkeit erzielt werde. Dies ginge nur, wenn durch staatliche Leistungen zugleich auch »das persönliche soziale Engagement ermutigt« werde. Außerdem sei der Sozialstaat »humaner« zu organisieren (z. B. Sozialstationen statt unübersichtlicher Bürokratie).[282]

Die Diagnose der »Neuen Sozialen Frage« zielte deutlich auf das politische Handlungsmodell der sozialliberalen Koalition und trachtete danach, die SPD als Partei der »neuen Privilegierten«, der »Funktionäre« des Sozialstaates, der »Bürokraten«, der »wachsenden Zahl derer, die von unserer aller Arbeit leben, aber keinen erkennbaren Beitrag für unsere Zukunft leisten« (Kurt Biedenkopf) unter Beschuß zu nehmen.[283] Zwar blieb das Konzept der »Kohlianer« auch innerhalb der Union umstritten, zumal die CDU ja gleichzeitig daran festhielt, für eine Begrenzung des Politischen auf die staatliche Sphäre zu plädieren, und eine Aufnahme

280 BDI-Archiv, SH. 74, Karton 496, Bericht Kurt Steves über Mannheimer CDU-Parteitag am 23.–25.6.1975 vom 30.6.1975; vgl. auch Görtemaker, Geschichte der Bundesrepublik S. 695 ff.

281 Heiner Geißler: Die Neue Soziale Frage. Analysen und Dokumente, Freiburg i. Br. 1976, S. 17–26.

282 Ebd. S. 38.

283 BDI-Archiv, SH. 74, Karton 496, Bericht Kurt Steves über Mannheimer CDU-Parteitag am 23.–25.6.1975 vom 30.6.1975; vgl. auch Kurt H. Biedenkopf: Fortschritt in Freiheit. Umrisse einer politischen Strategie, München 1974; diese Polemik deckte sich weitgehend mit dem Lamento von Helmut Schelsky: Die Arbeit tun die anderen. Klassenkampf und Priesterherrschaft der Intellektuellen, Opladen 1975.

angebotspolitischer Konzepte in der Union durchaus gewichtige Befürworter besaß.[284] Doch konnte diese Uneinigkeit nicht darüber hinwegtäuschen, daß es den Reformern innerhalb der CDU gelang, Themen zu besetzen, die lange fest in der Hand der Regierung gewesen waren, und sich so als »Partei sozialer Empathie« zu profilieren. Mit dem Beschreibungsmodell der »Neuen Sozialen Frage« konnten sich die liberalen Kritiker des »Gewerkschaftsstaates« ja genauso identifizieren wie die Mitglieder ökologischer Basisgruppen oder die wachsende Zahl der Kritiker all jener »seelenlosen Stadt- und Infrastrukturplanungen«[285], die als Resultat technokratischer Visionen nur allzu oft von den »Urbanitätern« des gewerkschaftseigenen Neue-Heimat-Konzerns über das Land gebracht worden waren.[286]

Egal, ob die »Wertewandelsgesellschaft«, die »nachindustrielle Gesellschaft« und damit der Beginn der »Wissensgesellschaft« oder eine »Neue Soziale Frage« diagnostiziert wurde – alle Ordnungsvorstellungen der siebziger Jahre besaßen doch zwei auffällige Gemeinsamkeiten: Erstens lagen sie allesamt quer zu den gewohnten Beschreibungskategorien von »Schicht« und »Gruppe« und etablierten neue Muster der sozialen Strukturierung. Die Gliederung in gemeinsame Werte und Präferenzen verlagerte die Beschreibungsperspektive dabei ebenso von der Gesamtgesellschaft auf die Individuen wie die Vorstellung von einer »Dienstleistungswirtschaft«, in der letztlich Ausbildung und Bildung an die Stelle von gewohnten Unterscheidungen der Sozialstrukturanalyse (etwa nach Einkommen oder Herkunft) traten. Und selbst die zu einem guten Teil mit politisch-instrumentellen Hintergedanken verknüpfte Analyse der »Neuen Sozialen Frage« brach ja explizit mit der Annahme einer »Gruppengesellschaft«, die sich funktional nach Arbeitgebern und Arbeitnehmern differenzierte. Zwar verwies sie bei der Quantifizierung der »Neuen Armut« auf klassische Daten der Einkommensstatistik, aber gewichtiger war doch der Aspekt individueller Lebenslagen und -risiken (Alter, kinderreiche Familien).[287] Zweitens beschrieben diese Ordnungsentwürfe eine gesellschaftlichen Komplexität, die nun rekursiv wurde: Sie stellten die bekannten Muster der sozialstrukturellen Ordnung der Gesellschaft in Frage, setzten an deren Stelle jedoch Beschreibungsmodelle, die vielschichtiger und weniger verbindlich waren. Mit diesen Diagnosen trugen sie aber ihrerseits dazu bei, den Eindruck einer sich immer rascher steigernden gesellschaftlichen Komplexität zu vertiefen, was besonders problematisch wurde, wenn unter diesen Bedingungen das Verhältnis zwischen staatlichen Interventionen und Gesellschaft modelliert werden sollte.

2.2 Verunsicherung über die Reichweite staatlichen Handelns

Die Fülle der »Steuerungsprobleme«, die sich nicht nur die Wirtschaftspolitik im Zuge der Reformpolitik und der bis zum ersten Ölpreisschock immer weiter ausgebauten staatlichen

284 Schildt, Kräfte der Gegenreform S. 463.
285 Ebd. S. 464.
286 Peter Kramper: Das gescheiterte Reformprojekt? Die Neue Heimat 1950–1982. In: Jan-Otmar Hesse; Tim Schanetzky; Jens Scholten (Hg.): Das Unternehmen als gesellschaftliches Reformprojekt. Strukturen und Entwicklungen von Unternehmen der »moralischen Ökonomie« nach 1945 (Bochumer Schriften zur Unternehmens- und Industriegeschichte Bd. 12), Essen 2004, S. 201–227, hier: 216ff.; Tim Schanetzky: Endstation Größenwahn. Die Geschichte der Stadtsanierung in Essen-Steele, Essen 1998, S. 133ff.
287 Wirsching, Abschied vom Provisorium S. 331ff.

Daseinsvorsorge aufgeladen hatte, bestimmte die Debatte seit Mitte der siebziger Jahre. Daß es zu einer immer intensiveren, wissenschaftlich abgestützten Verflechtung zwischen Staat und Gesellschaft gekommen war, wurde nun allgemeiner Konsens. Die Folgen waren freilich schwerwiegend, denn die »Verwissenschaftlichung« der Politik taugte nun nicht länger zum Stabilisierungsfaktor. Das Scheitern der Prognosen an der gesellschaftlichen Komplexität, die inneren Widersprüche der sich zunehmend politisierenden Expertisen und das Aufkommen systematischer Gegenexpertise hatten das Modell der »rationalen« Politik längst entzaubert. Damit stellte sich die Frage der staatlichen Handlungs- und Steuerungsfähigkeit jedoch vollständig neu, war Politik doch erkennbar Bestandteil dessen, was sie selbst steuern wollte. Die Folge war eine Debatte über die »Regierbarkeit« der westlichen Demokratien. Die Wirksamkeit der staatlichen »Interventionssysteme« stand grundsätzlich zur Diskussion, und der deutlich reduzierte Steuerungsanspruch der in sich widersprüchlichen Wirtschaftspolitik, der nun nicht mehr auf die gesamtwirtschaftlichen Makrorelationen und damit auf die Gesellschaft schlechthin zielte, sondern die Mikrorelationen und das individuelle Verhalten in den Blick nahm, war Faktor des sich wandelnden Staatsverständnisses und reflektierte dieses zugleich.[288]

Die ab Mitte der siebziger Jahre in den Sozial- und Rechtswissenschaften anhebende Debatte über die »Unregierbarkeit« der westlichen Demokratien[289] hatte einen gemeinsamen Nenner: Ganz gleich, ob die Diagnosen neomarxistischer, liberaler oder konservativer Provenienz waren – ihnen war doch die Annahme gemein, daß die enge Verflechtung von Staat und Gesellschaft erst zur Überforderung der Politik geführt hatte. Ausgangspunkt der Debatte war die Analyse eines »chronischen oder gar akuten Staatsversagens«. Dieses wurde einerseits als »Erwartungs-Überlastung« der Politik beschrieben. Unter den Bedingungen von Konkurrenzdemokratie, Verbändepluralismus und freien Massenmedien kam es zu einer stetig wachsenden »Last von Erwartungen, Verpflichtungen und Verantwortlichkeiten«, mit der die Regierung konfrontiert war und der sie nicht ausweichen konnte. Andererseits war die Steuerungskapazität des Staates aber viel zu knapp bemessen, um die Erwartungen und Forderungen tatsächlich wirksam abarbeiten zu können – dies hatten die Wirtschaftspolitik, aber auch die zentralen Felder der Reformpolitik, insbesondere der Ausbau der wohlfahrtsstaatlichen Daseinsvorsorge, ebenso unter Beweis gestellt wie die deutlich zutage getretenen Mängel von »Verwissenschaftlichung« und »Planung«, die diesen Ausbau der staatlichen Steuerungsversuche begleitet hatten. Die offenkundige Diskrepanz zwischen Anspruchsniveau und staatlicher Leistungsfähigkeit führte aber zu »Frustrationen«, zur Entfremdung zwischen Parteiorganisationen und Wählern. Die Folge mußte idealtypisch entweder eine Reidologisierung der Politik sein, in der die Gegensätze zwischen Regierung und Opposition wieder größer wurden und immer unversöhnlicher aufeinanderprallten, oder eine mangelnde Integrations-

288 Zu den grundsätzlichen Überlegungen vgl. Weingart, Stunde der Wahrheit.

289 Michel Crozier; Samuel P. Huntington; Joji Watanuki (Hg.): The Crisis of Democracy, New York 1975; Michael Th. Greven; Bernd Guggenberger; Johano Strasser (Hg.): Krise des Staates? Zur Funktionsbestimmung im Spätkapitalismus, Darmstadt 1975; Gerd-Klaus Kaltenbrunner (Hg.): Der überforderte schwache Staat. Sind wir noch regierbar? München 1975; Anthony King (Hg.): Why is Britain Becoming Harder to Govern? London 1976; Wilhelm Hennis (Hg.): Regierbarkeit. Studien zu ihrer Problematisierung, Stuttgart 1977; Daniel Frei (Hg.): Überforderte Demokratie? Zürich 1978; Franz Lehner: Grenzen des Regierens. Eine Studie zur Regierungsproblematik hochindustrialisierter Demokratien. Königstein i. Ts. 1979.

kraft des bestehenden Parteiensystems, die sich in außerparlamentarisch agierenden sozialen Bewegungen und am Ende im Aufkommen neuer Parteien niederschlug.[290]

In der Debatte zeigte sich also besonders deutlich, daß der Staat seinen Nimbus der »omnipotenten Regelungsinstanz« eingebüßt hatte. Vor allem war das Modell der »Unregierbarkeit« aber deshalb so überzeugend, weil es einen analytischen Rahmen für die ganze Fülle gesellschaftlicher Phänomene bereitstellte, die in den siebziger Jahren als neuartig und irritierend, in ihrer Summe von konservativen Beobachtern sogar als beängstigend wahrgenommen wurden. Sie stellten besonders den nationalstaatlichen Rahmen der Politik in Frage: Die wirtschaftspolitische Machtlosigkeit angesichts internationaler Rohstoffkrisen und der Gewalt mobiler Kapitalströme, das Bewußtsein für die Endlichkeit der natürlichen Ressourcen und die ökologisch bedrohlichen Folgen der westlichen Lebensweise, die Horrorszenarien der atomaren Bedrohung, sei sie militärischer, sei sie ziviler Natur, aber auch der international verflochtene Terrorismus – all das waren gesellschaftliche Phänomene, die nicht nur berechtigte Zweifel an der nationalstaatlichen Steuerungsfähigkeit aufkommen ließen. Sogar die staatliche Grundfunktion schlechthin, nämlich den Bürgern Schutz zu gewähren, war offenbar keine Selbstverständlichkeit mehr.[291] Zugleich verlor der Staat an Rückhalt und Autorität bei seinen Bürgern, was längst nicht nur in spektakulären Straßenschlachten zwischen Polizei und Demonstranten zum Ausdruck kam, sondern noch viel nachhaltiger im o.a. gesellschaftlichen Werte- und Einstellungswandel. Er brach sich in den siebziger Jahren in einer Welle des Bürgerprotests Bahn, der bereits getroffene politische Entscheidungen wieder in Frage stellte und zudem die bis dato gewohnten Parteibindungen konterkarierte.[292]

Im Kern reformulierte die Debatte über die »Unregierbarkeit« also gesellschaftliche Erscheinungen der »Verflechtung«, der »Komplexität« und der »Kontingenz« als politische Krisenphänomene, die durch staatliches Handeln gar »nicht mehr zu entzerren war[en].«[293] Daher verwies diese Diskussion bei der Erklärung der Ursachen, die zur »Unregierbarkeit« geführt hatten, erstens auf die Erforschung des Wertewandels. Die Prozesse der Individualisierung und der De-Institutionalisierung wiesen ja darauf hin, daß der fundamentale Sicherheit gewährende Wohlfahrtsstaat ebenso wie die Generalisierung wissenschaftlicher Rationalität langfristig dazu beitrugen, die »Agenturen sozialer Kontrolle und die Träger traditioneller Werte« zu zerstören. Der Wohlfahrtsstaat erzeugte also selbst die Probleme, mit deren Beseitigung er sich beschäftigte.[294] Zweitens wurde in der Diagnose der »Anspruchsinflation« unmittelbar an organisationssoziologische Arbeiten angeschlossen, welche die drastischen Forderungen der Funktionäre von Verbänden und Gewerkschaften aus dem Problem der Bin-

---

290 Claus Offe: »Unregierbarkeit.« Zur Renaissance konservativer Krisentheorien. In: Jürgen Habermas (Hg.): Stichworte zur »geistigen Situation der Zeit«. 1. Band: Nation und Republik, Frankfurt am Main 1979, S. 294–318, hier: 296 ff.

291 Vgl. dazu auch am Beispiel der Diskussion um die »innere Sicherheit« Schildt, Kräfte der Gegenreform S. 467 ff.

292 Einige Hinweise bei Görtemaker, Geschichte der Bundesrepublik S. 628 ff., v.a. aber zahlreiche Arbeiten von Dieter Rucht: Planung und Partizipation. Bürgerinitiativen als Reaktion und Herausforderung politisch-administrativer Planung, München 1982; vgl. auch Karl-Werner Brand; Detlef Büsser; Dieter Rucht: Aufbruch in eine andere Gesellschaft. Neue soziale Bewegungen in der Bundesrepublik, Frankfurt am Main 1984 sowie Bernd Guggenberger; Udo Kempf (Hg.): Bürgerinitiativen und repräsentatives System, Opladen 1978,

293 Metzler, Konzeptionen S. 406.

294 Offe, Unregierbarkeit S. 306 f.

nenintegration und der Abgrenzung gegenüber konkurrierenden Organisationen ableiteten.[295] Schließlich griff sie drittens systemtheoretische und wohlfahrtsökonomische Erklärungsmodelle auf, in denen die Anspruchssteigerung ebenso wie die Überforderung der Politik unter den Bedingungen hoher gesellschaftlicher Komplexität aus zu großen Informationskosten abgeleitet wurden – Nebenwirkungen von individuell plausiblen Forderungen (beispielsweise Inflation) blieben daher diffus und wurden ausgeblendet.[296]

Die Paradoxie hoher und weiter zunehmender gesellschaftlicher Ansprüche an die Politik bei gleichzeitig begrenzter staatlicher Handlungsfähigkeit konnte auf unterschiedliche Weise aufgelöst werden. Idealtypisch setzte die Therapie erstens bei der Verminderung von Ansprüchen und Erwartungen und zweitens bei der Ausweitung der staatlichen Steuerungsfähigkeit an. In der Praxis konnte das Gewicht – je nach politisch-theoretischem Standpunkt – mal auf die eine, mal auf die andere Seite der Paradoxie gelegt werden. Während Konservative beim Projekt der »Demokratisierung« und den Willensbildungsprozessen der Demokratie ansetzten, wandten sich Liberale dem Problem der staatlichen Bürokratie zu, und Neomarxisten stellten die Funktionsprobleme des Kapitalismus in den Mittelpunkt und betonten die Notwendigkeit eines weiteren Ausbaus von Ressourcen der staatlichen Steuerung.[297] Das größte Gewicht hatte allerdings die Senkung gesellschaftlicher Ansprüche an den Staat. Diese fand sich besonders deutlich in den Empfehlungen, die der Sachverständigenrat seit seiner angebotspolitischen Wende gab und die seit Ende der siebziger Jahre auch von der FDP aufgenommen worden waren: Öffentliche Dienstleistungen sollten privatisiert, die Wirtschaft entstaatlicht und bürokratische Hemmnisse abgebaut werden. Letztlich sollte die Steuerung vom Staat auf den Markt übertragen werden. Diese Vorstellung stand bei der Diagnose der »Mindestlohnarbeitslosigkeit« ebenso Pate wie bei der Betrachtung des Strukturwandels als notwendigem Prozeß der Auslese am Markt. Recht eigentlich sollte also das Prinzip von Markt und Wettbewerb dort Steuerungsfunktionen übernehmen, wo bislang Gewerkschaften, Verbände und staatliche Bürokratien Ansprüche, Subventionen und Interventionen immer weiter gesteigert hatten.[298]

Von linken Kritikern wurden zudem alle Versuche mißtrauisch beäugt, im Rahmen einer »neokonservativen Wende« noch tiefer anzusetzen und die Entstehung »sozialer Anspruchsnormen und kultureller wie politischer Wertorientierungen zu regeln«. Forderungen nach einer Renaissance von Werten wie »Selbstbescheidung, Disziplin und Gemeinsinn«, wie sie seit 1975 fester Bestandteil der CDU-Programmatik geworden waren, standen damit im Verdacht, daß politisch-gesellschaftliche Orientierungen »sozusagen am Ursprungsort unter Kontrolle

295 Seit Ende der siebziger Jahre mündete dies dann in die Debatte über den »organisierten Kapitalismus«, s. etwa Ulrich von Alemann; Rolf G. Heinze (Hg.): Verbände und Staat. Vom Pluralismus zum Korporatismus, Opladen 1979.

296 Niklas Luhmann: Theoretische und praktische Probleme der anwendungsbezogenen Sozialwissenschaften. Zur Einführung. In: Wissenschaftszentrum Berlin (Hg.): Interaktion von Wissenschaft und Politik. Theoretische und praktische Probleme der anwendungsorientierten Sozialwissenschaften, Frankfurt am Main 1977, S. 16–39.

297 Fritz W. Scharpf: Die Rolle des Staates im westlichen Wirtschaftssystem. Zwischen Krise und Neuorientierung. In: Carl Christian von Weizsäcker (Hg.): Staat und Wirtschaft. Verhandlungen auf der Arbeitstagung des Vereins für Socialpolitik in Hamburg 1978 (Schriften des Vereins für Socialpolitik, NF Bd. 102), Berlin 1979, S. 15–44, hier: 19; Klaus Lompe: Probleme der Regierbarkeit angesichts des Mangels an langfristigen Politikorientierungen. Neue Chancen für die politische Planung? [zuerst 1982] In: ders.: Sozialstaat und Krise. Bundesrepublikanische Politikmuster der 70er und 80er Jahre, Frankfurt am Main 1987, S. 123–162, hier: 125–131.

298 Dazu mehr in Kap. V.2.

gebracht werden« und der Wertewandel letztlich rückgängig gemacht werden sollte. In den gleichen Kontext wurde auch der Funktionswandel von Institutionen eingeordnet, die »über den jeweiligen Anspruchsträgern und den Institutionen des demokratischen Willensbildungsprozesses« standen. Das Bundesverfassungsgericht, aber auch der Sachverständigenrat und viele andere wissenschaftliche Beratungsstäbe übernähmen zunehmend die Funktion, den Spielraum für Forderungen und Ansprüche zu definieren und zu »filtern«.[299]

Sympathischer schien ihnen die zweite therapeutische Alternative: Die Vorschläge zur Steigerung der staatlichen Steuerungsfähigkeit setzten zum einen bei den administrativen Techniken und damit letztlich beim optimierten Verhältnis zwischen Information und Entscheidung an. Die daraus resultierende Forderung nach einer stärkeren Verwendung »sozialer Indikatoren«, von »Kosten-Nutzen-Analysen«, »Programmbudgetierung« und einer besseren Berücksichtigung von komplexen politisch-gesellschaftlichen »Interdependenzbeziehungen« verwies nur zu deutlich auf die Tradition der Planungs- und Wissenschaftseuphorie der späten sechziger Jahre.[300] Die politikwissenschaftliche Theoriebildung mühte sich hier, das Komplexitätsgefälle zwischen gesellschaftlichen Interessen und Politik in den Griff zu bekommen, und als zentraler Faktor kristallisierte sich rasch die »Konsensbasis« von Politik heraus. Die Leistungsfähigkeit staatlichen Handelns schien nur durch die »Institutionalisierung von Allianzen und Abstimmungsmechanismen« zwischen Regierung, Gewerkschaften, Arbeitgeberverbänden und Gebietskörperschaften überhaupt erhöht werden zu können.[301] Damit begann bereits die Diskussion über den »Neokorporativismus« und dessen Tauglichkeit als Lösungsinstrument für die staatlichen Steuerungsprobleme.[302]

Die sozialwissenschaftliche Theoriebildung reagierte also auf jene Probleme, die eine unmittelbare Folge der engen wechselseitigen Durchdringung von Staat und Gesellschaft waren, ausgerechnet mit dem Therapievorschlag einer weiteren Intensivierung dieser Beziehung, was konservative Politikwissenschaftler ebenso in Rage brachte wie die Vorstellung, den Prozeß des Regierens weiter perfektionieren zu können. So war sich Wilhelm Hennis sicher, daß die »Unregierbarkeit« unmittelbar aus der Auflösung des transzendentalen Staatsverständnisses folgen mußte. Wenn der Staat nur noch ein aus der Gesellschaft abgeleiteter »Regelkreis« war, der in der Praxis jedoch immer häufiger versagte, dann folgte für ihn daraus »automatisch« die »Unregierbarkeit«.[303] Dem stellte er einen Staat entgegen, der lediglich einen »Bezugsrahmen« garantieren und eine Ordnung sichern sollte, »innerhalb der jeder seinen eigenen Zwecken nachgehen« könne. Doch in der Praxis gehe es schon seit den ersten Experimenten mit der Globalsteuerung nur um »Ziele, Prioritäten und natürlich das ›Instrumentarium‹, sie zu verwirklichen. Herausgekommen ist dabei vor allem ein immer tieferer Griff in die Tasche des Bürgers.« Der sozialdemokratische »Orientierungsrahmen '85« schien ihm dabei ebenso verabscheuenswert wie die »Alternative '76« der Union. Dabei handele es sich um »quasi kriegswissenschaftlich konzipierte« Strategiepapiere. Der unbefangene Leser

299 Klaus Lompe: Wissenschaft und politische Steuerung. Bilanz der wissenschaftlichen Politikberatung [zuerst: 1981]. In: ders.: Sozialstaat und Krise. Bundesrepublikanische Politikmuster der 70er und 80er Jahre, Frankfurt am Main 1987, S. 73–121, hier: 74–77; so auch bei Offe, Unregierbarkeit S. 300 f.

300 Fritz W Scharpf.; Bernd Reissert; Fritz Schnabel: Politikverflechtung. Theorie und Empirie des kooperativen Föderalismus in der Bundesrepublik, Kronberg i. Ts. 1976.

301 Offe, Unregierbarkeit S. 303.

302 Metzler, Konzeptionen S. 408 f.

303 Ebd. S. 406 f.

könne annehmen, daß es sich bei der jeweils anvisierten Gesellschaft um »ein erobertes Volk, ein fremdes Territorium« handelte. Dies entsprach ganz dem Muster der Kritik, die schon seit der Wende zu den siebziger Jahren bekannt war. Zugleich gelang es Hennis aber doch, jenes Verständnis von Politik auf den Punkt zu bringen, das in der Praxis längst beobachtet werden konnte. Der »aufgesetzte Strategenjargon« der beiden Volksparteien lenke nur davon ab, daß sich längst ein unterkühlter Pragmatismus Bahn gebrochen hatte: »Politische Ziele und Aufgaben ergeben sich, geschichtlich, aus Situationen, gegebenen Lagen. Man begreift ihre Herausforderung oder verfehlt sie.«[304]

Will man die Debatte über die »Unregierbarkeit« also auf einen Nenner bringen, so blieb in erster Linie die Einsicht in die komplizierten Mechanismen des Komplexitätsgefälles zwischen staatlicher Steuerung und gesellschaftlicher Entwicklung, in das Problem der Rekursivität, das insbesondere die Wissensproduktion bei der Entscheidungsvorbereitung überforderte, und in das Phänomen der Kontingenz gesellschaftlichen Wandels, das selbst rationale Entscheidungen (etwa: verstärkter Neubau von Atomkraftwerken seit der ersten Ölkrise) in Frage stellte. Jenseits dieser Diagnosen war aber keine Einigkeit über die Handlungsfähigkeit und Reichweite des staatlichen Handelns mehr zu erzielen, und die Therapievorschläge der Wissenschaftler waren ähnlich widersprüchlich wie die in der Wirtschaftspolitik tatsächlich getroffenen Entscheidungen. Der von Hennis so vehement eingeforderte Pragmatismus wurde damit zur politischen Notwendigkeit, denn Sozialwissenschaftler mochten ausgiebig über die angemessenen Lösungsstrategien streiten – Politik hingegen stand vor dem Dilemma, trotz aller Unsicherheit weiter entscheiden zu müssen. Die Folgen können in der Wirtschaftspolitik seit Mitte der siebziger Jahre mustergültig beobachtet werden. Auch dort herrschte kein Zweifel über die Ziele: Das gesamtwirtschaftliche Wachstum mußte gestärkt, die Inflation bekämpft, die außenwirtschaftliche Anpassung vorangetrieben, vor allem aber die Lage am Arbeitsmarkt verbessert werden. Bei aller Sicherheit über die Ziele ging die Einsicht in die gesellschaftliche Komplexität und in die Begrenztheit staatlicher Steuerungsfähigkeit nun aber in die Politik ein. Die Lösung der schwierigen Aufgaben »allein dem Staat übertragen zu wollen, hieße jedoch, die Wirkungsmöglichkeiten staatlicher Maßnahmen zu überschätzen und die Komplexität ökonomischer Abläufe außer acht zu lassen. Erfolg oder Mißerfolg der staatlichen Wirtschafts- und Finanzpolitik werden entscheidend mitbestimmt vom Verhalten und den Reaktionen der unmittelbar am Wirtschaftsprozeß Beteiligten.«[305]

Selbst die Analyse der gesamtwirtschaftlichen Lage war unter den Bedingungen des strukturellen Wandels längst nicht mehr so einfach wie noch in den sechziger Jahren. Schon während der ersten Ölkrise hatten die Gewerkschaften auf die »sehr unterschiedliche Konjunktursituation in den einzelnen Wirtschaftszweigen und Unternehmensgrößen« hingewiesen und daraus den Schluß gezogen, daß die »globalen Daten der volkswirtschaftlichen Gesamtrechnung weniger denn je Schlüsse auf die Entwicklung in den einzelnen Sektoren der Wirtschaft zulassen.«[306] Und 1979 kam man beim BDI zu einer ganz ähnlichen Einschätzung. Mit den verschärften wirtschaftlichen Strukturproblemen ging zugleich eine irritierende »Polarität der Arbeitsmärkte« einher. Trotz hoher Arbeitslosigkeit beklagten die Unternehmen einen Mangel

304 Wilhelm Hennis: Krieg und Ziele. Die CDU imitiert die SPD im programmatischen Ansatz. In: Deutsche Zeitung, 20.6.1975.

305 Bundestags-Drucksache 9/1322: Jahreswirtschaftsbericht 1982 der Bundesregierung, 4.2.1982, Tz. 3.

306 DGB-Archiv im AdsD 5/DGAI001461, Protokoll der Konzertierten Aktion am 24.9.1974 vom 15.10.1974.

an qualifizierten Kräften. In einigen Regionen (etwa in Württemberg) herrschte Vollbeschäftigung, während die Arbeitslosenquote anderswo sieben Prozent erreichte.[307] Trotz der relativierten Geltung wissenschaftlichen Expertenwissens setzte die Regierung daher auf den Aufbau einer »Strukturberichterstattung« durch die fünf wirtschaftswissenschaftlichen Forschungsinstitute: Wenn die Realität inzwischen zu komplex und widersprüchlich für die volkswirtschaftliche Gesamtrechnung geworden war, so mußten eben mehr Informationen über die »gesellschaftliche Wirklichkeit« eingeholt werden. Die Institute sollten den Zusammenhang zwischen struktureller und gesamtwirtschaftlicher Entwicklung »aufhellen«, damit »vorhandene strukturelle Entwicklungslinien transparenter« gemacht und »insbesondere Beziehungen zwischen Expansions- und Schrumpfungsvorgängen« aufgezeigt werden konnten. Dabei ging es nicht nur darum, die staatliche Strukturpolitik in ihren Wirkungen angemessen beurteilen zu können, sondern gleichzeitig sollten auch die »Informationsmöglichkeiten der Wirtschaft« verbreitert werden. So könnten »Friktionen beim Strukturwandel« verringert und die »Effizienz des Marktmechanismus« gefördert werden: »Die Strukturberichterstattung dient deshalb der Stärkung der marktwirtschaftlichen Ordnung.« Die Aufträge wurden 1978 erteilt, und anders als bei der Konjunkturdiagnose sollten die Institute nun keinen gemeinsamen Bericht vorlegen, sondern mit ihren Methoden und Interpretationen im Wettstreit stehen.[308] Auch das Statistische Bundesamt wandte dem strukturellen Wandel nun mehr Aufmerksamkeit zu, und im Herbst 1978 vergaben mehrere Ministerien einen weiteren Forschungsauftrag an zwei Projektgemeinschaften, die untersuchen sollten, »ob sich in absehbarer Zukunft der technologische Wandel verstärken und Folgewirkungen auslösen könnte und ob der technologische Wandel Aktionen und Reaktionen der Wirtschaft bewirken dürfte, die künftig zu Schwierigkeiten auf den Arbeitsmärkten führen.«[309]

Die Verunsicherung der Politik führte also zu einer weiter steigenden Zahl wissenschaftlicher Gutachten. Weiter gingen die Auswirkungen kaum, denn mehr wissenschaftliche Informationen über den strukturellen Wandel trugen ja noch nicht dazu bei, daß die Strukturpolitik tatsächlich auf eine neue Grundlage gestellt worden wäre, und mit dem schon bei der Auftragsvergabe festgelegten Prinzip der wissenschaftlichen Konkurrenz war auch klar, daß die Diagnosen der Gutachter ebenso vielstimmig und widersprüchlich ausfallen würden wie die Lage, über die sie an sich Klarheit herstellen sollten. Dieses Dilemma erklärt erst die konzeptionelle Attraktivität der Angebotspolitik: Indem sie das Augenmerk ganz auf die ökonomischen Mikrorelationen, auf das individuelle Verhalten legte, reflektierte sie den Abschied von den verbindlichen gesellschaftlichen Gesamtbeschreibungen. Damit war eine pragmatische Einstellung zur politischen Gestaltungskraft des Staates verknüpft, die schon seit Mitte der siebziger Jahre immer deutlicher sichtbar wurde. Nirgendwo wurde dies so deutlich wie im Jahreswirtschaftsbericht vom Januar 1977. Nachdem das BMWi unter Hans Friderichs schon Anfang 1973 vom hohen Anspruch einer gesamtwirtschaftlichen »Steuerung« heruntergekommen und das Berichtskapitel über die vorgesehenen wirtschaftspolitischen Schritte fortan mit »Politik zur globalen Beeinflussung des Wirtschaftsprozesses« überschrieben war, paßte nun offenbar auch die »Beeinflussung« nicht mehr in die politische Landschaft. Die Autoren sprachen 1977 nur noch von der »Politik zur Förderung von Beschäftigung, Wachstum und Stabi-

307 BDI-Archiv, KKW 35, Karton 702, Vermerk Baumann für Mann, 5.1.1979.
308 Bundestags-Drucksache 8/1471: Jahreswirtschaftsbericht 1978 der Bundesregierung, 26.1.1978, Tz. 38.
309 Bundestags-Drucksache 8/2502: Jahreswirtschaftsbericht 1979 der Bundesregierung, 24.1.1979, Tz. 42.

lität.«[310] Und im Text hieß es erneut: »Die Bundesregierung ist sich der Grenzen einer Konjunktursteuerung durch eine antizyklische Finanzpolitik wohl bewußt. Übertriebene Erwartungen hinsichtlich der finanzpolitischen Möglichkeiten einer Rezessionsbekämpfung können leicht zu Illusionen über das wirtschaftspolitisch Machbare führen.«[311]

Daran ist nicht der Abschied von der Semantik der Globalsteuerung von Interesse, auf den oben bereits ausführlich eingegangen wurde, sondern die Ernüchterung über die staatliche Steuerungsfähigkeit schlechthin. Selbst die gewohnten Denkmuster des makroökonomischen Gleichgewichtsmodells waren in Frage gestellt. Schon während der Debatte über die Erhöhung der Mehrwertsteuer hatte der Minister festgestellt: »Ich will einmal unterstellen, daß man diese 10 Milliarden tatsächlich streichen könnte. Meine ›Rechner‹ in der volkswirtschaftlichen Abteilung würden mir dann sagen: Verehrter Herr Minister, die öffentliche Gesamtnachfrage würde dann um einen Betrag sinken, der Sie dann bitte auch zwingt, das Wachstum des Sozialprodukts zu korrigieren. Man kann von dem gesamten Datenkranz nicht eine Ecke wegnehmen, aber alle anderen Daten belassen, das paßt dann nicht mehr. Anders ausgedrückt. Die 9,5 % durchschnittliches nominales Wachstum des Bruttosozialprodukts per 1979, die in der Gesamtplanung enthalten sind, sind jedenfalls mit einer Reduzierung der öffentlichen Gesamtnachfrage um 10 Milliarden DM konsistent nicht rechenbar.« Friderichs brachte damit das Denken in Kategorien der Makroökonomie auf den Punkt, vor allem fügte er aber hinzu: »Ich behaupte ja gar nicht, daß sie [die 9,5 Prozent nominales Wachstum des Bruttosozialprodukts] eintreten; aber sie sind jedenfalls nicht rechenbar.«[312] Erst dieser Nachsatz enthüllte seine Zweifel an der bisherigen Vorstellung von staatlicher Steuerungsfähigkeit: Das Denken im makroökonomischen Kreislauf, die Salden der volkswirtschaftlichen Gesamtrechnung, die ökonometrischen Prognosemodelle – sie funktionierten nur als Gesamtsystem, auf deren Konstruktion der gesellschaftlichen Realität nicht nur in Ausschnitten oder fallweise zurückgegriffen werden konnte. Sie besaßen eine eigene mathematische Evidenz, die umgekehrt beim geringsten Zweifel dazu führen mußte, daß das gesamte System in sich zusammenbrach.

In genau diese Wunde legte der Vorsitzende des Sachverständigenrates 1978 auf der Hamburger Tagung des »Vereins für Socialpolitik« seinen Finger. Die Standesvereinigung der Ökonomen hatte bezeichnenderweise das Konferenzthema »Staat und Wirtschaft« gewählt, und Olaf Sievert stellte fest: »Die Steuerbarkeit der Konjunktur durch den Staat in einem einigermaßen strengen Sinne war immer eine Illusion. Eine Zeitlang war es eine hilfreiche Illusion. Danach wurde daraus eine schädliche.«[313] Sievert hob hervor, daß die »Erfahrung, daß die hochgeschraubten Ansprüche an die Steuerung der Konjunktur nicht zu erfüllen« sind, inzwischen »gemacht und auch wirksam« sei. Die praktischen Erfahrungen mit den Entscheidungs- und Koordinationsproblemen der Globalsteuerung ließen den politischen Steuerungsanspruch der Vergangenheit nun allenfalls noch als Simulation eines handlungsfähigen Entscheidungszentrums erscheinen. Im Lichte dieser Erkenntnis griff Sievert bei seiner Beschreibung explizit einen Begriff der Entscheidungstheorie auf, den der amerikanische

---

310 Bundestags-Drucksache 8/72: Jahreswirtschaftsbericht 1977 der Bundesregierung, 28.1.1977, Tz. 13.

311 Jahreswirtschaftsbericht 1977, Tz. 37.

312 Parlamentsarchiv des Deutschen Bundestages, VII 347/348 A1, Stenographischer Bericht der Bundesratssitzung am 17. Oktober 1975.

313 Olaf Sievert: Die Steuerbarkeit der Konjunktur durch den Staat. In: Carl Christian von Weizsäcker (Hg.): Staat und Wirtschaft. Verhandlungen auf der Arbeitstagung des Vereins für Socialpolitik in Hamburg 1978 (Schriften des Vereins für Socialpolitik, NF Bd. 102), Berlin 1979, S. 810–846, hier: 810.

Politikwissenschaftler Charles Lindblom bereits am Ende der fünfziger Jahre geprägt hatte.[314] Doch erst seit der Ernüchterung über die Plan- und Steuerbarkeit der Gesellschaft begann dieser in der deutschen Diskussion eine immer größere Rolle zu spielen – nun erst interessierten sich die Sozial- und Wirtschaftswissenschaftler für die Umsetzung von Entscheidungen in Organisationen, die in der Praxis weniger rational, sondern eher wie ein »Sich-Durchwursteln« erschien, was nun im Suhrkampdeutsch als »Inkrementalismus« bezeichnet wurde. Sievert kam zu dem Schluß, daß »die Politik des ›muddling through‹ der vergangenen Jahre«, die aus »guten Gründen zeitweise eine Politik des kamouflierten [sic] Nichtstuns« gewesen sei, derzeit zwar »noch die klare Zurückweisung der überhöhten Ansprüche« an die wirtschaftspolitische Steuerungsfähigkeit scheue. Aber sie übe »trotzdem die Reduktion dieser Ansprüche allmählich ein.« In diesem Sinne seien seit Mitte der siebziger Jahre wichtige »ordnungspolitische Aufräumarbeiten« im Gange. Daher war er überzeugt, daß die Wissenschaftler jene Konjunkturpolitiker »freisprechen« durften, »die sich darauf berufen, daß sie die Konjunktur nicht gut steuern können.«[315]

Während die Konferenz zeigte, daß über die Diagnose reduzierter politischer Steuerungsfähigkeit weithin Konsens herrschte, gingen die Lösungsvorschläge weit auseinander. Sievert rief nach Rahmenbedingungen für den »Schumpeterschen Unternehmer«, nach einer »freiheitlichen« Wirtschaftspolitik, die sich positiv zum anonymen Bewährungsdruck des Marktes stellte und die Fürsorgerolle des Staates zurückwies. Andere kritisierten die »neoliberale ›Gegenreformation‹« und stellten dem eine Anpassung der staatlichen Interventionen an die gesellschaftliche Komplexität entgegen.[316] Gleichzeitig reduzierte sich also auch die Verbindlichkeit und die Reichweite der wirtschaftswissenschaftlichen Deutungen, was Wilhelm Krelle auf der Hamburger Konferenz bereits in seiner Eröffnungsrede deutlich zum Ausdruck gebracht hatte. Für ihn war der Staat die »Organisation einer Gesellschaft, um sie zu befähigen, die Entscheidungen zu treffen und durchzusetzen, die sie nur allgemein treffen kann und der dann alle unterworfen sind.« Zwar konstatierte er, daß die Wirtschaftswissenschaft die »Interdependenz von Millionen von Einzelentscheidungen in der Marktwirtschaft und die daraus resultierenden makroökonomischen Zusammenhänge« besser verstehen gelernt habe. Aber Krelle sprach nur noch von der Beeinflussung individueller Entscheidungen durch die Wirtschaftspolitik des Staates, die Geldpolitik der Bundesbank, die Lohnpolitik der Gewerkschaften und die Preispolitik der Unternehmer. Vor allem kenne die Bundesrepublik »keine oberste Instanz, die diese Aspekte planvoll koordiniert.« Wirtschaftspolitik sei mithin als »informeller Prozeß der gegenseitigen Abstimmung und Kooperation« zu verstehen, der aber »leider in letzter Zeit nicht immer so funktioniert« habe, »wie man das im Interesse der Gesamtheit wünschen könnte.« Die Reichweite wirtschaftswissenschaftlicher Analysen und Empfehlungen sei hier ebenfalls begrenzt: »Weil die Ergebnisse jeder empirischen Wissenschaft nur vorläufig sind, steht uns Bescheidenheit gut an. Wir können als Wissenschaftler ohnehin nur Wenn-dann-Aussagen machen, derart: Falls die Bundesbank diese Entscheidun-

---

314 Charles Lindblom: The science of muddling through. In: Public Administration Review 19 (1959), S. 79–88; deutsche Übersetzung erst 1975, ders.: Inkrementalismus. Die Lehre vom »Sich-Durchwursteln«. In: Wolf-Dieter Narr; Claus Offe (Hg.): Wohlfahrtsstaat und Massenloyalität, Gütersloh 1975, S. 161–177; vgl. auch Amos Tversky; Daniel Kahneman: Judgement under uncertainty. Heuristics and biases. In: Science 185 (1974), S. 1124–1130.

315 Sievert, Die Steuerbarkeit S. 810, 846.

316 Scharpf, Die Rolle des Staates S. 16ff.

gen trifft, die Bundesregierung jene und die Gewerkschaften und Unternehmer eine bestimmte Lohn- und Preispolitik betreiben, wird das gesamtwirtschaftliche Ergebnis voraussichtlich dieses sein. Wer von der Wirtschaftswissenschaft unbedingte wirtschaftspolitische Empfehlungen verlangt, muß das individuelle Werturteil von Wirtschaftswissenschaftlern akzeptieren.«[317]

Die oben ausführlich dargestellte »Politisierung« der wirtschaftswissenschaftlichen Expertise war also gleichzeitig von einer Pragmatisierung begleitet, die sich sowohl auf den Gegenstand des wirtschaftspolitischen Handelns als auch auf die Methoden der staatlichen Interventionen selbst bezog. Das neue Selbstverständnis der Wissenschaftler brachte Peter F. Drucker, ein Veteran der Managementlehre, auf den Punkt: »Gegenwärtig jedoch gibt es nur noch wenige, die die Annahme eines unpolitischen Ökonomen der gleichzeitig die wesentlichen politischen Entscheidungen überwacht, noch ernst nehmen. Wie alle ›erleuchteten Despoten‹ erwies sich der keynesianische ›Ökonomenkönig‹ als ein Trugbild, als ein Widerspruch in sich. Wenn es etwas gibt, das uns die Inflation des letzten Jahrzehnts lehren könnte – so wie wir aus den Inflationen der zwanziger Jahre in Europa lernten – dann ist es dies: der Wirtschaftstheoretiker an der Macht wird entweder selbst ein Politiker oder ein Werkzeug (jedoch kein verantwortungsloses) oder aber er verliert die Macht und den Einfluß.« Und »ohne den ›Ökonomenkönig‹« hörte die »Keynessche Wirtschaftstheorie auf, praktisch wirksam zu sein.«[318]

Als Fazit bleibt festzuhalten, daß der langsame Abschied vom keynesianischen Paradigma in den siebziger Jahren weit mehr beinhaltete, als eine Umstellung der wirtschaftspolitischen Semantik. Die Analyse einer verunsicherten und konzeptionell widersprüchlichen Wirtschaftspolitik ist keineswegs auf die Frage zu beschränken, ob es einen mehr oder minder erfolgreichen »Wissenstransfer« zwischen Beratern und Politikern gegeben hat und welche Ursachen für einen möglicherweise eng begrenzten »Beratungserfolg« auszumachen sind. Vier eng miteinander verknüpfte Faktoren erklären den Pragmatismus und die Ernüchterung der wirtschaftspolitischen Akteure.

Erstens überforderten bereits die gesamtwirtschaftlichen Rahmenbedingungen das wirtschaftspolitische Handlungsmodell des »diagnostisch-therapeutischen Keynesianismus«. Internationale Währungskrisen, importierte Inflation und die schweren Angebotsschocks der beiden Ölpreiskrisen ließen die zunehmende Bedeutung weltwirtschaftlicher Verflechtung ebenso hervortreten wie die anwachsende Konkurrenz auf angestammten Exportmärkten, die ein wichtiger Faktor des strukturellen Wandels war. Aber auch der binnenwirtschaftliche Problemdruck war enorm. Investitions- und Wachstumsschwäche, hohe Inflation und steigende Kapitalmarktzinsen, das angespannte einkommenspolitische Klima und die steigende Arbeitslosigkeit fielen mit hohen strukturellen Haushaltsdefiziten des Staates zusammen. Das keynesianische Politikmodell wurde somit bereits vom Problem der Stagflation überfordert, in dem sich die äußerst ungünstigen gesamtwirtschaftlichen Rahmenbedingungen bündelten. Daß es gleichwohl bis zum Ende der sozialliberalen Ära nicht vollständig aufgegeben wurde, hatte seine Ursachen zu einem guten Teil in der schwierigen inneren Machtbalance der sozialliberalen

317 Wilhelm Krelle: Eröffnung der Tagung und Begrüßung der Teilnehmer. In: Weizsäcker, Staat und Wirtschaft S. 3–8.

318 Peter F. Drucker: Auf dem weg zur nächsten Wirtschaftstheorie. In: Daniel Bell; Irving Kristol (Hg.): Die Krise in der Wirtschaftstheorie, Berlin 1984, S. 1–19, hier: 11 f.

ralen Koalition und in den Flügelkämpfen der Sozialdemokraten. Dieser erste Faktor, den man kurz als »politisch-wirtschaftliche Rahmenbedingungen« bezeichnen kann, reicht allerdings nicht aus, um den grundlegenden Wandel, der sich in den siebziger Jahren vollzog, zu erfassen.

Jenseits derartiger »Sachzwänge« trat als zweiter Faktor der Wandel der gesellschaftlichen Selbstbeschreibung hinzu. »Verunsicherung« ist auch hier das wichtigste Merkmal der Epoche, in der sich auf der einen Seite die gewohnte Reichweite und Verbindlichkeit der gesellschaftlichen Gesamtbeschreibungen reduzierte. Sie konstatierten eine immer weiter zunehmende gesellschaftliche Komplexität, und bei der Beschreibung der inneren gesellschaftlichen Ordnung verloren selbst die an sich ausreichend flexiblen Konzeptionen von »Schichten« und »Gruppen«, auch die Vorstellung einer Unterscheidung von Arbeitgebern und Arbeitnehmern, zunehmend an Plausibilität. Statt dessen rückten mit dem Wertewandel und den Qualifikationsanforderungen der Wissensgesellschaft ganz neue Aspekte in den Mittelpunkt des Interesses. Damit individualisierte sich die Beschreibungsperspektive, und gleichzeitig sank die Reichweite der Ordnungsvorstellungen, die nun zukunftsoffener wurden und einen weitaus geringeren Grad der Verbindlichkeit beanspruchten als in der Vergangenheit.

Drittens fiel jener Faktor aus, der den Wandel der gesellschaftlichen Selbstbeschreibung in den sechziger Jahren noch stabilisiert und damit gerade zur sicheren Orientierung beigetragen hatte. Die Stellung wissenschaftlicher Expertise in der Wirtschaftspolitik wandelte sich in den siebziger Jahren grundlegend, seit das Paradigma der »Verwissenschaftlichung« an der sperrigen politisch-gesellschaftlichen Realität, vor allem aber an den rekursiven Mechanismen der Wissensproduktion gescheitert war. Zahlreiche wirtschaftspolitische Probleme waren selbst direkte oder indirekte Folge der von den Beratern propagierten Politik oder mußten darauf zurückgeführt werden, daß die Wirtschaftspolitiker nur dann auf den Expertenrat zurückgriffen, wenn dies in ihr Wahlkalkül paßte. Fehlprognosen stellten gleichzeitig die Methoden der Makroökonomie in Frage und ließen eine auf die Beeinflussung individuellen Verhaltens ausgerichtete, mittelfristig verstetigte Wirtschaftspolitik ebenso attraktiv erscheinen wie die offenkundigen »Steuerungsprobleme«. Allerdings kam es auch zur Politisierung der Wissensproduktion, weil sich die Experten nun offen zur normativen Setzung bekannten und damit die Gegenexpertise all jener provozierten, die diese Setzungen nicht teilten. Im Zusammenspiel mit der politischen Vereinnahmung bestimmter wissenschaftlicher Positionen durch Politik und Interessenverbände hatte diese Entwicklung paradoxe Folgen: Das Zutrauen in die Sicherheit und Verbindlichkeit wissenschaftlichen Expertenwissens sank, während an den Institutionen und Mechanismen der Beratung festgehalten wurde.

Diese Entwicklung verweist unmittelbar auf den vierten Faktor: Weder die wissenschaftlichen Experten, noch die Akteure der staatlichen Wirtschaftspolitik gingen länger davon aus, daß die Gesellschaft etwas ihren eigenen Steuerungsversuchen Äußeres war. Damit entfaltete der schon für die sechziger Jahre festgehaltene Befund einer »Vergesellschaftung« der Wirtschaftspolitik, eines Abschieds vom transzendentalen Staatsverständnis, erst in den siebziger Jahren seine volle Wirkung. Wenn sowohl die Experten als auch die Politiker selbst Teil dessen waren, was sie analysierten und steuern wollten, ja in ihren Analysen die Folgen des vergangenen und zukünftigen wirtschaftspolitischen Handelns mit berücksichtigen mußten, überforderte dies die Grundlagen der keynesianischen Instrumente der Diagnose, der Entscheidungsvorbereitung und letztlich auch der Therapie. Der Befund zunehmender gesellschaftlicher Komplexität wurde also seinerseits rekursiv und löste auf diese Weise die Fiktion eines staatlichen Steuerungszentrums in der Wirtschaftspolitik auf. Übrig blieben die tiefe Enttäuschung über die mangelnde staatliche Steuerungsfähigkeit, über »Unregierbarkeit«, sowie der Vorschlag, die Wirtschaftspolitik von zu hohen Erwartungen zu entlasten und auf diese Weise zumindest eine pragmatische, an die Situation angepaßte Politik betreiben zu können.

V. Ausblick: Ankunft in der Postmoderne

1. Wirtschaftspolitik nach der »Wende«

Bis in die Gegenwart gilt der mit dem einzigen gelungenen konstruktiven Mißtrauensvotum im Oktober 1982 vollzogene Regierungswechsel tatsächlich als grundlegende »Wende« in der Wirtschafts- und Finanzpolitik. Dies war zu einem guten Teil auf die Rhetorik der Union zurückzuführen, die sich mühte, dem Amtsantritt der neuen Regierung mit dem Begriff der »geistig-moralischen Wende« einigen Glanz zu verschaffen.[1] Und in der Tat war der von Helmut Kohl schon in seiner Regierungserklärung vom 13. Oktober formulierte Anspruch seines wirtschafts- und gesellschaftspolitischen Programms außerordentlich hoch. Der neue Kanzler war sicher, daß die neue Koalition ihre Arbeit in der »schwersten Wirtschaftskrise seit Bestehen der Bundesrepublik Deutschland« begann. Hohe Arbeitslosigkeit, eine noch nie dagewesene Zahl von Firmenzusammenbrüchen, beängstigende Jugendarbeitslosigkeit und eine nachhaltige Investitionsschwäche trafen auf steigende Abgabenbelastungen und eine schwere Finanzkrise von Staat und Sozialversicherung. Kohl machte deutlich, daß dies in erster Linie auf die hohen Ansprüche an den Staat zurückzuführen sei, die sich auf der Basis »ständigen und kräftigen Wachstums« entwickelt hatten – als dieses aber ausblieb, habe die Kraft gefehlt, die »notwendigen Konsequenzen zu ziehen und die notwendigen Korrekturen durchzusetzen.«[2]

Verstärkt wurde diese Lähmung von der tiefen »Unsicherheit, gespeist aus Angst und Ratlosigkeit, Angst vor wirtschaftlichem Niedergang, Sorge um den Arbeitsplatz, Angst vor Umweltzerstörung, vor Rüstungswettlauf, Angst vieler junger Menschen vor ihrer Zukunft.« Dem stellte Kohl ein Loblied auf die Zeit Ludwig Erhards und die Leistungsfähigkeit der Sozialen Marktwirtschaft gegenüber; er wollte neuen Optimismus schaffen, und »Freiheit, Dynamik und Selbstverantwortung« sollten sich neu entfalten können. Dazu aber seien nicht weniger als eine »neue Wirtschafts- und eine neue Gesellschaftspolitik« erforderlich: »Eine Wirtschaftsordnung ist um so erfolgreicher, je mehr sich der Staat zurückhält und dem einzel-

1 Zur programmatischen Vorgeschichte Wirsching, Abschied vom Provisorium S. 50f.
2 Stenographische Berichte des Deutschen Bundestages, 9. Wahlperiode, 121. Sitzung, 13.10.1982, S. 7213f.

nen seine Freiheit läßt.« Daher sollte der Staat nun wieder »auf den Kern seiner Aufgaben« zurückgeführt und mehr Eigeninitiative ermöglicht werden.[3]

Für die Sozialdemokraten war schon die Regierungserklärung mit ihrer Ankündigung sozialer Einschnitte ein »Dokument der Bösartigkeit« (Hans Apel),[4] zumal die Union ganz offen mit der wirtschaftspolitischen Semantik der sozialliberalen Ära brach und die angebotspolitischen Prämissen hochhielt. So wies Theo Weigel (CSU) darauf hin, daß die »Möglichkeiten und Grenzen der Politik ehrlich« aufgezeigt werden mußten. Schließlich habe es in der Vergangenheit ein »Zuviel an Programmen und Programmierung, eine Überschätzung des Machbaren, die utopische Hoffnung auf die totale Steuerbarkeit des wirtschaftlichen Geschehens« gegeben, welche »die Menschen verunsichert und enttäuscht« habe. Die »Verwirklichung des magischen Viereckes« könne allein mit ökonomischen Instrumenten eben doch nicht erreicht werden. »Hierzu bedarf es der Aktivierung jener Werte, auf denen Wohlstand und soziale Sicherheit beruhen, nämlich Sparsamkeit, Fleiß, Mut, Leistungsbereitschaft, Eigenverantwortung. Das waren die Tugenden, mit denen die Not nach dem Krieg gewendet wurde. Sie sind auch in unserer Zeit notwendig.«[5]

Am deutlichsten schlug sich die neue Programmatik im Haushaltsbegleitgesetz (mit Wirkung vom 1. Januar 1983) nieder. War die sozialliberale Koalition nicht zuletzt im Konflikt um den Bundeshaushalt auseinandergebrochen, gelang es der neuen Regierung nun binnen kürzester Frist, auf der Grundlage einer schonungslosen »Eröffnungsbilanz«[6] Einnahmeverbesserungen von rund 10,2 Milliarden Mark (beim Bund und den Sozialversicherungsträgern) zu beschließen und gleichzeitig Ausgaben zu streichen. Ganz im Sinne der programmatischen »Selbstverantwortung« führte die Koalition nun Zuzahlungen bei Krankenhausaufenthalten ein, erhöhte die Rezeptgebühr und nahm zahlreiche »Bagatell-Arzneimittel« von den Leistungen der Krankenversicherung aus. Das »Schüler-BAföG« wurde faktisch abgeschafft, die Erhöhung der Renten um ein halbes Jahr verschoben und die stufenweise Einführung eines Krankenversicherungsbeitrages der Rentner beschlossen. Neben Kürzungen der Bundeszuschüsse zur Rentenversicherung und zur Bundesknappschaft schlugen aber vor allem die Senkung der Beitragsbemessungsgrundlage und die Anhebung des Beitragssatzes zur Arbeitslosenversicherung sowie die Erhöhung der Mehrwertsteuer zu Buche. Bezieher hoher Einkommen erhielten künftig weniger Kindergeld. Die Kosten der Kinderbetreuung konnten steuerlich nicht mehr abgesetzt werden, und im Gegenzug wurde ein Kinderfreibetrag eingeführt. Zudem reduzierte die Koalition die steuerliche Subvention von Dauerschulden und führte gleichzeitig erweiterte Abschreibungsmöglichkeiten für neu errichtete, selbstgenutzte Häuser und Eigentumswohnungen ein. Unternehmen gestattete sie den Aufbau einer befristeten Rücklage beim Erwerb von Betrieben, deren Existenz gefährdet war. Und Bezieher hoher

3 Ebd. S. 7215 ff.; ebenso Bundestags-Drucksache 9/2400: Jahreswirtschaftsbericht 1983 der Bundesregierung, 27.1.1983, Tz. 2 ff.

4 Parlamentsarchiv des Deutschen Bundestages, Gesetzesmaterialien, Gesetz zur Wiederbelebung der Wirtschaft und Beschäftigung und zur Entlastung des Bundeshaushalts (Haushaltsbegleitgesetz 1983) vom 20. Dezember 1982, Stenographischer Bericht des Bundestages, Sitzung vom 11. 11. 1982.

5 Parlamentsarchiv des Deutschen Bundestages, IX 106 A6, Stenographischer Bericht des Bundestages, Sitzung am 15. 12. 1982.

6 So die von Lothar Späth geprägte Bezeichnung, Parlamentsarchiv des Deutschen Bundestages, Gesetzesmaterialien, Gesetz zur Wiederbelebung der Wirtschaft und Beschäftigung und zur Entlastung des Bundeshaushalts (Haushaltsbegleitgesetz 1983) vom 20. Dezember 1982, Stenographischer Bericht der Bundesratssitzung am 26. November 1982.

Einkommen hatten eine rückzahlbare Abgabe zu entrichten, die zur Investitionshilfe eingesetzt werden sollte. Unter den Zwängen krisenbedingter Mehrausgaben und Mindereinnahmen untermauerte das Gesetzespaket also durchaus die programmatischen Aussagen der neuen Koalition: Die Leitbilder der Selbstverantwortung und Selbstbeteiligung der Bürger sowie das Anreizen von Investitionen standen neben jenen Elementen, die pragmatisch darauf abzielten, den Bundeshaushalt zu konsolidieren.[7]

Die sozialdemokratische Opposition hob zwar hervor, daß sie das Ziel der Haushaltskonsolidierung mittrug. Wolfgang Roth machte als wirtschaftspolitischer Sprecher der SPD-Fraktion jedoch deutlich, daß diese Strategie angesichts der konjunkturellen Krise mit einem gezielten staatlichen Ausgabenprogramm abgesichert werden müsse, das er in die Tradition des allseits positiv beurteilten Zukunftsinvestitionsprogrammes stellte. Dieses sollte mittelfristig angelegt sein und vor allem auf Investitionen im Umweltschutz und bei der Energieeinsparung fokussiert werden.[8] Dieses Festhalten an einer Wirtschaftspolitik der Ausgabenprogramme erhöhte den Kontrast zwischen Regierung und Opposition und verdeckte, daß eigentlich auch die amtliche Wirtschaftspolitik in der Krise nicht auf konjunkturpolitische Initiativen verzichten mochte, wie schon die Eigenheim- und Investitionsförderung zeigte.[9] Im Verein mit den zahlreichen intellektuellen Angriffen auf die Programmatik und Rhetorik der »Wende« verfestigte sich so das Bild, daß es 1982 tatsächlich zu einem tiefen Einschnitt in der Wirtschafts- und Gesellschaftspolitik gekommen sei.[10] Mitunter übernimmt die zeithistorische Forschung diese Einschätzung bis in die Gegenwart, um die »beträchtlichen« wirtschaftspolitischen Erfolge Kohls besser von dessen Vorgängern abgrenzen zu können.[11]

Der Blick auf die makroökonomischen Daten scheint dieser Einschätzung zunächst Recht zu geben, schwenkte die westdeutsche Wirtschaft seit 1983 doch wieder auf einen stabilen Wachstumspfad ein. Zwar hatten sich die Raten der gesamtwirtschaftlichen Zuwächse nun deutlich reduziert, doch wuchs das Bruttoinlandsprodukt bei nur noch geringen konjunkturellen Schwankungen zwischen 1983 und 1989 immerhin um durchschnittlich 2,5 Prozent pro Jahr.[12] Die hohen Raten der Geldentwertung waren schon seit 1984 Geschichte, als die Inflationsrate erstmals wieder unter die Drei-Prozent-Marke fiel, und zwischen 1985 und 1988 veränderten sich die Preise kaum noch, so daß die Bundesbank ihre Hochzinspolitik beenden

7 Parlamentsarchiv des Deutschen Bundestages, Gesetzesmaterialien, Gesetz zur Wiederbelebung der Wirtschaft und Beschäftigung und zur Entlastung des Bundeshaushalts (Haushaltsbegleitgesetz 1983) vom 20. Dezember 1982, Erläuterungen zur Tagesordnung der Bundesratssitzung am 26. 11. 1982.

8 Parlamentsarchiv des Deutschen Bundestages, IX 106 A6, Stenographischer Bericht des BT, Sitzung am 15. 12. 1982.

9 Zur programmatischen Polarisierung der SPD in wirtschaftspolitischen Fragen Wirsching, Abschied vom Provisorium S. 141 ff.

10 Dazu Andreas Wirsching: Die mediale »Konstruktion« der Politik und die »Wende« von 1982/83. In: Historisch-Politische Mitteilungen 9 (2002), S. 127–139, hier: 131 ff.; ausführlich ders., Abschied vom Provisorium S. 53 ff.; vgl. auch Markus-Wilhelm Weingartz: »Die ganz banale Geschichte einer durchschnittlichen Ehe.« Die Geschichte der sozial-liberalen Koalition und die »Wende« von Schmidt zu Kohl. In: Historische Mitteilungen der Ranke-Gesellschaft 15 (2002), S. 268–279; Josef Schmidt: Der Machtwechsel und die Strategie des konservativ-liberalen Bündnisses. In: Werner Süß (Hg.): Die Bundesrepublik in den achtziger Jahren. Innenpolitik, politische Kultur, Außenpolitik, Opladen 1991, S. 19–34; vgl. auch als typische zeitgenössische Untersuchung Hans Uske: Die Sprache der Wende, Bonn 1986; ebenso Die Zeit, 3.6.1988, Art.: Die Sprache der Wende.

11 So bei Görtemaker, Geschichte der Bundesrepublik S. 705.

12 Ambrosius, Wirtschaftssystem S. 14.

konnte. Im Dezember 1987 war das bis dahin niedrigste Niveau der Leitzinsen erreicht,[13] und auch die Terms of Trade erreichten 1987 wieder das Niveau der frühen siebziger Jahre.[14]

Die wirtschaftliche Entwicklung profitierte damit von den besonders günstigen internationalen Rahmenbedingungen: Bis 1985 hielt der Abwertungsdruck auf die D-Mark an, was die westdeutschen Exporte förderte.[15] Als sich diese Tendenz dann im Frühjahr 1985 umkehrte, brach gleichzeitig der Ölpreis dramatisch ein. Dies nahm nicht nur den Druck von den Preisen, sondern wirkte auch wie ein großes Konjunkturprogramm, das zusätzliche Kaufkraft von rund 40 Milliarden Mark freimachte. Ein Außenhandelsüberschuß von rund 110 Milliarden Mark machte die Bundesrepublik 1986 zur stärksten Handelsnation der Welt.[16] Die günstigen Rahmenbedingungen ließen die Steuereinnahmen wieder ansteigen und ermöglichten eine konsequente Politik der Haushaltskonsolidierung. So wuchs das Volumen des Bundeshaushaltes jährlich nur noch um rund zwei Prozentpunkte, und die Kreditaufnahme des öffentlichen Gesamthaushaltes sank auf unter zwei Prozent des Bruttoinlandsprodukts ab[17] – zum Abbau von Staatsschulden kam es freilich nicht, da in der dreistufigen Steuerreform von 1986 bis 1990 eine Entlastung der Steuerzahler, insbesondere der unteren Einkommen und der Unternehmen, eingeleitet wurde. Zudem gelang auch keine Verbesserung der Haushaltsstruktur – fort von den konsumtiven, hin zu den investiven Staatsausgaben –, da der Anteil der Investitionen von 10,2 Prozent (1982) auf 8,6 Prozent (1989) weiter zurückging. Hingegen sank die Staatsquote nun wieder deutlich ab: Von fast 50 Prozent im Jahr 1982 reduzierte sie sich auf 45,3 Prozent (1989).[18]

Den schwersten Makel fügte der wirtschaftspolitischen Bilanz allerdings die Entwicklung des Arbeitsmarktes zu: Im Zuge der zweiten Ölpreiskrise kam es zu einer ähnlichen Entwicklung, wie sie bereits aus den siebziger Jahren bekannt war. In der Krise stieg die Arbeitslosigkeit sprunghaft an, so daß 1983 über zwei Millionen Menschen arbeitslos gemeldet waren (dies entsprach einer Quote von fast neun Prozent). Bis 1988 pendelte sich die Erwerbslosigkeit dann auf dem hohen Niveau von rund 2,2 Millionen Personen und einer Quote von 8,5 Prozent ein; erst im Boom des Jahres 1989 sank die Quote wieder unter die Marke von acht Prozent.[19] Über die Ursachen wird seither gestritten, und je nach politischem und theoretischem Standpunkt werden einzelne Aspekte eines ganzen Ursachenbündels jeweils stärker betont: struktureller und technologischer Wandel,[20] internationale Arbeitsteilung und Konkurrenz, Ertrags- und Investitionsschwäche der Unternehmen, geringe Eigenkapitaldecke insbesondere im Mittelstand, die einschnürende Wirkung staatlich-rechtlicher Regulierungen und

13 Ernst Baltensperger: Geldpolitik bei wachsender Integration (1979–1996). In: Deutsche Bundesbank (Hg.): Fünfzig Jahre Deutsche Mark. Notenbank und Währung in Deutschland seit 1948, München 1998, S. 475–559, hier: 490 ff.

14 Statistisches Bundesamt: Datenreport 2004. Zahlen und Fakten über die Bundesrepublik Deutschland, Bonn 2004, S. 265.

15 Deutsche Bundesbank, Zeitreihe WU 5009.

16 Görtemaker, Geschichte der Bundesrepublik S. 706.

17 Giersch, Fading Miracle S. 194 f.; Rödder, Bundesrepublik Deutschland S. 300 f.

18 Schröter, Von der Teilung S. 392; Ullmann, Steuerstaat S. 205 ff.; Werner Zohlnhöfer; Reimut Zohlnhöfer: Die Wirtschaftspolitik der Ära Kohl 1982–1989/90. Eine Wende im Zeichen der Sozialen Marktwirtschaft? In: Historisch-Politische Mitteilungen 8 (2001), S. 153–174, hier: 160 ff.; vgl. auch mit Zeitzeugenperspektive als Erfolgsgeschichte formuliert bei Gerhard Stoltenberg: »Die wirtschaftliche Gesamtentwicklung war ermutigend … «. Eine Bilanz der Wirtschafts- und Finanzpolitik 1982–1990, ebd. S. 145–152.

19 Schröter, Von der Teilung S. 393, 402; Rödder, Bundesrepublik Deutschland S. 293.

20 Wirsching, Abschied vom Provisorium S. 239.

eine hohe Belastung durch Abgaben und Lohnnebenkosten, schließlich ein wenig flexibles Tarifrecht und die Mängel eines vom Arbeitsmarktkartell zäh verteidigten, hochregulierten Arbeitsmarktes – das Zusammenwirken all dieser Faktoren erklärt neben der hohen Arbeitslosigkeit auch die Investitions- und damit die Wachstumsschwäche der westdeutschen Wirtschaft seit der Mitte der siebziger Jahre.[21]

Dabei verweist die Entwicklung des Arbeitsmarktes besonders deutlich darauf, daß der mit der »Wende« von 1982 verbundene Einschnitt in der Wirtschaftspolitik keineswegs besonders deutlich ausfiel. Und auch die angebotspolitische Überlegung, daß über höhere Unternehmenserträge private Investitionen angereizt und damit Wachstum und Beschäftigung geschaffen werden sollten, zeitigte seit Mitte der siebziger Jahre realwirtschaftliche Folgen. Schröter hebt hervor, daß schon seit 1977 in einer Art »Scherenbewegung« die Abgabenquote der Selbständigen auf unter 20 Prozent sank, die der Arbeitnehmer aber auf über 30 Prozent stieg – ohne daß durchgreifende Erfolge bei der Bekämpfung der Arbeitslosigkeit erzielt und das angebotspolitische Versprechen tatsächlich eingelöst worden wären.[22] Hinzu kam, daß die Regierung Kohl die hohen Erwartungen, die sie mit ihrem anfänglichen Bekenntnis zur Angebotspolitik geweckt hatte, rasch enttäuschte. Nachdem sich die Anhänger der Supply-Side-Economics von den ersten wirtschaftspolitischen Weichenstellungen durchaus noch bestätigt sehen konnten, ging die eindeutige programmatische Orientierung doch schon bald darauf wieder verloren. Die politikwissenschaftliche Forschung hat deutlich hervorgehoben, daß die zentralen wirtschaftspolitischen Entscheidungen der Jahre 1982 bis 1989 durchweg von Kompromissen zwischen Bund- und Länderinteressen, zwischen Union und FDP, vor allem aber zwischen dem Wirtschaftsflügel der CDU/CSU und den Sozialausschüssen geprägt waren.[23] Jenseits der Sanierung der Staatsfinanzen und einer allgemeinen »Beschwörung der Kräfte der Marktwirtschaft« konnte sich auch die Regierung Kohl auf kein verbindliches wirtschafts- und gesellschaftspolitisches Konzept mehr einigen.[24]

Als Bewertungsmaßstab dient dabei in der Regel die Reformpolitik der konservativen Regierungen von Ronald Reagan und Margaret Thatcher,[25] und in der Tat war die Regierung Kohl/Genscher weit davon entfernt, Angebotspolitik in auch nur annähernd vergleichbarem Umfang zu betreiben. Ein solcher Maßstab ist vor allem deshalb gerechtfertigt, weil deren Politik ja mit ähnlichen theoretischen Prämissen angetreten war und – besonders deutlich im Bereich der »Entstaatlichung« und »Deregulierung« – ähnliche Ziele formuliert hatte. Gerade das Feld der »Entstaatlichung« zeigte aber, daß die westdeutschen Wirtschaftspolitiker nur sehr zögerlich zu Werke gingen. Entgegen vollmundiger Ankündigungen stiegen die staatli-

---

21 Ein ausgezeichneter Überblick bei Giersch, Fading Miracle S. 195–221.

22 Schröter, Von der Teilung S. 402; zur Frage der Zäsuren auch Günther Schulz: Die Entwicklung der Sozialen Marktwirtschaft und der Regierungswechsel 1982. Eine Zäsur in der Wirtschaftspolitik? In: Historisch-Politische Mitteilungen 8 (2001), S. 131–143, hier: 140ff.

23 Reimut Zohlnhöfer: Die Wirtschaftspolitik der Ära Kohl. Eine Analyse der Schlüsselentscheidungen in den Politikfeldern Finanzen, Arbeit und Entstaatlichung 1982–1998, Opladen 2001.

24 Pointiert bei Schmidt, Machtwechsel S. 25.

25 Typisch die Untersuchungen von Patrick Horst: Haushaltspolitik und Regierungspraxis in den USA und der Bundesrepublik Deutschland. Ein Vergleich der haushaltspolitischen Entscheidungsprozesse beider Bundesrepubliken zu Zeiten der konservativen Regierungen Reagan/Bush und Kohl (Beiträge zur Politikwissenschaft, Bd. 61), Frankfurt am Main 1995; Arne Heise: Grenzen der Deregulierung. Institutioneller und struktureller Wandel in Großbritannien und Deutschland (Forschung aus der Hans-Böckler-Stiftung, Bd. 15), Berlin 1999.

chen Subventionen für jene Industrien, die vom Strukturwandel besonders stark betroffen waren, zwischen 1981 und 1985 sogar um rund 20 Prozent an.[26] Zur ersten Postreform rang sich die Regierung nach langem Vorlauf erst 1989 durch, und diese betraf dann vor allem den Bereich der Telekommunikation. Ein Abschied vom Monopol war damit nicht verbunden, und auch eine Privatisierung wurde hinausgeschoben. Letztlich gelang damit zunächst nur eine Organisationsreform, die lediglich Vorgaben entsprechender EG-Richtlinien umsetzte.[27] 1987 setzte die Regierung dann eine eigene Deregulierungskommission ein, die ihren ersten Bericht allerdings erst 1991 vorlegte.[28] Und auch die Privatisierung von Bundesbeteiligungen ging zunächst nur äußerst langsam voran.[29]

Insgesamt wurde die Semantik der Angebotspolitik also durchaus gepflegt, standen entsprechende Vorhaben auf der politischen Agenda. Und die Regierung wurde auch nicht müde zu betonen, daß beispielsweise die Umstellung der Forschungs- und Technologiepolitik von der direkten Projektförderung auf Investitionszulagen und Abschreibungen dazu diente, die Entscheidungen von der Ministerialbürokratie in die Unternehmen zurückzuverlagern.[30] In die gleiche Richtung zielte auch die Medienpolitik, wo schon kurz nach Amtsantritt der Regierung die ersten Weichen für die Auflösung des öffentlich-rechtlichen Monopols gestellt wurden.[31] All dies fand die Unterstützung der wissenschaftlichen Berater, die nun wieder eine Übereinstimmung zwischen Politik und Expertise erblickten, dabei freilich übersahen, daß zwar die Felder angebotspolitischen Handelns markiert waren, in der Praxis freilich schwierige Kompromisse innerhalb des Regierungslagers eine konzeptionell geschlossene Politik ebenso verhinderten wie zur Zeit der sozialliberalen Ära.[32]

Insbesondere auf dem Feld der Arbeitsmarkt- und Beschäftigungspolitik blockierten sich die Parteiflügel gegenseitig, so daß als Ergebnis eines Minimalkonsenses eine viel größere Kontinuität zur sozialliberalen Ära zu Buche schlug, als dies die amtlichen Verlautbaren zugestehen mochten. In Kürzungen der passiven Leistungen der Arbeitslosenversicherung, im erneuten Ausbau der passiven und aktiven Arbeitsmarktpolitik und noch viel deutlicher in der Strategie der öffentlich subventionierten Verringerung des Arbeitskräfteangebots (Frührente, Förderung des Ausländerrückzugs) trat diese Kontinuität deutlich hervor.[33] Und trotz der Initiativen des »Beschäftigungsförderungsgesetzes« von 1985 blieb auch die grundlegende Libe-

26 Dominik Geppert: Maggie Thatchers Rosskur. Ein Rezept für Deutschland? Berlin 2003, S. 51; generell zur ausbleibenden »subventionspolitischen Wende« Wirsching, Abschied vom Provisorium S. 251 ff.

27 Vgl. Susanne K. Schmidt: Liberalisierung in Europa. Die Rolle der Europäischen Kommission, Frankfurt am Main 1998; Edgar Grande: Vom Monopol zum Wettbewerb. Die neokonservative Reform der Telekommunikation in Großbritannien und der Bundesrepublik Deutschland, Wiesbaden 1989; Klaus König (Hg.): Privatisierung und staatliche Regulierung: Bahn, Post und Telekommunikation, Rundfunk (Verwaltungsorganisation, Staatsaufgaben und öffentlicher Dienst, Bd. 39), Baden-Baden 1997.

28 Vgl. Alfred Boss; Claus-Friedrich Laaser; Klaus-Werner Schatz u. a.: Deregulierung in Deutschland. Eine empirische Analyse, Tübingen 1996; Burkhard Bartholomé: Die Entstaatlichungs- bzw. Deregulierungskontroverse als Reflex wirtschaftstheoretischer Ansätze, Idstein 1989.

29 Bernhard Molitor: Ist Marktwirtschaft noch gefragt? Eine ordnungspolitische Bilanz der Jahre 1982 bis 1992, Tübingen 1992.

30 Schröter, Von der Teilung S. 397.

31 Vgl. auch die Beiträge des Schwerpunktes zur Medienpolitik der achtziger Jahre in Historisch-Politische Mitteilungen 9 (2002), S. 161–225.

32 Jahresgutachten 1984/85, Tz. 285 ff.

33 Hans-Werner Schmuhl: Arbeitsmarktpolitik und Arbeitsverwaltung in Deutschland 1871–2002. Zwischen Fürsorge, Hoheit und Markt (Beiträge zur Arbeitsmarkt- und Berufsforschung Bd. 270), Nürnberg 2003, S. 527 ff.

ralisierung des Arbeitsrechtes und besonders des Kündigungsschutzes aus.[34] Selbst der Kampf mit den Gewerkschaften, den die Regierung 1984 augenscheinlich in Anlehnung an Thatcher und Reagan aufnahm, als die IG Metall in der Tarifauseinandersetzung um die 35-Stunden-Woche erstmals zum neuen Instrument des »Schwerpunktstreiks« griff (»Gesetz zur Sicherung der Neutralität der Bundesanstalt für Arbeit bei Arbeitskämpfen«, § 116 Arbeitsförderungsgesetz), wurde rasch wieder beigelegt.[35]

Die Gemeinsamkeiten innerhalb der CDU/CSU reichten für eine Neuorientierung der Wirtschaftspolitik, die tatsächlich als »Wende« bezeichnet werden könnte, also keineswegs aus.[36] Durch diese Diagnose mochten sich jene Sozialwissenschaftler bestätigt fühlen, welche die Reform- und Handlungsfähigkeit durch institutionelle Funktionsmängel des föderalen Staates grundsätzlich in Frage gestellt sahen[37] – im Ergebnis wogen die »institutionellen Reformhindernisse« und die Furcht vor der Sanktionierung unpopulärer Reformen durch den Wähler allerdings nicht so schwer wie die mangelnde Fähigkeit der CDU/CSU, sich auf eine verbindliche wirtschaftspolitische Konzeption zu einigen.[38] Letztlich kam es 1982 somit lediglich zu einer »Neuakzentuierung« des Leitbildes der Sozialen Marktwirtschaft, so daß die Regierung Kohls in der Wirtschaftspolitik »mehr Kontinuitäten als Brüche gegenüber der Ära Schmidt« aufwies.[39]

2. Renaissance der Sozialen Marktwirtschaft?

Diese Widersprüchlichkeit trat besonders drastisch im Dezember 1987 hervor, als die Regierung unter internationalem Druck ein Konjunkturprogramm beschloß, das ganz den Mustern der späten Globalsteuerung entsprach. Expansive Ausgabenpolitik zur Ankurbelung der Konjunktur blieb also auch nach der »Wende« noch eine wirtschaftspolitische Option – allerdings unter Verzicht auf offene Bekenntnisse zur keynesianischen Theorie.[40] Diese Vieldeutigkeit der Wirtschaftspolitik verweist nicht nur darauf, daß eine Umsetzung eindeutiger angebotspolitischer Initiativen durch zahlreiche »Vetospieler«[41] innerhalb der Regierungskoalition »blockiert« worden wäre, daß es der Regierung also letztlich an der Kraft zur Einigung und

---

34 Zohlnhöfer, Wirtschaftspolitik der Ära Kohl S. 160–165.

35 Thomas von Winter: Die CDU im Interessenkonflikt. Eine Fallstudie zur parteiinternen Auseinandersetzung über den Paragraphen 116 AFG. In: Leviathan 17 (1989), S. 46–84; Wolfgang Apitzsch; Thomas Klebe; Manfred Schumann (Hg.): § 116 Arbeitsförderungsgesetz. Kampf um das Streikrecht, Hamburg 1986; Institut der deutschen Wirtschaft (Hg.): Streikparagraph 116, Köln 1986.

36 Zohlnhöfer, Wirtschaftspolitik der Ära Kohl S. 174.

37 Vgl. die Beiträge in Fritz W. Scharpf; Bernd Reissert; Fritz Schnabel: Politikverflechtung. Theorie und Empirie des kooperativen Föderalismus in der Bundesrepublik, Kronberg i. Ts. 1976.

38 Reimut Zohlnhöfer: Institutionelle Hemmnisse für eine kohärente Wirtschaftspolitik. In: APuZ 18–19 (2003), S. 9–15, hier: 15.

39 Schulz, Entwicklung S. 142; vgl. auch die Kontroverse Douglas Webber: Kohl's Wendepolitik after a Decade. In: German Politics 1 (1992), S. 149–180; Jeremy Leaman: The Rhetoric and Logic of the Wende. A Reply to Douglas Webber. In: German Politics 2 (1993), S. 124–135.

40 Sturm, Politische Wirtschaftslehre S. 118 f.

41 Zohlnhöfer, Institutionelle Hemmnisse S. 12 f. in Anlehnung an George Tsebelis: Veto Players. How Political Institutions Work, New York 2002; in die Historiographie der achtziger Jahre übernommen von Wirsching, Abschied vom Provisorium S. 212 ff.

zur tiefgreifenden Reform gemangelt habe. Diese Einschätzung verkennt den Vertrauensverlust in die Handlungsanweisungen von wissenschaftlichen Experten und ökonomischer Theorie. Otto Schlecht, nach wie vor und inzwischen im Range eines Staatssekretärs für die Grundsatzfragen des BMWi zuständig, hob diese Ernüchterung in einem programmatischen Vortrag vom 5. November 1982 besonders deutlich hervor. Die neue Regierung werde in der Wirtschaftspolitik um einen pragmatischen »Policy Mix« nicht herumkommen. Der seit den späten sechziger Jahren »zu extremen Pendelausschlägen neigenden Theorie-Debatte« der Volkswirtschaftslehre müsse sie mit wachsender Skepsis begegnen, und die politische Adaption ökonomischer Theorien sollte sich künftig doch einer »gewisse[n] Risiko-Streuung« bedienen. Die Wirtschaftspolitik der neuen Regierung werde deshalb keineswegs »mit fliegenden Fahnen von Keynes zu Friedman überlaufen«, sondern müsse sich auf dem soliden »Ordnungsfundament von Euckens Wettbewerbsimperativ« pragmatisch und je nach Lage mal bei »Schumpeters Pionierdynamik«, mal bei »Friedmans Geldmengenlehre«, mal bei der keynesianischen »Nachfrage- und Kreislaufbotschaft« bedienen.[42]

Dieser Pragmatismus war auch am Jahreswirtschaftsbericht ablesbar. Sein Text wurde nun insgesamt immer unverbindlicher, und er verzichtete darauf, die vier gesamtwirtschaftlichen Ziele systematisch durchzudeklinieren oder die Entscheidungen der Wirtschaftspolitik in ein theoretisch abgeleitetes Gesamtkonzept einzubetten. Der Anteil wolkiger Formulierungen und allgemein gehaltener Absichtserklärungen nahm insgesamt beträchtlich zu, wie überhaupt die Öffentlichkeitsarbeit immer wichtiger wurde. So stattete die Regierung im Bericht vom Januar 1984 den Wählerinnen und Wählern ihren Dank für deren »Vertrauen« ab, was an dieser Stelle ein Novum war. Beispielhaft für den neuen Stil: »Im ersten Jahr ihrer Amtsführung packte die Bundesregierung die wirtschafts-, finanz- und sozialpolitischen Aufgaben zielstrebig an.«[43] Und 1987 konnte die staunende Öffentlichkeit versichert sein, daß sich Bundesregierung und Sachverständigenrat tatsächlich »darin einig [waren], daß die Leitvorstellung eines möglichst lang dauernden Aufschwungs eine nach vorne gerichtete Wirtschaftspolitik« erforderte.[44] Schwerer als dieser ökonomisch-theoretische Substanzverlust wogen allerdings die Veränderungen der Berichtsstruktur. Seit Januar 1984 verzichtete die Regierung darauf, eine gesonderte Stellungnahme zum Jahresgutachten des Sachverständigenrates in Form eines zusammenhängenden Kapitels abzugeben. Dem Gesetz wurde nur noch dadurch Genüge getan, daß einzelne Verweise auf das Gutachten unsystematisch über den gesamten Text verstreut wurden. Im Jahr darauf fehlten selbst diese fast vollständig. Zudem wurde die fünfjährige Projektion in den Anhang verwiesen.[45] Statt von »Orientierungsdaten« war nur noch bescheiden von »gesamtwirtschaftlichen Eckwerten« die Rede.[46] Der Jahreswirtschaftsbericht wurde also seiner ursprünglichen Intention weitgehend beraubt und fortan nur noch als »Geschäftsbericht« der amtlichen Wirtschaftspolitik eingesetzt. Die Vorstellung von einer aus der wissenschaftlichen Lageanalyse und der statistischen Konstruktion der gesamtwirtschaftlichen Lage systematisch abgeleiteten Politik, die zudem auf mittlere Frist quantifiziert werden sollte, war damit endgültig Geschichte.

42 Otto Schlecht: Konjunkturpolitik in der Krise, Tübingen 1983, S. 33 ff., 48.
43 Bundestags-Drucksache 10/952: Jahreswirtschaftsbericht 1984 der Bundesregierung, 2.2.1984, Tz. 1–3.
44 Bundestags-Drucksache 10/6796: Jahreswirtschaftsbericht 1987 der Bundesregierung, 15.1.1987, Tz. 17.
45 Jahreswirtschaftsbericht 1984, Tz. 1–3; vgl. Bundestags-Drucksache 10/2817: Jahreswirtschaftsbericht 1985 der Bundesregierung, 30.1.1985.
46 Jahreswirtschaftsbericht 1984, Tz. 6.

Im Zusammenspiel zeigt beides, die nüchterne und mitunter widersprüchliche Auswahl aus konkurrierenden Theorieangeboten der Experten ebenso wie die nun indirekt ausgesprochene Absage an die Vorstellung von einer unmittelbar aus den wissenschaftlichen Gesellschaftsdiagnosen abgeleiteten Politik, daß die Wirtschaftspolitik nach der »Wende« tatsächlich in der »Postmoderne« ankam. Die hitzige Diskussion in Sozialwissenschaft und Philosophie hob zunächst die Konturen der Moderne hervor, die als Zusammenspiel von Differenzierung, Individualisierung, Rationalisierung und Domestizierung (als Beherrschung biologischer und natürlicher Prozesse) charakterisiert wurde.[47] Seit der Wende zu den achtziger Jahren liefen die wissenschaftlichen Analysen darauf hinaus, angesichts der sozioökonomischen Wandlungsprozesse einen Abschied von der so definierten Moderne zu diagnostizieren. Auch wenn über die genauen Abgrenzungen und die Definition gestritten wurde und unklar blieb, ob tatsächlich eine »Überwindung« der Moderne zu konstatieren oder lediglich ein neues Stadium »reflexiver Modernisierung« erreicht war, blieb die Diagnose des gesellschaftlichen Wandels, der eine neuartige Unübersichtlichkeit zur Folge hatte, doch unstrittig. Die Folge war eine radikale Hinwendung auf das Individuum als Ausgangspunkt aller Beschreibungsversuche. Dieses wurde als »Spaltprodukt« einer Gesellschaft betrachtet, welche die Menschen »aus den Sozialformen der industriellen Gesellschaft – Klasse, Schicht, Familie, Geschlechtslagen von Männern und Frauen – freisetzt.«[48] Die Individualisierung hatte ohne Frage ein neues Ausmaß erreicht,[49] seit die Herauslösung der Biographien aus traditionell »vorgegebenen Fixierungen« immer deutlicher erkennbar geworden war (»Bastelbiographien«) und der individuelle Ort in der an Prägekraft verlierenden Arbeitsgesellschaft stets von neuem bestimmt werden mußte.[50] An die Stelle der überkommenen Beschreibungskategorien der Sozialstrukturanalyse traten nun die »Mehrfachcodierungen« von differenzierten »Lagen«, »Milieus«, »Lebensstilen« und »Lebenswelten«, so daß die kulturellen und subjektiven Dimensionen der gesellschaftlichen Ordnung in den Mittelpunkt rückten.[51]

Paradoxerweise propagierten die Theorien der Postmoderne also das Ende der verbindlichen gesellschaftlichen Selbstdefinition, während sie genau diese doch nach wie vor zu leisten versuchten. Egal, ob die »Risikogesellschaft«[52] oder die »Erlebnisgesellschaft«[53] postuliert wurde – die Formulierung gesellschaftlicher Ordnungsvorstellungen wurde ja keineswegs eingestellt. Unfreiwillig vollzogen sie damit nur das, was sie in ihrer eigenen Diagnose der Postmoderne prominent herausgestellt hatten. »Reflexive« Verwissenschaftlichung bedeutete, daß Wissenschaft mit sich selbst als »Produkt und Produzent der Wirklichkeit und Probleme, die sie zu analysieren und zu bewältigen hat«, konfrontiert wurde, sobald sie sich der gesell-

---

47 Rödder, Geschichte der Bundesrepublik S. 210; Ulrich Beck; Wolfgang Bonß; Christoph Lau: Theorie reflexiver Modernisierung – Fragestellungen, Hypothesen, Forschungsprogramme. In: Ulrich Beck; Wolfgang Bonß (Hg.): Die Modernisierung der Moderne, Frankfurt am Main 2001, S. 11–59, hier: 21 f.

48 Wolfgang Welsch: Unsere postmoderne Moderne, 3. Aufl. Weinheim 1991, S. 157 ff.

49 Wirsching, Abschied vom Provisorium S. 698 f.

50 Ulrich Beck: Risikogesellschaft. Auf dem Weg in eine andere Moderne, Frankfurt am Main 1986, S. 216 f.

51 Stefan Hradil: Sozialstrukturanalyse in einer fortgeschrittenen Gesellschaft. Von Klassen und Schichten zu Lagen und Milieus, Opladen 1987; vgl. auch den kompakten Überblick bei Jürgen Zinnecker: Milieuauflösung und Generationenwandel. Zwei Deutungsmuster der Wende in den sechziger Jahren und deren Verknüpfung. In: Demokratisierung und gesellschaftlicher Aufbruch, S. 759–775.

52 Beck, Risikogesellschaft.

53 Gerhard Schulze: Die Erlebnisgesellschaft. Kultursoziologie der Gegenwart, Frankfurt am Main 1992.

schaftlichen »Wirklichkeit« zuwandte. Sie konnte nicht nur zur Lösung von Problemen eingesetzt werden, sondern trat damit auch als »Quelle für Problemursachen« hervor – weil sie mit der Ausdehnung des produktiven Zweifels auf ihre eigenen Grundlagen und auf konkrete Anwendungsgebiete eine kritische Schwelle übersprungen hatte. Die »Entzauberung« griff auf den »Entzauberer über und veränderte[e] damit die Bedingungen der Entzauberung.«[54]

Auch wenn das Verhältnis von Staat und Wirtschaft nicht unbedingt im Zentrum der postmodernen Theoriebildung stand, vollzog sich doch auch dort eine Umkehr der Blickrichtung, die dem Abschied von den verbindlichen Gesellschaftskonzeptionen ähnelte.[55] Die radikale Perspektive des Individuums prägte besonders deutlich die Diagnosen der »Risikogesellschaft«, in der die Bedeutung der Einkommens- und Vermögensverteilung hinter die Verteilung individueller Risiken (auf dem Arbeitsmarkt, im Gesundheitswesen, als Verbraucher, im Umweltschutz usw.) zurücktrat und als Reaktion auf die wirtschaftlichen Zwänge des Strukturwandels und der Arbeitslosigkeit eine »Selbstentmachtung« der Politik zu beobachten war.[56] Und Foucault ging sogar von einer »neoliberalen Gouvernementalität« aus, die von einer grundlegenden Neudefinition des Verhältnisses von Staat und Ökonomie geprägt werde: Der Markt rückte in diesem Konzept in die Funktion eines hegemonialen Organisationsprinzips von Staat und Gesellschaft, der unternehmerisches Verhalten der Individuen prämiierte und auf diese Weise nicht nur eine Ausweitung ökonomischer Formen auf das Soziale bewirke, sondern spezifische Figurationen der »Menschenführung« und der »Technologien des Selbst« hervorbrachte.[57]

Die Theorien der Postmoderne waren damit gleichermaßen Faktor und Indikator der sich wandelnden gesellschaftlichen Selbstbeschreibung, welche die Wirtschaftspolitik und das Expertenwissen nach der Übergangsphase der siebziger Jahre nun nachhaltig prägte. Der Sachverständigenrat sah sich jedenfalls mit einer Gesellschaft konfrontiert, die »weniger bevormundet werden will, aber möglicherweise nicht mehr Selbstverantwortung will und auch den Rang einer weiteren Steigerung des materiellen Wohlstands niedriger ansetzt.« Unter diesen Umständen sei es ohne Frage viel schwieriger, einen »beschäftigungspolitischen Weg aus der Arbeitslosigkeit zu weisen«, als »unter den Bedingungen der fünfziger und sechziger Jahre.« Nun akzeptierte er auch die Folgen des Wertewandels und sah ein, daß »manches dafür sprach«, daß sich die »Menschen künftig mehr für Dinge interessieren, bei denen die Anwendung technischer Neuerungen wenig zu Buche schlägt.« Es sei daher gut möglich, daß der Produktivitätszuwachs künftig niedriger ausfalle. Obwohl sich die Gutachter damit einer Position angenähert hatten, die in der zweiten Hälfte der siebziger Jahre noch in die Minderheitsvoten Gerhard Scherhorns abgedrängt worden war, hatten sie doch für sich akzeptiert, daß eine verbindliche Orientierung über die Gesellschaft als Gegenstand wirtschaftspolitischen Handeln kaum mehr zu erlangen war: »Wohin die Gesellschaft drängen wird, wohin die Neigungen und Fähigkeiten der Menschen gehen, läßt sich kaum zuverlässig vorhersagen.« Daher seien auch die wirtschaftspolitischen Aufgaben des Staates begrenzt. »Unter Unsicher-

54 Beck, Risikogesellschaft S. 255 ff..
55 Wie bei Sturm, Politische Wirtschaftslehre S. 71.
56 Beck, Risikogesellschaft S. 25–66, 359 ff.
57 Thomas Lemke; Susanne Krasmann; Ulrich Bröckling: Gouvernementalität, Neoliberalismus und Selbsttechnologien. Eine Einleitung. In: dies. (Hg.): Gouvernementalität der Gegenwart. Studien zur Ökonomisierung des Sozialen, Frankfurt am Main 2000, S. 7–40 auf der Basis von Michel Foucault: Die Gouvernementalität, ebd. S. 41–67 [frz. 1977 u. 1978].

heit« sollte dieser lediglich die neuen »Vorhaben rechtzeitig und kraftvoll« angehen, »die für die Zukunft ihm zufallen. Im übrigen soll er helfen, daß die neuen Strukturen gefunden werden, Hindernisse wegräumen, die unnötig stören, andere aufrichten, wo einzelwirtschaftliches Tun die Interessen anderer oder aller unbillig beeinträchtigt.«[58]

Zwischen Individuum und Wirtschaftspolitik wurde also ausschließlich die Logik von Markt, Preis und Wettbewerb und des individuellen Nutzenkalküls geschaltet. Dies war einerseits selbst ein Gesellschaftskonzept, doch andererseits kam dieses ja gerade ohne Vorstellungen von der sozialen Ordnung im Sinne von Schichten oder Gruppen aus. Ganz gleich, nach welchen »Erlebnisdispositionen«[59] sich die Soziologie die Gesellschaft auch gliederte, ob sie von Risiko- oder Erlebnisgesellschaft sprach – Untersuchungsobjekt der Experten und Gegenstand der wirtschaftspolitischen Steuerung war nicht mehr die postmoderne Gesellschaft in ihrer unübersichtlichen Gesamtheit, sondern der anonyme Markt. Staatliche Wirtschaftspolitik sollte sich fortan nur noch auf Regulierung der über den Markt vermittelten Selbstregulierung beschränken.[60]

Damit hatte der Staat seine verantwortliche Rolle im Wachstumsprozeß, seine Funktion als »Steuerungszentrum« endgültig eingebüßt. Dies erklärt das große Gewicht, das die Ratsgutachten nun der Untersuchung von »Steuerungsfehler[n] im Marktprozeß«[61] einräumten, und ebenso ihr neu erwachtes Interesse an »Interventionen und Subventionen«, die den Markt-Preis-Mechanismus störten.[62] Die Strukturkrisen der Stahl- und Schiffbauindustrie, des Bergbaus und der Landwirtschaft waren für die Gutachter Belege dafür, daß die Wirtschaftsstruktur sich permanent wandelte, und sobald der Staat intervenierte, erhaltend intervenierte, führte dies zu unerwünschten Verzerrungen und am Ende nur noch zu tieferen Strukturkrisen. Die Rationalität des Marktes sei es ja gerade, frühzeitig Zwang zur Anpassung an den strukturellen Wandel auszuüben.[63] Setzten staatliche Aktivitäten aber »den Marktmechanismus außer Kraft, so ist der Schaden regelmäßig größer als der Nutzen.« Allerdings sei die Wirtschaftspolitik damit nicht aus ihrer Verantwortung entlassen, denn der Markt allein sei ohne staatlich gesetzte Rahmenbedingungen ebenfalls nicht vor Koordinationsversagen gefeit.[64]

Dennoch: Das »automatische und unmerkliche Funktionieren des Marktes« ersetzte die Vorstellung vom Staat als gesellschaftlichem Steuerungszentrum, obwohl dem Markt die vordergründige »Faszination des Unmittelbaren« fehlte, die vom staatlichen Interventionismus ausging und die in der Praxis so häufig die Ursache für den Ruf nach staatlichen Problemlösungen war.[65] Zugleich vollzogen die Wirtschaftspolitik – zumindest ihrem Anspruch nach – ebenso wie die wissenschaftlichen Berater genau jene radikale Ausrichtung auf das Individuum, die auch die Theorien der Postmoderne prägte. Das Verhalten der »Wirtschaftssubjekte«, ihre Ideen, Innovationen und Investitionen standen nun ganz im Mittelpunkt des Interesses, so

---

58 Jahresgutachten 1982/83, Tz. 210f.
59 Schulze, Erlebnisgesellschaft S. 54.
60 Helmuth Willke: Supervision des Staates, Frankfurt am Main 1997, konkretisiert etwa bei Gerd Bender. Ersatzgesetzgebung. Zur Zeitgeschichte des Arbeitskampfrechts. In: Jörg Requate: Recht und Justiz im gesellschaftlichen Aufbruch (1960–1975). Bundesrepublik Deutschland, Italien und Frankreich im Vergleich (Interdisziplinäre Studien zu Recht und Staat, Bd. 28), Baden-Baden 2003, S. 221–232.
61 Jahresgutachten 1982/83, Tz. 252–283.
62 Ebd. Tz. 258ff.
63 Jahresgutachten 1983/84, Tz. 325f.
64 Jahresgutachten 1984/85, Tz. 290.
65 Lobend aufgegriffen in Jahreswirtschaftsbericht 1984, Tz. 12.

daß die Umstellung der Beschreibungsperspektive, die in den siebziger Jahren begonnen hatte, nun zum Abschluß kam. Und weil individuelles Verhalten sich der unmittelbaren staatlichen Steuerung entzog, wurde die Logik des Marktes und des individuellen Nutzenkalküls nun auch hier immer weiter generalisiert: Nachdem sich die Betonung von »Anreizen« in der zweiten Hälfte der siebziger Jahre noch ausschließlich auf Fragen der unternehmerischen Investitionen beschränkt hatte, wurden staatliche Interventionen nun insgesamt als »Anreizsystem« begriffen – sei es, daß Ernst Albrecht das »Schüler-BAföG« als aus Steuermitteln gewährte »Prämie dafür [...], daß Schüler lieber außerhalb des Elternhauses als in der elterlichen Familie wohnen«, beschrieb,[66] sei es, daß die Anreizwirkung von staatlichen Transferzahlungen wie etwa der Sozialhilfe in den Blick des Sachverständigenrates rückte.[67] Der Erkenntnisgewinn mochte im einzelnen durchaus fraglich sein, so, als sich die Gutachter zum Innovationsverhalten äußerten: »Ein Anreizsystem, das Innovatoren begünstigt, sei es durch Patente oder andere Marktzugangsbeschränkungen für Imitatoren, sei es durch die Regelung der Haftung für Produktrisiken, mindert die Anreize für Imitatoren. Ein Anreizsystem, das die Imitatoren begünstigt, sei es durch erleichterten Zugang zum Markt für Nachanmelder, sei es durch ungenügenden Schutz des Innovators vor Patentverletzungen, ist mit einer Schwächung der Anreize für Innovatoren verbunden.« Allerdings zeigt diese Passage auch, wie sehr sich der Blick auf das individuelle Verhalten der Wirtschaftssubjekte bereits in spezifischen Redeweisen verdichtet hatte.[68]

Vordergründig schien die Wirtschaftspolitik auf diese Weise programmatisch und konzeptionell wieder in den fünfziger Jahren angekommen zu sein. In der Betonung von privater Initiative und Wettbewerb, in der Begrenzung staatlicher Aufgaben sowie der Hervorhebung privater Investitionen und individuellen Risikos kam ja ohne Frage eine neue Wertschätzung für die neoliberalen Leitvorstellungen zum Ausdruck, welche die »Soziale Marktwirtschaft« in den fünfziger Jahren geprägt hatten. Die Regierung selbst wurde nicht müde zu betonen, daß es nun vor allem darum ginge, »sich verstärkt auf die Grundwerte der Sozialen Marktwirtschaft zu besinnen und sie konsequent anzuwenden.«[69] Ludwig Erhard und die »Soziale Marktwirtschaft« erlebten plötzlich eine Renaissance. Ihre neue Popularität schlug sich in Quelleneditionen und Unterrichtsmaterialien nieder,[70] und insbesondere die Ludwig-Erhard-Stiftung entfaltete eine rege Tätigkeit.[71] Hinzu kam eine kaum mehr zu überschauende Flut von mehr oder minder wissenschaftlichen Konferenzen und Traktaten mit oft beträchtlicher politischer

66 Parlamentsarchiv des Deutschen Bundestages, IX 106 A6, Stenographischer Bericht der Bundesratssitzung vom 17.12.1982.

67 Jahresgutachten 1982/83, Tz. 253 ff.

68 Ebd. Jahresgutachten 1982/83, Tz. 283.

69 Bundestags-Drucksache 9/2400: Jahreswirtschaftsbericht 1983 der Bundesregierung, 27.1.1983, Tz. 13–15; typisch auch Presse- und Informationsamt der Bundesregierung: Soziale Marktwirtschaft für die achtziger Jahre. Die wirtschaftspolitischen Leitlinien der Bundesregierung, Bonn 1984; dass.: Schritte der Erneuerung. Soziale Marktwirtschaft für die achtziger Jahre, Bonn 1985.

70 Konrad-Adenauer-Stiftung (Hg.): Die soziale Marktwirtschaft erneuern. Arbeit, Wachstum, Umwelt (Studien zur politischen Bildung, Bd. 6), Mainz 1983.

71 Ludwig-Erhard-Stiftung (Hg.): Soziale Marktwirtschaft, Fundament für morgen (Standpunkte Bd. 3), Bonn 1987; Karl Hohmann (Hg.): Ludwig Erhard. Gedanken aus fünf Jahrzehnten. Reden und Schriften, Düsseldorf 1988; ders. (Hg.): Das Soziale in der sozialen Marktwirtschaft (Grundtexte zur sozialen Marktwirtschaft, Bd. 2), Stuttgart 1988.

Stoßrichtung.[72] Hier entstand ein eigenständiges Genre, das den Mythos Ludwig Erhards pflegte,[73] die unbestrittenen Erfolge des »Wirtschaftswunders« fast ausschließlich auf dessen liberale Ordnungspolitik zurückführte und daher die folgenden Jahrzehnte als »Verfallsgeschichte« der Wirtschaftspolitik betrachtete, die künftig durch eine »Rückbesinnung« gestoppt werden müsse.[74] Dieser historisierende Rekurs auf die »Soziale Marktwirtschaft« verschaffte der pragmatischen Wirtschaftspolitik nach der »Wende« jenen Glanz, den sie in der zweiten Hälfte der sozialliberalen Ära hatte vermissen lassen – er hielt die oft widersprüchlichen Aspekte der Politik zusammen und wirkte somit als dehnbarer Rahmen der politischen Integration. Dieser war allerdings ahistorisch, weil er die gegenüber den fünfziger Jahren grundlegend gewandelten gesellschaftlichen Bedingungen der Wirtschaftspolitik weitgehend ausblendete. Erhards Politik hatte ja noch auf jener soliden Basis gestanden, die von verbindlichen gesellschaftlichen Ordnungsvorstellungen in Kombination mit einem transzendentalen Staatskonzept geschaffen wurde. Beides aber war in den achtziger Jahren längst Vergangenheit und der Einsicht in gesellschaftliche Komplexität und die unter den Bedingungen der Rekursivität drastisch reduzierte Reichweite staatlichen Handelns gewichen.

72 So etwa Hans Pohl (Hg.): Entstehung und Entwicklung der sozialen Marktwirtschaft (Zeitschrift für Unternehmensgeschichte, Beiheft 45), Stuttgart 1986; Heinz Broschell: Soziale Marktwirtschaft und christliche Gesellschaftslehre. Die ordnungspolitische Grundlage zur Gestaltung der Zukunft, München 1985; Kurt Abel: Wertordnung oder Wirtschaftstechnik. Soziale Marktwirtschaft als geistig-moralische Ordnung, Hildesheim 1982; Fritz Ullrich Fack; Peter Hort: Soziale Marktwirtschaft. Stationen einer freiheitlichen Ordnung, Freiburg 1985.

73 Hentschel, Ludwig Erhard war nicht zuletzt deshalb als Abrechnung mit dem Mythos konzipiert. Daß dieser heute unverändert marktgängig ist, zeigt Alfred C. Mierzejewski: Ludwig Erhard. Der Wegbereiter der Sozialen Marktwirtschaft, München 2005.

74 Dieses Telos ist aus der Gegenwart wohlbekannt, siehe FAZ, 30.4.2005, Art.: Nach dem Untergang der Aufbruch (Joachim Starbatty), sowie Prollius, Deutsche Wirtschaftsgeschichte nach 1945.

VI. Ergebnisse

In jüngster Vergangenheit hat die zeithistorische Forschung die soziologischen und philosophischen Konzepte der »Wissensgesellschaft« gleich mehrfach aufgegriffen und dies mit der programmatischen Forderung verknüpft, Zeitgeschichte über »tiefgreifende Verwissenschaftlichungsprozesse« neu zu definieren. Im Zentrum steht dabei die Beobachtung, daß wissenschaftliches Wissen »in einer fortgeschrittenen Gesellschaftsformation, in der alle Funktionsbereiche wissensabhängig und auf die stete Produktion von neuem Wissen angewiesen sind,« eine »besondere Rolle« spiele. »Das gesellschaftliche Teilsystem Wissenschaft hat seine soziale Funktion kontinuierlich erweitert, wissenschaftliches Wissen diffundiert in Politik, Wirtschaft oder Kultur, bis es alle öffentlichen wie privaten Lebensbereiche einschließlich der Intimsphäre durchdringt.«[1] So unbestritten dieser Befund auch ist, gilt es doch, gerade diesen wundersamen Prozeß der »Diffusion« durch historische Forschung aufzuklären. Solche Überlegungen aufgreifend, hat diese Untersuchung nach derartigen Mechanismen der strukturellen Kopplung zwischen Wirtschaftswissenschaft und Wirtschaftspolitik gefragt.

Den Ausgangspunkt bildete die Beobachtung, daß die Wirtschaftspolitik in der Bundesrepublik bis in die frühen sechziger Jahre auf verbindliche Vorstellungen von der Gesellschaft aufbauen konnte, die in ihrem Grundmuster auf das 19. Jahrhundert zurückgingen. Die Gesellschaft der Bundesrepublik zerfiel zwar nicht mehr in »Klassen« oder »Stände«, aber sie gliederte sich gemäß Einkommen, Beruf und Interessenartikulation in hierarchische »Schichten« und quer zur Hierarchie in flexiblere, funktionale »Gruppen«. Damit waren die Akteure der Wirtschaftspolitik in der komfortablen Lage, über eine klare Vorstellung vom Gegenstand ihres Handelns verfügen zu können, der zudem jenseits der staatlichen Sphäre lag. Diese Aktualisierung des transzendentalen Staatsverständnisses hatte den großen Vorzug, daß die Gesellschaft als etwas den eigenen Steuerungsversuchen Äußeres betrachtet werden konnte. Auch wirtschaftswissenschaftliche Expertise galt daher als Teil der gesellschaftlichen Sphäre, so daß die Wirtschaftspolitik zwar jederzeit auf derartigen Rat zurückgreifen konnte, ihn aber unter Verweis auf das von der Politik zu wahrende »Gemeinwohl« jederzeit zurückzuweisen in der Lage war.

Diese gesellschaftlichen Ordnungsvorstellungen gerieten allerdings schon während des »großen Booms« immer stärker unter den Druck des sozioökonomischen Wandels, der sich

1 Margit Szöllösi-Janze: Wissensgesellschaft in Deutschland: Überlegungen zur Neubestimmung der deutschen Zeitgeschichte über Verwissenschaftlichungsprozesse. In: Geschichte und Gesellschaft 30 (2004) S. 277–313, hier: 279 u. 285.

seit den sechziger Jahren noch weiter beschleunigte. Zwischen den sechziger und den achtziger Jahren gewann der sektorale Strukturwandel an Fahrt und trug nun auch in der Bundesrepublik alle Züge der »Tertiarisierung«. Im gleichen Maße nahm die internationale Verflechtung zu, und insbesondere die siebziger Jahre waren eine Phase, in der angesichts schwerer Währungskrisen und der beiden Ölpreisschocks die verengten Handlungsspielräume und der Einflußverlust der nationalen Wirtschaftspolitik deutlich sichtbar wurden. Gerade unter dem Gesichtspunkt des Wirtschaftswachstums und der Geldwertstabilität waren die siebziger Jahre eine Krisenphase. Das konjunkturelle Risiko kehrte zurück und mit ihm die Probleme der Deindustrialisierung, der Massenarbeitslosigkeit und der Staatsverschuldung. Während hier eine klare Zäsur im Jahr 1974 gezogen werden muß, liefen die Prozesse des sozialen und soziokulturellen Wandels gleichmäßig ab. Massenwohlstand in der Arbeitnehmer- und Konsumgesellschaft prägte die Gesellschaft der Bundesrepublik trotz aller Krisen, und obwohl sich die Relationen der Einkommens- und Vermögensverteilung als außerordentlich stabil erwiesen, kam es doch zu einer »allgemeinen Höherstufung« des Lebensniveaus. Bestandteil des sozialen Wandels waren grundlegende Phänomene des soziokulturellen und Wertwandels, die insgesamt als nachhaltige Pluralisierung und Individualisierung wirkten.

Will man die Folgen des sozioökonomischen Strukturwandels zwischen den sechziger und den achtziger Jahren auf einen Nenner bringen, bleibt festzuhalten, daß die Wirtschaftspolitik mit einem immer weiter steigenden Maß an gesellschaftlicher Komplexität konfrontiert war. Aus dieser Beobachtung ergab sich die Leitfrage dieser Studie: Wie ging die Wirtschaftspolitik der Bundesrepublik mit gesellschaftlicher Komplexität um? Wie gelang es ihr, unter diesen Bedingungen Entscheidungssicherheit und damit Handlungsfähigkeit herzustellen? Damit rückte das Expertenwissen der Wirtschaftswissenschaftler in den Mittelpunkt des Interesses, denn mit dem gesellschaftlichen Wandel veränderten sich ja nicht nur die objektiven Bedingungen der Wirtschaftspolitik, sondern zugleich auch die Inhalte der wissenschaftlichen Expertise und damit die wirtschaftspolitische Semantik. Dabei können zwei Phasen scharf voneinander unterschieden werden.

Die erste Phase reichte von 1966 bis zur ersten Ölkrise der Jahre 1973/1975 und stand ganz unter dem Leitbild einer »Verwissenschaftlichung« der Wirtschaftspolitik, das erst mit dem Amtsantritt der Großen Koalition zum offiziellen Programm erhoben wurde. Nur unter diesem Blickwinkel ist eine Zäsur im Jahr 1966 tatsächlich gerechtfertigt, denn tatsächlich kam mit dem Regierungswechsel ja lediglich ein seit Anfang der fünfziger Jahre andauernder Prozeß zum Abschluß, in dem die Wirtschaftspolitik schrittweise um neue Instrumente mit ausgeprägtem Wissenschaftsbezug ergänzt worden war. Die langsame Durchsetzung des neuen Paradigmas einer »Verwissenschaftlichung« der Politik ist bereits bestens erforscht[2], so daß sich diese Studie auf die Frage nach der Institutionalisierung der wirtschaftspolitischen Expertise beschränken konnte. Die Wirtschaftspolitik übernahm hier ohne Frage eine Vorreiterrolle, da der bereits 1948 bei der Verwaltung für Wirtschaft geschaffene und dann später ins BMWi überführte wissenschaftliche Beirat die Schablone für alle in den fünfziger Jahren eingerichteten Ministerialbeiräte abgab. Im Verbund mit der Grundlagen- und Auftragsforschung der wirtschaftswissenschaftlichen Forschungsinstitute verfügte die Wirtschaftspolitik damit bereits in den fünfziger Jahren über ein ungewöhnlich breites Fundament an wissenschaftlichen Ressourcen, das dann mit dem 1963 eingerichteten Sachverständigenrat noch einmal

2 Nützenadel, Stunde der Ökonomen; Metzler, Konzeptionen.

deutlich verstärkt wurde. Als jüngste Institution der wirtschaftswissenschaftlichen Politikberatung reflektierte die institutionelle Ausgestaltung des Sachverständigenrates die Funktionsmängel des traditionellen Beiratswesens (Überalterung, Ausrichtung auf die Zuarbeit für ein Ministerium, geringe öffentliche Wirkung). Der erst nach ausgesprochen mühsamen Auseinandersetzungen innerhalb des Regierungslagers eingesetzte Sachverständigenrat sollte zugleich politisch-instrumentellen Zwecken dienen. Regierung und Opposition versprachen sich gleichermaßen wissenschaftliche Schützenhilfe für ihre Interessen und drangen daher auf eine extrem starke, unabhängige und öffentlichkeitswirksame Position der Berater. Daß die Institution rasch ein außerordentlich hohes öffentliches Ansehen genoß, war jedoch neben den gesetzlichen Regelungen noch viel stärker auf die Strategie der ersten Gutachter zurückzuführen, welche die Wissenschaftlichkeit ihrer Expertise ebenso demonstrativ herausstellten wie ihre Unabhängigkeit von der Regierung. Der Sachverständigenrat fällt damit bis heute aus den Institutionen der Politikberatung heraus, da er eine spezifische Form der »Öffentlichkeitsberatung« betreibt, die eigene Formen der öffentlichen Kommunikation zwischen Regierung und Experten hervorbrachte. Daher wurden die Expertise des Sachverständigenrates und die gesetzlich erzwungenen Reaktionen der Bundesregierung auf seine Gutachten ganz in den Mittelpunkt gestellt.

Obwohl die Wirtschaftspolitik somit institutionell und inhaltlich fraglos als »Vorreiterin« der »Verwissenschaftlichung« gelten kann, erfolgte doch erst 1966 eine offizielle Umstellung der wirtschaftspolitischen Programmatik. Mit dem neuen Leitbild der Globalsteuerung war ein grundlegender Wandel der wirtschaftspolitischen Semantik verknüpft: Die Wirtschaftspolitik erhob nun einen weitreichenden Steuerungsanspruch, der 1967 im Stabilitätsgesetz auch verbindlich festgeschrieben wurde. Sie begriff sich als »wissenschaftliche«, »rationale«, »Neue Wirtschaftspolitik«. Dies war weniger auf den unverhüllten Anspruch zurückzuführen, die wirtschaftstheoretischen Annahmen der Neoklassischen Synthese nun in praktische Politik umzusetzen. Vielmehr bekannte sie sich offen zur »Verwissenschaftlichung« ihrer Entscheidungsgrundlagen. Ausgangspunkt waren verbindlich formulierte und gesetzlich fixierte gesamtwirtschaftliche Ziele (»magisches Viereck«). Die Expertise des Sachverständigenrates wurde nun als diagnostisches Instrument eingesetzt, das zunächst Klarheit über den jeweiligen »Zielerreichungsgrad« herstellte, daraus eine Vorausschau für das nächste Jahr ableitete und entsprechende politische Szenarien entwarf. Die Regierung selbst quantifizierte ihre Erwartungen an die künftige gesamtwirtschaftliche Entwicklung (Prognose für ein Jahr und gleitende Projektion für fünf Jahre), leitete aus dem makroökonomischen »Datenkranz« ihre politischen Interventionen ab und legte sie der Öffentlichkeit im Jahreswirtschaftsbericht dar. Erst diese Mechanismen der wissenschaftlichen Lageanalyse und Entscheidungsvorbereitung sollten die Grundlage für die mit dem Stabilitätsgesetz erweiterten Steuerungsmöglichkeiten des Staates bilden; antizyklische Fiskal- und Konjunkturpolitik schien damit machbar und war auch über die Parteigrenzen hinweg konsensfähig. Die Globalsteuerung ging das Problem gesellschaftlicher Komplexität also offensiv an und baute darauf, daß wissenschaftliche Expertise in der Lage war, verbindliche Informationen über die Gesellschaft bereitzustellen, eindeutige Handlungsanweisungen zu liefern und der Wirtschaftspolitik auf diesem Wege zu mehr Entscheidungssicherheit verhelfen zu können – dies war der Kern der »Verwissenschaftlichung« der Wirtschaftspolitik.

An diesem hohen Anspruch weckte jedoch schon die Praxis der Globalsteuerung unter Karl Schiller erste Zweifel. Zwar gelang es mit der neuen Institution der Konzertierten Aktion

– die auf eine Anregung des Sachverständigenrates zurückging – die »einkommenspolitische Flanke« in der Wirtschaftskrise abzusichern und die Gewerkschaften von der Notwendigkeit moderater Tarifverträge zu überzeugen. Schon im unerwartet kräftigen Wirtschaftsaufschwung von 1968/69 wurde dies aber selbst zum Problem, da sich ein »Lohn-Lag« aufbaute, der 1969 zu wilden Streiks führte und die Gewerkschaftsleitungen zu einer offensiven, kompensatorischen Tarifpolitik bewegte. Die Konzertierte Aktion war damit funktionslos geworden, und erste Zweifel an der Zuverlässigkeit der Konjunkturprognose standen im Raum. Noch viel drastischer klafften Anspruch und Wirklichkeit des »wissenschaftlichen Regierens« in der Währungspolitik auseinander. In der Aufwertungsfrage legte sich die Union früh auf eine ablehnende Haltung fest, und auch Wirtschaftsminister Schiller wies die Forderungen der Sachverständigen nach flexiblen Wechselkursen zunächst zurück, um dann im Boom des Jahres 1969 die Aufwertung wiederum zum Wahlkampfthema zu machen. Obwohl der Rat der Wissenschaftler denkbar eindeutig war und sich die Expertise über dieser Frage selbst immer weiter politisierte, gab letztlich das Wahlkalkül der Parteien den Ausschlag. Die Wissenschaftler stellten die Globalsteuerung daher schon 1969 erstmals in Frage. Diese geriet dann am Anfang der siebziger Jahre in eine noch tiefere Plausibilitätskrise, weil die wirtschaftspolitischen Steuerungsprobleme dramatisch zunahmen: Die Krise des Weltwährungssystems, eine zügellose staatliche Ausgabenpolitik und die auf Umverteilung gerichtete Tarifpolitik führten zu steigenden Inflationsraten und ließen den Aktionismus der Wirtschaftspolitik immer hilfloser wirken.

Die wissenschaftliche Wissensproduktion suchte daher zunächst nach Auswegen aus dem grundlegenden Dilemma der »verwissenschaftlichten« Wirtschaftspolitik. Einerseits sollte die Verläßlichkeit der Lageanalyse erhöht werden, vor allem ging es aber andererseits darum, die politischen Entscheidungsverzögerungen auszuschalten. In der Debatte über »Regelmechanismen« überlagerten sich dabei technokratische Argumente, die eine Vollendung des eingeführten Instrumentariums anstrebten, mit der Rezeption der monetaristischen Theorie, die eine Antwort auf das Problem der Inflation gab und zugleich versprach, die Konjunkturpolitik zu entpolitisieren. Genau diesen Weg schlug die Wirtschaftspolitik 1973 tatsächlich ein, als der Zusammenbruch des Weltwährungssystems eine monetaristische Wende der Bundesbank erstmals gestattete: Die Finanzpolitik wurde von stabilitätspolitischen Anforderungen entlastet und die Geldmenge zur zentralen Steuerungsgröße erklärt, geregelt von der politisch unabhängigen Bundesbank.

Von der Globalsteuerung etablierte Mechanismen, mit denen ursprünglich eine größere Entscheidungssicherheit der Wirtschaftspolitik herbeigeführt werden sollten, scheiterten aber längst nicht nur am Eigensinn der Politiker oder an der gesellschaftlichen Komplexität. Sie waren selbst ein Faktor der Komplexität, da wissenschaftliche Expertise und gesamtwirtschaftliche Entwicklung offenkundig in einem rekursiven Verhältnis standen, das die wissenschaftliche Wissensproduktion überforderte. Die Gutachter analysierten eine wirtschaftliche Lage und eine politische Situation, die mittelbar auch Folge ihrer eigenen Expertise war – sie waren mit den sozialen Struktureffekten ihrer eigenen Beratung konfrontiert. Diese »Entzauberung« der Wissenschaft verweist auf einen grundlegenden gesellschaftlichen Wandel: Die Globalsteuerung konnte zwar weiterhin auf verbindliche gesellschaftliche Ordnungskonzepte aufbauen, hatte also nach wie vor eine belastbare Vorstellung vom Gegenstand ihrer Steuerungsversuche, der sich demnach funktional in »Gruppen« und letztlich entlang der Unterscheidung Arbeitgeber/Arbeitnehmer gliederte. Allerdings löste sich nun das transzendentale

Staatsverständnis auf. Insbesondere in der Konzertierten Aktion kam zum Ausdruck, daß die Globalsteuerung die Trennung zwischen Staat und Gesellschaft überwinden wollte. Das wirtschaftspolitische Handeln kam damit selbst in der Gesellschaft an, war Bestandteil dessen, was es steuern wollte. Die Semantik der »Verwissenschaftlichung« stabilisierte diesen Wandel der gesellschaftlichen Selbstbeschreibung, da der Staat nun als »Steuerungssystem« beschrieben werden konnte, das zwar aus der Gesellschaft abgeleitet war, mittels einer makroökonomischen Konstruktion der gesellschaftlichen Realität aber Entscheidungssicherheit herstellen konnte. Nur: Sobald das Vertrauen in die »Verwissenschaftlichung« schwand, sobald Zweifel an der Verbindlichkeit von Prognosen, Projektionen und volkswirtschaftlicher Gesamtrechnung aufkamen, stand dieses Gesellschaftskonzept vor dem Problem der Rekursivität und konnte die Herstellung von Entscheidungssicherheit nicht mehr länger gewährleisten.

Die Paradoxien dieses Mechanismus prägten den zweiten Untersuchungsabschnitt in besonders drastischer Weise, der mit der ersten Ölkrise zwischen 1973 und 1975 begann. Im Gegensatz zur Zäsur von 1966 ist hier eher ein fließender Übergang zu konstatieren. Die Darstellung legte den Einschnitt auf den Kanzlerwechsel von Willy Brandt zu Helmut Schmidt im Mai 1974 – wegen der Symbolkraft, die mit dem Wechsel des politischen Stils verknüpft war und die der wachsenden Ernüchterung Ausdruck verlieh. Die zweite Phase ist von einem langsamen und schmerzlichen Abschied von der Globalsteuerung und von der wirtschaftspolitischen Semantik der »Verwissenschaftlichung« geprägt. Er zog sich über viele Jahre hin und führte zunehmend zu Widersprüchen der sozialliberalen Wirtschaftspolitik, der es an einem verbindlichen »Kompaß« zu mangeln schien. Zugleich war dies eine Phase, in der sich die Handlungsspielräume der Wirtschaftspolitik generell drastisch verengten – wegen internationaler Wirtschafts- und Währungskrisen, wegen eines beschleunigten sektoralen Strukturwandels und sich verfestigender Arbeitslosigkeit, vor allem aber, weil das keynesianische Politikmodell von der Stagflation überfordert und das hohe strukturelle Haushaltsdefizit zum Symbol für die Grenzen des staatlichen »Deficit spending« geworden war. In dieser zweiten Phase stieg der wirtschaftspolitische Wissensbedarf also nochmals dramatisch an, ließ die Last der wirtschaftlichen Probleme – Haushaltslöcher, Arbeitslosigkeit, Investitionsschwäche, Wachstumsschwäche, Inflation – wirtschaftspolitische Entscheidungssicherheit und belastbaren Rat der wissenschaftlichen Experten noch viel wünschenswerter erscheinen als in den sechziger Jahren. Allerdings lieferten die wissenschaftlichen Berater nun widersprüchliche Interpretationen der statistischen »Realität« und nahmen Abschied von den ehemals eindeutigen Makromodellen. Damit veränderten sich nicht nur die Inhalte und Erkenntnisse der Expertise, sondern die gesamte institutionelle Struktur der Wissensproduktion und des Wissenstransfers war in Frage gestellt.

Die angebotspolitische Wende des Sachverständigenrates war eine unmittelbare Reaktion auf die Plausibilitätskrise der keynesianischen Theorie, die besonders deutlich im hilflosen Abschlußbericht der »Kommission für wirtschaftlichen und sozialen Wandel« zum Ausdruck kam. Der Sachverständigenrat war in der mißlichen Lage, daß die auch von ihm während der ersten Ölkrise empfohlene Kombination von monetaristischer Geldpolitik und antizyklischer Fiskalpolitik konzeptionell widersprüchlich war und zu einer Verschärfung des Angebotsschocks geführt hatte, weil die Tarifparteien mangels Klarheit über den wirtschaftspolitischen Kurs zu hohe Lohnabschlüsse vereinbarten. Die Gutachter hielten am Konzept der von der Bundesbank autonom zu betreibenden Geldmengensteuerung und damit an der Geldwertstabilität als fundamentalem Datum der Wirtschaftspolitik fest. Angesichts der Investitions- und Wachstumsschwäche, der Probleme des Strukturwandels und der Arbeitslosigkeit trat nun aber eine angebotspolitische Wachstumsstrategie hinzu, die eine Stabilisierung der Erwartungen erreichen und die unternehmerischen Investitionen anreizen sollte. Das neue Konzept war also mikroökonomisch fundiert und reduzierte den staatlichen Steuerungsanspruch.

Allerdings war der Ruf der Experten nach mehreren gravierenden Fehlprognosen angeschlagen, und diese hatten selbst offen eingestanden, daß die Belastbarkeit ihrer eigenen Aussagen unter Vorbehalt stand. Die auf mittelfristige Verstetigung ausgerichtete Angebotspolitik verstand sich auch als Antwort auf dieses Dilemma, da sie für sich beanspruchte, unabhängig von kurzfristigen Prognosen zu wirken. Damit war zum einen das in den sechziger Jahren etablierte System der wissenschaftlichen Lageanalyse und Entscheidungsvorbereitung in Frage gestellt. Zum anderen bedeutete dies aber eine Politisierung der Expertise, da die Gutachter inzwischen offen bekannten, daß ihre Empfehlungen normativ waren. Dies provozierte die Kritik all jener, die den angebotspolitischen Kurs aus theoretischen oder politischen Überlegungen heraus ablehnten. Das Ergebnis war eine nachhaltige Politisierung und Pluralisierung der Wissensproduktion, da nun Gegenexperten auf den Plan traten, die sich ebenfalls der Instrumente der Öffentlichkeitsberatung bedienten und so die Vertreter der Angebotspolitik unter Beschuß nahmen.

Neben dieser externen Vielstimmigkeit war zugleich der Konsens innerhalb des Sachverständigenrates zerbrochen, was Minderheitsvoten unter Beweis stellten, welche die zentralen Annahmen der Ratsmehrheit kritisierten. Die Urteile und Empfehlungen der wissenschaftlichen Berater wurden damit selbst zum Bestandteil politischer Auseinandersetzungen. Während die Wirtschaftsverbände, Teile von SPD, CDU/CSU und FDP die angebotspolitischen Prämissen teilten und die entsprechenden Positionen der Gutachten für sich vereinnahmten, solidarisierten sich andere Sozialdemokraten und vor allem Gewerkschaftsfunktionäre mit den Gegenexperten der Memorandumgruppe und dem Minderheitsgutachter des Sachverständigenrates. Seit Ende der siebziger Jahre spitzte sich die Auseinandersetzung so weit zu, daß nun sogar die Institution des Sachverständigenrates grundsätzlich in Frage gestellt wurde.

»Verwissenschaftlichung« der Politik ist also ein Paradigma, das womöglich etwas voreilig aus den Quellen übernommen und zu einem der führenden Konzepte bei der Erforschung der sechziger Jahre erhoben wurde. Sicher leistet es bei den Fragen nach der Aufwertung wissenschaftlicher Methoden in der Politik und nach dem Ausbau der wissenschaftlichen Beratungseinrichtungen wertvolle Dienste. Es versperrt allerdings auch den Blick auf die viel komplexeren Formen der Interaktion zwischen Wissenschaft und Politik, die eben keineswegs als Einbahnstraße funktionierten. Schon in den sechziger Jahren waren Mechanismen der Politisierung deutlich erkennbar, und bei der Erforschung der siebziger Jahre trägt das Konzept erst dann, wenn „Verwissenschaftlichung" und „Politisierung" gleichrangig betrachtet werden.

Die schwierige wirtschaftliche Lage der siebziger Jahre führte also zu der paradoxen Situation, daß der Wissensbedarf kontinuierlich wuchs, die Möglichkeiten »sicheren« Wissens aber mit der steigenden Zahl der Gutachten und Gegengutachten immer weiter sanken. Letztlich verabschiedete sich die Wirtschaftspolitik in dieser Phase von der Vorstellung, daß wissenschaftliche Expertise Handlungssicherheit schafft – auch wenn sie nach wie vor zu instrumentellen oder legitimatorischen Zwecken eingesetzt werden konnte. Im Zuge dieser »Pragmatisierung« wurde die Paradoxie zwar nicht aufgelöst, aber immerhin doch in die Zeit entfaltet. Es galt nicht mehr, fundamentale Wahrheiten zu beschaffen, sondern Lösungen mit überschaubaren »Halbwertzeiten«.

Dies schlug sich in der durch und durch pragmatischen Wirtschaftspolitik der Regierung Schmidt/Genscher nieder, die in der Praxis schon seit 1975 keynesianische mit angebotspolitischen Elementen kombiniert hatte. Das Ergebnis war allerdings unbefriedigend, da dieser widersprüchliche Kurs sowohl die Kritik von Anhängern der Angebotspolitik als auch von überzeugten Keynesianern provozierte – auf beide Lager wirkte die Wirtschaftspolitik der Regierung mutlos. Dieser widersprüchliche Mittelweg ist allerdings längst nicht nur auf die veränderten Mechanismen der politischen Beratung zurückzuführen, sondern war zu einem guten Teil der schwierigen inneren Struktur der sozialliberalen Koalition geschuldet; in beiden Parteien gab es starke Befürworter und strikte Gegner der Supply-Side-Economics, wobei das BMWi bereits unter Hans Friderichs und ab 1977 unter der Ägide von Otto Graf Lambsdorff eine treibende Kraft der angebotspolitischen Akzente war. Schon im Vorfeld der zweiten Ölkrise hatte die Globalsteuerung jedenfalls soweit an öffentlichem Prestige verloren, daß die Abkehr vom Konzept der mittelfristig ausgerichteten Wirtschaftspolitik bei gleichzeitiger Haushaltskonsolidierung (»Lokomotivtheorie«) im Sommer 1978 nur noch mit internationalem Druck überhaupt zu rechtfertigen war.

Der wirtschaftspolitische Pragmatismus und die reduzierten Ansprüche an die Geltung wissenschaftlicher Expertise weisen darauf hin, daß damit zugleich jener »Anker« fortfiel, der zuvor noch den Wandel der gesellschaftlichen Selbstbeschreibung stabilisiert hatte. Die Planungs- und Wissenschaftseuphorie schlug nun in ihr Gegenteil um, so daß in den zeitgenössischen Debatten die Mechanismen der Rekursivität staatlichen Handelns in der Gesellschaft besonders deutlich hervortraten. Wenn Politiker und Experten gleichermaßen Bestandteil dessen waren, was sie steuern oder beeinflussen wollten, war »Regierbarkeit« grundsätzlich in Frage gestellt und die Vorstellung eines staatlichen Steuerungszentrums als Fiktion entlarvt. Erschwerend kam hinzu, daß sozialwissenschaftliche Analysen in dieser Phase zugleich die ganze Komplexität des sozialen Wandels herausstellten und dieser nun in die gesellschaftlichen Ordnungsvorstellungen einging: Da sich die Gesellschaft im Zuge des sozialstrukturellen und Wertewandels insgesamt individualisiert und pluralisiert hatte, wurde nun immer deutlicher, daß die Beschreibungsmodelle in der Tradition von »Schichten« und »Gruppen« immer weiter an Prägekraft verloren. Statt dessen verschob sich die Perspektive auf die Individuen, und das Ergebnis waren Ordnungsmodelle, die eine weitaus geringere Verbindlichkeit für sich beanspruchten.

Gerade an diesem Punkt wird deutlich, daß mit dem Regierungswechsel im Jahr 1982 kein sonderlich tiefer Einschnitt verbunden war. Zwar radikalisierte sich die individualistische Beschreibungsperspektive im Zuge der Diskussionen um die Postmoderne. In der Beschreibung von sozialen »Lagen«, »Milieus« und vielfältigen »Lebensstilen« kam dies ebenso zum Ausdruck wie in der Diagnose der »Risikogesellschaft« – doch waren diese gesellschaftlichen Gesamtbeschreibungen nicht sehr weit von den Analysen der »Wertewandelsgesellschaft« oder der wissensbasierten und tertiarisierten »nachindustriellen Gesellschaft« während der siebziger Jahre entfernt, die ja ebenfalls starkes Gewicht auf individuelle Werthaltungen oder den jeweiligen Grad von Bildung gelegt hatten. Die Annahmen der Angebotsökonomen hatten die gleiche Tendenz: Auch dort ging es nicht mehr um die Gesellschaft in ihrer Gesamtheit, sondern die individuellen Erwartungen, Dispositionen und Entscheidungen der Wirtschaftssubjekte standen ganz im Mittelpunkt des Interesses. Wirtschaftspolitische Steuerung wurde nur noch als Beeinflussung individuellen Verhaltens aufgefaßt, und dies lief auf das Setzen von »Anreizen« hinaus.

Auch wenn diese Semantik in den achtziger Jahren generalisiert wurde, das individuelle Nutzenkalkül des rational entscheidenden »homo oeconomicus« also nicht mehr nur auf unternehmerische Investitionsentscheidungen, sondern auch auf das Verhalten von Sozialhilfeempfängern oder Studenten angewendet wurde, kam darin doch nur eine Weiterentwicklung jener Ansätze zum Ausdruck, die bereits in der zweiten Hälfte der siebziger Jahre vollständig ausgeprägt waren. Dies gilt ebenso für das tiefe Mißtrauen gegenüber staatlichen Eingriffen in den Marktprozeß: Das Gesellschaftskonzept der Angebotspolitik besaß immerhin den Vorzug, einen plausiblen Ausweg aus dem Dilemma der »Unregierbarkeit« anbieten zu können. Es gab die Vorstellung von der staatlichen Steuerungsinstanz auf und übertrug die Steuerungsfunktion statt dessen auf den Markt – Gegenstand wirtschaftspolitischer Steuerungsversuche sollte also gerade nicht mehr die Gesellschaft sein, sondern individuelles Verhalten (»Anreizsysteme«) und damit die politische Regulierung der über den Markt koordinierten Selbstregulierung.

Aber auch die wirtschaftspolitische Praxis nach der »Wende« spricht gegen die Annahme einer grundlegenden Zäsur im Jahr 1982, denn sie nahm die angebotspolitischen Prämissen zwar begeistert auf – faktisch erlahmte der anfängliche Elan allerdings rasch, und die hohen Ansprüche, welche die Regierung selbst geweckt hatte, wurden bald enttäuscht. Trotz der offensiven Bekenntnisse zur Angebotspolitik blieb es in der Praxis bei einem widersprüchlichen, pragmatischen »Policy Mix«: Auf der einen Seite mochte die Regierung auch in den achtziger Jahren nicht auf konjunkturpolitische Impulse verzichten, auf der anderen Seite kamen Deregulierung, Entstaatlichung und Privatisierung nur langsam voran. Noch deutlicher war die Kontinuität in der Arbeitsmarktpolitik. Einigkeit bestand innerhalb der Koalition lediglich über das Ziel der Haushaltskonsolidierung, wobei die günstigen weltwirtschaftlichen Rahmenbedingungen den Sparkurs erleichterten. Anders als in den späten siebziger Jahren wurde der Pragmatismus nun aber von einem offensiven Bekenntnis zur Neuakzentuierung der Sozialen Marktwirtschaft zusammengehalten, so daß das bereits in den fünfziger Jahren höchst flexible Konzept erneut seine große Adaptionsfähigkeit unter Beweis stellte und integrierende Funktionen übernahm.

In der Gesamtschau war die kurze Phase des euphorischen Glaubens an die »Verwissenschaftlichung« der Politik also ein absolut exzeptionelles Phänomen. In den wenigen Jahren dieser Sonderentwicklung kam es in der Wirtschaftspolitik zwar zum drastischen Ausbau der wissenschaftlichen Ressourcen in der Politik. Aber die Politikberatung und ihre Institutionen waren zu diesem Zeitpunkt doch längst keine neuartigen Phänomene mehr, und auch nach dem jähen Ende der Wissenschaftseuphorie in den frühen siebziger Jahren wurde am institutionellen Gefüge der Wissensproduktion ja gerade nicht gerüttelt. »Verwissenschaftlichung« ist somit in erster Linie als Indikator für die zeitgenössische Einsicht in die zunehmende gesellschaftliche Komplexität zu interpretieren und wurde gleichzeitig selbst zum Faktor des gesellschaftlichen Wandels. Seit unstrittig war, daß Politik Bestandteil der Gesellschaft ist und zudem kaum noch Einigkeit über die Gestalt der bundesrepublikanischen Gesellschaft erzielt werden konnte, war die Wirtschaftspolitik dem Problem der Entscheidungssicherheit unter den Bedingungen von Komplexität und Rekursivität schutzlos ausgeliefert.

Die wenigen Jahre der Wissenschaftseuphorie erscheinen damit tatsächlich als entscheidender Wendepunkt in der Geschichte der Bundesrepublik. Hier wurde nicht nur die Grundlage für den endgültigen Abschied von den Gesellschaftsbeschreibungen in der Tradition des 19. Jahrhunderts gelegt, sondern zugleich die Voraussetzungen für die »pragmatisierten« Ansprüche an wissenschaftliche Expertise und an staatliche Steuerungsfähigkeit geschaffen, die dann seit Mitte der siebziger Jahre Zug um Zug in die politische Praxis eingingen. Die Tiefe der Zäsur ist allerdings nur dann zu ermessen, wenn die Mechanismen der »Pragmatisierung« in die Analyse mit einbezogen werden, wenn »Euphorie« und »Ernüchterung« ebenso gemeinsam beobachtet werden wie »Verwissenschaftlichung« der Politik und »Politisierung« der Expertise. Denn damit wird zugleich deutlich, daß im Ringen um die »richtige« Wirtschaftspolitik und um angemessene Entscheidungsgrundlagen während der siebziger Jahre tatsächlich ein »zeitlicher Vorlauf«, eine »Vorgeschichte des vereinten Deutschlands und der ›Berliner Republik‹« zu sehen ist.[3] Eine solche Betrachtung sollte sich davor hüten, eine eindimensionale und letztlich ahistorische Kontinuität des »Reformstaus« seit den siebziger Jahren zu konstruieren, wie dies in der politischen Publizistik nur zu gern geschieht.[4] Aber das gegenwärtige Unbehagen über Politiker, denen eine verbindliche Vorstellung von Staat und Gesellschaft fehlt, über die Nüchternheit und Sprunghaftigkeit einer durch und durch pragmatischen Politik, sollte doch soweit historisiert werden, daß der Blick über die Betrachtung individueller Fehlleistungen[5] hinausgeht. Die Ergebnisse dieser Studie lassen jedenfalls den Schluß zu, daß »Pragmatismus« ein Modus der Politik ist, der sich in einem schwierigen Lernprozeß historisch durchgesetzt hat, weil er den Problemen der Komplexität und der Rekursivität angemessen ist – was seinerseits ein pragmatischer Befund ist.

---

3 Paul Nolte: Die Bundesrepublik in der deutschen Geschichte des 20. Jahrhunderts. In: Geschichte und Gesellschaft 28 (2002), S. 175–182, hier: 181; ganz ähnlich, allerdings die Abnutzung einer alternden Ordnung stärker betonend Naumann, Historisierung S. 65.

4 Die zentralen Motive in einer Collage bei Rödder, Modell Deutschland S. 345; exemplarisch für das Genre Stefan Aust; Claus Richter; Gabor Steingart: Der Fall Deutschland. Abstieg eines Superstars, München 2005; Hans-Werner Sinn: Ist Deutschland noch zu retten? Berlin 2005.

5 So etwa Jürgen Leinemann: Höhenrausch. Die wirklichkeitsleere Welt der Politiker, München 2004.

VII. Anhang

1. Abkürzungsverzeichnis

ACDP	Archiv für Christlich-Demokratische Politik
AdL	Archiv des Liberalismus
AdSD	Archiv der sozialen Demokratie
AfS	Archiv für Sozialgeschichte
AP	Associated Press
APuZ	Aus Politik und Zeitgeschichte
ASM	Aktionsgemeinschaft Soziale Marktwirtschaft
BArch	Bundesarchiv
BDI	Bundesverband der Deutschen Industrie
BSP	Bruttosozialprodukt
BV	Bundesvorstand
DGB	Deutscher Gewerkschaftsbund
DIW	Deutsches Institut für Wirtschaftsforschung
DPA	Deutsche Presseagentur
ERP	European Recovery Programme
FS	Festschrift
HdWW	Handwörterbuch der Wirtschaftswissenschaften
HGF	Hauptgeschäftsführung des BDI
KKW	Abteilung Konjunktur-, Kredit- und Währungspolitik des BDI
NF	Neue Folge
OECD	Organization for Economic Cooperation and Development
OPEC	Organization of the Petroleum Exporting Countries
Pro	Protokolle im BDI-Archiv
Sopade	Sozialdemokratische Partei Deutschlands im Exil
Tz	Textziffer
VfZ	Vierteljahrshefte für Zeitgeschichte
VSWG	Vierteljahrschrift für Sozial- und Wirtschaftsgeschichte
WSI	Wirtschafts- und sozialwissenschaftliches Institut
WZB	Wissenschaftszentrum Berlin

2. Tabellenverzeichnis

3. Verzeichnis der Grafiken

4. Quellen- und Literaturverzeichnis

Die seriellen Quellen (Jahresgutachten des Sachverständigenrates und Jahreswirtschaftsberichte der Bundesregierung) werden in den Anmerkungen nachgewiesen, hier jedoch nicht gesondert aufgelistet. Dabei werden die Druckfassungen der Jahresgutachten nicht mit vollständigem Titel zitiert, sondern nur mit »Jahresgutachten« und Jahresangabe. Die Fundstellen werden nicht nach Seitenzahlen, sondern nach Textziffern nachgewiesen, da die Texte zugleich auch als Bundestagsdrucksachen veröffentlicht wurden. Ebenso wird mit den Jahreswirtschaftsberichten verfahren, die ebenfalls an unterschiedlichen Stellen publiziert vorliegen.

Archivbestände

Bundesarchiv Koblenz
B 102 Bundesministerium für Wirtschaft
B 126 Bundesministerium der Finanzen
N 1229 Nachlaß Karl Schiller

Parlamentsarchiv des Deutschen Bundestages, Berlin
Gesetzesmaterialien

Archiv der Sozialen Demokratie, Bonn
Abt. II SPD, Bundestagsfraktion 5. Wahlperiode
Abt. II SPD, Bundestagsfraktion 6. Wahlperiode
Pressedokumentation

DGB-Archiv im Archiv de Sozialen Demokratie, Bonn
5 DGB-Bundesvorstand, Abteilung Vorsitzender
24.6 DGB-Bundesvorstand, Abteilung Wirtschaftspolitik

Archiv für christlich-demokratische Politik, St. Augustin
VIII-001 CDU-Bundespartei, Büro des Fraktionsvorstandes
VII-004 Bundesgeschäftsstelle
VI-059 Aktionsgemeinschaft Soziale Marktwirtschaft (ASM)
VI-043 Wirtschaftsrat der CDU e. V.
Nachlässe:
I-093 Otto Andreas Friedrich
I-105 Paul Binder
I-158 Fritz Burgbacher
I-162 Curt Becker
I-226 Kurt Georg Kiesinger
I-236 Alfred Müller-Armack
I-477 Werner Steinjahn
Pressedokumentation

Archiv des Liberalismus, Gummersbach

FDP-Bundespartei, Bundesgeschäftsstelle, Pressestelle, Sammlungen, Politiker

A17	FDP-Bundesvorstand, Bundesfachausschuß für Wirtschaftspolitik
A1	FDP-Bundesparteitag (1949–1979)
194	Arbeitsgruppen
195	Kommissionen
289	Institut für Politische Planung und Kybernetik – IPK
N47	Nachlaß Karl-Hermann Flach

Archiv des Bundesverbandes der Deutschen Industrie, Berlin

KKW	Abteilung Konjunktur-, Kredit- und Währungspolitik
HGF	Hauptgeschäftsführung (Protokolle, Büro)
SH	Abteilung Steuer- und Haushaltspolitik

Literatur und gedruckte Quellen

Abel, Kurt: Wertordnung oder Wirtschaftstechnik. Soziale Marktwirtschaft als geistig-moralische Ordnung, Hildesheim 1982.

Abelshauser, Werner: Deutsche Wirtschaftsgeschichte seit 1945, München 2004.

Abelshauser, Werner: Die langen fünfziger Jahre. Wirtschaft und Gesellschaft der Bundesrepublik Deutschland 1949–1966, Düsseldorf 1987.

Acham, Karl; Nörr, Knut Wolfgang; Schefold, Bertram (Hg.): Erkenntnisgewinne, Erkenntnisverluste. Kontinuitäten und Diskontinuitäten in den Wirtschafts-, Rechts- und Sozialwissenschaften zwischen den 20er und 50er Jahren, Stuttgart 1998.

Achatz, Thomas; Haslinger, Franz: »Postmaterialismus«, Arbeitslosigkeit und Arbeitszeitverkürzung. In: Hans-Joachim Hoffmann-Nowotny; Friedhelm Gehrmann (Hg.): Ansprüche an die Arbeit, Frankfurt am Main 1984.

Adam, Hermann: Konzertierte Aktion. Konzeptionen, gesellschaftstheoretischer Hintergrund und Grenzen eines neuen Steuerungsinstruments. In: WWI-Mitteilungen 24 (1971), S. 201–208.

Albach, Horst; Brandt, Thomas; Fleischer, Manfred; Yang, Jianping: Soziale Marktwirtschaft: eine Erfolgsgeschichte. 50 Jahre Bundesrepublik Deutschland im Lichte von Industriebilanzen. In: Max Kaase; Günther Schmidt (Hg.): Eine lernende Demokratie. 50 Jahre Bundesrepublik Deutschland (WZB-Jahrbuch 1999), Berlin 1999, S. 499–528.

Alecke, Björn: Deutsche Geldpolitik in der Ära Bretton Woods (Münsteraner Beiträge zur quantitativen Wirtschaftsgeschichte Bd. 7), Münster 1998.

Alemann, Ulrich von; Heinze, Rolf G. (Hg.): Verbände und Staat. Vom Pluralismus zum Korporatismus, Opladen 1979.

Allen, Christopher A.: The Underdevelopment of Keynesianism in the Federal Republic of Germany. In: Peter A. Hall (Hg.): The Political Power of Economic Ideas: Keynesianism across Nations, Princeton 1989, S. 263–289.

Altenhof, Ralf: Die Enquete-Kommissionen des Deutschen Bundestages, Wiesbaden 2002.

Altmann, Georg: Aktive Arbeitsmarktpolitik. Entstehung und Wirkung eines Reformkonzepts in der Bundesrepublik Deutschland (VSWG-Beiheft 176), Stuttgart 2004.

Altmann, Georg: Planung in der Marktwirtschaft? Zur Neuausrichtung der westdeutschen Wirtschaftspolitik durch das Stabilitätsgesetz von 1967. In: Heinz-Gerhard Haupt; Jörg Requate (Hg.): Aufbruch in die Zukunft. Die 1960er Jahre zwischen Planungseuphorie und kulturellem Wandel. DDR, CSSR und Bundesrepublik Deutschland im Vergleich, Paderborn 2004, S. 31–42.

Altmann, Georg: Technischer Fortschritt und Sozialpolitik in den 1960er Jahren: Das Arbeitsförderungsgesetz. In: Theresia Bauer; Winfried Süß (Hg.): NS-Diktatur, DDR, Bundesrepublik. Drei Zeitgeschichten des vereinigten Deutschland, Neuried 2000, S. 287–304.

Altmann, Georg: Vollbeschäftigung durch Planung? Das Reformprojekt »Vorausschauende Arbeitsmarktpolitik« in den 1960er Jahren. In: Matthias Frese; Julia Paulus; Karl Teppe (Hg.): Demokratisierung und gesellschaftlicher Aufbruch. Die sechziger Jahre als Wendezeit der Bundesrepublik, Paderborn 2003, S. 283–304.

Altmann, Rüdiger: Das Erbe Adenauers. Eine Bilanz, Stuttgart 1960.

Ambrosius, Gerold: Das Wirtschaftssystem. In: Wolfgang Benz (Hg.): Die Geschichte der Bundesrepublik, Bd. 2: Wirtschaft, Frankfurt am Main 1989, S. 11–73.

Ambrosius, Gerold: Die Durchsetzung der Sozialen Marktwirtschaft in Westdeutschland 1945–1949 (Studien zur Zeitgeschichte Bd. 10), Stuttgart 1977.

Andersen, Uwe: Das Europäische Währungssystem. Eine neue Initiative zur europäischen Integration. In: APuZ 16 (1979), S. 3–21.

Angster, Julia: Der neue Stil. Die Amerikanisierung des Wahlkampfes und der Wandel im Politikverständnis bei CDU und SPD in den 1960er Jahren. In: Matthias Frese, Matthias; Julia Paulus; Karl Teppe (Hg.): Demokratisierung und gesellschaftlicher Aufbruch. Die sechziger Jahre als Wendezeit der Bundesrepublik, Paderborn 2003, S. 181–204.

Angster, Julia: Konsenskapitalismus und Sozialdemokratie. Die Westernisierung von SPD und DGB, München 2003.

Apitzsch, Wolfgang; Klebe, Thomas; Schumann, Manfred (Hg.): § 116 Arbeitsförderungsgesetz. Kampf um das Streikrecht, Hamburg 1986.

Apolte, Thomas; Wilke, Thomas: Größere Effizienz der Wirtschaftspolitik durch institutionalisierte wissenschaftliche Politikberatung? In: Dieter Cassel (Hg.): 50 Jahre Soziale Marktwirtschaft. Ordnungstheoretische Grundlagen, Realisierungsprobleme und Zukunftsperspektiven einer wirtschaftspolitischen Konzeption (Schriften zu Ordnungsfragen der Wirtschaft, Bd. 57), Stuttgart 1998.

Arbeitsgruppe Alternative Wirtschaftspolitik: Memorandum '77. Vorschläge zur Beendigung der Massenarbeitslosigkeit, Köln 1977.

Arbeitsgruppe Alternative Wirtschaftspolitik: Memorandum '78. Alternativen der Wirtschaftspolitik, Köln 1978.

Arbeitsgruppe Alternative Wirtschaftspolitik: Memorandum '79. Vorrang für Vollbeschäftigung. Alternativen der Wirtschaftspolitik, Köln 1979.

Arbeitsgruppe Alternative Wirtschaftspolitik: Memorandum '80. Gegen konservative Formierung. Alternativen der Wirtschaftspolitik, Köln 1980.

Arbeitsgruppe Alternative Wirtschaftspolitik: Memorandum '81. Demokratische Wirtschaftspolitik gegen Marktmacht und Sparmaßnahmen, Köln 1981.

Arbeitsgruppe Alternative Wirtschaftspolitik: Memorandum '82. Qualitatives Wachstum statt Gewinnförderung. Alternativen der Wirtschaftspolitik, Köln 1982.

Aust, Stefan; Richter, Claus; Steingart, Gabor: Der Fall Deutschland. Abstieg eines Superstars, München 2005.

Badura, Bernhard: Gegenexpertise als wissenschaftssoziologisches und wissenschaftspolitisches Phänomen. In: Soziale Welt 31 (1980), S. 459–473.

Baisch, Helmut u. a.: Die Wirtschaftskrise in der BRD. Eine Auseinandersetzung mit den Analysen des Sachverständigenrates zur Begutachtung der gesamtwirtschaftlichen Entwicklung. In: Leviathan 2 (1977), S. 163–209.

Balcar, Jaromír: Politik auf dem Land. Studien zur bayerischen Provinz 1945 bis 1972 (Bayern im Bund, Bd. 5), München 2004.

Baltensperger, Ernst: Geldpolitik bei wachsender Integration (1979–1996). In: Deutsche Bundesbank (Hg.): Fünfzig Jahre Deutsche Mark. Notenbank und Währung in Deutschland seit 1948, München 1998, S. 475–559.

Baring, Arnulf: Machtwechsel. Die Ära Brandt-Scheel, Stuttgart 1982.

Bartholomé, Burkhard: Die Entstaatlichungs- bzw. Deregulierungskontroverse als Reflex wirtschaftstheoretischer Ansätze, Idstein 1989.

Bauer, Theresia; Süß, Winfried (Hg.): NS-Diktatur, DDR, Bundesrepublik. Drei Zeitgeschichten des vereinigten Deutschland, Neuried 2000.

Beck, Ulrich: Risikogesellschaft. Auf dem Weg in eine andere Moderne, Frankfurt am Main 1986.

Beck, Ulrich; Bonß, Wolfgang (Hg.): Die Modernisierung der Moderne, Frankfurt am Main 2001, S. 11–59.

Beck, Ulrich; Bonß, Wolfgang (Hg.): Weder Sozialtechnologie noch Aufklärung? Analysen zur Verwendung sozialwissenschaftlichen Wissens, Frankfurt am Main 1989.

Beck, Ulrich; Bonß, Wolfgang: Verwissenschaftlichung ohne Aufklärung? Zum Strukturwandel von Sozialwissenschaft und Praxis. In: Dies. (Hg.): Weder Sozialtechnologie noch Aufklärung? Analysen zur Verwendung sozialwissenschaftlichen Wissens, Frankfurt am Main 1989, S. 7–45.

Beck, Ulrich; Bonß, Wolfgang; Lau, Christoph: Theorie reflexiver Modernisierung – Fragestellungen, Hypothesen, Forschungsprogramme. In: Ulrich Beck; Wolfgang Bonß (Hg.): Die Modernisierung der Moderne, Frankfurt am Main 2001, S. 11–59.

Beck, Ulrich; Beck-Gernsheim, Elisabeth (Hg.): Riskante Freiheiten. Individualisierung in modernen Gesellschaften, Frankfurt am Main 1994.

Becker, Frank (Hg.): Geschichte und Systemtheorie. Exemplarische Fallstudien, Frankfurt am Main 2004.

Becker, Frank; Reinhardt-Becker, Elke: Systemtheorie. Eine Einführung für die Geschichts- und Kulturwissenschaften, Frankfurt am Main 2001.

Beckerath, Erwin von: Der Einfluß der Wirtschaftstheorie auf die Wirtschaftspolitik. In: Ders.: Lynkeus. Gestalten und Probleme aus Wirtschaft und Politik, Tübingen 1962, S. 288–303.

Beckerath, Erwin von: Lynkeus. Gestalten und Probleme aus Wirtschaft und Politik, Tübingen 1962.

Beckerath, Erwin von; Giersch, Herbert (Hg.): Probleme der normativen Ökonomik und der wirtschaftspolitischen Beratung (Schriften des Vereins für Sozialpolitik, NF Bd. 20), Berlin 1963.

Behn, Hans Ulrich: Die Regierungserklärungen der Bundesrepublik Deutschland, München 1971.

Bell, Daniel: Die nachindustrielle Gesellschaft, Frankfurt am Main 1975.

Bell, Daniel; Kristol, Irving (Hg.): Die Krise in der Wirtschaftstheorie, Berlin 1984.

Bender, Gerd. Ersatzgesetzgebung. Zur Zeitgeschichte des Arbeitskampfrechts. In: Jörg Requate: Recht und Justiz im gesellschaftlichen Aufbruch (1960–1975). Bundesrepublik Deutschland, Italien und Frankreich im Vergleich (Interdisziplinäre Studien zu Recht und Staat, Bd. 28), Baden-Baden 2003, S. 221–232.

Berger, Peter L.; Luckmann, Thomas: Die gesellschaftliche Konstruktion der Wirklichkeit, Frankfurt am Main 1969.

Berghahn, Volker: Unternehmer und Politik in der Bundesrepublik, Frankfurt am Main 1985.

Bessert-Nettelbeck, Joachim; Boll, Michael; Fischer, Ulrike; Stohauer, Heinrich: Die Skrupel des Wissenschaftlers beim Politik-Beraten. In: Leviathan 4 (1977), S. 578–596.

Beyme, Klaus von: Wohnen und Politik. In: Ingeborg Flagge (Hg.): Geschichte des Wohnens, Bd. 5. 1945 bis heute. Aufbau, Neubau, Umbau, Stuttgart 1999, S. 83–152.

Biedenkopf, Kurt H.: Fortschritt in Freiheit. Umrisse einer politischen Strategie, München 1974.

Biedenkopf, Kurt H.: Rechtsfragen der konzertierten Aktion. In: Der Betriebs-Berater 25 (1968), S. 1005–1011.

Bielefeld, Ulrich: Nation und Gesellschaft. Selbstthematisierung in Frankreich und Deutschland, Hamburg 2003.

Bischoff, Joachim: Die Memoranden – Alternativen zur neoliberalen Wirtschaftskonzeption. In: Utopie kreativ 146 (2002), S. 1114–1123.

Blesgen, Detlef J.: Erich Preiser. Wirken und wirtschaftspolitische Wirkungen eines deutschen Nationalökonomen (1900–1967), Berlin 1999.

Blyth, Mark: Great Transformations. Economic Ideas and Institutional Change in the Twentieth Century, Cambridge 2002.

Böckenförde, Ernst-Wolfgang: Die Organisationsgewalt im Bereich der Regierung. Eine Untersuchung zum Staatsrecht der Bundesrepublik Deutschland, Berlin 1964.

Bollenbeck, Georg; Kaiser, Gerhard (Hg.): Die janusköpfigen 50er Jahre (Kulturelle Moderne und bildungsbürgerliche Semantik III), Opladen 2000.

Bolte, Karl Martin: Die Kommission für wirtschaftlichen und sozialen Wandel. In: Wissenschaftszentrum Berlin (Hg.): Interaktion von Wissenschaft und Politik. Theoretische und praktische Probleme der anwendungsorientierten Sozialwissenschaften, Frankfurt am Main 1977, S. 260–284.

Borchardt, Knut: Zäsuren in der wirtschaftlichen Entwicklung. Zwei, drei oder vier Perioden? In: Martin Broszat (Hg.): Zäsuren nach 1945. Essays zur Periodisierung der deutschen Nachkriegsgeschichte, München 1990, S. 21–33.

Bösch, Frank: Die Adenauer-CDU, Stuttgart 2001.

Boss, Alfred; Laaser, Claus-Friedrich; Schatz, Klaus-Werner u. a.: Deregulierung in Deutschland. Eine empirische Analyse, Tübingen 1996.

Bossmann, Jürgen: »Arrested Development«? Obsessionen im Wachstumsdenken. In: Michael Jeismann (Hg.): Obsessionen. Beherrschende Gedanken im wissenschaftlichen Zeitalter, Frankfurt am Main 1995, S. 26–77.

Brand, Karl-Werner; Büsser, Detlef; Rucht, Dieter: Aufbruch in eine andere Gesellschaft. Neue soziale Bewegungen in der Bundesrepublik, Frankfurt am Main 1984.

Brandes, Volkhard; Huhn, Jens; Hirsch, Joachim (Hg.): Wie Phoenix aus der Asche? Energiekrise und »Modell Deutschland«, Offenbach 1981.

Brandt, Willy: Mehr Demokratie wagen. Innen- und Gesellschaftspolitik 1966–1974 (Berliner Ausgabe, Bd. 7), Bonn 2001.

Bresgen, Claudia M.: Ifo-Institut für Wirtschaftsforschung. In: Allgemeines Statistisches Archiv 3 (1997), S. 230–235.

Brinkmann, Theodor: Zielprojektionen und Wirtschaftspolitik 1968/75. Anspruch und Wirklichkeit (Beiträge zur Wirtschafts- und Sozialpolitik Bd. 31), Köln 1976.

Broschell, Heinz: Soziale Marktwirtschaft und christliche Gesellschaftslehre. Die ordnungspolitische Grundlage zur Gestaltung der Zukunft, München 1985.

Broszat, Martin (Hg.): Zäsuren nach 1945. Essays zur Periodisierung der deutschen Nachkriegsgeschichte, München 1990.

Buchheim, Christoph: Sie Wiedereingliederung Westdeutschlands in die Weltwirtschaft 1945–1958, München 1991.

Bude, Heinz: Das allmähliche Vergehen der Bundesrepublik. Zur deutschen Zukunftspolitik. In: Merkur 57 (2003), S. 255–260.

Bude, Heinz: Das Altern von Institutionen. In: Joachim Fischer; Hans Joas (Hg.): Kunst, Macht und Institution. Studien zur Philosophischen Anthropologie, soziologischen Theorie und Kultursoziologie der Moderne. FS f. Karl-Siegbert Rehberg, Frankfurt am Main 2003, S. 221–230.

Bude, Heinz: Die Soziologen der Bundesrepublik. In: Merkur 46 (1992), S. 569–580.

Bundesminister für Arbeit und Sozialordnung (Hg.): Wirtschaftlicher und sozialer Wandel in der Bundesrepublik Deutschland. Gutachten der Kommission für wirtschaftlichen und sozialen Wandel, Göttingen 1977.

Bundesministerium für Wirtschaft (Hg.): Der wissenschaftliche Beirat beim Bundesministerium für Wirtschaft. Sammelband der Gutachten von 1948 bis 1972, Göttingen 1973.

Calließ, Jörg (Hg.): Die Reformzeit des Erfolgsmodells BRD (Loccumer Protokolle 19/03), Rehburg-Loccum 2004.

Carr, Jonathan: Helmut Schmidt, Düsseldorf 1985.

Cassel, Dieter (Hg.): 50 Jahre Soziale Marktwirtschaft. Ordnungstheoretische Grundlagen, Realisierungsprobleme und Zukunftsperspektiven einer wirtschaftspolitischen Konzeption (Schriften zu Ordnungsfragen der Wirtschaft, Bd. 57), Stuttgart 1998.

Cassel, Susanne: Politikberatung und Politikerberatung, Stuttgart 2001.

Claus Leggewie: A Laboratory of Postindustrial Society. Reassessing the 1960s in Germany. In: Carole Fink; Philipp Gassert; Detlef Junker (Hg.): 1968. The World Transformed, Cambridge/Washington 1998, S. 277–294.

Collin, Peter; Horstmann, Thomas (Hg.): Das Wissen des Staates (Rechtspolitologie, Bd. 17), Baden-Baden 2004.

Conze, Eckart: Eine bürgerliche Republik? Bürgertum und Bürgerlichkeit in der westdeutschen Nachkriegsgesellschaft. In: Geschichte und Gesellschaft 30 (2004), S. 527–542.

Conze, Werner; Lepsius, M. Rainer (Hg.): Sozialgeschichte der Bundesrepublik. Beiträge zum Kontinuitätsproblem, Stuttgart 1983.

Crozier, Michel; Huntington, Samuel P.; Watanuki, Joji (Hg.): The Crisis of Democracy, New York 1975.

Daele, Wolfgang van den: Objektives Wissen als politische Ressource. Experten und Gegenexperten im Diskurs. In: ders. u. Friedhelm Neidhardt (Hg.): Kommunikation und Entscheidung. Politische Funktionen öffentlicher Meinungsbildung und diskursiver Verfahren (WZB-Jahrbuch 1996), Berlin 1996, S. 297–326.

Daele, Wolfgang van den; Neidhardt, Friedhelm (Hg.): Kommunikation und Entscheidung. Politische Funktionen öffentlicher Meinungsbildung und diskursiver Verfahren (WZB-Jahrbuch 1996), Berlin 1996.

Daniel, Ute: Kompendium Kulturgeschichte. Theorien, Praxis, Schlüsselwörter, Frankfurt am Main 2001.

Deutsche Bundesbank (Hg.): Fünfzig Jahre Deutsche Mark. Notenbank und Währung in Deutschland seit 1948, München 1998.

Deutsche Bundesbank (Hg.): Währung und Wirtschaft in Deutschland 1876–1975, Frankfurt am Main 1976.

Deutsche Vereinigung für Politische Wissenschaft (Hg.): Gesellschaftlicher Wandel und politische Innovation. Tagung der Deutschen Vereinigung für Politische Wissenschaft in Mannheim, Herbst 1971 (Politische Vierteljahresschrift, Sonderheft 4), Opladen 1972.

Doering-Manteuffel, Anselm: Westernisierung. Politisch-ideeller und gesellschaftlicher Wandel in der Bundesrepublik bis zum Ende der 60er Jahre. In: Axel Schildt; Detlef Siegfried; Karl Christian Lammers (Hg): Dynamische Zeiten. Die 60er Jahre in der Entwicklung der beiden deutschen Gesellschaften, Hamburg 2000, S. 311–341.

Doering-Manteuffel, Anselm: Wie westlich sind die Deutschen? Amerikanisierung und Westernisierung im 20. Jahrhundert, Göttingen 1999.

Donges, Jürgen B.; Streit, Manfred E.: Herbert Giersch – biographische und bibliographische Anmerkungen. In: Manfred E. Streit (Hg.): Wirtschaftspolitik zwischen ökonomischer und politischer Rationalität. FS für Herbert Giersch, Wiesbaden 1988.

Drucker, Peter F.: Auf dem Weg zur nächsten Wirtschaftstheorie. In: Daniel Bell; Irving Kristol (Hg.): Die Krise in der Wirtschaftstheorie, Berlin 1984, S. 1–19.

Edelmann, Heidrun: Heinz Nordhoff und Volkswagen. Ein deutscher Unternehmer im amerikanischen Jahrhundert, Göttingen 2003.

Ehmke, Horst: Wirtschaft und Verfassung. Die Verfassungsrechtsprechung des Supreme Court zur Wirtschaftsregulierung, Karlsruhe 1961.

Ehrlicher, Werner; Duwendag, Dieter (Hg.): Geld- und Währungspolitik im Umbruch (Schriften zur Monetären Ökonomie, Bd. 18), Baden-Baden 1983.

Eichengreen, Barry: Vom Goldstandard zum Euro. Die Geschichte des internationalen Währungssystems, Berlin 2000.

Eichengreen, Barry; Holtham, Gerald u. a.: Can Nations Agree? Issues in International Economic Cooperation, Washington D.C. 1989.

Ellwein, Thomas: Krisen und Reformen. Die Bundesrepublik seit den sechziger Jahren, 2. Aufl. München 1993.

Emminger, Otmar: D-Mark, Dollar, Währungskrisen. Erinnerungen eines ehemaligen Bundesbankpräsidenten, Stuttgart 1986.

Emminger, Otmar: Zwischenbilanz der DM-Aufwertung (Schriftenreihe zu aktuellen Problemen aus Politik und Wirtschaft, Bd. 4), Erlenbach-Zürich 1970.

Engelhard, Peter; Fehl, Ulrich; Geue, Heiko: Konzertierte Aktionen, Runde Tische, Aktionsbündnisse. Machtbeteiligung und Machtkontrolle organisierter Interessen durch korporatistische Politikbeteiligung? In: Dieter Cassel (Hg.): 50 Jahre Soziale Marktwirtschaft. Ordnungstheoretische Grundlagen, Realisierungsprobleme und Zukunftsperspektiven einer wirtschaftspolitischen Konzeption (Schriften zu Ordnungsfragen der Wirtschaft, Bd. 57), Stuttgart 1998, S. 741–768.

Erhard, Ludwig: Deutsche Wirtschaftspolitik. Der Weg der Sozialen Marktwirtschaft, Düsseldorf u. Frankfurt am Main 1962.

Erhard, Ludwig: Formierte Gesellschaft. Rede auf dem 13. Bundesparteitag der CDU am 31.3.1965 in Düsseldorf. In: Karl Hohmann (Hg.): Ludwig Erhard. Gedanken aus fünf Jahrzehnten. Reden und Schriften, Düsseldorf 1988, S. 915–919.

Erhard, Ludwig: Wohlstand für alle, Düsseldorf 1957.

Eschenburg, Theodor: Macht der Verbände? Stuttgart 1955.

Fack, Fritz Ullrich; Hort, Peter: Soziale Marktwirtschaft. Stationen einer freiheitlichen Ordnung, Freiburg 1985.

Fels, Gerhard: Lohnpolitische Perspektiven nach der Aufwertung (Kieler Diskussionsbeiträge Bd. 2), Kiel 1969.

Feuersenger, Marianne (Hg): Gibt es noch ein Proletariat? Frankfurt am Main 1962.

Fink, Carole; Gassert, Philipp; Junker, Detlef (Hg.): 1968. The World Transformed, Cambridge/Washington 1998.

Fisch, Stefan; Rudloff, Wilfried: Experten und Politik. Wissenschaftliche Politikberatung in historischer Perspektive (Schriftenreihe der Hochschule Speyer Bd. 168), Berlin 2004.

Flach, Karl-Hermann u. a.: Die Freiburger Thesen der Liberalen, Reinbek bei Hamburg 1972.

Flagge, Ingeborg (Hg.): Geschichte des Wohnens, Bd. 5. 1945 bis heute. Aufbau, Neubau, Umbau, Stuttgart 1999.

Forschungsgruppe Wahlen: Wahlergebnisse in Deutschland 1946–1998, Mannheim 1998.

Foucault, Michel: Geschichte der Gouvernementalität II. Die Geburt der Biopolitik. Vorlesungen am Collège de France 1978–1979. Frankfurt am Main 2004.

Foucault, Michel: Die Gouvernementalität. In: Thomas Lemke; Susanne Krasmann; Ulrich Bröckling (Hg.): Gouvernementalität der Gegenwart. Studien zur Ökonomisierung des Sozialen, Frankfurt am Main 2000, S. 41–67.

Franz, Wolfgang: Wirtschaftspolitische Beratung: Reminiszenzen und Reflexionen. In: Perspektiven der Wirtschaftspolitik 1 (2000), S. 53–71.

Frei, Daniel (Hg.): Überforderte Demokratie? Zürich 1978.

Frese, Matthias; Paulus, Julia: Geschwindigkeiten und Faktoren des Wandels – die 1960er Jahre in der Bundesrepublik. In: dies. u. Teppe, Karl (Hg.): Demokratisierung und gesellschaftlicher Aufbruch. Die sechziger Jahre als Wendezeit der Bundesrepublik, Paderborn 2003, S. 1–23.

Frese, Matthias; Paulus, Julia; Teppe, Karl (Hg.): Demokratisierung und gesellschaftlicher Aufbruch. Die sechziger Jahre als Wendezeit der Bundesrepublik, Paderborn 2003.

Frevert, Ute: Neue Politikgeschichte. Konzepte und Herausforderungen. In: Dies. u. Heinz-Gerhard Haupt (Hg.): Neue Politikgeschichte. Perspektiven einer historischen Politikforschung (Historische Politikforschung, Bd. 1), Frankfurt am Main 2005, S. 7–26.

Freyer, Hans: Theorie des gegenwärtigen Zeitalters, Stuttgart 1955.

Friedman, Milton; Schwartz, Anna J.: A Monetary History of the United States 1867–1960, Princeton 1963.

Fülberth, Georg: Geschichte der Bundesrepublik Deutschland in Quellen und Dokumenten, Köln 1982.

Galbraith, John Kenneth: Gesellschaft im Überfluß, München 1959.

Galbraith, John Kenneth: Inflation. Ein Katechismus für Präsidenten. In: Jörg Huffschmid; Gerhard Kade; Dirk Ipsen: Die Krise und die Grenzen der bürgerlichen Ökonomie, Köln 1975.

Gall, Lothar: Der Bankier. Hermann Josef Abs. Eine Biographie, München 2004.

Gassert, Philipp: Kurt Georg Kiesinger. 1904–1988. Kanzler zwischen den Zeiten, München 2006.

Gebert, Dietmar; Scheide, Joachim: Die Lokomotiven-Strategie als wirtschaftspolitisches Konzept, Kiel 1980.

Geißler, Rainer: Die Sozialstruktur Deutschlands, 2. Aufl. Opladen 1996.

Gellner, Winand: Ideenagenturen für Politik und Öffentlichkeit: Think Tanks in den USA und in Deutschland, Opladen 1995.

Geppert, Dominik: Maggie Thatchers Rosskur. Ein Rezept für Deutschland? Berlin 2003.

Geppert, Dominik: Thatchers konservative Revolution. Der Richtungswandel der britischen Tories 1975–1979 (Veröffentlichungen des DHI London, Bd. 53), München 2002.

Gesellschaft für Wirtschafts- und Sozialwissenschaften (Hg.): Die Hochschullehrer der Wirtschaftswissenschaften, Berlin 2. Aufl. 1966.

Giersch, Herbert: Aus der Anfangszeit des Rates. In: Otto Schlecht; Ulrich van Suntum (Hg.): 30 Jahre Sachverständigenrat zur Begutachtung der gesamtwirtschaftlichen Entwicklung, Krefeld 1995, S. 23–27.

Giersch, Herbert; Borchardt, Knut (Hg.): Diagnose und Prognose als wirtschaftswissenschaftliche Methodenprobleme. Verhandlungen auf der Arbeitstagung des Vereins für Socialpolitik in Garmisch-Partenkirchen 1961, Berlin 1962.

Gläßner, Gert-Joachim; Holz, Jürgen; Schlüter, Thomas (Hg.): Die Bundesrepublik in den siebziger Jahren. Versuch einer Bilanz, Opladen 1984.

Glastetter, Werner: Außenwirtschaftspolitik. Eine problemorientierte Einführung mit einem Kompendium außenwirtschaftlicher Fachbegriffe, Köln 1975.

Glastetter, Werner: Das Integrationsproblem in den ökonomischen Grundwissenschaften. Versuch einer dogmenkritischen Analyse des Integrationsproblems aus der Sicht seiner moralphilosophischen und erkenntnistheoretischen Grundlagen, Diss. Mannheim 1965.

Glastetter, Werner: Die Stellung der Bundesrepublik Deutschland in der Weltwirtschaft. Eine Bestandsaufnahme (WSI-Studien zur Wirtschafts- und Sozialforschung, Bd. 25), Köln 1973.

Glastetter, Werner: Wachstumskonzeption und politische Ökonomie. Eine dogmenkritische Auseinandersetzung mit der These von der Überflußgesellschaft, Köln 1971.

Glatzer, Wolfgang u. a.: Recent Social Trends in West Germany 1960–1990, Frankfurt am Main 1992.

Gömmel, Rainer; Denzel, Markus A. (Hg.): Weltwirtschaft und Wirtschaftsordnung. FS f. Jürgen Schneider (VSWG-Beiheft 159), Stuttgart 2002.

Görtemaker, Manfred: Geschichte der Bundesrepublik Deutschland. Von der Gründung bis zur Gegenwart, München 1999.

Grande, Edgar: Vom Monopol zum Wettbewerb. Die neokonservative Reform der Telekommunikation in Großbritannien und der Bundesrepublik Deutschland, Wiesbaden 1989.

Greiffenhagen, Martin (Hg.): Der neue Konservatismus der siebziger Jahre, Reinbeck b. Hamburg 1974.

Greven, Michael Th.; Guggenberger, Bernd; Strasser, Johano (Hg.): Krise des Staates? Zur Funktionsbestimmung im Spätkapitalismus, Darmstadt 1975.

Grüner, Stefan: Staatliche Planung und sozialer Wandel in den sechziger Jahren – Überlegungen zu einem Forschungsprojekt zur Geschichte Bayerns nach 1945. In: Theresia Bauer; Winfried Süß (Hg.): NS-Diktatur, DDR, Bundesrepublik. Drei Zeitgeschichten des vereinigten Deutschland, Neuried 2000, S. 263–286.

Guggenberger, Bernd; Kempf, Udo (Hg.): Bürgerinitiativen und repräsentatives System, Opladen 1978.

Günther, Frieder: »Staatsrechtslehre« between Tradition and Change. West-German University Teachers of Public Law in the Process of Westernization 1949–1970. GHI Conference Paper, March 1999.

Günther, Frieder: Denken vom Staat her. Die bundesdeutsche Staatsrechtslehre zwischen Dezision und Integration 1949–1970 (Ordnungssysteme. Studien zur Ideengeschichte der Neuzeit, Bd. 15), München 2004.

Gusy, Christoph: Verfassungsumbruch und Staatsrechtswissenschaft: Die Verfassung des Politischen zwischen Konstitutionalismus und demokratischer Republik. In: Ute Frevert; Heinz-Gerhard Haupt (Hg.): Neue Politikgeschichte. Perspektiven einer historischen Politikforschung (Historische Politik-forschung, Bd. 1), Frankfurt am Main 2005, S. 166–201.

Habermas, Jürgen: Verwissenschaftlichte Politik und öffentliche Meinung [1963]. In: Ders.: Technik und Wissenschaft als »Ideologie«, Frankfurt am Main 1969, S. 120–145.

Hachmeister, Lutz: Schleyer. Eine deutsche Geschichte, München 2004.

Hagen, Jürgen von: Geldpolitik auf neuen Wegen (1971–1978). In: Deutsche Bundesbank (Hg.): Fünfzig Jahre deutsche Mark. Notenbank und Währung in Deutschland seit 1948, München 1998, S. 437–473.

Hahn, Jörg: Ökonomie, Politik und Krise. Diskutiert am Beispiel der ökonomischen Konzeption Karl Schillers, Würzburg 1984.

Hahn, Marcus: Das Saarland im doppelten Strukturwandel 1956–1970. Regionale Politik zwischen Eingliederung in die Bundesrepublik Deutschland und Kohlekrise (Veröffentlichungen der Kommission für Saarländische Landesgeschichte und Volksforschung, Bd. 36), Saarbrücken 2003.

Hall, Peter A. (Hg.): The Political Power of Economic Ideas: Keynesianism across Nations, Princeton 1989.

Hartmann, Michael: Der Mythos von den Leistungseliten: Spitzenkarrieren und soziale Herkunft in Wirtschaft, Politik, Justiz und Wissenschaft, Frankfurt am Main 2002.

Hartmann, Michael: Topmanager: die Rekrutierung einer Elite, Frankfurt am Main 1996.

Hascher, Michael: Verkehrswissenschaftler als Experten. Historische Wurzeln der wissenschaftlichen Beratung der Verkehrspolitik in der Bundesrepublik Deutschland, untersucht vom 19. Jahrhundert bis 1972, Diss. München 2004.

Haselbach, Dieter: Autoritärer Liberalismus und soziale Marktwirtschaft. Gesellschaft und Politik im Ordoliberalismus, Baden-Baden 1991.

Haupt, Heinz Gerhard; Requate, Jörg (Hg.): Aufbruch in die Zukunft. Die 1960er Jahre zwischen Planungseuphorie und kulturellem Wandel. DDR, CSSR und Bundesrepublik Deutschland im Vergleich, Weilerswist 2004.

Heidenreich, Martin: Die Debatte um die Wissensgesellschaft. In: Stefan Böschen; Ingo Schulz-Schaeffer (Hg.): Wissenschaft in der Wissensgesellschaft, Wiesbaden 2003, S. 25–51.

Heise, Arne: Grenzen der Deregulierung. Institutioneller und struktureller Wandel in Großbritannien und Deutschland (Forschung aus der Hans-Böckler-Stiftung, Bd. 15), Berlin 1999.

Hennis, Wilhelm (Hg.): Regierbarkeit. Studien zu ihrer Problematisierung, Stuttgart 1977.

Henschel, Rudolf: Die gewerkschaftliche Kritik am Memorandum ’79. In: Gewerkschaftliche Monatshefte 2 (1980), S. 109–116.

Hentschel, Volker: Ludwig Erhard. Ein Politikerleben, München 1996.

Herbert, Ulrich (Hg.): Wandlungsprozesse in Westdeutschland. Belastung, Integration, Liberalisierung 1945–1980, Göttingen 2002.

Herbert, Ulrich: Generationenfolge in der deutschen Geschichte des 20. Jahrhunderts. In: Jürgen Reulecke (Hg.): Generationalität und Lebensgeschichte im 20. Jahrhundert, München 2003, S. 95–114.

Herbert, Ulrich: Geschichte der Ausländerpolitik in Deutschland. Saisonarbeiter, Zwangsarbeiter, Gastarbeiter, Flüchtlinge, München 2001.

Herbert, Ulrich: Liberalisierung als Lernprozeß. Die Bundesrepublik in der deutschen Geschichte – eine Skizze. In: ders. (Hg.): Wandlungsprozesse in Westdeutschland. Belastung, Integration, Liberalisierung 1945–1980, Göttingen 2002, S. 7–49.

Herbert, Ulrich; Hunn, Karin: Gastarbeiter und Gastarbeiterpolitik in der Bundesrepublik. Vom Beginn der offiziellen Anwerbung bis zum Anwerbestop (1955–1973). In: Axel Schildt; Detlef Siegfried; Karl Christian Lammers (Hg): Dynamische Zeiten. Die 60er Jahre in der Entwicklung der beiden deutschen Gesellschaften, Hamburg 2000, S. 273–310.

Hesse, Jan-Otmar: »Der Mensch des Unternehmens und der Produktion«. Foucaults Sicht auf den Ordoliberalismus und die »Soziale Marktwirtschaft«. In: Zeithistorische Forschungen 3 (2006), im Erscheinen.

Hesse, Jan-Otmar: »Der Staat unter der Aufsicht des Marktes« – Michel Foucaults Lektüren des »Ordoliberalismus«. In: Susanne Krasmann; Michael Volkmer (Hg.): Michel Foucaults »Geschichte der Gouvernementalität« in den Sozialwissenschaften. Internationale Beiträge, Köln 2006 (im Druck).

Hesse, Jan-Otmar: Why did German Economics turn to a Mathematical Approach so Late? On the Relationship between Social Change and Scientific Progress. Conference-Paper European Association of Environmental and Resource Economists, Bremen 2005.

Heuß, Ernst: Kontinuität und Diskontinuität in der Nationalökonomie nach dem Zweiten Weltkrieg. Ordoliberalismus versus Keynesianismus. In: Karl Acham; Knut Wolfgang Nörr; Bertram Schefold (Hg.): Erkenntnisgewinne, Erkenntnisverluste. Kontinuitäten und Diskontinuitäten in den Wirtschafts-, Rechts- und Sozialwissenschaften zwischen den 20er und 50er Jahren, Stuttgart 1998, S. 331–355.

Hickel, Rudolf (Hg.): Radikale Neoklassik. Ein neues Paradigma zur Erklärung der Massenarbeitslosigkeit? Die Vogt-Kontroverse, Opladen 1986.

Hickel, Rudolf: Notwendigkeit und Möglichkeiten »Alternativer Wirtschaftspolitik«. In: Gewerkschaftliche Monatshefte 2 (1980), S. 116–130.

Hickel, Rudolf; Mattfeld, Harald (Hg.): Millionen Arbeitslose! Streitschrift gegen den Rat der Fünf Weisen. Eine Bilanz nach zwanzig Jahren, Reinbek b. Hamburg 1983.

Hickel, Rudolf; Mattfeld, Harald: Epilog … statt eines Prologs. In: dies. (Hg.): Millionen Arbeitslose! Streitschrift gegen den Rat der Fünf Weisen. Eine Bilanz nach zwanzig Jahren, Reinbek b. Hamburg 1983, S. 7–15.

Hildebrand, Klaus: Von Erhard zur Großen Koalition 1963–1969 (Geschichte der Bundesrepublik Deutschland, Bd. 4), Stuttgart 1984.

Hilgartner, Stephen: Science on Stage. Expert Advice as Public Drama, Stanford 2000.

Hodenberg, Christina von: Konsens und Krise. Eine Geschichte der westdeutschen Medienöffentlichkeit 1945–1973 (Moderne Zeit, Bd. 12), Göttingen 2006.

Hodenberg, Christina von: Konkurrierende Konzepte von »Öffentlichkeit« in der Orientierungskrise der 60er Jahre. In: Matthias Frese; Julia Paulus; Karl Teppe (Hg.): Demokratisierung und gesellschaftlicher Aufbruch. Die sechziger Jahre als Wendezeit der Bundesrepublik, Paderborn 2003, S. 205–226.

Hof, Bernd: Mittelfristige Zielprojektionen – Erfahrungen und Kritik, Köln 1975.

Hohensee, Jens: Der erste Ölpreisschock 1973/74. Die politischen und gesellschaftlichen Auswirkungen der arabischen Erdölpolitik auf die Bundesrepublik Deutschland und Westeuropa (Historische Mitteilungen der Ranke-Gesellschaft, Beiheft 17), Stuttgart 1996.

Hohmann, Karl (Hg.): Das Soziale in der sozialen Marktwirtschaft (Grundtexte zur sozialen Marktwirtschaft, Bd. 2), Stuttgart 1988.

Hohmann, Karl (Hg.): Ludwig Erhard. Gedanken aus fünf Jahrzehnten. Reden und Schriften, Düsseldorf 1988.

Holtfrerich, Carl-Ludwig: Geldpolitik bei festen Wechselkursen (1946–1970). In: Deutsche Bundesbank (Hg.): Fünfzig Jahre Deutsche Mark. Notenbank und Währung seit 1948, München 1998, S. 347–438.

Holtham, Gerald: German Macroeconomic Policy and the 1978 Bonn Economic Summit. In: Barry Eichengreen; Gerald Holtham u. a.: Can Nations Agree? Issues in International Economic Cooperation, Washington D.C. 1989, S. 141–177.

Horst, Patrick: Haushaltspolitik und Regierungspraxis in den USA und der Bundesrepublik Deutschland. Ein Vergleich der haushaltspolitischen Entscheidungsprozesse beider Bundesrepubliken zu Zeiten der konservativen Regierungen Reagan/Bush und Kohl (Beiträge zur Politikwissenschaft, Bd. 61), Frankfurt am Main 1995.

Hradil, Stefan: Sozialstrukturanalyse in einer fortgeschrittenen Gesellschaft. Von Klassen und Schichten zu Lagen und Milieus, Opladen 1987.

Hradil, Stefan: Vom Mangel an Mitteln zum Zweifel an Zielen. Die »Postmoderne« zwischen Modernisierungserfolg und Modernitätskritik. In: Brunhilde Scheuringer (Hg.): Wertorientierungen und Zweckrationalität, Opladen 1990.

Huffschmid, Jörg: Die Politik des Kapitals. Konzentration und Wirtschaftspolitik in der Bundesrepublik, Frankfurt am Main 1969.

Huffschmid, Jörg: Im Namen der Investitionsneigung. Zur herrschenden wissenschaftlichen und politischen Krisendiskussion in der BRD. In: Ders.; Gerhard Kade; Dirk Ipsen: Die Krise und die Grenzen der bürgerlichen Ökonomie, Köln 1975, S. 3–21.

Huffschmid, Jörg: Karl Schillers Konzertierte Aktion. Zur ökonomischen Formierung der Gesellschaft. In: Blätter für deutsche und internationale Politik, 1 (1967), S. 442–454.

Huffschmid, Jörg; Kade, Gerhard; Ipsen, Dirk: Die Krise und die Grenzen der bürgerlichen Ökonomie, Köln 1975.

Hunn, Karin: »Nächstes Jahr kehren wir zurück ... « Die Geschichte der türkischen »Gastarbeiter« in der Bundesrepublik (Moderne Zeit, Bd. 11), Göttingen 2005.

Inglehart, Ronald: The Silent Revolution in Europe. Intergenerational Change in Post-Industrieal Societies. In: American Political Science Review 65 (1971), S. 991–1017.

Inglehart, Ronald: The Silent Revolution. Changing Values and Political Styles Among Western Publics, Princeton 1977.

Institut der deutschen Wirtschaft (Hg.): Streikparagraph 116, Köln 1986.

Jäger, Wolfgang; Link, Werner: Republik im Wandel 1969–1974. Die Ära Brandt (Geschichte der Bundesrepublik Deutschland, Bd. 5-I), Stuttgart 1986.

Jäger, Wolfgang; Link, Werner: Republik im Wandel 1974–1982. Die Ära Schmidt (Geschichte der Bundesrepublik Deutschland, Bd. 5-II), Stuttgart 1987.

James, Harold: Rambouillet, 15. November 1975. Die Globalisierung der Wirtschaft (20 Tage im 20. Jahrhundert), München 1997.

Jarausch, Konrad H.: 1968 and 1989. Caesuras, Comparisons and Connections. In: Carole Fink; Philipp Gassert; Detlef Junker (Hg.): 1968. The World Transformed, Cambridge/Washington 1998, S. 461–477.

Jarausch, Konrad H.: Die Umkehr. Deutsche Wandlungen 1945–1995, München 2004.

Jeismann, Michael (Hg.): Obsessionen. Beherrschende Gedanken im wissenschaftlichen Zeitalter, Frankfurt am Main 1995.

Jens, Uwe; Romahn, Hajo (Hg.): Der Einfluß der Wissenschaft auf die Politik, Marburg 2002.

Junker, Detlef (Hg.): Die USA und Deutschland im Zeitalter des Kalten Krieges 1945–1990. Ein Handbuch, 2 Bde., Stuttgart 2001.

Kaase, Max; Schmidt, Günther (Hg.): Eine lernende Demokratie. 50 Jahre Bundesrepublik Deutschland (WZB-Jahrbuch 1999), Berlin 1999.

Kaiser, Joseph H. (Hg.): Planung III. Mittel und Methoden planender Verwaltungen, Baden-Baden 1968.

Kaiser, Joseph H.: Die Repräsentation organisierter Interessen, Berlin 1956.

Kaltenbrunner, Gerd-Klaus (Hg.): Der überforderte schwache Staat. Sind wir noch regierbar? München 1975.

Kämper, Norbert: Der Sachverständigenrat zur Begutachtung der gesamtwirtschaftlichen Entwicklung. Aufgaben und Rechtsstellung (Schriften zum Öffentlichen Recht, Bd. 561), Berlin 1989.

Kaufmann, Franz-Xaver: Sozialpolitisches Denken. Die deutsche Tradition, Frankfurt am Main, 2003.

Kempf, Udo; Merz, Hans-Georg (Hg.): Kanzler und Minister 1949–1998. Biografisches Lexikon der deutschen Bundesregierungen, Wiesbaden 2001.

Kempter, Klaus: Eugen Loderer und die IG Metall. Biographie eines Gewerkschafters, Filderstadt 2003.

Kern, Lucien (Hg.): Probleme der postindustriellen Gesellschaft, Köln 1976.

Kieseritzky, Wolther von: »Mehr Demokratie wagen.« Innen- und Gesellschaftspolitik 1966–1974. In: Willy Brandt: Mehr Demokratie wagen. Innen- und Gesellschaftspolitik 1966–1974 (Berliner Ausgabe, Bd. 7), Bonn 2001, S. 15–82.

King, Anthony (Hg.): Why is Britain Becoming Harder to Govern? London 1976.

Klages, Helmut: Wertorientierungen im Wandel. Rückblick, Gegenwartsanalyse, Prognosen, Frankfurt am Main 1984.

Klages, Helmut; Kmieciak, Peter (Hg.): Wertewandel und gesellschaftlicher Wandel, Frankfurt am Main 1979.

Klingemann, Carsten: Theorien und Funktionen des »Säkularen Staatsinterventionismus«: Ökonomische Eingriffsmodelle und gesellschaftliche Ordnungsvorstellungen in der Bundesrepublik Deutschland seit 1945, Diss. Münster 1978.

Kloten, Norbert: Erfolg und Mißerfolg der Stabilisierungspolitik (1969–1974). In: Deutsche Bundesbank (Hg.): Währung und Wirtschaft in Deutschland 1876–1975, Frankfurt am Main 1976, S. 643–690.

Kloten, Norbert: Wissenschaftlicher Beirat beim Bundesministerium für Wirtschaft. In: Otto Schlecht; Ulrich van Suntum (Hg.): 30 Jahre Sachverständigenrat zur Begutachtung der gesamtwirtschaftlichen Entwicklung, Krefeld 1995, S. 60–62.

Kneer, Georg: Überflußgesellschaft. In: ders. u. Armin Nassehi; Markus Schroer (Hg.): Klassische Gesellschaftsbegriffe der Soziologie, München 2001.

Koch, Claus; Narr, Wolf-Dieter: Krise und Kritik – Zur Krise der Kritik. In: Leviathan 3 (1977), S. 400–423.

Koch, Harald: Die Wirtschaft im Spannungsfeld von Politik und Wissenschaft. In: Herbert Scholz (Hg.): Die Rolle der Wissenschaft in der modernen Gesellschaft, Berlin 1969, S. 172–185.

Koch, Woldemar: Der Wissenschaftliche Beirat beim Bundesminister für Wirtschaft. In: Erwin von Beckerath; Herbert Giersch (Hg.): Probleme der normativen Ökonomik und der wirtschaftspolitischen Beratung (Schriften des Vereins für Sozialpolitik, NF Bd. 20), Berlin 1963, S. 405–421.

Kock, Heinz; Leifert, Eduard; Schmidt, Alfons; Stirnberg, Ludwig: Stabilitätspolitik. Ein Überblick über die aktuelle Diskussion und Perspektiven einer Neuorientierung (Kommission für wirtschaftlichen und sozialen Wandel, Bd. 99), Göttingen 1976.

Kocka, Jürgen (Hg.): Bürger und Bürgerlichkeit im 19. Jahrhundert, Göttingen 1987.

Koenen, Gerd: Das rote Jahrzehnt. Unsere kleine deutsche Kulturrevolution 1967–1977, Frankfurt am Main 2002.

Köhler, Claus: Orientierungshilfen für die Kreditpolitik (Veröffentlichungen des Instituts für empirische Wirtschaftsforschung, Bd. 1), Berlin 1968.

Köhler, Hans: Das Hamburgische Welt-Wirtschafts-Archiv: Geschichte einer Wissenschaftlichen Anstalt, Hamburg 1959.

Kohn, Helmut; Latzelsberger, Friedrich: Steuerungsprobleme in Wirtschaft und Gesellschaft. Zum Gutachten der Kommission für wirtschaftlichen und sozialen Wandel. In: Aus Politik und Zeitgeschichte, 18 (1977), S. 3–53.

König, Klaus (Hg.): Privatisierung und staatliche Regulierung: Bahn, Post und Telekommunikation, Rundfunk (Verwaltungsorganisation, Staatsaufgaben und öffentlicher Dienst, Bd. 39), Baden-Baden 1997.

König, Wolfgang: Geschichte der Konsumgesellschaft, Stuttgart 2000.

Konrad-Adenauer-Stiftung (Hg.): Die soziale Marktwirtschaft erneuern. Arbeit, Wachstum, Umwelt (Studien zur politischen Bildung, Bd. 6), Mainz 1983.

Koselleck, Reinhart: »Erfahrungsraum« und »Erwartungshorizont« – zwei historische Kategorien. In: Ders.: Vergangene Zukunft. Zur Semantik geschichtlicher Zeiten, Frankfurt am Main 1979, S. 349–375.

Koselleck, Reinhart: Begriffsgeschichte und Sozialgeschichte. In: ders.: Vergangene Zukunft. Zur Semantik geschichtlicher Zeiten, Frankfurt am Main 1995, S. 107–129.

Kramper, Peter: Das gescheiterte Reformprojekt? Die Neue Heimat 1950–1982. In: Jan-Otmar Hesse; Tim Schanetzky; Jens Scholten (Hg.): Das Unternehmen als gesellschaftliches Reformprojekt. Strukturen und Entwicklungen von Unternehmen der »moralischen Ökonomie« nach 1945 (Bochumer Schriften zur Unternehmens- und Industriegeschichte Bd. 12), Essen 2004, S. 201–227.

Krengel, Rolf: Das Deutsche Institut für Wirtschaftsforschung (Institut für Konjunkturforschung) 1925–1979, Berlin 1986.

Krengel, Rolf: Gesamtwirtschaftliche Prognosen und Projektionen und ihre Rolle in der Wirtschaftspolitik. In: Wissenschaftszentrum Berlin (Hg.): Interaktion von Wissenschaft und Politik. Theoretische und praktische Probleme der anwendungsorientierten Sozialwissenschaften, Frankfurt am Main 1977, S. 40–55.

Kruke, Anja: Der Kampf um die politische Deutungshoheit. Meinungsforschung als Instrument von Parteien und Medien in den Siebzigerjahren. In: Archiv für Sozialgeschichte 44 (2004), S. 293–326.

Kühne-Büning, Lidwina; Hesse, Jan-Otmar; Plumpe, Werner: Zwischen Angebot und Nachfrage, zwischen Regulierung und Konjunktur. Die Entwicklung der Wohnungsmärkte in der Bundesrepublik 1949–1989/1990–1998. In: Ingeborg Flagge (Hg.): Geschichte des Wohnens Bd. 5. 1945 bis heute. Aufbau, Neubau, Umbau, Stuttgart 1999, S. 155–232.

Kurlbaum, Georg; Jens, Uwe (Hg.): Beiträge zur sozialdemokratischen Wirtschaftspolitik, Bonn 1983.

Laak, Dirk van: Gespräche in der Sicherheit des Schweigens. Carl Schmitt in der politischen Geistesgeschichte der frühen Bundesrepublik, Berlin 1993.

Lahnstein, Manfred: Die Feuerwehr als Brandstifter. Die unheimliche Macht der Experten in Politik und Wirtschaft, München 2000.

Lambsdorff, Otto Graf: Zielsetzung, Aufgaben und Chancen der Marktwirtschaft, Düsseldorf 1977.

Lane, Robert E.: The decline of Politics and Ideology in a Knowledgeable Society. In: American Sociological Review 31 (1966), S. 649–662.

Lange, Thorsten: Die Bedeutung der Neuen Vertragstheorie für die Neoliberale Wende. In: Lutz Raphael; Heinz-Elmar Tenorth (Hg.): Ideen als gesellschaftliche Gestaltungskraft im Europa der Neuzeit. Beiträge zu einer erneuerten Geistesgeschichte (Ordnungssysteme. Studien zur Ideengeschichte der Neuzeit, Bd. 20), München 2006, S. 173–191.

Leaman, Jeremy: The Rhetoric and Logic of the Wende. A Reply to Douglas Webber. In: German Politics 2 (1993), S. 124–135.

Lehner, Franz: Grenzen des Regierens. Eine Studie zur Regierungsproblematik hochindustrialisierter Demokratien, Königstein i. Ts. 1979.

Lehnert, Detlef: Die sozialliberale Koalition. Vom »historischen Bündnis« zum wahltaktischen Bruch? In: Gert-Joachim Gläßner; Jürgen Holz; Thomas Schlüter (Hg.): Die Bundesrepublik in den siebziger Jahren. Versuch einer Bilanz, Opladen 1984, S. 15–31.

Leinemann, Jürgen: Höhenrausch. Die wirklichkeitsleere Welt der Politiker, München 2004.

Lemke, Thomas; Krasmann, Susanne; Bröckling, Ulrich (Hg.): Gouvernementalität der Gegenwart. Studien zur Ökonomisierung des Sozialen, Frankfurt am Main 2000.

Lemke, Thomas; Krasmann, Susanne; Bröckling, Ulrich: Gouvernementalität, Neoliberalismus und Selbsttechnologien. Eine Einleitung. In: dies. (Hg.): Gouvernementalität der Gegenwart. Studien zur Ökonomisierung des Sozialen, Frankfurt am Main 2000, S. 7–40.

Lindblom, Charles: Inkrementalismus. Die Lehre vom »Sich-Durchwursteln«. In: Wolf-Dieter Narr; Claus Offe (Hg.): Wohlfahrtsstaat und Massenloyalität, Gütersloh 1975, S. 161–177.

Lindblom, Charles: The science of muddling through. In: Public Administration Review 19 (1959), S. 79–88.

Lindlar, Ludger: Das mißverstandene Wirtschaftswunder. Westdeutschland und die westeuropäische Nachkriegsprosperität (Schriften zur angewandten Wirtschaftsforschung, Bd. 77), Tübingen 1997.

Lindner, Stefan H.: Den Faden verloren. Die westdeutsche und französische Textilindustrie auf dem Rückzug (Schriftenreihe zur Zeitschrift für Unternehmensgeschichte, Bd. 7), München 2002.

Löffler, Bernhard: Soziale Marktwirtschaft und administrative Praxis. Das Bundeswirtschaftsministerium unter Ludwig Erhard (VSW-Beiheft 162), Stuttgart 2003.

Lompe, Klaus: Sozialstaat und Krise. Bundesrepublikanische Politikmuster der 70er und 80er Jahre, Frankfurt am Main 1987.

Luhmann, Niklas: Die Gesellschaft der Gesellschaft. Zweiter Teilband, Frankfurt am Main 1997.

Luhmann, Niklas: Die Unterscheidung von Staat und Gesellschaft. In: ders.: Soziologische Aufklärung, Bd. 4. Beiträge zur funktionalen Differenzierung der Gesellschaft, Opladen 1987, S. 67–73.

Luhmann, Niklas: Die Wissenschaft der Gesellschaft, Frankfurt am Main 1994.

Luhmann, Niklas: Gesellschaftliche Struktur und semantische Tradition. In: Ders.: Gesellschaftsstruktur und Semantik. Studien zur Wissenssoziologie der modernen Gesellschaft Bd. 1, Frankfurt am Main 1980, S. 9–71.

Lutz, Burkhard: Der kurze Traum immerwährender Prosperität. Eine neue Interpretation industrieller wie kapitalistischer Entwicklung im Europa des 20. Jahrhunderts, Frankfurt am Main 1984.

Maihofer, Werner: Liberale Gesellschaftspolitik. In: ders. u. Karl-Hermann Flach; Walter Scheel: Die Freiburger Thesen der Liberalen, Reinbek bei Hamburg 1972.

May, Bernhard: Ein schwieriger Lernprozeß. Die Weltwirtschaftsgipfel. In: Detlef Junker u. a. (Hg.): Die USA und Deutschland im Zeitalter des Kalten Krieges Bd. 2 1968–1990, Stuttgart 2001, S. 382–392.

Meadows, Dennis Lynn u. a.: Die Grenzen des Wachstums. Bericht des Club of Rome zur Lage der Menschheit, Stuttgart 1972.

Meinecke, Friedrich: Die deutsche Katastrophe. Betrachtungen und Erinnerungen, Wiesbaden 1946.

Merck, Johannes: Klar zur Wende? Die FDP vor dem Koalitionswechsel in Bonn 1980 bis 1982, Diss. Berlin 1989.

Metzler, Gabriele: »Geborgenheit im gesicherten Fortschritt«. Das Jahrzehnt von Planbarkeit und Machbarkeit. In: Matthias Frese; Julia Paulus; Karl Teppe (Hg.): Demokratisierung und gesellschaftlicher Aufbruch. Die sechziger Jahre als Wendezeit der Bundesrepublik, Paderborn 2003, S. 777–797.

Metzler, Gabriele: Am Ende aller Krisen? Politisches Denken und Handeln in der Bundesrepublik der sechziger Jahre. In: Historische Zeitschrift 275 (2002), S. 57–103.

Metzler, Gabriele: Der deutsche Sozialstaat. Vom bismarckschen Erfolgsmodell zum Pflegefall, Stuttgart 2003.

Metzler, Gabriele: Konzeptionen politischen Handelns von Adenauer bis Brandt. Politische Planung in der pluralistischen Gesellschaft, Paderborn 2005.

Metzler, Gabriele: Versachlichung statt Interessenpolitik. Der Sachverständigenrat zur Begutachtung der gesamtwirtschaftlichen Entwicklung. In: Stefan Fisch; Wilfried Rudloff (Hg.): Wissenschaftliche Politikberatung in geschichtlicher Perspektive (Schriften der Hochschule Speyer, Bd. 168), Berlin 2004, S. 127–152.

Meyer, Christoph: Herbert Wehner. Biographie, München 2006.

Mierzejewski, Alfred C.: Ludwig Erhard. Der Wegbereiter der Sozialen Marktwirtschaft, München 2005.

Molitor, Bernhard: Ist Marktwirtschaft noch gefragt? Eine ordnungspolitische Bilanz der Jahre 1982 bis 1992, Tübingen 1992.

Molitor, Regina (Hg.): Zehn Jahre Sachverständigenrat zur Begutachtung der gesamtwirtschaftlichen Entwicklung. Eine kritische Bestandsaufnahme, Frankfurt am Main 1973.

Möller, Alex (Hg.): Kommentar zum Stabilitätsgesetz, Hannover 1969.

Molsberger, Josef: Zwischenbilanz der Konzertierten Aktion. In: Ordo 21 (1970), S. 167–192.

Mommsen, Hans: Die Auflösung des Bürgertums seit dem späten 19. Jahrhundert. In: Jürgen Kocka (Hg.): Bürger und Bürgerlichkeit im 19. Jahrhundert, Göttingen 1987, S. 288–315.

Mooser, Josef: Abschied von der Proletarität. Sozialstruktur und Lage der Arbeiterschaft in historischer Perspektive. In: Werner Conze; M. Rainer Lepsius (Hg.): Sozialgeschichte der Bundesrepublik. Beiträge zum Kontinuitätsproblem, Stuttgart 1983, S. 143–186.

Mooser, Josef: Arbeiterleben in Deutschland 1900–1970. Klassenlagen, Kultur und Politik, Frankfurt am Main 1984.

Moses, Dirk: Die 45er. Eine Generation zwischen Faschismus und Demokratie. In: Neue Sammlung 40 (2001), S. 498–520.

Müller-Armack, Alfred: Die zweite Phase der Sozialen Marktwirtschaft. Ihre Ergänzung durch das Leitbild einer neuen Gesellschaftspolitik In: Ders. (Hg.): Wirtschaftsordnung und Wirtschaftspolitik. Studien und Konzepte zur Sozialen Marktwirtschaft und zur Europäischen Integration, Köln 1966, S. 267–291.

Münkel, Daniela: Willy Brandt und die »Vierte Gewalt«. Politik und Massenmedien in den 50er bis 70er Jahren (Campus Historische Studien, Bd. 41), Frankfurt am Main 2005.

Muscheid, Jutta: Die Steuerpolitik in der Bundesrepublik Deutschland 1949–1982 (Volkswirtschaftliche Schriften, Bd. 365), Berlin 1986.

Narr, Wolf-Dieter: Die fünf Weisen und der reine Sachverstand. In: Leviathan 2 (1977), S. 157–162.

Naumann, Klaus: Die Historisierung der Bonner Republik. Zeitgeschichtsschreibung in diagnostischer Absicht. In: Mittelweg 36 9 (2000), S. 53–66.

Neumann, Manfred J. M.: Theoretisch wenig fundiert, empirisch nicht belegt. Die geldtheoretischen Leitvorstellungen. In: Regina Molitor (Hg.): Zehn Jahre Sachverständigenrat zur Begutachtung der gesamtwirtschaftlichen Entwicklung. Eine kritische Bestandsaufnahme, Frankfurt am Main 1973, S. 116–138.

Neumark, Fritz: Die Hauptadressaten nicht immer erreicht. Die Sprache des Sachverständigenrates. In: Regina Molitor (Hg.): Zehn Jahre Sachverständigenrat zur Begutachtung der gesamtwirtschaftlichen Entwicklung. Eine kritische Bestandsaufnahme, Frankfurt am Main 1973, S. 210–226.

Neuner, Michael; Reisch, Lucia A. (Hg.): Konsumperspektiven, Verhaltensaspekte und Infrastruktur. FS f. Gerhard Scherhorn, Berlin 1998.

Nicholls, Anthony J.: Freedom with Responsability. The Social Market Economy in Germany 1918–1963, Oxford 2000.

Noelle-Neumann, Elisabeth: Werden wir alle Proletarier? Wertewandel in unserer Gesellschaft, Zürich 1978.

Nolte, Paul: Die Bundesrepublik in der deutschen Geschichte des 20. Jahrhunderts. In: Geschichte und Gesellschaft 28 (2002), S. 175–182.

Nolte, Paul: Die Ordnung der deutschen Gesellschaft. Selbstentwurf und Selbstbeschreibung im 20. Jahrhundert, München 2000.

Nonn, Christoph: Die Ruhrbergbaukrise. Entindustrialisierung und Politik 1958–1969, Göttingen 2001.

Nützenadel, Alexander: Die Bundesrepublik Deutschland, Frankreich und die Debatte über eine europäische Wirtschaftspolitik 1957–1965. In: Francia 3 (2003), S. 71–95.

Nützenadel, Alexander: Stunde der Ökonomen. Wissenschaft, Politik und Expertenkultur in der Bundesrepublik 1949–1974 (Kritische Studien zur Geschichtswissenschaft, Bd. 166), Göttingen 2005.

Nützenadel, Alexander: Wirtschaftliche Interessenvertretung in der parlamentarischen Demokratie. Die Debatte über den Bundeswirtschaftsrat in den fünfziger Jahren. In: Vierteljahrshefte für Zeitgeschichte 2 (2003), S. 229–260.

Nützenadel, Alexander: Wissenschaftliche Politikberatung in der Bundesrepublik. Die Gründung des Sachverständigenrates zur Begutachtung der gesamtwirtschaftlichen Lage 1963. In: Vierteljahrschrift für Sozial- und Wirtschaftsgeschichte 3 (2002), S. 288–306.

Oertzen, Peter von; Ehmke, Horst; Ehrenberg, Herbert (Hg.): Orientierungsrahmen '85. Text und Diskussion, Bonn-Bad Godesberg 1976.

Offe, Claus: »Unregierbarkeit.« Zur Renaissance konservativer Krisentheorien. In: Jürgen Habermas (Hg.): Stichworte zur »geistigen Situation der Zeit«. 1. Band: Nation und Republik, Frankfurt am Main 1979, S. 294–318.

Panek, Hans-Thomas: Die Währungskrisen im November 1968 bis Mai 1971 im politischen Prozeß der Bundesrepublik Deutschland, Köln 1977.

Pestel, Eduard; Bauerschmidt, Rolf; Gottwald, Michael (Hg.): Das Deutschland-Modell. Herausforderungen auf dem Weg ins 21. Jahrhundert, Stuttgart 1978.

Peukert, Detlef K.: Die Weimarer Republik. Krisenjahre der Klassischen Moderne, Frankfurt am Main 1987.

Pieroth, Elmar: Zum wirtschaftspolitischen Konzept der Union. In: ders. u. Georg Gölter (Hg.): Die Union in der Opposition. Analyse – Strategie – Programm, Düsseldorf 1970, S. 198–217.

Plumpe, Werner: »Wir sind wieder wer!« Konzept und Praxis der Sozialen Marktwirtschaft in der Rekonstruktionsphase der westdeutschen Wirtschaft nach dem Zweiten Weltkrieg. In: Marie-Luise Recker; Burkhard Jelloneck; Bernd Rauls (Hg.): Bilanz: 50 Jahre Bundesrepublik Deutschland, St. Ingbert 2001, S. 238–278.

Plumpe, Werner: 1968 und die deutschen Unternehmen. Zur Markierung eines Forschungsfeldes. In: Zeitschrift für Unternehmensgeschichte 1 (2004), S. 45–66.

Plumpe, Werner: Das Ende der Koloniezeit. Gedanken zur Sozial- und Wirtschaftsgeschichte des Ruhrgebietes in den 50er und frühen 60er Jahren. In: Jan-Pieter Barbian; Ludger Heid (Hg.): Die Entdeckung des Ruhrgebiets. Das Ruhrgebiet in Nordrhein-Westfalen 1946–1996, Essen 1997, S. 146–172.

Podewils, Clemens Graf (Hg.): Tendenzwende. Zur geistigen Situation der Bundesrepublik. Vorträge bei der Bayerischen Akademie der Schönen Künste, November 1974 in München, Stuttgart 1975.

Pohl, Hans (Hg.): Entstehung und Entwicklung der sozialen Marktwirtschaft (Zeitschrift für Unternehmensgeschichte, Beiheft 45), Stuttgart 1986.

Polster, Werner: Wandlungen der Lebensweise im Spiegel der Konsumentwicklung. Vom Dienstleistungskonsum zum demokratischen Warenkonsum. In: Klaus Voy; Werner Polster; Claus Thomasberger (Hg.): Gesellschaftliche Transformationsprozesse und materielle Lebensweise (Beiträge zur Wirtschafts- und Gesellschaftsgeschichte der Bundesrepublik Deutschland 1949–1989, Bd. 2), Marburg 1993, S. 213–291.

Presse- u. Informationsamt d. Bundesregierung: Schritte der Erneuerung. Soziale Marktwirtschaft für die achtziger Jahre, Bonn 1985.

Presse- und Informationsamt der Bundesregierung: Soziale Marktwirtschaft für die achtziger Jahre. Die wirtschaftspolitischen Leitlinien der Bundesregierung, Bonn 1984.

Prollius, Michael von: Deutsche Wirtschaftsgeschichte nach 1945, Göttingen 2006.

Pulte, Peter: Regierungserklärungen 1949–1973, Berlin 1973.

Putnam, Robert D.; Henning, C. Randall: The Bonn Summit of 1978. A Case Study in Coordination. In: Barry Eichengreen; Gerald Holtham u. a. (Hg.): Can Nations Agree? Issues in International Economic Cooperation, Washington D.C. 1989, S. 12–140.

Raabe, Karl-Heinz: Gesamtwirtschaftliche Analysen, Prognosen und Projektionen und ihre Rolle in der Wirtschaftspolitik. In: Wissenschaftszentrum Berlin (Hg.): Interaktion von Wissenschaft und Politik. Theoretische und praktische Probleme der anwendungsorientierten Sozialwissenschaften, Frankfurt am Main 1977, S. 56–84.

Rainer Klump: Wege zur Sozialen Marktwirtschaft. Die Entwicklung ordnungspolitischer Konzeptionen in Deutschland vor der Währungsreform. In: Erich Streissler (Hg.): Die Umsetzung wirtschaftspolitischer Grundkonzeptionen in die kontinentaleuropäische Praxis des 19. und 20. Jahrhunderts, 1. Teil. (Studien zur Entwicklung der ökonomischen Theorie XVI), Berlin 1997, S. 129–160.

Raphael, Lutz: Die Verwissenschaftlichung des Sozialen als methodische und konzeptionelle Herausforderung für eine Sozialgeschichte des 20. Jahrhunderts. In: Geschichte und Gesellschaft 22 (1996), S. 165–193.

Raphael, Lutz; Tenorth, Heinz-Elmar (Hg.): Ideen als gesellschaftliche Gestaltungskraft im Europa der Neuzeit. Beiträge zu einer erneuerten Geistesgeschichte (Ordnungssysteme. Studien zur Ideengeschichte der Neuzeit, Bd. 20), München 2006.

Recker, Marie-Luise; Jelloneck, Burkhard; Rauls, Bernd (Hg.): Bilanz: 50 Jahre Bundesrepublik Deutschland, St. Ingbert 2001.

Rehling, Andrea: Die Konzertierte Aktion. Stabilisierungsstrategie oder Fanal der Unregierbarkeit. In: Jörg Calließ (Hg.): Die Reformzeit des Erfolgsmodells BRD. Die Nachgeborenen erforschen die Jahre, die ihre Eltern und Lehrer geprägt haben (Loccumer Protokolle 19/03), Rehburg-Loccum 2004, S. 355–365.

Requate, Jörg: Recht und Justiz im gesellschaftlichen Aufbruch (1960–1975). Bundesrepublik Deutschland, Italien und Frankreich im Vergleich (Interdisziplinäre Studien zu Recht und Staat, Bd. 28), Baden-Baden 2003.

Reulecke, Jürgen (Hg.): Generationalität und Lebensgeschichte im 20. Jahrhundert, München 2003.

Richta, Radovan: Technischer Fortschritt und die industrielle Gesellschaft, Frankfurt am Main 1972.

Richter, Rudolf: Deutsche Geldpolitik 1948–1998 im Spiegel der zeitgenössischen wissenschaftlichen Diskussion, Tübingen 1999.

Riedel, Manfred, Art.: Gesellschaft, bürgerliche. In: Geschichtliche Grundbegriffe Bd. 2, Stuttgart 1975, S. 719–800.

Riedel, Manfred, Art.: Gesellschaft, Gemeinschaft. In: Geschichtliche Grundbegriffe Bd. 2, Stuttgart 1975, S. 801–862.

Rieter, Heinz, Schmolz, Matthias: The ideas of German Ordoliberalism 1938–45: pointing the way to a new economic order. In: The European Journal of the History of Economic Thought 1:1 Autumn 1993, S. 87–114.

Roberts, Charles C.: Konjunkturprognosen und Wirtschaftspolitik. Eine kritische Betrachtung, Köln 1981.

Roberts, Charles C.: Konjunkturprognosen und Wirtschaftspolitik. Der Sachverständigenrat auf dem Prüfstand. In: WSI Mitteilungen 10 (1981), S. 596–605.

Rödder, Andreas: Das »Modell Deutschland« zwischen Erfolgsgeschichte und Verfallsdiagnose. In: Viertelsjahrshefte für Zeitgeschichte 54 (2006), S. 345–363

Rödder, Andreas: Die Bundesrepublik Deutschland 1969–1990 (Oldenbourg Grundriß der Geschichte Bd. 19a), München 2004.

Rohwäder, Jens: Die Geldpolitik der Deutschen Bundesbank zwischen 1969 und 1982 im Lichte von Monetarismus und Keynesianismus, 2. Aufl. Hamburg 1997.

Romahn, Hajo: Wissenschaftliche Beratung der Politik – alte Ansprüche in neuer Perspektive. In: ders. u. Uwe Jens (Hg.): Der Einfluß der Wissenschaft auf die Politik, Marburg 2002, S. 143–160.

Röpke, Wilhelm: Die Gesellschaftskrisis der Gegenwart, Erlenbach-Zürich 1942.

Rucht, Dieter: Gegenöffentlichkeit und Gegenexperten. Zur Institutionalisierung des Widerspruchs in Politik und Recht. In: Zeitschrift für Rechtssoziologie 9 (1988), S. 290–305.

Rucht, Dieter: Planung und Partizipation. Bürgerinitiativen als Reaktion und Herausforderung politisch-administrativer Planung, München 1982.

Ruck, Michael: Ein kurzer Sommer der konkreten Utopie. Zur westdeutschen Planungsgeschichte der langen 60er Jahre. In: Axel Schildt; Detlef Siegfried; Karl Christian Lammers (Hg): Dynamische Zeiten. Die 60er Jahre in der Entwicklung der beiden deutschen Gesellschaften, Hamburg 2000, S. 362–401.

Ruck, Michael: Korpsgeist und Staatsbewußtsein. Beamte im deutschen Südwesten 1928 bis 1972 (Nationalsozialismus und Nachkriegszeit in Südwestdeutschland, Bd. 4), München 1996.

Ruck, Michael: Westdeutsche Planungsdiskurse und Planungspraxis der 1960er Jahre im internationalen Kontext. In: Heinz Gerhard Haupt; Jörg Requate (Hg.): Aufbruch in die Zukunft. Die 1960er Jahre zwischen Planungseuphorie und kulturellem Wandel. DDR, CSSR und Bundesrepublik Deutschland im Vergleich, Weilerswist 2004, S. 289–325.

Rudloff, Wilfried: Politikberatung als Gegenstand historischer Betrachtung. Forschungsstand, neue Befunde, übergreifende Fragestellungen. In: Stefan Fisch; Rudloff, Wilfried Rudloff: Experten und Politik. Wissenschaftliche Politikberatung in historischer Perspektive (Schriftenreihe der Hochschule Speyer Bd. 168), Berlin 2004, S. 13–57.

Rudloff, Wilfried: Verwissenschaftlichung der Politik? Wissenschaftliche Politikberatung in den sechziger Jahren. In: Peter Collin; Thomas Horstmann (Hg.): Das Wissen des Staates (Rechtspolitologie, Bd. 17), Baden-Baden 2004, S. 216–257.

Rürup, Bert, Bizer, Kilian: Der Sachverständigenrat und sein Einfluß auf die Politik. In: Uwe Jens; Hajo Romahn (Hg.): Der Einfluß der Wissenschaft auf die Politik, Marburg 2002, S. 59–73.

Sachverständigenrat zur Begutachtung der gesamtwirtschaftlichen Entwicklung (Hg.): Vierzig Jahre Sachverständigenrat 1963–2003, Wiesbaden 2003.

Schäfer, Gerhard: Die nivellierte Mittelstandsgesellschaft – Strategien der Soziologie in den 50er-Jahren. In: Georg Bollenbeck; Gerhard Kaiser (Hg.): Die janusköpfigen 50er Jahre (Kulturelle Moderne und bildungsbürgerliche Semantik III), Opladen 2000, S. 115–142.

Schanetzky, Tim: Endstation Größenwahn. Die Geschichte der Stadtsanierung in Essen-Steele, Essen 1998.

Scharpf, Fritz W.: Beschäftigungspolitische Strategien in der Krise. In: Rudolf Hickel (Hg.): Radikale Neoklassik. Ein neues Paradigma zur Erklärung der Massenarbeitslosigkeit? Die Vogt-Kontroverse, Opladen 1986, S. 139–160.

Scharpf, Fritz W.: Die Rolle des Staates im westlichen Wirtschaftssystem. Zwischen Krise und Neuorientierung. In: Carl Christian von Weizsäcker (Hg.): Staat und Wirtschaft. Verhandlungen auf der Arbeitstagung des Vereins für Socialpolitik in Hamburg 1978, Berlin 1979, S. 15–44.

Scharpf, Fritz W.: Komplexität als Schranke der politischen Planung. In: Deutsche Vereinigung für Politische Wissenschaft (Hg.): Gesellschaftlicher Wandel und politische Innovation. Tagung der Deutschen Vereinigung für Politische Wissenschaft in Mannheim, Herbst 1971 (Politische Vierteljahresschrift, Sonderheft 4), Opladen 1972, S. 168–192.

Scharpf, Fritz W.; Reissert, Bernd; Schnabel, Fritz: Politikverflechtung. Theorie und Empirie des kooperativen Föderalismus in der Bundesrepublik, Kronberg i. Ts. 1976.

Scheibe, Moritz: Auf der Suche nach der demokratischen Gesellschaft. In: Ulrich Herbert (Hg.): Wandlungsprozesse in Westdeutschland. Belastung, Integration, Liberalisierung 1945–1980, Göttingen 2002, S. 245–277.

Schelsky, Helmut: Die Arbeit tun die anderen. Klassenkampf und Priesterherrschaft der Intellektuellen, Opladen 1975.

Schelsky, Helmut: Die Bedeutung des Schichtungsbegriffs für die Analyse der gegenwärtigen deutschen Gesellschaft. In: ders.: Auf der Suche nach Wirklichkeit, Düsseldorf 1965, S. 331–336.

Scherf, Harald, Art.: Phillipskurve. In: Handwörterbuch der Wirtschaftswissenschaften Bd. 6, S. 78–84.

Scherf, Harald: Enttäuschte Hoffnungen – vergebene Chancen. Die Wirtschaftspolitik der Sozial-Liberalen Koalition 1969–1982, Göttingen 1986.

Scherhorn, Gerhard u. a.: Verbraucherinteresse und Verbraucherpolitik (Schriften der Kommission für Wirtschaftlichen und Sozialen Wandel, Bd. 17), Göttingen 1975.

Scherhorn, Gerhard: Bedürfnis und Bedarf. Sozialökonomische Grundbegriffe im Lichte der neueren Anthropologie, Diss. Köln 1959.

Scherhorn, Gerhard: Information und Kauf. Empirische Analyse der Markttransparenz (Forschungsberichte des Landes Nordrhein-Westfalen, Nr. 1358), Köln 1964.

Schildt, Axel: »Die kostbarsten Wochen des Jahres«. Urlaubstourismus der Westdeutschen (1945–1970). In: Hasso Spode (Hg.): Goldstrand und Teutonengrill. Kultur- und Sozialgeschichte des Tourismus in Deutschland 1945 bis 1989, Berlin 1996, S. 69–86.

Schildt, Axel: »Die Kräfte der Gegenreform sind auf breiter Front angetreten.« Zur konservativen Tendenzwende in den Siebzigerjahren. In: Archiv für Sozialgeschichte 44 (2004), S. 449–479.

Schildt, Axel; Siegfried, Detlef; Lammers, Karl Christian (Hg): Dynamische Zeiten. Die 60er Jahre in der Entwicklung der beiden deutschen Gesellschaften, Hamburg 2000.

Schildt, Axel; Sywottek, Arnold (Hg.): Modernisierung im Wiederaufbau. Die westdeutsche Gesellschaft der 50er Jahre, Bonn 1993.

Schiller, Karl: Der Ökonom und die Gesellschaft. In: Ders.: Der Ökonom und die Gesellschaft. Das freiheitliche und das soziale Element in der modernen Wirtschaftspolitik, Stuttgart 1964, S. 3–12.

Schiller, Karl: Konjunkturpolitik auf dem Weg zu einer Affluent Society, Kiel 1968.

Schiller, Karl: Neuere Entwicklungen in der Theorie der Wirtschaftspolitik (Walter Eucken Institut, Vorträge und Aufsätze, Bd. 1), Tübingen 1958.

Schissler, Hanna (Hg.): The Miracle Years. A Cultural History of West Germany 1949–1968, Princeton 2001.

Schlecht, Otto: Gesamtwirtschaftliche Zielprojektionen als Grundlage der wirtschaftspolitischen Planung in der Marktwirtschaft. In: Joseph H. Kaiser (Hg.): Planung III. Mittel und Methoden planender Verwaltungen, Baden-Baden 1968, S. 111–127.

Schlecht, Otto: Konjunkturpolitik in der Krise (Walter Eucken-Institut, Vorträge und Aufsätze, Bd. 94), Tübingen 1983.

Schlecht, Otto: Konzertierte Aktion als Instrument der Wirtschaftspolitik (Walter Eucken-Institut, Vorträge und Aufsätze, Bd. 21), Tübingen 1968.

Schlecht, Otto; van Suntum, Ulrich (Hg.): 30 Jahre Sachverständigenrat zur Begutachtung der gesamtwirtschaftlichen Entwicklung, Krefeld 1995.

Schlemmer, Thomas; Woller, Hans (Hg.): Bayern im Bund Bd. 1. Die Erschließung des Landes 1949 bis 1973, München 2001.

Schlemmer, Thomas; Woller, Hans (Hg.): Bayern im Bund Bd. 2. Gesellschaft im Wandel 1949 bis 1973, München 2002.

Schlesinger, Helmut: Die Geldpolitik der Deutschen Bundesbank 1967–1977. In: Werner Ehrlicher; Dieter Duwendag (Hg.): Geld- und Währungspolitik im Umbruch (Schriften zur Monetären Ökonomie, Bd. 18), Baden-Baden 1983, S. 59–83.

Schlüter, Thomas: Zu einigen Aspekten der Wirtschafts- und Beschäftigungspolitik. In: Gert-Joachim Gläßner; Jürgen Holz; Thomas Schlüter (Hg.): Die Bundesrepublik in den siebziger Jahren. Versuch einer Bilanz, Opladen 1984, S. 95–112.

Schmidt, Josef: Der Machtwechsel und die Strategie des konservativ-liberalen Bündnisses. In: Werner Süß (Hg.): Die Bundesrepublik in den achtziger Jahren. Innenpolitik, politische Kultur, Außenpolitik, Opladen 1991, S. 19–34.

Schmidt, Susanne K.: Liberalisierung in Europa. Die Rolle der Europäischen Kommission, Frankfurt am Main 1998.

Schmoeckel; Reinhard; Kaiser, Bruno: Die Vergessene Regierung. Die große Koalition 1966–1969 und ihre langfristigen Wirkungen, Bonn 1991.

Schmuhl, Hans-Werner: Arbeitsmarktpolitik und Arbeitsverwaltung in Deutschland 1871–2002. Zwischen Fürsorge, Hoheit und Markt (Beiträge zur Arbeitsmarkt- und Berufsforschung Bd. 270), Nürnberg 2003.

Schneider, Andrea H.: Die Kunst des Kompromisses. Helmut Schmidt und die Große Koalition 1966–1969, Paderborn 1999.

Schneider, Diethard: Monetäre Konzepte der Verstetigungspolitik. Grundlagen und Ansatzpunkte des Sachverständigenrates (Schriften zur monetären Ökonomie, Bd. 12), Baden-Baden 1981.

Schneider, Thomas: Die wirtschaftspolitische Beratung im internationalen Vergleich. Frankreich und Bundesrepublik Deutschland. Am Beispiel des Conseil Economique et Social und des Sachverständigenrates zur Begutachtung der gesamtwirtschaftlichen Entwicklung, Pfaffenweiler 1989.

Schöllgen, Gregor: Willy Brandt. Die Biographie, Berlin 2001.

Scholz, Herbert (Hg.): Die Rolle der Wissenschaft in der modernen Gesellschaft, Berlin 1969.

Schönhoven, Klaus: Aufbruch in die sozialliberale Ära. Zur Bedeutung der 60er Jahre in der Geschichte der Bundesrepublik. In: Geschichte und Gesellschaft 25 (1999), S. 123–145.

Schönhoven, Klaus: Die deutschen Gewerkschaften, Frankfurt am Main 1987.

Schönhoven, Klaus: Entscheidung für die Große Koalition. Die Sozialdemokratie in der Regierungskrise im Spätherbst 1966. In: Ders.: Arbeiterbewegung und soziale Demokratie in Deutschland. Ausgewählte Beiträge, hg. von Hans-Jochen Vogel und Michael Ruck, Bonn 2002, S. 430–450.

Schönhoven, Klaus: Wendejahre. Die Sozialdemokratie in der Zeit der Großen Koalition 1966–1969 (Die deutsche Sozialdemokratie nach 1945, Bd. 2), Bonn 2004.

Schoop, Hans-Gunter: HWWA – Institut für Wirtschaftsforschung. In: Allgemeines Statistisches Archiv 3 (1997), S. 429–436.

Schott, Heinzgerd: Die formierte Gesellschaft und das Deutsche Gemeinschaftswerk. Zwei gesellschaftspolitische Konzepte Ludwig Erhards, Diss. Bonn 1981.

Schröter, Harm G.: Von der Teilung zur Wiedervereinigung 1945–2000. In: Michael North (Hg.): Deutsche Wirtschaftsgeschichte. Ein Jahrtausend im Überblick, München 2000, S. 351–420.

Schulz, Günter: Wiederaufbau in Deutschland. Die Wohnungsbaupolitik in den Westzonen und der Bundesrepublik von 1945 bis 1957 (Forschungen und Quellen zur Zeitgeschichte, Bd. 20), Düsseldorf 1994.

Schulz, Günther: Die Entwicklung der Sozialen Marktwirtschaft und der Regierungswechsel 1982. Eine Zäsur in der Wirtschaftspolitik? In: Historisch-Politische Mitteilungen 8 (2001), S. 131–143.

Schulze, Gerhard: Die Erlebnisgesellschaft. Kultursoziologie der Gegenwart, Frankfurt am Main 1992.

Schwartz, Anna J.: Why Money Matters. In: Lloyd's Bank Review 24 (1969), S. 1–16.

Schwarz, Hans-Peter: Die Ära Adenauer. Gründerjahre der Republik 1949–1957 (Geschichte der Bundesrepublik Deutschland, Bd. 2), Stuttgart 1981.

Schwarz, Rolf-Dieter: Sachverständigenrat und Wirtschaftsjournalismus. In: Rudolf Hickel; Harald Mattfeld (Hg.): Millionen Arbeitslose! Streitschrift gegen den Rat der Fünf Weisen. Eine Bilanz nach zwanzig Jahren, Reinbek b. Hamburg 1983, S. 54–66.

Schwelien, Michael: Helmut Schmidt. Ein Leben für den Frieden, Hamburg 2003.

Siebert, Horst: Das Institut für Weltwirtschaft. In: Allgemeines Statistisches Archiv 3 (1997), S. 437–443.

Siebke, Jürgen; Willms, Manfred: Das Geldangebot in der Bundesrepublik Deutschland. Eine empirische Analyse für die Periode 1958–1968. In: Zeitschrift für die gesamte Staatswissenschaft 126 (1970), S. 55–74.

Siegenthaler, Hansjörg: Das Ende des Keynesianismus als Gegenstand keynesianischer Interpretation. In: Jahrbuch für Wirtschaftsgeschichte 1 (2002), S. 237–245.

Siekmann, Helmut: Institutionalisierte Einkommenspolitik in der Bundesrepublik Deutschland. Gesetzliche Regelung und bisherige Praxis, München 1985.

Sievert, Olaf: Die Steuerbarkeit der Konjunktur durch den Staat. In: Carl Christian von Weizsäcker (Hg.): Staat und Wirtschaft. Verhandlungen auf der Arbeitstagung des Vereins für Socialpolitik in Hamburg 1978 (Schriften des Vereins für Socialpolitik, NF Bd. 102), Berlin 1979, S. 810–846.

Sievert, Olaf: Vom Keynesianismus zur Angebotspolitik. In: Sachverständigenrat zur Begutachtung der gesamtwirtschaftlichen Entwicklung (Hg.): Vierzig Jahre Sachverständigenrat 1963–2003, Wiesbaden 2003, S. 34–46.

Sinn, Hans-Werner: Ist Deutschland noch zu retten? Berlin 2005.

Soell, Hartmut: Helmut Schmidt. 1918–1969. Vernunft und Leidenschaft, München 2003.

Stäglin, Rainer; Wagner, Gert: Das Deutsche Institut für Wirtschaftsforschung. Ein Bestandteil der »informellen Infrastruktur«. In: Allgemeines Statistisches Archiv 3 (1997), S. 214–229.

Starbatty, Joachim: Kritische Anmerkungen zu den »Alternativgutachten«. In: List-Forum 9 (1977/78), S. 310–330.

Statistisches Bundesamt: Datenreport 2004. Zahlen und Fakten über die Bundesrepublik Deutschland, Bonn 2004.

Stehr, Nico: Arbeit, Eigentum und Wissen. Zur Theorie von Wissensgesellschaften, Frankfurt am Main 1994.

Stehr, Nico: Praktische Erkenntnis, Frankfurt am Main 1991.

Stehr, Nico: Wissen und Wirtschaften. Die gesellschaftlichen Grundlagen der modernen Ökonomie, Frankfurt am Main 2001.

Stoltenberg, Gerhard: »Die wirtschaftliche Gesamtentwicklung war ermutigend … «. Eine Bilanz der Wirtschafts- und Finanzpolitik 1982–1990. In: Historisch-Politische Mitteilungen 8 (2001), S. 145–152.

Strätling, Ansgar: Sachverständiger Rat im Wandel, Marburg 2001.

Streissler, Erich (Hg.): Die Umsetzung wirtschaftspolitischer Grundkonzeptionen in die kontinentaleuropäische Praxis des 19. und 20. Jahrhunderts, 1. Teil. (Studien zur Entwicklung der ökonomischen Theorie XVI), Berlin 1997.

Streit, Manfred E. (Hg.): Wirtschaftspolitik zwischen ökonomischer und politischer Rationalität. FS für Herbert Giersch, Wiesbaden 1988.

Sturm, Roland: Politische Wirtschaftslehre, Opladen 1995.

Süß, Werner (Hg.): Die Bundesrepublik in den achtziger Jahren. Innenpolitik, politische Kultur, Außenpolitik, Opladen 1991.

Süß, Winfried: »Wer aber denkt für das Ganze?« Aufstieg und Fall der ressortübergreifenden Planung im Bundeskanzleramt. In: Matthias Frese; Julia Paulus; Karl Teppe (Hg.): Demokratisierung und gesellschaftlicher Aufbruch. Die sechziger Jahre als Wendezeit der Bundesrepublik, Paderborn 2003, S. 349–377.

Sywottek, Arnold: Konsum, Mobilität, Freizeit. Tendenzen gesellschaftlichen Wandels. In: Martin Broszat (Hg.): Zäsuren nach 1945. Essays zur Periodisierung der deutschen Nachkriegsgeschichte, München 1990, S. 94–111.

Szöllösi-Janze, Margit: Wissensgesellschaft in Deutschland: Überlegungen zur Neubestimmung der deutschen Zeitgeschichte über Verwissenschaftlichungsprozesse, Geschichte und Gesellschaft 30 (2004), S. 277–313.

Tsebelis, George: Veto Players. How Political Institutions Work, New York 2002.

Tuchtfeld, Egon: Der Wirtschaftswissenschaftler als ständiger Mitarbeiter bei staatlichen und nichtstaatlichen Instanzen der Wirtschaftspolitik. Vergleich und Zusammenfassung. In: Erwin von Beckerath; Herbert Giersch (Hg.): Probleme der normativen Ökonomik und der wirtschaftspolitischen Beratung (Schriften des Vereins für Socialpolitik NF Bd. 29), Berlin 1963, S. 381–398.

Tversky, Amos; Kahneman, Daniel: Judgement under uncertainty. Heuristics and biases. In: Science 185 (1974), S. 1124–1130.

Ullmann, Hans-Peter: Der deutsche Steuerstaat. Geschichte der öffentlichen Finanzen vom 18. Jahrhundert bis heute, München 2005.

Uske, Hans: Die Sprache der Wende, Bonn 1986.

Vaubel, Roland: »Alternativen der Wirtschaftspolitik«? Das Memorandum der 130: Eine Widerlegung (Kieler Diskussionsbeiträge Nr. 56), Kiel 1978.

Vogel, Jakob: Von der Wissenschafts- zur Wissensgeschichte. Für eine Historisierung der »Wissensgesellschaft. In: Geschichte und Gesellschaft 30 (2004), S. 639–660.

Vorstand der SPD (Hg.): Weiterarbeiten am Modell Deutschland. Parteitagsreden von Willy Brandt und Helmut Schmidt. SPD-Parteitag Dortmund 18./19. Juni 1976, Bonn 1976.

Voy, Klaus; Polster, Werner; Thomasberger, Claus (Hg.): Gesellschaftliche Transformationsprozesse und materielle Lebensweise (Beiträge zur Wirtschafts- und Gesellschaftsgeschichte der Bundesrepublik Deutschland 1949–1989, Bd. 2), Marburg 1993.

Voy, Klaus; Polster, Werner; Thomasberger, Claus (Hg.): Marktwirtschaft und politische Regulierung (Beiträge zur Wirtschafts- und Gesellschaftsgeschichte der Bundesrepublik Deutschland Bd. 1), Marburg 1994.

Wagner, Peter: Sozialwissenschaften und Staat. Frankreich, Italien, Deutschland 1870–1980 (Theorie und Gesellschaft, Bd. 17), Frankfurt am Main 1990.

Wagner-Braun, Margarete: Die Aufwertung der D-Mark im Jahre 1961 – eine kritische Stellungnahme zum Währungssystem von Bretton Woods. In: Rainer Gömmel; Markus A. Denzel (Hg.): Weltwirtschaft und Wirtschaftsordnung. FS f. Jürgen Schneider (VSWG-Beiheft 159), Stuttgart 2002, S. 339–356.

Wallich, Henry C.: The American Council of Economic Advisers and the German Sachverständigenrat. A Study in the Economics of Advice. In: Quarterly Journal of Economics 3 (1968), S. 349–379.

Webber, Douglas: Kohl's Wendepolitik after a Decade. In: German Politics 1 (1992), S. 149–180.

Wegner, Klaus: Entstehung und Wirkung des öffentlichen Zukunftsinvestitionsprogramms 1977/81 als Modell für mehr Beschäftigung und Wachstum in der Zukunft. In: Georg Kurlbaum; Uwe Jens (Hg.): Beiträge zur sozialdemokratischen Wirtschaftspolitik, Bonn 1983, S. 127–146.

Wegner, Klaus: Im Blickpunkt. Sachverständigenrat und Konjunktur- und Wachstumspolitik der Bundesregierung seit 1964 (Aachener ökonomische Studien 6), 2. Aufl. Frankfurt am Main 1985.

Wehler, Hans-Ulrich: Deutsches Bürgertum nach 1945: Exitus oder Phönix aus der Asche? In: Geschichte und Gesellschaft 27 (2001), S. 617–634.

Weingart, Peter: Die Stunde der Wahrheit? Zum Verhältnis der Wissenschaft zu Politik, Wirtschaft und Medien in der Wissensgesellschaft, Weilerswist 2001.

Weingartz, Markus-Wilhelm: »Die ganz banale Geschichte einer durchschnittlichen Ehe.« Die Geschichte der sozial-liberalen Koalition und die »Wende« von Schmidt zu Kohl. In: Historische Mitteilungen der Ranke-Gesellschaft 15 (2002), S. 268–279.

Weisbrod, Bernd: Generation und Generationalität in der Neueren Geschichte. In: Aus Politik und Zeitgeschichte 8 (2005), S. 3–9.

Weizsäcker, Carl Christian von (Hg.): Staat und Wirtschaft. Verhandlungen auf der Arbeitstagung des Vereins für Socialpolitik in Hamburg 1978, Berlin 1979.

Weizsäcker, Carl Christian von: Der Einfluß der Volkswirtschaftslehre auf die Wirtschaftspolitik. In: Uwe Jens; Hajo Romahn (Hg.): Der Einfluß der Wissenschaft auf die Politik, Marburg 2002, S. 35–57.

Wellhöner, Volker: »Wirtschaftswunder« – Weltmarkt – westdeutscher Fordismus. Der Fall Volkswagen (Theorie und Geschichte der bürgerlichen Gesellschaft, Bd. 12), Münster 1996.

Welsch, Wolfgang: Unsere postmoderne Moderne, 3. Aufl. Weinheim 1991.

Weßels, Bernhard: Die deutsche Variante des Korporatismus. In: Max Kaase; Günther Schmidt (Hg.): Eine lernende Demokratie. 50 Jahre Bundesrepublik Deutschland (WZB-Jahrbuch 1999), Berlin 1999, S. 87–113.

Wiegrefe, Klaus: Das Zerwürfnis. Helmut Schmidt, Jimmy Carter und die Krise der deutsch-amerikanischen Beziehungen, Berlin 2005.

Wildt, Michael: Am Beginn der »Konsumgesellschaft«. Mangelerfahrung, Lebenshaltung, Wohlstandshoffnung in Westdeutschland in den fünfziger Jahren, Hamburg 1994.

Willeke, Franz-Ulrich; Less, Helmut; Piekenbrock, Dirk: Die Aufwertungsdebatte in der BRD in den Jahren 1968 und 1969. In: Hamburger Jahrbuch für Wirtschafts- und Gesellschaftspolitik 16 (1971), S. 287–316.

Willgerodt, Hans: Fritz Walter Meyer. In: In Memoriam Fritz W. Meyer, Bonn 1981, S. 11–29.

Willies, Mark H.: »Rationale Erwartungen« als eine Gegenrevolution. In: Daniel Bell; Irving Kristol (Hg.): Die Krise in der Wirtschaftstheorie, Berlin 1984, S. 103–122.

Willke, Helmuth: Supervision des Staates, Frankfurt am Main 1997.

Winter, Thomas von: Die CDU im Interessenkonflikt. Eine Fallstudie zur parteiinternen Auseinandersetzung über den Paragraphen 116 AFG. In: Leviathan 17 (1989), S. 46–84.

Wirsching, Andreas: Abschied vom Provisorium (Geschichte der Bundesrepublik Deutschland Bd. 6, 1982–1990), München 2006.

Wirsching, Andreas: Die mediale »Konstruktion« der Politik und die »Wende« von 1982/83. In: Historisch-Politische Mitteilungen 9 (2002), S. 127–139.

Wissenschaftszentrum Berlin (Hg.): Interaktion von Wissenschaft und Politik. Theoretische und praktische Probleme der anwendungsorientierten Sozialwissenschaften, Frankfurt am Main 1977.

Zink, Michael: Konzertierte Aktion und Gewerkschaftspolitik in der Bundesrepublik Deutschland, Diss. München 1975.

Zinnecker, Jürgen: Milieuauflösung und Generationenwandel. Zwei Deutungsmuster der Wende in den sechziger Jahren und deren Verknüpfung. In: Matthias Frese; Julia Paulus; Karl Teppe (Hg.): Demokratisierung und gesellschaftlicher Aufbruch. Die sechziger Jahre als Wendezeit der Bundesrepublik, Paderborn 2003, S. 759–775.

Zohlnhöfer, Reimut: Die Wirtschaftspolitik der Ära Kohl. Eine Analyse der Schlüsselentscheidungen in den Politikfeldern Finanzen, Arbeit und Entstaatlichung 1982–1998, Opladen 2001.

Zohlnhöfer, Reimut: Institutionelle Hemmnisse für eine kohärente Wirtschaftspolitik. In: APuZ 18–19 (2003), S. 9–15.

Zohlnhöfer, Werner; Zohlnhöfer, Reimut: Die Wirtschaftspolitik der Ära Kohl 1982–1989/90. Eine Wende im Zeichen der Sozialen Marktwirtschaft? In: Historisch-Politische Mitteilungen 8 (2001), S. 153–174.

5. Danksagung

Die vorliegende Arbeit hat der Fachbereich für Philosophie und Geschichtswissenschaften der Johann Wolfgang Goethe-Universität Frankfurt am Main im Oktober 2005 als Dissertation angenommen. Für den Druck habe ich sie überarbeitet und leicht gekürzt. Ihre Entstehung erscheint mir in der Rückschau als eine Abfolge von Phasen intensiver Kommunikation und produktiver Vereinzelung, und für diese wunderbare Kombination gebührt Prof. Dr. Werner Plumpe mein größter Dank. Er hat mich als Erstgutachter betreut, regte die Arbeit an, gab unzählige theoretische Anstöße und ließ mir mit großem Vertrauen viel Freiraum. Genauso wurde auch die freundschaftliche und überaus produktive Atmosphäre an seinem Lehrstuhl für Wirtschafts- und Sozialgeschichte geprägt. Dort war ebensoviel Raum für den wissenschaftlichen Disput wie für gemeinsame Aktivitäten – sei es beim »Nachkolloquium« in der Stalburg, sei es bei den Bergankünften der wirtschaftshistorischen Radsportgruppe am Großen Feldberg. Dafür danke ich allen Kolleginnen und Kollegen. Hervorheben möchte ich Sara Boss M.A., die meine Arbeit zeitweilig als studentische Hilfskraft unterstützt hat, und Dr. Jan-Otmar Hesse, dem ich zu besonderem Dank verpflichtet bin, da er das Forschungsprojekt von Beginn an begleitet hat, zahlreiche kompetente Anregungen gab und das fertige Manuskript schließlich einer gründlichen Kritik unterzog.

Es gehört zu den Phasen »intensiver Kommunikation«, eigene Ergebnisse zur Diskussion zu stellen und Annahmen mitunter zu revidieren. Daher verdankt die Entstehung dieses Buches dem Frankfurter Sonderforschungsbereich »Wissenskultur und gesellschaftlicher Wandel« weit mehr als die von der Deutschen Forschungsgemeinschaft gewährte Finanzierung meiner Forschungen. Auch wenn die Hürden der interdisziplinären Kommunikation weitaus höher sind, als es die heutige wissenschaftspolitische Semantik vermuten läßt, habe ich doch über drei Jahre davon profitiert, meine Annahmen und Ergebnisse in Diskussionen über die Grenzen von Fächern und Subdisziplinen hinweg präzisieren zu können. Dafür danke ich den Kolleginnen und Kollegen ebenso wie den Projektleiterinnen und Projektleitern. Auch den Kolleginnen und Kollegen in Bielefeld, Gießen, Potsdam, Tübingen und Trier, mit denen ich meine Ergebnisse im Rahmen von Vorträgen, Konferenzen oder Workshops diskutieren konnte, danke ich für unzählige Anregungen.

Besonders angenehm ist es, wenn derlei Hilfe auch in den unvermeidlichen Phasen der »produktiven Vereinzelung« niemals ausbleibt. So danke ich insbesondere den Mitarbeiterinnen und Mitarbeitern der von mir benutzten Archive für ihre kundige Beratung und freundliche Unterstützung. Während der Niederschrift des Manuskripts halfen Eva Dubisch und Katharina Herbert bei der Beschaffung von Literatur in den verstreuten Frankfurter Bibliotheken. In dieser Phase, als sich das alte bereits mit dem neuen Forschungsprojekt zu überlagern begann, begegnete Prof. Dr. Norbert Frei allen daraus folgenden Belastungen mit großer Nachsicht. Schließlich haben Prof. Dr. Marie-Luise Recker und Prof. Dr. Dieter Hein als Zweit- und Drittgutachter ihren Teil dazu beigetragen, das Promotionsverfahren zügig zum Abschluß zu bringen.

Ein Druckkostenzuschuß der Deutschen Forschungsgemeinschaft, den der Sonderforschungsbereich »Wissenskultur und gesellschaftlicher Wandel« vergab, ermöglichte die Veröffentlichung dieses Buches. Hierfür und für die Aufnahme meines Manuskriptes in die Frankfurter Schriftenreihe gilt den Projektleiterinnen und Projektleitern mein besonderer Dank. Die zügige Publikation erleichterte ein Zuschuß der Hattinger Wohnstättengenossenschaft, durch den Satz und Layout in professionelle Hände gelegt werden konnten. Für diese freundliche Unterstützung danke ich Erika Müller-Finkenstein. Im Zuge der Drucklegung sahen Prof. Dr. Norbert Frei und Prof. Dr. Alexander Nützenadel das Manuskript kritisch durch, und Björn Berghausen M.A. nahm es auf sich, in kürzester Zeit die Druckfahnen zu wälzen.

Die Grundlagen für Studium und Promotion schufen meine Eltern Monika und Hans-Werner Schanetzky und meine Schwester Siri Mikloweit mit Vertrauen, Neugierde und Unterstützung. Wie Katja Bautz sind sie mir immer ein liebevoller Rückhalt, und dafür danke ich ihnen sehr.

Tim Schanetzky

Jena, im September 2006

Personenregister

R

S

T

V

W

www.ingramcontent.com/pod-product-compliance
Lightning Source LLC
LaVergne TN
LVHW081330011026
849161LV00013BB/2890
* 9 7 8 3 0 5 0 0 4 3 0 2 9 *